医药新技术与专利法

郑希元　刘国伟　著

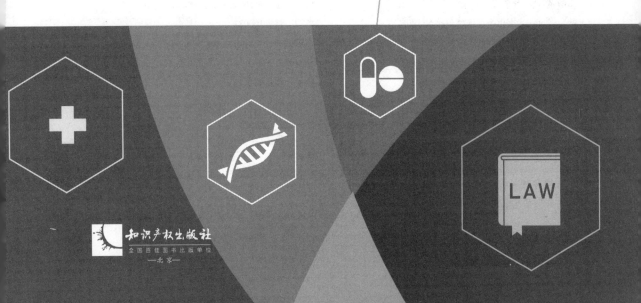

知识产权出版社
全国百佳图书出版单位
—北京—

图书在版编目（CIP）数据

医药新技术与专利法/郑希元，刘国伟著. —北京：知识产权出版社，2022. 5
ISBN 978 - 7 - 5130 - 8138 - 2

Ⅰ. ①医…　Ⅱ. ①郑… ②刘…　Ⅲ. ①医药学—专利权法—研究—中国　Ⅳ. ①D923.424

中国版本图书馆 CIP 数据核字（2022）第 064728 号

内容提要

随着我国医药制度改革和相关法律修改，我国医药行业正处于大力创新的发展期，本书作者基于医药行业和专利法两个视角，紧跟时下热点问题，结合近 5 年中国专利典型案例，包括最高人民法院指导性案例和公报案例等对新技术发展、新政策影响、专利授权和侵权、新增药品专利制度等方面进行系统性的梳理和解读，同时比较和借鉴美国、欧洲、日本等发达国家和地区的医药和专利相关判决经验，以期成为中国医药企业、医疗机构、大专院校以及科研院所的知识产权从业人员、商务开发人员以及药物研发人员的指导用书。

策划编辑：卢海鹰	责任校对：谷　洋
责任编辑：卢海鹰　王玉茂	责任印制：刘译文
封面设计：杨杨工作室·张冀	

医药新技术与专利法

郑希元　刘国伟　著

出版发行：知识产权出版社有限责任公司		网　　址：http：//www. ipph. cn	
社　　址：北京市海淀区气象路 50 号院		邮　　编：100081	
责编电话：010 - 82000860 转 8541		责编邮箱：wangyumao@ cnipr. com	
发行电话：010 - 82000860 转 8101/8102		发行传真：010 - 82000893/82005070/82000270	
印　　刷：天津嘉恒印务有限公司		经　　销：新华书店、各大网上书店及相关专业书店	
开　　本：787mm×1092mm　1/16		印　　张：27.5	
版　　次：2022 年 5 月第 1 版		印　　次：2022 年 5 月第 1 次印刷	
字　　数：580 千字		定　　价：138.00 元	

ISBN 978 - 7 - 5130 - 8138 - 2

序 一

药品是特殊商品，是人类维持生命健康和保证生命尊严的必需品，具有公共健康属性。制药产业集中体现了高投入、高风险、高回报和长周期等特点，而新药研发是制药产业的核心要素，涉及药品监管行政法律关系和平等主体之间民事法律关系，也涉及知识产权保护一系列疑难复杂的技术和法律问题。我国通过法律制度设立和法律的有效实施，对新药研发的成果予以充分保护，保证医药企业在研发高投入、承担高风险的情况下，在市场上获得高额收益，进而激励医药企业积极投入新药研发和创新活动，由此推动新药研发的可持续发展，实现患者"吃到好药"的目标。

我国专利法自 1985 年 4 月 1 日实施以来，对药品专利的保护规定经过了一系列修改变化。1992 年专利法第一次修改，对药品和用化学方法获得的物质授予专利权保护；2008 年对专利法的修改，明确规定了"为提供行政审批所需要的信息、制造、使用、进口专利药品或者专利医疗器械的，以及专门为其制造、进口专利药品或者专利医疗器械的，不视为侵犯专利权"，也就是增加了 Bolar 例外条款；2020 年对专利法的修改，其重要内容包括确立药品上市纠纷早期解决机制的基本性规则，从而使药品上市行政审批程序与药品相关专利权纠纷解决程序相衔接，新增药品专利期限补偿机制从而使新药上市审评审批所占用的时间得到补偿；等等。

在专利法修改过程中，司法审判也发挥了积极的推动作用。以 Bolar 例外条款在司法实践中的运用为例，2008 年专利法修改前，人民法院在审理涉及药品专利侵权案件过程中，对于尚处于药品注册审批阶段，为国家相关部门对于药品注册行政审批的需要，以检验涉案药品的安全性和有效性，被诉侵权方制造涉案药品的行为并非直接以销售为目的的情形，法院认为不属于专利法规定的生产经营目的的实施专利的行为，因此，即便是被诉侵权方使用了涉案专利方法制造了涉案药品，法院认定不构成对涉案专利权的侵犯。司法审判对于法律尚未有明确规定的情形下，根据国际通行规则和专利法的基本原理，对于专利法规定的"生产经营目的"作出更加符合我国国情和经济发展阶段的判断标准，从而推动专利法律制度的不断发展完善。

专利法实施过程中，人民法院还依照相关法律法规规定，制定了大量与专利法有关的司法解释，统一各级人民法院审理专利案件的裁判标准和执法尺度，为司法实践中的疑难复杂问题提供解决方案。最高人民法院还通过公报案例、指导性案例方式，将具有代表性的典型案例定期向全社会公布，其中不乏涉及药品专利诉讼的经典案例，本书作者对这些经典案例也作了分析介绍。

本书介绍的（美国）伊莱利利公司诉江苏豪森药业股份有限公司专利侵权案，我当年作为该案二审程序［最高人民法院（2002）民三终字第 8 号］的主审法官，深感药品专利侵权纠纷所涉及专业技术知识和法律关系重叠交织，加剧了案件疑难复杂程度。专利法所规定的"新产品"在药品案件中如何理解和适用？如果被诉侵权方没有完成提供其产品制造方法不同于专利方法的举证责任，是否可以直接援引《专利法》（2000 年）第 57 条第 2 款规定作出判断？当被诉侵权方主张其所使用的制备方法为商业秘密时如何进行庭审质证？即便是规定承担保密义务的前提下，专利权人一方的哪些诉讼参与人可以知悉并通过正当程序对被诉侵权方的技术文件发表质证意见？在这个案件审理过程中，由于一审时被诉侵权方向法庭提交的盐酸吉西他滨产品工艺方法证据材料均未提交给专利权人一方质证，且无法确定其真实性，二审审理过程中，我们专程调取了被诉侵权方在国家药品监督管理局档案室留存的盐酸吉西他滨批件档案，发现档案中恰恰缺少被诉侵权方向法院提交的这部分生产工艺材料。由于案件涉及复杂的化学药品技术问题，我们还要求双方当事人聘请专业技术人员参与法庭调查，在当年还没有明确规定专家辅助人制度的情况下，顺利完成了二审法院对于案件技术事实的审理工作。

随着专利法律制度不断完善，司法保护水平逐步提升，知识产权法律服务对于从业者提出了更高的要求，特别是涉及药品的专利案件，不论是授权案件还是确权案件，无论是行政诉讼还是民事诉讼，往往关乎企业重大商业利益，也涉及社会公众对于用好药（安全且有效），尤其是以合理的价格用好药的美好期盼能否实现。在当前科技、金融、法律助推资本市场发展的背景下，知识产权法律服务的领域从原有的申请、确权、维权，延伸到以核心技术和创业团队为基础，公司架构设计、投融资、并购乃至登陆资本市场。参与涉及药品专利案件法律服务的团队，往往需要技术背景和法律背景的律师、专利代理师密切合作，既要对案件所涉技术事实有准确清晰的认识和判断，又要有案件所涉药品监管法律法规和专利法、民法典、程序法、公司法、证券法等相关法律熟练运用的丰富经验，以及为企业未来新药研发和可持续发展提供专业的法律支持。北京乾成律师事务所作为新生代律师理念的倡导者，在经历了十余年发展的基础上，组建了一支经验丰富、技术全面、服务专精的知识产权团队，为客户提供知识产权全方位法律服务。

本书作者郑希元博士作为北京乾成律师事务所知识产权团队成员，以严谨的学术作风，结合当前中国医药发展的新政策和新趋势，通过五个章节的内容，囊括化学药、中药和生物制品/生物技术三个类别的医药专利类型，将国内外理论比较分析与实际案例相结合，侧重于从实务角度对药品专利制度进行剖析和诠释。我与本书另一位作者刘国伟老师相识近 20 年，刘老师以其 30 余年知识产权从业经验，对收录在本书中的药品专利经典案例作了深入分析和精彩点评。本书对于我国医药企业、医疗机构、大专院校及科研院所的知识产权从业人员、科研技术人员和商务拓展人员的学习和借鉴，具有重要的参考价值。

北京乾成律师事务所高级合伙人
管理决策咨询委员会联席主任兼知识产权部主任
段立红
2022 年 3 月

序　二

当今世界，科学技术日新月异、迅猛发展，已成为促进经济和社会发展的主导力量。从科技发展的历史进程来看，一方面，新药研发总是在第一时间吸收和运用生命科学的最新技术手段，基础研究的突破不断引领与影响医药创新前沿，例如基因编辑、细胞免疫、表观遗传、干细胞和 CAR－T 细胞治疗技术等的出现与繁荣；另一方面，化学、物理和信息科学等学科与新药研发过程不断交叉与融合，有力地促进高新技术变革，例如超个性化药物和 AI 制药等的产生与发展。这些都为新药研发带来了新的机遇与挑战，深刻地影响着新药研发的面貌，推动着新药研发模式的转变，使得医药产业发展进入了一个革命性变化的时代。

目前，全球生物医药产业呈现集聚发展的态势，主要集中分布于美国、中国、欧洲、日本等国家和地区。其中，美国是国际生物医药产业的龙头，研发实力和产业发展规模领先全球，已在世界上确立了代际优势，市场规模占全球 40% 左右；欧洲凭借着坚实的产业基础和技术优势仍走在世界前端；日本生物医药领域同样维持着迅猛的发展速度，亚洲领先；而我国生物医药产业虽然起步较晚，但是在国家产业政策特别是国家高技术研究发展计划（863 计划）的大力支持下发展迅速，逐步缩短了与发达国家之间的差距，市场规模已紧随美国之后占全球 20% 左右。近年来，通过政府引导与民间投资的联动，我国生物医药格局更是出现了重大变化，逐步出现了第三个新型板块——国产创新药，由此打破了我国近几十年来一直以仿制国外药品为主的格局，打破了进口创新药长期以来的市场垄断。国产创新药的出现得益于 2008 年 8 月开始实施的"重大新药创制"国家科技重大专项，其经过"十一五"到"十三五"3 个五年计划，从创新药物研究开发、药物大品种技术改造、技术平台建设、企业创新药物孵化基地建设和关键技术研究五个方面进行布局，使得一批由国内生物医药企业自主研发或合作引进的创新药品种在国内实现全球首发上市。面对"十四五"时期的新形势与新任务，我国新药研发将继续坚持以技术创新实现迭代变革，向着研制"同类第一"（first in class，FIC）或"同类最优"（best in class，BIC）的创新药目标努力奋进。

在我国生物医药产业快速发展的同时，2021 年，北京乾成律师事务所也正式迈入了"第三个五年计划"发展阶段，在过去的十年中，乾成律师事务所聚焦"中国新生代律师"这一基本命题，自觉成为新生代律师概念的提倡者、理念的呼吁者。与此同时，源于法律创新实验公益项目"帮瀛诉讼投资"（TPF）平台在"法律＋科技＋金融"领域探索出的成熟经验，乾成通过首创引入"投资人机制"，设立"专业化补助资金制度"，全面启动整体性专业化建设的加速度。未来，乾成将坚持"爱与创造"的核心价值观，致力于打造律师行业"有品味、有文化、有服务、有健康、有温度"的职场新标杆，不负时代对新生代律师的期许，为法治中国建设贡献新生代律师的力量。

习近平总书记在法治思想内涵的"11 个坚持"中指出，要坚持统筹推进国内法治和涉外法治。而涉外法治的核心问题是人才问题，而涉外法治人才问题的核心又是律师问题，"中国新生代律师"基于其特殊的成长背景，对西方法律制度更为了解，对西方政治的本质认识更为深刻，他们以其知识背景、国际视野、青年斗志和政治立场在今天这个特殊历史时期，担负起了特殊的时代使命。当前，世界遭遇百年未有之大变局，国际环境的不稳定性与不确定性明显上升，新冠肺炎疫情影响广泛深远。我国在控制疫情的过程中呈现出的中国制度、中国智慧、中国方案，成为国际社会普遍关注的话题，在中国走进世界舞台中央的征程中，各种不确定因素在增加，迫切需要加快形成系统完备的涉外法律法规体系，提升涉外执法司法的效能，而"中国新生代律师"责无旁贷地承担起了这份社会责任，这同时也是"中国新生代律师"建功立业的历史机遇。

知识产权是国际竞争力的核心要素，也是国际争端的焦点。知识产权的国际竞争，同时也是人才的国际竞争。本书的作者之一郑希元律师，作为"中国新生代律师"的一员，在撰写本书的过程中，一直坚持以国际化的视角阐述问题，注重国内外比较法的对比分析，系统阐述国内外药品行政与司法保护实践，展现出开阔的国际化视野和处置国际事务的斗志与活力。希望郑希元律师在未来的职业发展过程中能够继续站位于国际化的视角，继续保持高昂的斗志与活力，继续深耕于知识产权领域，百尺竿头更进一步，成为这一领域优秀的专家型律师。

最后，希望本书的出版，对于我国医药领域的科研技术人员和知识产权从业人员具有重要的学习和参考价值，对于我国医药领域的药品专利保护具有重要的借鉴和启示意义。

北京乾成律师事务所主任兼党总支书记
全国优秀律师

廖鸣程

2022 年 3 月

前　言

2015 年 10 月 5 日，瑞典卡罗琳斯卡医学院宣布，将 2015 年诺贝尔生理学或医学奖授予中国药学家屠呦呦与另两位外国科学家，以表彰他们在寄生虫疾病治疗领域所取得的卓越成就，其中屠呦呦的获奖理由是"有关疟疾新疗法——青蒿素的发现"。虽然青蒿素的发现成为中国生物医药技术发展的里程碑与国人的骄傲，但是作为中国完全独立自主研发的抗疟特效药，其专利之路却走得充满遗憾且颇为坎坷。屠呦呦最早于 1971 年发现黄花蒿的乙醚提取物具有抗疟活性并于 1973 年从该提取物中成功分离出有效单体并对其分子结构进行解析，将其命名为"青蒿素"，但此时的中国尚未建立真正意义上的专利制度。因此，屠呦呦等科学家当时想要将自己的科研成果在国内申请为专利，根本找不到法律和/或制度依据，当时的他们又缺乏向国外申请专利进行保护的意识。当时，为了抢在外国科学家前面发表科研论文以证明青蒿素为中国人首次从菊科植物 Artemisia annua L. 中提取分离得到，屠呦呦等科学家以"青蒿素结构研究协作组"的名义发表相关文章《一种新型的倍半萜内酯——青蒿素》，于 1977 年在《科学通报》上刊登，由此，青蒿素基础技术完全进入公有领域。

随着我国专利制度于 1984 年建立以及之后的不断完善，公众的专利保护意识也在不断增强，青蒿素类药物因其自身所具有的优良抗疟性能吸引我国科学家在其衍生物及其复方制剂领域纷纷进行研发并向国内外申请了多项外围专利。其中，最受关注的是，2009 年美国食品药品监督管理局（FDA）批准了我国拥有完全知识产权（PCT 国际申请 WO92/02217）的复方蒿甲醚（Coartem）上市，这也是在美国获批上市的第一个中国原创的专利药品。近几年中国原创的 1 类创新药逐年增多，2002～2016 年，每年仅有 0～3 个创新药获得中国药品监管机构的注册批件；而 2017 年及之后，其数量保持在每年 10 个左右，2021 年更是达到创纪录的 30 个以上，使中国成为世界药品创新第二梯队的"领头羊"。

究其原因，与中共中央、国务院及有关部门 2015 年之后相继出台的一系列与鼓励药品创新和深化药品审评审批制度改革有关的措施密切相关，尤其是 2017 年 10 月 8 日，中共中央办公厅、国务院办公厅联合印发的《关于深化审评审批制度改革鼓励药品医疗器械创新的意见》，该意见中明确提出优化临床试验审批程序、接受境外临床试验数据、加快临床急需药品审评审批、支持罕见病治疗药品研发、实行药品与药用原辅料和包装材料关联审批等改革措施；以及鼓励仿制药专利挑战、探索建立药品专利链接制度、开展药品专利期限补偿制度试点等与知识产权相关的内容。这一医药改革纲领性文件的出台，为之后中国医药产业的快速蓬勃发展奠定了坚实基础，有利于促进药品医疗器械产业结构调整和技术创新、提高产业竞争力以及满足公众临床需要，也对当时正在修改中的《专利法》增加与药品保护相关的内容指明了方向。2020 年 10月 17 日，第十三届全国人民代表大会常务委员会第二十二次会议审议通过了《全国人民代表大会常务委员会关于修改〈中华人民共和国专利法〉的决定》，完成了对专利法的第四次修改，其中新增专利权期限补偿制度和药品专利纠纷早期解决机制等内容。修改后的《专利法》自 2021 年 6 月 1 日起施行。

正是在这样的时代大背景下，刘国伟老师鼓励我发挥自己的专业特长编写本书。本书的基本结构和内容如下。

第 1 章是医药新技术与新政策。该章包括医药技术发展新趋势（涉及抗体药物偶联物、双（多）特异性抗体、NTRK 融合基因靶向药、膜内外蛋白降解技术以及 AI 制药与基因疗法）、中国医药行业发展演变（涉及药品注册政策与上市分析、医保谈判与集中带量采购以及授权合作与尽职调查）以及中国医药专利制度演变三个方面的内容，以求全景展示全球医药新技术的发展现状以及中国医药行业及其专利制度的演变发展过程。

第 2 章是医药专利类型与授权、确权和侵权。该章从不同的医药专利类型出发，从专利客体（可专利性）、新颖性、创造性、说明书充分公开以及权利要求是否得到说明书支持的角度，围绕专利授权、确权和侵权阶段这一主线进行具体阐述，以期为促进医药领域创新药的研发进展和有效专利保护提供参考与借鉴。

第 3 章是医药专利法律问题。该章所涉及的优先权认定、商业成功、技术偏见、实验数据和等同侵权的判断一直是颇受关注的医药专利法律问题，其对于涉案专利申请或专利是否能够弥补在先申请中的某些缺陷、说明书是否已经充分公开、相对于现有技术是否具备创造性以及被诉侵权产品是否未落入权利要求的保护范围内的判断具有重要意义。

第 4 章是医药专利法律制度。该章对于药品专利链接制度、专利期限补偿制度以及 Bolar 例外条款从比较法的角度进行深入探讨与分析，上述三者事关原研药企业与仿制药企业的切身利益，从而备受国内外医药企业关注，它们之间相互配合，通过设立药品注册与专利之间的衔接渠道，以增进医药行业的良性竞争，最终促进新药和仿制药共存发展。

第 5 章是医药专利典型案例评析。该章由刘国伟老师编写，他结合自己丰富的办案经验，对最高人民法院有关医药领域专利纠纷的经典案例进行了深入浅出的分析与点评，将专利侵权诉讼"虚实对抗"以及医药专利诉讼的特点展现出来，从而将中国专利法的理论与实践紧密结合，把枯燥的专利诉讼案件讲解得妙趣横生。

在上述章节中，第 2 章、第 3 章和第 4 章由近 5 年我结合自身的工作经验而在专业期刊和报纸上发表的 20 篇专业文章衍生与扩展而来，它们构成了本书的核心内容，也是我最开始编写本书的基础框架所在。刘国伟老师则对本书整体框架的构建提出了很多务实性的意见，其中第 1 章的编写正是在这些意见的启发下产生的。

此外，不得不提的是，本书在编写的过程中存在以下 6 个鲜明的特色。

①本书涉及近 5 年与医药相关的中国专利典型案例，具体包括最高人民法院指导性案例与公报案例、中国法院十大知识产权案件与 50 件典型知识产权案例以及国家知识产权局专利复审无效十大案件；②本书所涉及的医药种类较为齐全，包括化学药、中药和生物药/生物技术，具体涉及化合物及其盐、晶型、前药、代谢物与中间体、医药用途、制备方法与新产品制造方法、手性化合物、药物制剂、药物组合物、抗体、基因与微生物和胚胎干细胞；③本书结合相关法律规定与案例分析，注重中国、美国、欧洲、日本、印度及韩国之间的比较法研究，涉及中外案例 100 余件；④本书涉及多项新技术、新热点、新立法、新政策与新争议；⑤本书采用多图表的形式，力求直观、简洁、易懂；以及⑥本书在内容上更偏重于专利实务（撰写、无效与诉讼）的具体操作与建议。

本书的编写、定稿与最终出版离不开知识产权出版社的支持与鼓励，卢海鹰编辑对本书的整体架构进行策划并针对业界的需求提出了许多建设性的意见，王玉茂编辑则具体负责本书的审校，对内容进行认真把关，两位编辑的专业背景与专业素养，为本书增色不少；而"作为卓越的新生代律师事务所"的北京乾成律师事务所的创始合伙人廖鸿程主任与段立红律师对本书的推动和帮助也是本书得以顺利出版的重要因素；当然，也离不开我的父母和妻女在精神和行动上对于我的理解、包容、支持与鼓励，这是我一直以来不断努力前行的动力。

最后，希望本书能够为中国医药知识产权事业的发展添砖加瓦，能够切实地为中国医药企业、医疗机构、大专院校以及科研院所的知识产权从业人员、商务开发人员以及药物研发人员提供帮助，成为一部真正实用的参考手册。

郑希元

2022 年 3 月

缩略词表

医药专业术语

丙型肝炎病毒	hepatitis C virus，HCV
B 细胞成熟抗原	B cell maturation antigen，BCMA
长末端重复序列	long terminal repeated，LTR
超临界流体色谱法	supercritical fluid chromatography，SFC
成簇规律间隔短回文重复序列/成簇规律间隔短回文重复序列关联蛋白技术9	clustered regularly interspaced short palindromic repeats/CRISPR－associated proteins 9，CRISPR/Cas9
雌激素受体	estrogen receptor，ER
单克隆抗体	monoclonal antibody，mAb
单链抗体	single chain antibody fragment，scFv
单链引导 RNA	single－guide RNA，sgRNA
蛋白降解靶向嵌合体	proteolysis－targeting chimera，PROTAC
多发性骨髓瘤	multiple myeloma，MM
二肽基肽酶－4	dipeptidyl peptidase－4，DPP－4
反义寡核苷酸	antisense oligonucleotide，ASO
泛素－蛋白酶体系统	ubiquitin－proteasome system，UPS
非霍奇金淋巴瘤	non－Hodgkin lymphoma，NHL
非同源末端连接	non－homologous end joining，NHEJ
非同源性末端接合	non－homologous end joining，NHEJ
非小细胞肺癌	non－small cell lung cancer，NSCLC
肺炎球菌结合疫苗	pneumococcal conjugate vaccine，PCV
粉末 X 射线衍射法	powder X－ray diffraction，PXRD
γ 逆转录病毒载体	gamma retroviral vector，GRV
高效液相色谱法	high performance liquid chromatography，HPLC
过氧化物酶体增殖激活受体 γ	peroxisome proliferators－activated receptor－γ，PPAR－γ

互补决定区	complementarity determining region，CDR
环指 43	ring finger 43，RNF43
基于抗体的 PROTAC	antibody‐based PROTACs，AbTACs
计算机断层扫描	computed tomography，CT
巨细胞病毒	cytomegalovirus，CMV
抗体药物偶联物	antibody‐drug conjugate，ADC
抗体依赖性细胞毒性	antibody‐dependent cellular cytotoxicity，ADCC
Leber 先天性黑蒙 2 型	Leber's congenital amaurosis，LCA2
类转录激活因子效应物核酸酶	transcription activator‐like effector nuclease，TALEN
慢病毒	lentivirus，LV
慢性骨髓性白血病	chronic myeloid leukemia，CML
慢性阻塞性肺病	chronic obstructive pulmonary disease，COPD
弥漫大 B 细胞淋巴瘤	diffuse large B‐cell lymphoma，DLBCL
免疫球蛋白 G	immunoglobulin G，IgG
目标蛋白	protein of interest，POI
内转录间隔区	internal transcribed space，ITS
疱疹病毒	herpes virus，HSV
前间区序列邻近基序	protospacer adjacent motif，PAM
嵌合抗原受体 T	chimeric antigen receptor T，CAR‐T
曲线下面积	area under curve，AUC
人表皮生长因子受体 2	human epidermal growth factor receptor‐2，HER2
人工智能	artificial intelligence，AI
人胚胎干细胞	human embryonic stem cells，hESCs
溶酶体靶向嵌合体	lysosome‐targeting chimaeras，LYTACs
溶酶体靶向受体	lysosome‐targeting receptor，LTR
神经干细胞	neural stem cell，NSC
神经营养因子酪氨酸激酶受体	neurotrophic receptor tyrosine kinase，NTRK
视网膜色素变性	retinitis pigmentosa，RP
双链断裂	double strand break，DSB
双特异性抗体	bispecific antibody，BsAb
套细胞淋巴瘤	mantle cell lymphoma，MCL
特发性肺纤维化	idiopathic pulmonary fibrosis，IPF

同源依赖性修复	homology – dependent repair，HDR
同源重组修复	homology directed repair，HDR
晚期内吞体	late endosome，LE
X 连锁重症联合免疫缺陷症	X – linkage severe combined immunodeficiency，XSCID
细胞程序性死亡受体 – 1	programmed cell death protein 1，PD – 1
细胞毒性 T 淋巴细胞相关抗原 – 4	cytotoxic T lymphocyte associated antigen – 4，CTLA – 4
腺病毒	adenovirus，AV
腺相关病毒	adeno – associated virus，AAV
小分子抑制剂	small molecule inhibitor，SMI
锌指核酸内切酶	zinc – finger nucleases，ZFN
新分子实体	new molecular entity，NME
新化学实体	new chemical Entity，NCE
雄激素受体	androgen receptor，AR
选择性 5 – 羟色胺再摄取抑制剂	selective serotonin reuptake inhibitor，SSRI
循环内吞体	recycling endosome，RE
移植物抗宿主反应	graft versus host reaction，GVHR
荧光原位杂交	fluorescence in situ hybridization，FISH
诱导性多能干细胞	induced pluripotent stem cells，iPSC
原肌球蛋白受体酪氨酸激酶	tropomyosin receptor tyrosine kinase，TRK
原料药	Active Pharmaceutical Ingredients，API
早期内吞体	early endosome，EE
造血干细胞	hematopoietic stem cell，HSC
造血干细胞和祖细胞	hematopoietic stem and progenitor cells，HSPC
中枢神经系统	central nervous system，CNS
周期蛋白依赖性激酶	cyclin – dependent kinase，CDK
主要组织相容性复合体	major histocompatibility complex，MHC
自然杀伤细胞	natural killer cell，NK
自然语言处理	natural language processing，NLP
总缓解率	overall response rate，ORR
最佳支持治疗	best suport care，BSC

组织机构与法律术语

北美自由贸易协议	North American Free Trade Agreement，NAFTA

补充保护证书	Supplementary Protection Certificate，SPC
风险投资	Venture Capital，VC
更易获得可支付药品法案	Greater Access to Affordable Pharmaceutical Act，GAAPA
关税及贸易总协定	General Agreement on Tariffs and Trade，GATT
国际干细胞研究学会	International Society for Stem Cell Research，ISSCR
国际衍射数据中心	International Centre for Diffraction Data，ICDD
国家药品监督管理局	National Medical Products Administration，NMPA
海关和专利权上诉法院	Court of Customs and Patent Appeals，CCPA
韩国知识产权审判及上诉委员会	Korea Intellectual Property Trial and Appeal. Board，KIPTAB
合规通知	Notice of Compliance，NOC
合同制研发服务组织	Contract Research Organization，CRO
简略新药补充申请	Supplement to Abbreviated New Drug Submission，SANDS
简略新药申请	Abbreviated New Drug Application，ANDA
教导－启示－动机	The teaching－suggestion motivation，TSM
紧急情况下使用授权	Emergency Use Authorization，EUA
联邦贸易委员会	Federal Trade Commission，FTC
联邦食品、药品与化妆品法案	Federal Food，Drugs，and Cosmetic Act，FFDCA
联邦巡回上诉法院	Court of Appeals for the Federal Circuit，CAFC
美国国立卫生研究院	National Institutes of Health，NIH
美国食品药品监督管理局	Food and Drug Administration，FDA
美国专利商标局	United States Patent and Trademark Office，USPTO
欧洲药品管理局	European Medicines Agency，EMA
欧洲专利局	European Patent Office，EPO
人用药品注册技术要求国际协调会议	International Conference on Harmonization of Technical Requirements for Registration of Pharmaceuticals for Human Use，ICH
日本医药品医疗器械综合机构	Pharmaceuticals and Medical Devices Agency，PMDA
膳食补充剂健康与教育法案	Dietary Supplements Health And Education Act，DSHEA
生物多样性公约	Convention on Biological Diversity，CBD
生物制剂价格竞争与创新法案	Biologics Price Competition and Innovation Act，BPCIA
声明通知	Notice of Allegation，NOA
食品和药品安全部	Minister of Food and Drug Safety，MFDS
世界贸易组织	World Trade Organization，WTO

世界卫生组织	World Health Organization，WHO
市场专有权	Exclusive Marketing Rights，EMR
首次公开募股	Initial Public Offering，IPO
司法部	Department of Justice，DOJ
新药临床试验申请	Investigational New Drug Application，IND
新药上市许可申请	New Drug Application，NDA
药品集中采购组织	Group Purchasing Organization，GPO
药品价格竞争与专利期补偿法案	Drug Price Competition and Patent Term Restoration Act，Hatch – Waxman 法案
药品审评中心	Center for Drug Evaluation，CDE
药物评价与研发中心	Center for Drug Evaluation and Research，CDER
医疗保险处方药与现代化法案	Medicare Prescription Drug，Improvement，and Modernization Act，MMA
与贸易有关的知识产权协定	Agreement on Trade – Related Aspects of Intellectual Property Rights，TRIPS
中国合格评定国家认可委员会	China National Accreditation Service for Conformity Assessment，CNAS
中国计量认证	China Inspection Body and Laboratory Mandatory Approval，CMA
专利合作条约	Patent Cooperation Treaty，PCT
专利期限调整	Patent Term Adjustment，PTA
专利期限延长	Patent Term Extension，PTE
专利审查程序手册	Manual of Patent Examining Procedure，MPEP
专利自由实施	Freedom To Operate，FTO
综合经济贸易协定	Comprehensive Economicand Trade Agreement，CETA

目 录

第 1 章

医药新技术与新政策

1.1 医药技术发展新趋势

从 20 世纪二三十年代英国微生物学家亚历山大·弗莱明发现青霉素并将其研究成果"关于霉菌培养的杀菌作用"发表于《不列颠实验病理学杂志》（*British Journal of Experimental Pathology*）上到 1982 年，在市场上销售的所有药物均为小分子药物，而第一个大分子药物（第一个上市的基因工程药物）则是在 1982 年上市的，它就是美国礼来公司（Eli Lilly）推出的全球第一支基因重组技术生产的大肠杆菌重组药物——人胰岛素，商品名为优泌林（Humulin），用于治疗需要胰岛素来维持血糖水平的糖尿病患者。

癌症治疗同样经历着从小分子药物到大分子药物的转变。癌症治疗按照治疗手段出现的时间顺序可分为五个阶段（见图 1-1-1）：①手术治疗阶段。手术治疗或烧灼恶性肿瘤作为唯一的治疗选择。②放射疗法阶段。玛丽·居里和皮埃尔·居里开创了放射性理论，发明分离放射性同位素技术，发现两种新元素钋和镭，并第一次将放射性同位素用于治疗癌症。③化学治疗阶段。开发用于治疗血液肿瘤和实体肿瘤的具有细胞毒性的抗肿瘤药物。④靶向治疗阶段。针对特定肿瘤和分子改变的酪氨酸激酶抑制剂和单克隆抗体。⑤检查点抑制剂阶段。使用能够刺激免疫系统对抗癌症的单克隆抗体。

当前的癌症治疗，临床试验中正在运用的治疗策略包括化学疗法（小分子药物）、靶向疗法、放射疗法、消融、手术、免疫疗法（大分子药物），以及上述几种疗法的组合（见图 1-1-2）。具体而言，包括：①局部或全身的新型靶向治疗或联合化疗；②消融、放疗、手术；③周期蛋白依赖性激酶（cyclin-dependent kinase，CDK）抑制剂的开发与研究；④免疫检查点抑制剂、嵌合抗原受体 T（chimeric antigen receptor T，

CAR－T）细胞等免疫疗法；⑤上述现有疗法的组合。

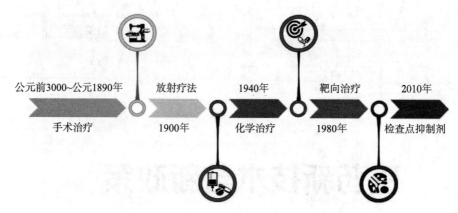

图 1－1－1　癌症治疗划时代转折点时间轴❶

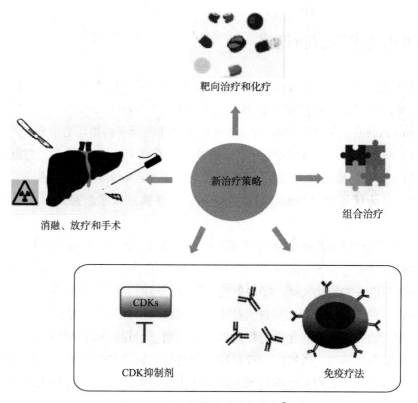

图 1－1－2　现代癌症治疗策略❷

---

❶ FALZONE L, SALOMONE S, LIBRA M. Evolution of Cancer Pharmacological Treatments at the Turn of the Third Millennium ［J］. Frontiers in pharmacology, 2018, 9: 1300.

❷ XUEZHEN Z, SIMON E W, JINGYING Z, et al. Liver Immune Microenvironment and Metastasis from Colorectal Cancer－Pathogenesis and Therapeutic Perspectives ［J］. Cancers, 2021, 13 (10): 2418.

其中，免疫疗法（大分子药物）是指通过增强机体的免疫系统（包括体液免疫和细胞免疫）来控制和杀灭肿瘤细胞的治疗方法。传统医疗手段往往聚焦于恶性肿瘤病灶局部，在物理和化学层面上杀灭癌细胞，但在杀伤癌细胞的同时，还会杀伤正常组织细胞；而免疫疗法则是直接作用于人的免疫系统，通过增强人的免疫系统达到控制和杀灭恶性肿瘤的目的，仅杀伤癌细胞而不会杀伤正常组织细胞。相较于传统治疗方法，免疫治疗具有副作用小、特异性强、杀瘤谱广、低复发率等优点，如图 1 - 1 - 3 所示。免疫治疗主要分为以下三大类。

（1）免疫检查点抑制剂，其作用是解除免疫系统的刹车，使其能够更好地攻击癌症；

（2）单克隆抗体，其附着在癌细胞上标记细胞的特定蛋白质，以便免疫系统可以找到并摧毁这些细胞；

（3）癌症疫苗，其通过增强免疫系统对抗癌细胞来刺激免疫系统对抗癌症。❶

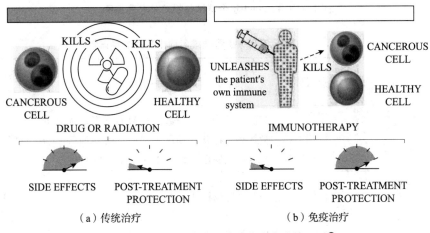

（a）传统治疗　　　　　　　　　（b）免疫治疗

图 1 - 1 - 3　免疫疗法和传统治疗方法的区别❷

从小分子药物到大分子药物的转变同样表现在市场销售额方面。从 2009 年全球市场销售额排名前十药品的分类来看，小分子药物占据 7 席，大分子药物占据 3 席，其中排名前五的药物全部为小分子药物，结构式和销售额如图 1 - 1 - 4 所示。

2009 年全球销售额排名前十药品的具体情况如表 1 - 1 - 1 所示。

---

❶ 杨何，张升，辛艳飞. 肿瘤免疫治疗研究进展 ［J］. 中国临床药理学与治疗学，2016，21（9）：1074 - 1080.

❷ PAVY M D. Immunotherapy：Boosting the body's natural defenses to fight cancer ［EB/OL］.（2019 - 10 - 20）［2021 - 10 - 25］. https：//scnow. com/news/health/immunotherapy - boosting - the - body - s - natural - defenses - to - fight - %20cancer/article_f9a178b8 - 145e - 5e6e - 9317 - 79a3cb25ea4f. html.

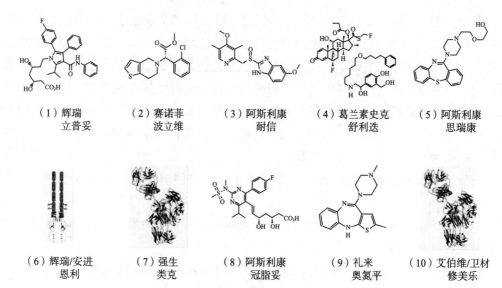

（1）辉瑞　　　（2）赛诺菲　　　（3）阿斯利康　　　（4）葛兰素史克　　　（5）阿斯利康
　立普妥　　　　　波立维　　　　　　耐信　　　　　　　舒利迭　　　　　　　思瑞康

（6）辉瑞/安进　　（7）强生　　　（8）阿斯利康　　　（9）礼来　　　　（10）艾伯维/卫材
　　恩利　　　　　　类克　　　　　　冠脂妥　　　　　　奥氮平　　　　　　　修美乐

图 1-1-4　2009 年全球销售额前十名药品❶

表 1-1-1　2009 年全球销售额排名前十药品的具体情况

排名	商品名	企业名称	主要适应证	销售额/亿美元
1	立普妥（Lipitor）	辉瑞	高胆固醇血症；冠心病或冠心病等危症（如糖尿病、症状性动脉粥样硬化性疾病等）合并高胆固醇血症或混合型血脂异常的患者	132.88
2	波立维（Plavix）	赛诺菲	预防动脉粥样硬化血栓形成	90.59
3	耐信（Nexium）	阿斯利康	胃食管反流性疾病（GERD）；与适当的抗菌疗法联合用药根除幽门螺杆菌等	82.36
4	舒利迭（Seretide）	葛兰素史克	以联合用药形式（支气管扩张剂和吸入型皮质激素的组合）用于可逆性阻塞性气道疾病的常规治疗，包括成人和儿童哮喘	80.98
5	思瑞康（Seroquel）	阿斯利康	治疗精神分裂症和治疗双相情感障碍的躁狂发作	59.74
6	恩利（Enbrel）	辉瑞/安进	治疗类风湿关节炎（RA）和强直性脊柱炎（AS）的改善病情的抗风湿药（DMARD）	58.63

❶　图片来源于 Top 200 Pharmaceutical Products by Worldwide Sales in 2009，由 Njardarson Group（康奈尔大学）的 Daniel J. Mack，Matthew Brichacek，Alexandra Plichta，Jón T. Njarðarson 编制和制作。

排名	商品名	企业名称	主要适应证	销售额/亿美元
7	类克（Remicade）	强生	中重度类风湿性关节炎（RA）、成人和儿童中重度克罗恩病（CD）、成人和儿童中重度溃疡性结肠炎（UC）、慢性重度斑块性银屑病（PsO）、银屑病性关节炎（PsA）和强直性脊柱炎（AS）	54.53
8	冠脂妥（Crestor）	阿斯利康	控制血脂异常的原发性高胆固醇血症（IIa型，包括杂合子家族性高胆固醇血症）或混合型血脂异常症（IIb型）患者在节食或锻炼疗法不理想时的辅助治疗	53.83
9	奥氮平（Zyprexa）	礼来	适用于精神分裂症和其他有严重阳性症状和（或）阴性症状的精神病的急性期和维持治疗；亦可缓解精神分裂症及相关疾病常见的继发性情感症状	52.95
10	修美乐（Humira）	艾伯维/卫材	类风湿关节炎、银屑病关节炎、强直性脊柱炎等自身免疫性疾病	50.32

　　然而，2020 年全球市场销售额排名前十药品中小分子药物仅占据 4 席，大分子药物占据 6 席且均为抗体，其中排名前二的药物全部为大分子药物（见图 1 - 1 - 5），大分子药物发展迅猛。2013 年之前，每年只有寥寥几个抗体获得美国食品药品监督管理局（Food and Drug Administration，FDA）批准得以上市，但是近十年来，抗体的获批已开始变得越来越多，平均每年大约有 10 个抗体获得 FDA 批准。FDA 于 2015 年批准了第 50 个抗体，与第一个抗体莫罗莫那 - CD3（Muromonab - CD3）的获批时间间隔为 29 年；而随着葛兰素史克公司的 PD - 1 阻滞剂 Jemperli（Dostarlimab）在 2021 年 4 月获得 FDA 批准，仅用 6 年时间就完成了从第 50 个到第 100 个抗体药物的上市，（见图 1 - 1 - 6❶），增速明显。

　　❶ MULLARD A. FDA Approves 100th Monoclonal Antibody Product ［J］. Nature Reviews Drug Discovery, 2021, 20（7）：491 - 495.

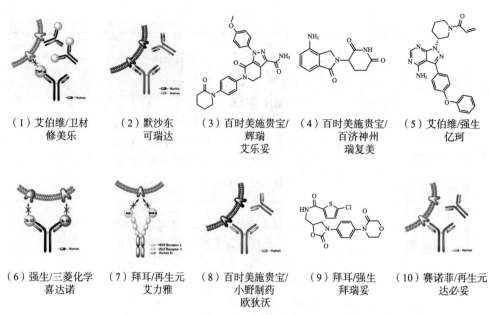

（1）艾伯维/卫材
修美乐

（2）默沙东
可瑞达

（3）百时美施贵宝/
辉瑞
艾乐妥

（4）百时美施贵宝/
百济神州
瑞复美

（5）艾伯维/强生
亿珂

（6）强生/三菱化学
喜达诺

（7）拜耳/再生元
艾力雅

（8）百时美施贵宝/
小野制药
欧狄沃

（9）拜耳/强生
拜瑞妥

（10）赛诺菲/再生元
达必妥

图 1-1-5　2020 年全球销售额前十名药品❶

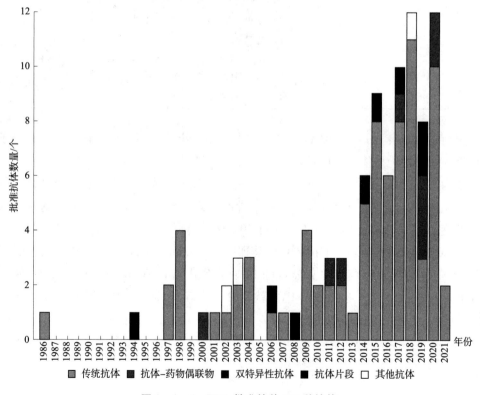

传统抗体　抗体-药物偶联物　双特异性抗体　抗体片段　其他抗体

图 1-1-6　FDA 批准的前 100 种抗体

---

❶　图片来源于 Top 200 Drugs By Retail Sales in 2020，由 Njardarson Group（康奈尔大学）编制和制作。

2020 年全球销售额排名前十药品的具体情况如表 1-1-2 所示。

表 1-1-2　2020 年全球销售额排名前十药品的具体情况

排名	商品名	企业名称	核心专利到期时间（美国）/年	主要适应证	销售额/亿美元
1	修美乐（Humira）	艾伯维/卫材	2023	类风湿关节炎、银屑病关节炎、强直性脊柱炎等自身免疫性疾病	209.47
2	可瑞达（Keytruda）	默沙东	2028	黑色素瘤、头颈癌、非小细胞肺癌、经典霍奇金淋巴瘤、膀胱癌、胃癌等	143.80
3	艾乐妥（Eliquis）	百时美施贵宝/辉瑞	2027～2029	口服抗凝药物，用于髋关节或膝关节择期置换术的成年患者，预防静脉血栓栓塞事件（VTE）	141.17
4	瑞复美（Revlimid）	百时美施贵宝/百济神州	2025～2026	骨髓增生异常综合征、多发性骨髓瘤、套细胞淋巴瘤	121.06
5	亿珂（Imbruvica）	艾伯维/强生	2026	套细胞淋巴瘤、华氏巨球蛋白血症、慢性移植物抗宿主病和染色体 17p 缺失的慢性淋巴细胞白血病	94.42
6	喜达诺（Stelara）	强生/三菱化学	2025～2026	中度至重度斑块状银屑病、银屑病关节炎、中度至重度克罗恩病等自身免疫性疾病	79.72
7	艾力雅（Eylea）	拜耳/再生元	2025～2026	视网膜静脉阻塞继发黄斑水肿、湿性年龄相关性黄斑变性和糖尿病性黄斑水肿等	79.38
8	欧狄沃（Opdivo）	百时美施贵宝/小野制药	2028	不可切除或转移黑色素瘤、二线治疗非小细胞肺癌、二线治疗晚期肾细胞癌等	78.99
9	拜瑞妥（Xarelto）	拜耳/强生	2020	口服抗凝药物，在膝或髋关节置换手术患者中预防静脉血栓形成（VTE）以及治疗成人静脉血栓形成（DVT）	78.06
10	达必妥（Dupixent）	赛诺菲/再生元	2027	中度至重度特应性皮炎（≥6 岁患者）、中度至重度哮喘（≥12 岁患者）、伴鼻息肉的慢性鼻－鼻窦炎（CRSwNP，成人患者）	75.01

2021 年，受到新型冠状病毒肺炎（以下简称"新冠肺炎"，COVID - 19）疫情的影响，SARS - CoV - 2 刺突蛋白因介导病毒入侵宿主细胞而成为关键且热门的靶点，以此为靶点的治疗新冠肺炎药物的销量也从 2020 年下半年开始不断增长，而其中作为大分子药物的 mRNA 疫苗 Comirnaty（商品名为复必泰，BNT162b2）❶ 更是表现强劲，2021 年前三季度销售额突破纪录达到 242 亿美元，从而成为辉瑞销售额最高、增长最快的产品，其也超越艾伯维的修美乐（Humira），成为 2021 年全球销售额第一名和史上年度销售额最高的药物。

Comirnaty 经肌肉注射后发挥效用，其作用机制如图 1 - 1 - 7 所示❷，主要分为以下四个步骤：①宿主细胞吸收含有 mRNA 的脂质纳米粒；②mRNA 逃逸至宿主细胞的细胞质中并指导 SARS - CoV - 2 刺突蛋白的产生；③在宿主细胞的表面表达刺突蛋白；④产生针对 SARS - CoV - 2 刺突蛋白的中和抗体，并诱导刺突蛋白特异性 T 细胞（CD4$^+$和 CD8$^+$）扩增。

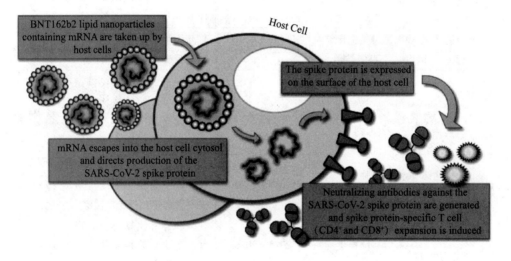

图 1 - 1 - 7　Comirnaty 肌肉注射后的作用机制

回顾 mRNA 疫苗 Comirnaty 的开发历程，其起源于 2020 年 3 月拜恩泰科（BioNTech）和辉瑞共同签署的一份合作协议，该协议涉及开发和分配一种潜在的基于 mRNA 的疫苗，用于预防 COVID - 19。❸ 根据合作条款，拜恩泰科除了保留德国和土耳其权益之

---

❶ 2021 年 8 月 23 日正式获得 FDA 批准，中文商品名为复必泰。

❷ 图片来源于 LAMb Y N. BNT162b2 mRNA COVID - 19 Vaccine：First Approval ［J］. Drugs, 2021, 81（4）：495 - 501。

❸ Pfizer and BioNTech to co - develop potential COVID - 19 vaccine ［EB/OL］. （2020 - 03 - 17）［2021 - 08 - 09］. http：//www.pfizer.com.

外，将和辉瑞一起把批准的疫苗推向全球（不包括中国❶）。❷ 这项合作建立在它们于 2018 年达成的共同开发基于 mRNA 的流感疫苗协议的基础之上。

2021 年 12 月 10 日，*Nature reviews drug discovery* 发布 2022 年全球药品销量前十预测，其中两款 mRNA 疫苗复必泰（Comirnaty）和 Spikevax 都在 2022 年中占据着重要的位置，具体情况如表 1 - 1 - 3 所示。

表 1 - 1 - 3　2022 年全球药品销量前十预测❸❹

排名	商品名	企业名称	药理学类别	销售额/亿美元
1	复必泰（Comirnaty）	辉瑞/拜恩泰科	SARS - CoV - 2 疫苗	290
2	修美乐（Humira）	艾伯维/卫材	抗 - TNF 单抗	211.58
3	Spikevax	莫德纳	SARS - CoV - 2 疫苗	195
4	可瑞达（Keytruda）	默沙东	抗 - PD1 单抗	194.96
5	艾乐妥（Eliquis）	百时美施贵宝/辉瑞	Xa 因子抑制剂	119.18
6	瑞复美（Revlimid）	百时美施贵宝/百济神州	免疫调节剂	112.53
7	喜达诺（Stelara）	强生/三菱化学	抗 - IL - 12/IL - 23 单抗	100.65
8	必妥维（Biktarvy）	吉利德科学	HIV 整合酶抑制剂（INSTI）/核苷类逆转录酶抑制剂（NRTI）/核苷酸类逆转录酶抑制剂（Nt-RTI）	97.47
9	欧狄沃（Opdivo）	百时美施贵宝/小野制药	抗 - PD1 单抗	88.88
10	达必妥（Dupixent）	赛诺菲/再生元	抗 - IL - 4/IL - 13 单抗	74.21

大分子药物（生物药）除了在药品市场销售额方面表现突出之外，在研发管线中

---

❶ 拜恩泰科与上海复星医药（集团）股份有限公司（以下简称"复星医药"）于 2020 年 3 月签订了研发协议。根据该协议的条款，两家公司将在中国共同开发 BNT162b2，拜恩泰科及其合作伙伴 Polymun 将从欧洲 GMP 制造工厂为临床试验提供疫苗。复星医药将向拜恩泰科支付预付款和对拜恩泰科进行股权投资，以及潜在的未来投资和里程碑付款。在获得监管部门批准后，复星医药将负责该疫苗在中国的商业化，该疫苗在中国销售的毛利润将由两家公司分享［信息来源于 BioNTech, Fosun Pharma. BioNTech and Fosun Pharma form COVID - 19 vaccine strategic alliance in China［EB/OL］.（2020 - 03 - 16）［2021 - 08 - 09］. http：//www. biontech. de.］。

❷ Pfizer, BioNTech. Pfizer and BioNTech announce further details on collaboration to accelerate global COVID - 19 vaccine development［EB/OL］.（2020 - 04 - 09）［2021 - 08 - 09］. http：//www. pfizer. com.

❸ URQUHART L. Top product forecasts for 2022［J］. Nature Reviews Drug Discovery, 2021.

❹ 默克/Ridgeback 和辉瑞分别开发的 COVID - 19 口服小分子抗病毒药物 Lagevrio（molnupiravir）和 Paxlovid（PF - 07321332 和利托那韦）也有概率跻身 2022 年全球药品销量前十。

的占比也逐年提高，如图 1 - 1 - 8 所示。❶

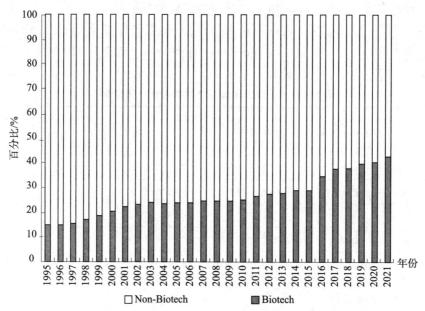

图 1 - 1 - 8　1995～2021 年生物药物与非生物药物在研发管线中占比年度变化

随着针对 COVID - 19 的 mRNA 疫苗❷的推出和广泛使用，对于 mRNA 技术平台来说，2020 年是突破性的一年。截至 2019 年年底，5 家专注于 mRNA 平台上市公司的总市值约为 150 亿美元，而截至 2021 年 8 月，该总市值超过 3000 亿美元。这种估值的上涨反映了人们对于 mRNA 技术前景的乐观。

目前正在开发的基于 mRNA 的药物可根据其潜在作用机制分为三大应用——预防性疫苗、治疗性疫苗和治疗性药物。Wen Xie 等展示了其对全球 mRNA 研发活动进行的整体回顾的最精彩的部分，包括研发管线的数量和阶段、疾病重点、临床策略和与其他模式相比的初步公布数据。截至 2021 年 7 月，Wen Xie 等分析了 31 家 mRNA 公司的 180 条管线资产（见图 1 - 1 - 9❸），其中涉及 76 个预防性疫苗、32 个治疗性疫苗以及 72 个治疗性药物。在 76 个预防性疫苗中，COVID - 19 疫苗为 22 个，其他感染疾病疫苗为 40 个，未知疫苗为 14 个；81% 的预防性疫苗处于临床前研究阶段，仅有 3% 处于获批或紧急情况下使用授权（Emergency Use Authorization，EUA）阶段。在 32 个治疗性疫苗中，包括 21 个肿瘤疫苗，其中 16 个为单一癌种疫苗，5 个为个性化肿瘤疫苗；69% 的治疗性疫苗处于临床前研究阶段。在 72 个治疗性药物中，用于治疗癌症的为 13 个，用于治疗罕见病的为 20 个，用于治疗呼吸系统疾病的为 17 个；87% 的治疗药物处于临床前研究阶段。

---

❶　图片来源于 Ian Lloyd, Senior Director, Pharmaprojects. Pharma R&D Annual Review 2021.
❷　mRNA 疫苗被《麻省理工科技评论》评选为 2021 年"全球十大突破性技术"之一。
❸　XIE W, CHEN B, WONG J. Evolution of the market for mRNA technology [J]. Nature Reviews Drug Discovery, 2021.

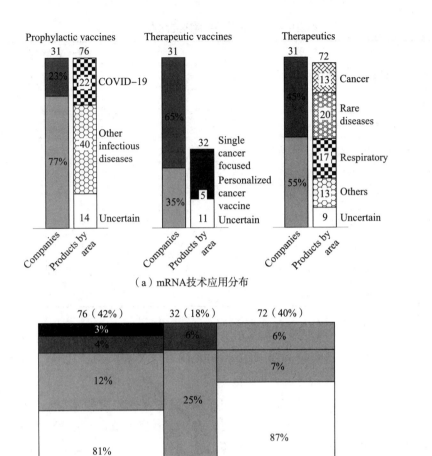

（a）mRNA技术应用分布

（b）mRNA技术阶段分布

图 1 - 1 - 9　mRNA 技术管线的当前概况

抗体协会（Antibody Society）的数据显示，现在有近 870 种抗体处于临床开发阶段，但其中大约 36% 的抗体作用集中于表 1 - 1 - 4 所示的 10 个经过验证的靶点中，即研发管线中存在大量相同靶点的聚集。其中，PD - 1/PD - L1、HER2、CTLA4、EGFR 和 CD20 在抗体管道中仍然占主导地位。PD - 1 和 PD - L1 加起来约占管线的 1/10；CD3 紧随其后，但现在其主要通过双抗靶向以将 T 细胞募集至癌细胞，而不是使 T 细胞大量减少。❶

---

❶ MULLARD A. FDA approves 100th monoclonal antibody product ［J］. Nature Reviews Drug Discovery，2021，20（7）：491 - 495.

表 1 - 1 - 4　热门抗体研究靶点

靶点	管线数量/个❶
程序性细胞死亡蛋白 - 1 及其配体（PD - 1/PD - L1）	80❷
白细胞分化抗原 3（CD3）	71
人表皮生长因子受体 - 2（HER2）	34
细胞毒性 T 淋巴细胞相关蛋白 4（CTLA4）	25
严重急性呼吸系统综合征冠状病毒 2 型（SARS - CoV - 2）	22
白细胞分化抗原 137（CD137，又名 4 - 1BB）	19
淋巴细胞活化基因 3（LAG3）	19
表皮生长因子受体（EGFR）	17
白细胞分化抗原 20（CD20）	15
白细胞分化抗原 47（CD47）	15

除了上述 10 个热门靶点之外，临床开发阶段所涉及的热门靶点还包括与胃癌高度相关的 Claudin 18.2，其他免疫检查点（例如 TIGIT、OX40、CD40），腺苷通路靶点（例如 CD39、CD73、A2AR），细胞因子靶点（例如 IL - 2、IL - 15、IL - 21、IL - 7、IL - 10），与多发性骨髓瘤相关的 CD38 和 BCMA，与特异性皮炎和哮喘相关的 Th2 通路靶点（例如 IL - 4R、IL - 5、TSLP），与银屑病、银屑病关节炎、强直性脊柱病相关的 Th17 通路靶点（例如 IL - 17），外源病毒抗原靶点❸，与凝血或抗凝血相关的 FXI 和 TFPI，补体系统靶点（例如 C3、C5、C3、C5aR、CRIg - CFH、MASP - 2），与系统性红斑狼疮相关的 BLyS 和 IFNAR1，以及与恶性肿瘤发生、侵袭和转移有关的 Trop2 等。

1.1.1　抗体药物偶联物

就大分子抗体药物而言，眼下市场最热门的非 PD - 1/PD - L1 抗体莫属，例如可瑞达（Keytruda，帕博丽珠单抗，俗称"K 药"）和欧狄沃（Opdivo，纳武利尤单抗，俗称"O 药"），而抗体药物偶联物（antibody - drug conjugate，ADC）则被认为是市场的下一个重点，这个被称为靶向递送毒性小分子的"生物导弹"正在成为新的研发热门。

如图 1 - 1 - 10 所示❹，ADC 由负责选择性识别癌细胞表面抗原的"抗体"、负责杀死癌细胞的"效应分子"以及上述两者的"接头"三个主要组件构成（Ⅰ：ADC 构

---

❶ 在所统计的数量中包括双抗的数量。
❷ 其中，PD - 1 靶点为 42 个，PD - L1 靶点为 38 个。
❸ 由于自身免疫耐受的限制，天然全人源抗体更易于获得针对外源病毒抗原的克隆。
❹ 朱贵东，傅阳心. 设计新一代抗体药物偶联物 [J]. 药学学报，2013，48（7）：1053 - 1070.

像；Ⅱ：ADC 简图；Ⅲ：ADC 结构剖析，包括抗体－氨基酸接点－隔离棒－裂解区－释放区和效应分子）。效应分子（payload）原指细胞毒素加上接头部分，现经常和细胞毒素混用。其中，接头通常还包括和抗体偶联的隔离棒、化学或酶裂解区、释放效应分子的释放区等。

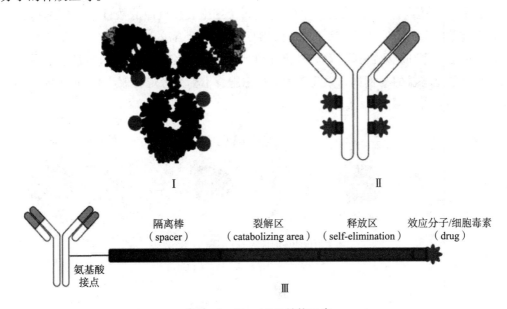

图 1 - 1 - 10　ADC 结构示意

早在 2000 年第一个抗体药物偶联物 Mylotarg（gemtuzumab ozogamicin）被 FDA 批准上市，之后由于后续的临床试验未能继续彰显这款新药的疗效，且其安全性也引起了一些担忧，辉瑞公司在 2010 年主动把 Mylotarg 退市[1]，西雅图遗传学公司的 Adcetris（brentuximab vedotin）在 2011 年 8 月通过 FDA 快速通道评审，代表 ADC 药物获得真正成功。但是 Mylotarg 和 Adcetris 都是针对血液肿瘤，和固体肿瘤相比，组织结构相对简单。

2013 年 2 月 22 日，罗氏的抗体药物偶联物 Kadcyla（Adotrastuzumab emtansine）获得 FDA 批准，用于治疗 HER2 阳性同时对曲妥珠单抗和紫杉醇有抗药性的晚期或转移性乳腺癌患者。Kadcyla 成为 FDA 批准的治疗固体肿瘤的第一个 ADC 药物，这是个体化治疗的一大突破，从疗效来看，Kadcyla 治疗组的客观应答率为 43.6%，显著高于卡培他滨/拉帕替尼对照组的 30.8%（$P < 0.001$），并且 Kadcyla 治疗组的所有二级实验终点都优于卡培他滨/拉帕替尼对照组。[2]

---

[1]　在调整了剂量并补充了更多数据后，2017 年 9 月，辉瑞公司宣布，Mylotarg（gemtuzumab ozogamicin）得到了 FDA 的批准，用于联合柔红霉素和阿糖胞苷治疗 15 岁以上急性髓系白血病患者。

[2]　SUNIL VERMA, DAVID MILES, LUCA GIANNI, et al. Trastuzumab emtansine for HER2 - positive advanced breast cancer [J]. The New England Journal of Medicine, 2012, 367（19）：1783 - 1791.

ADC 的作用机制如图 1 - 1 - 11 所示。ADC 可能通过在靶细胞内释放细胞毒性有效载荷而导致靶细胞死亡，其包括以下步骤：①ADC 与靶细胞上的抗原结合，ADC - 抗原复合物通过内吞作用内化；②细胞毒性有效载荷在溶酶体裂解或酶促降解后释放；③细胞内释放的细胞毒性有效载荷会抑制细胞功能（例如使微管蛋白聚合），可能导致 DNA 损伤。细胞内释放的有效载荷的数量由每个细胞表面抗原的数量、每个 ADC 的细胞毒性有效载荷分子的数量以及抗原返回到细胞表面所需的时间决定。细胞毒性有效载荷可能会在靶细胞死亡和降解后逃离靶细胞，或者从细胞质中穿过其膜。这种释放的后果可能是有益的（例如，杀死邻近的癌细胞，也称为旁观者效应），也可能是导致全身毒性的有害后果。❶

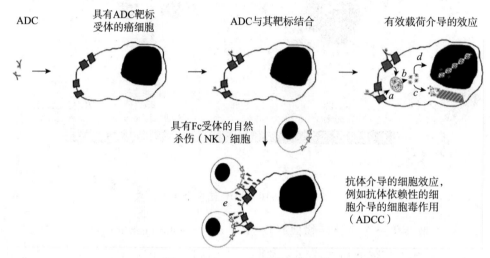

图 1 - 1 - 11　ADC 的作用机制❷

此外，靶向抗体也可能具有抗癌作用。例如，它可能引发宿主免疫反应，这可能涉及多种类型的免疫细胞，例如自然杀伤细胞（natural killer cell，NK）。ADC 的 Fc 部分与 NK 细胞所携带的 Fc 受体❸结合，导致 NK 细胞释放细胞毒性穿孔素和颗粒酶，即产生抗体介导的效果，例如抗体依赖性细胞毒性（antibody - dependent cellular cytotoxicity，ADCC）。

截至 2022 年 2 月 28 日，已获 FDA 批准临床上市的 ADC 药物如表 1 - 1 - 5 所示。

---

❶ VESELA K，PATRICE D，JÉRÔME - BENOÎT S，et al. The Chemistry Behind ADCs ［J］. Pharmaceuticals（Basel），2021，14（5）：442.

❷ MARK B，MAIJA P，NARIES Y et al. Extracellular vesicles as modifiers of antibody - drug conjugate efficacy ［J］. Journal of Extracellular Vesicles，2021，10（4）：e12070.

❸ Fc 受体为对免疫球蛋白 Fc 部分 c 末端的受体。当免疫球蛋白与抗原结合后，抗体的 Fc 变构，与细胞膜上的 Fc 受体结合，产生各种生物效应，抗原 - 抗体复合物对细胞的作用都是通过 Fc 受体的介导。

表 1 - 1 - 5 已获 FDA 批准临床上市的 ADC 药物❶

No.	商品名	获批时间	企业名称	ADC 构成	适应证
1	Adcetris（Brentuximab Vedotin）	2011 年 8 月	西雅图遗传学	抗 CD30 嵌合单抗通过蛋白酶可裂解连接子与微管抑制剂 MMAE 偶联得到的 ADC，平均每个抗体分子偶联 4 个 MMAE（DAR 为 4）	自体干细胞移植后复发或难治性 CD30 阳性霍奇金淋巴瘤及复发或难治性全身间变性大细胞淋巴瘤
2	Kadcyla（Trastuzumab Emantensin）	2013 年 2 月	罗氏	Trastuzumab 通过非还原性硫醚连接子与微管抑制剂 DM1 结合而得到，每分子抗体通过赖氨酸偶联 3～4 个 DM1 分子	既往接受过曲妥珠单抗和紫杉醇治疗的 HER2 阳性转移性乳腺癌患者
3	Besponsa（Inotuzumab Ozogamicin）	2017 年 8 月	辉瑞	抗 CD22 人源化 IgG4 单抗通过酸不稳定连接子（低 pH 可水解断裂）与卡奇霉素衍生物 ozogamicin 偶联而成，每个抗体分子平均偶联 6 个有效载荷	成人复发或难治性 B 细胞前体急性淋巴细胞白血病
4	Mylotarg（Gemtuzumab Ozogamicin）	2017 年 9 月	辉瑞	由抗 CD33 人源化 IgG4 单抗通过酸不稳定的连接子与 ozogamicin 偶联而成，每个抗体分子平均偶联 2～3 个有效载荷	联合柔红霉素和阿糖胞苷治疗 15 岁以上急性髓系白血病患者
5	Lumoxiti❷（Moxetumomab Pasudotox）	2018 年 9 月	阿斯利康	由与截短的细胞毒素 PE38 融合的抗 CD22 抗体的结合部分组成，Lumoxiti 与 HCL 细胞上的 CD22 结合后，被细胞内化、加工并释放已修饰的细胞毒素 PE38，从而抑制细胞中蛋白质的翻译，并最终导致细胞凋亡	适用于复发或难治性毛细胞白血病（HCL）的成年患者，该患者已经复发或对之前的治疗没有反应，并且至少接受过 2 种其他治疗，包括用嘌呤核苷类似物（PNA）治疗

---

❶ 朱梅英. 抗体药物偶联物：肿瘤治疗领域的"魔术子弹"[J]. 药学进展, 2021, 45（3）: 161 - 166.

❷ LUMOXITI. About Lumoxiti [EB/OL]. (2021 - 02 - 20) [2021 - 10 - 22]. https: //www. lumoxiti. com/patient/hcl - infusion/.

No.	商品名	获批时间	企业名称	ADC 构成	适应证
6	Polivy（Polatuzumab Vedotin）	2019 年 6 月	罗氏	采用人源化抗 CD79b 单抗，其偶连的连接子 - 有效载荷均与 SGN - 35 相同	与苯达莫司汀和利妥昔单抗联合治疗至少接受过 2 次前期治疗的复发难治性弥漫性大 B 细胞淋巴瘤成人患者
7	Padcev（Enfortumab Vedotin）	2019 年 11 月	西雅图遗传学/安斯泰来	由抗连接蛋白（nectin - 4）人源化抗体通过酶可裂解连接子与 MMAE 偶联而成，其偶联策略同 SGN - 35 和 Polivy，是基于 Seagen 偶联技术的第 3 个获批上市的 ADC	曾接受含铂化疗或 PD - 1/PD - L1 抑制剂治疗的晚期或转移性尿路上皮癌患者
8	Enhertu（Trastuzumab Deruxtecan）	2019 年 12 月	阿斯利康与第一三共制药	通过一种可特异性酶解的四肽连接子将曲妥珠单抗的 IgG1 与一种新型拓扑异构酶 I 抑制剂喜树碱衍生物（DX - 8951 derivative，DXd）偶联而成	有转移性疾病且已接受过 2 种及以上抗 HER2 药物治疗方案的 HER2 阳性、不可切除或转移性乳腺癌成人患者
9	Trodelvy（Sacituzumab Govitecan）	2020 年 4 月	吉利德	由靶向 Trop - 2 的人源化抗体通过可水解的连接子 CL2A 与伊立替康活性代谢物 SN38 偶联而成，平均每个抗体分子偶联 7.6 个有效载荷	三阴性乳腺癌
10	Blenrep（Belantamab Mafodotin - blmf）	2020 年 8 月	葛兰素史克	由抗 BCMA 去岩藻糖人源化 IgG1 抗体通过非断裂连接子与 MMAF 偶联而成，平均每分子抗体偶联 4 个有效载荷	既往接受过至少 4 种疗法（包括抗 CD38 单抗、蛋白酶体抑制剂和免疫调节剂）的复发性或难治性多发性骨髓瘤成人患者

No.	商品名	获批时间	企业名称	ADC 构成	适应证
11	Zynlonta❶❷（Loncastuximab Tesirine）	2021 年 4 月	ADC Therapeutics	由一种人源化抗人 CD19 单克隆抗体通过连接器与吡咯并苯并二氮杂䓬（PBD）二聚体细胞毒素偶联而成。一旦与表达 CD19 的细胞结合，Zynlonta 就会被细胞内化，随后释放出细胞毒素，该毒素能不可逆地与 DNA 结合，从而产生阻止 DNA 链分离的强力链间交联，从而破坏复制等必要的 DNA 代谢过程，最终导致细胞死亡	已接受过 2 种或多种系统疗法的复发或难治性（r/r）大 B 细胞淋巴瘤（LBCL）成人患者，包括弥漫性大 B 细胞淋巴瘤（DLBCL）、起源于低级别淋巴瘤和高级别细胞淋巴瘤的 DLBCL
12	Tivdak❸（Tisotumab Vedotin）	2021 年 9 月	Seagne 和 Genmab	细胞毒性药物 MMAE 通过一种可被蛋白酶切割的连接子偶联在靶向组织因子（tissue factor，TF）的单克隆抗体上。Tivdak 被细胞内吞后释放 MMAE，它能够扰乱分裂细胞的微管网络，导致细胞周期停滞和细胞死亡	化疗期间或化疗后复发或转移性宫颈癌

---

❶ BioSpace. ADC Therapeutics Announces FDA Approval of ZYNLONTA™（loncastuximab tesirine – lpyl）in Relapsed or Refractory Diffuse Large B – Cell Lymphoma［EB/OL］.（2021 – 04 – 23）［2021 – 10 – 25］. https：//www. biospace. com/article/releases/adc – therapeutics – announces – fda – approval – of – zynlonta – loncastuximab – tesirine – lpyl – in – relapsed – or – refractory – diffuse – large – b – cell – lymphoma/.

❷ 生物谷. 淋巴瘤（DLBCL）新药! 美国 FDA 批准 Zynlonta：首个靶向 CD19 的抗体偶联药物（ADC），在中国已获批临床试验!［EB/OL］.（2021 – 04 – 24）［2021 – 09 – 22］. https：//www. bioon. com/article/6786699. html.

❸ Businesswire. Genmab and Seagen Announce FDA Accelerated Approval for TIVDAK™（tisotumab vedotin – tftv）in Previously Treated Recurrent or Metastatic Cervical Cancer［EB/OL］.（2021 – 09 – 20）［2021 – 09 – 22］. https：//www. businesswire. com/news/home/20210920005928/en.

随着 FDA 对于 ADC 药物的不断获批，中国 ADC 药物研发也开始大热，一开始主要关注 HER2 单一靶点的竞争，之后迅速过渡到对新靶点诸如 Trop2 的跟踪以及对于新技术的追求上。截至 2021 年 11 月 14 日，中国 ADC 药物申报共计 46 项，其中 ADC 申报项目大于等于 2 项的国内医药企业为 9 家，具体如表 1 – 1 – 6 所示。❶❷ 其中，维迪西妥单抗为荣昌生物自主研发的我国首个 ADC 新药，于 2021 年 6 月 9 日获我国国家药品监督管理局（NMPA）批准在国内上市销售，适用于至少接受过 2 种系统化疗的 HER2 过表达局部晚期或转移性胃癌（包括胃食管结合部腺癌）患者的治疗。维迪西妥单抗的获批打破了 ADC 药物领域无原创国产新药的局面，填补了全球 HER2 过表达胃癌患者后线治疗的空白，是我国自主创新生物药发展史上的一个里程碑。❸ 2021 年 8 月 8 日，荣昌生物与西雅图基因达成全球授权协议，协议金额高达 26 亿美元，其中荣昌生物将保留维迪西妥单抗在亚洲（除日本、新加坡外）进行临床开发和商业化的权利，而西雅图基因将获得维迪西妥单抗在全球剩余区域进行开发和商业化的权益。

表 1 – 1 – 6　中国 ADC 新药申报统计

企业名称	ADC 新药申报数量/项	作用靶点
恒瑞医药	6	HER2、cMET、Claudin 18. 2、未公开（SHR – A1912、SHR – A2009、SHR – A1921）
乐普生物	5	HER2、EGFR、TF、CD20、Claudin 18. 2
荣昌生物	4	HER2、间皮素、cMET、Claudin 18. 2
多禧生物	3	HER2、Trop2、MUC1
科伦药业	3	HER2、Trop2、Claudin 18. 2
石药集团	2	HER2、Claudin 18. 2
百奥泰	2	HER2、Trop2
复旦张江	2	CD30、Trop2
齐鲁制药	2	HER2、EpCAM（免疫毒素）❶

---

❶ 汉康资本. 中国新药研发格局全景扫描［EB/OL］.（2021 – 07 – 09）［2021 – 07 – 11］. https：//mp. weixin. qq. com/s/rAYIYEioUB5WHvUp2NE2kA.

❷ Armstrong 国内大分子新药研发格局［EB/OL］.（2021 – 11 – 14）［2021 – 12 – 17］. https：//mp. weixin. qq. com/s/0gMCXcLRrvjBBwj JN95xRg.

❸ 荣昌生物官网. 国产 ADC 新药首次！荣昌生物维迪西妥单抗两大适应症三获美中两国突破性疗法认定［EB/OL］.（2021 – 06 – 30）［2021 – 10 – 25］. http：//www. remegen. cn/Invest2. aspx？ID = 357.

❶ 2020 年 7 月 31 日，齐鲁制药与美国 Sesen Bio 公司在美国马萨诸塞州剑桥市达成独家授权协议，正式独家获得该公司新药 Vicineum 项目的大中华区的开发及销售权。2021 年 3 月 30 日，齐鲁制药 License in 的创新 EpCAM 的 ADC 品种 Vicineum（莫奥珠单抗，VB4 – 845）的Ⅲ期临床在药物临床试验登记与信息公示平台登记，适应证为非肌层浸润性膀胱癌（NMIBC）。

1.1.2　双（多）特异性抗体

在肿瘤治疗药物研发竞争激烈的今天，除了 ADC 药物之外，双特异性抗体（bispecific antibody，以下简称"双抗"，BsAb）或多特异性抗体（以下简称"多抗"）因其独特的作用机制和显著的效果，也迅速引起了社会关注。双抗或多抗是指能同时特异性结合 2 个或 2 个以上的抗原或抗原表位的人工抗体。虽然双抗在体内的具体作用机制仍未被完全掌握，但根据两条抗原臂结合的目标不同，可将双抗大致分为以下 3 种❶：①桥联免疫细胞与肿瘤细胞，通过招募和激活免疫细胞杀伤肿瘤细胞；②同时抑制或激活多个肿瘤信号通路，发挥协同作用；③借助抗体双价结构，介导抗体－药物复合物形成，发挥生物学效应等（见图 1－1－12❷）。

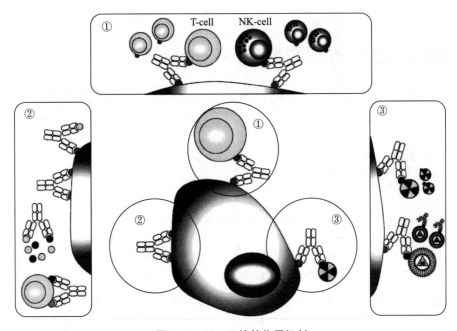

图 1－1－12　双抗的作用机制

注：外侧为局部放大图。

双抗的研究历史可以追溯到 1960 年，Nisonoff 等人将两个不同的抗原结合片段通过再氧化连接到一起，并证明了该产物可以募集两种不同类型的细胞，首次提出了双抗的概念。在此基础上，1983 年，Milstein 等人第一次使用融合的两种杂交瘤细胞生产出不对称结构的双抗，并证明了该方法较化学合成法具有优势，即避免了后者在处理

❶　吕明，王军志，沈倍奋. 双特异性抗体结构与作用机制研究进展［J］. 中国新药杂志，2019，28（21）：2566－2572.

❷　魏雪晨，颜炜群. 双特异性抗体的作用机制及制备与纯化方法研究进展［J］. 生物技术，2021，31（1）：88－95.

抗体解链过程时引起蛋白变性导致的抗体失活。1985 年，Perez 等人第一次提出了可以特异性靶向 T 细胞表面受体 T3 以及靶细胞表面抗原的双抗。研究表明，该抗体可以特异性连接效应细胞，使其杀伤第二抗原结合位点结合的靶细胞，增强抗体依赖的细胞毒作用。该研究使用的靶细胞包括鸡红细胞和异种肿瘤细胞，揭示了效应细胞的重定向可以用于肿瘤或其他表达特异性表面抗原的病原体的体内治疗，为基于双抗的免疫治疗奠定了基础。双抗的发展历程如图 1 - 1 - 13 所示。❶

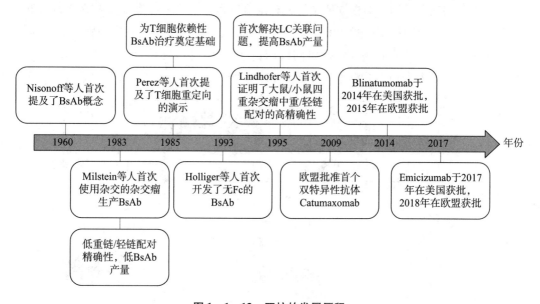

图 1 - 1 - 13　双抗的发展历程

与传统单抗相比，双抗或多抗具有以下优点：①可减少药物开发和临床试验成本；②治疗效果明显优于两种或多种单抗联合应用，即双抗或多抗可使靶细胞表面受体形成网状连接，进而形成受体聚集物，从而提高抗体对肿瘤细胞的抑制作用，并且对传统单抗难以起效的低表达细胞亦有显著效果；③相对于多种单抗联合应用，双抗或多抗的副作用较小，例如，CD47 单抗易结合红细胞和血小板，造成贫血，而 CD47 - PDL1 双抗的 CD47 端与 PD - L1 端均与肿瘤细胞结合，其中 PD - L1 端起牵引作用，有效减少抗体的副作用。❷ 基于以上这些优点，双抗或多抗也被誉为"下一代抗体"。

截至 2022 年 2 月 28 日，已获 FDA 和/或 EMA 批准临床上市的双抗/多抗药物如表 1 - 1 - 7 所示。

---

❶ 王璐瑶，魏振华，熊伟佳，等. 双特异性抗体构建在肿瘤临床治疗中的应用 [J]. 生物工程学报，2021，37 (2)：513 - 529.

❷ ARCHANA T, MANLEY H, LAWRENCE G L. Bispecific antibody based therapeutics：Strengths and challenges [J]. Blood Reviews, 2018, 32 (4)：339 - 347.

表 1-1-7　已获 FDA 和/或 EMA 批准临床上市的双抗/多抗药物

No.	商品名	获批时间	企业名称	作用靶点	适应证
1	Removab（Catumaxomab）	2009 年 4 月（EMA）（2017 年因商业原因退市）	Neovii Biotech	EpCAM/CD3	EpCAM 阳性肿瘤引起的恶性腹水
2	Blincyto（Blinatumomab）	2014 年 12 月（FDA）2015 年 11 月（EMA）	安进	CD3/CD19	费城染色体阴性前体 B 细胞急性淋巴细胞白血病
3	Hemlibra（Emicizumab）	2017 年 11 月（FDA）2018 年 2 月（EMA）	罗氏	FIXa/FX	体内已产生凝血因子Ⅷ抑制剂的 A 型血友病
4	Rybrevant❶（Amivantamab-vmjw）	2021 年 5 月（FDA）	强生	EGFR/c-Met	具有 EGFR 外显子 20 插入突变的非小细胞肺癌

截至 2022 年 1 月 23 日，中国双抗/多抗新药申报共计 106 项，其中双抗/多抗新药申报项目大于等于 3 项的国内医药企业为 9 家，具体如表 1-1-8 所示。❷❸ 其中，百利药业及其子公司西雅图免疫共涉及 3 款多抗，即 GNC-038：CD19（PD-L1、4-1BB、CD3），GNC-039：EGFRvⅢ（PD-L1、4-1BB、CD3）和 GNC-035：ROR1（PD-L1、4-1BB、CD3）。其中，GNC-038（见 1-1-14）是全球首个获批临床的四特异性抗体，其是在免疫球蛋白 G（Immunoglobulin G，IgG）基础上串联了 3 个单链抗体（single chain antibody fragment，scFv）搭建成对称的四特异性抗体。其中，PD-L1、4-1BB、CD3 为具有免疫调节功能的靶点（4-1BB 和 CD3 募集和激活 T 细胞，PD-L1 解除免疫抑制效应），CD19 为肿瘤抗原靶点。2020 年 9 月 2 日，GNC-038 的临床试验申请获得 NMPA 默示许可，用于复发或难治性非霍奇金淋巴瘤（R/R NHL）、复发或难治性急性淋巴细胞白血病（R/R ALL）和难治性/转移性实体瘤的治疗。❹

---

❶ FDA. FDA Approves First Targeted Therapy for Subset of Non-Small Cell Lung Cancer［EB/OL］.（2021-05-21）［2021-10-18］. https：//www. fda. gov/news-events/press-announcements/fda-approves-first-targeted-therapy-subset-non-small-cell-lung-cancer.

❷ 汉康资本. 中国新药研发格局全景扫描［EB/OL］.（2021-07-09）［2021-10-18］. https：//mp. weixin. qq. com/s/rAYIYEioUB5WHvUp2NE2kA.

❸ Armstrong 双抗破百［EB/OL］.（2022-01-23）［2022-03-04］. https：//mp. weixin. qq. com/s/TCFKU9-6mCepjnkjgkoveA.

❹ 百利药业官网. 全球首个四特异性抗体 GNC-038 在中国获批临床［EB/OL］.（2020-09-02）［2021-07-12］. http：//www. baili-pharm. com/newsshow. aspx? mid=18&id=45.

表 1-1-8　中国双抗/多抗新药申报统计

企业名称	双抗新药申报数量/项	作用靶点
信达生物	7	PD-1/PD-L1、PD-1/4-1BB、PD-L1/CD47、PD-1/HER2、PD-L1/LAG-3、PD-1/TIGIT、Claudin 18.2/CD3
百济神州	6	MUC17/CD3、PSMA/CD3、BCMA/CD3、Claudin 18.2/CD3、HER2、BLyS/ICOS
普米斯	6	PD-L1/TGFβ、PD-L1/VEGF、PD-L1/4-1BB、未公开（PM8003）、Claudin18.2/4-1BB、PD-L1/TIGIT
百利药业	5	EGFR/HER3、PD-1/CTLA-4、PD-L1/4-1BB/CD3/CD19、PD-L1/4-1BB/CD3/EGFRvIII、PD-L1/4-1BB/CD3/ROR1
友芝友	4	HER2/CD3、EpCAM/CD3、CD38/CD3、PD-L1/TGFβ
岸迈生物	3	EGFR/cMET、PD-1/LAG-3、BCMA/CD3
齐鲁制药	3	PD-1/CTLA-4、PD-L1/TGFβ、PD-L1/4-1BB
宜明昂科	3	CD20/CD47、PD-L1/VEGF、HER2/CD47
康诺亚	3	GPC3/CD3、BCMA/CD3、CD3/CD2

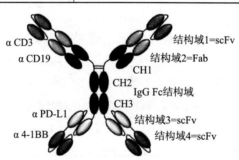

图 1-1-14　专利 CN111527108A 记载的 GNC-038 四特异性抗体结构示意

1.1.3　NTRK 融合基因靶向药

无论是单抗、双抗、多抗还是 ADC 药物，FDA 在获批时均明确指明治疗人体内特定位置的肿瘤或者血液肿瘤，然而神经营养因子酪氨酸激酶受体（neurotrophic receptor tyrosine kinase，NTRK）靶向药 Vitrakvi（Larotrectinib）的出现则彻底改变了这一切，Vitrakvi 在美国获得 FDA 批准，被认为是癌症疗法从"基于癌症在体内的起源"转向"基于肿瘤的遗传特征"这一演变过程中的重要里程碑，这标志着人类的抗癌历程进入一个新的阶段，是 FDA 批准的首个通过"篮子试验"❶ 的口服小分子靶向抗肿瘤药物。

---

❶　不管肿瘤的发生部位和病理类型，只要患者的肿瘤携带某个标志性的基因突变，就招募他来尝试某种针对性的靶向药，即只要符合某种基因突变，就都安排到篮子里来，试一试同一个靶向药。

2018 年 11 月 26 日，FDA 通过加速审批（accelerated approval）程序批准 Loxo 肿瘤学公司（Loxo Oncology）和拜耳公司共同研发的 Vitrakvi 用于成人及儿童 NTRK 融合基因型且无已知获得性耐药突变的实体肿瘤，且肿瘤为转移性，或肿瘤无法通过手术切除，或无其他药物治疗或经其他药物治疗无效。这意味着 Vitrakvi 不仅是可用于治疗某一种具体部位的肿瘤，而且可用于治疗带有某种基因特征（genetic feature）或某种生物标记（biomarker）的一类肿瘤。❶

Vitrakvi 是一种新型口服高选择性的原肌球蛋白受体酪氨酸激酶（tropomyosin receptor tyrosine kinase，TRK）抑制剂❷，通过可逆地与 TRK 结合，抑制 NTRK 基因融合驱动的 TRK 非配体依赖性组成型激活的实体瘤生长。在临床试验中，Vitrakvi 在 NTRK 融合阳性，无已知获得性耐药突变的成人及儿童实体瘤患者中表现较高的总缓解率（overall response rate，ORR），且尚未发现心血管方面的安全隐患。❸

具体而言，TRK 家族的成员包括 TRKA、TRKB 和 TRKC（分别由基因 NTRK1、NTRK2 和 NTRK3 编码）。为了响应神经营养因子配体的激活，TRK 家族成员调节关键和多样化的神经过程，该神经过程包括神经元可塑和再生。值得注意的是，涉及 NTRK1、NTRK2 和 NTRK3 反复出现的染色体重排已在罕见的儿科和成人肿瘤（包括婴儿纤维肉瘤和某些唾液腺肿瘤）和更常见肿瘤 [如非小细胞肺癌（non-small cell lung cancer，NSCLC）、结直肠癌和乳腺癌] 的罕见亚群中发现。这些体细胞重排产生嵌合蛋白，该嵌合蛋白将 TRK（包括激酶结构域）的羧基末端与通常包含寡聚化结构域的伴侣蛋白的氨基末端融合。这些融合蛋白表现出非配体依赖性组成型激酶活性，并通过激活促进细胞存活和增殖的通路 [MAP 激酶（MAPK）、PI3 激酶（PI3K）和磷脂酶 Cγ（PLCγ）通路] 发挥致癌驱动作用，而与来源无关，如图 1-1-15（a）所示。

Vitrakvi 的结构式如图 1-1-15（b）所示，在一项与 55 名患有多种 TRK 融合阳性恶性肿瘤的成人和儿童患者有关的 Vitrakvi 安全性和有效性实验中，这些患者在 3 项独立的 1/2 期研究中的任何一项中接受了 Vitrakvi 治疗。虽然大多数药物研究的早期临床试验聚焦于单一肿瘤类型，但在这 55 名患者中有 17 种不同的癌症诊断。NTRK 重排通过下一代测序（高通量测序）或荧光原位杂交（fluorescence in situ hybridization，FISH）进行前瞻性鉴定。无论患者年龄、肿瘤类型、TRK 家族成员或 TRK 融合伴侣的身份如何，75% 的患者都观察到了反应。例如，胸部的计算机断层扫描（computed tomography，CT）成像显示，一名 45 岁具有 NTRK1-SQSTM1 重排的 NSCLC 女性患者有一个巨大的肺部恶性肿瘤，如图 1-1-15（c）所示，而使用 Vitrakvi 两个治疗周期后观察到了明显的临床反

---

❶ 夏训明. 美国 FDA 批准 Vitrakvi（larotrectinib）治疗 NTRK 融合基因相关性实体肿瘤 [J]. 广东药科大学学报，2018（6）：753.

❷ 2019 年 8 月 16 日，另一款酪氨酸激酶抑制剂恩曲替尼凭借良好的抗肿瘤效果和安全性，被 FDA 批准用于 NTRK 基因融合阳性实体瘤和 ROS1 阳性的非小细胞肺癌（NSCLC）患者。

❸ 陈素华，张艳华. 治疗 NTRK 融合阳性成人和儿童实体瘤患者新药 larotrectinib [J]. 中国新药杂志，2020，29（6）：609-613.

应，如图 1 - 1 - 15（d）所示。[1] 此外，治疗反应是持久的，71% 的反应在 12 个月时仍在持续。Vitrakvi 总体耐受性良好，没有研究参与者因与治疗相关的不良事件而需要停药。

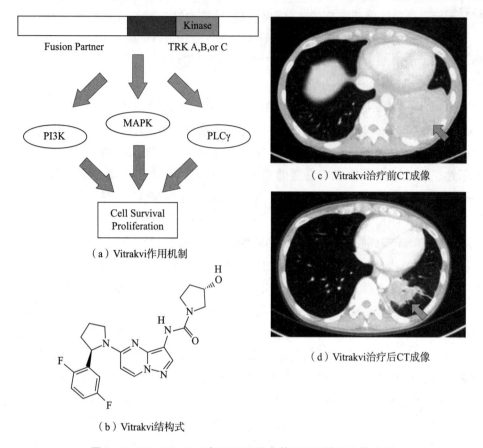

（a）Vitrakvi作用机制

（c）Vitrakvi治疗前CT成像

（d）Vitrakvi治疗后CT成像

（b）Vitrakvi结构式

图 1 - 1 - 15　Vitrakvi 在 NTRK 融合基因型实体瘤中的应用

1.1.4　膜内外蛋白降解技术

化疗作为一种传统的治疗方法，在癌症治疗过程中发挥着不可替代的作用。传统抗癌药物的主要缺点是选择性差且容易产生耐药性。因此，癌症的靶向治疗引起了人们的广泛关注。在此基础上，新的作用靶点、小分子抑制剂（small molecule inhibitor, SMI）和抗体药物的发现成为强有力的治疗策略。特别是小分子激酶抑制剂和抗体药物的开发已成为药物发现过程中最受关注的领域之一，并在癌症治疗方面取得了巨大成就。然而，在小分子抑制剂和抗体药物成功之后，也面临着与化疗相同的耐药性问题。[2] 因

❶　WILSON F H, HERBST R S. Larotrectinib in NTRK - Rearranged Solid Tumors［J］. Biochemistry, 2019, 58（12）: 1555 - 1557.

❷　XU J L, YUAN L, TANG Y C, et al. The Role of Autophagy in Gastric Cancer Chemoresistance: Friend or Foe?［J］. Frontiers in Cell and Development Biology, 2020, 8: 621428.

此，耐药性是癌症治疗的主要限制和亟待解决的难题。

　　近年来，一种针对疾病相关蛋白进行降解的新策略引起了极大的关注。蛋白降解靶向嵌合体（proteolysis - targeting chimera，PROTAC）也被称为二价化学蛋白质降解剂，是一类新的异源双功能分子，它通过适当的连接子（linker）在结构上连接目标蛋白（protein of interest，POI）结合配体和 E3 泛素连接酶（E3）配体，导致泛素转移并启动最终导致靶蛋白发生蛋白酶体降解的过程，这是一种与小分子抑制剂和抗体药物截然不同的作用模式。

　　蛋白质降解的方法有很多，其对于维持细胞蛋白质的稳态和调节众多细胞过程（例如基因转录、DNA 配对、细胞周期控制和细胞凋亡）非常重要。❶ 其中，泛素 - 蛋白酶体系统（ubiquitin - proteasome system，UPS）是特异性降解参与各种代谢活动的蛋白质的关键途径，该蛋白质主要包括细胞周期蛋白、纺锤体相关蛋白、细胞表面受体（如表皮生长因子受体）、转录因子（如 NF - κB）、肿瘤抑制因子（如 p53）、癌基因产物和细胞内变性蛋白，它们的失调与许多疾病的发病机制有关。❷ UPS 依赖于 ATP，由两个步骤组成：目标蛋白（POI）的多泛素化和 26S 蛋白水解酶复合物对多泛素的蛋白水解。

　　泛素激活酶 E1 可以利用 ATP 在泛素分子 C 端 Gly 残基与其自身 Cys 残基之间形成高能硫脂键，活化的泛素被转移到泛素结合酶 E2。在泛素连接酶 E3 存在下，泛素分子从 E2 转移到目标蛋白，与目标蛋白 Lys 残基的 $\varepsilon - NH_2$ 形成异肽键，再与下一个泛素分子的 C 端连接，导致多泛素化（见图 1 - 1 - 16❸）。泛素化蛋白可被 26S 蛋白酶体的帽状调控颗粒识别，转运至 20S 的圆柱形核心，被多种酶水解成寡肽，最终从蛋白酶体中释放出来，实现对目标蛋白的降解。另外，泛素分子与底物分离并返回细胞质进行再利用。❹

　　PROTAC 的作用机制是利用 UPS 泛素化来降解目标蛋白。一旦 PROTAC 分子将目标蛋白与泛素连接酶 E3 结合在一起形成三元复合物，就会诱导泛素连接酶 E3 泛素化目标蛋白以启动降解过程。PROTAC 诱导靶蛋白降解的能力不仅限于激酶结构域内的结合位点，当激酶活性不是靶蛋白的单一作用位点时也可以实现。❺ 与小分子抑制剂相比，这种作用机制赋予 PROTAC 以独特方式调节靶标生物学的能力，并且 PROTAC 作为治疗剂的开发有望产生治疗多种疾病的新药。❻

---

　　❶ CYRUS K, WEHENKEL M, CHOI E - Y, et al. Impact of Linker Length on the Activity of PROTACs [J]. Molecular BiosyStems, 2011, 7：359 - 364.

　　❷ NAM T, HAN J H, DEVKOTA S, et al. Emerging Paradigm of Crosstalk between Autophagy and the Ubiquitin - Proteasome System [J]. Molecular Cell, 2017, 40：897 - 905.

　　❸ QI S M, DONG J, XU Z Y, et al. PROTAC：An Effective Targeted Protein Degradation Strategy for Cancer Therapy [J]. Frontier in Pharmacology, 2021, 12：692574.

　　❹ MYEKU N, CLELLAND C L, EMRANI S, et al. Tau - driven 26S Proteasome Impairment and Cognitive Dysfunction Can Be Prevented Early in Disease by Activating cAMP - PKA Signaling [J]. Nature Medicine, 2016, 22：46 - 53.

　　❺ BURSLEN G M, SCHULTZ A R, BONDESON D P, et al. Targeting BCR - ABL1 in Chronic Myeloid Leukemia by PROTAC - Mediated Targeted Protein Degradation [J]. Cancer Research, 2019, 79：4744 - 4753.

　　❻ BENOWITZ A B, JONES K L, HARLING J D. The therapeutic potential of PROTACs [J]. Expert Opinion on Therapeutic Patents, 2021, 31 (1)：1 - 24.

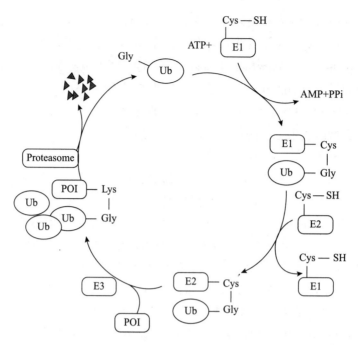

图 1 - 1 - 16　PROTAC 介导的泛素化和蛋白酶体降解目标蛋白（POI）过程

2021 年 4 月 11 日，在美国癌症研究协会（AACR）2021 年年会上，由 PROTAC 概念提出者耶鲁大学 Craig Crews 教授创办的 Arvinas 公司首次披露了两款处于临床阶段的 PROTAC 降解剂 ARV - 110 和 ARV - 471 的结构。❶ 其中，ARV - 110 是 Arvinas 公司开发的一种每日口服 1 次的 PROTAC 降解剂，其选择性结合雄激素受体（androgen receptor，AR）蛋白和泛素连接酶 E3，诱导靶蛋白的泛素化降解，拟开发用于治疗转移性去势抵抗性前列腺癌❷；而 ARV - 471 是一款潜在靶向雌激素受体（estrogen receptor，ER）的 PROTAC 降解剂，拟开发用于治疗雌激素受体（ER）阳性/人表皮生长因子受体 2（human epidermal growth factor receptor - 2，HER2）阴性（ER +/HER2 - ）的局部晚期或转移性乳腺癌，由 Arvinas 公司与辉瑞公司联合❸开发和商业化❹。

---

❶　Arvinas 官网. Arvinas Announces Upcoming Presentations at the American Association for Cancer Research Annual Meeting 2021 ［EB/OL］.（2021 - 04 - 05）［2021 - 11 - 10］. https：//ir. arvinas. com/news - releases/news - release - details/arvinas - announces - upcoming - presentations - american - association.

❷　王欢，谢菲. 基于蛋白降解靶向嵌合体技术的抗癌新药：ARV - 110 和 ARV - 471 ［J］. 临床药物治疗杂志，2020，18（1）：36 - 39.

❸　2021 年 7 月 22 日，Arvinas 公司与辉瑞公司宣布全球合作开发和商业化 ARV - 471。根据协议条款，Arvinas 公司将获得 6.5 亿美元的预付款。此外，还有资格获得高达 4 亿美元的批准里程碑和高达 10 亿美元的商业里程碑。另外，辉瑞公司将对 Arvinas 公司进行 3.5 亿美元的股权投资，获得约 350 万股新发行的 Arvinas 普通股。两家公司将平等地分担全球开发成本、商业化费用和利润。

❹　Arvinas 官网. Arvinas and Pfizer Announce Global Collaboration to Develop and Commercialize PROTAC ® Protein Degrader ARV - 471 ［EB/OL］.（2021 - 07 - 22）［2021 - 11 - 10］. https：//ir. arvinas. com/news - releases/news - release - details/arvinas - and - pfizer - announce - global - collaboration - develop - and.

由于上述泛素介导的蛋白质降解途径发生在细胞内,基于 PROTAC 技术的蛋白降解剂涉及细胞内蛋白质降解机制的操作,从根本上仅限于含有细胞溶质结构域的蛋白质。然而,除了胞内蛋白之外,很多治疗靶点(如生长因子、疾病相关受体、细胞因子)其实属于分泌蛋白(细胞外)和膜相关蛋白,这两类蛋白占人类蛋白质组的40%,是癌症、衰老相关疾病和自身免疫性疾病的关键因素,因此选择性降解这些蛋白质的一般策略有可能改善人类健康。● 那么,如何降解分泌蛋白(细胞外)和膜相关蛋白呢?

令人鼓舞的是,新技术——溶酶体靶向嵌合体(lysosome – targeting chimaeras,LYTACs)和基于抗体的 PROTAC(antibody – based PROTACs,AbTACs)的出现扩大了蛋白质靶标的范围,可用于降解分泌蛋白(细胞外)和膜相关蛋白(见图 1 – 1 –17❷)。

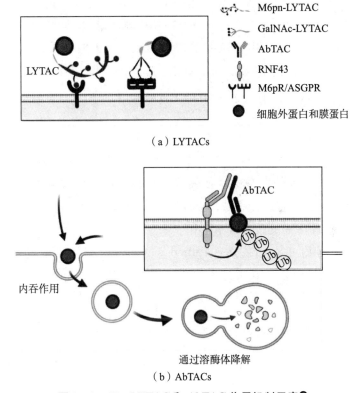

图 1 –1 –17 **LYTAC 和 AbTAC 作用机制示意**❸

其中,LYTAC 技术通过利用内吞体/溶酶体途径靶向细胞外蛋白和/或膜蛋白以诱

❶ BANIK S M, PEDRAM K, WISNOVSKY S, et al. Lysosome – targeting chimaeras for degradation of extracellular proteins [J]. Nature, 2020, 584 (7820):291 –297.

❷ LIN J, JIN J, SHEN Y, et al. Emerging protein degradation strategies:expanding the scope to extracellular and membrane proteins [J]. Theranostics, 2021, 11 (17):8337 –8349.

❸ 图片来源于 BioRender. com。

导降解。它是一种双功能偶联物，可同时结合靶标的胞外域和细胞表面溶酶体靶向受体（lysosome - targeting receptor，LTR），形成三元复合物，通过网格蛋白介导的内吞作用导致蛋白质内化。被吞没后，复合物依次通过早期内吞体（early endosome，EE）和晚期内吞体（late endosome，LE），其中低 pH 使三元复合物能够解离。随后，目标蛋白（POI）进入溶酶体降解，而 LTR 通过循环内吞体（recycling endosome，RE）循环进入细胞膜。LYTAC 的降解机制如图 1 - 1 - 17（a）所示。其中，M6pn - LYTAC 靶向细胞外蛋白或膜蛋白，被细胞表面的溶酶体穿梭受体 CI - M6PR 所识别，形成三元复合物，而 GalNAc - LYTAC 同时结合靶蛋白和肝细胞表面 ASGPR，形成三元复合物。值得注意的是，与 POI 抑制相比，LYTAC 直接对蛋白质发挥降解作用，因此避免了可能由抑制剂引起的其他下游途径的潜在激活。此外，与 CRISPR/Cas9 等基因编辑技术相比，这种降解策略会阻止分子补偿和细胞适应，因为它们具有更高的消耗效率。[1] 而 AbTAC 技术采用的是一种完全重组的双特异性免疫球蛋白 G，可以同时募集跨膜 E3 连接酶环指 43（ring finger 43，RNF43）[2] 蛋白和细胞表面蛋白，诱导 RNF43 - AbTAC - 目标蛋白（POI）复合物内化和随后在溶酶体中降解 POI[3]，如图 1 - 1 - 17（b）所示。

1.1.5　AI 制药与基因疗法

自 2001 年起，《麻省理工科技评论》（*MIT Technology Review*）每年都会评选出当年的"全球十大突破性技术"，即每年列举 10 个即将对人类生活带来深远影响的单项技术或者一系列技术。这份在全球科技领域举足轻重的榜单曾精准预测了脑机接口、量子密码、灵巧机器人、智慧传感城市、深度学习等诸多热门技术的崛起。

在 2020 年"全球十大突破性技术"中，人工智能发现因子（AI - discovered molecules）、超个性化药物（hyper - personalized medicine）和抗衰老药物（anti - aging drugs）[4] 三项生物医药领域的相关技术纷纷入围，其中人工智能发现因子（AI 制药）和超个性化药物（基因疗法）这两项技术最受关注。

1.1.5.1　AI 制药发展趋势

目前，人工智能（artificial intelligence，AI）技术在生物医药领域应用主要有药物

---

[1] WU T, YOON H, XIONG Y, et al. Targeted protein degradation as a powerful research tool in basic biology and drug target discovery [J]. Nature Structural & Molecular Biology, 2020, 27 (7): 605 - 614.

[2] SERRA S, CHETTY R. Rnf43 [J]. Journal of Clinical Pathology, 2018, 71 (1): 1 - 6.

[3] COTTON A D, NGUYEN D P, GRAMESPACHER J A, et al. Development of Antibody - Based PROTACs for the Degradation of the Cell - Surface Immune Checkpoint Protein PD - L1 [J]. Journal of the American Chemical Society, 2021, 143 (2): 593 - 598.

[4] 总部位于旧金山的联合生物技术公司（Unity Biotechnology）正在研发某种药物，用于治疗与年龄有关的眼部和肺部疾病。虽然这类药物目前还不能延长寿命，但有望通过减缓或逆转基本的衰老过程来治疗特定疾病。这类药物被称为"长寿药物"（Senolytics）。其工作原理是消除某些随着年龄增长而积累的"衰老细胞"，诸如癌症、心脏病和失智症等许多疾病或许都有望通过延缓衰老来治疗。

研发、医学影像、辅助诊疗和基因分析四个细分领域。根据 Global Market Insight 的数据报告，全球人工智能医疗市场中，药物研发细分领域所占份额最大，约为 35%。❶ 科学家们正利用 AI 技术发现可能在医疗保健领域发挥惊人效用的新分子，这是人类与机器协作发挥巨大力量的又一证明（见图 1 - 1 - 18❷）。

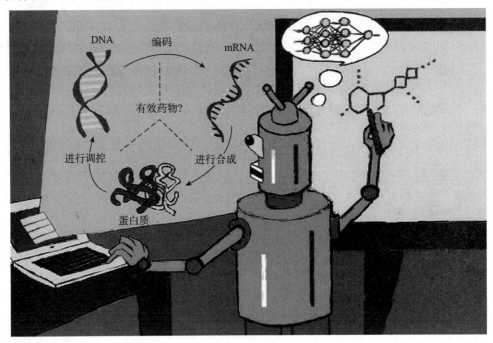

图 1 - 1 - 18　AI 技术在药物发现中的应用

2019 年 9 月，中国香港 Insilico Medicine 公司和多伦多大学的研究团队实现了重大实验突破，通过合成人工智能算法发现了几种候选药物分子，证明了 AI 技术发现分子策略的有效性。研究人员利用与深度学习和生成模型相关的技术，即类似于让人工智能机器人——阿尔法狗（AlphaGo）在围棋比赛中击败世界冠军李世石和柯洁的技术，成功确定了大约 30000 种具有理想特性的新分子。他们从中选择了 6 种进行药物合成和相关测试，其中一种在动物实验中表现出了较高的活性，被证明很有希望成为新的治疗药物。

这是 AI 技术第一次从零开始发现全新药物分子。传统新药开发的商业化平均花费约 26 亿美元，耗时约 10 年之久且成功率不到 10%，原因在于很难找到有希望成为药物的分子，并且分子鉴定既耗时又困难重重。在 AI 技术的支持下，研发人员得以快速、有效地评估数百万种分子构型，并从中选择符合需求的选项。❸

❶　火石创造. AI + 大数据在生物医药领域中的应用及行业发展现状［EB/OL］.（2019 - 07 - 04）［2021 - 07 - 07］. https：//med. sina. com/article_detail_103_2_68060. html.

❷　图片来源于作者 Andrii Buvailo 的文章 AI Is Surging In Drug Discovery Market。

❸　IDG 资本. 2020 年"全球十大突破性技术"有哪些？［EB/OL］.（2020 - 11 - 10）［2021 - 07 - 07］. https：//www. jiemian. com/article/5247072. html.

　　实际上早在 1990 年美国国家科学院成员、哥伦比亚大学化学教授、哥伦比亚生物分子模拟中心主任 Richard Friesner 就已经创立了行业内第一家计算药物研发公司 Schrodinger。1995 年，Schrodinger 获得了计算生物学领域哥伦比亚大学计算生物学和生物信息学的高级研究学者 David E. Shaw 的第一笔投资。近 20 年后，David E. Shaw 亲自参与创立了 Relay Therapeutics。Schrodinger 和 Relay Therapeutics 已分别于 2020 年 2 月和 7 月在纳斯达克上市，其中 Schrodinger 的股价从首发价 17 美元一度涨到近百美元。而在中国，晶泰科技、英矽智能和深度智耀等 AI 制药企业在资本市场上也备受追捧，而众多科技公司也纷纷跨界布局 AI 制药领域，腾讯公司成立云深智药，百度公司成立百图生科，阿里云公司与全球健康药物研发中心合作开发 AI 药物研发和大数据平台，华为、字节跳动等公司在 AI 制药领域亦有动作。

　　2021 年 5 月 10 日，在首届中国生物计算大会上，百度公司创始人、董事长兼 CEO，百图生科创始人兼董事长李彦宏表示，依靠生物计算引擎，能够有效利用大量生物数据，把药物发现的"大海捞针"变成"按图索骥"，为人类的生命健康谋福祉；希望利用 AI 技术，缩短药物研发的时间，降低药物的副作用，减轻患者的巨大医疗负担，为每一个生命争取更多的可能性。❶ 2020 年 12 月，国家知识产权局知识产权发展研究中心发布的新基建领域（人工智能）知识产权发展状况调查研究报告显示，智慧医疗领域专利申请方面，百度公司位列第一；2021 年 4 月，百度公司发布的百度人工智能专利白皮书显示，百度公司的人工智能专利申请量超过 1 万件。❷

　　那么，AI 技术究竟如何制药呢？主要体现在靶点药物研发、药物挖掘、化合物筛选、预测 ADMET 性质❸、药物晶型预测、病理生物学研究和药物重定位等方面。❹ AI 制药公司也因此有着不同的差异化路径选择。

　　晶泰科技的切入点是在临床前研究环节的晶型预测以及提高 ADMET 性质预测的准确性方面，尤其是晶型预测。一旦临床候选药物的化合物结构确定，研究人员就要确定药物晶型。晶型等固相的选择，不仅关系药物的质量、决定后续的药物制剂设计，同时涉及药物的专利保护期限，药物固相专利可以使药物专利保护的时间延长 2 ~ 6 年。晶泰科技利用计算化学、量子物理以及人工智能等相关技术搭建了一个药物晶体预测的新系统。该新系统在一场由辉瑞公司组织的测试中表现惊人，对比辉瑞公司的

　　❶ 李彦宏. 希望用 AI 技术缩短药物研发时间，降低药物副作用 [EB/OL]. (2021 – 05 – 10) [2021 – 07 – 08]. https：//new. qq. com/rain/a/20210510A04P8M00.

　　❷ 医疗 + AI 专利：创造医疗新未来——百度灵医智惠赋能智慧医疗变革 [EB/OL]. (2021 – 10 – 05) [2021 – 10 – 06]. https：//mp. weixin. qq. com/s/O4IvdTzkHc – Tn1 – lrFGtMQ.

　　❸ A 是 Absorption 的简称，指药物从作用部位进入体循环的过程；D 是 Distribution 的简称，指药物吸收后通过细胞膜屏障向各组织、器官或者体液进行转运的过程；M 是 Metabolism 的简称，指药物在体内受酶系统或者肠道菌丛的作用而发生结构转化的过程；E 是 Excretion 的简称，指药物以原型或者代谢产物的形式排出体外的过程；T 是 Toxicity 的简称，指药物对机体的毒性。

　　❹ 刘伯炎，王群，徐俐颖，等. 人工智能技术在医药研发中的应用 [J]. 中国新药杂志，2020，29 (17)：2979 – 2986.

内部实验结果，晶泰科技对于三个药物分子的晶型预测准确度达到了 100%。2020 年 9 月 28 日，晶泰科技正式宣布完成 3.188 亿美元 C 轮融资，从而创造了当时全球 AI 药物研发领域融资额的最高纪录。

英矽智能的业务重点在于临床前候选化合物的发现。传统的药物发现首先是对数万个分子进行测试筛选，然后进一步合成和测试其中的数百个分子，以便得到少数几个适合临床前研究的候选药物。如果涉及新靶点的话，这一过程需要花费大约 4 年的时间和数千万美元的投入，而英矽智能获得全球首例完全由 AI 驱动发现的特发性肺纤维化（idiopathic pulmonary fibrosis，IPF）的新靶点，以及针对该靶点设计的全新化合物，其 IPF 临床前候选化合物仅用时不到 18 个月，总成本约为 180 万美元，合成和测试了不超过 80 个小分子化合物。2021 年 6 月 22 日，英矽智能因获得 2.55 亿美元 C 轮融资而轰动医药界，投资方阵容超 20 多家，包括华平投资、启明创投、创新工场、礼来亚洲基金以及奥博资本等国内外知名投资机构。❶

深度智耀的业务重心则是文本智能方向，即为生物医药企业提供基于自然语言处理（natural language processing，NLP）技术，以及深入业务场景的文档管理系统、项目管理系统、自动写作/翻译/排版、知识图谱等工具平台。

Benevolent AI 公司的研发重点则在于通过寻找连接药学、医学、物理学和材料学等科学领域之间可能遗漏的知识而提出相应的候选药物，从而进一步筛选对某些疾病有效的分子结构。上述科学领域的专业论文非常广泛，但这些专业论文中有大量独立的专业知识和研究结果，快速且有针对性地组织和连接这些知识并发现其中可能遗漏的知识的能力对于药物挖掘是极其重要的。2016 年，Benevolent AI 公司通过人工智能算法在 1 周内确定了 5 种用于治疗肌萎缩侧索硬化的假想药物，紧接着使用 AI 算法建模以确认这些假想药物对于睡眠的潜在影响，从而将早期药物研发的时间缩短了 4 年，平均效率提高 60%。❷

目前，AI 制药仍处于发展早期阶段，面临不少挑战。AI 制药公司面临的挑战首先是数据问题，数据与 AI 技术相辅相成，得益于计算机信息技术科技革命，通过海量数据的积累和处理，AI 技术才能得以快速发展。虽然医药企业本身具有足够多的数据，但由于这些数据大多属于企业技术秘密的范畴，是企业的生命线，即使双方存在合作关系，也很少分享给 AI 制药企业。因此，目前 AI 制药公司的数据绝大多数来源于医药企业、科研机构或大专院校向社会公开的数据，但这些数据的量非常有限且质量不高。众所周知，所有 AI 技术都需要基于大量数据来训练和深度学习，但现实情况却是，整个医药行业的高质量数据非常缺乏。

❶　张凌之. 华平领投英矽智能 2.55 亿美元 C 轮融资持续加码生物医药领域［EB/OL］.（2021 - 06 - 23）［2021 - 07 - 07］. https：//baijiahao. baidu. com/s？ id = 1703325668780867927&wfr = spider&for = pc.

❷　Andrii Buvailo. 2018：AI Is Surging In Drug Discovery Market［EB/OL］.（2019 - 01 - 10）［2021 - 07 - 07］. https：//www. biopharmatrend. com/post/72 - 2018 - ai - is - surging - in - drug - discovery - market/.

AI 制药公司面临的另一挑战是算法问题。以英矽智能的小分子生成化学 AI 系统为例，最开始该系统有 200 多种算法来计算化合物的结构，之后英矽智能逐渐淘汰一些计算不准确的算法，将算法精简到 30 种左右。算法越精简，产生的化合物越精准，成功率就越高。[1] 此外，在已有算法的基础上，开发出新的更适合于药物研发的算法也显得尤为重要。例如，中山大学药学院药物分子设计研究中心的徐峻等人基于已有的图论算法，例如分子图识别算法（GMA）、分子图簇分析算法（SCA）、分子类药指数算法（DLI）、原子中心片段方法（ACF）等，发展了一系列新的图论算法，例如从分子库中导出高频子结构的从头计算算法（DSGA）、3D 分子叠合算法（GSA）、专注局部子结构特征的 3D 子结构相似度算法（LSA）等，并提出基于化学基元的药物分子设计方法学建立人工智能技术与虚拟 – 实体筛选平台结合的原创药物发现体系。在这个原创药物发现体系的支持下，徐峻等人首次发现靶向 RANK – RANKL 的抗骨质疏松小分子先导化合物（之前的 RANK – RANKL 抑制剂是抗体，有免疫副作用）、靶向 LXRb 新机制（首次发现吡咯烷 – 吲哚螺环化合物通过激动 LXRb 诱导癌细胞凋亡）的抗脑胶质瘤先导化合物。这些药物的先导化合物已经被成功转让，并进入临床前研究阶段。[2]

此外，对于调整人工智能相关社会关系的知识产权法律而言，AI 制药也产生了一定的冲击，人工智能产出物知识产权保护规则存在争议，其主要体现为两个方面：①智能机器人的发明人资格问题；②人工智能生成物的知识产权客体范围问题。[3]

关于智能机器人的发明人资格问题，分为两派观点。一派主张智能机器人虽然具有相当智性，但其不具有人之心性与灵性，与具有"人类智慧"的自然人和自然人集合体是无法简单等同的，从现行专利法基本原理、法律规定和司法实践出发，智能机器人仍无法归入民事权利主体行列；而另一派则主张智能机器人应当被赋予法律人格，其为"有限人格"或"次等人格"，未来世界的智能机器人将更多地以"类人主体"（即能够表现人类独特性特征的拟人化物体）的方式出现，从事发明者可以是一个人或一个事物（thing）例如智能机器人，未必需要是自然人和自然人集合体，如果不认可智能机器人的发明人资格，将使有些发明难以成为可受专利保护的发明。

关于人工智能生成物的知识产权客体范围问题，中南财经政法大学吴汉东教授认为，应当主要关注知识产权客体关于人工智能生成物的排除领域，其至少包括以下三个方面：一是有悖公共秩序的发明，例如作为犯罪工具的"杀手机器人"，应在禁止授权之列；二是不属于技术方案的发明，例如依赖数据处理和增强算法所形成的速算法、游戏方案、比赛规则，以及疾病的诊断和治疗方法，不能作为技术方案授予专利；三是存在不可预测性和潜在不可逆性的某些发明，例如存在"机器偏见"（Machine Bias）、

❶ 李秀芝. 揭秘 AI 制药 [J]. 中国企业家，2021，4（5）：94 – 100.

❷ 徐峻，严鑫，周晖皓，等. 图论和 AI 算法在药物发现中的应用 [C]. 2019 中国化学会第十五届全国计算（机）化学学术会议论文集，2019.

❸ 吴汉东，张平，张晓津. 人工智能对知识产权法律保护的挑战 [J]. 中国法律评论，2018（2）：1 – 24.

"黑箱"（Blackbox）算法的人工智能技术是否具备"可专利性"，值得商榷。

1.1.5.2　基因疗法发展趋势

基因疗法能将基因导入细胞内，用于治疗和预防疾病，被称为医学史上的一大革命。基因一般通过病毒载体插入，但这可能导致因外源病毒引起的严重免疫反应，并且新的遗传物质如果导致编码错误，也可能会出现生物学功能丧失的问题，甚至造成潜在的致命突变。

早期基因疗法所开展的研究失败的原因有很多，其中最重要的原因是选择的疾病领域并不适用该新型疗法，先前相关研究更侧重于未被满足的临床高需求和较大的潜在应用市场，而不是考虑该疾病领域是否适用基因疗法。例如，1999 年，在基因治疗鸟氨酸氨甲酰转移酶缺乏症的临床试验中，1 名 18 岁的男孩在接受基于腺病毒载体的基因治疗后死于严重的炎症反应；2002 年，2 名年轻的受试者使用基于 γ 逆转录病毒载体（gamma retroviral vector，GRV）的基因疗法治疗 X 连锁重症联合免疫缺陷症（X-linkage severe combined immuno deficiency，XSCID）的临床试验期间罹患白血病；2005 年 7 月，美国生物制药公司 Celladon 希望基因治疗药物 Mydicar 帮助心功能不全患者使其不必接受心脏移植，但其在 Ⅱ 期临床试验阶段彻底失败。这些挫折宣告基因治疗进入了一个"黑暗的时代"，但同时也为后期基因治疗的发展提供了宝贵的经验。

针对 XSCID 和鸟氨酸氨甲酰转移酶缺乏症基因治疗失败的原因，可能与靶向血液的治疗会影响身体广泛区域从而引起剧烈的免疫反应有关。目前，有关基因治疗较成功的研究多是针对部分免疫豁免器官的[1]，例如出现视力障碍的眼睛，或者是亨廷顿病、帕金森病和阿尔茨海默病所涉及的大脑[2]。

以往不成功的基因治疗候选药物仅使用腺病毒（adenovirus，AV）作为载体，但目前较新、较成功的基因治疗候选药物所采用的载体则略有不同，其中使用数量最高的载体为腺相关病毒（adeno-associated virus，AAV）载体[3]，其他载体按照使用数量大小依次为腺病毒载体、疱疹病毒（herpes virus，HSV）载体、慢病毒（lentivirus，LV）载体[4]（见图 1-1-19）、纳米基因载体[5]和脂质纳米颗粒载体[6]等。

---

[1]　免疫豁免器官是指机体某些特定部位，其在解剖上与免疫细胞隔绝或在局部微环境中存在抑制免疫应答的机制，从而一般不对外来抗原（包括移植物抗原）产生应答。

[2]　BOLITER N. 基因疗法全球研发进展 [J]. 药学进展. 2017, 41（5）：392-397.

[3]　腺相关病毒（AAV）是最安全级别（RG1）的基因治疗载体，完全不具有潜在致病性，其不插入宿主的基因组，而是游离于宿主细胞基因之外，呈卫星状稳定表达且体内的感染效率极高。

[4]　KAFRI T, van PRAAG H, GAGE F H, et al. Lentiviral vectors：regulated gene expression [J]. Molecular Therapy，2000，1（6）：516-521.

[5]　LEE H Y, MOHAMMED K A, NASREEN N. Nanoparticle-based targeted gene therapy for lung cancer [J]. American Journal of Cancer Research，2016，6（5）：1118-1134.

[6]　WANG Y, RAJALA A, RAJALA R V. Lipid nanoparticles for ocular gene delivery [J]. Journal of Functional Biomaterials，2015，6（2）：379-394.

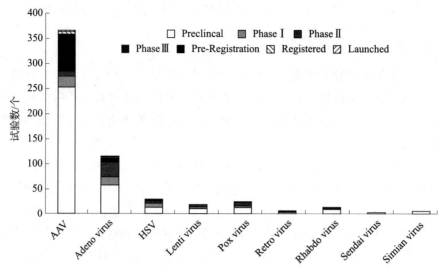

图 1 - 1 - 19　基因治疗中使用的病毒载体❶

根据基因治疗的方法，基因治疗分为体内基因治疗和体外基因治疗（见图 1 - 1 - 20）。①基因治疗可以通过病毒载体或非病毒载体将外源基因导入体细胞，修复缺陷基因，达到治疗疾病的目的；②来自患者的造血干细胞（hematopoietic stem cell，HSC）在治疗神经系统疾病时分化为神经干细胞（neural stem cell，NSC）；③来自患者的 T 细胞被嵌合抗原受体（chimeric antigen receptor，CAR）修饰为 CAR - T 细胞；④患者的细胞通过基因编辑技术进行修饰，然后重新注入患者体内；⑤通过 CRISPR/Cas9 系统❷的修复机制［非同源性末端接合（non - homologous end joining，NHEJ）和同源重组修复（homology directed repair，HDR）］实现基因敲入/敲除和基因校正。❸

中国的首个基因治疗临床试验可以追溯到 1991 年，其距离 1990 年美国国立卫生研究院（National Institutes of Health，NIH）首次进行基因治疗仅一年的时间。此

---

❶　IAN LLOYD. Pharma R&D Annual Review 2021［EB/OL］.（2021 - 02 - 28）［2022 - 01 - 19］. https：//pharmaintelligence. informa. com/resources/product - content/pharma - randd - annual - review - 2021.

❷　2020 年 10 月 7 日，瑞典皇家科学院决定将 2020 年诺贝尔化学奖授予德国马克斯·普朗克病原学研究所的 Emmanuelle Charpentier 博士以及美国加州大学伯克利分校的 Jennifer A. Doudna 博士，以表彰她们在 CRISPR/Cas9 基因组编辑领域的贡献。2020 年 9 月 10 日，美国专利审查与上诉委员会（PTAB）发布裁决，来自 Broad 研究所的张锋博士团队具有在真核细胞中使用原始 CRISPR 技术的专利"优先权"，其涵盖了实验室培养的人类细胞或直接在人体中潜在有利可图的应用。但该裁决还指出，以 Doudna 博士为首的加州大学伯克利分校、维也纳大学研究团队以及 Charpentier 博士（被称为 CVC 团队）是 CRISPR 工具试剂盒的一个关键组件的发明者。2022 年 2 月 28 日，PTAB 发布裁决确定 Broad 研究所团队是第一个发现 CRISPR/Cas9 来编辑人类细胞并用于制造药物的团队。参见 Jon Cohen，Science. The latest round in the CRISPR patent battle has an apparent victor，but the fight continues 和 Megan Molteni. UC Berkeley loses CRISPR patent case，invalidating patent rights it granted gene - editing companies developing human therapies［EB/OL］.（2022 - 02 - 28）［2022 - 03 - 06］. https：//www. statnews. com/2022/02/28/uc - berkeley - loses - crispr - patent - case - invalidating - licenses - it - granted - gene - editing - companies/.。

❸　杨鑫宇，王大勇，高旭. 基因编辑技术和细胞疗法在体外基因治疗中的应用［J］. 中国生物化学与分子生物学报，2020，36（11）：1265 - 1272.

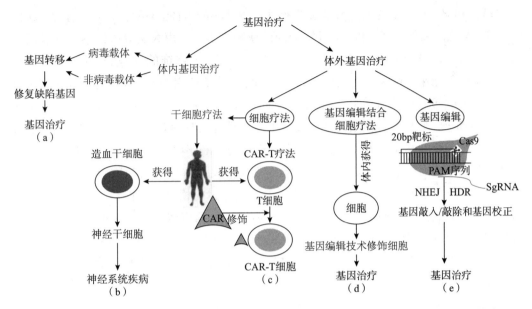

图 1 - 1 - 20　基因治疗的方法

外，中国于 2003 年批准了世界上第一个基因治疗产品——今又生（Gendicine），这是一种带有 p53 的溶瘤腺病毒，用于治疗晚期头颈癌；2015 年，CRISPR 临床试验在中国进行；2018 年，基因编辑婴儿案在中国掀起了轩然大波。在中国，基因治疗相关的重大事件如图 1 - 1 - 21 所示❶。中国基因治疗具有国际共性，但也有自己的特点。

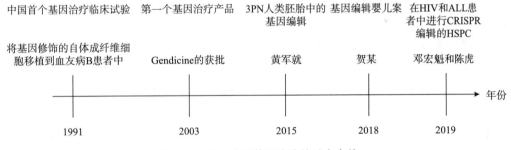

图 1 - 1 - 21　中国基因治疗的重大事件

以下将对中国基因治疗的历史和现状进行简要回顾。

1991 年，复旦大学卢大儒等人开展了血友病 B（HB）基因治疗的临床试验，这是世界上第二个人类基因治疗试验——距美国 ADA - SCID❷ 试验仅一年的时间❸。血友病

---

❶　WANG D W, WANG K, CAI Y J. An overview of development in gene therapeutics in China [J]. Gene Therapy, 2020, 27 (7 - 8): 338 - 348.

❷　ADA - SCID 是指腺苷脱氨酶缺陷伴严重联合免疫缺陷。

❸　LU D R, ZHOU J M, ZHENG B, et al. Stage I clinical trial of gene therapy for hemophilia B [J]. Science China B, 1993 (36): 1342 - 1351.

A（HA）和 HB 是严重的 X 连锁出血性疾病，主要影响男性。HA 和 HB 分别由于凝血因子Ⅷ（FⅧ）和凝血因子Ⅸ（FIX）的缺陷或减少引起。卢大儒等人使用逆转录病毒载体将 hFIX cDNA 递送至自体皮肤成纤维细胞，并将该修饰的细胞嵌入胶原蛋白中，然后皮下注射给来自同一家庭的两名患者。临床试验所使用的逆转录病毒载体包含一个全长的长末端重复序列（long terminal repeated，LTR）和巨细胞病毒（cytomegalovirus，CMV）启动子，它们都是强增强子，实际上并不符合当时的安全标准。然而结果证明，该疗法至少在最初几年是安全的，并且没有观察到与治疗相关的不良反应。[1] 值得注意的是，基因治疗后的前 3 年是该临床试验中发生不良事件的关键时间点，这归因于逆转录病毒 LTR 中的强增强子激活癌基因。由于该方案的相对安全性，在一项新试验中招募了另外 2 名患者，使用设计略有不同的逆转录病毒载体。上述 4 名患者虽然症状有所缓解，但 hFIX 浓度最多只能达到正常值的 5%（3~4μg/mL），而治愈疾病的标准则是正常值的 10% 以上。此外，其中一名患者 FIX 活性（FIX：C）的治疗水平仅持续了 420 天，就因为 FIX：C 的下降而再次接受治疗。

2003 年，由深圳市赛百诺基因技术有限公司研制的世界首个基因治疗药物重组人 p53 腺病毒注射液（商品名为今又生，Gendicine）获得中国国家食品药品监督管理局颁发的新药证书。今又生由 5 型腺病毒载体和人 p53 肿瘤抑制基因重组而成，形成有活性的重组腺病毒颗粒，用于治疗恶性实体瘤例如鼻咽癌、头颈癌，具有特异性杀伤肿瘤细胞、使用安全、疗效明确及预防肿瘤复发的特点。[2] 今又生治疗恶性实体瘤的核心在于基因 p53，其在靶细胞的两个水平上协同作用：①细胞核水平，p53 作为转录调控因子，调控核内与细胞凋亡相关基因的表达；②细胞浆水平，p53 启动胞浆内的死亡受体凋亡途径及线粒体凋亡途径。[3]

2015 年，中山大学副教授、基因功能研究员黄军就等人报道了人类胚胎中的第一个 CRISPR 基因编辑试验。为了减轻伦理压力，他们使用了三原核（3PN）受精卵，该受精卵具有一个卵母细胞核和两个精子核，与植入后自然流产有关。他们发现，CRISPR 可以高效切割人类胚胎中的内源性 β‐珠蛋白基因（HBB），大多数切割通过非同源末端连接修复，其中只有 14.3% 切割通过同源重组修复。重要的是，这项研究还表明，利用 CRISPR 编辑胚胎所产生的高脱靶率和嵌合率表明人类胚胎中的基因编辑技术还远未成熟。[4]

---

❶ QIU X, LU D, ZHOU J, et al. Implantation of autologous skin fibroblast genetically modified to secrete clotting factor IX partially corrects the hemorrhagic tendencies in two hemophilia B patients [J]. Chinese Medicine Journal, 1996 (109)：832 – 839.

❷ 彭朝晖. 世界第一个基因治疗药物今又生（R）在中国诞生 [C]. 第二届北京生命科学领域联合年会, 2004：13 – 14.

❸ HOFSETH L, HUSSAIN S P, HARRIS C C. p53：25 years after its discovery [J]. Trends in Pharmacological Science, 2004, 25 (4)：177 – 181.

❹ LIANG P, XU Y, ZHANG X, et al. CRISPR/Cas9 – mediated gene editing in human tripronuclear zygotes [J]. Protein Cell, 2015 (6)：363 – 372.

2017 年，位于中国上海张江细胞产业园的复星凯特从美国 Kite Pharma（吉利德子公司）引进全球首款获批治疗特定非霍奇金淋巴瘤的 CAR - T 细胞药物 Yescarta（代号为 FKC876），获得 Yescarta 在中国（包括香港和澳门地区）的技术及商业化权利，并拟于中国（不包括港澳台地区）进行本地化生产。根据药物综合数据库（PDB）的数据显示，CAR - T 细胞药物 Yescarta 在 2019 年实现的全球销售额为 4.56 亿美元，同比上升 72.7%；根据毕马威统计，2020 年国内开展的 CAR - T 细胞疗法的临床试验数量达到 335 个，5 年间翻了 10 倍，靶点主要布局在 CD19 上，其次为 B 细胞成熟抗原（B cell maturation antigen，BCMA）。2021 年 6 月 22 日，Yescarta 正式获得 NMPA 批准，用于治疗二线或以上系统性治疗后复发或难治性大 B 细胞淋巴瘤（r/r LBCL）成人患者，这是目前国内首款获批上市的 CAR - T 细胞治疗产品❶，价格为 120 万元人民币，远低于美国均价 40 万美元的 CAR - T 细胞治疗产品。2021 年 9 月 3 日，NMPA 批准药明巨诺自主开发的一款靶向 CD19 的自体嵌合抗原受体 T（CAR - T）细胞免疫治疗产品倍诺达（瑞基奥仑赛注射液）的新药上市许可申请（New Drug Application，NDA），用于治疗经过二线或以上系统性治疗后成人患者的复发或难治性大 B 细胞淋巴瘤（r/r LBCL），成为中国第二款获批的 CAR - T 产品，也是中国首款归属于 1 类生物制品的 CAR - T 产品。❷

从 2016 年开始，贺某一直利用 CRISPR 技术对人类胚胎进行基因编辑，旨在通过敲除 CCR5 基因来创造无 HIV 婴儿。2018 年 11 月，在第二届世界人类基因编辑峰会上，贺某公布了其研究成果，即一对名为露露和娜娜的基因编辑婴儿于当月在中国诞生。研究成果所展示的实验设计和数据揭示了其科学和伦理层面的严重不当行为。贺某的行为因此招致了国际上的激烈批评，并受到中国基因编辑学界、中国遗传学会、中国干细胞研究会和中国国家卫生健康委员会等团体和政府部门的谴责，指责其违反中国现行法律法规和伦理规范。针对此事，世界卫生组织于 2019 年 8 月 29 日宣布启动一项针对人类基因组编辑活动的全球性注册计划，旨在跟踪并规范人类基因组编辑研究进展。❸ 世界卫生组织总干事谭德塞呼吁，在技术和伦理影响得到适当考虑之前，各国不应允许在人类临床应用中进行人类生殖细胞基因组编辑的任何进一步工作；改变生殖细胞将不可逆转地改变人类基因库，并违反现行国际规范。最终，贺某于 2019 年 12 月因进行国家明令禁止的以生殖为目的的人类胚胎基因编辑行为而构成非法行医罪被判处有期徒刑 3 年。

❶ 复星凯特官网. 重磅！复星凯特首个 CAR - T 产品奕凯达®（阿基仑赛注射液）获批上市！［EB/OL］. (2021 - 06 - 03)［2021 - 07 - 09］. http：//www.fosunkitebio.com/news/details - 5082.html.

❷ 药明巨诺官网. 药明巨诺宣布倍诺达®（瑞基奥仑赛注射液）获得国家药品监督管理局批准上市［EB/OL］. (2021 - 09 - 06)［2021 - 09 - 12］. https：//www.jwtherapeutics.com/cn/media/press - release/jw - therapeutics - announces - nmpa - approval - of - relmacabtagene - autoleucel - injection - in - china/.

❸ CYRANOSKI D. Russian "CRISPR - baby" scientist has started editing genes in human eggs with goal of altering deaf gene［J］. Nature, 2019（574）：465 - 466.

2019 年，解放军 307 医院造血干细胞移植科主任陈虎教授和北京大学干细胞研究中心主任邓宏魁教授等人将 CRISPR 编辑的 CCR5 修饰的造血干细胞和祖细胞（hematopoietic stem and progenitor cells，HSPC）移植到患有 HIV－1 感染和急性淋巴细胞白血病的患者体内。结果显示，供体细胞在移植后达到完全嵌合，患者的急性淋巴细胞白血病在移植后 19 个月内处于完全缓解，在此期间，含有经修饰 CCR5 基因的细胞持续存在，并且没有发生与基因编辑相关的不良事件。❶

与此同时，近年来，在国际上也发生了一系列与基因治疗相关的重大事件。

2017 年 7 月 13 日，美国波士顿 Dana－Farber 癌症研究所的 Catherine J. Wu 团队在《自然》（Nature）上发表论文 "An immunogenic personal neoantigen vaccine for patients with melanoma"，该论文证明了针对多达 20 种预测的个人肿瘤新抗原的个性化定制癌症疫苗❷的 I 期临床试验结果。疫苗诱导的多功能 CD4⁺ 和 CD8⁺ T 细胞分别靶向在患者上使用的 97 种独特新抗原中的 58 种（60%）和 15 种（16%）。这些 T 细胞区别于野生型抗原的突变，并且在某些情况下直接识别自体肿瘤。6 名接受疫苗治疗的患者中有 4 名在 25 个月里没有复发，另 2 名患者在接受以免疫抑制分子 PD－1 为靶点的癌症免疫治疗方法之后，肿瘤完全消退。❸ 2021 年 1 月 21 日，Catherine J. Wu 团队在《自然医学》（Nature medicine）上发表文章 "Personal neoantigen vaccines induce persistent memory T cell responses and epitope spreading in patients with melanoma"，介绍了上述接受了个性化的定制癌症疫苗治疗的黑素瘤患者的近况，由疫苗引发的强大而有效的控制肿瘤生长的免疫反应持续了长达四年仍在发挥作用。❹

2017 年 8 月 31 日，FDA 批准了诺华公司首个经基因修饰的自体 T 细胞免疫治疗（CAR－T 疗法❺）产品 Kymriah，即使用患者自身的 T 细胞产生的定制化治疗。该产品主要用于治疗复发性（经过治疗缓解后再次发作）或难治性（使用其他抗白血病治疗后病情没有缓解的）的急性 B 系淋巴细胞白血病（B 系 r/rALL）的患者（≤25 岁）❻，这是人类历史上批准的首款 CAR－T 疗法，也是在美国批准的首款基因疗法。《自然》杂志也因此将 2017 年称为 CAR－T 疗法元年。

CAR－T 疗法的具体过程如图 1－1－22 所示。具体而言，从患者（自体 T 细胞）或健康供体（同种异体 T 细胞）的外周血中分离出 T 细胞后，使 T 细胞经 CAR 基因工

❶ XU L，WANG J，LIU Y L，et al. CRISPR－Edited Stem Cells in a Patient with HIV and Acute Lymphocytic Leukemia [J]. The New England Journal of Medicine，2019，381（13）：1240－1247.

❷ 定制癌症疫苗被《麻省理工科技评论》评选为 2019 年 "十大突破性技术" 之一。

❸ OTT P A，HU Z T，KESKIN D B，et al. An Immunogenic Personal Neoantigen Vaccine for Melanoma Patients [J]. Nature，2017，547（7662）：217－221.

❹ HU Z T，LEET D E，ALLESØE R L，et al. Personal neoantigen vaccines induce persistent memory T cell responses and epitope spreading in patients with melanoma [J]. Nature Medicine，2021，27（3）：515－525.

❺ CAR－T 疗法就是嵌合抗原受体 T 细胞免疫疗法，英文全称 Chimeric Antigen Receptor T－Cell Immuno therapy。

❻ 李晓明，马靖. FDA 批准首个基因治疗产品 [J]. 中国医药导刊，2017（9）：873.

程化以生成 CAR – T 细胞或 UCAR – T 细胞，然后在体外广泛扩增并给予患者。[1]

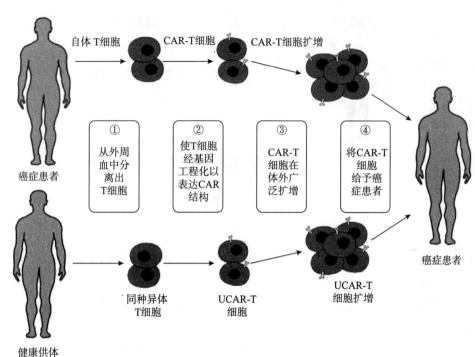

图 1 – 1 – 22　CAR – T 疗法的具体过程

如图 1 – 1 – 22 所示，癌症患者 CAR – T 疗法依赖于使用患者自身的 T 细胞，以防止宿主免疫系统的排斥反应。但是这种自体方法需要时间，难以标准化，样本批间差异大，生产耗时费力，成本高，运输难度高，从而使多次给药具有挑战性。因此，研究人员正在努力开发如图 1 – 1 – 22 所示的健康供者 CAR – T 细胞，它通过基因敲除或破坏供体上的 TCR 基因和/或 HLA I 类基因座来消除移植物抗宿主反应（graft versus host reaction，GVHR），从而使健康供体提供的 T 细胞更容易得到，质量更好，可以让细胞更容易地针对多种肿瘤抗原进行工程改造，并通过使用工业流程扩大化生产来减少时间和成本。[2]

CAR – T 疗法所涉及的 CAR – T 细胞已发展到第四代，其中第一代 CAR – T 细胞是指将单链抗体（scFv）与 T 细胞表面受体嵌合于 T 细胞上，其主要由三部分组成，即胞外区、跨膜区和胞内信号域。胞外区常为单链抗体（scFv），负责识别并结合靶抗原；跨膜区是铰链或间隔区，可将 scFv 锚定于细胞膜上；胞内信号域由一个 T 细胞激活结构域（CD3ζ 或 FcεRIγ，提供 T 细胞活化的第一信号）组成。当抗原被识别和结合后，产生

---

❶ TIAN Y G, LI Y L, SHAO Y P, et al. Gene modification strategies for next – generation CAR T cells against solid cancers [J]. Journal of Hematology & Oncology, 2020 (13): 54.

❷ DEPIL S, DUCHATEAU P, GRUPP S A, et al. "Off – the – shelf" allogeneic CAR T cells: development and challenges [J]. Nature Reviews Drug Discovery, 2020, 19 (3): 185 – 199.

刺激信号传至胞内信号域，T 细胞被激活并发挥效应功能（见图 1 – 1 – 23❶❷）。

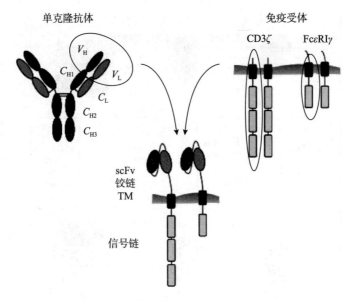

图 1 – 1 – 23　第一代 CAR – T 细胞结构示意

　　之后的第二代和第三代 CAR – T 细胞则分别在跨膜区和 T 细胞激活结构域之间加入了一个和两个共刺激结构域（例如 CD28 和/或 CD4 – 1BB，提供 T 细胞活化的第二信号），从而增强 T 细胞信号转导，通过延长 T 细胞存活来提高持久性，并且第三代 CAR – T 细胞改用慢病毒作为转染载体，相比于之前两代 CAR – T 细胞所使用的逆转录病毒载体，致癌风险更低，临床应用更安全。第四代 CAR – T 细胞除了共刺激结构域外，还提供了活化 T 细胞核因子（nuclear factor of activated T cell，NFAT）反应性表达，它可以通过分泌诱导型转基因产物（如 IL – 12 或其他细胞因子）来激活先天免疫反应，这种 CAR – T 细胞有望应用于病毒感染、自身免疫性疾病或代谢紊乱领域（见图 1 – 1 – 24❸）。

　　除了诺华公司的 Kymriah 获得 FDA 批准之外，Kite Pharma（吉利德子公司）使用 CAR – T 疗法的 Yescarta 于 2017 年 10 月 18 日被 FDA 批准用于治疗复发/难治性大 B 细胞非霍奇金淋巴瘤（non – Hodgkin lymphoma，NHL）成人患者。非霍奇金淋巴瘤是一种常见的淋巴系统恶性肿瘤，根据细胞来源可分为 B 细胞、T 细胞和 NK/T 细胞三种基本类型。B 细胞淋巴瘤是 NHL 最常见的亚型，约占 NHL 的 85%。Yescarta 作为第二代

　　❶　LARSON R C, MAUS M V. Recent advances and discoveries in the mechanisms and functions of CAR T cells [J]. Nature Reviews Cancer, 2021, 21 (3)：145 – 161.

　　❷　TIANNA. 一文读懂 CAR – T 治疗以及最新进展 [EB/OL]. (2021 – 03 – 31) [2021 – 08 – 19]. https：// mp. weixin. qq. com/s/U – NqgLJGW0ICA – D_Q4yjJg.

　　❸　HERNÁNDEZ – LÓPEZ A, TÉLLEZ – GoNZÁLEZ M A, MONDRAGÓN – TERÁN P, et al. Chimeric Antigen Receptor – T Cells：A Pharmaceutical Scope [J]. Frontiers in Pharmacology, 2021, 12：720692.

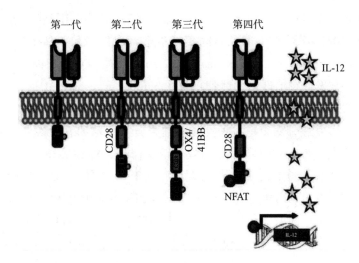

图 1 - 1 - 24　CAR - T 疗法发展历程

抗 CD19 CAR - T 细胞药物，具有一个共刺激结构域 CD28，其具有特异性高、不受主要组织相容性复合体（major histocompatibility complex，MHC）限制[1]、抗肿瘤作用强、持久性好等特点。[2] 2020 年 7 月 24 日，Kite Pharma 宣布 FDA 加速批准 Tecartus （Brexucabtagene Autoleucel）上市，用于治疗成人患者复发或难治性套细胞淋巴瘤（mantle cell lymphoma，MCL）。[3] MCL 属于 70 余种 NHL 亚型中的一种，发病比例占 NHL 的 6% ~ 7%。由于套细胞淋巴瘤中位发病年龄在 60 岁以上，且多数患者在诊断时已处于病程的 Ⅲ 期或 Ⅳ 期，多数患者不适宜、不愿甚至放弃全身放疗、干细胞移植等疗法，且 MCL 在复发后具有很强的侵略性，许多患者在治疗后病情继续恶化。而 Tecartus 是 Kite Pharma 采用新生产工艺开发的 CD19 CAR - T 疗法，与其之前获批上市的 Yescarta 相比具有相同的 CAR 结构，但是在生产制备过程中，Tecartus 筛选掉了 CD19 + 肿瘤细胞，以减少 CAR - T 细胞过早地激活和耗尽，展示了 96% 的制造成功率和 15 天的产品制造周转时间中位数。[4] 2021 年 2 月 5 日，FDA 批准百时美施贵宝（BMS）旗下的 Juno Therapeutics 公司研发的 CAR - T 疗法 Breyanzi （lisocabtagene maraleucel），用于治疗至少 2 种其他全身疗法后无应答，或治疗后复发的某些大 B 细胞淋巴瘤成人患者。这是 FDA 批准的第 3 种用于治疗非霍奇金淋巴瘤［包括弥漫大 B 细胞淋巴瘤（diffuse large

---

[1]　杀伤 T 细胞与靶细胞的 MHC 必须一致才有杀伤作用，此现象为 MHC 限制性。

[2]　王晓露，贾蒙. 嵌合抗原受体 T 细胞药物 YESCARTA 在非霍奇金淋巴瘤临床治疗中的研究进展［J］. 东南国防医药，2021，23（1）：64 - 68.

[3]　Kite Pharma 官网. U. S. FDA Approves Kite's Tecartus，The First and only CAR T Treatment for Relapsed or refractory Mantle Cell Lymphoma ［EB/OL］. （2020 - 07 - 25）［2021 - 11 - 10］. https：//www. kitepharma. com/news/press - releases/2020/7/us - fda - approves - kites - tecartus - the - first - and - only - car - t - treatment - for - relapsed - or - refractory - mantle - cell - lymphoma.

[4]　医药魔方. FDA 批准 Kite 新工艺 CD19 CAR - T 疗法上市！制备成功率 96% ［EB/OL］. （2020 - 07 - 25）［2021 - 07 - 09］. http：//www. pharmcube. com/index/news/article/5289.

B – cell lymphoma，DLBCL）〕的基因治疗药物。Breyanzi 不可用于治疗原发性中枢神经系统淋巴瘤。[1] 2021 年 3 月 26 日，百时美施贵宝（BMS）和蓝鸟生物（Bluebird）联合宣布，FDA 已批准 Abecma（Idecabtagene vicleucel）作为首个靶向 BCMA 的 CAR – T 疗法，用于治疗复发或难治性多发性骨髓瘤（multiple myeloma，MM）成人患者，这些患者既往经过四个或多个治疗线（包括免疫调节剂、蛋白酶体抑制剂和抗 CD38 单克隆抗体）的治疗。多发性骨髓瘤是一种克隆浆细胞异常增殖的恶性疾病，大多数患者在初始治疗后会复发，每次连续治疗后的效果都会降低，往往表现出不良的临床结果，反应率非常低（20% ~30%），反应持续时间短（2~4 个月）和生存能力差。[2]

2017 年 12 月 19 日，FDA 批准 Spark Therapeutics 的新型基因疗法 Luxturna（Voretigene neparvovec – rzyl）注射用混悬液上市，主要用于治疗由 RPE65 基因突变导致的遗传性视网膜疾病，该疾病临床上包括由 RPE65 突变导致的 Leber 先天性黑蒙 2 型（Leber's congenital amaurosis，LCA2）和早发性视网膜色素变性（retinitis pigmentosa，RP）。这是美国本土批准的第一款靶向特定基因突变的"直接给药型"基因疗法。该疗法为一种腺病毒载体介导的基因疗法，设计用于 RPE65 减少或缺乏人群的治疗，其将人 RPE65 基因编码的正常拷贝体传送入此类人群的视网膜细胞中发挥治疗效果。RPE65 基因突变可致 RPE65 异构水解酶活性降低或缺乏，阻断视觉周期导致视力受损。[3] 2018 年 1 月初，Spark Therapeutics 公布其 Luxturna 基因疗法定价为每年 85 万美元左右。

2019 年 10 月上旬，著名医学期刊《新英格兰医学杂志》（NEJM）发表了一篇名为 "Patient – Customized Oligonucleotide Therapy for a Rare Genetic Disease" 的文章，一名 6 岁女孩米拉·马科维茨（Mila Makovec）因隐匿性失明、共济失调、癫痫发作和发育倒退而于 2016 年年底去医院就诊。经过头部磁共振成像（MRI）、24 小时脑电图（EEG）以及皮肤活检，被确认为是巴顿氏病（Batten Disease）。其是一种常染色体隐性遗传病，主要影响视网膜和中枢神经系统（central nervous system，CNS）。波士顿儿童医院专攻儿科遗传学的神经内科教授 Timothy Yu 博士对米拉的基因组进行了详细的测序分析后发现，米拉患病是由于表达重要蛋白酶的基因（CLN7）中插入了一种称为反转录转座子（Retro – transposon）的片段。在发现该致病的基因变异之后，Yu 博士团队开发了针对这一基因变异的反义寡核苷酸（antisense oligonucleotide，ASO）疗

[1] 夏训明. 美国 FDA 批准 Breyanzi（lisocabtagene maraleucel）用于治疗大 B 细胞淋巴瘤 [J]. 广东药科大学学报，2021（2）：105.

[2] Bluebirdbio 官网. U. S. Food and Drug Administration Approves Bristol Myers Squibb's and bluebird bio's Abecma（idecabtagene vicleucel），the First Anti – BCMA CAR T Cell Therapy for Relapsed or Refractory Multiple Myeloma ［EB/OL］.（2021 – 03 – 26）［2021 – 11 – 10］. https：//investor. bluebirdbio. com/news – releases/news – release – details/us – food – and – drug – administration – approves – bristol – myers – squibbs.

[3] FDA. FDA 批准眼科用药 Voretigene Neparvovec – rzyl 上市 [J]. 中国合理用药探索，2018（15）：5.

法❶。2018 年初，这款只为米拉一个人设计的 ASO 疗法用在了她的身体中，该疗法为了纪念米拉而起名为 Milasen，其是一种为特定患者量身定制的剪接调节反义寡核苷酸药物（临床诊断和治疗过程见图 1 – 1 – 25❷）。令人欣慰的是，在接受了 Milasen 的治疗之后，米拉的症状出现了好转，她的癫痫症状不论是发作频率还是持续时间都有明显的缩短，还可以在协助下站立和行走。❸

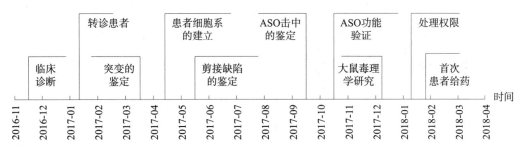

图 1 – 1 – 25　米拉·马科维茨个性化治疗过程

　　Milasen 疗法被评选为 2020 年"全球十大突破性技术"之一。其意义在于，针对个体量身定制的基因药物为身患绝症的人带来新的希望，很多以往无法治疗或者治愈的疾病也许将彻底消失。如果因为某种特定 DNA 缺陷导致了极为罕见的疾病（目前世界上有数千种这样的情况），那么至少有一个争取修复基因的机会。米拉所接受的治疗采用了反义寡核苷酸的技术，类似于用一种分子擦除剂消除或修复错误的遗传信息。该分子擦除剂能够以数字化的方式和速度编程，以纠正、补偿或者替代错误的 DNA 碱基。但是，对于这类针对单一特定患者的治疗方案来说，真正的挑战是它几乎与现行所有新药的研发、测试和上市销售规则背道而驰。当这些药物只能够帮助一个人，却需要投入大量人力、物力和财力来设计和制造个体化药物时，谁来为它们买单呢?❹

　　2021 年 6 月 26 日，Intellia Therapeutics 公司和再生元（Regeneron）公司宣布了正在进行的第一阶段的积极中期数据，该数据涉及它们主要的体内基因组编辑候选药物 NTLA – 2001 的临床研究，该临床研究旨在评估 NTLA – 2001 在遗传性转甲状腺素蛋白淀粉样变性伴多发性神经病（ATTRv – PN）患者中的应用。NTLA – 2001 是第一个通过静脉输注全身给药的基于 CRISPR/Cas9 的候选疗法，用于精确编辑人类靶组织中的基因（见图 1 – 1 – 26，NTLA – 2001 使得肝细胞中的转甲状腺素蛋白基因失活，以防止产生和积累错误折叠的转甲状腺素蛋白）。中期数据在 2021 年周围神经协会（Peripheral

---

　　❶　一段特别设计的 DNA 片段通过与 RNA 结合，能够改变 RNA 的剪接过程，让原来无法产生正常蛋白的基因恢复正常的蛋白表达。

　　❷　KIM J，HU C，Achkar C M E，et al. Patient – Customized Oligonucleotide Therapy for a Rare Genetic Disease [J]. The New England Journal of Medicine，2019，381（17）：1644 – 1652.

　　❸　药明康德. 这些只能治疗一名患者的疗法，或将带来个体化医疗的新时代［EB/OL］.（2019 – 10 – 11）［2021 – 07 – 09］. https：//www. medsci. cn/article/show_article. do? id =0a061809e77c.

　　❹　DeepTech 编辑部.《麻省理工科技评论》2020 年"全球十大突破性技术"［J］. 科技中国，2020（3）：5 – 11.

Nerve Society，PNS）年会上公布，并发表在《新英格兰医学杂志》（*New England Journal of Medicine*）上。❶

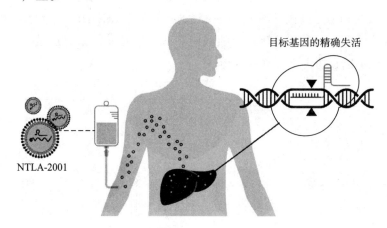

图 1 - 1 - 26　基于 CRISPR/Cas9 的候选疗法 NTLA - 2001

候选疗法 NTLA - 2001 所涉及的 CRISPR/Cas9 技术既不是第一个也不是唯一一个用于基因编辑的技术，但其因设计简便、高效以及可实现高通量操作的优势而从众多基因编辑技术中脱颖而出。在 CRISPR/Cas9 技术之前，锌指核酸酶（zinc - finger nucleases，ZFN）技术和类转录激活因子效应物核酸酶（transcription activator - like effector nuclease，TALEN）技术被用于生物医学研究的基因编辑，它们是以蛋白质和 DNA 之间的相互作用为基础的技术，而 CRISPR 的特点是 RNA 和 DNA 之间的相互作用（见图 1 - 1 - 27❷）。

由图 1 - 1 - 27 所示的基因编辑核酸酶由目标序列识别域（例如 CRISPR/Cas9 系统中的引导 RNA（guide RNA，gRNA））和核酸酶（例如 CRISPR/Cas9 系统中的 Cas9 蛋白）组成。在程序化的核酸酶切割靶基因后，双链断裂（double strand break，DSB）的修复通过两种不同的机制进行——非同源末端连接（non - homologous end joining，NHEJ）和同源依赖性修复（homology - dependent repair，HDR）。NHEJ 通过连接 DSB 以消除目标区域，可用于沉默或纠正致病基因，而 HDR 可以将同源序列引入 DSB，使供体 DNA 能够插入以纠正现有基因或添加新基因。基因编辑核酸酶的特性和它们之间的差异总结如表 1 - 1 - 9 所示。

❶　LEONARD J. Intellia and Regeneron Announce Landmark Clinical Data Showing Deep Reduction in Disease - Causing Protein After Single Infusion of NTLA - 2001, an Investigational CRISPR Therapy for Transthyretin（ATTR）Amyloidosis. Intellia Therapeutics, Inc.［EB/OL］.（2021 - 06 - 26）［2021 - 07 - 09］. https：//ir. intelliatx. com/news - releases/news - release - details/intellia - and - regeneron - announce - landmark - clinical - data - showing.

❷　SHIMG, KIMD, PARK G T, et al. Therapeutic gene editing：delivery and regulatory perspectives［J］. Acta Pharmacologica Sinica, 2017, 38（6）：738 - 753.

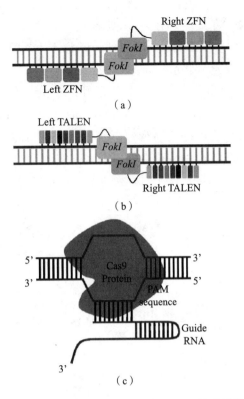

图 1 - 1 - 27 ZFN、TALEN 和 CRISPR/Cas9 的基因编辑核酸酶

表 1 - 1 - 9 标准基因编辑核酸酶的特性

名称	ZFN	TALEN	CRISPR/Cas9
DNA 结合	锌指蛋白	TALE 蛋白	引导 RNA，gRNA
DNA 切割 DNA 识别范围	FokI 18～36bp（3bp/锌指模块）	FokI 30～40bp（1bp/TALE 模块）	Cas9 22bp（DNA - RNA 碱基配对）
识别序列	含有 G 碱基的如下序列：5' - GNNGNNGNN - 3'	从 5' - T 起始并以 A - 3' 结束的序列	紧跟着前间区序列邻近基序 5' - NGG - 3' 的序列
优势	基于序列的模块工程化；小蛋白尺寸（<1kb）	高特异性准确识别（1bp）；目标区域的选择相对容易	自由选择目标区域；gRNA 合成简单；和特定的基因更容易结合，能够预测脱靶位点，以及能够同时靶向多个位点
限制	困难的序列选择和锌指工程化；昂贵且耗时	不适用于甲基胞嘧啶；昂贵且耗时；大蛋白尺寸（>3kb）	大蛋白尺寸（>4kb）

CRISPR 靶向特异性是由两部分决定的，一部分是 RNA 嵌合体中的 crispr RNA（简写为 crRNA）与靶 DNA 之间的碱基配对，其中 RNA 嵌合体是一个短的单链引导 RNA （single - guide RNA，sgRNA）序列，其是细菌 tracrRNA（简写为 trRNA）、环状物（loop）、crRNA 和与靶 DNA 同源的前间区序列的嵌合体，其中 trRNA 是连接 crRNA 和 Cas9 核酸蛋白酶的支架；另一部分是 Cas9 核酸蛋白酶与靶 DNA 的一个 2～6 bp 长的 DNA 序列相互识别，其中 Cas9 核酸蛋白酶作用和内切酶类似，用于切断 DNA 双链，其具有两个核酸酶 DNA 切割域——RuvC 和 HNH，而这个 2～6 bp 长的 DNA 序列通常在靶 DNA 的 3' 末端，被称为前间区序列邻近基序（protospacer adjacent motif，PAM），不同的 PAM 可以被特定的 Cas9 核酸蛋白酶识别（见图 1 - 1 - 28❶）。

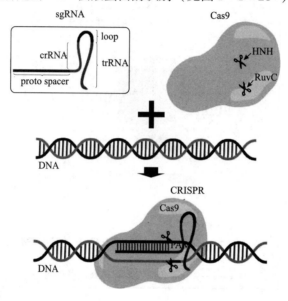

图 1 - 1 - 28　CRISPR 靶向特异性示意

如图 1 - 1 - 28 所示，细菌聪明的基因剪刀可以被用来制造除细菌之外生物遗传密码（基因组）的变化。为了让基因剪刀在正确的地方切割 DNA 链，研究人员首先构造了与将要进行切割处的基因密码相匹配的 sgRNA，然后将 sgRNA 与 Cas9 蛋白连接在一起形成基因剪刀，该基因剪刀可以找到在 DNA 链上的正确位置并进行切割。

关于研究人员如何使用基因剪刀，当在 DNA 链中进行切割时，将会产生两种方向。

（a）细胞能够自己修复 DNA 链的切口。在某些情况下，这会导致基因功能被关闭。

（b）研究人员可以构建专门设计的模板，以在进行切割的位置插入新的 DNA 片段。当细胞修复基因中的切口时，细胞将使用模板，从而导致基因组发生变化。❷ 具体

---

❶ OLGA K, ELENA C, LENKA B, et al. The potential of CRISPR/Cas9 genome editing for the study and treatment of intervertebral disc pathologies ［J］. JOR Spine, 2018, 1（1）: e1003.

❷ Speaker's manuscript – Chemistry Prize 2020 Genetic scissors: a tool for rewriting the code of life. ［EB/OL］. （2020 - 12 - 10）［2021 - 05 - 14］. https://www. nobelprize. org/uploads/2020/10/Speakersmanuscript_Chemistry_2020_Nobelprizelessons. pdf.

选择方式如图 1 - 1 - 29 所示。●

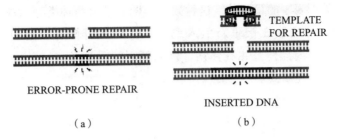

TEMPLATE FOR REPAIR

ERROR-PRONE REPAIR

INSERTED DNA

（a）　　　　　（b）

图 1 - 1 - 29　基因剪刀 DNA 链切割示意

目前，包括基因编辑技术（例如 CRISPR/Cas9 技术）与治疗方法（例如 CAR - T 疗法）的基因治疗方法已在多种疾病中实现了临床试验，例如血友病、镰刀细胞贫血、β - 地中海贫血症、遗传性视网膜病变、杜氏肌营养不良、肿瘤（见图 1 - 1 - 30●）和免疫系统缺陷疾病等。

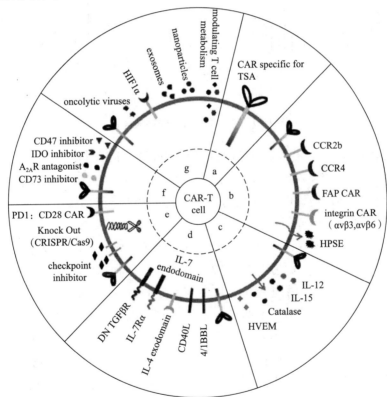

图 1 - 1 - 30　增强 CAR - T 细胞治疗实体肿瘤的新策略

● 图片来源于 www. nobelprize. org。

● ZHANG E H, GU J Y, XU M M. Prospects for chimeric antigen receptor - modified T cell therapy for solid tumors [J]. Molecular Cancer, 2018 (17)：7.

基因治疗有了新的革新和突破，数量及其地位显著提高（见图 1 – 1 – 31❶），并且一直保持在治疗类别表中的第三位。这种数量的增加是由两种类型的基因治疗产生的：①离体基因治疗，即细胞在被重新引入之前在体外进行修饰，例如 CAR – T 疗法；②体内基因治疗，基因操作发生在体内，例如基因编辑技术。对于后者，用于传递基因的载体正变得越来越重要。

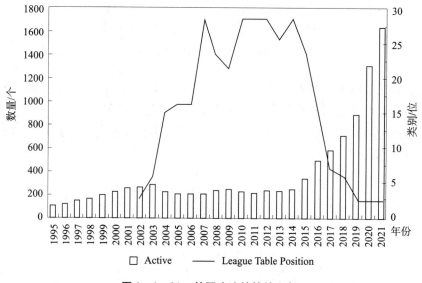

图 1 – 1 – 31 基因疗法的持续兴起

但是，基因编辑技术与细胞治疗两者潜在的弊端也同样制约着基因治疗的发展，比如脱靶效应、载体的导入效率、DNA 缺失和染色体缺失、激活的 DNA 修复机制可能引起细胞复杂的应激反应、PAM 序列的制约以及对 P53 基因的影响等。❷❸ 具体而言，伦敦弗朗西斯·克里克研究所的发育生物学家 Kathy Niakan 及其同事使用 CRISPR/Cas9 在 POU5F1 基因中产生突变，大约22%的 DNA 产生不需要的变化，其包括 DNA 重排和数千个 DNA 碱基的缺失，比使用这种方法的研究人员通常预期的要大得多。由纽约市哥伦比亚大学干细胞生物学家迪特尔·埃格利领导的另一个小组研究了用精子产生的胚胎，该胚胎携带一种会导致失明的名为 EYS2 的基因突变。该团队使用 CRISPR/Cas9 来尝试纠正该突变，但大约一半的测试胚胎丢失了 EYS 所在的染色体的大部分片段，有时甚至是整个染色体。由波特兰俄勒冈健康与科学大学的生殖生物学家 Shoukhrat Mitalipov 领导的小组研究了使用具有导致心脏病的突变的精子制成的胚胎。该团队发

❶ 图片来源于 Ian Lloyd，Senior Director，Pharmaprojects. Pharma R&D Annual Review 2021。

❷ YEH C D, RICHARDSON C D, CORN J E. Advances in genome editing through control of DNA repair pathways [J]. Nature Cell Biology, 2019, 21 (12): 1468 – 1478.

❸ 杨鑫宇，王大勇，高旭. 基因编辑技术和细胞疗法在体外基因治疗中的应用 [J]. 中国生物化学与分子生物学报，2020, 36 (11): 1265 – 1272.

现，编辑影响了含有突变基因的染色体的大部分区域。● 2020 年，Enache OM 团队发现，CRISPR/Cas9 中的 Cas9 蛋白对内源性 p53 蛋白也有一定的影响，例如 165 对人类癌细胞系及其表达 Cas9 衍生物的基因表达谱揭示了引入 Cas9 后 p53 途径的上调，特别是在野生型 TP53（TP53 - WT）细胞系中。●

随着技术的不断提高，包括诱导多能干细胞（induced pluripotent stem cells，iPSC）以及不断改进后的 CRISPR/Cas9 等技术的基因疗法（例如改造 Cas9 酶或 sgRNA）终将克服上述问题，并且操作更简单、效率更高，减少脱靶效应，优化载体的导入效率，解决 DNA 缺失和染色体缺失等问题，为疾病的治疗研究和疾病模型的建立带来新的方法和思路。

例如，2021 年 4 月 9 日，Nuñez JK 等人在《细胞》（Cell）上发表了一篇文章，其报告了一项全新的基于 CRISPR/Cas9 的表观遗传编辑技术——CRISPRoff，其在不影响编码基因的双链 DNA 的情况下，通过 DNA 甲基化、组蛋白甲基化和乙酰化等方式控制基因的转录，从转录层面调控目标基因表达蛋白质的效果。

研究者们利用了 sgRNA 能够把 Cas9 引导到目标位点的能力，但避开了 Cas9 对于 DNA 剪切的能力，而是将失去酶活性的 Cas9 与 DNA 甲基转移酶 Dnmt3A、3L 以及锌指蛋白 10 的 KRAB 结构域相融合，从而达到目标位点 DNA 甲基化的效果，实现目标基因表达的降低。同时，研究者还开发了匹配的 CRISPRon，能够对 CRISPRoff 的编辑进行逆转（见图 1 - 1 - 32●）。

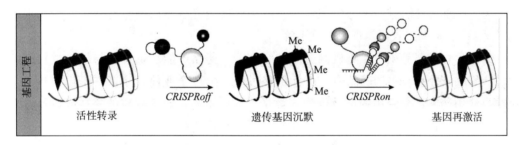

图 1 - 1 - 32　转录层面调控目标基因表达蛋白质

这项技术从表观遗传层面实现基因表达的抑制，其效果不仅精准高效、适用基因广泛，更是经得住多达 450 代的细胞分裂以及干细胞的分化，可以说是表观基因编辑技术的大进步！●

● LEDFORD H. CRISPR gene editing in human embryos wreaks chromosomal mayhem［J］. Nature，2020，583（7814）：17 - 18.

● ENACHE O M，RENDO V，ABDUSAMAD M，et al. Cas9 activates the p53 pathway and selects for p53 - inactivating mutations［J］. Nature Genetics，2020，52（7）：662 - 668.

● NUÑEZ J K，CHEN J，et al. Genome - wide programmable transcriptional memory by CRISPR - based epigenome editing［J］. Cell，2021，184（9）：2503 - 2519.

● 刘一.《细胞》：意义非凡！不修改 DNA 序列的表观遗传 CRISPR 来了，可逆、不脱靶，细胞分裂 450 代仍有效［EB/OL］.（2021 - 05 - 12）［2021 - 07 - 08］. https：//page. om. qq. com/page/OdgJBttCUf - M4HN - t5rKfk_w0.

1.2 中国医药行业发展演变

1.2.1 药品注册政策与上市分析

改革开放以来，随着我国医药产业快速发展，中国市场初步满足了公众的基本用药需求，但同时药品的质量和标准以及审评审批过程中存在的问题也日益突出，包括注册申报资料质量不高且存在数据造假嫌疑、仿制药重复申报量大且积压严重、部分仿制药质量与国际先进水平存在差距、临床急需新药上市审批时间过长等，严重影响了药品创新的积极性。[❶]

2015 年之前，我国医药行业存在的问题主要有以下四个方面的内容。

第一，制药行业低水平重复问题突出（当时 1.5 万个药品品种对应 16.8 万个批准文号，同质化严重，有 100 个以上文号的品种有 160 个左右，有 50~100 个文号的品种为 90 个左右，最多的品种文号达到 800 个以上），药品研发投入严重不足，全国医药企业年度研发投入不及全球最大的一家制药企业的研发投入，临床急需的原研药物短缺，结构性问题突出。

第二，药品流通领域矛盾错综复杂，当时零售药店 40 多万家，管理水平参差不齐，特别是部分药店进货渠道把关不严，成为假劣药品、非法回收药品进入合法渠道的"入口"，药品回收再卖现象屡见不鲜。

第三，短缺药品供应保障机制急需健全完善，药品产能总量过剩与结构性短缺并存，个别临床使用较多的药品由于中标价格过低，生产企业停止生产，退出市场。个别罕见病用药和不常使用的药物因生产数量少、成本高，缺乏相应的扶持政策，企业生产经营积极性不高，甚至出现断供现象。所涉及的药品包括阿托品、多巴胺、维生素 K1、绒促性素以及可用于治疗农药中毒、蛇毒中毒等的解毒剂。[❷]

第四，药品质量安全隐患较多，例如注射液特别是早期批准上市的以中药为原料生产的注射液，安全性和有效性基础研究薄弱，部分生产企业偷工减料、使用假劣原料、擅自改变生产工艺，严重影响药品的安全性和有效性，低价中标潜藏质量安全隐患。尤其是 2015 年 5 月因企业擅自改变银杏叶提取物生产工艺（例如由稀乙醇提取改为 3% 盐酸提取；用槐米或槐角提取物假冒或掺杂银杏叶提取物，以达到 24% 总黄酮醇苷的标准）所引发行业轩然大波的"银杏叶事件"，随着案件的进展不断牵连出新的上下游制药、保健品企业，整个植物提取物市场正面临严峻的行业整顿。[❸]

为了妥善解决上述这一系列问题，以及落实党中央、国务院用"最严谨的标准、

---

❶ 孔繁圃. 药品审评改革进展情况 [J]. 中国食品药品监管, 2019 (11)：30 - 39.

❷ 程永顺, 吴莉娟. 探索药品专利链接制度 [M]. 北京：知识产权出版社, 2019：80 - 81.

❸ 杨扬, 周斌, 赵文杰. "银杏叶事件"的分析与思考 [J]. 中草药, 2016, 47 (14)：2397 - 2407.

最严格的监管、最严厉的处罚、最严肃的问责，确保广大人民群众饮食用药安全"的要求，2015 年 7 月 22 日，国家食品药品监督管理总局❶发布《关于开展药物临床试验数据自查核查工作的公告》（2015 年第 117 号，见图 1－2－1），该公告号称"史上最严的数据核查要求"。❷

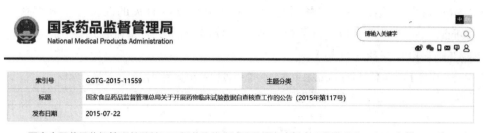

图 1－2－1　"史上最严的数据核查要求"公告

2015 年 7 月至 2017 年 6 月，国家食品药品监督管理总局共发布 7 期相关公告，决定对 2033 个已申报生产或进口的待审药品注册申请开展药物临床试验数据核查。其中，申请人主动撤回的注册申请多达 1316 个，占 64.7%；申请减免临床试验等不需要核查的注册申请 258 个，占 12.7%。在已核查的 313 个药品注册申请中，有 38 个注册申请的临床试验数据涉嫌数据造假，其中新药注册申请 16 个，仿制药注册申请 17 个，进口药注册申请 5 个，对上述 38 个注册申请中的 30 个作出不予批准的决定，并对其中涉嫌数据造假的 11 个临床试验机构及合同制研发服务组织（Contract Research Organization，CRO）予以立案调查。❸ 2017 年 7 月至 2021 年 12 月，国家食品药品监督管理总

❶　中国药品监管机构的发展历史，由 1998 年的国家药品监督管理局（SDA）到 2003 年的国家食品药品监督管理局（SFDA），再到 2013 年的国家食品药品监督管理总局（CFDA），最后到 2018 年的国家药品监督管理局（National Medical Products Administration，NMPA）。

❷　食品药品监管总局. 国家食品药品监督管理总局关于开展药物临床试验数据自查核查工作的公告（2015 年第 117 号）［EB/OL］.（2015－07－22）［2021－07－13］. https：//www. nmpa. gov. cn/yaopin/ypggtg/ypqtgg/20150722173601172. html.

❸　国家药品监督管理局食品药品审核查验中心. 药物临床试验数据核查阶段性报告（2015 年 7 月至 2017 年 6 月）［EB/OL］.（2017－07－21）［2021－07－13］. http：//www. cfdi. org. cn/resource/news/9137. html.

局（2018 年后更名为国家药品监督管理局）相继发布 11 期相关公告，共涉及 417 个已完成临床试验申报生产或进口的药品注册申请；并会同国家卫生健康委员会于 2020 年 4 月 23 日印发《药物临床试验质量管理规范》以细化明确药物临床试验各方职责要求，该规范自 2020 年 7 月 1 日起施行。

此外，自 2015 年开始，一系列与药品审评审批制度有关的改革举措相继配套出台，共同致力于提升我国制药行业整体水平，保障药品安全性和有效性，以及促进医药产业升级和结构调整（见表 1 − 2 − 1）。

表 1 − 2 − 1　2015 ~ 2021 年药品审评审批注册相关法律法规和政策举例❶

法律法规和政策文件	改革措施
《关于改革药品医疗器械审评审批制度的意见》（2015 年 8 月 18 日发布）	调整新药定义❷； 推进仿制药质量和疗效一致性评价； 解决药品注册申请积压，加快创新药审评审批； 提出优先审评、药品上市许可持有人制度试点等改革举措
《关于解决药品注册申请积压实行优先审评审批的意见》（2016 年 2 月 26 日发布）	对具有明显临床价值或优势的药品注册申请优先审评审批的范围、程序（申请、审核、审评、报送、审批）及工作要求等作出规定
《关于发布化学药品注册分类改革工作方案的公告》（2016 年 3 月 4 日发布并实施）	对按照新注册分类申报的化学药品注册申请实行新的审评技术标准
《国务院办公厅关于开展仿制药质量和疗效一致性评价的意见》（2016 年 3 月 5 日发布）	推进仿制药一致性评价，对相关操作细节（例如评价对象和时限、参比制剂遴选原则、评价方法的选择以及药品生产企业的主体责任）作出指示；同品种药品通过一致性评价的生产企业达到 3 家以上的，在药品集中采购等方面不再选用未通过一致性评价的品种
《国务院办公厅关于进一步改革完善药品生产流通使用政策的若干意见》（2017 年 2 月 9 日发布）	严格药品上市审评审批，新药审评突出临床价值，仿制药审评严格按照与原研药质量和疗效一致的原则进行；优先对批准上市的新药和通过一致性评价的药品试行上市许可持有人制度；加快推进已上市仿制药质量和疗效一致性评价，鼓励药品生产企业按相关指导原则主动选购参比制剂，合理选用评价方法，开展研究和评价

　　❶ 邵蓉，董心月，蒋蓉. 从药品审评审批制度改革论新药创制与仿制药产业的共同发展［J］. 药学与临床研究，2018，26（3）：161 − 165.
　　❷ 将药品分为新药和仿制药；将新药由现行的"未曾在中国境内上市销售的药品"调整为"未在中国境内外上市销售的药品"；根据物质基础的原创性和新颖性，将新药分为创新药和改良型新药。将仿制药由现行的"仿已有国家标准的药品"调整为"仿与原研药品质量和疗效一致的药品"。根据上述原则，调整药品注册分类。

法律法规和政策文件	改革措施
《关于仿制药质量和疗效一致性评价工作有关事项的公告》（2017 年 8 月 25 日发布）	明确了一致性评价仿制药参比制剂选择、受理与审评、检查检验基本流程等内容；化学仿制药一致性评价申请受理后 45 天内完成立卷工作，120 天内完成技术审评工作。如需申请人补充资料，补充资料回复后的技术审评时限为 40 天，行政审批时限为 20 天
《关于深化审评审批制度改革鼓励药品医疗器械创新的意见》（2017 年 10 月 8 日发布）	提出优化临床试验审批程序、接受境外临床试验数据、加快临床急需药品审评审批、支持罕见病治疗药品研发、实行药品与药用原辅料和包装材料关联审批等改革措施；鼓励仿制药专利挑战，探索建立药品专利链接制度，开展药品专利期限补偿制度试点
《关于调整进口药品注册管理有关事项的决定》（2017 年 10 月 10 日发布并实施）	在中国进行国际多中心药物临床试验，允许同步开展 I 期临床试验；在中国进行的国际多中心药物临床试验完成后，申请人可以直接提出药品上市注册申请；对于提出进口药品临床试验申请、进口药品上市申请的化学药品新药以及治疗用生物制品创新药，取消应当获得境外制药厂商所在生产国家或者地区的上市许可的要求
《关于发布〈中国上市药品目录集〉的公告》（2017 年 12 月 28 日发布）	《中国上市药品目录集》是国家食品药品监督管理总局（CFDA）发布批准上市药品信息的载体，收录批准上市的创新药、改良型新药、化学药品新注册分类的仿制药以及通过质量和疗效一致性评价药品的具体信息。指定仿制药的参比制剂和标准制剂，标示可以替代原研药品的具体仿制药品种等
《国务院办公厅关于改革完善仿制药供应保障及使用政策的意见》（2018 年 4 月 3 日发布）	（1）促进仿制药研发：制定鼓励仿制的药品目录；加强仿制药技术攻关；完善药品知识产权保护； （2）提升仿制药质量疗效：加快推进仿制药质量和疗效一致性评价工作；提高药用原辅料和包装材料质量；提高工艺制造水平；严格药品审评审批；加强药品质量监管； （3）完善支持政策：及时纳入采购目录；促进仿制药替代使用；发挥基本医疗保险的激励作用；明确药品专利实施强制许可路径；落实税收优惠政策和价格政策；推动仿制药产业国际化；做好宣传引导
《临床急需境外新药审评审批工作程序》（2018 年 10 月 23 日发布）	确定专门通道审评审批的品种范围，即近十年在美国、欧盟或日本上市但未在我国境内上市的新药，符合下列情形之一的：（1）用于治疗罕见病的药品；（2）用于防治严重危及生命疾病，且尚无有效治疗或预防手段的药品；（3）用于防治严重危及生命疾病，且具有明显临床优势的药品

法律法规和政策文件	改革措施
《疫苗管理法》（2019年7月2日发布，2019年12月1日实施）	对疾病预防、控制急需的疫苗和创新疫苗，应当予以优先审评审批；应对重大突发公共卫生事件急需的疫苗或者国务院卫生健康主管部门认定急需的其他疫苗，经评估获益大于风险的，可以附条件批准疫苗注册申请；出现特别重大突发公共卫生事件或者其他严重威胁公众健康的紧急事件，国务院卫生健康主管部门根据传染病预防、控制需要提出紧急使用疫苗的建议，经国务院药品监督管理部门组织论证同意后可以在一定范围和期限内紧急使用
《药品管理法》（2019年8月27日发布，2019年12月1日实施）	在审批药品时，对化学原料药一并审评审批，对相关辅料、直接接触药品的包装材料和容器一并审评，对药品的质量标准、生产工艺、标签和说明书一并核准；对治疗严重危及生命且尚无有效治疗手段的疾病以及公共卫生方面急需的药品可以附条件批准；优化审评审批流程，提高审评审批效率；批准上市药品的审评结论和依据应当依法公开，接受社会监督
《药品注册管理办法》（2020年3月30日发布，2020年7月1日实施）	对加快审批制度作了较大的调整，增加了突破性治疗药物审评工作程序和附条件批准程序，对原优先审评审批的范围和程序作了相应的调整❶；其中药品上市许可申请审评时限为200日，优先审评审批程序中明确了审评时限为130日，临床急需境外已上市境内未上市的罕见病药品审评时限为70日
《化学药品注册分类及申报资料要求》2020年6月30日发布，（关于化学药品注册分类，自2020年7月1日起实施；关于化学药品注册申报资料要求，自2020年10月1日起实施）	1类：境内外均未上市的创新药。指含有新的结构明确的、具有药理作用的化合物，且具有临床价值的药品。 2类：境内外均未上市的改良型新药。指在已知活性成分的基础上，对其结构、剂型、处方工艺、给药途径、适应证等进行优化，且具有明显临床优势的药品。 3类：境内申请人仿制境外上市但境内未上市原研药品❷的药品。该类药品应与参比制剂❸的质量和疗效一致。 4类：境内申请人仿制已在境内上市原研药品的药品。该类药品应与参比制剂的质量和疗效一致。 5类：境外上市的药品申请在境内上市

---

❶ 王婧璨，温宝书，蒲嘉琪. 从新版《药品注册管理办法》看我国药品优先审评审批制度的变化［J］. 中国药学杂志，2020，55（24）：2074-2077.

❷ 原研药品是指境内外首个获准上市，且具有完整和充分的安全性、有效性数据作为上市依据的药品。

❸ 参比制剂是指经国家药品监管部门评估确认的仿制药研制使用的对照药品。参比制剂的遴选与公布按照国家药品监督管理局于2019年3月25日发布的《化学仿制药参比制剂遴选与确定程序》执行。

续表

法律法规和政策文件	改革措施
《药审中心技术审评报告公开工作规范（试行）》（2021 年 2 月 23 日发布，自 2021 年 6 月 1 日起实施）	逐步推进药品技术审评报告公开工作，首先公开新药技术审评报告，逐步扩大到仿制药等各类审评报告公开工作。新药技术审评报告公开是指药审中心在中心网站公开新获得批准的新药技术审评报告和药品说明书

伴随着上述改革举措的逐步落地实施，药品注册申请积压的问题得到显著改善，截至 2020 年 12 月 31 日，国家药品监督管理局药品审评中心（Center for Drug Evaluation, CDE）正在审评审批和排队等待审评审批的注册申请已由 2015 年 9 月的近 22000 件降至 4882 件（不含完成技术审评因申报资料缺陷等待申请人回复补充资料的注册申请）。

同时，根据《药品上市许可优先审评审批工作程序（试行）》中所确定的优先审评审批的范围，CDE 形成了以"优先审评审批制度"为核心的加快审评政策，同时积极对优先审评品种的选择进行研究。截至 2020 年 12 月 31 日，CDE 共计承办 1208 件药品优先审评审批注册申请。其中，具有临床价值的新药 392 件❶（约占 32.5%），同步申报品种 276 件（约占 22.8%），儿童用药 127 件❷（约占 10.5%），罕见病用药 96 件（约占 7.9%）。

2021 年 6 月 21 日，CDE 公布了 2020 年度药品审评报告并指出，2020 年审结注册申请任务整体按时限完成率为 94.48%。其中，临床急需境外已上市新药注册申请审结任务整体按时限完成率为 100%，按默示许可受理注册申请的审结任务整体按时限完成率为 99.87%，直接行政审批的注册申请 100% 在法定的 20 个工作日内完成，且审批平均用时 11.8 个工作日。各类药品注册申请任务按时限完成情况如表 1-2-2 所示。

表 1-2-2　2020 年各类药品注册申请任务按时限完成情况

注册申请任务分类	审结任务整体按时限完成率/%
直接行政审批的注册申请	100
临床急需境外已上市新药	100
按照临床默示许可受理的注册申请	99.87
境外生产药品再注册	97.99
补充申请	96.94
一致性评价申请	89.01
简略新药申请（ANDA）	76.77
优先审评	72.87
新药上市许可申请（NDA）	55.50
注册申请任务整体情况	94.48

❶ 包含临床急需的短缺药品、防治重大传染病和罕见病等疾病的创新药和改良型新药 14 件（2020 年纳入）。

❷ 包含符合儿童生理特征的儿童用药新品种、剂型和规格（2020 年纳入）。

2020 年的 NDA 年度整体按时限完成率已经有了很大的提升，NDA 按时限完成率在 2020 年 12 月突破 80%，提升至 87.5%；纳入优先审评程序的注册申请按时限完成率在 2020 年 10 ~ 12 月的月度按时限完成率连续达到 90% 以上，取得历史性突破。❶ 2021 年上半年，有 15 款国产 1 类新药获批上市，而 2020 年同期获批的国产 1 类新药仅为 4 款。❷ 2021 年下半年，有 16 款国产 1 类新药获批上市，而 2020 年同期获批的国产 1 类新药仅为 6 款。从治疗领域来看，2021 年获批上市的国产 1 类新药主要涉及实体瘤、血液病、罕见病、病毒感染性疾病和免疫系统疾病等临床急需药物。

此外，为了更好地推进《中国上市药品目录集》，CDE 成立了专项小组，在 CDE 网站针对目录集框架和首批收录品种公开征求意见，与《总局关于发布〈中国上市药品目录集〉的公告》同步上线运行了中国上市药品目录集数据库；同时，CDE 内部制定了上市药品目录集的收录原则和程序，保证工作顺利推进。2020 年 10 月 29 日，CDE 发布了公开征求《〈新批准上市以及通过仿制药质量和疗效一致性评价的化学药品目录集〉收载程序和要求（试行）（征求意见稿）》意见的通知，促进《中国上市药品目录集》升级换代。《中国上市药品目录集》收录的药品包括进口原研药、创新药、通过质量和疗效一致性评价的药品、按化学药品新注册分类批准的仿制药以及其他药品。

其中，关于进口原研药，从历年进口药批准数量来看，2014 ~ 2017 年，我国分别获批上市进口药 23 件、17 件、22 件和 40 件。2018 年 4 月 23 日，国务院关税税则委员会发布公告，自 2018 年 5 月 1 日起，以暂定税率方式将包括抗癌药在内的所有普通药品、具有抗癌作用的生物碱类药品及有实际进口的中成药进口关税降为 0，相关政策持续利好进口药获批，从而导致 2018 年、2019 年和 2020 年我国分别获批上市进口药 67 件、74 件和 128 件。❸❹

关于创新药，近几年中国国产 1 类创新药逐年增多，2002 ~ 2016 年，每年仅有 0 ~ 3 个创新药获得注册批件。2017 年及之后，每年获批上市的国产 1 类创新药在 10 个左右，如表 1 - 2 - 3 所示，❺ 而 2021 年，则有超过 30 个国产 1 类创新药（按药品名称计算，新增规格、新增适应证不计入）获批上市。

❶ 国家药品监督管理局药品审评中心. 2020 年度药品审评报告 [EB/OL]. (2021 - 06 - 21) [2021 - 07 - 25]. http：//www. cde. org. cn/news. do? method = largeInfo&id = cb377a202489c901.

❷ 医药经济报. 彰显中国研发力量! 阿斯利康携手和黄医药推动本土创新药走向世界 [EB/OL]. (2021 - 07 - 27) [2021 - 08 - 09]. https：//mp. weixin. qq. com/s/Hxh1MyisjgNgONAxCnJpqw.

❸ 林建宁. 对当前我国医药产业的几点思考 [J]. 中国食品药品监管, 2019 (11)：22 - 29.

❹ 药品监督管理统计年度报告（2020 年）[EB/OL]. (2021 - 05 - 14) [2021 - 11 - 11]. http：//www. gov. cn/xinwen/2021 - 05/14/content_5606276. htm.

❺ 中国医学科学院药物研究所，等. 中国仿制药蓝皮书 2021 版 [M]. 北京：中国协和医科大学出版社, 2021：151 - 152.

表 1 - 2 - 3　近几年我国国产 1 类创新药申请和获批情况

时间/年	临床申请/个	上市申请/个	批准数/个
2013	48	5	1
2014	61	3	3
2015	74	2	0
2016	38	2	2
2017	104	8	10
2018	403	45	10
2019	552	21	12
2020	781	43	10

关于通过质量和疗效一致性评价的药品，从 2020 年第三季度开始，一致性评价通过药品数量逐步进入快速增长期，尤其是 2021 年第一季度，通过数量高达 473 个，创单季度通过药品数量历史新高，环比增长 21.0%，同比增长一倍以上，其中"按化学药品新注册分类批准"的仿制药单季度数量首次超过"已有批件通过一致性评价"的仿制药，逐步成为主流的通过方式。❶

药品审评审批制度的改革工作伴随着新的政策文件和改革措施的不断推出而平稳且顺利地进行着，并且对于我国生物医药产业的发展也必将产生巨大的推动效应：一方面，创新药企业在优先审评程序下积极探索创新药的研发并加快推进临床用药困境的突破与解决，有利于持续激发、提高我国药品研发创制水平；另一方面，随着一致性评价工作的有效推进，仿制药企业不断提高仿制药产品的质量、降低患者用药经济负担，解决患者用药的可获得性及可支付性问题，保障人民用药健康。

1.2.2　医保谈判与集中带量采购

恶性肿瘤已经成为严重威胁中国人群健康的主要公共卫生问题之一，根据 GLOBO-CAN2020 提供的数据显示，在每 10 万人中，美国的癌症预估年龄标准化发病率为 362.2 人，中国的癌症预估年龄标准化发病率为 204.8 人❷，且近十几年来恶性肿瘤的发病率和死亡率均呈持续上升态势，防治形势严峻，而昂贵的药物尤其是靶向治疗药物大量应用于临床，成为很多恶性肿瘤患者的希望。根据 Evaluate Pharma 报道，全球肿瘤药市场规模在 2019 年为 1454 亿美元，预计将以 11.5% 的复合年增长率增长至 2026 年的 3112 亿美元，而免疫肿瘤药物则以 20.2% 的复合年增长率达到 947 亿美元。但是，昂贵的药物价格同时也使患者承担巨大的经济负担，无法解决多数患者的实际困难。

---

❶ 中国医学科学院药物研究所，等. 中国仿制药蓝皮书 2021 版 ［M］. 北京：中国协和医科大学出版社，2021：7.

❷ 国家卫生和计划生育委员会统计信息中心，中国疾病预防控制中心慢性非传染性疾病预防控制中心. 中国死因监测数据集 2016 ［M］. 北京：中国科学技术出版社，2017：26.

近年来，在国家政策的引导下，创新药物尤其是靶向治疗药物被纳入药品医保谈判的重点范围。2015 年 5 月 4 日，《发展改革委、卫生计生委、人力资源社会保障部、工业和信息化部、财政部、商务部、食品药品监管总局关于印发推进药品价格改革意见的通知》（发改价格〔2015〕904 号）中明确药品价格改革的新形势，提出多类药品可通过谈判形成价格，例如对于专利药品、独家生产药品，通过建立公开透明、多方参与的谈判机制形成价格，国家鼓励创新药依靠专利保护提高企业的获利空间，激励制药企业的新药研发。❶

2016～2021 年，每年国家对药价进行医保谈判，旨在"以量换价"，具体情况如表 1－2－4 所示。❷ 第一轮医保谈判于 2016 年由国家卫生和计划生育委员会主导；2018 年，在国家医疗保障局成立以前，基本医疗保险药品目录（以下简称"医保目录"）调整归人力资源和社会保障部管理；2018～2021 年，国家医疗保障局连续四年调整医保目录，共纳入 507 种药品，同时将一批临床价值不高且可替代的药品调出目录，300 个谈判准入药品价格平均降幅超 50%，显著降低了患者的用药负担。经过第六轮医保谈判调整后的 2021 版国家医保目录自 2022 年 1 月 1 日起执行，总药品数为 2860 种，其中西药 1486 种，中成药 1374 种，自 2022 年 1 月 1 日起施行。❸

表 1－2－4 2016～2021 年国家医保谈判概览

时间/年	参与谈判药品数量/种	谈判成功药品数量/种	谈判成功率/%	平均降幅/%
2016	5	3	60	58.67
2017	44	36	84.82	44
2018	18	17	94.44	56.70
2019	119（目录外）	70	58.82	60.70
	31（目录内）	27	87.10	26.40
2020	162	119（目录外 96，目录内 23）	73.46	50.64
2021❶	85（目录外）	67	78.82	61.71
	32（目录内）	27	84.38	—

医保目录调整工作正朝着常态化的方向稳步前进，并且医保准入制度与药品审评审批的衔接日益紧密，国产创新药在获批上市后都能够迅速获得医保谈判的资格，无

---

❶ 张萍萍，朱虹，刘兰茹. 基于靶向药物的医保药品谈判实践研究［J］. 中国卫生事业管理，2016，4：275－278.

❷ 三叶草. 2021 年有望医保谈判药品名单！齐鲁、恒瑞、荣昌生物……［EB/OL］.（2021－06－28）［2021－07－14］. https：//mp. weixin. qq. com/s/mRW0cbIk2HvHcs_yJkhEbg.

❸ 国家医疗保障局. 国家医保局 人力资源社会保障部印发 2021 年版国家医保药品目录［EB/OL］.（2021－12－03）［2021－12－03］. http：//www. nhsa. gov. cn/art/2021/12/3/art_14_7430. html.

❶ 国家医疗保障局.《国家医保局人力资源社会保障部关于印发〈国家基本医疗保险、工伤保险和生育保险药品目录（2021 年）〉的通知》政策解读［EB/OL］.（2021－12－03）［2021－12－03］. http：//www. nhsa. gov. cn/art/2021/12/3/art_38_7431. html.

论对于生物创新药、化学创新药还是中成药而言，若能顺利进入医保目录，都将极大地解决多数患者用药贵、用药难的药品可及性❶的问题，同时为创新药开拓市场带来了一个非常有利的时机，帮助企业快速占领市场，降低企业的市场建设、开发与宣传成本。例如，先声药业的国家 1 类新药依达拉奉右莰醇注射液（商品名为先必新），2020年 7 月 30 日获 NMPA 批准上市，是近 5 年来全球唯一获批的脑卒中新药，2020 年 12月通过谈判进入国家医保目录，从而使得该创新性成果能够快速进入临床，造福患者。第六轮医保谈判中新纳入的 67 种药品中有 66 种为近 5 年获批上市药品。

以 PD – 1 单抗药物为例，2019 年 11 月，信达生物的信迪利单抗以 63.73% 的价格降幅通过医保谈判，成为当时唯一纳入国家医保目录的 PD – 1 单抗，使得患者的年花费降至 10 万元以下。虽然价格大幅下降，但信迪利单抗的销售却持续放量，2020 年上半年销售收入就已达到 9.21 亿元，与该产品在 2019 年全年销售额近乎持平。❷ 最终，年销售收入达到 22.9 亿元，占当年公司营收近六成，较 2019 年度同比增长 125.4%。❸

值得注意的是，2019 年进入医保目录的信迪利单抗仅有三线复发或难治性经典霍奇金淋巴瘤的单一适应证，以量换价效应直接加剧了 2020 年与 2021 年 PD – 1 单抗药物医保谈判的价格竞争。

果不其然，在 2020 年国家医保目录药品谈判中，PD – 1 的谈判无疑是最扣人心弦的，最终默沙东、百时美施贵宝、罗氏和阿斯利康 4 家跨国医药企业全部被淘汰，君实生物、恒瑞医药和百济神州 3 家国内医药企业以平均 78% 的价格降幅全部谈判成功。究其原因，主要在于进口 PD – 1/L1 的价格（默沙东的 K 药最低报价在 10 万元/年左右；国内企业 PD – 1 的报价在 3 万~4 万元/年）显然无法满足医保部门的硬性价格要求，而医保谈判的结果更看重的是产品的最终价格。2021 年，默沙东、百时美施贵宝、罗氏和阿斯利康 4 家跨国医药企业的 PD – 1/PD – L1 抗体在国家医保目录药品谈判中因需兼顾考虑全球价格体系而再次无缘纳入医保，而在本土医药企业方面，此次医保谈判主要围绕的是新增适应证，除恒瑞医药 2021 年新增的两项鼻咽癌适应证未能纳入之外，信达生物、君实生物和百济神州的三款国产 PD – 1 的其他新增适应证全部成功纳入医保，其新适应证谈判价格在 3 万~4 万元/年。

不断降低的价格虽然有利于进一步解决药品可及性的问题，但是也从另一侧面反映出国内创新药同质化竞争问题非常明显，同类竞品为了保住市场份额不得不大幅度降低年治疗费用，这让医药产业界在重新审视创新意义的同时，也让资本对于追逐热门竞品

---

❶　药品的可及性通常被定义为一些最基本的药品能够以合理的价格在以一小时车程内获得，该概念起源于不发达地区例如南非洲地区，当地药品价格及贫穷问题导致难以接受有效的药物治疗，从而造成严重的公共安全问题。

❷　张松. 医保谈判第三天：PD – 1/L1 价格混战！国内企业报价低于 4 万/年［EB/OL］.（2020 – 12 – 16）［2021 – 07 – 14］. https：//mp. weixin. qq. com/s/dWnra8iryPbiadfIoMZVtA.

❸　信达生物官网. 信达生物公布 2020 年全年业绩及公司进展：三个新药上市，四款产品商业化，总收入38.4 亿元［EB/OL］.（2021 – 03 – 30）［2021 – 07 – 14］. http：//cn. innoventbio. com/#/news/254.

的开发热情趋于冷静。❶ 国内企业在经营策略上都有一个共同的特点，偏好于同类竞品的相互内卷化发展而忽略发展该同类竞品的上下游产业，一如 PD - 1 抗体市场当前的竞争情况，医药企业的宣传口号已经从"我们最快"到"我们适应证最多（最重磅）"再到"我们进医保价格最高"直至"我们生产成本最低"，宣传口号逐渐演化的背后是国内PD - 1 市场竞争越来越激烈，竞争力不强或者说没有核心竞争力的企业终将被淘汰❷。

尽管肿瘤免疫疗法的发展提高了常见癌症患者的总体生存率，并带来了重要的治疗进展，但是免疫检查点抑制剂类药物（PD - 1/PD - L1 抗体）的快速扩张在很大程度上是不协调的并且造成了巨大的浪费❸。

除了 PD - 1/PD - L1 抗体之外，2021 年国家医保目录药品谈判还呈现出以下两大特点：

（1）ADC 药物和 TKI、PARP、CD38 等小分子抑制剂类热门靶点药物备受瞩目，随着荣昌生物的维迪西妥单抗（ADC 药物）、西安杨森制药的达雷妥尤单抗注射液（国内首个获批的靶向作用于 CD38 的全人源单克隆抗体）、贝达药业的盐酸恩沙替尼［第二代间变性淋巴瘤激酶 - 酪氨酸激酶（ALK - TKI）抑制剂］、诺诚建华的奥布替尼［布鲁顿氏酪氨酸激酶（BTK）抑制剂］、艾力斯的伏美替尼［第三代表皮生长因子受体 - 酪氨酸激酶（EGFR - TKI）抑制剂］、百济神州的帕米帕利［聚腺苷二磷酸 - 核糖聚合酶（PARP）抑制剂］、恒瑞医药的海曲泊帕［非肽类促血小板生成素受体（TPO - R）激动剂］等纳入医保，热门赛道的市场竞争格局将发生巨变。

（2）本着"每一个小群体都不该被放弃"的原则，越来越多临床急需的罕见病用药陆续进入医保目录❹，2021 年有 7 款罕见病用药被成功纳入，其中包括渤健生物用于治疗脊髓性肌萎缩症（SMA）的"天价药"诺西那生钠注射液和用于治疗多发性硬化（MS）的氨吡啶缓释片、武田制药用于治疗遗传性血管性水肿（HAE）的醋酸艾替班特注射液和用于治疗法布雷病（α - 半乳糖苷酶 A 缺乏症）的阿加糖酶 α 注射用浓溶液、安进公司用于治疗纯合子型家族性高胆固醇血症（HoFH）的依洛尤单抗注射液、辉瑞公司用于治疗甲状腺素蛋白淀粉样变性心肌病（ATTR - CM）的氯苯唑酸软胶囊以及泰邦生物用于凝血因子IX缺乏症（血友病 B）患者的出血治疗的人凝血因子IX。

在我国对于创新药进行药品医保谈判的同时，为了加速实现仿制药替代原研药的步伐，进一步降低公众用药负担，以及解决"以药养医"、"天价"投标、给医生"回

---

❶ 张蓝飞. 迈瑞、金域、恒瑞、药明康德等遭遇业绩和估值戴维斯双杀！创新升级迎考验？［EB/OL］.（2021 - 08 - 20）［2021 - 08 - 22］. https：//mp. weixin. qq. com/s/lEzWRArW6xXl8N - Vz0O5vw.

❷ 杨维琼，高翼. 中国的 PD - 1，没有未来［EB/OL］.（2021 - 09 - 03）［2021 - 09 - 06］. https：//mp. weixin. qq. com/s/dkUqUgBEgOvQ4UnwsBWZ7w.

❸ BEAVER J A, PAZDUR R. The Wild West of Checkpoint Inhibitor Development［J］. N Engl J Med, 2021.

❹ 中国药学会和中国医疗保险研究会 2021 年 11 月 3 日联合发布的《中国医保药品管理改革进展与成效蓝皮书》数据显示，2009 年版医保目录包含 22 个罕见病用药，覆盖 13 个病种的罕见病；2020 年版医保目录包含 45 个罕见病用药，覆盖 22 个病种的罕见病。

扣"和低价药品"中标死"等问题，规范化、常态化的药品国家集中带量采购正在不断稳步推进当中，并且成效显著。

2015 年 2 月 9 日，国务院办公厅印发《国务院办公厅关于完善公立医院药品集中采购工作的指导意见》（国办发〔2015〕7 号），其中提出：药品集中采购有利于破除以药补医机制，加快公立医院特别是县级公立医院改革；有利于降低药品虚高价格，减轻人民群众用药负担。对临床用量大、采购金额高、多家企业生产的基本药物和非专利药品，发挥省级集中批量采购优势，由省级药品采购机构采取双信封制公开招标采购，医院作为采购主体，按中标价格采购药品。对于仿制药实行参考定价，强行推行药品一致性评价，从另一个侧面保证创新药品的回报率。

2020 年 2 月 25 日，中共中央、国务院印发《中共中央、国务院关于深化医疗保障制度改革的意见》（中发〔2020〕5 号），其中强调：深化药品、医用耗材集中带量采购制度改革；坚持招采合一、量价挂钩，全面实行药品、医用耗材集中带量采购；以医保支付为基础，建立招标、采购、交易、结算、监督一体化的省级招标采购平台，推进构建区域性、全国性联盟采购机制，形成竞争充分、价格合理、规范有序的供应保障体系。

各地开展非国家集采试点模式的药品以尚未通过质量和疗效一致性评价的仿制药（以下简称"非过评药"）为主，质量分层、竞价分组规则缺少统一的标准；而国家集中采购的药品绝大多数为通过质量和疗效一致性评价的仿制药（以下简称"过评药"），少数为原研药，质量分层、分组竞价规则相对统一。能否触发国家集中采购有着严格的规则设置，基本上是采取原研药加通过一致性评价的仿制药，只要达到三家就可以列入集中采购。启动一批集采需要积累一定的数量，选择的条件重点是"医保目录内、临床必需、用药量大、金额高"。❶

我国的药品跨区域采购以国家集中采购为主，截至 2022 年 1 月 31 日，已进行了国家组织药品集中采购和使用试点（以下简称"'4 + 7'试点"）及"4 + 7"试点扩围，第二、第三、第四、第五和第六批国家组织药品集中采购，如表 1 - 2 - 5 所示。

表 1 - 2 - 5　我国药品跨区域集中带量采购的主要实践

No.	采购实践	集中采购文件	采购结果文件	实施地域	采购品种数量
1	"4 + 7"试点❷	4 + 7 城市药品集中采购文件（2018 年 11 月 15 日）	关于公布 4 + 7 城市药品集中采购中选结果的通知（2018 年 12 月 17 日）	北京、天津、上海、重庆、沈阳、大连、厦门、广州、深圳、成都、西安、福建（跟进省份）、河北（跟进省份）	22 种过评药和 3 种原研药

---

❶　国家医保局. 第四批国家组织药品集采成果今年 5 月或将惠及群众［EB/OL］.（2021 - 01 - 29）［2021 - 07 - 14］. https：//baijiahao. baidu. com/s？id = 1690223704059294932&wfr = spider&for = pc.

❷　"4 + 7"试点是指首批国家组织药品集中采购和使用试点，即北京、上海、天津、重庆 4 个直辖市和广州、深圳、西安、大连、成都、厦门、沈阳 7 个城市共 11 个试点城市。

No.	采购实践	集中采购文件	采购结果文件	实施地域	采购品种数量
2	"4+7"试点扩围	联盟地区药品集中采购文件（2019年9月1日）	关于公布联盟地区药品集中采购中选结果的通知（2019年9月25日）	"4+7"试点城市和跟进省份之外的25个省（自治区、直辖市）以及新疆生产建设兵团	"4+7"试点中选药品
3	第二批国家组织药品集中采购	全国药品集中采购文件（GY-YD2019-2）（2019年12月29日）	关于公布全国药品集中采购中选结果的通知（2020年1月21日）	全国各省（自治区、直辖市）和新疆生产建设兵团	33种
4	第三批国家组织药品集中采购	全国药品集中采购文件（GY-YD2020-1）（2020年7月29日）	全国药品集中采购拟中选结果公示（2020年8月20日）	全国各省（自治区、直辖市）和新疆生产建设兵团的所有公立和军队医疗卫生机构，鼓励医疗保险定点社会办医疗机构、医疗保险定点零售药店参加	56种
5	第四批国家组织药品集中采购	全国药品集中采购文件（GY-YD2021-1）（2021年1月15日）	关于公布全国药品集中采购中选结果的通知（2021年2月8日）	全国各省（自治区、直辖市）和新疆生产建设兵团的所有公立和军队医疗卫生机构，鼓励医疗保险定点社会办医疗机构、医疗保险定点零售药店参加	45种
6	第五批国家组织药品集中采购	全国药品集中采购文件（GY-YD2021-2）（2021年4月15日）	关于公布全国药品集中采购中选结果的通知（2021年6月23日）	全国各省（自治区、直辖市）和新疆生产建设兵团的所有公立和军队医疗卫生机构，鼓励医疗保险定点社会办医疗机构、医疗保险定点零售药店参加	62种

续表

No.	采购实践	集中采购文件	采购结果文件	实施地域	采购品种数量
7	第六批国家组织药品集中带量采购（胰岛素❶专项）❷	全国药品集中采购文件（胰岛素专项）（GY-YD2021-3）（2021年11月5日）	《关于公布全国药品集中采购（胰岛素专项）中选结果的通知》（2021年11月30日）	全国各省（自治区、直辖市）和新疆生产建设兵团的所有公立和军队医疗卫生机构，鼓励医疗保险定点社会办医疗机构、医疗保险定点零售药店参加	11种

2018年11月14日，中央全面深化改革委员会第五次会议审议通过了《国家组织药品集中采购试点方案》，这次组织的集中采购主要是以完善带量采购方法换取更优惠的价格，对于消除医院"二次议价"空间、规范评标专家行为、促进评标过程规范化等具有重要作用。

从2018年12月开始，国家组织11个城市试点开展药品集中带量采购以来，截至2021年6月的第五批药品集中带量采购，共成功采购218种药品，均为化学药品，只要"报价不高于最高有效申报价"且满足"单位可比价不得高于同一通用名药品最小单位最低价的1.8倍、以最高有效申报价为基数大于等于50%的价格降幅以及单位可比价小于等于0.1元"3个条件之一，企业即获得拟中选资格。这导致大量化学药品降低了价格，平均降幅超过了50%，累计节约医药费用已超过1500亿元。❸国家层面的药品集中带量议价，使得药品价格谈到最低。

其中，第五批国家组织药品集中带量采购共纳入62种药品，在2020年省级平台采购金额高达550亿元，采购药品数量和金额创下新高。共有61个品种竞标成功，涉及148家企业的251个产品，拟中选药品平均降幅56%，其中有240个产品由138家国内的企业中选，11个产品由10家外资企业中选，外资中选企业数量也是历次国家药品

---

❶　第二代胰岛素（人胰岛素）的结构与人体分泌的胰岛素完全相同，改善了第一代胰岛素（动物胰岛素）的免疫原性，但不能很好地模仿生理性胰岛素分泌，而第三代胰岛素（胰岛素类似物）在起效时间、峰值时间、作用持续时间上更接近生物性胰岛素分泌。

❷　这是生物制剂首度纳入国家集采范畴，涉及诺和诺德（7个）、甘李药业（6个）、联邦制药（6个）、礼来（5个）、通化东宝（5个）、天麦生物（3个）、波兰佰通（3个）、万邦生化（2个）、东阳光长江（2个）、赛诺菲（2个）和浙江海正（1个）共11家企业的42个二代和三代胰岛素产品，共分为6个采购组：餐时人胰岛素、基础人胰岛素、预混人胰岛素、餐时胰岛素类似物、基础胰岛素类似物、预混胰岛素类似物，平均降幅50%左右；最大降幅73.76%，为礼来的精蛋白锌重组赖脯胰岛素混合注射液（25R）。

❸　中国政府网. 第五批国家组织药品集采中选结果公布——集中带量采购，减轻看病负担［EB/OL］.（2021-07-14）［2021-07-14］. http：//www.gov.cn/xinwen/2021-07/14/content_5624766.htm.

集中带量采购最高的一次，11 个外资企业中选产品降价明显，其中结肠癌一线治疗药物——原研药企业赛诺菲的奥沙利铂注射液，价格从 1760 元/支下降到 310.5 元/支，按每 2 周一次的治疗方案，6 个月的治疗方案可节约药费 5 万元左右；阿斯利康的酒石酸美托洛尔片在开标前一夜增加了 7 个"对手"，竞争格局从"3 + 1"变成了"10 + 1"，结果该产品报出了 8 分/片的低价。从采购药品剂型看，注射剂的数量占一半，涉及金额占 70%，成为该次集采的主力剂型。该次集采品种覆盖高血压、冠心病、糖尿病、抗过敏、抗感染、消化道疾病等常见病、慢性病用药，以及肺癌、乳腺癌、结直肠癌等重大疾病用药。❶

在开展国家集中带量采购之前，在很长一段时间内，专利期届满的原研药一直在我国药品招标、医保报销等方面享受超国民待遇，单独定价，我国本土医药企业生产的仿制药也因同类竞争而导致质量参差不齐，并未出现因专利到期而产生的专利悬崖效应。过高的原研药价格一直被认为是造成患者看病贵的源头之一。

随着国家开展仿制药一致性评价和组织药品集中带量采购，让通过一致性评价的仿制药和原研药同台竞技，并且使仿制药在市场上占有一席之地，让患者使用的仿制药在质量和疗效上与原研药一致，通过仿制药对于原研药的替代，进一步降低了患者的用药负担。在国家层面也明确指出，通过一致性评价的仿制药，均按照最新的技术指导要求进行技术审评，经过与原研药严格的药学对比和体内生物等效性研究，可保证仿制药的质量和疗效与原研药一致，可以实现与原研进口药品的临床替代。❷ 2021年 6 月 9 日，国家医疗保障局召开"集采中选药品疗效和安全性真实世界课题研究成果发布会"，发布会上公开了第一批集采的 14 个中选药品的研究结果。结果显示，在临床真实诊疗环境中，14 个中选仿制药与原研药在临床疗效和使用上等效，不良反应无统计学差异。❸

国家集中带量采购的开展，一方面，仿制药与原研药的同台强力竞争使得未中选的原研药价格受到影响开始下降，而中选的原研药价格更是显著降低。例如，降价幅度最大的品种是拜耳的阿卡波糖，达到 92%，降幅最低的品种是卫材的甲钴胺，达到43%。仿制药则更加注重药品的内在质量，达到药品降价保质的效果；另一方面，加速国内医药企业的转型升级，持续加大创新产品资源投入（据 2021 年 8 月 19 日恒瑞医药发布的 2021 年上半年年报显示，恒瑞上半年创新药实现销售收入 52.07 亿元，同比增长 43.80%，占整体销售收入的 39.15%；上半年研发投入超过 25.8 亿元，同比增长38.48%，研发投入占销售收入的 19.41%，创历史新高；共有 240 多个临床项目正在

---

❶ 胡丹萍. 解读第五批国家药品集采：注射剂金额占 7 成，外企药品大降价 [EB/OL]. （2021 - 06 - 24）[2021 - 07 - 14]. https：//baijiahao. baidu. com/s? id = 1703401725278826760&wfr = spider&for = pc.

❷ 赛柏蓝. 药品集采冲击波：仅 5 家外企中标 [J]. 中国外资，2021（4）：17 - 18.

❸ 国家医疗保障局. 国家医保局召开集采中选药品疗效和安全性真实世界研究成果发布会 [EB/OL]. （2021 - 06 - 11）[2021 - 07 - 14]. http：//www. nhsa. gov. cn/art/2021/6/11/art_98_5265. html? from = timeline.

国内外开展；共提交国内申请专利 131 件、PCT 申请 39 件，获得国内授权 64 件、国外授权 59 件)❶ 并积极走出去开发国外市场，进一步加快推进企业精细化管理，积极关注国内外市场需求、产品设计、产能规划、生产安排、销售及服务等全过程，特别关注材料成本、人工成本以及制造费用等环节❷，加快仿制药替代原研药，促进我国医药行业的健康快速发展。

国家集中带量采购对于中标企业的好处是显而易见的。无论是企业的非核心产品还是核心产品，最直接的影响是扩大了相关产品的市场渗透率，提升了产品和企业的品牌影响力。而对于非中标企业而言，大多将面临产品国内市场份额和价格双双锐减的情况，对未来发展造成较大的不利影响，但笔者仍然看到不少通过发挥自身产品和品牌优势、积极布局集采之外的市场、实现"逆风反转"的成功案例，代表性的企业有华东医药和辉瑞制药。其中，华东制药利用营销团队优势，深挖基层和社区市场、民营医院等集采尚未囊括的市场，积极开拓零售药店及网上销售新渠道，从而抢占剩余市场，使得失标压力被企业快速消化；而辉瑞制药则充分发挥产品品牌（例如立普妥与络活喜）大众认可度高的优势，除了继续提供以产品为核心的学术推广之外，还提供与医疗机构现代化管理有关的质量、品牌、精细化管理、成本控制、效率提升等一切有利于医疗机构永续运营的服务，通过为医院制定"一品双规三剂型"的策略，帮助医院建立合理用药目录，建议医院保留一个国家集采品种，再保留一个原研药品种，从而应对部分患者的原研药需求以及国家集采药品供应不上的情况。❸

1.2.3 授权合作与尽职调查

2021 年 10 月 28 日，《国务院关于印发"十四五"国家知识产权保护和运用规划的通知》中提到，优化知识产权国际合作环境，加强药物及新型冠状病毒疫苗研发等重点领域的知识产权国际合作。

近年来，随着医药行业不断发展与改革，市场更加开放，本土医药企业与外资医药企业关于创新药的合作与交易逐渐增多，共同开发国内、国际医药市场的趋势已经愈发明显。其中授权合作（License）是医药生物领域常见的一种产品引入方式。其含义是指，产品引入方通过向产品授权方支付一定首付款，并按照药品研发和行政审批申报进度约定后续的里程碑款项及未来的销售提成，从而获得在某些特定国家/地区的研发、生产和市场销售的商业化权利。与高风险、高投入且过程漫长的新药自主研发相比，授权合作模式的优势在于从时间上实质性地缩短研发进程，降低研发风险，实现

---

❶ 张蓝飞. 恒瑞半年报国内外研发管线霸屏！转型压力正在释放？［EB/OL］.（2021 - 08 - 19）［2021 - 08 - 22］. https：//mp. weixin. qq. com/s/YzDWEwULUzhZKrKAtN0few.

❷ 采编中心. 集采常态化，药企如何快速应变？［EB/OL］.（2021 - 07 - 17）［2021 - 08 - 09］. https：// mp. weixin. qq. com/s/fseMjHWjxCQsRSc4TQpYRg.

❸ 中国医学科学院药物研究所，等. 中国仿制药蓝皮书 2021 版［M］. 北京：中国协和医科大学出版社，2021：81 - 88.

快速获得上市许可、丰富自身产品管线、增强市场竞争力以及通过对引进技术及其相关技术诀窍（know – how）的消化吸收，从而达到快速增强自身团队的技术实力的目的。

依据引入方向不同，授权合作可以分为许可引进（License – in）和授权许可（License – out）两种类型，前者是引入方付费向授权方购买许可，后者是授权方收费向引入方授予许可。在中国新药研发领域，近年来这两种方式已经非常常见，从数量上来看，仍以许可引进为主，主要是因为授权许可要求中国研发标的得到国际医药巨头企业的认可，难度相对更大些。毕马威（KPMG）合伙人 Rocky Wu 表示，对于医药企业之间的授权合作，合作双方实质上关注的已经不仅是研发能力，而是企业从研发、生产到销售的综合能力。在当下发生于中国的新药许可引进合作谈判中，许可方更看重被许可方在中国市场的推广能力、药品注册所需时间、药品进入医保目录所需时间以及是否存在合规问题等方面的内容。影响药品许可引进和授权许可交易的成功因素如表 1 – 2 – 6 所示。❶

表 1 – 2 – 6　影响授权合作的因素分析

许可引进买家成功要素	授权许可卖家成功要素
充裕的资金实力：无论是预付款或里程碑款项，优秀的品种注定价格不菲	明确管线立项的出发点，优先与战略性合作关系的药企合作
强大的研发能力：需要拥有强大的后续研发能力和丰富的研发经验，完成引进品种的临床试验❷	完善知识产权保护，注重仿侵权检索从而防范专利实施风险
一流的销售能力：学术推广能力与市场决策能力是决定企业长期获利的核心因素	选好差异化路径，避免热门赛道拥挤竞争，选准转让时机

2018 年 7 月 10 日，为了加强对于接受药品境外临床试验数据工作的指导和规范，国家药品监督管理局发布关于《接受药品境外临床试验数据的技术指导原则》的通告。随着这项技术指导原则的发布，许可引进变得格外频繁。2019 年，超过 1 亿美元的交易占比快速提高，1 亿美元以上交易共有 17 笔，占比超过了 60%。2020 年，中国生物医药总金额排名前 15 位的许可引进事件如表 1 – 2 – 7 所示，其中所涉及的国外企业以中型创新药研发企业为主，这些企业希望抓住中国新兴市场，但由于自身条件所限并不具备很好的市场开拓能力，对中国市场也相对陌生，相对于跨国医药企业而言，国内医药企业的议价空间相对合理。以授权许可的方式与中国本土医药企业合作，对于它们而言，也能降低成本，获得更多信息与市场资源。

---

❶　GBIHealth. 无论 License in 还是 License out，如何找到对的"她"是关键！［EB/OL］.（2020 – 12 – 14）［2021 – 07 – 16］. https：//mp. weixin. qq. com/s/P6lWht4qKh7nI9iHMwJoZw.

❷　从引入阶段看，临床 Ⅱ 期前的项目占 80%，根据 Biomedtracker 的数据，临床 Ⅰ 期、Ⅱ 期和 Ⅲ 期的成功率分别为 63.2%、30.7% 和 58.1%，Ⅱ 期的失败率远超 Ⅰ 期与 Ⅲ 期。

表 1 - 2 - 7　2020 年中国生物医药总金额排名前 15 位的许可引进事件❶❷

No.	时间	国内企业	国外企业	产品	治疗领域	总金额/亿美元
1	2020 年 6 月	信达生物	Roche Pharmaceutical, Ltd.	使用罗氏技术开发 2∶1 双特异性 T 细胞抗体和通用型 CAR - T 平台，其中 Glofitamab 亦包含在内	肿瘤	19.6
2	2020 年 7 月	君实生物	Revitope Oncology, Inc.	以双抗原为靶点的"全球新" T 细胞嵌合活化癌症疗法	肿瘤	8.1
3	2020 年 7 月	百济神州	Assembly Biosciences, Inc.	Vebicorvir（核衣壳抑制剂，ABI - H0731，VBR） ABI - H2158 ABI - H3733	乙型肝炎	5.4
4	2020 年 8 月	联拓生物	BridgeBio Pharma, Inc.	Infigratinib BBP - 398	肿瘤	5.32
5	2020 年 10 月	基石药业	LegoChem Biosciences, Inc.	LCB71	肿瘤	3.64
6	2020 年 10 月	华东医药	ImmunoGen, Inc.	Mirvetuximab Soravtansine（IMGN853）	肿瘤	3.05
7	2020 年 11 月	远大医药	Telix Pharmaceuticals, Inc.	TLX591 TLX250 TLX101 TLX591 - CDx TLX 250 - CDx TLX599 - CDx （放射性核素偶联药物）	肿瘤；肿瘤诊断	2.5

---

❶　中国医学科学院药物研究所等. 中国仿制药蓝皮书 2021 版 ［M］. 北京：中国协和医科大学出版社，2021：144 - 146.

❷　医药魔方. 2020 年中国创新药 license in/out 交易 TOP15 ［EB/OL］.（2021 - 01 - 03）［2021 - 07 - 16］. http：//www. pharmcube. com/index/news/article/6177.

No.	时间	国内企业	国外企业	产品	治疗领域	总金额/亿美元
8	2020 年 12 月	再鼎生物	Cullinan Oncology，Inc.	CLN－081（EGFR 抑制剂）	肿瘤	2.31
9	2020 年 5 月	创响生物	Affibody Medical AB	ABY－035（IL－17 抗体）	自身免疫性疾病	2.25
10	2020 年 11 月	思路迪	Aravive Biologics，Inc.	AVB－500（GAS6－AXL 信号通路抑制剂）	肿瘤	2.19
11	2020 年 12 月	思路迪	SELLAS Life Sciences Group，Inc.	Galinpepimut－S（GPS）Galinpepimut－S plus（GPS＋）	肿瘤	2.095
12	2020 年 3 月	烨辉医药	Carna Biologics，Inc.	AS－1763（BTK 抑制剂）	肿瘤	2.05
13	2020 年 4 月	再鼎生物	再生元制药公司	REGN1979（CD20xCD3 双抗）	肿瘤	1.9
14	2020 年 1 月	冠科美博	GlycoMimetics，Inc.	Uproleselan GMI－1687	肿瘤	1.89
15	2020 年 9 月	复星医药	Polyphor Ltd.	Balixafortide（POL6326，CXCR4 拮抗剂）	肿瘤	1.82

经过多年的积累，中国医药企业的研发创新能力不断提升，从原料药、低端制剂到高端制剂、me－too❶、me better、me best、first in class 一步步进阶发展，虽然低水平重复仍占较大比例，整体创新水平还不是那么高，但是崛起之势已经不可避免，国外生物医药企业引进中国医药企业自主研发创新药的海外权益的案例也逐渐增多，交易规模更是逐渐增高，中国医药企业不再局限于本土市场。中国创新药需要走出去，走向国际市场，获取更高市场回报。中国创新药授权许可案例逐渐增多，除了与自身研发创新能力增加有关以外，可能还与中国在 2017 年 6 月正式加入人用药品注册技术要

---

❶ "me－too"药物，即模仿性的跟进药物，是指在不侵权他人专利权的情况下，利用已知药物的作用机制和构效关系，在分析其化学结构的基础上，设计合成该药物的衍生物、结构类似物和结构相关化合物，并通过系统的药理学研究，所产生的新药与已知药物比较，具有活性高或活性类似等特点的新药。

求国际协调会议（International Conference on Harmonization of Technical Requirements for Registration of Pharmaceuticals for Human Use，ICH）密切相关❶，使得我国药品研发和注册与国际规则逐步接轨，实现一体化发展，使得多国注册申报成为可能而不再只局限于国内报批这一单一途径。在中国加入ICH之前，每年授权许可的交易量一般不超过5个；在中国加入ICH之后，每年授权许可的交易量一路攀升，到2020年达到了24项，其中，天境生物与艾伯维的授权许可项目总金额达到29.4亿美元，成为2020年中国最高金额的授权许可创新药项目❷。2020年，中国生物医药总金额排名前十的授权许可事件如表1-2-8所示，其中所涉及的国外企业以艾伯维、罗氏、拜耳、礼来等跨国巨头企业为主，这也有助于将国内创新药更快地推向全球市场。❸

表1-2-8　2020年中国生物医药总金额排名前十的授权许可事件❹❺

No.	时间	国内企业	国外企业	产品	治疗领域	总金额/亿美元
1	2020年9月	天境生物	Abbvie Biotechnology，Ltd.	CD47单抗Lemzoparlimab（TJC4）；两种基于Lemzoparlimab开发的双抗	肿瘤	29.4
2	2020年6月	信达生物	Roche Pharma（Schweiz）Ltd	2：1TCB双抗（基于CrossMAb技术构建的CD3/TAA双抗）	肿瘤	21.0
3	2020年10月	基石药业	EQRx，Ltd.	CS1001（舒格利单抗，抗PD-L1单抗）CS1003（抗PD-1单抗）	肿瘤	13.0

---

❶　2017年5月31日至6月1日，ICH 2017年第一次会议在加拿大蒙特利尔召开，会议通过了中国国家食品药品监督管理总局的申请，中国成为国际人用药品注册技术协调会ICH正式成员。ICH是一个独特的协调平台，研发的企业、监管机构的专家以及患者等共同参与，旨在协调不同国家间药品质量、安全性和有效性的技术规范，推动药品注册要求的一致性和科学性。

❷　2021年中国最高金额的授权许可创新药项目是百济神州与诺华制药针对百济神州在研TIGIT抑制剂Ociperlimab在北美、欧洲和日本共同开发、生产和商业化的权益达成的选择权、合作和授权许可方面的协议。根据Ociperlimab协议项下条款，百济神州将从诺华制药获得3亿美元的现金预付款，独家的、基于时间的选择权的6亿美元或7亿美元额外付款，至多7.45亿美元的药政获批里程碑付款、11.5亿美元的销售里程碑付款，以及在许可地区的销售提成。

❸　郑希元.《"十四五"国家知识产权保护和运用规划》印发—加强药物研发跨国授权合作［N］.医药经济报，［2020-11-15］（F02）.

❹　中国医学科学院药物研究所等.中国仿制药蓝皮书2021版［M］.北京：中国协和医科大学出版社，2021：153-155.

❺　医药魔方.2020年中国创新药license in/out交易TOP15［EB/OL］.（2021-01-03）［2021-07-16］.http：//www.pharmcube.com/index/news/article/6177.

No.	时间	国内企业	国外企业	产品	治疗领域	总金额/亿美元
4	2020 年 8 月	信达生物	ELi Lilly & Co.	达伯舒（信迪利单抗注射液，抗 PD－1 单抗）	肿瘤	10.25
5	2020 年 6 月	加科思	Abbvie Biotechnology，Ltd.	JAB－3068 JAB－3312 （SHP2 抑制剂）		8.55
6	2020 年 11 月	复宏汉霖	Binacea pharma，Ltd.	HLX35（EGFR 和 4－1BB 双靶点的双抗）	肿瘤	7.68
7	2020 年 8 月	华领医药	Bayer Co.，Ltd.	多扎格列艾汀（dorza-gliatin）	糖尿病	6.53
8	2020 年 4 月	中天（上海）生物；台湾合一生技	LEO Pharma A/S	FB825［全球首个靶向膜结合 IgE（mIgE）的 CεmX 结构域的药物］	异位性皮肤炎、过敏性气喘	5.7
9	2020 年 10 月	复创医药	ELi Lilly & Co.	FCN－338（BCL－2 选择性小分子抑制剂）	肿瘤	4.4
10	2020 年 8 月	药捷安康	LGChem Ltd.	TT－01025（氨基脲敏感性胺氧化酶/血管黏附蛋白 1 小分子抑制剂）	非酒精性脂肪性肝炎	3.5

在授权合作领域，以 2021 年许可引进交易数量最多且单项金额最高的再鼎医药为例，2021 年 6 月 16 日，再鼎医药宣布其全资子公司与创新抗体生物制药公司 Macro-Genics 就有关 4 个基于 CD3 或 CD47 的双特异性免疫肿瘤分子的项目达成合作和许可协议。根据协议，再鼎医药将获得上述 4 个分子在中国、韩国和日本或全球范围内的开发、生产及商业化权利和独家版权；使用 MacroGenics 多特异性平台 DART 和 TRIDENT 的权利；获得一个针对实体瘤的主要研究项目的权利，而 MacroGenics 将从再鼎医药获得 2500 万美元预付款和 3000 万美元的股权投资；将有资格获得高达 14 亿美元的潜在开发、注册和商业化里程碑付款。

除了与 MacroGenics 达成合作和许可协议之外，再鼎医药于 2021 年 1 月 11 日，宣布获得 Turning Point Therapeutics 公司 MET/SRC/CSF1R 抑制剂 TPX－0022 在中国独家开

发和商业化权利（总金额 3.61 亿美元）；2021 年 6 月 1 日，宣布获得 Mirati Therapeutics 公司小分子 KRAS G12C 抑制剂 Adagrasib 在中国（含港澳台地区）开发和独家商业化权利（总金额 3.38 亿美元）；2021 年 8 月 4 日，宣布与 Schrödinger 一起针对肿瘤 DNA 损伤响应机制在全球范围内开展研发及商业化合作（总金额 3.38 亿美元）；2021 年 11 月 9 日，宣布与 Blueprint Medicines 公司就新一代 EGFR 抑制剂 BLU－945 及 BLU－701 达成在中国的战略合作及许可协议（总金额 6.15 亿美元）。

此外，2021 年 8 月 4 日，再鼎医药宣布与拥有人工智能计算平台的薛定谔公司❶达成合作，双方将针对肿瘤 DNA 损伤响应机制研发新的药物，再鼎医药将向薛定谔公司支付预付款，在选定候选开发药物之后，再鼎医药拥有该项目在全球的开发、生产及商业化的权利，而薛定谔公司则有资格获得里程碑付款及特许权使用费。❷

再鼎医药在授权合作中所采用的企业模式为 VIC 模式（VC＋IP＋CRO），即风险投资（Venture Capital，VC）、知识产权（Intellectual Property，IP）和合同制研发服务组织（CRO）相结合的商业模式，这是一种"轻资产、重智力"的商业运作模式。具体而言，VIC 模式通过资本支持获得药物授权合作，引入创新产品管线，从而大大缩短了创新药研发周期。随后，凭借科学家团队的人脉、资源以及技术实力，并通过研发合作继续推进产品线。产品上市之后，通过研发外包的形式生产药物，从而节省了建造实验室、购置实验设备和招聘人员等的生产成本❸，而执行这个阶段工作的 CRO 必须具备完善合规的标准操作规程和高标准的质量管理体系，并且必须接受药监部门的监管和现场核查。

2017 年 9 月 29 日，再鼎医药正是凭借着 VIC 商业模式，在美国纳斯达克正式首次公开募股。2020 年 9 月 30 日，再鼎医药依据中国香港主板上市规则第十九章将港交所作为第二上市的生物科技发行人的相关规定在港交所二次上市。这使得再鼎医药成为继百济神州之后，第二家同时在美股及港交所主板上市的未盈利的生物医药创新企业。

再鼎医药的港股上市招股说明书显示，其二次上市募集的资金中，25% 的资金（约 16.53 亿港元）预期将用于探索新的全球授权和合作机会以及引进具有临床验证的潜在全球同类最佳或同类首创资产；22.2% 的资金（约 14.68 亿港元）预期将分配至核心产品相关的研发工作；24.0% 的资金（约 15.87 亿港元）预期将用于提升核心产品的商业化能力；11.8% 的资金（约 7.8 亿港元）预期将为进行中及计划临床试验的一级管线中的其他候选药物（尤其是晚期候选药物）准备注册；7% 的资金（约 4.63

---

❶　薛定谔公司（Schrodinger Inc.）成立于 1990 年，创始人为 Richard Friesner 和 Bill Goddard。薛定谔公司开发了基于物理学的以高精度预测分子关键特性的计算平台软件，并运用人工智能将探索数十亿个分子耗时压缩至数天内。

❷　Armstrong. 从引进产品到引进技术：再鼎医药与薛定谔达成合作［EB/OL］.（2021－08－05）［2021－08－06］. https://mp.weixin.qq.com/s/jjE2vXtfMDaZA9L9TRVCiQ.

❸　张艳涛. 医药研发外包：再鼎医药如何成就独特商业模式［EB/OL］.（2019－09－10）［2021－07－19］. https://www.toutiao.com/w/i1644238977698819/.

亿港元）预期将用于持续投资扩大内部研发以及在全球招聘及培训高端人才；10.0%的资金（约 6.61 亿港元）预期将用于营运资金以及为其他一般企业用途拨资。

借由引进药品带来的经验积累和商业回报，再鼎医药也在不断建立自研产品管线，即外部引进、内部研发，从而双轮驱动加速商业化发展。公开资料显示，2018 年、2019 年、2020 年和 2021 年再鼎医药投入研发的费用分别达到 1.2 亿美元、1.42 亿美元、2.22 亿美元和 5.733 亿美元。再鼎医药内部研发的 4 款产品"则乐""爱普盾""擎乐"和"纽再乐"已经成功在中国获批上市❶❷。

伴随着再鼎医药 VIC 模式的成功，国内医药企业广泛效仿许可引进之路，利用中国和海外的"效率差"赚取利润，等到新药获批上市后，各利益相关方就以最快速度退出，完成资产变现。在这种新模式下，"低水平重复"开始成为整个创新药行业的代名词，以前讲的 me - too 也开始变成 we - too 甚至是 we - worse。

有业内专家人士直言不讳道，许可引进模式变成了赚钱工具，大家利用许可引进模式不是为了开发新药从而更好地治疗疾病，而是为了快速套现离场，从而获得资本的快速积累。❸

直至 2021 年 11 月 19 日，国家药品监督管理局药品评审中心（CDE）发布了《以临床价值为导向的抗肿瘤药物临床研发指导原则》，长达 30 页的文件彻底给 me - too 市场降了温，医药研发立项门槛将很有可能面临大幅提升。

该指导原则明确指出，一项体现患者需求的随机对照试验，应该尽量为受试者提供临床实践中被广泛应用的最佳治疗方式/药物，当选择非最优的治疗作为对照时，即使临床试验达到预设研究目标，也无法说明试验药物可以满足临床中患者的实际需要，或无法证明该药物对患者的价值。当选择阳性药作为对照时，应该关注阳性对照药是否反映和代表了临床实践中目标患者的最佳治疗选择；当计划选择安慰剂或最佳支持治疗（best supportcare，BSC）作为对照药时，则应该确定该适应证在临床中确无标准治疗；当有 BSC 时，则应优选 BSC 作为对照，而非安慰剂。上述指导原则的确立将根本性地改变临床实践中对照药的选择，无疑会增加抗肿瘤药物研发的难度。以乳腺癌为例，之前阳性药可以选择普通疗效抗癌药物（例如卡培他滨）作为对照，而现在阳

---

❶ 则乐、爱普盾、擎乐和纽再乐是再鼎医药已经在中国上市并落地商业化的产品。则乐为一款肿瘤 PARP 抑制剂，于 2019 年 12 月获批上市，用于针对复发性铂敏感型卵巢癌成年患者的一类维持治疗；于 2020 年 9 月 8 日新增适应证获批，用作对一线铂类化疗完全或部分缓解的晚期上皮性卵巢癌治疗。爱普盾为一款肿瘤电场治疗仪，于 2020 年 5 月 14 日获批上市，用于与替莫唑胺联用治疗新诊断的胶质母细胞瘤患者，以及作为单一疗法用于复发胶质母细胞瘤患者。擎乐是一种酪氨酸激酶"开关控制"抑制剂，于 2021 年 3 月 30 日获批，用于治疗已接受过包括伊马替尼在内的 3 种及以上激酶抑制剂的晚期胃肠间质瘤（GIST）成人患者。由再鼎医药与瀚晖制药合作的纽再乐是一种新型四环素，其设计旨在克服四环素耐药性，于 2021 年 12 月 16 日获批，用于治疗社区获得性细菌性肺炎（CABP）和急性细菌性皮肤和皮肤结构感染（ABSSSI）。

❷ 高嵩. 从纳斯达克回归港交所　再鼎医药进入商业化全面冲刺 [J]. 创业邦，2020（11）：25 - 28.

❸ 高翼，王晨. 中国创新药往事 [EB/OL].（2021 - 07 - 05）[2021 - 07 - 16]. https：//mp. weixin. qq. com/s/GZFGecHq74gKfhGEMGSnpQ.

性药就需要选择最佳治疗效果的药物（例如赫赛汀）作为对照。

"快、准、狠"！许多业内人士一致认为，这一政策表明抗肿瘤药物研发应"以临床价值为导向"，直击行业痛点，有助于扭转之前的许可引进模式下出现的问题，一大批伪创新的 me too 药物将迎来大清洗，也让一些热衷于赚快钱的企业知难而退。❶

此外，我国生物医药企业选择许可引进的方式，无疑需要考量如何在相对合理的价格和较短的时间成本之下，获得在研项目的开发和销售权利，因为无论是引入早期项目还是中后期项目，都会给企业自身带来一定的风险和优势。早期项目存在不确定性，进入临床试验的每个阶段都有不同的风险，许可引进之后，如果出现研发失败，或临床数据未达终点，会给企业带来巨大的损失，因此投入虽小但风险较大。来源于BioMedTracker 的资料显示，2006～2015 年，新分子实体药物从临床Ⅰ期到获批上市的成功率仅为 6.2%，生物制品类药物的成功率略高，为 11.5%。而选择中后期项目或成熟度高的产品，虽然风险显著降低但交易成本显著高于早期项目，并且非常考验企业的市场营销能力。

因此，企业需要根据自身情况和目标市场或目标合作方情况确定策略，同时根据实际情况起草并签署许可引进项目的许可协议，从而能够在协议起草和谈判阶段，便将协议期限内可能发生的各类合规和商业风险纳入考量范围并予以约定，无疑有利于协议未来的执行，在最大程度上避免争议的发生以及不必要的损失。

许可引进项目的许可协议，主要涉及专利许可框架的构建和知识产权尽职调查两个方面的内容。

1. 专利许可框架的构建

（1）许可标的的界定

许可标的的表现形式一般可以理解为与候选药物相关的各类研发技术及知识产权，例如专利、技术诀窍、技术秘密等，以及候选药物的各项研发数据，例如药理毒理研究数据、探索性实验数据、临床研究方案与数据以及相关统计资料等，实践中需要重点考察这些数据和资料的可追溯性、完整性和真实性。❷ 此外，还需要明确界定这些许可标的所对应的候选药物的适应证、剂型与剂量、组合物和生产制备工艺，并清楚了解专利技术是否存在质押或其他限制以及谁拥有改进后的知识产权、相对方对于改进是否拥有使用权等问题。

（2）许可款项以及其支付

首付款：该部分费用将在协议签署或生效后一段时间（通常为 2 周左右）内支付，

---

❶ Haon. 新政打击伪创新！CRO、创新药板块连续闪崩，多方解读：谁将迎生死大考？［EB/OL］.（2021 - 07 - 06）［2021 - 07 - 20］. https://mp.weixin.qq.com/s/Yk6mg - BDGhNHCFukbL3IbQ.

❷ 在济川药业集团股份有限公司（以下简称"济川药业"）与北京福瑞康正医药技术研究所（以下简称"福瑞研究所"）技术转让合同纠纷申请再审案（最高人民法院（2013）民申字第 718 号民事裁定书，2013 年中国法院 50 件典型知识产权案例）中，由于福瑞研究所违反约定向济川药业提供了不真实的技术资料（在药物稳定性研究中，多张图谱中同时出现多个色谱峰的保留时间完全相同），致使济川药业无法获得新药证书和生产批件。

被许可方（或称为"引进方"）向许可方一次性支付一笔不可退还且不可抵销的现金或股权，具体数额和方式视许可标的价值、期限、范围、竞争性和所处的研发/临床阶段以及合作双方的财务偏好而定。

里程碑付款：该部分费用是指被许可方根据许可标的研发、行政审批申报进度和销售数据达成情况向许可方进行分阶段付款。常见的触发里程碑付款的事件包括提交临床研究申请、受试者招募完成、临床试验批件取得、完成各阶段临床试验、提交药品注册申请以及获得新药证书等。

销售分成：该部分费用是指药品在授权区域上市后，由被许可方从其实现的年度净销售额[1]中按照双方约定的一定比例向许可方支付不可退还的销售额提成。若净销售额高，则可以设置较高的提成比例；若销售表现不如预期，则可按较低提成比例分享销售收入。由于销售分成的计算与已实现的净销售额密切相关，许可方往往会针对被许可方的销售、库存等财务数据要求严格的审计权利，有时许可方甚至会要求一个其自行委派的第三方财务审计机构对上述数据进行核实的权利。

（3）其他条款

转许可权利：被许可方是否具有转许可的权利，是否允许转被许可方再次进行转许可，转许可所产生的许可费收入如何分配，以及转许可须受制于何种条件？常见的限制措施包括但不限于，对于第三方例如合同制研发服务组织（CRO）的选择施加一定的条件标准，或者在被许可方确定第三方之前需要经过许可方的确认；要求被许可方对第三方履行知识产权维护和保密等义务承担连带责任等。

不质疑条款：在许可协议中，许可方往往要求被许可方不得对许可方的专利有效性提出质疑或挑战。如果被许可方主动发起或实质性地参与了挑战许可方的专利的活动，但最终没有挑战成功的，许可方往往会提前终止协议并要求被许可方承担违约责任或者继续履行协议，但要求提高许可费用（例如销售分成），有可能会针对被许可方提出质疑后的使用行为提起专利侵权诉讼。不质疑条款的设立可能会涉及滥用知识产权排除和限制竞争的问题，需要综合考量市场行为的各种积极因素和消极因素，通过个案来评估其合理性。

共同专利维权：合作双方需要共同对专利进行维护和经营，尤其是发生第三方侵权的情况时，为了阻止该第三方侵权所产生的维权费用如何分摊、在诉讼和/或和解过程中由谁主导侵权追责和谈判以及获得的赔偿款如何分配、如何选择外部律师事务所和/或律师等问题进行约定。

专利无效情形：在协议期间，如果部分专利被宣告无效或核心专利被宣告部分无效，合作双方是否应当继续履行协议，许可费是否应当减少还是仍然维持原样，建议可以从被宣告无效的专利或其具体的权利要求是否会对许可交易产生实质性影响的角

---

[1] 净销售额 = 销售收入 − 销售退回金额（或销售损耗）。

度来区别约定。

争议解决处理：在许可协议中写明合作双方出现争议或者面临合作破裂时将如何解决，一般包括争议解决方式（协商、调解、仲裁或诉讼）、法律适用以及管辖等。当我国医药企业作为被许可方时，建议在尽可能的情形下争取选择中国法律和被许可方就近的全国性的仲裁机构；如无法就此达成一致，可退而求其次要求适用规定灵活、限制较少的第三方国家/地区法律，如美国纽约州法律，并选择与我国有互认判决/裁决的公约或双方/多边条约的国家/地区的仲裁机构如国际商会国际仲裁院。

不侵权担保：对于主要作为被许可方的中国医药企业而言，最好能够在许可协议中要求许可方作出引进项目技术方案不侵权的担保，或者在涉嫌专利侵权事件发生时许可方有义务去获取第三方的许可，或者许可方免费提供替代方案供被许可方使用，双方还需要就后续相关法律费用的承担和许可费的处理进行约定。当然，在涉嫌专利侵权事件发生时，被许可方需要保留终止许可协议的权利。

2. 知识产权尽职调查

知识产权尤其是专利，是许可引进项目中最重要的核心资产。对于被许可方而言，应当在项目初期或最迟不晚于许可协议签署前进行相关知识产权尽职调查，不仅有利于客观地评估许可标的的商业价值（例如，被许可的知识产权是否足以达成许可交易的目的以及是否能够构建具有壁垒作用的保护池）以及判断许可标的和医药企业自身的情况是否有契合点，清楚地了解许可方是否拥有完整的、能够不受他人干涉的知识产权，更重要的是，帮助被许可方识别引进的相关技术方案是否存在侵犯第三方知识产权的法律风险。每一个授权合作项目均存在或大或小的瑕疵，若在进行尽职调查的过程中遇到问题，不应着急全盘否定项目，而要看该问题是否是项目成功的决定性因素以及是否存在弥补的可能（例如通过专利无效宣告程序或通过支付少量许可费的方式），风险往往与机遇和回报并存，有时这些问题也可能成为与对方谈判的筹码，要善于加以利用。如因特殊原因未能在许可协议签署前完成上述尽职调查的，则需在许可协议中作出相应约定，如出现严重不利调查结果，被许可方享有提前终止协议的相关权利。

进行尽职调查时，为了作出正确的判断，往往需要大量翔实的资料论证，但协议双方的信息在评估初期是不对等的，被许可方往往希望获得进一步的资料从而进行准确的评估，而许可方在此时通常会要求被许可方签署一个保密协议才能够获得一些许可方的保密信息作为评估的资料。这时需要注意的是，通常在保密协议中会涉及一些限制性条件（例如，如果许可协议无法达成，被许可方在一定时限内不得使用该技术从事与此相关研发生产活动等），特别是在某些非化合物（例如制备工艺）的专利项目合作上，技术的边界本身就很模糊，如果磋商阶段保密协议拟得不够严谨，就等于给企业自身加上了一层枷锁，为之后的技术改进或与其他方的合作增加了难度，甚至可能面临高额的经济赔偿。❶ 例如，2021 年 8 月 9 日，鲁西化工发布公告称，公司日前已收到聊城市中级人民法院送达的民事裁定书，裁定承认瑞典斯德哥尔摩商会仲裁机构于 2017 年 11 月 7 日就鲁西化工违反与庄信万丰戴维科技有限公司（以下简称"戴维"）、陶氏全球技术有限公司（以下简称"陶氏"）签署的《低压羰基合成技术不使用和保密协议》作出的仲裁裁决，鲁西化工应当赔偿各项费用合计人民币 7.49 亿元。鲁西化工表示尊重法院作出的民事裁定，将按照程序履行赔付义务，实际赔付金额以申请人与鲁西化工最终计算并认可的金额为准。为何会出现如此高额的赔偿金额？原因在于鲁西化工违反了双方在许可磋商阶段签署的上述保密协议。该保密协议约定的保密信息范围非常宽泛，并且约定：如果鲁西化工从公有领域或第三方合法获取的信息包含保密信息内容，鲁西化工在使用或披露该保密信息之前，也必须获得戴维/陶氏的书面同意，否则即视为违反该保密协议。鲁西化工和戴维/陶氏之后因为价格问题，未能达成合作，而是选择了报价远远低于戴维/陶氏的四川大学的水性催化剂技术，但是戴维/陶氏认为，鲁西化工使用了保密信息从而设计、建设、运营其丁辛醇工厂（多元醇装置），因此违法了并正继续违反保密协议。❷ 从上述案例可以看出，对于保密协议的签署应当遵循谨慎的态度，如必须签署保密协议的话，应当特别注意协议中的限制性条款并及时与对方进行磋商与沟通。

关于专利尽职调查的内容，其主要涉及：①专利权权属调查；②专利能否自由实施；③专利保护力度（例如，专利保护期限）评价；④专利保护范围与被许可项目所使用的技术方案的一致性评价；⑤包含仍处于专利审查阶段的项目关键技术方案的专利申请的授权前景分析；⑥涉及新颖性、创造性、实用性以及其他授权条件的专利权稳定性评价；⑦核心专利与外围专利相结合的专利布局分析；⑧生物材料（若存在）溯源问题等多个方面的内容。

（1）专利权权属

专利权权属的尽职调查需要重点关注许可方是否拥有完整的、能够不受他人干涉的将其专利权完整地授权给被许可方使用的权利。例如，许可方是否为专利权证书上登记的权利人？许可方的专利是来自自身研究还是来自引进？对于共有专利，共有各方就其中一方对外许可是否有特别约定？在有可能产生专利的基础法律文件如临床试验合同以及委托开发合同中，对于该专利的权利归属是否有特殊的约定？许可人对于从事研发工作的雇员在履行劳动合同时所产生的专利，是否有相应的报酬和激励制度，劳动合同相关保密条款、发明转让条款和竞业禁止条款是否完备？发明人是否存在职务发明纠纷？发明人是否处于之前离职单位的保密期内或竞业限制期内？发明人是否

---

❶ 胡弢，沈渭忠. 医药企业专利许可的流程管理与实践 [J]. 中国医药技术经济与管理，2008，2（5）：51－56.

❷ 谭鹏鹏. 判赔 7.49 亿！鲁西化工表示尊重裁定但未侵犯知识产权 [EB/OL].（2021－08－11）[2021－08－11]. https：//mp. weixin. qq. com/s/ZWo3s7v3jnd3pXGX40td9A.

将之前离职单位所做的研发成果带入许可方工作中来？发明人与许可方的关系是劳动关系或者临时工作关系，还是一般的合作关系？对于拟实施的专利技术，是否包含第三方的权利义务冲突或利益冲突，是否需要第三方额外授予许可？

专利权权属纠纷引发的诉讼经常发生在离职人员与原雇主单位之间、离职人员现单位与原雇主单位之间，争议的焦点往往是涉案发明是否是利用单位的物质技术条件所完成的发明创造，即是否为职务发明，以及发明创造在不同主体之间的流转过程中，如何准确界定发明创造的发明人和专利权权属问题。另外，合作或委托研发单位之间也可能会因合作或委托研发成果或技术改进成果相关的专利权权属而引起涉诉纠纷。例如，天津青松华药医药有限公司与华北制药河北华民药业有限责任公司专利权权属纠纷〔（2020）最高法知民终 871 号〕，重庆衡生药用胶囊有限公司、陈某伦、张某与四川天圣药业有限公司专利权权属纠纷〔（2019）最高法民申 3476 号〕，史某山、山西旺龙药业集团有限公司与王某喜专利权权属纠纷〔（2019）京民终 550 号、（2019）京民终 551 号〕，王某某诉贝达药业股份有限公司等发明创造发明人署名权纠纷、专利权权属纠纷案〔上海知识产权法院（2016）沪 73 民初 896 号〕。

（2）专利自由实施

专利自由实施（Freedom To Operate，FTO）是指实施人在不侵犯他人专利权的前提下对该技术自由地进行使用和开发，并将通过该技术生产的产品投入市场之中。

由于许可方的专利是否能够在被许可区域内进行自由实施直接决定了被许可方是否可以对候选药物进行后续生产、使用、销售和许诺销售，在实践中，被许可方往往会对被许可专利是否能够自由实施进行确认，并以此作为药品研发技术许可协议生效的前提条件或首付款支付的条件。此外，被许可方还会进一步约定，如果后续由于被许可的专利无法自由实施，或者被许可专利的自由实施需要额外获得第三方授权而产生额外的费用，被许可方有权在后续许可费用（主要是销售提成）的支付过程中对此进行扣减。

FTO 预警评估是判断专利是否可以自由实施的重要方法，其涉及在被许可区域内使用、生产或销售含有许可方专利的产品时是否可能侵犯他人专利权和违反其他法律法规的规定而进行的调查和研究。对于生物医药项目而言，FTO 预警评估是指根据药品技术的特点，对候选药物的活性成分、制剂、制备方法等各项技术进行全面专利侵权风险检索及分析评估，主要解决两个问题，即能做什么以及什么时候做。

关于能做什么，FTO 预警评估的内容包括但不限于：被许可专利所涉及的技术方案在授权区域内是否侵犯他人的专利权；了解竞争对手专利申请及布局，评估可能发生专利纠纷的风险及可能产生的危害，给出问题解决建议；若存在侵权风险，如何从技术层面进行规避设计以及如何从法律层面进行应对〔例如，提交第三方公众意见、提出专利权无效宣告请求、获取第三方专利许可（或交叉许可）、寻求第三方专利转让和/或投保侵权类专利保险〕；如何防范在资本市场融资或上市过程中遭遇

"专利狙击"。

关于什么时候做，由于医药领域的特殊性，从药品研发、注册直至药品投放市场，往往需要一个很漫长的过程，同时专利的公开还需要一定的时间，这就可能导致企业在某个阶段完成的 FTO 预警评估报告未能发现或者涵盖最新公开的法律风险。为了降低法律风险，一般需要在以下时间节点进行评估。

一是立项初期或签署协议前。在项目初期或最迟不晚于许可协议签署前，应当对被许可专利所涉及的技术方案当前的知识产权布局现状进行检索和评估，了解该技术方案的专利基本情况，从专利角度评估项目开发的可行性以及项目的研发方向。

二是产品上市前。在产品正式上市销售之前，为了明确侵权风险，还需要再完成一次上市节点的 FTO 评估，从而全面把握产品上市可能面临的法律风险，提前做好防范与应对措施。而 FTO 预警分析的范围，除了整个产品和方法之外，还包括部件、半成品、外部协作企业的相关产品和方法，以及为实施新技术、制造新产品而购买的关键设备等。同时，知识产权部门对产品上市风险的识别，也有利于产品市场推广时规避侵权方案（例如，医药用途专利），以降低被诉风险。❶

1.3 中国医药专利制度演变

新中国成立以后，中央人民政府在 1950 年颁布了一系列鼓励发明创造、保护发明权和专利权的专门规定，其中以《保障发明权与专利权暂行条例》❷ 最为引人注目，因为该条例明确规定了保护专利权的内容。不仅如此，中央人民政府还根据该条例在 1953～1957 年授予 4 项专利权，其中包括著名的"侯氏制碱法"❸，其于 1953 年 7 月 1 日获得中央工商行政管理局发字第一号发明证书。

在此后的 20 多年时间里，我国的专利制度一度中止，甚至到了可有可无的地步。

在这样的时代背景下，1978 年 7 月，党中央批准了外交部、对外经济贸易部、对外经济联络部的报告，指出："我国应建立专利制度。"根据这一决策，原国家科委开始筹建我国专利制度，从 1979 年 3 月开始制定专利法。

1979 年 7 月 7 日，中美贸易关系协定签订，中方首次对外承诺要保护专利、版权与商标。该协定的签订也成为国内推动专利立法的动力。

1980 年 6 月 3 日，中国正式加入《建立世界知识产权组织公约》。

---

❶ 刘建，黄璐. 中国医药企业知识产权管理［M］. 北京：知识产权出版社，2021：310－311.

❷ 《保障发明权与专利权暂行条例》共计 22 条，于 1950 年 8 月 11 日起开始施行，至 1963 年 11 月国务院命令废止。《保障发明权与专利权暂行条例》中"发明权"与"专利权"并行，发明权人所享有主要权利是获得政府奖励和表明发明人身份的权利，除此之外，发明的采用与处理权属于国家；专利权则与我国当前表述的专利权大致相当。

❸ 我国化学工业科学家侯德榜（1890—1974 年）经过反复摸索，成功将合成氨工艺与氨碱工艺相结合，同时制造纯碱和氯化铵。

1984 年 3 月 12 日，《专利法（草案）》第 25 稿在第六届全国人民代表大会常务委员会第四次会议上审议通过，新中国第一部《专利法》诞生，并于 1985 年 4 月 1 日正式生效。❶ 由于药品关系到人民的健康甚至生命并且当时我国新药的研究与开发能力均较弱，为了保护我国人民的健康和医药工业，在《专利法》第 25 条中规定了食品、饮料和调味品，药品和用化学方法获得的物质，以及疾病的诊断和治疗方法不授予专利，但生产药品的方法可以获得专利，不过方法专利的效力不延及由该方法直接制造的产品。❷ 发明专利的保护期为自申请日起 15 年。对生产药品的新方法授予专利权，有利于当时我国医药企业进行技术改造以及从国外引进新技术。

随着我国科学技术和工业生产水平的不断提高，在中国即将恢复关税及贸易总协定（General Agreement on Tariffs and Trade，GATT）❸ 合法地位的时代背景下，为了满足 1992 年 1 月 17 日中美政府双方签署的《关于保护知识产权的谅解备忘录》❹ 等双边条约的要求，中国的专利制度需要与国际接轨，才能有利于国内外科技与经济的合作与交流，吸收外国的投资与技术，因此需要对《专利法》作出必要的修改。❺ 中国《专利法》第一次修正案于 1992 年 9 月 4 日第七届全国人民代表大会常务委员会第二十七次会议通过，自 1993 年 1 月 1 日起施行。该次修正案取消了"药品和用化学方法获得的物质不授予专利"的限制，将发明专利的保护期由 15 年延长至 20 年，并比照《巴黎公约》的规定就相同主题的专利申请给予享有一年优先权的待遇，使得中国专利制度与国际标准更加接轨，也大大促进了我国药品和化学物质产业的进一步发展。

1994 年 4 月 15 日，在摩洛哥的马拉喀什市举行的关税及贸易总协定乌拉圭回合部长会议决定成立更具全球性的世界贸易组织（World Trade Organization，WTO），以取代成立于 1947 年的关税及贸易总协定（GATT），会议上各成员代表签署了与贸易有关的知识产权协定（Agreement on Trade – Related Aspects of Intellectual Property Rights，TRIPS），其是世界贸易组织体系下的多边贸易协定。

1995 年 1 月 1 日，世界贸易组织成立，TRIPS 生效。按照世界贸易组织的要求，缔约各方应在加入世界贸易组织（以下简称"入世"）前审视其知识产权法律是否与 TRIPS 相一致。

进入 21 世纪，中国为了入世积极准备，为充分发挥专利以及知识产权制度在技术创新、科技进步中的重要作用，第九届全国人民代表大会常务委员会第十七次会议于 2000 年 8 月 25 日通过了对《专利法》的第二次修正案。该次修正案按照 TRIPS 进一步

---

❶ 崔国斌. 专利法·原理与案例 [M]. 2 版. 北京：北京大学出版社，2016：50 – 53.

❷ 张清奎. 化学领域发明专利申请的文件撰写与审查 [M]. 2 版. 北京：知识产权出版社，2004：11.

❸ 龚磊. 世界贸易组织：永久性国际组织 [EB/OL]. （2009 – 08 – 13）[2021 – 07 – 02]. http://intl. ce. cn/zhuanti/data/wto/wtodata/200908/13/t20090813_1471781. shtml.

❹ 《关于保护知识产权的谅解备忘录》第 1 条规定：专利应授予所有化学发明，包括药品和农业化学物质，而不论其是产品还是方法。

❺ 胡婉明. 关于新版中国专利法修改内容的介绍 [J]. 天津药学，1993，5（1）：35 – 37.

调整完善了我国《专利法》的有关规定，使之满足了入世要求。第二次修正后的《专利法》于 2001 年 7 月 1 日生效。按照 TRIPS，该次修正的《专利法》所补充的内容如下。

（1）规定专利权人有权禁止他人未经其允许进行许诺销售行为；

（2）规定对实用新型和外观设计专利申请或专利的复审和无效由法院终审；

（3）规定专利权人可以在提起侵权诉讼前申请人民法院采取责令停止侵权行为等临时措施以防止遭受难以弥补的损害；

（4）完善了授予专利强制许可的条件。❶

2001 年 11 月 11 日，时任中国对外贸易经济合作部部长石广生，在多哈签署了《中华人民共和国加入世界贸易组织议定书》（以下简称《议定书》）。

2001 年 12 月 11 日，《议定书》生效，中国正式成为 WTO 的第 143 个成员。❷

2001 年 11 月 14 日，在多哈召开的 WTO 第四次部长级会议上发表《TRIPS 与公共健康的多哈宣言》（以下简称《多哈宣言》），其强调，在解释和实施 TRIPS 时，应当认识到公共健康的重要性，任何解释和实施都应当有利于现有药品的获得以及新药的研制与改进。其中第六条规定，承认其制药企业没有制造能力或制造能力不足的 WTO 成员按照 TRIPS 的规定有效利用强制许可有可能会遇到困难，责成 TRIPS 理事会在 2002 年底前提出解决这一问题的方案并向 WTO 总理事会报告。《多哈宣言》确认了 WTO 成员使用强制许可和平行进口等措施的权利，发展中国家可以为了促进公共健康的目的最大限度地利用 TRIPS 的弹性条款。❸

2003 年 8 月 30 日，即 WTO 第五次部长会议召开的前夜，经过 20 个月的艰苦谈判，WTO 总理事会终于打破僵局，成员方政府一致通过了关于实施专利药品强制实施许可制度的最后文件《关于 TRIPS 和公共健康多哈宣言第六段的执行决议》，同意豁免 TRIPS 第 31 条（f）项义务，"使强制许可豁免本国供应限制"，从而使得在药物领域生产能力不足或没有生产能力的较贫穷国家能更容易地进口到较便宜的、在强制许可制度下生产的、用于治疗严重流行性疾病的非注册类药品（国际上把未经专利授权的生产称为"非注册生产"，其产品售价大大低于专利保护下生产的同类药品的售价）❹，从而解决不发达国家缺乏药品生产能力，难以发挥专利药品强制许可在提高其应对公共健康危机、提高药品可及性方面的作用，以及主要依赖进口药品的现状的问题。

---

❶ 董云虎，陈振功. 2000 年加强专利保护 推动科技创新：关于中国专利法第二次修改的情况介绍//中国人权年鉴 2000—2005 ［M］. 北京：团结出版社，2007：952 - 956.

❷ 中华人民共和国商务部. 世界贸易组织法律文本 ［EB/OL］.（2021 - 07 - 03）［2021 - 10 - 23］. http://ipr. mofcom. gov. cn/hwwq_2/WTO/index. html.

❸ 吕岩峰，徐唐棠. TRIPS 协定之下的中国药品专利保护立法 ［J］. 当代法学，2006，20（3）：152 - 159.

❹ 文希凯. TRIPS 协议与公共健康：评 WTO 《"TRIPS 协议和公共健康宣言"第六段的执行》［J］. 知识产权，2003（6）：9 - 15.

2005 年，WTO 总理事会决定将此项决议作为一项正式修正案❶，得到成员 2/3 同意后生效。2017 年 1 月 23 日，随着列支敦士登、阿联酋、越南的同意，WTO 对 TRIPS 的上述修正案正式生效。这是 WTO 成立 21 年来，首次经 WTO 成员 2/3 以上同意，成功修正的协定。❷

2008 年 12 月 27 日，第十一届全国人民代表大会常务委员会第六次会议通过《关于修改〈中华人民共和国专利法〉的决定》，完成了对《专利法》的第三次修正。此次《专利法》修正除了将现有技术界定所采用的"相对新颖性"标准❸修改为"绝对新颖性"标准❹之外，还加入了药品强制许可、遗传资源披露和 Bolar 例外等制度。第三次修正后的《专利法》于 2009 年 10 月 1 日生效。

根据 WTO 第四次部长级会议通过的《多哈宣言》以及在 WTO 第五次部长会议召开的前夜，成员方政府一致通过的《关于 TRIPS 和公共健康多哈宣言第六段的执行决议》，该次《专利法》修正在第 50 条中专门针对与公共健康事件相关的药品专利规定了强制许可制度，即"为了公共健康目的，对取得专利权的药品，国务院专利行政部门可以给予制造并将其出口到符合中华人民共和国参加的有关国际条约规定的国家或者地区的强制许可"。该条款的设立，有利于维护公共健康，防止药品专利可能出现的权利滥用，使中国或其他国家和地区发生公众健康危机时，从人道主义出发，允许颁发药品强制许可，制造有关药品，并且把有关药品出口到其他国家和地区。❺ 为了便于操作，《专利法实施细则》（2010 年修订）在第 73 条第 2 款作出了进一步的解释："专利法第五十条所称取得专利权的药品，是指解决公共健康问题所需的医药领域中的任何专利产品或者依照专利方法直接获得的产品，包括取得专利权的制造该产品所需的活性成分以及使用该产品所需的诊断用品。"

此外，此次修正还根据《生物多样性公约》（*Convention on Biological Diversity*, CBD）所确定的自然资源永久主权原则、利益分享原则以及事先知情原则❻，规定了有赖于遗传资源的发明创造应当说明该遗传资源的来源，以及对于非法获取或利用遗传资源并在此基础上完成的发明创造不授予专利权。这些规定对于遏制"生物剽窃"行为有着积极的作用，其中"生物剽窃"（bio - piracy）一词是由北美社会活动组织——侵蚀、技术和汇聚行动组织（ETC 集团）创造。ETC 集团认为，"生物剽窃"是那些发达国家的跨国公司、研究机构以及其他与生物产业有关的机构凭借其生物技术上的

---

❶ 修正案还对进出口成员定义，进出口医药范围和数量，强制许可的补偿金等内容作出规定。

❷ 商务部世界贸易组织司（中国政府世界贸易组织通报咨询局）. 世界贸易组织 TRIPS 修正案正式生效 [EB/OL]. (2017 - 03 - 22) [2021 - 07 - 06]. http: //sms.mofcom.gov.cn/article/cbw/201703/20170302538527.shtml.

❸ 申请日前如果没有在国内公开使用，即使在国外公开使用，也不会丧失新颖性。

❹ 如果在申请日之前，无论国内外，只要有相同技术被使用公开，就不能被授予专利权。

❺ 郭禾. 创新是社会进步的根本动力：《专利法》第三次修订评述 [J]. 电子知识产权, 2009 (3)：11 - 15.

❻ 《生物多样性公约》第 15 条第 1 款规定："确认各国对其自然资源拥有的主权权利，因而可否获得遗传资源的决定权属于国家政府，并依照国家法律行使。"第 15 条第 5 款进一步明确："遗传资源的取得须经提供这种资源的缔约国事先知情同意，除非缔约国另有决定。"

优势，未加补偿地商业化利用发展中国家的生物资源或者相关的传统知识，以及为基于这些知识或者资源的所谓发明申报专利，而完全不考虑资源提供国或地区的利益而独自获利的行为。❶ 英国利兹大学法学院的国际治理学教授 Graham Dutfield 一直致力于争取土著人民在他们的知识和遗传资源方面的权利，以及在农业和生物医学研究背景下获得药物宣传和遗传资源重要事项的权利。Graham Dutfield 曾指出："生物剽窃被用于描述发达国家的企业对发展中国家的基因资源、传统知识以及技术主张所有权、搭便车或不公平地利用上述资源。生物剽窃不仅仅是一个法律问题，它还涉及道德与正义，因此在生物剽窃与合法行为之间划清界限是非常困难的。"

同时，在参考美国 Hatch – Waxman 法案的基础上，此次修正还针对药品和医疗器械引进了类似于美国的 Bolar 例外条款，即"为提供行政审批所需要的信息，制造、使用、进口专利药品或者专利医疗器械的，以及专门为其制造、进口专利药品或者专利医疗器械的，不视为侵犯专利权"。该条款的设立，使中国的药品和医疗器械生产企业可以在药品或医疗器械的有效专利保护期限届满之前，进行药品或医疗器械的临床试验和申请生产许可，也就是说，仿制药在专利期内就能进行研发注册，一旦专利到期，就能上市销售，在第一时间参与市场竞争，这将促进中国医药企业进行仿制药的研究与生产，提高市场竞争力，并且使公众在药品专利权保护期限届满之后可以及时获得价格较为低廉的仿制药品，解决药品可及性的问题，对解决公共健康问题具有重要意义。❷❸

2017 年 5 月 12 日，国家食品药品监督管理总局发布关于征求《关于鼓励药品医疗器械创新保护创新者权益的相关政策（征求意见稿）》意见的公告（2017 年第 55 号），涉及建立药品专利链接制度、完善药品试验数据保护制度、落实国家工作人员保密责任以及建立上市药品目录集四项内容。其中关于药品专利链接制度的具体内容如下："药品注册申请人在提交注册申请时，应提交其知道和应当知道的涉及相关权利的声明。挑战相关药品专利的，申请人需声明不构成对相关药品专利侵权，并在提出注册申请后 20 天内告知相关药品专利权人；相关药品专利权人认为侵犯其专利权的，应在接到申请人告知后 20 天内向司法机关提起专利侵权诉讼，并告知药品审评机构。药品审评机构收到司法机关专利侵权立案相关证明文件后，可设置最长不超过 24 个月的批准等待期；在此期间，不停止已受理药品的技术审评工作。在批准等待期内，如双方达成和解或司法机关作出侵权或不侵权生效判决的，药品审评机构应当根据双方和解或司法机构相关的生效判决不批准或批准药品上市；超过批准等待期，司法机关未作出侵权判决的，药品审评机构可以批准药品上市。受理的药品申请，申请人未声明涉

---

❶ 钭晓东. 遗传资源新型战略高地争夺中的"生物剽窃"及其法律规制 [J]. 法学杂志, 2014 (5)：71 – 83.

❷ 马宁. 从《专利法》三次修改谈中国专利立法价值趋向的变化 [J]. 知识产权, 2009 (5)：69 – 74.

❸ 郭璐璐，云洁. 维公益 促创新 防滥用：解读专利法第三次修改关于专利权人与公众利益的平衡原则 [J]. 中国发明与专利, 2009 (11)：52 – 55.

及相关专利，而专利权人提出侵权诉讼的，药品审评机构根据司法机关受理情况将该申请列入批准等待期。药品上市销售引发知识产权诉讼的，以司法机关判决为准。"

关于我国国内之前是否已经建立了药品专利链接制度，当时主要有两种意见：一种认为我国已经有了相关的药品专利链接的规定。其依据是我国于 2005 年 5 月 1 日正式施行的《药品注册管理办法》及其修正案（2007 年 10 月 1 日生效，以下简称"28 号局令"，现已被自 2020 年 7 月 1 日起施行的《药品注册管理办法》废止）中对药品专利情况的说明条款，包括第 8 条"信息公示"、第 18 条"药品专利状况和不构成侵权的声明"❶、第 19 条"仿制药申请期限限制"、第 20 条"数据独占"和第 66 条"监测期保护条款"。❷ 这些条款都类似于美国药品申请的专利链接规定和橘皮书所公布的药品专利信息。而另一种意见则认为，我国还未真正在药品注册过程中建立专利链接制度。其依据是，尽管 28 号局令分别对"药品专利状况和不构成侵权的声明"和"仿制药申请期限限制"进行了规定，但是由于我国没有像橘皮书那样具有法律效力的专利信息列表，药品主管部门与专利主管部门也没有职能上的相互协作，仿制药企业在药品注册过程中没有明确的法律环境，使得药品主管部门在处理包含专利挑战的仿制药申请时无法可依。❸

2017 年 10 月 8 日，为了促进药品和医疗器械产业结构调整和技术创新，提高产业竞争力，满足公众临床需要，中共中央办公厅、国务院办公厅印发了《关于深化审评审批制度改革鼓励药品医疗器械创新的意见》。其中，为了在鼓励药物创新的同时平衡仿制药的发展，该意见推出知识产权制度"组合拳"。其中（十五）至（十八）分别涉及建立上市药品目录集、探索建立药品专利链接制度❹、开展药品专利期限补偿制度试点❺以及完善和落实药品试验数据保护制度，它们是发达国家如美国实施多年的制度

---

❶ 28 号局令所涉及的《药品注册管理办法》第 18 条："申请人应当对其申请注册的药物或者使用的处方、工艺、用途等，提供申请人或者他人在中国的专利及其权属状态的说明；他人在中国存在专利的，申请人应当提交对他人的专利不构成侵权的声明。对申请人提交的说明或者声明，药品监督管理部门应当在行政机关网站上予以公示。药品注册过程中发生专利权纠纷的，按照有关专利的法律法规解决。"

❷ 在 2020 年 7 月 1 日起施行的《药品注册管理办法》中仅保留了"信息公示"，第 18 条规定：国家药品监督管理局建立收载新批准上市以及通过仿制药质量和疗效一致性评价的化学药品目录集，载明药品名称、活性成分、剂型、规格、是否为参比制剂、持有人等相关信息，及时更新并向社会公开。化学药品目录集收载程序和要求，由药品审评中心制定，并向社会公布。

❸ 汪虹，刘立春. 药品专利链接制度研究［J］. 中草药，2010，41（9）：1558 - 1563.

❹ （十六）探索建立药品专利链接制度。为保护专利权人合法权益，降低仿制药专利侵权风险，鼓励仿制药发展，探索建立药品审评审批与药品专利链接制度。药品注册申请人提交注册申请时，应说明涉及的相关专利及其权属状态，并在规定期限内告知相关药品专利权人。专利权存在纠纷的，当事人可以向法院起诉，期间不停止药品技术审评。对通过技术审评的药品，食品药品监管部门根据法院生效判决、裁定或调解书作出是否批准上市的决定；超过一定期限未取得生效判决、裁定或调解书的，食品药品监管部门可批准上市。

❺ （十七）开展药品专利期限补偿制度试点。选择部分新药开展试点，对因临床试验和审评审批延误上市的时间，给予适当专利期限补偿。

设计，既能激发原研药企业的积极性，又可解决药品可及性的问题。❶

2018 年 4 月 3 日，国务院办公厅发布了《关于改革完善仿制药供应保障及使用政策的意见》，其中包括"（三）完善药品知识产权保护。……加强知识产权领域反垄断执法，在充分保护药品创新的同时，防止知识产权滥用，促进仿制药上市。建立完善药品领域专利预警机制，降低仿制药企业专利侵权风险"和"（十二）明确药品专利实施强制许可路径。……在国家出现重特大传染病疫情及其他突发公共卫生事件或防治重特大疾病药品出现短缺，对公共卫生安全或公共健康造成严重威胁等非常情况时，为了维护公共健康，由国家卫生健康委员会会同工业和信息化部、国家药品监督管理局等部门进行评估论证，向国家知识产权局提出实施强制许可的建议，国家知识产权局依法作出给予实施强制许可或驳回的决定"等内容。

2018 年 4 月 26 日，为了完善和落实药品试验数据保护制度，国家药品监督管理局办公室公开了《药品试验数据保护实施办法（暂行）（征求意见稿）》❷以向社会公开征求意见。其中第 8 条（保护方式）规定："在保护期内，未经数据保护权利人同意，国家药品监督管理部门不得批准其他申请人同品种药品上市申请，但申请人依赖自行取得的试验数据或获得上市许可的申请人同意的除外。"与《关于鼓励药品医疗器械创新保护创新者权益的相关政策（征求意见稿）》以及《药品管理法实施条例》（2016 年修正❸）第 34 条❹相比，三者对于实验数据保护期的具体对比如表 1 – 3 – 1 所示。

对于药品试验数据和其他数据的知识产权保护是原研药产业发达的欧美国家延长对其药品垄断权的"常青战略"的重要组成部分。各国对于药品实验数据的知识产权保护主要有两种模式：第一种是商业秘密保护，即将试验数据作为未披露信息，对第三方施加保密义务；第二种则是专门保护，即赋予数据独占权。❺药品数据保护包括数据独占期❻和市场保护期❼两个方面的内容，其与专利保护制度独立运行、互为补充，

---

❶ 中央政府网. 中共中央办公厅 国务院办公厅印发《关于深化审评审批制度改革鼓励药品医疗器械创新的意见》[EB/OL]. (2017 – 10 – 08) [2021 – 07 – 06]. http://www.gov.cn/zhengce/2017 – 10/08/content_5230105.htm.

❷ 药品实验数据是指针对药品上市注册申请文件数据包中与药品有效性相关的非临床和临床试验数据，但是与药品安全性相关的数据除外。参见《药品试验数据保护实施办法（暂行）（征求意见稿）》第 4 条。

❸ 2002 年 8 月 4 日国务院令第 360 号公布，2016 年 2 月 6 日国务院令第 666 号《国务院关于修改部分行政法规的决定》修正。

❹ 《药品管理法实施条例》（2016 年修正）第 34 条规定："国家对获得生产或者销售含有新型化学成分药品许可的生产者或者销售者提交的自行取得且未披露的试验数据和其他数据实施保护，任何人不得对该未披露的试验数据和其他数据进行不正当的商业利用。自药品生产者或者销售者获得生产、销售新型化学成分药品的许可证明文件之日起 6 年内，对其他申请人未经已获得许可的申请人同意，使用前款数据申请生产、销售新型化学成分药品许可的，药品监督管理部门不予许可；但是，其他申请人提交自行取得数据的除外。除下列情形外，药品监督管理部门不得披露本条第一款规定的数据：（一）公共利益需要；（二）已采取措施确保该类数据不会被不正当地进行商业利用。"

❺ 程文婷. 试验数据知识产权保护的国际规则演进 [J]. 知识产权，2018（8）：82 – 96.

❻ 数据独占期是指要求药品监督管理部门在一定期限内给予原研药试验数据独占权利，仿制药/生物类似药无法依赖该数据递交上市申请。

❼ 市场保护期是指仿制药/生物类似药无法上市或者无法从药品监督管理部门获得正式批件。

用于奖励原研药企业进行新药研发所付出的努力，是收回研发投资的重要保障，也是维护公共利益和新药投资者个人利益的法律保障。

表 1 - 3 - 1　实验数据保护期的对比

《关于鼓励药品医疗器械创新保护创新者权益的相关政策（征求意见稿）》	数据保护期/年	《药品试验数据保护实施办法（暂行）（征求意见稿）》	数据保护期/年	《药品管理法实施条例》（2016 年修正）第 34 条	数据保护期/年
对批准上市的创新药	6	对在中国境内获批上市的创新药	6	新型化学成分药品	6
既属于创新药又属于罕见病用药、儿童专用药	10	罕见病用药或儿童专用药	6		
属于改良型新药的罕见病用药、儿童专用药	3				
属于创新的治疗用生物制品	10	创新治疗用生物制品	12		
挑战专利成功和境外已上市但境内首仿上市的药品	1.5	专利挑战成功的药品	一定期限		

2019 年 11 月 24 日，中共中央办公厅、国务院办公厅印发《关于强化知识产权保护的意见》，其中提及 "探索建立药品专利链接制度、药品专利期限补偿制度" 以及 "研究制定传统文化、传统知识等领域保护办法❶，加强中医药知识产权保护"。❷❸

2020 年 1 月 16 日，中美双方在华盛顿签署《中华人民共和国政府和美利坚合众国政府经济贸易协议》（*Economic and Trade Agreement between the Government of the People's Republic of China and the Government of the United States of America*），即《中美第一阶段经贸协议》。其中，"第一章　知识产权" 的 "第三节　药品相关的知识产权" 规定：

---

❶　2017 年 7 月 1 日起施行的《中医药法》第 43 条规定："国家建立中医药传统知识保护数据库、保护名录和保护制度。中医药传统知识持有人对其持有的中医药传统知识享有传承使用的权利，对他人获取、利用其持有的中医药传统知识享有知情同意和利益分享等权利。国家对经依法认定属于国家秘密的传统中药处方组成和生产工艺实行特殊保护。"

❷　中央政府网. 中共中央办公厅 国务院办公厅印发《关于强化知识产权保护的意见》［EB/OL］.（2019 - 11 - 24）［2021 - 07 - 06］. http：//www. gov. cn/zhengce/2019 - 11/24/content_5455070. htm.

❸　郑希元. 完善中医药知识产权综合保护体系［EB/OL］.（2021 - 10 - 11）［2021 - 11 - 04］. http：//www. yyjjb. com. cn/yyjjb/202110/20211011037513751_11118. shtml.

"……为促进中美双方在医药领域的创新与合作，更好满足患者需要，双方应为药品相关知识产权，包括专利以及为满足上市审批条件而提交的未经披露的试验数据或其他数据，提供有效保护和执法。"其中，具体涉及"第1.10条 考虑补充数据"：中国应允许药品专利申请人在专利审查程序、专利复审程序和司法程序中，依靠补充数据来满足可专利性的相关要求，包括对公开充分和创造性的要求；"第1.11条 专利纠纷早期解决的有效机制"规定："……专利权人、被许可人或上市许可持有人有权在被指控侵权的产品获得上市许可前提起诉讼……"此外，"第四节 专利"的"第1.12条 专利有效期的延长"规定："一、双方应规定延长专利有效期以补偿专利授权或药品上市审批过程中的不合理延迟。"❶

2020年10月17日，第十三届全国人民代表大会常务委员会第二十二次会议审议通过了《全国人民代表大会常务委员会关于修改〈中华人民共和国专利法〉的决定》，完成了对《专利法》的第四次修正。此次《专利法》修正主要包括三个方面的重点内容：一是加强对专利权人合法权益的保护，包括加大侵权损害赔偿，完善诉前保全制度，完善专利行政执法，新增诚实信用原则，新增专利权期限补偿制度和药品专利纠纷早期解决机制等；二是促进专利实施和运用，包括完善职务发明制度，新增专利开放许可制度，加强专利公共信息服务等；三是完善专利授权制度，包括进一步完善外观设计保护相关制度，增加不丧失新颖性的情形，完善专利权评价报告制度等。

关于专利权期限补偿制度，在此次修改《专利法》的过程中，有关主管部门提出，近年来，随着我国医药产业的发展，医药企业对创新药的研发投入和创新能力逐步提高，需要相应的制度设计来保障其从事新药研发的积极性。同时，为了促进国外新药能够尽早在我国上市，提高药品可及性，保障公共健康，有必要建立药品专利期限补偿制度。此外，考虑到我国刚刚建立这一制度，尚缺乏实践经验，从国外立法来看，美国、欧盟、日本、韩国、加拿大等的有关规定也各有不同，因此，此次《专利法》修正只保留了原则性规定，为后期进一步细化提供必要的法律依据。《专利法》第42条第3款规定："为补偿新药上市审评审批占用的时间，对在中国获得上市许可的新药相关发明专利，国务院专利行政部门应专利权人的请求给予专利权期限补偿。补偿期限不超过5年，新药批准上市后总有效专利权期限不超过14年。"

关于药品专利纠纷早期解决机制，为了落实有关改革举措和《中美第一阶段经贸协议》有关要求，参考有关国家的药品专利链接制度，2020年《专利法》第76条第1款规定："药品上市审评审批过程中，药品上市许可申请人与有关专利权人或者利害关系人，因申请注册的药品相关的专利权产生纠纷的，相关当事人可以向人民法院起诉，

---

❶ 中华人民共和国财政部. 关于发布中美第一阶段经贸协议的公告［EB/OL］. (2020 - 01 - 16)［2021 - 07 - 05］. http://www.mof.gov.cn/zhengwuxinxi/caizhengxinwen/202001/t20200116_3460124.htm.

请求就申请注册的药品相关技术方案是否落入他人药品专利权保护范围作出判决。国务院药品监督管理部门在规定的期限内，可以根据人民法院生效裁判做出是否暂停批准相关药品上市的决定。"这一规定主要为了解决"法院能不能审""药品监督管理部门能不能等"的问题。在该条款制订过程中，各有关方面也提出了较多意见。有的意见认为，要平衡好药品专利权人与仿制药申请人的利益，需要对相关规定再作研究；有的意见认为，对相关具体规定，如仿制药申请人的通知义务、等待期的设置、生物药是否适用等，需要进一步予以细化和完善；有的意见认为，所添加的部分规定属于药品审批的内容，不宜在专利法中进行规定。最终，经反复研究讨论认为，药品专利纠纷早期解决机制属于新设制度，涉及药品专利权人与仿制药申请人利益平衡，应当稳妥推进；对于其中涉及专利的法律问题，专利法可只作原则性规定、提供必要的法律依据，具体内容可由国务院及其有关主管部门依法予以细化并在实践过程中不断完善。❶

2021 年 7 月 4 日，国家药品监督管理局和国家知识产权局发布《药品专利纠纷早期解决机制实施办法（试行）》公告（2021 年第 89 号）［以下简称《办法（试行）》］。该《办法（试行）》自发布之日起施行，中国药品专利链接制度迈出实质性的一步。与之前发布的征求意见稿相比，《办法（试行）》改变或新增的主要内容如下。

（1）新增登记专利类型"生物制品医药用途专利"，新增"排除"登记专利类型"中间体、代谢产物、晶形、制备方法、检测方法等"，新增登记信息一致性与权利要求覆盖要求，新增登记信息异议制度。

（2）改变了自行登记的时间，即由"申报药品上市时"变为"获得药品注册证书后 30 日内"。

（3）登记信息中新增"药品与相关专利权利要求的对应关系"等信息。

（4）二类声明新增"仿制药申请人已获得专利权人相关专利实施许可"。

（5）新增仿制药申请人通知机制，即仿制药申请人应当将相应声明及声明依据通知上市许可持有人，上市许可持有人非专利权人的，由上市许可持有人通知专利权人。除纸质资料外，仿制药申请人还应当向上市许可持有人在中国上市药品专利信息登记平台登记的电子邮箱发送声明及声明依据，并留存相关记录。

（6）明确了司法与行政双轨制中"司法"与"行政"之间的关系，即当事人对国务院专利行政部门作出的行政裁决不服的，可以在收到行政裁决书后依法向人民法院起诉。

（7）改变了化学仿制药 9 个月等待期的起算时间点，由"自人民法院或者国务院专利行政部门立案或者受理之日起"变更为"国务院药品监督管理部门自收到人民法院立案或者国务院专利行政部门受理通知书副本之日起"，并且等待期自人民法院立案

❶ 陈扬跃，马正平. 专利法第四次修改的主要内容与价值取向［J］. 知识产权，2020（12）：6 - 19.

或者国务院专利行政部门受理之日起，只设置一次。

（8）新增对于"挑战专利成功"含义的明确限定，新增"共同挑战成功"的概念，并"将相关化学仿制药申请转入行政审批环节"的时间由"待市场独占期到期前20个工作日"修改为"待市场独占期到期前"，从而删除"20个工作日"的时间限制。❶

2021年7月5日，最高人民法院发布《最高人民法院关于审理申请注册的药品相关的专利权纠纷民事案件适用法律若干问题的规定》。该司法解释同日施行，其是在最高人民法院民三庭自2017年10月起开展的药品专利链接制度专项调研的基础上完成的，主要涉及管辖法院、具体案由、起诉材料、诉权行使方式、行政与司法程序衔接、抗辩事由、诉讼中商业秘密保护、行为保全、败诉反赔、送达方式等内容。该司法解释明确药品专利链接诉讼的案由为"确认是否落入专利权保护范围纠纷"，其属于确认之诉，没有具体的给付请求，不涉及赔偿问题。药品专利链接制度的目的是让与申请注册的药品相关的专利权纠纷早期得到解决。但是为了避免当事人利用不同诉讼程序持续阻碍药品上市以及保障公众的药品可及性，该司法解释第11条规定，药品专利链接诉讼的生效判决，特别是关于是否落入专利权保护范围的认定，对于在后的针对同一专利权和申请注册的药品的专利侵权诉讼或确认不侵权诉讼具有既判力。这样既可以提高传统专利侵权案件的审判效率，又可以让药品专利链接制度得到有效贯彻。❷

2021年7月5日，在最高人民法院发布上述司法解释的同一天，国家知识产权局发布《药品专利纠纷早期解决机制行政裁决办法》（公告第435号），自发布之日起施行。国家知识产权局设立药品专利纠纷早期解决机制行政裁决委员会，组织和开展药品专利纠纷早期解决机制行政裁决相关工作。《药品专利纠纷早期解决机制行政裁决办法》第19条规定："当事人对国家知识产权局作出的药品专利纠纷行政裁决不服的，可以依法向人民法院起诉。"药品专利纠纷行政裁决请求存在"同一药品专利纠纷已被人民法院立案的"情形的，国家知识产权局不予受理并通知请求人（参见《药品专利纠纷早期解决机制行政裁决办法》第10条）。❸

至此，以《专利法》第76条的原则性规定为基础，《药品专利纠纷早期解决机制实施办法（试行）》为核心，《最高人民法院关于审理申请注册的药品相关的专利权纠纷民事案件适用法律若干问题的规定》和《药品专利纠纷早期解决机制行政裁决办法》

---

❶ 郑希元. "比较"性研究：药品专利纠纷早期解决机制实施办法（试行）[EB/OL]. （2021-07-04）[2021-07-06]. https://mp.weixin.qq.com/s/8vNew5gIy2H1HZ02AmiSjg.

❷ 最高人民法院. 最高人民法院民三庭负责人就《关于审理申请注册的药品相关的专利权纠纷民事案件适用法律若干问题的规定》答记者问 [EB/OL]. （2021-07-05）[2021-07-06]. https://mp.weixin.qq.com/s/AqaDwB81afrPR6ECg8y6Hw.

❸ 国家知识产权局. 国家知识产权局发布《药品专利纠纷早期解决机制行政裁决办法》的公告（第435号）[EB/OL]. （2021-07-05）[2021-07-06]. http://www.cnipa.gov.cn/art/2021/7/5/art_74_160566.html.

为补充的中国药品专利链接制度初步得以建立。

　　继"药品审评审批改革"和"国家集中采购"之后，中国"药品专利链接"制度必将会成为给中国医药行业带来重大影响的政策改革。它的落地，标志着中国政府正在通过法律法规的完善来实现创新药和仿制药的平衡发展。

第2章 ‹‹‹‹‹‹‹

医药专利类型与授权、确权和侵权

医药创新的成果绝大多数通过专利的形式进行保护，因此完善健全的药品专利保护制度在激励新药研发与提高医药产业创新能力方面起着"保护伞"和"助推器"的作用。本章从不同的医药专利类型（化合物及其盐、晶型、前药、代谢物与中间体、医药用途、制备方法与新产品制造方法、手性化合物、药物制剂、药物组合物、抗体、基因与微生物以及胚胎干细胞）出发，囊括近 10 年与药品相关的中国专利典型案例，并结合美国、欧洲和日本相关比较法研究，从专利客体（可专利性）、新颖性、创造性、说明书充分公开以及权利要求是否得到说明书支持的角度，围绕专利授权、确权和侵权阶段这一主线进行具体阐述，以期为促进医药领域创新药的研发进展和有效专利保护提供参考与借鉴。

2.1 化合物

对于新药化合物而言，在对核心化合物进行专利申请时，要将其上位成通式化合物，采用马库什权利要求进行保护，而不能仅仅保护具体化合物结构本身。

根据《专利审查指南（2010）》第二部分第十章第 8.1.1 节规定的马库什权利要求单一性的基本原则"……当马库什要素是化合物时，如果满足下列标准，应当认为它们具有类似的性质，该马库什权利要求具有单一性：

（1）所有可选择化合物具有共同的性能或作用；和

（2）所有可选择化合物具有共同的结构，该共同结构能够构成它与现有技术的区别特征，并对通式化合物的共同性能或作用是必不可少的；或者在不能有共同结构的情况下，所有的可选择要素应属于该发明所属领域中公认的同一化合物类别。

'公认的同一化合物类别'是指根据本领域的知识可以预期到该类的成员对于要求保护的发明来说其表现是相同的一类化合物。也就是说，每个成员都可以互相替代，而且可以预期所要达到的效果是相同的。"

在采用马库什权利要求对通式化合物进行保护的基础上，原研药企业还可通过前药、中间体、盐、酯、氘代物、^{14}C 标记物、溶剂化物、无定形物、晶型、对映异构体、超纯物、代谢物、非关键部位基团替换、主碳链骨架结构改变对核心化合物进行结构改造或进行选择发明，连同改变给药途径或提高生物利用度等的药物制剂、制备方法、检测方法、除杂方法、第二适应证以及与其他药物的联用等保护形式，达到既能够保护自身技术又能够妨碍相似竞争的有效专利布局的目的，有效延长核心化合物的专利保护期，对仿制药企业设置技术屏障，防止专利悬崖的过早出现以及限制自身技术发展。

包含具体化合物的通式化合物发明专利是医药发明专利的基础和核心，拥有通式化合物发明专利的专利权人通常对于由该通式化合物所包含的权利要求书中特别指定的具体化合物衍生出的系列外围发明具有较高话语权，他人如欲实施该具体化合物发明衍生出的系列外围发明，往往需要经过该具体化合物发明专利权人的许可，因此对于包含具体化合物的通式化合物发明的专利挑战屡见不鲜。以下将介绍《专利审查指南（2010）》修改前后关于化合物的新颖性判断规则的变化，在化合物创造性判断过程中最接近现有技术的选择、"三步法"的判断思路及其与"预料不到的技术效果"之间的逻辑关系，并将其与美国和欧洲的创造性判断标准进行比较分析，以及专利无效宣告请求阶段关于马库什权利要求修改的严格限制和对有益的技术效果产生争议时的举证责任分配问题，以期为我国医药企业的化合物专利保护提供参考与借鉴。

2.1.1　新颖性判断规则变化

修订前的《专利审查指南（2010）》第二部分第十章第 5.1 节规定了化合物的新颖性：

（1）专利申请要求保护一种化合物的，如果在一份对比文件里已经提到该化合物，即推定该化合物不具备新颖性，但申请人能提供证据证明在申请日之前无法获得该化合物的除外。

这里所谓"提到"的含义是：明确定义或者说明了该化合物的化学名称、分子式（或结构式）、理化参数或制备方法（包括原料）。

例如，如果一份对比文件中所公开的化合物的名称和分子式（或结构式）难以辨认或者不清楚，但该文件公开了与专利申请要求保护的化合物相同的理化参数或者鉴定化合物用的其他参数等，即推定该化合物不具备新颖性，但申请人能提供证据证明在申请日之前无法获得该化合物的除外。

如果一份对比文件中所公开的化合物的名称、分子式（或结构式）和理化参数不清楚，但该文件公开了与专利申请要求保护的化合物相同的制备方法，即推定该化合物不具备新颖性。

......

修订后的《专利审查指南（2010）》[《国家知识产权局关于修改〈专利审查指南〉的决定》（局令第 391 号，以下简称"第 391 号修订"），自 2021 年 1 月 15 日起施行]将第二部分第十章第 5.1 节中的第（1）项修改为：

专利申请要求保护一种化合物的，如果在一份对比文件中记载了化合物的化学名称、分子式（或结构式）等结构信息，使所属技术领域的技术人员认为要求保护的化合物已经被公开，则该化合物不具备新颖性，但申请人能提供证据证明在申请日之前无法获得该化合物的除外。[1]

如果依据一份对比文件中记载的结构信息不足以认定要求保护的化合物与对比文件公开的化合物之间的结构异同，但在结合该对比文件记载的其他信息，包括物理化学参数、制备方法和效果实验数据等进行综合考量后，所属技术领域的技术人员有理由推定二者实质相同，则要求保护的化合物不具备新颖性，除非申请人能提供证据证明结构确有差异。

第 391 号修订中关于化合物新颖性的修改，主要体现在以下方面。

（1）此次修改旨在厘清"记载即公开"和"推定二者实质相同"二者之间的关系和界限，并明确相关举证责任。

（2）增加了"记载即公开"的情形，修改仅保留与化合物的结构信息相关的内容，并要求结构信息的披露达到"使所属技术领域的技术人员认为要求保护的化合物已经被公开"的程度，将"推定该化合物不具备新颖性"中的"推定"二字删除，以及删除"例如……"相关举例内容。

（3）把"物理化学参数""制备方法"和"效果实验数据"的信息合并，提出在结构信息不足的情况下应综合考虑上述这些信息，并且考虑的结果是要达到"所属技术领域的技术人员有理由推定二者实质相同"的程度，举证责任才发生转移，申请人需"提供证据证明结构确有差异"，以证明化合物具备新颖性。

在"吡咯取代的 2－二氢吲哚酮蛋白激酶抑制剂"（专利号 ZL01807269.0）发明专利权无效宣告请求案[2]中，专利权人为苏根有限责任公司、法玛西亚普强有限公司（两者均为辉瑞子公司），无效宣告请求人为石药集团欧意药业有限公司。

---

[1] 专利申请人主张申请日之前无法获得专利申请要求保护的化合物的，不仅应当证明利用对比文件所载实验方法无法制得该化合物，还应当证明采用所属技术领域的常规实验方法，在根据原料等的不同对常规实验方法作出适应性调整，排除非考察因素可能的影响，充分发挥本领域技术人员的常规技能的情况下，亦无法制得该化合物。如果专利申请人能够证明上述情形下均无法制得该化合物，则可以认定其证成了"申请日之前无法获得该化合物"，继而可以推翻对比文件破坏化合物新颖性的认定。参见最高人民法院（2020）最高法知行终 97 号行政判决书。

[2] 该案件为 2019 年度专利复审无效十大案件之一，参见中国专利复审与无效决定第 42407 号。

涉案专利涉及一种新型的口服抗肿瘤药物——索坦（Sunitinib，苹果酸舒尼替尼胶囊），其是一种多靶点酪氨酸激酶抑制剂，主要通过抑制肿瘤新生血管发挥治疗效果。索坦于 2006 年在美国首次获批上市，之后相继在日本、欧盟等多个国家及地区获批上市，2007 年中国批准进口，成为转移性肾细胞癌的一线治疗药物，已获全球 100 多个国家批准上市❶，其 2020 年全球销售额超过 8 亿美元。

该无效宣告请求案所针对的授权公告文本的权利要求 1 如下所示。

1. 式（Ⅰ）化合物或其可药用的盐：

（Ⅰ）

其中：

R^1 选自氢，烷基和 $-C(O)NR^8R^9$；

R^2 选自氢，卤素，烷氧基，氰基，芳基和 $-S(O)_2NR^{13}R^{14}$；

R^3 选自氢，烷氧基，$-(CO)R^{15}$，芳基，杂芳基和 $-S(O)_2NR^{13}R^{14}$；

R^4 选自氢；

R^5 选自氢和烷基；

R^6 是 $-C(O)R^{10}$，

R^7 选自氢，烷基和芳基；

R^8 和 R^9 独立地选自氢和芳基；

R^{10} 是 $-N(R^{11})(CH_2)_nR^{12}$，

R^{11} 选自氢和烷基；

R^{12} 是 $-NR^{13}R^{14}$、羟基、$-C(O)R^{15}$、芳基和杂芳基；

……

证据 3（WO99/61422A1）公开了通式（1）所示的吡咯取代的 2 - 吲哚满酮化合

❶ 朱国栋，朱耀，张争，等. 肾癌分子靶向药舒尼替尼用药安全共识［J］. 现代泌尿外科杂志，2020，25（10）：862－869.

物（，式1），并公开了通式（1）化合物能够经

通式结构（2）所示的羟基吲哚（，式2）与通式结构（3）所示的

醛（，式3）反应形成。以上通式结构（2）所示的原料可选自 5-

氟羟基吲哚，通式结构（3）所示原料可选自 5-甲酰基-2，4-二甲基-1H-吡咯-3-羧酸（2-二甲基氨基乙基）酰胺；进一步地，有关通式结构（2）和（3）的反应原料具体合成实施例中共合成了 41 个式（2）化合物和 3 个式（3）化合物，其中，在原料式（2）化合物的示例中提及了 5-氟羟基吲哚，在原料式（3）化合物的示例中提及了 5-甲酰基-2，4-二甲基-1H-吡咯-3-羧酸（2-二甲基氨基乙基）酰胺。此外，该证据还公开了针对通式（1）化合物的一般合成方法，用该方法具体合成了 64 个式（1）化合物，并给出相应生化试验活性数据，但所述 64 个化合物的合成没有使用上述提及的式（3）化合物"5-甲酰基-2，4-二甲基-1H-吡咯-3-羧酸（2-二甲基氨基乙基）酰胺"作为原料，也不包括涉及"二甲基舒尼替尼"的合成实施例。

合议组指出，在现有技术公开了一种通式化合物以及对其制备方法的一般性描述，并且该通式化合物的制备需要多种原料参与反应的情况下，尽管该现有技术还进一步列举了每种原料所涉及的一些具体反应物，但如果仅仅是从不同原料列举的多个具体反应物中分别挑选出一种具体反应原料，再依据对制备方法的一般性描述组合出一个产物化合物，而对于这样的一个"组合出的产物化合物"，现有技术既未定义或说明其化学名称和/或结构式，也未表明其已真正制备出该化合物以及测定了相关的结构、性能和效果，则通常不能认为这种"组合出的产物化合物"已被现有技术具体公开。

该专利无效宣告案决定日虽然在 2021 年 1 月 15 日之前，但对于判断现有技术的化合物与涉案专利所要求保护的化合物是否能够从制备方法方面"推定二者实质相同"，即对现有技术公开内容的认定提供了可供借鉴的审查思路。

2.1.2　创造性判断思路与比较分析

2.1.2.1　最接近现有技术的选择

评价化合物发明的创造性时，应选择用途或效果相同或相似且化学结构尽可能与发明化合物相近的现有技术化合物作为最接近的现有技术。关于如何确定现有技术公开的化合物与权利要求所要求保护的化合物结构之间的区别特征，首先需要确定现有技术化合物的核心骨架结构，该核心骨架结构是产生药理活性的化学结构片段，然后在此基础上将现有技术公开的化合物与权利要求所要求保护的化合物进行结构对比，从而确定二者产生结构差异的结构单元。

在阿斯利康（瑞典）有限公司与国家知识产权局专利复审委员会[1]、深圳信立泰药业股份有限公司发明专利权无效行政纠纷案[2]中，涉及发明名称为"新的三唑并（4，5－D）嘧啶化合物"（专利号为 ZL99815926.3、申请日为 1999 年 12 月 2 日）的发明专利（以下简称"涉案专利"），涉及药物为血小板聚集抑制剂替格瑞洛（Ticagrelor），其疗效明显优于氯吡格雷（Clopidogrel），被国内外多个临床指南列为一线推荐药物。

该案的审查文本为专利权人在无效宣告请求阶段提交的修改后的权利要求，其权利要求 1 如下所示。

1. 一种化合物或其药学上可接受的盐，所述化合物是：

［1S－［1α，2α，3β（1S＊，2R＊），5β］］－3－［7－［［2－（3，4－二氟代苯基）环丙基］氨基］－5－（丙基硫代）－3H－1，2，3－三唑并［4，5－d］嘧啶－3－基］－5－（2－羟基乙氧基）－环戊烷－1，2－二醇。

证据 1（WO98/28300A1）的说明书第 72 页具体公开了实施例化合物 86：［1S－［1α，2α，3β，4α（1S＊，2R＊）］］－4－［7－［［2－（4－氯代苯基）环丙基］氨基］－5－（丙基硫代）－3H－1，2，3－三唑并［4，5－d］嘧啶－3－基］－2，3－二羟基－

---

[1]　2018 年机构改革后，国家知识产权局专利复审委员会更名为国家知识产权局专利局专利复审和无效审理部，为案件表述需要，本书 2018 年之前案例仍沿用旧称，下文不再赘述。
[2]　该案为 2018 年中国法院 50 件典型知识产权案例之一，参见北京市高级人民法院（2018）京行终 6345 号行政判决书。

环戊烷甲酰胺。

该案的争议焦点在于"最左侧环戊烷上的 R 取代基"。专利复审委员会认定，涉案专利权利要求 1 化合物最左侧环戊烷的 R 取代基为 $-OCH_2CH_2OH$，而证据 1 实施例 86 化合物的相应 R 取代基为 $-C（O）NH_2$。

北京市高级人民法院则给出了相反的解释，其认为，证据 1 公开的实施例 86 化合物应当在证据 1 整体技术方案中进行理解。证据 1 中的权利要求 1 是一个马库什权利要求。众所周知，马库什权利要求包括不可变的骨架部分和可改变的马库什要素。在证据 1 整体技术方案中，左上角与苯环相连的羰基属于不可变的骨架，并非可修饰的可变基团。国家知识产权局专利复审委员会将本属于不可变的骨架部分的羰基纳入可变基团，违背了本领域技术人员的通常认知，属于事实认定错误。

此外，北京市高级人民法院进一步认为，根据证据 1 的整体教导，本领域技术人员会认为证据 1 中包括羰基在内的骨架部分是产生药理活性的化学结构片段。一旦改变了骨架部分中的任何一个部分，无论是环结构这样的较大部分，还是如羰基这样的较小部分，均无法预期是否还能够产生同样的药物活性，从而无法预期是否能够实现证据 1 所得到的技术效果。在此情况下，本领域技术人员根本没有动机去除证据 1 实施例 86 中的羰基并替换为其他基团。被诉决定关于将证据 1 实施例 86 化合物的相应 R 取代基 $-C（O）NH_2$ 替换为 $-OCH_2CH_2OH$ 属于本领技术人员常规技术手段的认定有误。

在"作为抗病毒化合物的缩合的咪唑基咪唑"（专利号为 ZL201280004097.2）发明专利权无效宣告请求案[1]中，涉案专利涉及吉利德公司的明星药物——维帕他韦（Velpatasvir），其是第二代 NS5A[2]抑制药，对所有基因型丙型肝炎病毒（hepatitis C virus，HCV）以及常见的 NS5A 突变和耐药性突变均有良好的体外抗病毒活性。无效宣告请求人无国界医生为全球性的独立自主的非营利组织，其工作包括支持并亲自提交某些药物专利的无效宣告请求。例如，2017 年无国界医生向欧洲专利局提交了索非布韦化合物的专利无效宣告申请；在印度提交了肺炎球菌结合疫苗（pneumococcal conjugate vaccine，PCV）的专利挑战；在韩国提交了 PCV 的专利无效宣告申请；在印度和巴西，无国

---

[1] 该案为 2018 年度专利复审无效十大案件之一，参见中国专利复审与无效决定第 38394 号。

[2] 非结构蛋白 NS5A 中已知的磷酸化部位上或其附近的突变可影响用于在细胞培养物系统中高水平复制的能力，表明 NS5A 磷酸化在病毒复制效率中起着重要作用。NS5A 磷酸化的抑制剂可导致病毒 RNA 复制减少。

界医生还支援其他民间组织提交专利挑战，主要针对治疗艾滋病和丙肝的药物。[1]

无效宣告请求人将证据1（WO2010/132601A1）公开的化合物0.0044[2]和化合物0.0131以及证据2（WO2010/111534A1）公开的化合物102分别与涉案专利权利要求1的化合物相比较。其中，以证据1公开的化合物0.0044与涉案专利权利要求1的化合物相比较为例，二者的区别特征如表2-1-1所示。

表2-1-1　证据1公开的化合物0.0044与涉案专利权利要求1的化合物对比

具体而言，二者结构的区别在于：①中心部分；②右臂吡咯烷环5位取代基；③左臂吡咯烷环的4位取代基；④左臂N-CO-CH-N残基上的取代基结构。就以上区别特征的认定，双方当事人不存在争议。

关于"①中心部分"，请求人认为涉案专利化合物与证据1的化合物0.0044具有共同的异色烯并苯核心（ ），专利权人则认为，涉案专利化合物的基本核心部分是五环稠合体系（ ），而证据1为四环稠合体系（ ），二者基本核心结构完全不同。

对此，合议组认为，首先，稠环是两个或多个环共用相邻两个碳或杂原子形成的环体系，因彼此之间相互连接而成为一个整体骨架，在没有相反证据的情况下，通常作为一个整体环单元而不能被随意切分。

其次，判断某一结构单元是否构成最接近现有技术化合物的基本核心部分还需要考虑最接近现有技术的整体教导。证据1公开的式（Ⅰ）化合物中心部分的结构中，无论是四环稠合体系还是五环稠合体系，均未涉及在多环稠合系统中稠合有咪唑环的

---

[1] 王玮. 挑战药品专利，无国界医生的法律之剑："病者有其药"［EB/OL］.（2018-01-08）［2021-05-28］. https：//msf. org. cn/blogs/18217.

[2] 以活性（nM）的具体数值表示化合物。

情形。本领域技术人员按照证据 1 的整体教导可以确定，证据 1 化合物 0.0044 中，四

环稠合的 应当是其结构的中心部分。

最后，在化学领域，涉案专利这种多环稠合体系与证据 1 公开的由单键连接的"稠环 – 芳环"或者"稠环 – 稠环"体系具有不同的电子排布和空间构型，化学性质通常也不同，本领域技术人员一般不会认为二者属于接近的结构，更何况请求人也未提供其他现有技术证据证明：就 HCV 抑制作用而言，涉案专利的五元稠合体系在结构上与证据 1 公开的四环稠合体系在本领域中被认为是接近的结构。

基于以上理由，合议组认为，涉案专利权利要求 1 的化合物与证据 1 的化合物 0.0044 在结构上不接近，在涉案专利说明书检测并验证了该化合物具有一定的泛基因 HCV 抑制活性等的情况下，以证据 1 作为最接近的现有技术不足以破坏权利要求 1 的创造性。

在"取代的噁唑烷酮和其在血液凝固领域中的应用"（专利号为 ZL00818966.8）发明专利权无效宣告请求案❶中，涉案专利的最早优先权日为 1999 年 12 月 24 日，申请日为 2000 年 12 月 11 日，专利权人为拜耳知识产权有限公司（由拜耳医药保健股份公司变更而来）。涉案专利涉及一种新型口服抗凝药物——拜瑞妥（Xarelto），其对游离和结合的 Xa 因子❷均具有高度选择性和竞争性的抑制作用，由拜耳与强生公司联合开发。拜瑞妥最早于 2008 年 9 月获得欧洲药品管理局（European Medicines Agency，EMA）的上市批准，2009 年 3 月于中国获批上市，同年进入国家医保目录，用于择期髋关节或膝关节置换手术成年患者。2017 年，国家医保目录调整，拜瑞妥进入了新医保报销范围，临床医保报销的科室从外科扩大到了心血管内科。2020 年，拜瑞妥的全球销售额达 74.98 亿美元。❸

在该专利无效宣告请求案件中，专利权人于 2020 年 7 月 15 日提交了修改后的权利要求书，其权利要求 1 如下所示。

1. 具有下式结构的化合物或其可药用盐或水合物，

---

❶ 该案为 2020 年度专利复审无效十大案件之一，参见中国专利复审与无效决定第 45997 号。

❷ Xa 因子是内源性及外源性凝血途径的汇合点，并且催化凝血酶原转变为凝血酶，因此 Xa 因子位于凝血瀑布中的关键部位。

❸ 赋青春. 十大案件｜评析"取代的噁唑烷酮和其在血液凝固领域中的应用"发明专利权无效宣告请求案 [EB/OL]. (2021 – 08 – 31) [2021 – 09 – 02]. https://mp.weixin.qq.com/s/Ax9U18r7xWtB9OBem0ON8Q.

证据 3（WO9931092A1）公开了一种苄脒衍生物，并且在第 3 页第 1 段公开了其具有 Xa 的抑制特性，实施例 9 提到了多个具体化合物；第 57 页倒数第 2 段公开了具体制备的 5 -｛5 -［(4 -氯苯甲酰基甲氨基) 甲基] 2 -氧代噁唑烷 -3 -基｝苄脒，称为化合物 A。

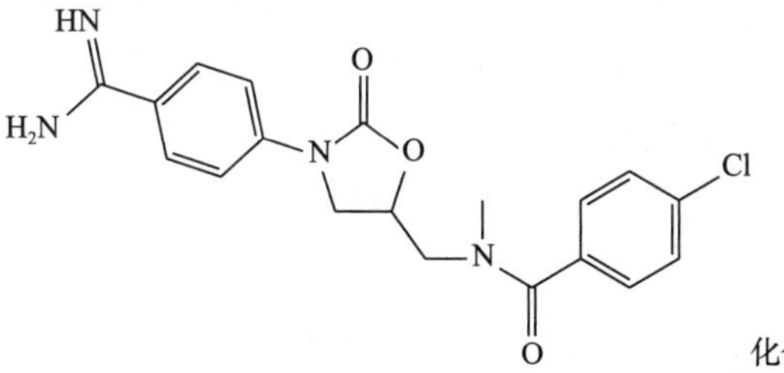

化合物A

权利要求 1 请求保护的技术方案与证据 3 公开的化合物 A 对比，区别在于：①权利要求 1 中噁唑烷酮右侧为 5 -氯噻吩 -2 -基，而化合物 A 为 4 -氯苯基；②权利要求 1 中酰胺基氮原子上为氢，而化合物 A 为甲基；③权利要求 1 中亚苯基对位上为 3 -氧代吗啉 -4 基，化合物 A 为甲脒基；④权利要求 1 中噁唑烷酮环是 S 异构体，化合物 A 未公开构型。

合议组认为，证据 3 所涉及的化合物均具有苄脒基或者甲脒基，可见，本领域技术人员在阅读证据 3 后，得到的信息是苄脒衍生物是一种 Xa 因子抑制剂，在面对证据 3 时，本领域技术人员通常的认识是保持苄脒、甲脒基核心结构对于其他位置进行改进从而获得对于 Xa 抑制活性的改进，并不能给出保留亚苯基噁唑烷基氨结构，而将苄脒、甲脒基结构替换。因此，涉案专利权利要求 1 所要求保护的化合物 A 与证据 3 所涉及的化合物 A 结构差异较大，并且从考察构效关系的基础上判断，证据 3 未给出结构改造的技术启示，以证据 3 作为最接近的现有技术不足以破坏权利要求 1 的创造性。

上述法院判例和专利无效决定中解析了最接近现有技术的选取和化合物核心结构的确定等涉及评价化合物创造性的诸多焦点问题，对相关领域的审查标准适用具有示范作用。

2.1.2.2　"三步法"与预料不到的技术效果

《专利审查指南（2010）》第二部分第十章第 6.1 节规定了化合物的创造性：

（1）结构上与已知化合物不接近的、有新颖性的化合物，并有一定用途或者效果，审查员可以认为它有创造性而不必要求其具有预料不到的用途或者效果。

（2）结构上与已知化合物接近的化合物，必须要有预料不到的用途或者效果。此预料不到的用途或者效果可以是与该已知化合物的已知用途不同的用途；或者是对已知化合物的某一已知效果有实质性的改进或提高；或者是在公知常识中没有明确的或不能由常识推论得到的用途或效果。……

第 391 号修订将第二部分第十章第 6.1 节的上述相应内容修改为：

（1）判断化合物发明的创造性，需要确定要求保护的化合物与最接近现有技术化合物之间的结构差异，并基于进行这种结构改造所获得的用途和/或效果确定发明实际解决的技术问题，在此基础上，判断现有技术整体上是否给出了通过这种结构改造以解决所述技术问题的技术启示❶。

需要注意的是，如果所属技术领域的技术人员在现有技术的基础上仅仅通过合乎逻辑的分析、推理或者有限的试验就可以进行这种结构改造以解决所述技术问题，得到要求保护的化合物，则认为现有技术存在技术启示。

（2）发明对最接近现有技术化合物进行的结构改造所带来的用途和/或效果可以是获得与已知化合物不同的用途，也可以是对已知化合物某方面效果的改进。在判断化合物创造性时，如果这种用途的改变和/或效果的改进是预料不到的，则反映了要求保护的化合物是非显而易见的，应当认可其创造性。

此外，第391号修订根据上述第（1）项和第（2）项的内容适应性地改写原有【例1】、【例2】和【例3】表述的基础上，还新增了【例4】和【例5】。上述例子如下所示。

【例1】

现有技术：

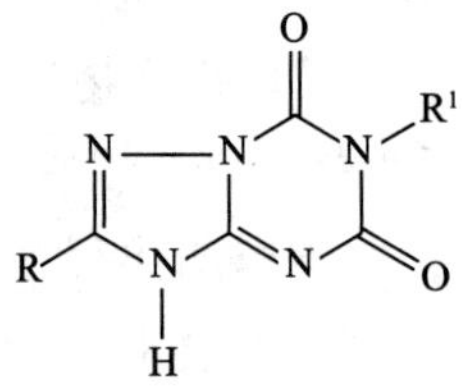

（Ia）

申请：

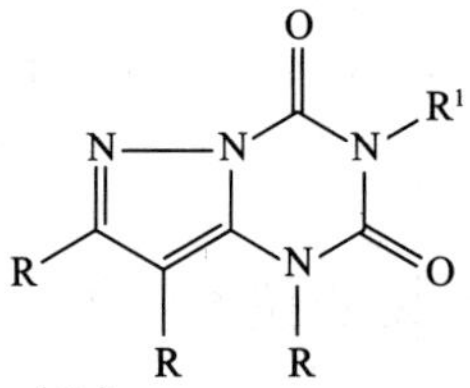

（Ib）

（Ib）与（Ia）的母核结构不同，但二者具有相同的用途。所属技术领域的技术人员通常认为结构接近的化合物具有相同或类似的用途，且结构接近通常是指化合物具有相同的基本核心部分或者基本的环。现有技术中不存在对（Ia）的基本的环进行改造以获得（Ib）且用途不变的技术启示，故（Ib）具有创造性。

---

❶ 具体案例可参考上述"取代的噁唑烷酮和其在血液凝固领域中的应用"（专利号为ZL00818966.8）发明专利权无效宣告请求案。

【例2】

现有技术：$H_2N - C_6H_4 - SO_2NHR^1$（Ⅱa）

申请：$H_2N - C_6H_4 - SO_2 - NHCONHR^1$（Ⅱb）

（Ⅱb）是在（Ⅱa）NHR^1 结构片段中插入了 $-CONH-$，二者用途完全不同，（Ⅱa）磺胺是抗菌素，（Ⅱb）磺酰脲是抗糖尿药。所属技术领域的技术人员没有动机将抗菌素中的 R^1 改造为 $CONHR^1$ 以获得抗糖尿药，故（Ⅱb）具有创造性。

【例3】

现有技术：$H_2N - C_6H_4 - SO_2NHCONHR^1$（Ⅲa）

申请：$H_3C - C_6H_4 - SO_2NHCONHR^1$（Ⅲb）

（Ⅲa）氨基-磺酰脲与（Ⅲb）甲基-磺酰脲之间仅存在 NH_2 与 CH_3 的结构差异，两者均为抗糖尿药，且效果相当，（Ⅲb）相对于（Ⅲa）为所属技术领域提供了另一种抗糖尿药。由于 NH_2 与 CH_3 是经典一价电子等排体，所属技术领域的技术人员为获得相同或相当的抗糖尿活性有动机进行这种电子等排体置换，故（Ⅲb）无创造性。

【例4】

现有技术：

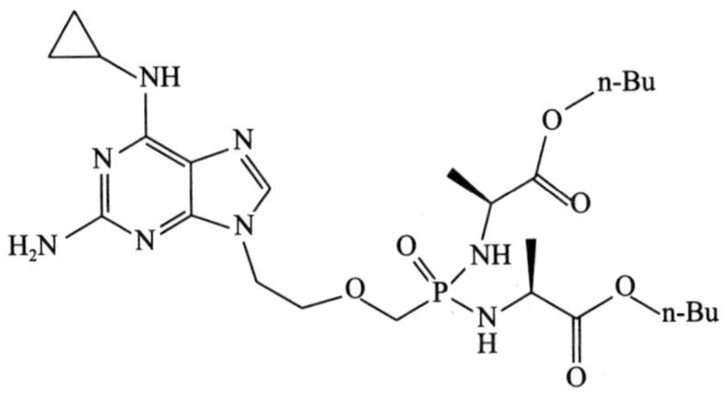

（Ⅳa）

申请：

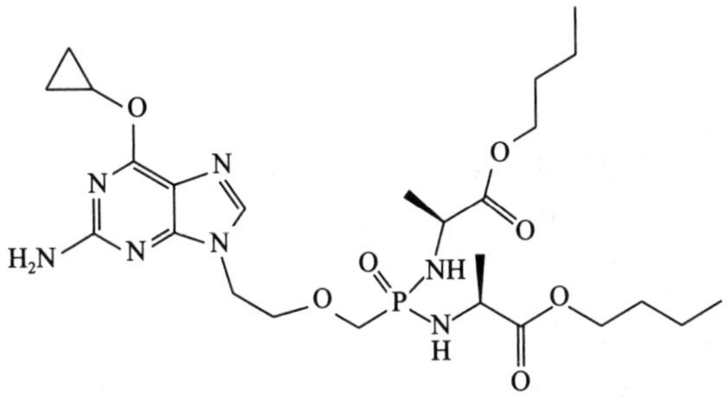

（Ⅳb）

（Ⅳb）与（Ⅳa）化合物的区别仅在于嘌呤6-位上以 $-O-$ 替换了 $-NH-$。尽管 $-O-$ 与 $-NH-$ 为所属技术领域公知的经典电子等排体，但（Ⅳb）的癌细胞生长抑制活性比（Ⅳa）提高约40倍，（Ⅳb）相对于（Ⅳa）取得了预料不到的技术效果，由此反映（Ⅳ$_b$）是非显而易见的，故（Ⅳ$_b$）具有创造性。

【例5】

现有技术：

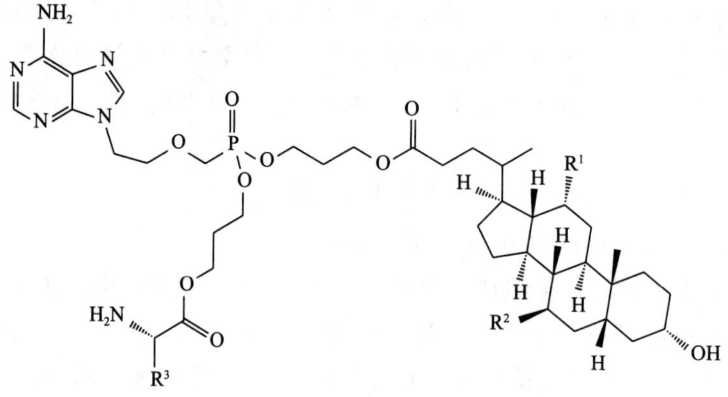

其中，R$_1$＝OH，R$_2$＝H 且 R$_3$＝CH$_2$CH（CH$_3$）$_2$。

申请：

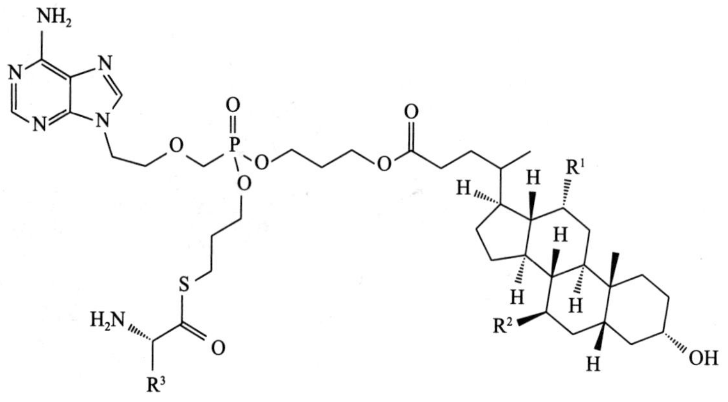

其中，R$_1$ 和 R$_2$ 选自 H 或 OH，R$_3$ 选自 C$_{1\sim6}$烷基，并包括了 R$_1$＝OH，R$_2$＝H 且 R$_3$＝CHCH$_3$CH$_2$CH$_3$ 的具体化合物（V$_{b1}$）。且（V$_{b1}$）的抗乙肝病毒活性明显优于（V$_a$）。

当要求保护（V$_b$）通式化合物时，（V$_b$）与（V$_a$）的区别仅在于磷酰基烷基与氨基酸残基之间的连接原子不同，（V$_b$）为－S－，而（V$_a$）为－O－。（V$_b$）通式化合物相对于（V$_a$）为所属技术领域提供了另一种抗乙肝病毒药。由于－S－与－O－性质接近，为获得同样具有抗乙肝病毒活性的其他药物，所属技术领域的技术人员有动机进行这种替换并获得所述（V$_b$）通式化合物，故（V$_b$）无创造性。

当要求保护（V$_{b1}$）具体化合物时，（V$_{b1}$）与（V$_a$）的区别不仅在于上述连接原子不同，而且 R$_3$ 位取代基亦不相同，（V$_{b1}$）的抗乙肝病毒活性明显优于（V$_a$）。现有技术中不存在通过所述结构改造以提升抗乙肝病毒活性的技术启示，故（V_{b1}）具有创造性。

此次修改在第 6.1 节的第（1）项中按照"三步法"的要求理顺了化合物创造性的判断思路，旨在引导审查员在进行创造性判断前，首先需要深入理解发明内容、从整体上把握现有技术、明确结构改造与用途和/或效果之间的关系（构效关系），确定发明实际解决的技术问题；然后，站位于所属技术领域的技术人员的角度，再去判断现有技术是否存在相应的技术启示，进而得出是否具备创造性的审查结论。

同时，在第 6.1 节的第（2）项中保留了关于"预料不到的技术效果"两种类型，删除了另一种类型"在公知常识中没有明确的或不能由常识推论得到的用途或效果"，并且突出强调了"预料不到的技术效果"与"三步法"之间的内在逻辑联系，"预料不到的技术效果"是创造性判断的辅助因素。

只有在通过"三步法"无法判断得出非显而易见性时，才能运用"预料不到的技术效果"来认定涉案专利/专利申请是否具备创造性，通常不宜跳过"三步法"而直接适用"预料不到的技术效果"来进行创造性的认定。

关于第 6.1 节中第（1）项和第（2）项之间的关系，还可参考阿斯利康（瑞典）有限公司与国家知识产权局专利复审委员会、深圳信立泰药业股份有限公司发明专利权无效行政纠纷案[1]。其中，国家知识产权局专利复审委员会和一审法院均认为，结构上与已知化合物接近的化合物，必须有预料不到的用途或者效果，才能够证明涉案化合物具有创造性；而二审法院则认为，权利要求 1 的化合物与已知化合物在结构上存在显著差异，从而并未对请求保护的化合物是否具有预料不到的技术效果进行论述。

此外，新增的【例 4】与改写的【例 3】形成鲜明对照，两个实例均涉及经典电子等排体的替换，但是二者的创造性评判结论却截然相反，强调对于结构改造与用途和/或效果关系的把握，是得出正确审查结论的前提。其中的"约 40 倍"并不是可以推广的预料不到的技术效果的判断标准，是否属于预料不到的技术效果需要综合考虑具体技术领域、发明所要解决的技术问题和现有技术整体公开内容以及发展状况等多方面的因素。《专利审查指南（2010）》规定，发明取得了预料不到的技术效果，是指发明同现有技术相比，其技术效果产生"质"的变化，具有新的性能；或者产生"量"的变化，超出人们预期的想象。在专利审查实践中，相对于较为容易区分和判断的"质"的变化而言，"量"的变化不易明确分界，何为超出人们预期想象的"量"的变化，往往难以分析判断。因此判断"量"的变化是否属于预料不到的技术效果，关键在于确定"量"的变化范围是否超出了所属技术领域的技术人员合理预期或者推理的范围。

例如，涉案专利说明书中对化合物 A 抑制小鼠黑素瘤细胞着色的效果进行了试验，

---

[1]　该案为 2018 年中国法院 50 件典型知识产权案例，参见北京市高级人民法院（2018）京行终 6345 号行政判决书。

试验结果显示，化合物 A 的着色抑制 IC_{50} 值（抑制 50% 着色的情况下测试化合物的浓度）为 2.1μM。为了证明涉案专利的技术效果优于最接近的现有技术（证据 1），在案件审理过程中，专利权人提交了补充实验数据，其中采用与说明书实施例相同的试验步骤测定了证据 1 的化合物 B 的着色抑制 IC_{50} 值。结果显示，证据 1 中的化合物 B 的浓度达到 5μM 时仍然没有达到 50% 的抑制率，即其 IC_{50} 值为大于 5μM。但是，除了化合物 B，证据 1 中还公开了多个与涉案专利结构近似的、具有酪氨酸酶抑制活性的化合物 C 至化合物 H，这些化合物的酪氨酸酶抑制活性 IC_{50} 值范围为 2.1 ~ 23.1μM，其中最接近的现有技术化合物 B 的酪氨酸酶抑制活性 IC_{50} 值为 13.2μM，在证据 1 中属于活性居中的化合物，并非活性最好。这些化合物之间的活性差异最大可达约 11 倍，其中有 3 个化合物的酪氨酸酶抑制活性为化合物 B 的 4 ~ 6 倍。而且，由证据 1 中化合物 B ~ H 的结构可以看出，取代基的较小变化就会引起活性的成倍改变。因此本领域技术人员基于证据 1，会认为结构相近化合物的酪氨酸酶抑制活性为化合物 B 的数倍是可以合理预期的，在此基础上，由于酪氨酸酶抑制活性与黑色素抑制活性密切相关，其黑色素抑制活性超过化合物 B 数倍也不会超出本领域技术人员的预期，因此没有超出合理预期想象的"量"的变化。❶

新增的【例5】涉及通式化合物及其中的一个具体化合物的创造性判断过程，是实际专利申请过程中最为常见的专利申请类型。该案例旨在说明由于涉及通式化合物和具体化合物的权利要求保护范围不同，则相对于最接近现有技术的结构差异也不同，基于这种结构差异所获得的用途和/或效果也可能会随之发生改变，进而得出完全不同的创造性审查结论。❷

2.1.2.3 美国和欧洲的考虑角度

美国化合物创造性判断标准与中国基本相同，其主要从现有技术是否给出了化合物结构改造的技术启示以及是否具有不可预期性等角度进行考虑。

1. *Takeda Chem. Indus. v. Alphapharm Pty.，Ltd.*，492 F. 3d 1350（Fed. Cir. 2007）

20 世纪 90 年代，市场上推出了一类被称为噻唑烷二酮（TZD）的药物，用于治疗 Ⅱ 型糖尿病。研究表明，TZD 可作为胰岛素增敏剂，通过与细胞核中被称为过氧化物酶体增殖激活受体 γ（peroxisome proliferators - activated receptor - γ，PPAR - γ）的分子结合来实现对血糖水平的长期控制，以此降低糖尿病并发症发生的危险。该 PPAR - γ 分子激活胰岛素受体并刺激葡萄糖转运蛋白的产生，从而使葡萄糖从血流进入细胞。

1999 年 7 月 15 日，武田（Takeda）公司和礼来（Lilly）公司共同开发的药物艾可

---

❶ 董丽雯. 浅析预料不到的技术效果中"量"的变化［EB/OL］.（2020 - 10 - 28）［2021 - 06 - 30］. http：//reexam. cnipa. gov. cn/alzx/scjdpx/fswxjdpx/22387. htm.

❷ 中央政府网.《专利审查指南》第二部分第十章修改解读［EB/OL］.（2021 - 01 - 15）［2021 - 06 - 03］. http：//www. gov. cn/zhengce/2021 - 01/15/content_5580145. htm.

拓（Actos）获得 FDA 批准后在美国上市，用于控制 Ⅱ 型糖尿病患者的血糖。艾可拓的活性成分是 TZD 化合物——吡格列酮（Pioglitazone），其是涉案美国专利 US4687777（发明名称为"噻唑烷二酮衍生物，用作抗糖尿病药物"）中权利要求所要求保护的化合物。涉案专利具体涉及"可实际用作抗糖尿病药物的化合物，其在药理作用与毒性或不利的副反应之间具有宽的安全范围"。

涉案专利的权利要求 1 和权利要求 2 如下所示。

1. 以下式的化合物：

或其药学上可接受的盐。

2. 如权利要求 1 所述的化合物，其中所述化合物是 5 - {4 - [2 - (5 - 乙基 - 2 - 吡啶基) 乙氧基] 苄基} - 2, 4 - 噻唑烷二酮。

权利要求 1 所示化合物的核心结构是其左侧部分，即乙基取代的吡啶环。该化学结构有一个乙基取代基（C_2H_5），位于吡啶环的中心，表明该结构涵盖 4 种可能的化合物，即在吡啶环上的 4 个可取代位置具有乙基取代基的化合物。该式包括 3 - 乙基化合物、4 - 乙基化合物、5 - 乙基化合物（吡格列酮）和 6 - 乙基化合物。权利要求 2 涵盖单一化合物，即吡格列酮。

仿制药企业 Alphapharm 在 US4687777 专利到期前向 FDA 提出简略新药申请（ANDA）。Takeda 公司起诉 Alphapharm 公司及其他 3 家公司专利侵权，而 Alphapharm 公司则认为 US4687777 专利所要求保护的化合物相对于现有技术而言是显而易见的，因此应当被无效。Alphapharm 公司的显而易见性观点完全基于现有技术的 TZD 化合物，该 TZD 化合物在 US4687777 专利的 TABLE 1 中被称为化合物（b）。

TABLE 1

Compound A	Blood Glucose (ED_{25}) mouse	TG (ED_{25})		Two-weeks toxicity（rat，%）					
		mouse	rat	Liver weight		Heart weight		number of erythrocyte	
				♂	♀	♂	♀	♂	♀
(Ⅰ) C_2H_5—...—CH_2CH_2—	6	6	3	–0.7	–3.5	+0.9	–3.9	–3.4	–0.7
(a) CH_3 / CH_2— (ciglitazone)	40	40	70	+6.6*	+10.8*	+13.4*	+4.0	+3.5	–0.2
(b) CH_3—...—N—CH_2CH_2—	4	3	5	+3.8	+10.7**	+19.9**	+17.8**	–2.9	–8.8**

化合物（b）的左侧部分由一个吡啶环组成，该环的6位连接有一个甲基（CH_3）。

最终，美国纽约南区地方法院及美国联邦巡回上诉法院（Court of Appeals for the Federal Circuit，CAFC）均认可US4687777专利的有效性，具体理由如下：①在现有技术中没有动机选择化合物（b）作为抗糖尿病研究的先导化合物，并且现有技术教导远离其使用，因为Takeda公司在申请专利前已知晓化合物（b），且TABLE 1的对比动物毒性试验数据表明化合物（b）具有较大的肝脏和心脏毒性；②即使Alphapharm公司提出初步证据示出了显而易见性，Takeda公司也仍将胜诉，因为任何显而易见的初步证据都被吡格列酮不具有毒性的预料不到的结果所反驳。

2. *Procter & Gamble Co. v. Teva Pharmaceuticals USA，INC*，560 F. 3d 989（Fed. Cir. 2009）

专利US5583122要求保护化合物利塞膦酸盐（Risedronate），其是宝洁公司（Procter & Gamble Co.）骨质疏松症药物安妥良（Actonel）的活性成分。2004年8月，在梯瓦制药工业有限公司（Teva Pharmaceutical Industries Limited，以下简称"梯瓦公司"）针对安妥良的提交简略新药申请（ANDA）的信息通知宝洁公司后，宝洁公司起诉梯瓦公司侵犯其US5583122的专利权。具体而言，宝洁公司指控梯瓦公司ANDA所提交的药物侵犯了US5583122中的保护化合物利塞膦酸盐的权利要求4、含有利塞膦酸盐的药物组合物的权利要求16以及使用利塞膦酸盐治疗疾病的方法权利要求23。梯瓦公司辩称，US5583122是无效的，因为其存在显而易见和重复授权的问题，梯瓦公司所采用的现有技术化合物是宝洁公司的另一个专利US4761406中的一个化合物2-pyr EHDP。利塞膦酸盐和2-pyr EHDP为同分异构体，具体结构如下所示，两者唯一的区别在于：利塞膦酸盐的膦酸取代基在3位，而2-pyr EHDP的膦酸取代基在2位。

（a）利塞膦酸盐　　　　　（b）2-pyr EHDP

专利权人宝洁公司指出：

（1）双膦酸盐通常具有抑制骨吸收的活性。研究用于治疗代谢性骨病的前两种有前途的双膦酸盐分别为依替膦酸盐（EHDP）和氯膦酸盐，但它们存在阻碍其商业化的临床问题。宝洁公司进行了涉及数百种不同双膦酸盐化合物的实验，但难以预测这些新化合物的功效或毒性。最终，宝洁公司的研究人员将利塞膦酸盐确定为一种有前途的候选药物。

（2）专利US4761406中既没有要求保护也没有公开利塞膦酸盐。相反，发明名称为"治疗骨质疏松症的方案"的专利US4761406要求保护一种用于治疗骨质疏松症的间歇给药方法。专利US4761406列出了36种多膦酸酯分子作为治疗候选物以及8种用于间歇给药的优选化合物，其中包括 2 - pyr EHDP。但是，鉴于进行涉案发明时双膦酸盐极其不可预测的性质，专利 US4761406 不会导致本领域普通技术人员将 2 - pyr EHDP 确定为先导化合物，本领域普通技术人员也不会有动力进行特定的分子修饰和改造以制造利塞膦酸盐。

（3）双膦酸盐领域的权威赫伯特·弗莱施（HerbertFleisch）的同期著作（Chemistry and Mechanisms of Action of Bisphosphonates，in Bone Resorption，Metastasis，and Diphosphonates 33 - 40（S. Garattini ed.，1985））指出："虽然仍然是双膦酸盐，但是每一种化合物都表现出自己的物理化学、生物学和治疗特性，因此必须单独考虑每种双膦酸盐。从一种化合物推断另一种化合物的效果是危险的，可能会产生误导。"

（4）利塞膦酸盐与功效和毒性相关的预料不到的结果反驳了显而易见的说法。

最终，美国特拉华州地方法院和美国联邦巡回上诉法院均认可宝洁公司的陈述，从而认可专利 US5583122 的有效性。

3. *Bristol - Myers Squibb Company v. Teva Pharmaceuticals USA，INC*，752 F. 3d 967 (Fed. Cir. 2014)

百时美施贵宝（Bristol - Myers Squibb，BMS）拥有专利 US5206244。专利 US5206244 的权利要求 8 涉及由两个以下区域组成的核苷类似物：碳环和鸟嘌呤碱基。核苷类似物是一类人造化合物——旨在模拟天然核苷的活性，这类化合物在其天然对应物的基础上稍作修改，以干扰病毒 DNA 的复制，这意味着它们可以作为可能的抗病毒化合物进行开发。权利要求 8 涵盖了一种这样的化合物——恩替卡韦（Entecavir）。百时美施贵宝（BMS）以商品名博路定（Baraclude）销售恩替卡韦作为乙型肝炎的治疗方法。

恩替卡韦是天然核苷 2' - 脱氧鸟苷（脱氧鸟苷）的改良化合物。恩替卡韦在基础结构上与脱氧鸟苷相同，但有一个区别：它在碳环的 5' 位置有一个碳碳双键（也称为环外甲叉基），而脱氧鸟苷则是氧原子。恩替卡韦和脱氧鸟苷的化学结构如下所示。

（a）恩替卡韦（Entecavir）　　　（b）2'-脱氧鸟苷（脱氧鸟苷）

梯瓦公司提交了恩替卡韦仿制药的简略新药申请（ANDA）。为了支持其 ANDA，梯瓦公司提交了第Ⅳ段声明，声称其仿制药产品不侵犯专利 US5206244，和/或该专利无效或无法施行。百时美施贵宝（BMS）起诉梯瓦公司侵犯其专利权，声称梯瓦公司的 ANDA 申请侵犯了专利 US5206244。在美国法院审判过程中，双方将问题聚焦至显而易见性和不正当行为方面。梯瓦公司显而易见性的焦点集中在选择 2' - CDG 作为现有技术的先导化合物。

2' - CDG 是一种有效的可用于抗病毒的碳环核苷类似物，其结构与天然核苷 - 脱氧鸟苷相似，不同之处仅在于它在 5' 位置用碳原子替换了氧原子。2' - CDG 和脱氧鸟苷的化学结构如下所示。

（a）2'-CDG　　　　　　（b）2'-脱氧鸟苷（脱氧鸟苷）

专利 US5206244 的最早优先权日为 1990 年 10 月 18 日。2' - CDG 化合物合成于 1984 年，由美国伯明翰南方研究所（Southern Research Institute，SRI）的 Y. Fulmer Shealy 博士首次发表在 *Journal of Medicinal Chemistry* 上。[1] Shealy 博士指出，与当时 FDA 批准的畅销药物阿糖腺苷（Vidarabine，Ara - A）相比，2' - CDG 对单纯疱疹病毒（1 型和 2 型）表现出更好的体外抗病毒活性。Shealy 博士获得了 2' - CDG 和其他相关化合物的专利，称它们可用于治疗病毒感染。Shealy 博士对 2' - CDG 的后续研究表明其具有抗单纯疱疹病毒的体内活性。Shealy 博士的文章陆续发表之后，其他研究人员很快开始使用 2' - CDG 作为抗病毒药物，包括南方研究所、西奈山医学院、葛兰素史克和其他机构的科学家。

美国特拉华州地方法院认定，在百时美施贵宝（BMS）发明恩替卡韦之时，2' - CDG 是开发抗病毒药物的先导化合物。基于①恩替卡韦和 2' - CDG 之间的结构相似性，②Madhavan 参考文献关于在 5' 位置使用环外甲叉基提高效力的教导支持了对 2' - CDG 的相同取代将合理地导致类似特性的预期[2]，③环外甲叉基取代将是 "小的、保守的变化" 的发现以及④2' - CDG 的 "全部现有技术"，从而认定本领域技术人员会被激励将 2' - CDG 的 5' 位置替换成环外甲叉基，并合理地预期能够成功开发出一种具有有益抗病毒特性的化合物。

百时美施贵宝（BMS）在向美国联邦巡回上诉法院上诉时对选择 2' - CDG 作为先导化合物提出了挑战，因为其指出，20 世纪 90 年代，2' - CDG 被发现具有毒性。百时美施贵宝（BMS）提供的数据显示，2' - CDG 毒性较大，因此科研人员不太可能把 2' - CDG 作为先导化合物，然后再加上环外双键。

---

[1] SHEALY Y F, O'DELL C A, SHANNON W M, et al. Synthesis and antiviral activity of carbocyclic analogues of 2' - deoxyribofuranosides of 2 - amino - 6 - substituted - purines and of 2 - amino - 6 - substituted - 8 - azapurines［J］. Journal of Medicinal Chemistry，1984，27（11）：1416 - 1421.

[2] 根据 BMS 的发明人 Zahler 博士的说法，他在构思恩替卡韦之前就知道 Madhavan 参考文献，并作证称 BMS 将其作为 US5206244 专利申请中 "最相关" 的现有技术提交给美国专利商标局（USPTO）。但 BMS 并未将 2'CDG 作为现有技术提交给 USPTO。

美国联邦巡回上诉法院则认为，在恩替卡韦发明之时，现有技术参考资料显示2'–CDG 被普遍认为是安全无毒的，其他研究人员已经将其用作先导化合物。此外，"1990年 10 月，2'–CDG 还没有被认为具有高毒性"，百时美施贵宝（BMS）的专家证人Schneller 博士在一审庭审时认同当时的研究人员将 2'–CDG 视为"有希望的化合物"。因此，美国联邦巡回上诉法院认为选择 2'–CDG 作为先导化合物没有错误，其最终判决专利 US5206244 没有创造性，专利被无效宣告。

与中国和美国不同，欧洲专利局（European Patent Office，EPO）在化合物创造性评价中，预设对化合物的任何结构改变都应当对其性质造成影响，除非有明确的证据证明该结构改变不太可能使化合物的性质发生显著变化，因此欧洲化合物专利相对较易获得授权，且专利稳定性较高。

1. T 0852/91 决定

在该案（专利申请号为 EP19860308053）中，现有技术文件（A）公开了一种包含 $-CH_2-(p-C_6H_4)-Z$ 基团的化合物，其中 Z = COOH，或 Z = 四唑基，或 Z = $-CONHSO_2Rg$（磺酰基氨基甲酰基）。

涉案专利申请权利要求 1 的化合物与现有技术文件（A）的化合物的不同之处主要在于基团 Z 被基团 $-COCH$（M）$SO_2-C_6H_4-Rc$（苯磺酰基甲酰基）所取代。

审查部门指出，从现有技术文件（A）可知，在杂环中带有被酸性基团取代的苄基的吲哚或吲唑衍生物具有拮抗白三烯的活性。本领域技术人员能够预期具有相同基本结构的仅在酸性取代基上存在差异的化合物也具有拮抗白三烯的活性。审查部门由此得出结论认为，权利要求 1 的化合物在结构上与现有技术文件（A）的化合物密切相关，因此，在没有任何预料不到的技术效果的情况下不具有创造性，从而驳回了该专利申请。

然而，扩大上诉委员会（EBoA）则认为审查部门在创造性判断中的结论有误，撤销了驳回决定，其具体指出：

（1）现有技术文件（A）关于 Z 的公开内容如下："Z 是选自羧基、式 $-CONHSO_2Rg$ 的磺酰基氨基甲酰基和四唑基的酸性基团……"符号 Z 的含义指定了三个特定替代方案。在相关化合物中，Z 必须是这三种可能性之一，并且现有技术文件（A）中没有表明当那些指定的残基被其他"酸性"基团替换时，拮抗白三烯的活性将保持不变。虽然术语"酸性"是指 Z 的所有三个替代物都具有的共同特性，但这句话不能解释为教导其他可能的"酸性"基团也可以被用作 Z 的等价替换以实现拮抗白三烯的活性。

（2）基于权利要求 1 的化合物与现有技术文件（A）的化合物的"结构相似性"而否认其具有创造性，相当于本领域技术人员宣称能够合理地预期权利要求 1 的化合物与现有技术文件（A）的化合物具有相同或相似的用途，以作为解决涉案专利申请的技术问题的手段。如果本领域技术人员根据公知常识或某些具体公开内容知晓相关化合物的现有结构差异如此之小，以至于该结构差异对于解决上述技术问题很重要的那些性质没有本质影响，则这种预期将是合理的。

（3）审查部门没有引用任何特定的现有技术文献来支持他们的论点，即 – COCH（M）SO$_2$ – C$_6$H$_4$ – Rc（苯磺酰基甲酰基）将作为现有技术文件（A）中的 – CONHSO$_2$Rg（磺酰基氨基甲酰基）的等价替换物，而显然依赖于某些公知常识的假定存在来支持他们的观点。这种评价方式违背了在 EPO 的诉讼程序中针对可专利性的反对必须基于可验证的事实的原则。

（4）即使是微小的结构差异也可能对化合物的生物学或药理学特性产生强烈影响，不能仅仅基于权利要求 1 的化合物与现有技术文件（A）中已知的化合物所宣称的结构相似性而否认涉案专利申请权利要求 1 所要求保护的化合物的创造性。

2. T 0156/95 决定

在该案（专利申请号为 EP19910108348）中，审查部门认为，涉案专利申请权利要求 1 的化合物在稠环体系中为吡啶环、二氮杂氧杂环庚二烯环和吡咯环，现有技术文件（1）的化合物在稠环体系中为苯环、氮杂氧杂环庚二烯环和吡咯环。考虑到生物电子等排的概念，用两个 N 原子替换现有技术文件（1）的化合物的两个 C 原子，使得权利要求 1 的化合物是显而易见的。生物电子等排的概念属于本领域技术人员的公知常识，可以为在特定药理学领域合理制定研究计划提供一般性指导。

然而，扩大上诉委员会（EBoA）则认为审查部门在创造性判断中的结论有误，撤销了驳回决定，其具体指出：

（1）一旦涉及可靠地预测新化合物的药理学特性，就必须予以谨慎应用，因为它不是普遍有效性的自然法则，而是经验法则，在每个特定情况下都需要实验验证，以确定它是否适合。如果相关特定类别的化合物存在生物电子等排现象的既定案例，它只能提供针对相关特定类别的化合物指向现有技术问题的技术解决方案的指针。 = N – 和 = CH – 是众所周知的等排体基团，然而，在决定与药理活性化合物相关的创造性时，重要的不是化合物的特定子结构是否被另一种已知的等排体结构替代，而是是否可以获知这样的具体化合物基团的替代对药学活性的影响。

（2）在该案的通常情况下，审查部门求助于生物电子等排现象的概念是没有道理的，因为本领域技术人员没有可用的信息（除了涉案申请的信息）可以被用于评估这一概念是否可以在苯并杂嗪类镇痛药领域得到证实。在没有进一步信息的情况下，本领域技术人员不会有任何理由预期到一个 C 原子被等排体 N 原子所替代，更不用说两个 C 原子被两个 N 原子所替代（如权利要求 1 的化合物）将导致化合物仍然保留所需的镇痛活性。

2.1.3　无效宣告请求阶段的修改与举证

2.1.3.1　无效宣告请求阶段权利要求的修改

修订后的《专利审查指南（2010）》修订［《国家知识产权局关于修改〈专利审查指南〉的决定》（局令第 74 号），自 2017 年 4 月 1 日起施行，以下简称"第 74 号修订"］第四部分第三章第 4.6 节规定了"无效宣告程序中专利文件的修改"，具体内容如下：

4.6.1　修改原则

发明或者实用新型专利文件的修改仅限于权利要求书，其原则是：

（1）不得改变原权利要求的主题名称。

（2）与授权的权利要求相比，不得扩大原专利的保护范围。

（3）不得超出原说明书和权利要求书记载的范围。

（4）一般不得增加未包含在授权的权利要求书中的技术特征。

外观设计专利的专利权人不得修改其专利文件。

4.6.2　修改方式

在满足上述修改原则的前提下，修改权利要求书的具体方式一般限于权利要求的删除、技术方案的删除、权利要求的进一步限定、明显错误的修正。

权利要求的删除是指从权利要求书中去掉某项或者某些项权利要求，例如独立权利要求或者从属权利要求。

技术方案的删除是指从同一权利要求中并列的两种以上技术方案中删除一种或者一种以上技术方案。

权利要求的进一步限定是指在权利要求中补入其他权利要求中记载的一个或者多个技术特征，以缩小保护范围。

4.6.3　修改方式的限制

在专利复审委员会作出审查决定之前，专利权人可以删除权利要求或者权利要求中包括的技术方案。

仅在下列三种情形的答复期限内，专利权人可以以删除以外的方式修改权利要求书：

（1）针对无效宣告请求书。

（2）针对请求人增加的无效宣告理由或者补充的证据。

（3）针对专利复审委员会引入的请求人未提及的无效宣告理由或者证据。

由此可见，在专利无效宣告程序中，涉案专利的权利要求修改方式非常多样化。但是，化学领域发明专利存在诸多特殊问题，如化学发明是否能够实施需要借助于实验结果才能得以确认，有的化学产品需要借助于参数或者制备方法定义，已知化学产品新的性能和用途并不意味着产品结构或者组分的改变等。以马库什权利要求为例，专利权人删除马库什权利要求中的并列选择项有可能会使得删除后的马库什权利要求所包含的化合物取得说明书中未记载的技术效果。因此，在无效宣告请求阶段对马库什权利要求进行修改必须给予严格限制。

在国家知识产权局专利复审委员会与北京万生药业有限责任公司、第一三共株式会社发明专利权无效行政纠纷案❶中，涉及发明名称为"用于治疗或预防高血压症的药物组合物的制备方法"、专利号为 ZL97126347.7、申请日为 1992 年 2 月 21 日的发明专利（以下简称"涉案专利"），其授权公告时的权利要求 1 如下所示。

1. 一种制备用于治疗或预防高血压的药物组合物的方法，该方法包括将抗高血压剂与药物上的可接受的载体或稀释剂混合，其中抗高血压剂为至少一种如下所示的式（Ⅰ）化合物或其可用作药用的盐或酯，

（Ⅰ）

其中

……

R^4 代表：

氢原子；或

具有 1 至 6 个碳原子的烷基；

R^5 代表羧基、式 $COOR^{5a}$ 基团或式 $-CONR^8R^9$ 基团，……；

以及其中的 R^{5a} 代表：

含有 1 至 6 个碳原子的烷基；

烷酰氧烷基，其中的烷酰基部分和烷基部分各自含有 1 至 6 个碳原子；

烷氧羰基氧烷基，其中的烷氧基部分和烷基部分各自含有 1 至 6 个碳原子；

（5－甲基－2－氧代－1，3－二氧杂环戊烯－4－基）甲基；或 2－苯并［c］呋喃酮基；

……

2010 年 8 月 30 日，第一三共株式会社针对该无效宣告请求陈述了意见，同时对其

---

❶ 该案为 2017 年中国法院十大知识产权案件之一，参见最高人民法院（2016）最高法行再 41 号行政判决书。

权利要求书进行了修改，其中包括：删除了权利要求 1 中"或其可作药用的盐或酯"中的"或酯"两字；删除权利要求 1 中 R^4 定义下的"具有 1 至 6 个碳原子的烷基"；删除了权利要求 1 中 R^5 定义下除羧基和式 $COOR^{5a}$ ［其中 R^{5a} 为（5 - 甲基 - 2 - 氧代 - 1，3 - 二氧杂环戊烯 - 4 - 基）甲基］外的其他技术方案。

国家知识产权局专利复审委员会在无效口审过程中告知第一三共株式会社，对于其于 2010 年 8 月 30 日提交的修改文本，对于删除权利要求 1 中"或酯"的修改予以认可，但其余修改不符合《专利法实施细则》（2010 年修订）第 69 条第 1 款的相关规定："在无效宣告请求的审查过程中，发明或者实用新型专利的专利权人可以修改其权利要求书，但是不得扩大原专利的保护范围。"该修改文本不予接受。

2011 年 1 月 14 日，第一三共株式会社提交了意见陈述书和修改后的权利要求书替换页，其中删除权利要求 1 中的"或酯"。国家知识产权局专利复审委员会作出第 16266 号审查决定，在第一三共株式会社于 2011 年 1 月 14 日提交的修改文本的基础上，维持涉案专利的专利权有效。北京市第一中级人民法院判决：维持国家知识产权局专利复审委员会作出的第 16266 号决定。

一审法院及国家知识产权局专利复审委员会均认为马库什权利要求中马库什要素的删除并不直接等同于并列技术方案的删除，不符合《专利法实施细则》第 69 条第 1 款的规定。然而，二审法院则认为，如果将授权后的马库什权利要求视为一个整体技术方案而不允许删除任一变量的任一选择项，那么专利权人获得的专利权势必难以抵挡他人提出的无效宣告请求。专利权人无法预料专利申请日前是否存在某个落入专利保护范围的具体技术方案，那么其获得的专利非常容易被宣告无效，所谓马库什权利要求就失去其存在的意义。因此，无论在专利授权审查程序还是在无效宣告程序中，均应当允许专利申请人或专利权人删除任一变量的任一选择项，这种删除属于并列技术方案的删除。

在涉案专利再审过程中，最高人民法院认为，该案的争议焦点是：①以马库什方式撰写的化合物权利要求属于概括的技术方案还是众多化合物的集合；②在宣告无效阶段，权利人可以采取什么方式修改马库什权利要求。

具体而言，关于争议焦点①，最高人民法院认为，马库什权利要求是化学发明专利申请中一种特殊的权利要求撰写方式，即一项申请在一个权利要求中限定多个并列的可选择要素概括的权利要求。马库什权利要求撰写方式的产生是为了解决化学领域中多个取代基基团没有共同上位概念可概括的问题，其本身一直被视为结构式的表达方式，而非功能性的表达方式。马库什权利要求限定的是并列的可选要素而非权利要求，其所有可选择化合物都具有共同性能和作用，并且具有共同的结构或者所有可选择要素属于该发明所属领域公认的同一化合物。虽然马库什权利要求的撰写方式特殊，但是也应当符合《专利法》和《专利法实施细则》关于单一性的规定。

马库什权利要求具有极强的概括能力，一旦获得授权，专利权保护范围就将涵盖所有具有相同结构、性能或作用的化合物，专利权人权益将得到最大化实现。而从本质而言，专利权是对某项权利的垄断，专利权人所享有的权利范围越大，社会公众所受的限制也就越多。因此，从公平角度出发，对马库什权利要求的解释应当从严。马库什权利要求不管包含多少变量和组合，都应该视为一种概括性的组合方案。选择一个变量应该生成一种具有相同效果药物，即选择不同的分子式生成不同的药物，但是这些药物的药效不应该有太大差异，相互应当可以替代，而且可以预期所要达到的效果是相同的，这才符合当初创设马库什权利要求的目的。因此，马库什权利要求应当被视为马库什要素的集合，而不是众多化合物的集合，马库什要素只有在特定情况下才会表现为单个化合物，通常而言，马库什要素应当理解为具有共同性能和作用的一类化合物。如果认定马库什权利要求所表述的化合物是众多化合物的集合，就明显与单一性要求不符，因此二审判决认为马库什权利要求属于并列技术方案不妥，应当予以纠正。

关于争议焦点②，最高人民法院认为，鉴于化学发明创造的特殊性，同时考虑到在马库什权利要求撰写之初，专利申请人为了获得最大的权利保护范围就有机会将所有结构方式尽可能写入一项权利要求，因此在无效宣告阶段对马库什权利要求进行修改必须给予严格限制，允许对马库什权利要求进行修改的原则应当是不能因为修改而产生新性能和作用的一类或单个化合物，但是同时也要充分考量个案因素。如果允许专利申请人或专利权人删除任一变量的任一选项，即使该删除使得权利要求保护范围缩小，但是由于是否因此会产生新的权利保护范围存在不确定性，不但无法给予社会公众稳定的预期，也不利于维护专利确权制度稳定，因此二审法院相关认定明显不妥，现予以纠正。

在"吡咯取代的 2 - 二氢吲哚酮蛋白激酶抑制剂"（专利号为 ZL01807269.0）发明专利权无效宣告请求案[1]中，专利权人于 2019 年 7 月 1 日提交了权利要求书全文修改替换页，相对于授权文本将权利要求 1 和权利要求 4 中的基团 R^{12} 的定义中删除了"羟基、$-C(O)R^{15}$、芳基和杂芳基"，仅保留 R^{12} 为"$-NR^{13}R^{14}$"。

专利权人修改后的权利要求 1 和权利要求 4 如下所示。

1. 式（Ⅰ）化合物或其可药用的盐：

（Ⅰ）

其中：

---

[1] 该案为 2019 年度专利复审无效十大案件之一，参见中国专利复审与无效决定第 42407 号。

R^1 选自氢，烷基和 $-C(O)NR^8R^9$；

R^2 选自氢，卤素，烷氧基，氰基，芳基和 $-S(O)_2NR^{13}R^{14}$；

R^3 选自氢，烷氧基，$-(CO)R^{15}$，芳基，杂芳基和 $-S(O)_2NR^{13}R^{14}$；

R^4 选自氢；

R^5 选自氢和烷基；

R^6 是 $-C(O)R^{10}$，

R^7 选自氢，烷基和芳基；

R^8 和 R^9 独立地选自氢和芳基；

R^{10} 是 $-N(R^{11})(CH_2)_nR^{12}$，

R^{11} 选自氢和烷基；

R^{12} 是 $-NR^{13}R^{14}$；

……。

4. 权利要求 2 的化合物，其中：

n 是 1、2 或 3；

R^{11} 是氢；和

R^{12} 是 $-NR^{13}R^{14}$。

合议组认为，涉案专利权利要求 1 和权利要求 4 请求保护的是化合物权利要求，其化合物以马库什通式的形式表示，其马库什通式中包含 $R^1 \sim R^7$ 共 7 个变量，其中变量 R^6 包含变量 R^{10}，R^{10} 包含变量 R^{11} 和 R^{12}，即 7 个变量中包含三个层次的变化，专利权人将如此多个和/或多层变量中的一个变量 R^{12} 定义的取代基进行了删除，但这种删除马库什权利要求中取代基某些选项的修改方式并不属于无效宣告程序中并列技术方案的删除，不符合专利审查指南对于无效宣告程序中修改方式的规定，因此对于专利权人当庭提交的修改文本不予接受。

在巴斯夫欧洲公司诉国家知识产权局无效宣告（专利）一审案件[1]中，涉及发明名称为"杀真菌混剂"（专利号为 ZL98805666.6、申请日为 1998 年 5 月 18 日）的发明专利（以下简称"涉案专利"），其授权公告时的权利要求 1 如下所示。

1. 一种杀真菌混剂，包括重量比为 10∶1 ~ 0.01∶1 的

a. 1）结构式为 I.d 的氨基甲酸酯，

I.d

---

[1] 参见北京知识产权法院（2018）京 73 行初 9342 号行政判决书。

其中 X 是 CH 和 N，n 是 0、1 或 2 以及 R 是卤素、$C_{1\sim4}$ - 烷基和 $C_{1\sim4}$ - 卤素烷基，如果 n = 2，R 可以是不同基团，或它们的盐或加合物，

和 b）来自苯并咪唑或产生苯并咪唑的前体（Ⅱ）一类的杀真菌活性化合物，所述苯并咪唑或产生苯并咪唑的前体（Ⅱ）选自以下化合物

Ⅱ.a：1 -（丁基氨基甲酰基）（丁基氨基甲酰基）苯并咪唑 -2 -基氨基甲酸甲基酯

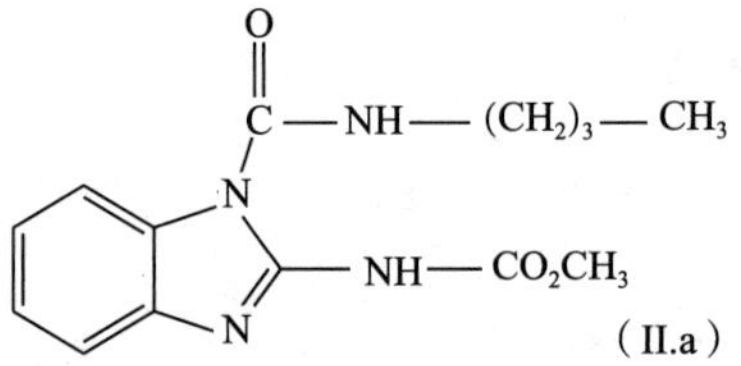

（II.a）

Ⅱ.b：苯并咪唑 -2 -基氨基甲酸甲基酯

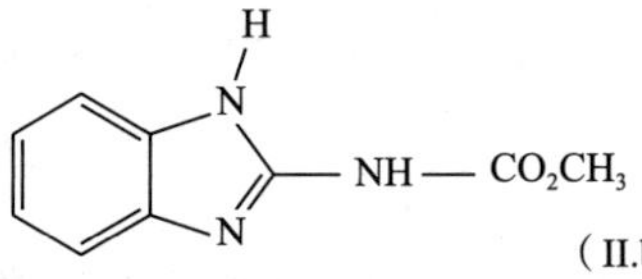

（II.b）

Ⅱ.c：苯并咪唑 -2 -基氨基甲酸 2 -（2 - 乙氧基乙氧基）乙基酯

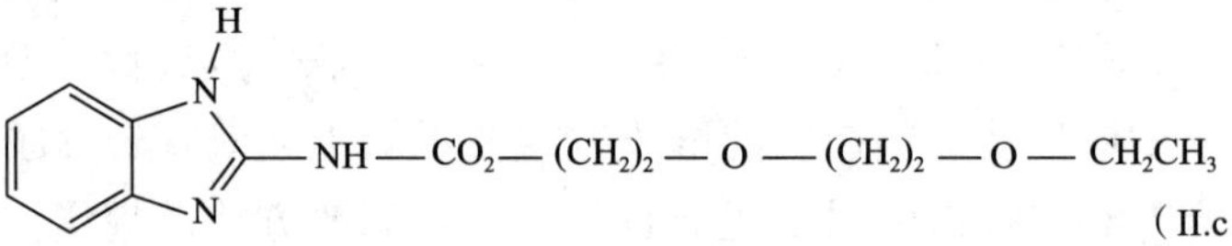

（II.c）

Ⅱ.f：4，4'-（邻 - 亚苯基）双（3 - 硫代脲基甲酸甲酯）

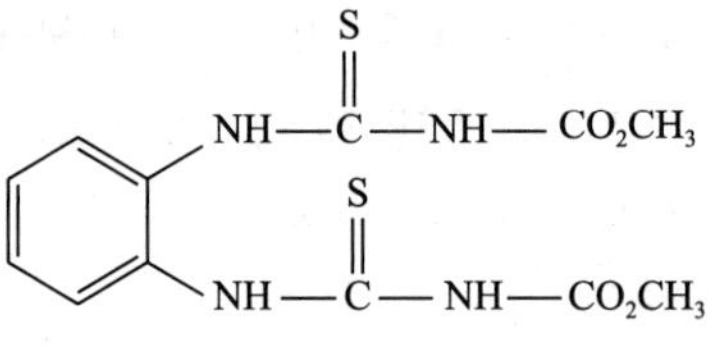

（II.f）。

专利权人巴斯夫公司在无效宣告阶段提交的 4 套修改文本，其中修改文本 3 将权利要求 1 中的第一种化合物修改为实施例 Ⅰ d32 的结构，并删除了第二种化合物的 Ⅱ.b 和 Ⅱ.c。巴斯夫公司认为该修改文本应被接受的理由在于，无效宣告阶段的修改方式不应仅限于第 74 号修订中规定的四种方式，即权利要求的删除、技术方案的删除、权利要求的进一步限定（在权利要求中补入其他权利要求中记载的一个或者多个技术特征）以及明显错误的修正，并认为国家知识产权局专利复审委员会有过在无效宣告阶段允许将权利要求改为实施例化合物的先例。

国家知识产权局专利复审委员会在第 35212 号无效宣告请求审查决定中认为，在第 74 号修订没有明确哪种类型的案件可以存在例外的情况下，在具体审查实践中，个别案件对第 74 号修订一般规定的突破不代表整体规则的改变，因此修改文本 3 也不能被接受。

一审法院进一步认为，因权利要求 1 是马库什权利要求，其应被视为一个技术方案，故虽然修改后的具体化合物仍在权利要求 1 的保护范围内，但在该具体化合物并未被明确记载在任一权利要求中的情况下，争议的实质在于是否可以将第一种化合物修改为仅记载在说明书中，而未被明确记载在任一权利要求中的具体化合物。社会公众基于对第 74 号修订四种修改方式的理解，会合理地认为修改后的权利要求中不应包括仅记载在说明书中的技术特征，故对涉案专利的修改方式亦需要符合这一预期。因马库什权利要求被视为一个概括式的技术方案，其并非是该权利要求范围内的全部具体化合物的集合，即并非并列技术方案的集合。因此，在授权文本中并无任一权利要求将第一种化合物限定为修改文本 3 中的该具体化合物的情况下，尽管其被记载在说明书中，社会公众亦会合理预期该具体化合物不会被允许纳入新的权利要求中。基于这一认知，社会公众在提起无效宣告程序且可预判授权文本权利要求 1 会被宣告无效的情况下，无须等待生效的裁判结果，即可针对不会被纳入修改后的权利要求中的技术方案进行相关后续研发或生产准备等行为，而无须担心未来侵权的可能性，从而缩短专利被宣告无效后其产品投入市场或实施其他行为所需时间。可见，国家知识产权局专利复审委员会未接受修改文本 3 的做法符合社会公众基于第 74 号修订现有规定而产生的合理预期，并有利于保护社会公众基于上述预期而可能获得的利益。

从上述三个案例可以看出，马库什这一概括式权利要求所保护的仅应是各可选项所具有的基本相同的共同性能和作用，至于各具体选择项同时具有其各自特性，以及该特性使得不同选择项在相互配合时可能表现出不同的技术效果，均非专利权人的技术贡献。正如有关选择发明的规定一样，正因马库什权利要求保护的是各具体实施方式所具有的共同性能和作用，而非其各自特性，某一具体实施方式才因其具备创造性的特性（预料不到的技术效果）而可能被作为选择发明得到保护；而如果权利要求被视为若干具体实施方式的集合，那么选择发明势必属于对比文件中所公开的内容，从而不具备新颖性，相应地，便无从谈及创造性。因此，将马库什权利要求中各可选项中进行不同排列组合最终得出的各具体化合物不能当然地视为若干单独的技术方案，马库什权利要求亦并非必然是多个并列技术方案的集合。❶

为了应对马库什权利要求在无效宣告阶段对化合物可选项进行删除式修改将很难被国家知识产权局专利复审委员会接受的上述问题，专利申请人有必要在专利授权阶段不仅仅局限于专利审查意见通知书中所涉及的现有技术文件，而是需要通过不断检

---

❶　知产北京. 马库什权利要求的性质［EB/OL］.（2021 - 01 - 18）［2021 - 06 - 26］. https：//mp. weixin. qq. com/s/wNNa_RErq4qw6p_nJl6NWA.

索的方式合理修改（例如删除式修改）与完善马库什权利要求的保护范围，尽可能地增加多个具有不同层次的从属权利要求限缩独立权利要求的保护范围，对于优选的具体化合物尽可能——列出，以减小在后续无效宣告程序中被全部无效的风险。

2.1.3.2 无效宣告阶段举证责任分配

在无效宣告程序中，面对请求人主张的涉案专利相对于现有技术不具备创造性的无效宣告理由，在专利权人已在说明书中公开了发明产生的技术效果并以此为据主张发明实际解决的技术问题的前提下，如果请求人欲否定上述技术效果，则应当承担相应的举证责任。

在"吡咯取代的 2 - 二氢吲哚酮蛋白激酶抑制剂"（专利号为 ZL01807269.0）发明专利权无效宣告请求案[1]中，所针对的文本为授权公告文本，其权利要求 1 如下所示。

1. 式（Ⅰ）化合物或其可药用的盐：

（Ⅰ）

其中：

R^1 选自氢，烷基和 – C（O）NR^8R^9；

R^2 选自氢，卤素，烷氧基，氰基，芳基和 – S（O）$_2NR^{13}R^{14}$；

R^3 选自氢，烷氧基，–（CO）R^{15}，芳基，杂芳基和 – S（O）$_2NR^{13}R^{14}$；

R^4 选自氢；

R^5 选自氢和烷基；

R^6 是 – C（O）R^{10}，

R^7 选自氢，烷基和芳基；

R^8 和 R^9 独立地选自氢和芳基；

R^{10} 是 – N（R^{11}）（CH_2）$_nR^{12}$，

……

证据 6[2]（证据 3 的优先权文件 US60/116106）公开了一种用于治疗或预防蛋白激酶引起的障碍，例如癌症等的化合物，其中化合物 13 是具有下式结构的化合物。

---

[1] 该案为 2019 年度专利复审无效十大案件之一，参见中国专利复审与无效决定第 42407 号。

[2] 证据 6 是证据 3 的优先权文件。

证据 6 测试了该化合物 13 包括 PDGF 在内的三种激酶的体外生化试验活性，以 IC_{50}（μM）值表示，其中化合物 13 对于 PDGF 的 IC_{50} 值为 $<0.0078\mu M$，其没有测试该化合物对 VEGF 的体外生化试验活性，也没有公开任何激酶的细胞试验及其结果。证据 6 还公开了针对神经胶质瘤的体内动物模型，但其全文均没有公开测试的是哪个具体化合物，也没有公开测试的具体方法步骤和给药剂量等信息。

在口头审理过程中，请求人优先选择使用证据 6 的化合物 13 作为最接近的现有技术，其与涉案专利权利要求 1 的化合物的区别在于，R^6 位置的侧链不同，涉案专利 R^6 位置是 $-C(O)N(R^{11})(CH_2)_nR^{12}$，而证据 6 化合物 13 相应位置的侧链是烃链直接连接吡咯环，专利权人认可请求人所述涉案专利的权利要求 1 与证据 6 的化合物 13 的区别特征，但双方对于发明实际解决技术问题存在不同意见。

关于发明实际解决的技术问题的认定，专利权人认为，涉案专利不仅公开了上述激酶的体外生化试验和细胞试验，其中细胞试验比生化试验的结果更有参考意义，还公开了与所述激酶相关的体内试验及其结果，由涉案专利记载的活性试验数据可以证明涉案专利产生的技术效果是针对 PDGF 和 VEGF 两种激酶，涉案专利的权利要求 1 的通式化合物相对于证据 6 的化合物 13 具有改善的生物活性。

请求人则认为，涉案专利的权利要求 1 的通式化合物相对于证据 6 的化合物 13 实际没有解决任何具体的技术问题，依据的是证据 6 结合证据 3（WO99/61422A1）。因为，证据 6 公开化合物 13 的体外生化活性试验及其结果，表明化合物 13 对于激酶 PDGF 具有调节活性，且证据 6 公开的体内生物学试验与涉案专利同样测试了小鼠的神经胶质瘤抑制活性，其效果数据公开在证据 3 中，显示出证据 6 的化合物 13 抑制活性优于涉案专利的权利要求 1 的化合物。

专利权人对于请求人提出的质疑进一步的回应是，涉案专利不仅公开了针对 PDGF 和 VEGF 两种激酶的生化试验，还公开了细胞试验和体内试验，细胞试验和体内试验比生化试验的结果更有意义。对于体内活性，证据 6 没有公开体内试验方法、试验化合物和试验结果，证据 3 没有测试化合物 13 的体内试验。

合议组最终认为，即便本领域技术人员认可证据 6 的化合物 13 对于 PDGF 在生化试验中具有调节活性，也无法预期所述化合物对于 PDGF 和 VEGF 两种激酶在细胞试验和体内试验中也具有调节活性，故请求人仅依据证据 6 和证据 3 尚不能证实涉案专利的化合物与证据 6 的化合物 13 技术效果相当。因此，涉案专利的权利要求 1 相对于证据 6 的化合物 13 实际解决的技术问题是提供了一种对于 PDGF 和 VEGF 两种激酶在体外细胞试验和体内试验中均显示具有调节活性的化合物。

上述专利无效案件涉及在化合物创造性判断中对有益的技术效果产生争议时应当由谁承担举证责任的问题。该案的审理突出强调了这类无效程序中举证责任的分配规则和思路：在专利权人已经基于涉案专利说明书所公开的技术效果主张发明所要实际解决的技术问题的前提下，若要证明涉案专利化合物的上述技术效果是该领域技术人员可以预料到的技术效果，那么无效请求人就应当提供涉案专利化合物不具有预料不到的技术效果的证据并说明理由，该证据应当是在涉案专利说明书所公开的技术效果方面提供对比化合物的相应技术效果来进行比较的且具有说服力的实验数据（例如对比化合物的效果更优或者两者效果相当），否则就不应当认定无效宣告请求人已经完成了对于化合物不具备创造性的举证责任。

2.2 盐

众所周知，将活性成分即化合物制成盐的形式是改善活性成分理化性质、提高活性成分成药性的有效手段之一。通常情况下，化合物药学上可接受盐可以改变药物游离状态下的部分物理化学性质，不同药学可接受的盐会给化合物带来不同的物理化学特性，包括水溶性、生物利用度和稳定性等，进而改变化合物药动学过程，对化合物作用的强度造成影响，改善其依从性，减少其不良反应。此外，还可利用成盐及不同的盐形式来延长药物的专利保护期或规避竞争对手的专利保护，从而成为医药企业专利布局的重点。

通常，新化合物在寻求专利保护时，会将该化合物及其药学上可接受的盐❶同时写入权利要求书中，同时在说明书中举例说明化合物的药学上可接受的盐的种类。在专利审查过程中，如果该新化合物结构中存在酸性或碱性基团，一般就认为该新化合物通过常规反应即可成盐，且可以合理地预测推断出该新化合物的盐与该新化合物具有相同的用途或效果。因此，如果新化合物满足专利授权条件，其药学上可接受的盐通常也会被一并授权。反过来说，如果化合物结构是已知的（已经被公开），那么，该已知化合物的药学上可接受的盐若想获得专利保护，则将遇到很大的挑战。❷

其中，如何判断已知化合物的药学上可接受的盐的创造性，是中美两国非常关注的焦点问题。以下将通过中国和美国典型案例的分析，寻找两者之间的差异点，并提

---

❶ 药学上可接受的盐包括在合理的医学判断范围内，适合用于与人和动物的组织接触，没有不适当的毒性、刺激、过敏反应且与合理的益处/风险比相称的盐。药学上可接受的盐是本领域众所周知的。例如，药学上可接受的盐描述在 Remington（Remington：The Science and Practice of Pharmacy，第 22 版. L. V. Allen, Jr., 2013, Pharmaceutical Press, Philadelphia, PA）中。

❷ 苏红梅. 浅析国家知识产权局专利复审委员会、第一三共株式会社专利行政管理（专利）再审案［EB/OL］.（2020 - 12 - 02）［2021 - 05 - 15］. https：//mp. weixin. qq. com/s/GMuDeqBe - Zom - rs6nA3E5Q.

供相应解决策略与方法，以期为中国医药企业针对已知化合物药学上可接受的盐在不同国家获得专利保护提供参考与借鉴。

2.2.1 中国典型案例分析

国家知识产权局诉宇部兴产株式会社、第一三共株式会社无效宣告（专利）再审案❶中，涉及发明名称为"氢化吡啶衍生物酸加成盐"（专利号为 ZL01815108.6、申请日为 2001 年 7 月 3 日）的发明专利（以下简称"涉案专利"），其授权公告时的权利要求 1 和权利要求 2 如下所示。

1. 2 - 乙酰氧基 - 5 - （α - 环丙基羰基 - 2 - 氟苄基） - 4，5，6，7 - 四氢噻吩并 [3，2 - c] 吡啶的盐酸盐。

2. 2 - 乙酰氧基 - 5 - （α - 环丙基羰基 - 2 - 氟苄基） - 4，5，6，7 - 四氢噻吩并 [3，2 - c] 吡啶的马来酸盐。

涉案专利说明书第 1 页第 21~26 行记载：2 - 乙酰氧基 - 5 - （α - 环丙基羰基 - 2 - 氟苄基） - 4，5，6，7 - 四氢噻吩并 [3，2 - c] 吡啶的酸加成盐（特别是盐酸或马来酸盐）具有良好的口服吸收性、代谢活性和血小板凝集抑制作用，毒性弱，而且因其良好的保存和处理稳定性，作为药物 [优选血栓或栓塞引起的疾病（特别优选血栓形成或栓塞）的预防或治疗药物（特别是治疗药物）] 是有用的；说明书试验例 1 测定了 2 - 乙酰氧基 - 5 - （α - 环丙基羰基 - 2 - 氟苄基） - 4，5，6，7 - 四氢噻吩并 [3，2 - c] 吡啶盐酸盐（以下简称"普拉格雷盐酸盐"）和 2 - 乙酰氧基 - 5 - （α - 环丙基羰基 - 2 - 氟苄基） - 4，5，6，7 - 四氢噻吩并 [3，2 - c] 吡啶（以下简称"普拉格雷游离碱"）在狗口服给药后曲线下面积（area under curve，AUC）和达峰浓度（C_{max}）值的对比数据，结果显示普拉格雷盐酸盐相对于普拉格雷游离碱 AUC 和 C_{max} 都变大；试验例 2 - 3 测定了普拉格雷盐酸盐、普拉格雷马来酸盐和普拉格雷游离碱对血小板凝集抑制作用的对比数据，结果显示普拉格雷盐酸盐、普拉格雷马来酸盐相对于普拉格雷游离碱，对血小板凝集抑制作用增强。

普拉格雷盐酸盐是具有下式结构的化合物。

普拉格雷马来酸盐是具有下式结构的化合物。

---

❶ 参见最高人民法院（2019）最高法行再 60 号行政判决书。

普拉格雷盐酸盐（Prasugrel hydrochloride）属于经典的噻吩并吡啶类 P2Y12 受体拮抗剂，2009 年 2 月被欧洲药品管理局（EMA）首次获批用于预防已接受急诊和将进行延迟的经皮冠脉干预术的急性冠脉综合征患者的动脉粥样硬化性血栓形成事件（不稳定型心绞痛，非 ST 段升高心肌梗死/ST 段升高心肌梗死）。

针对涉案专利，华夏生生大药房（北京）有限公司于 2011 年 12 月 21 日向国家知识产权局专利复审委员会提出了无效宣告请求，无效宣告理由包括权利要求 1 ~ 9 不具有创造性，并且提交了证据，其中证据 2（CN1074446A）说明书第 35 页第 3 段以及证据 3（US5288726A）第 13 栏第 43 行、50 ~ 63 行记载了通式（Ⅰ）化合物可以形成酸式加成盐，实例包括：具有无机酸的盐，特别是氢卤酸（如氢氟酸……或盐酸）、硝酸……；具有低级烷基磺酸的盐，如甲磺酸……；具有有机羧酸的盐，如乙酸……、马来酸……；并且证据 2 说明书第 65 页第 2 段和证据 3 第 28 栏第 16 ~ 21 行还记载了通式（Ⅰ）化合物的盐酸盐和马来酸盐的制备方法。而第 190 号化合物（普拉格雷游离碱）是证据 2 和证据 3 的通式（Ⅰ）中的优选化合物。

因此，证据 2 或证据 3 实际上已经给出了作为其公开化合物之一的第 190 号化合物可以形成所述多种具体盐，包括盐酸盐和马来酸盐的启示。因此，涉案专利权利要求 1 和权利要求 2 的技术方案实际是在证据 2 或证据 3 的现有技术公开的"药学上可接受盐"这一较大范围中，具体选择了盐酸盐和马来酸盐这两种具体方案而形成的选择发明。而选择发明创造性的判断，关键在于考虑其相对于所述现有技术取得了何种预料不到的技术效果，这也是该案的争议焦点。

关于该争议焦点，国家知识产权局专利复审委员会在第 19771 号无效决定中指出，涉案专利说明书中的对比实验仅仅说明普拉格雷盐酸盐、普拉格雷马来酸盐相对于普拉格雷游离碱在口服吸收性、代谢活性和血小板凝集抑制作用方面的改进。然而，涉案专利说明书并没有证据表明且专利权人也未主张涉案专利的普拉格雷盐酸盐、马来酸盐相对于现有技术，即上述证据 2 或证据 3 中公开的"药学上可接受盐"范围内的其他盐在口服吸收性、代谢活性和血小板凝集抑制作用方面具有何种预料不到的技术效果。在此基础上，由于涉案专利说明书以及专利权人均未提供能够证明涉案专利权利要求 1 和权利要求 2 的普拉格雷的盐酸盐和马来酸盐相对于证据 2 或证据 3 的现有技术取得了预料不到的技术效果的证据，因此权利要求 1 和权利要求 2 相对于证据 2 或证据 3 不具备创造性，不符合《专利法》（2008 年修正）第 22 条第 3 款的规定。

一审法院（北京市第一中级人民法院）判决维持国家知识产权局专利复审委员会

作出的第 19771 号决定。

然而，二审法院（北京市高级人民法院）判决撤销了一审判决和第 19771 号审查决定，并指出，判断涉案专利的创造性需要证明其选择具有预料不到的技术效果，这种选择的创造性判断应当是将涉案专利技术方案与其他普拉格雷可药用盐效果进行比较，国家知识产权局专利复审委员会对此认定正确。但是现有技术中并没有提供具体的普拉格雷可药用盐的明确效果，而证据 2 或证据 3 给出的是通式化合物及其可药用盐，优选化合物中包括普拉格雷，本领域技术人员基于通常的认知可以预测，普拉格雷及其可药用盐有基本相同的技术效果，因此涉案专利说明书将涉案专利限定的普拉格雷盐酸盐、普拉格雷马来酸盐与普拉格雷游离碱的效果进行对比，以说明涉案专利在技术上的进步性，符合将涉案专利技术方案与最接近现有技术进行对比的方法。国家知识产权局专利复审委员会认为，涉案专利应当与普拉格雷可药用盐的技术效果进行对比以确定其创造性，虽然并无不当，但是其将普拉格雷游离碱和普拉格雷可药用盐的技术效果加以区分，缺乏事实依据，也违背了本领域技术人员通常的认知，二审法院对此予以纠正。鉴于国家知识产权局专利复审委员会在对普拉格雷可药用盐的技术效果方面的认定缺乏事实基础，进而其要求将涉案专利技术方案与普拉格雷可药用盐的技术方案进行对比缺乏可操作性且违背本领域技术人员通常的认知，因此其对涉案专利说明书中记载的涉案专利技术方案相对于普拉格雷游离碱或者本领域技术人员通常认知的与其效果等同的可药用盐本身是否具有预料不到的技术效果没有进行认定，因此其应当重新对此进行认定，再作出涉案专利技术方案是否具备创造性的决定，据此二审法院对涉案专利是否具有创造性的理由不再评述。

最高人民法院在再审过程中最终撤销二审判决，维持一审判决，即认定权利要求 1 和权利要求 2 相对于证据 2 或证据 3 不具备创造性。其具体认为，涉案专利技术方案相对于证据 2 和证据 3，主要在于优选了盐酸盐和马来酸盐两种可药用盐，本领域技术人员根据证据 2 和证据 3 权利要求、说明书记载，结合本领域技术人员的一般认识，可以得出普拉格雷游离碱及其可药用盐都可以起到血小板凝集抑制作用，但不同状态下口服吸收性、代谢活性等效果不同的结论，在证据 2 或证据 3 公开了普拉格雷药学上可接受的盐的前提下，考察各常见盐的药学性质进而得到权利要求 1 或权利要求 2 的技术方案，是本领域技术人员基于本领域普遍存在的动机作出的常规选择。在案现有证据均无法证明本领域技术人员会对普拉格雷游离碱与普拉格雷药学上可接受盐的效果有基本一致的预期，涉案专利说明书也未就选择普拉格雷游离碱进行比对提供充足理由，在此情况下，涉案专利将普拉格雷盐酸盐、马来酸盐与普拉格雷游离碱的效果进行对比，不足以证明普拉格雷盐酸盐、马来酸盐相比证据 2、证据 3 所公开的其他药学上可接受盐具有预料不到的技术效果。

2.2.2　美国典型案例分析

辉瑞公司（Pfizer Inc.）位于英格兰桑威奇的化学研究组于 1982 年发现了氨氯地

平抗高血压和抗心肌缺血的药理学特性，并于 1982 年 3 月 11 日在英国提交了一项专利申请，其专门要求保护氨氯地平。1986 年 2 月 25 日，辉瑞公司以该英国专利申请作为优先权的美国专利 US4572909 获得授权，其要求二氢吡啶化合物及其药学上可接受的酸加成盐，并且优选的盐是马来酸盐。

在后续的科学研究中发现，马来酸氨氯地平不稳定，但苯磺酸氨氯地平被"发现具有理化性质的高度理想的组合"，包括黏度降低，具有良好的溶解性、稳定性，非吸湿性和可加工性。后来辉瑞公司就此申请专利并于 1989 年获得授权，专利 US4879303 的权利要求 1～3 如下所示。

1. 氨氯地平苯磺酸盐。

2. 一种药物组合物，其包含有效量的抗高血压、抗局部缺血或减轻绞痛的权利要求 1 所要求的氨氯地平苯磺酸盐，以及药学上可接受的稀释剂或载体。

3. 一种片剂，其包含有效量的抗高血压、抗局部缺血或减轻绞痛的权利要求 1 所要求的氨氯地平苯磺酸盐，以及赋形剂。

氨氯地平苯磺酸盐是具有下式结构的化合物。

辉瑞公司于 1992 年在美国推出了上市产品——络活喜（Norvasc）。

2003 年，辉瑞公司针对加拿大奥贝泰克制药有限公司（Apotex Inc. 以下简称"奥贝泰克公司"）在美国伊利诺伊州北区地区法院提起诉讼，指控该公司向 FDA 提交的第 76719 号简略新药申请（ANDA）（附加第 IV 段声明）以寻求在辉瑞公司专利 US4879303 期满之前商业上批准出售苯磺酸氨氯地平片（2.5mg、5mg 和 10mg）的行为侵犯了专利 US4879303 的权利要求 1～3。奥贝泰克公司反诉专利 US4879303 因显而易见而无效。该案中，氨氯地平及其多种盐包括马来酸盐是已知药物，故该案争议焦点在于具体选择苯磺酸盐是否具有非显而易见性。❶

该案审理中，联邦巡回上诉法院推翻了地区法院的判决。

在地区法院审理时，辉瑞公司争辩称，形成氨氯地平苯磺酸盐的结果是不可预期的，因此是非显而易见的。地区法院作出了有利于辉瑞公司的判决。奥贝泰克公司上诉至联邦巡回上诉法院，后者认为氨氯地平苯磺酸盐专利基于显而易见而无效。联邦巡回上诉法院驳回了不可预见性在此等价于非显而易见性的观点，因为判例法明确规

---

❶ *Pfizer, Inc. v. Apotex, Inc.*, 480 F. 3d 1348（Fed. Cir. 2007）.

定只要有一个合理的成功可能性，就不能简单地凭借现有技术中某种程度的不可预见性，而排除显而易见性。❶ 法律规定的确把不可预测性等同于可专利性，但如果应用在该案中，就意味着任何一种新的盐——包括专利 US4572909 本身中明确所列的盐——分别都可以获得专利，仅仅是因为每种盐的制备和性质都必须通过试验验证。这不可能是一个正确的标准，因为成功的预期只要求是合理的，而不要求是绝对的。❷

联邦巡回上诉法院认为，涉案申请相比于现有技术，需要变化的唯一因素是盐的种类。辉瑞公司之前已经承认盐的种类不影响疗效，其他出版物也教导了类似化合物的苯磺酸盐，涉案专利仅是对一个参数进行优化，要达到涉案专利的目的需要进行的只是对众所周知的问题实施常规解决策略的应用。本领域普通技术人员在氨氯地平的可加工性等方面遇到困难时，会寻求成盐，并且有能力将潜在的盐组群缩小到制药上可接受的公知的 53 种阴离子（其中包括苯磺酸根阴离子）。这不是一个有"无限参数"需要尝试的案件，53 种与氨氯地平形成加酸盐的阴离子是形成"合理的成功预期"可接受的数量，是一种"显易尝试"。在该数量范围内进行试验，有望筛选获得涉案专利化合物。

最终联邦巡回上诉法院判决认定该专利因显而易见而无效❸。

2.2.3　中美案例比较研究

通常，药物活性成分即化合物基础专利申请中都会对化合物药学上可接受的盐进行一般性的描述，因此，对于涉及已知化合物的特定药学上可接受的盐的专利申请而言，中美两国最接近的现有技术通常会被判定为化合物的药学上可接受的盐，除非在化合物的基础专利申请（现有技术对比文件）中并未涉及盐的相关描述，此时只需证明所要保护的特定盐相对于化合物是否带来了预料不到的技术效果。

在中国，考虑到"本领域技术人员"具有考察常见盐的药学性质进而选择特定的药学上可接受的盐的知识和能力以及现有技术对比文件中通常会涉及盐的相关描述，所要保护的特定盐相对于其他盐是否带来了预料不到的技术效果，将成为中国审查实践中判断创造性的关键因素。因此，在中国申请这类专利时，建议申请人根据现有技术中的公开情况，在说明书中设置合理的对照盐进行比较实验，充分体现所要保护的特定盐的预料不到的技术效果。上述根据现有技术的不同公开情况所确定的创造性判断方法同样适用于氘代物❹❺❻、^{14}C 标记物和溶剂化物。

❶ *In re Corkill*, 711 F. 2d 1496, 1500（Fed. Cir., 1985）.

❷ *Merck*, 874 F. 2d at 809；*In re O'Farrell*, 853 F. 2d 894, 903（Fed. Cir., 1988）.

❸ 张晓东. 医药专利制度比较研究与典型案例［M］. 北京：知识产权出版社，2012：291 - 292, 308.

❹ 参见中国专利复审与无效决定第 50976 号。涉案专利发明名称为"氘代的 ω - 二苯基脲及衍生物以及包含该化合物的药物组合物"。

❺ 参见中国专利复审与无效决定第 45381 号。涉案专利发明名称为"氘代脱氢苯基阿夕斯丁类化合物及其制备方法和在制备抗肿瘤的药物中的应用"。

❻ 参见中国专利复审与无效决定第 249325 号。涉案专利发明名称为"氘代喹唑啉酮化合物以及包含该化合物的药物组合物"。

而在美国，"显易尝试"导致发明"显而易见"的创造性审查标准的存在，并且不同盐种类之间的选择通常影响的是制药特性而非药理活性，使得其审查标准相对于中国而言更为严格。因此，当面对已知化合物成盐的问题时，应当结合化合物本身的结构特点，从不同的角度对此问题进行实验设计和创造性争辩，例如结合现有技术的参考文献是否有实现所主张的发明动机、现有技术对所要求保护的特定盐型或如何实现它提供的是具体的指导还是一般的指导、现有技术是否教导了该类型盐能够引起涉案申请的技术效果、现有技术是否存在反向教导，成盐实验中是否使用了大量可变条件、对于成盐是否有合理的成功预期、是否存在偶然发现因素、是否存在次要因素（例如商业上的成功）的影响等，从而增加已知化合物成盐专利申请获得授权的可能性。

2.3 晶型

固体物质由于受到分子结构的构型、构象、分子排列、分子作用力和共晶物质等各种因素的影响，致使分子晶格空间排列不同，形成两种或两种以上不同的晶体结构，这种现象被称为多晶现象（polymorphism phenomenon）或同质异晶现象。多晶现象在固体药物中广泛存在，同一药物的不同晶型之间理化性质可能存在差异，如外观（见图2-3-1）、密度、硬度、熔点、溶解度、稳定性、溶出度、溶出速率和生物利用度等方面可能会有显著不同，此现象在口服固体制剂上表现得尤为明显。[1] 在多晶型物质中，虽然出现各种晶型的条件可能非常接近，以致在大规模上很难控制，但是一种晶型可能比另一种晶型更稳定或溶出速率更快。制药工业使用的复杂分子倾向于形成多晶型物，这些复杂分子典型地通过晶体的不同分子构象来区别。

现在很多创新药都被开发成晶型药物，其原因如下。

（1）无定型药物会在加工过程及贮存中容易发生转晶等现象，从而使得药物的生物利用度、溶出速率和自由能等失去一致性，吸收甚至可能比其他较为稳定的晶型药物更差。

（2）利用重结晶可以除去一些杂质降低药物的毒副作用。

（3）开发新的药物晶型是延长药物基础专利保护期的重要手段，通常将产生额外4~6年的专利保护期限。[2] 国外大型医药企业往往通过晶型专利设置专利壁垒，稳固自己的市场地位，而仿制药企业则希望破坏原研药的专利垄断地位。因此，近年来因晶型引发的无效诉讼案件层出不穷。

---

[1] 王先恒，许巧珊，赵长阔. 基于专利分析的我国药物晶型进展研究 [J]. 中国新药杂志，2017，26（8）：845-850.

[2] KAPCZYNSKI A，PARK C，SAMPAT B. Polymorphs and Prodrugs and Salts（Oh My!）：An Empirical Analysis of "Secondary" Pharmaceutical Patents [J]. PLOS One. 2012，7（12）：e49470.

（a）Ⅰ晶型　　　　　　　　（b）Ⅱ晶型

（c）Ⅲ晶型　　　　　　　　（d）Ⅳ晶型

图 2 – 3 – 1　多晶型药物吡罗昔康❶❷

但是，晶型也不是适合所有新药，有些重磅新药的无定型就比晶型态更具有优势，例如，老药阿司匹林、超级重磅细胞毒药物紫杉醇、阿斯利康的埃索美拉唑等，这些药物的无定型状态比晶态形式具有更好的吸收性质。❸

2018 ~ 2021 年，化合物晶型专利无效宣告案件不断增加，以下将对中外药物晶型专利的新颖性和创造性评判标准进行比较并对相关案例进行解析，以期为我国医药企业的药物晶型专利申请获得授权和维护授权专利稳定性提供参考与借鉴。

2.3.1　国内外新颖性评判标准

随着科技的进步和发展，新材料、新产品层出不穷。新产品例如新晶型，由于其物质结构尚不清楚，或者其物质微观结构的改变尚难以确切测量和定义，其使用结构和/或组成特征进行限定往往很难将其表征清楚，也难与现有技术的晶型区分开。因此，在新晶型的权利要求的撰写过程中，不得不使用物理或化学参数特征进行表征。

以下将从"理论"角度阐述中国、欧洲、美国三局关于参数特征限定的产品例如新晶型的新颖性评判标准。❶

---

❶ 放大倍数为 5000 倍。

❷ SIMONANNM. 药物新晶型的专利保护［EB/OL］.（2018 – 01 – 20）［2021 – 05 – 22］. https：//mp. weixin. qq. com/s/yodCtrVepmFAioBkFSrIuw.

❸ CCTMIS. 一文读懂！创新药专利布局攻防战［EB/OL］.（2021 – 05 – 21）［2021 – 07 – 08］. https：//page. om. qq. com/page/OAlApCdCuymO2uBamf29okYA0.

❶ 郑希元，张英. 浅谈参数特征限定的产品的新颖性判断原则［J］. 专利代理，2017（3）：66 – 70.

1. 中国评判标准

《专利审查指南（2010）》第二部分第三章第3.2.5节指出："对于这类权利要求，应当考虑权利要求中的性能、参数特征是否隐含了要求保护的产品具有某种特定结构和/或组成。如果该性能、参考数隐含了要求保护的产品具有区别于对比文件产品的结构和/或组成，则该权利要求具备新颖性；相反，如果所属技术领域的技术人员根据该性能、参数无法将要求保护的产品与对比文件产品区分开，则可推定要求保护的产品与对比文件产品相同，因此申请的权利要求不具备新颖性，除非申请人能够根据申请文件或现有技术证明权利要求中包含性能、参数特征的产品与对比文件产品在结构和/或组成上不同。"

在具体操作层面，中国国家知识产权局所使用的《审查操作规程·实质审查分册》第十章第5.4节指出了可推定涉及与结构和/或组成相关的产品权利要求不具备新颖性的具体情况：①对比文件没有公开参数特征，但其产品的结构和/或组成与请求保护的产品部分相同；②对比文件公开了参数特征，但与请求保护的产品的参数的测量方法和/或条件不同；③对比文件公开了参数特征，其与请求保护的产品的参数相近。

上述具体情形的落脚点是产品的结构和/或组成。审查员应当根据对比文件给出的信息进行逆推和/或正推：如果二者具有相同的结构和/或组成，那么其性能必然相同，由此反映性能的参数特征也应相同；如果二者对产品的参数表征相同或相近，在产品权利要求的其他特征实质上相同或该产品仅用参数特征表征的情况下，该产品权利要求被认定为相对于对比文件不具备新颖性。❶

此外，也有人给出了相反的观点，认为在根据组成、结构或制备方法等特征无法推定权利要求中采用的参数特征已经被对比文件公开的情况下，适用《专利审查指南（2010）》的上述规定推定参数特征表征的产品权利要求不具备新颖性难以让人信服，不妨将其列为区别特征，然后从创造性评判思路上寻找突破口。此时应确保两个审查原则：一是首先判断参数特征是否较结构和/或组成特征而言更为清晰地表达出技术方案，其作为结构和/或组成的"替代"，要确保本领域技术人员能够实现；二是若主张参数限定与技术效果相关，应当有足够的证据支持，否则不能基于二者间这种未证实的关联认可创造性。如果参数限定与技术效果的关联并不明确，不能使本领域技术人员判断出选择了该参数范围的产品能够取得何种更为优异的技术效果，本领域技术人员难以知晓这样选择参数的目的何在，参数的具体选择实质上没有给技术方案带来任何更为优异的技术效果，也没有通过对参数的选择实际解决何种技术问题，这种参数特征的限定不能使技术方案具备创造性。❷

---

❶ 赵中琴，吴冰，朱科，等. 包含参数特征的产品权利要求的新颖性审查［J］. 科技创新导报，2013，22：41-42.

❷ 姜小薇，张沧. 从具体案例浅议"参数限定"［EB/OL］.（2021-02-08）［2021-06-30］. http：//www. cnipa. gov. cn/art/2021/2/8/art_2650_167149. html.

2. 欧洲评判标准

欧洲专利局审查指南第七部分第六章第 6 节（Guidelines for Examination in the EPO，Part G，Chapter VI - 6）指出：就现有技术的文件来说，缺乏新颖性可以从文件本身明确指出的内容中显而易见。或者，它可以是隐含的，即在进行现有技术的文件的教导时，技术人员将不可避免地得到属于权利要求范围内的结果。只有在对于现有技术的教导的实际效果没有合理怀疑的情况下，审查员才会提出缺乏新颖性的反对意见。当权利要求通过参数限定发明或其特征时，也可能出现这种情况。即可能出现以下情况：在相关的现有技术中，提到了不同的参数，或根本没有提到参数。如果已知的产品和所要求保护的产品在所有其他方面都是相同的（这是可以预料的，例如起始产物和制备过程是相同的），则首先会出现缺乏新颖性的反对意见。随后申请人则具有对于所谓的区别特征进行举证的责任。如果申请人对于这些主张没有提供证据加以支持，则缺乏新颖性的反对意见成立。如果申请人能够（例如，通过适当的比较实验）示出关于参数确实存在差异，那么就会存在以下疑问：该申请是否公开了对于制造具有权利要求中规定的参数的产品所有必需的特征。❶

3. 美国评判标准

美国专利商标局（USPTO）认为，当现有技术的产品看上去与权利要求的产品相同，而现有技术没有明确公开权利要求中的功能、特性（没有关于固有特征的记载）时，审查员可以同时依据占先（不具有新颖性）和显而易见（不具有创造性）而拒绝该权利要求。具体而言，最初是审查员负责提供理论依据来合理地论证权利要求中的功能、属性或特征是现有技术记载的主题中必然存在的。后续程序中，申请人通过提交证据表明要求保护的产品和现有技术的产品并不相同，且现有技术的产品并不必然具有要求保护的产品的特性来反驳该基于固有属性的占先和显而易见的初步判定。❷

4. 比较分析

综上所述，中、欧、美三局的相关判断标准基本相同，即根据对比文件的产品与权利要求保护的产品结构、组成相同而推定二者产品的参数相同，从而该权利要求不具备新颖性，美国专利商标局审查员同时还会提出不具备创造性的结论。

但是，中、欧、美三局后续程序的处理却有较大不同。在中国的后续程序中，由于在法律上没有相关方面的规定，申请人往往不提交对比试验数据，仅仅根据申请文件公开的内容或现有技术的内容阐明该权利要求保护的产品如新晶型具备新颖性的理由，审查员也无法强制申请人提交证据，如果审查员没有强有力的理由，对申请贸然

---

❶　European Patent Office. Guidelines for Examination in the European Patent Office，March 2021 edition ［EB/OL］. (2021 - 03 - 21) ［2021 - 05 - 15］. http：//www. epo. org/law - practice/legal - texts/guidelines. html.

❷　王扬，于凤尾，吕慧敏. 中欧美日实质审查中参数限定的产品权利要求的新颖性判断对比 ［J］. 中国新技术新产品，2012（15）：3.

驳回，可能会在后续复审程序中撤销驳回。[●] 尽管在第 391 号修订的第二部分第十章第 3.5 节"关于补交的实验数据"中不再明确规定"对于申请日后补交的实施例和实验数据不予考虑"（《专利审查指南（2010）》），而是明确了"判断说明书是否充分公开，以原说明书和权利要求书记载的内容为准。对于申请日之后申请人为满足专利法第二十二条第三款、第二十六条第三款等要求补交的实验数据，审查员应当予以审查。补交实验数据所证明的技术效果应当是所属技术领域的技术人员能够从专利申请公开的内容中得到的"，其中采用了"满足专利法……等"这一表述，但是第 391 号修订并未明确规定申请人是否可以或者应当提供证据证明"新颖性"的相关内容。

与中国的处理方式不同，欧洲和美国均明确强调，后续程序中的申请人具有举证责任，需通过提交证据进行反驳。此外，欧洲还提出，如果申请人能够证明参数存在差异，则后续会质疑涉案申请是否存在公开不充分的问题，并会提出公开不充分的驳回理由。欧洲和美国的上述处理方法所提供的不同思路，对于中国的专利实践具有一定的借鉴意义，也为中国后续修订专利审查指南提供了一种新思路。

2.3.2 鉴别方法与新颖性评判案例

晶型的鉴别标准通常涉及各种鉴定手段所反映的物理参数和谱图等，新产品例如新晶型的鉴别方法包括两种，即绝对鉴别方法和相对鉴别方法。利用上述鉴别方法所获得的参数和谱图等可用于表征新产品例如新晶型。

其中绝对鉴别方法是可独立完成晶型物质状态鉴别的方法，例如单晶 X 射线衍射法（SXRD）[●] 属于绝对晶型鉴别方法，可通过供试品的成分组成（化合物、结晶水或溶剂）、晶胞参数（a，b，c，α，β，γ，V）、分子对称性（晶系、空间群）、分子键合方式（氢键、盐键、配位键）和分子构象等参量变化实现对固体晶型物质状态鉴别。该方法适用于晶态晶型物质的鉴别。

而相对鉴别方法是需要借助已知晶型信息完成晶型种类鉴别的方法，适用于不同晶型物质的图谱数据间存在差异的晶型种类鉴别。利用相对晶型鉴别方法确定供试品晶型需要与已知晶型样品的图谱数据进行比对。

相对鉴别方法中最常用的是粉末 X 射线衍射法（也称 X 射线粉末衍射法，powder X – ray diffration，PXRD 或 XRPD），其中晶态物质粉末 X 射线图谱呈锐峰，无定型态物质粉末 X 射线图谱呈弥散峰。晶型鉴别时利用供试品衍射峰的数量、位置（2θ 或 d）、强度（相对或绝对）和各峰强度之比等参量变化实现对晶型物质状态的鉴别。该方法适用于晶态与晶态、晶态与无定型态、无定型态与无定型态等各种晶型物质的鉴

[●] 王扬，于凤尾，王莹，等. 从复审案例看参数限定的权利要求新颖性和创造性的审查 [J]. 中国发明与专利，2012（7）：60－63.

[●] X 射线衍射法（X – Ray Diffration，XRD）包括单晶 X 射线衍射和粉末 X 射线衍射法，其利用原子对 X 射线的衍射效应，完成对物质结构、物质成分、物质晶型的研究。

别。若判断两个晶态样品的晶型物质状态一致时，应满足衍射峰数量相同、二者 2θ 值衍射峰的峰位置误差范围在 ±0.2°内❶、相同位置衍射峰的相对峰强度误差在 ±5% 内、衍射峰的强弱顺序应一致；若判断两个无定型态样品的晶型物质状态一致时，应满足弥散衍射峰几何拓扑形状完全一致。❷

粉末 X 射线衍射法研究的对象不是单晶体，而是众多取向随机的小晶体的总和。每一种晶体的粉末 X 射线衍射图谱就如同人的指纹，利用该方法所测得的每一种晶体的衍射线强度和分布都有着特殊的规律，以此利用所测得的图谱，可获得晶型变化、结晶度、晶构状态、是否有混晶等信息。

其他相对鉴别方法包括红外光谱法（IR）、拉曼光谱法（RS）、差示扫描量热法（DSC）、热重法（TG）、毛细管熔点法（MP）、光学显微法（LM）和偏光显微法（PM）等，上述方法被认为是粉末 X 射线衍射法的辅助方法。以下将通过两个案例表明上述多种鉴别手段的法律作用和地位。

案例 1 是"烟酰胺类衍生物的甲磺酸盐 A 晶型及其制备方法和应用"（专利号为 ZL201510398190.1）发明专利权无效宣告请求案❸。

艾坦（甲磺酸阿帕替尼片）是江苏恒瑞医药股份有限公司（以下简称"恒瑞医药"）开发的 1.1 类新药，同时也是我国首个完全自主研发的抗癌新药，2014 年 10 月 17 日被国家食品药品监督管理总局批准用于既往至少接受过 2 种系统化疗后进展或复发的晚期胃腺癌或胃 – 食管结合部腺癌患者，并于 2014 年底正式上市❹；2020 年底获批用于治疗既往接受过至少一线系统性治疗后失败或不可耐受的晚期肝细胞癌（HCC）患者，并被 2020 年版《原发性肝癌诊疗指南》正式纳入全身治疗——晚期 HCC 的二线治疗策略选择，并归类为 Ⅰ 级专家推荐（1A 类证据）。

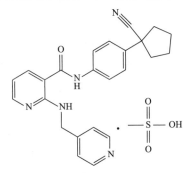

甲磺酸阿帕替尼的结构式

❶　美国药典规定："样品和参考物的衍射角应当在衍射仪校准精度范围内一致（2θ 值应可重现，±0.10°）"。

❷　国家药典委员会. 9015 药品晶型研究及晶型质量控制指导原则［M］// 中华人民共和国药典 2015 年版第四部. 北京：中国医药科技出版社，2015，371 – 374.

❸　该案为 2017 年度专利复审无效十大案件之一，参见中国专利复审与无效决定第 33126 号。

❹　上海证券交易所上市公司公告. 江苏恒瑞医药股份有限公司 2014 年年度报告［EB/OL］.（2015 – 03 – 31）［2021 – 08 – 24］. http://www.sse.com.cn/disclosure/listedinfo/announcement/c/2015 – 03 – 30/600276_2014_n.pdf.

上海宣创生物科技有限公司（以下简称"宣创生物"）于 2015 年针对艾坦提交了多件"改进型"药物晶型专利申请，并以恒瑞医药侵犯其涉案专利的专利权为由，将恒瑞医药诉至北京知识产权法院。恒瑞医药随后就涉案专利提出无效宣告请求。

涉案专利的申请日为 2015 年 7 月 8 日，优先权日为 2014 年 7 月 8 日，专利权人为宣创生物，其授权公告时的权利要求 1 如下所示。

1. N－［4－（1－氰基环戊基）苯基］－2－（4－吡啶甲基）氨基－3－吡啶甲酰胺甲磺酸盐 A 晶型，其特征在于，其 XRPD 图谱在 2θ = 5.34、10.341、14.438、15.841、17.32、18.301、18.68、19.005、19.577、20.26、21.161、21.859、22.379、23.04、23.5、24.177、24.959、25.881、26.641、27.18、28.3、28.999、29.501、31.96、32.258、33.999、36.798、37.38、41.297 处具有衍射峰，其中 2θ 值的误差范围为 ±0.2，含水量为 2.5% ~ 4.5%。

关于权利要求 1 的新颖性，证据 6（CN101676267A，公开日为 2010 年 3 月 24 日）公开了化合物 A（N－［4－（1－氰基环戊基）苯基］－2－（4－吡啶甲基）氨基－3－吡啶甲酰胺）的甲磺酸盐的制备方法，包括：在 5L 反应瓶中，投入化合物 A 的甲磺酸盐 180.2g，95% 异丙醇水溶液 2.52L，氮气保护并避光条件下搅拌加热至全溶，趁热过滤，滤液冷却析晶至室温，过滤，异丙醇洗，真空干燥，得白色针状晶体 161.5g，收率 89.6%。熔程：193.5 ~ 195℃（参见证据 6 说明书第 4 页制备实施例 4）。可见，证据 6 公开了与涉案专利相同化合物的一种晶体，但并未提供该晶体关于晶型方面的信息。

对此，合议组从以下五个方面比较分析了涉案专利所述的 A 晶型和证据 6 的晶体之间的物性参数的异同。

（1）关于晶体的吸湿性。涉案专利并未测试所述 A 晶型的吸湿性并与证据 6 的晶体进行对比，无法确定二者在吸湿性方面的差异。

（2）关于晶体的熔点。由于涉案专利中 A 晶型的熔点采用 DSC 法测定，而证据 6 公开的熔程采用的是常规的熔点测定法，二者无法直接比较，但是涉案专利实施例 10 按照证据 6 公开的制备方法获得了针状晶体作为对比物，附图 2 给出了该对比物的 DSC 图谱，图中显示在 197.69℃有一吸热峰，而实施例 13 记载了 DSC 检测所述的 A 晶型在 198 ~ 200℃出现一个吸热熔融峰，可见二者用 DSC 法测定的熔点比较接近。

（3）关于晶体的溶解性。证据 6 说明书第 6 页"3、溶解性"部分公开了所述化合物 A 的甲磺酸盐在水中不溶，乙醇中溶解度为 0.1g/20ml（微溶），涉案专利说明书第 8 页表 1 对比了实施例 4 和实施例 10 分别制备的两种晶型的溶解度，二者在水中均不溶，晶型 A 在乙醇中溶解度为 0.1g/18ml，对比针状固体在乙醇中溶解度为 0.1g/20ml，可见二者溶解度基本相当。

（4）关于晶体的化学稳定性。证据 6 说明书第 6 页"4、稳定性"部分公开了所述甲磺酸盐在光照 6 个月、相对湿度为 90% 6 个月、室温 6 个月和 60℃ 6 个月等条件下的稳定性，结果表明，所述甲磺酸盐具有非常好的稳定性。涉案专利实施例 14 测定了 A 晶型的高温稳定性、高湿稳定性和光照稳定性，结果表明，在三种条件下均具有良好的稳定性，实施例 16 及附图 7 ~ 9 对比了 A 晶型和对比针状固体在光照 6 个月、RH90％6 个月、室温 6 个月和 60℃6 个月等条件下的稳定性，结果表明二者化学性质均很稳定。

（5）关于晶型稳定度。涉案专利实施例 17 和表 3 采用固态表征手段 XRPD 测定了所述 A 晶型和对比针状固体在光照、高湿（相对湿度为 90％）、室温以及高温（60℃）的环境下分别放置 6 个月的对比结果，其中，对比针状固态在相对湿度为 90％6 个月和室温 6 个月两种条件下均转化为 A 晶型，这表明二者本身是不同的晶型。

针对上述内容，合议组进一步指出，熔点高低反映了晶体的晶格能大小，熔点可以作为表征晶体的一种物性参数，但是由于同一物质的不同晶型也可能具有接近的熔点，该案中不能单独用熔点来确认两种晶型是否相同。固体物质的溶解度与晶型、粒径等多种因素有关，也不能单独用来区分同一物质的不同晶型。化学稳定性反映的是物质发生化学反应的能力，理论上与晶型无直接关系。因此，依据熔点、溶解度和化学稳定性等性质区分同一物质的不同晶型并不充分，需要结合其他表征手段进行佐证才能确认。固态表征手段例如 XRPD 是目前公认的鉴定晶型的有效手段之一，涉案专利实施例 17 和表 3 采用固态表征手段 XRPD 对比了二者的晶型稳定度，虽然没有给出具体图谱进行对比，但明确记载了根据证据 6 的方法制备得到的对比针状固体在一定条件下可以转化为 A 晶型，初步表明二者属于不同的晶型，因此，在没有充分证据推翻涉案专利实施例 17 和表 3 的结论的情况下，不能得出涉案专利所述的 A 晶型与证据 6 所制得的晶体属于相同晶型的结论。

因此，涉案专利权利要求 1 相对于证据 6 具有新颖性。

案例 2 是"阿德福韦酯结晶形态及其制备方法"（专利号为 ZL02148744.8）发明专利权无效宣告请求案[1]。

涉案专利的申请日为 2002 年 11 月 19 日，专利权人为天津药物研究院，其授权公告时的权利要求 1 如下所示。

1. 一种阿德福韦酯结晶，其特征在于使用 Cu－Kα 辐射，$\lambda = 1.5405\text{Å}$，以度 2θ 表示的 X 射线粉末衍射光谱特征如下：

2θ	I/I0
3.68	100
7.36	25
7.84	49

---

❶　参见中国专利复审与无效决定第 13804 号。

10. 12	8
12. 36	11
14. 80	9
15. 16	20
16. 36	14
17. 28	31
18. 04	25
20. 16	14
20. 44	9
21. 28	11
22. 28	27
26. 08	10

红外吸收图谱在 $595cm^{-1}$、$653cm^{-1}$、$715cm^{-1}$、$768cm^{-1}$、$799cm^{-1}$、$816cm^{-1}$、$834cm^{-1}$、$852cm^{-1}$、$901cm^{-1}$、$959cm^{-1}$、$1001cm^{-1}$、$1032cm^{-1}$、$1054cm^{-1}$、$1130cm^{-1}$、$1153cm^{-1}$、$1204cm^{-1}$、$1241cm^{-1}$、$1258cm^{-1}$、$1280cm^{-1}$、$1304cm^{-1}$、$1326cm^{-1}$、$1416cm^{-1}$、$1482cm^{-1}$、$1572cm^{-1}$、$1593cm^{-1}$、$1652cm^{-1}$、$1754cm^{-1}$、$2877cm^{-1}$、$2936cm^{-1}$、$2976cm^{-1}$、$3159cm^{-1}$、$3321cm^{-1}$处有吸收峰；

其 DSC 吸热转变在95℃。

证据1（CN1396170A，申请日为 2002 年 7 月 8 日，公开日为 2003 年 2 月 12 日，该专利申请的申请日在涉案专利的申请日之前，但公开日在涉案专利的申请日之后，故属于涉案专利的抵触申请，只能用于评价涉案专利的新颖性）公开了一种不含水及其他结晶化溶剂的 E 型匹伏阿德福韦结晶，说明书第 2 页第 3 段记载了该 E 型结晶的 PXRD 图谱在 2θ 为 7.4、7.8、10.1、12.4、15.2、16.4、17.3、18.0、18.6、20.1、20.4、21.3、21.4、22.3、22.8、23.4、24.4、26.1、27.5、28.5、30.1 处有吸收峰，说明书第 2 页第 4 段记载了该 E 型结晶的吸热转变在95℃，附图1、附图2 和附图3 分别为 E 型匹伏阿德福韦结晶的 PXRD 图谱、DSC 图谱和 IR 图谱，且附图3 中标注了 IR 峰的峰位置。

比较涉案专利权利要求1 与证据1 可见，二者的化学组成相同，区别在于表征晶体结构的参数不完全一致。因此，判断证据1 能否破坏涉案专利权利要求1 新颖性的关键在于二者所描述的参数的差别是否导致二者晶体结构不同。

关于 PXRD 图谱，双方当事人以及合议组均认可 PXRD 在晶体结构的判断中具有唯一性和专属性。关于 PXRD 图谱如何进行比对，合议组基于双方提供的证据进一步指出，PXRD 峰位置和峰强度均是晶型判断的依据，在遵循整体匹配原则的基础上，峰位置的匹配是第一位的。此外，强峰以及 0～5（2θ）范围内的小角度峰具有较重要的鉴定价值。基于此,就涉案专利而言,请求人所提供的证据 1 的附图 1 在 2θ 小于 5 度处有一强峰,但无法确定其具体的峰位置,更是无法证明其峰位置与涉案专利 2θ = 3.68 度处峰的差别在合理的误差范围之内;同时,鉴于小角度强峰在晶型鉴定中具有重要意义,而请求人又未提供充分的证据证明:对于阿德福韦酯晶体来说,小角度强峰不完全匹配将不影响整体比对结果。因此,基于请求人目前提供的证据尚无法认定证据 1 的附图 1 所示的晶体与涉案专利权利要求 1 的晶体相同。

关于 DSC 图谱,合议组认为,与 PXRD 图谱相比,DSC 图谱仅能作为鉴别晶型的辅助手段,而且升温方式和升温速率的不同会对测试结果产生一定的影响。因此,在证据 1 未公开具体升温条件的情况下,其 DSC 测定结果与涉案专利权利要求 1 中的 DSC 结果不具有可比性,无法基于此而认定二者所表征的晶型相同或不同。

关于 IR 图谱,合议组认为,与 DSC 图谱相同,IR 图谱亦是鉴别晶型的辅助手段。原因在于,IR 图谱表征的是原子之间振动能级的跃迁,分子空间排布方式的变化有些情况下并不能从 IR 图谱反映出来。因此,在某些情况下,即使 IR 图谱相同,晶型也可能不相同;在另一些情况下,尽管 IR 图谱不同,但晶型可能相同。

因此,涉案专利权利要求 1 相对于证据 1 具备新颖性。

从立法宗旨角度来看,关于包含参数特征的产品权利要求的新颖性审查,其本意在于排除与现有技术具有相同结构和/或组成的产品,防止下列情形出现:采用新的参数和/或罕见的参数来限定现有技术已经公开的产品,但是其实质与现有技术所公开的产品相同,由此防止不当获利。❶

当专利权人或专利申请人选择使用参数特征表征权利要求时,其相应地也就需要承担一定的举证责任,已提供初步证据的无效宣告请求人或审查员可以要求专利权人或专利申请人通过适当的比较测试证明该权利要求中的参数特征不是现有技术产品自身固有的属性并且该参数特征隐含了要求保护的产品具有某种使之区别于现有技术的特定结构和/或组成,没有证据或者证据不足以证明专利权人或专利申请人的事实主张的,由负有举证责任的专利权人或专利申请人承担不利后果,即该权利要求将被推定不具备新颖性。

对于有机化合物晶体发明而言,现有技术的情况包括但不限于以下三种:

(1)现有技术未公开固态化合物的任何晶体表征参数;

(2)现有技术公开的晶体参数的测定方法或测定条件不同于涉案专利/专利申请;

(3)现有技术公开的晶体表征参数类型不同于涉案专利/专利申请。

如果根据相关晶体表征参数和描述可以将要求保护的晶型与现有技术区分开,则可以认为其具备新颖性。其中,判定某一个晶体与另一个晶体是否相同的最直接手段是粉末 X 射线衍射法,粉末 X 射线衍射图谱对于晶体结构的表征具有指纹性,可以区

---

❶ 赵中琴,吴冰,朱科,等. 包含参数特征的产品权利要求的新颖性审查 [J]. 科技创新导报,2013,22:41 – 42.

别不同类型的晶体。通过比对粉末 X 射线衍射图谱确定两晶体是否相同时，应将粉末 X 射线衍射图谱进行整体比对，比较二者的峰位置、峰强度以及峰形是否匹配。其中，峰位置尤其是小角度峰和强峰的峰位置匹配相对于峰强度的匹配具有更大的鉴定意义，这主要是因为晶型是由化合物的晶胞参数（a、b、c、α、β、γ）决定的，而晶胞参数（a、b、c、α、β、γ）影响的是衍射峰的峰位置，而其他检测指标如峰强度，是由原子参数决定的，并受到择优取向的影响。❶

此外，对于有机化合物晶体发明而言，若权利要求仅采用部分特征峰的峰位置限定的形式来进行表征，则表明专利权人意欲获得一个相对较宽的保护范围，而不是局限于实施例实际制备所得到的具体晶型产品，即与使用粉末 X 射线衍射全图限定的权利要求的保护范围是不同的。此时，如果现有技术公开的同一化合物晶型具有该权利要求限定的所有特征峰，则可以认定该权利要求不具备新颖性。而在采用粉末 X 射线衍射全图限定的情况下（例如，专利 CN105198947A 的权利要求 3，如权利要求 1 所述的 Trifluridine 化合物，其特征在于，具有如附图 1 所示的 X – 射线粉末衍射图谱），如果现有技术晶型在衍射峰数量、峰位置、峰强度等方面与权利要求限定的衍射图谱存在区别，不足以认定二者属于相同晶型的，则该权利要求具备新颖性。❷

PDF – 4 + 数据库是由国际衍射数据中心（International Centre for Diffraction Data, ICDD）遵循的数据库，同时含有粉末衍射数据和单晶结构数据，该数据库给出了其包含的每种固体化合物的 8 个最重要的 XRPD 峰。在有机化合物未知的情况下，8 个峰被认为足以确定未知有机化合物的结晶形式；在有机化合物已知的情况下，4 ~ 6 个峰通常足以表征特定的晶型，并将其与其他晶型区分开。❸ 例如，专利"依洛昔巴特的结晶修饰物"（授权公告号为 CN105143194B，专利申请日为 2014 年 4 月 25 日）的权利要求 1 如下所示。

1. 一种依洛昔巴特的结晶单水合物，其是依洛昔巴特的结晶修饰物 IV，该结晶修饰物 IV 具有利用 CuKα1 辐射获得且在°2θ 位置 6.3 ± 0.2、19.4 ± 0.2、10.2 ± 0.2、10.5 ± 0.2、9.4 ± 0.2 和 9.5 ± 0.2 处具有峰的 XRPD 图案。

此外，未来多种检测手段的联合应用是一种必然的趋势，对于晶型采用的检测方法应明确其在具体专利案中的技术地位，以粉末 X 射线衍射法为核心，以其他检测方法作为辅助手段，综合确定多种检测鉴定方法在案件中的法律作用，以确保专利利益。

以上通过案例的方式阐述了参数特征限定的产品如新晶型的新颖性评判标准，以下将从理论和案例两个角度阐述美国和中国关于新晶型的创造性评判标准。❹

---

❶ 章中华，徐银荣，盛晓霞，等. 不同药典指导原则下 X 射线衍射法检测结果对药物晶型判定的影响 [J]. 中国药学杂志，2017，52（5）：409 – 413.

❷ 参见中国专利复审与无效决定第 50128 号。

❸ 张晓影，李小爽. 浅谈药物晶型的 XRPD 表征 [EB/OL]. （2018 – 11 – 07）[2021 – 05 – 22]. https://mp.weixin.qq.com/s/fqLT9G0cYUMO8KGmB_ty6g.

❹ 郑希元，张英. 浅析药物晶型发明专利创造性评判标准的中美差异 [J]. 专利代理，2017（4）：37 – 44.

2.3.3　美国创造性评判标准与实践

1. 美国评判标准

USPTO 专利审查程序手册第 2143.I 条示出了可导致"显而易见"结论的七种情况，其中第五种为"显易尝试"（obvious to try），即"从确定的有限数目的、可以预料的解决方案中选择，并具有合理的可预期的成功"。"显易尝试"导致发明"显而易见"的判断原则是：本领域普通技术人员在其掌握的技术范围内有足够的理由寻找到该公知的选择，如果导致可预见的成功，则其不是创新的结果，而是常规技术和公知常识的产物。"显易尝试"起源于美国联邦最高法院 2007 年的 *KSR* 案。典型案例如美国辉瑞公司的专利降血压药苯磺酸氨氯地平（US4879303）无效宣告案。辉瑞公司发现苯磺酸盐氨氯地平相比于其他形式的盐具有更好的制药特性（优异的溶解性、优异的稳定性、非吸湿性和优异的可加工性的独特组合），并且在治疗效果上与已知氨氯地平一致。案件的核心是判断苯磺酸氨氯地平相对于已知的氨氯地平是否具有"非显而易见性"。地区法院认为，形成苯磺酸氨氯地平的结果具有不可预见性，因此是"非显而易见"的，然而，联邦巡回上诉法院驳回了将"不可预见性"等同于"非显而易见性"的观点，认为本领域普通技术人员在氨氯地平的可加工性方面遇到困难时会寻求成盐，并且有能力将潜在的盐的范围缩小到制药上可接受的公知的 53 种阴离子（其中包括苯磺酸根阴离子）。这是形成"合理的成功预期"可接受的数量，属于"显易尝试"。在该数量范围内进行试验，有望筛选获得涉案专利化合物。因此，联邦巡回上诉法院作出判决，认为苯磺酸氨氯地平专利 US4879303 基于"显而尝试"而无效。❶

此外，USPTO 专利审查程序手册第 2144.04.Ⅶ条指出：纯的物质与不怎么纯的或不纯的物质相比是具备新颖性的，因为纯的物质和不纯的物质之间存在差异。因此，问题在于涉及纯的物质的权利要求相对于现有技术而言是否是非显而易见的❷。更纯形式的已知产品可能是可授予专利权的，但是仅仅产品的纯度本身不会使产品非显而易见。在确定旧产品的纯化形式相对于现有技术是否是显而易见的时候所要考虑的因素包括所要求保护的化合物或组合物是否具有与现有技术中密切相关的物质相同的用途，以及现有技术是否暗示所要求保护的物质的特定形式或结构或者获得该形式或结构的合适方法。❸ 涉及化合物自由流动（free-flowing）晶型的权利要求相对于公开了黏稠液体形式的相同化合物的对比文件而言是非显而易见的，因为现有技术的记录没有暗示所要求保护的晶型的化合物或者如何获得这种晶体。❹

---

　　❶　张晓东，傅利英. 美国专利审查中的"显易尝试"标准及对我国的启示［J］. 中国医药工业杂志，2013，44（5）：533－537.

　　❷　*In re Bergstrom*，427 F. 2d 1394，166 USPQ 256（CCPA 1970）.

　　❸　*In re Cofer*，354 F. 2d 664，148 USPQ 268（CCPA 1966）.

　　❹　USPTO. Manual of Patent Examining Procedure（MPEP），Ninth Edition，Revision 10. 2019［EB/OL］.（2020－06－01）［2021－05－15］. https：//www. uspto. gov/web/offices/pac/mpep/index. html.

2. 美国评判案例——"阿莫达非尼"的专利申请及侵权诉讼

阿莫达非尼（Armodafinil）的化学名称为（-）-2-［R-二苯甲基亚硫酰基］乙酰胺，是仅由外消旋药物莫达非尼的活性（-）-（R）-对映体形成的对映体药物，其也被称作为（-）-莫达非尼。美国塞法隆（Cephalon）公司就Ⅰ型阿莫达非尼晶型申请了美国专利，并于2006年10月7日获得授权（US7132570B2），2007年6月15日被FDA批准。塞法隆公司以商品名Nuvigil销售使用Ⅰ型阿莫达非尼晶型的片剂，用于改善伴有梗阻性睡眠呼吸暂停、发作性睡病、倒班睡眠障碍的嗜睡患者的觉醒状态。❶

US7132570B2的权利要求1和权利要求7如下所示。

1. 多晶型的莫达非尼的左旋对映异构体，其产生包括在以下晶面间距处的峰强度的粉末X射线衍射光谱：8.54、4.27、4.02、3.98（Å）。

······

7. （-）-莫达非尼的Ⅰ型多晶型物。

······

（1）实质审查阶段

审查员指出，涉案专利的权利要求相对于对比文件（US4927855）缺乏创造性，具体地，对比文件US4927855教导了（-）-莫达非尼（参见第1栏第61-62行）并且公开了由乙醇重结晶得到（-）-莫达非尼（总产率为32%）以及（-）-莫达非尼以白色晶体的形式存在（参见第3栏第50~52行），并且对比文件US4927855所描述的结晶方法与涉案申请的结晶方法相类似，因而可以合理地预期Ⅰ型（-）-莫达非尼的成功实现而缺乏相反的证据。

专利申请人尊重但不同意该审查意见。专利申请人指出，为了确定所要求保护的发明的表面证据显而易见性（prima facie obviousness），现有技术必须教导或暗示权利要求的所有限制。参见专利审查程序手册第2143.03条（引用 *In re Royka*，490 F. 2d 921（CCPA 1974））。关于所要求保护的（-）-莫达非尼Ⅰ型多晶型物，对比文件US4927855没有任何明确的或固有的教导或暗示。尽管对比文件US4927855指出（-）-莫达非尼的晶型是从制备Ⅰ中获得的，但它并不表示产物是多晶型或是其他晶型。对比文件US4927855完全没有任何可用于鉴定（-）-莫达非尼特定多晶型的X射线衍射数据。实际上，对比文件US4927855甚至没有暗示（-）-莫达非尼可以以不同的多晶型存在，更不用说描述作为涉案申请的权利要求的主题的（-）-莫达非尼的特定Ⅰ型多晶型物。因此，申请人指出，对比文件US4927855没有教导或暗示涉案申请的权利要求所规定的所有限制，并且不能使所要求保护的主题表面证据显而易见的。

现在的情况类似于 *In re Cofer* 案［354 F. 2d 664（CCPA 1966）］呈现的情况。在该案中，审查员和上诉委员会均宣称："仅仅改变旧产品的形式、纯度或其他特性，但仍

❶ Wikipedia. 阿莫达非尼（Armodafinil）［EB/OL］.（2021-04-05）［2021-05-15］. http://en. volupedia. org/wiki/Armodafinil.

然保持与旧产品相同的效用，无法使所要求保护的产品授予专利权。"然而，关税及专利上诉法院（Court of Customs and Patent Appeals，CCPA，其是 CAFC 的前身）驳回了上述意见，因为上诉委员会"未能处理在确定主题作为一个整体是否是显而易见的时候必须给予重视的其他因素，即现有技术是否暗示化合物或组合物的特定结构或形式以及获得该结构或形式的适当方法"。CCPA 继续指出："现有技术的记录无法支持以下观点：本领域技术人员应该知道（该化合物）将以结晶形式存在或者知道如何获得这种晶体。"

对于涉案专利申请的审查意见中提出的反对意见，专利申请人也有相同的看法。对比文件 US4927855 甚至没有教导（-）-莫达非尼可以以多晶型存在，更不用说涉案专利申请的权利要求中列举的特定形式，或者对比文件 US4927855 也没有为本领域技术人员提供如何获得这样的多晶型物的任何指导。

此外，在 *In re Cofer* 案中的法院观点并不孤立，并且在之后的案件中也得出了类似的结果。例如，在 *In re Irani* 案［427 F. 2d 806（CCPA 1970）］中，所讨论的涉案专利的权利要求涉及更纯的形式的现有技术产品。CCPA 发现，与现有技术的产品相比，所谓更纯的形式没有展现出任何预料不到的不同特性，也没有在性能或效用方面展现出任何可授予专利权的显著变化。尽管如此，CCPA 仍然依照 *In re Cofer* 案，认定所要求保护的晶型是非显而易见的，因为"法院无法相信对比文件的记录将导致本领域普通技术人员期待（化合物）将以结晶形式存在，或以无水形式存在，或者假设以下期望：对比文件将使可以产生这种（化合物）的方法显而易见的"。

同样，联邦巡回上诉法院在一个未发表的意见中，依赖于 *In re Cofer* 案认定：涉及结晶一水合物形式的头孢羟氨苄一水合物的权利要求非显而易见。❶ 具体而言，法院指出："现有技术示出的一些（但不是全部）化学修改的方法不足以产生所要求保护的晶型。在现有技术中必须存在一个暗示或教导：无论是通过操作现有技术的方法还是通过引用现有技术的方法，或者通过任何其他方法，可以或应当制造出所要求保护的晶体结构。"由于现有技术的记录未能示出"现有技术存在制造新的一水合物将是显而易见的肯定的暗示或教导"，并且缺乏这样做的动机，所以法院认定所要求保护的一水合物是可授予专利权的。

回到"Ⅰ型阿莫达非尼晶型"案本身，对比文件 US4927855 未能教导或暗示（-）-莫达非尼可以以当前的权利要求提出的晶型存在，未能教导或暗示所要求保护的晶型可以或应当被制造，也未能教导或暗示任何这样做的方法。因此，涉案申请的事实与上述的 *In re Cofer* 案、*In re Irani* 案和 *Bristol - Myers v. ITC* 案的事实相似。在上述每一个案件中，法院均认定，由于缺乏与权利要求所限定的发明相似的教学或暗示，所要求保护的主题是非显而易见的。申请人表示，对于涉案专利申请的事实，同样的

---

❶　*Bristol - Myers Co. v. ITC*，15 U. S. P. Q. 2d 1258（Fed. Cir. 1989）.

结论是适用的。因此，涉案专利申请的权利要求相对于对比文件 US4927855 具备创造性。

最终，审查员接受了申请人的上述答复意见，涉案专利申请获得授权。

（2）侵权诉讼阶段

2009～2010 年，Watson、Sandoz、Lupin 和 Apotex 4 家公司分别向 FDA 提交了简略新药申请（Abbreviated New Drug Application，ANDA），拟在专利 US7132570B2 期限届满前生产、使用、许诺销售和销售仿制的阿莫达非尼产品。在提交的 ANDA 中，上述公司声称专利 US7132570B2 无效，不具有执行力，因此所提交的 ANDA 不侵权，且上述公司已将其 ANDA 告知了 Cephalon 公司。Cephalon 公司分别对上述公司的行为提起侵权诉讼，侵权行为涉及专利 US7132570B2 的权利要求 6 和权利要求 9，美国特拉华州地区法院对上述 4 起诉讼案件集中处理。❶ 现将法院的部分判决总结如下。❷

第一，关于制备Ⅰ型阿莫达非尼是否属于"显易尝试"。

被告基于通过"显易尝试"实验以制备最稳定的阿莫达非尼晶型的辩解不足以证明Ⅰ型阿莫达非尼将是显而易见的。"显易尝试"并不是在任何情况下都等同于显而易见的，特别是在本案中，现有技术仅仅提供了最一般的动机以在绝对不可预知的领域进行试验和试错。更确切地说，审理 KSR 案（"显易尝试"起源于 KSR 案）的法院并没有建立以下假设：已经存在于有用知识背景领域中的所有试验都是显而易见的，而无须考虑科学或技术的本质。在某种程度上，艺术是不可预测的，就像化学艺术一样，KSR 案对已确定的可预测的解决方案的关注可能会给专利挑战者带来一个困难的障碍，因为潜在的解决方案不太可能是真正可预测的。在实验是不可预测的情况下，发明将是非显而易见的，而并非被告所说的"常规药物开发的结果，而不是发明"。

具体来说，美国联邦巡回上诉法院已经澄清：当技术人员不得不进行以下行为时，"显易尝试"是非显而易见的：①"改变所有参数或尝试各种可能的选择直到达到可能成功的结果为止，其中现有技术没有给出哪些参数是关键的任何指示，也没有给出许多可能的选择中哪一个可能是成功的任何指示"；②"探索一种似乎是有前途的实验领域的新技术或通用方法，其中现有技术仅仅对所要求保护的发明的具体形式或如何实现它给出了一般性指导"。❸

被告争辩：专利 US4927855 公开了乙醇作为制备和分离阿莫达非尼的重结晶溶剂，使得本领域技术人员不必在多种溶剂之间进行选择以获得Ⅰ型多晶型物。然而，法院认定：这一争辩是基于不可容忍的后知之明的分析，因为 2002 年的本领域普通技术人员将不知道是否存在Ⅰ型，也不了解利用任何溶剂生产Ⅰ型的方法。本领域技术人员

---

❶ 赵菁，劳芳. 晶型转变引发的专利诉讼 [J]. 中国发明与专利，2016（9）：123 – 126.

❷ LEAGLE. In re Armodafinil Patent Litigation Inc.（'722 Patent Litigation），939 F. Supp. 2d456（D. Del. 2013）[EB/OL].（2013 – 03 – 30）[2021 – 05 – 15]. https：//www. leagle. com/decision/infdco20130403990.

❸ 参见 In re O'Farrell，853 F. 2d 894，903（Fed. Cir. 1988）和 In re Kubin，561 F. 3d at 1359 – 60。

仅在专利 US7132570 之后才知道了该方法，该专利鉴定了 I 型阿莫达非尼并详细描述了在缓慢冷却条件下从乙醇中重结晶 I 型的方法。被告不能通过非现有技术的实验来确立显而易见的事实，而是要证明所要求的发明"在完成发明时是显而易见的"。结晶和多态性测试的结果是不可预测的，这需要使用大量可变条件的结晶实验。因此，即使使用结晶实验的一般想法是显而易见的，但是这种不可预测的试验和试错无法使 I 型显而易见，因为所需的测试不仅仅是简单的例行程序。

第二，关于专利 US4927855 是否隐含地公开 I 型阿莫达非尼。

尽管将制备 I 型多晶型物的结果描述为"从乙醇中重结晶"的"白色晶体"形式，但是对于该晶体是否可以是溶剂化物、水合物、多种物质的混合物或不同形式的阿莫达非尼，专利 US4927855 并没有作出任何说明。另外，除了描述"从乙醇中重结晶"之外，专利 US4927855 并没有具体涉及其他可用的结晶条件。关于什么样的条件可能导致产生 I 型多晶型物，专利 US4927855 也没有提供任何指示。

此外，专利 US4927855 所报道的制备产物的熔点没有表明阿莫达非尼是否可以是多晶型的，以及是否与溶剂化物是一致的。有证据表明，溶剂化物的存在并不是假设的，因为后来发现可以形成阿莫达非尼的乙醇溶剂化物。因此，专利 US4927855 公开的由乙醇制备的"白色晶体"并没有暗示本领域技术人员阿莫达非尼是多晶型的。相反，除了公开"白色晶体"之外，专利 US4927855 并没有公开所描述的物质的其他信息。

第三，审判决定。

审判长 Gregory M. Sleet 认为，被告没有清楚且令人信服地表明：所声称的阿莫达非尼晶型是实践现有技术专利"必要的并且不可避免的结果"。对于本领域普通技术人员来说，专利 US7132570 所要求保护的阿莫达非尼 I 型多晶型物相对于现有技术是非显而易见的。

审判长 Sleet 禁止被告（Watson、Sandoz、Lupin 和 Apotex）制造、使用、许诺销售或销售它们仿制的阿莫达非尼 ANDA 产品，并在覆盖（−）–莫非达尼（商品名 Nuvigil）的美国塞法隆（Cephalon）公司专利期限届满之前进一步禁止 FDA 批准被告的 ANDA。

2.3.4　中国创造性评判标准与实践

1. 中国评判标准

第 391 号修订第二部分第十章第 6.1 节第（1）项和第（2）项：

（1）判断化合物发明的创造性，需要确定要求保护的化合物与最接近现有技术化合物之间的结构差异，并基于进行这种结构改造所获得的用途和/或效果确定发明实际解决的技术问题，在此基础上，判断现有技术整体上是否给出了通过这种结构改造以解决所述技术问题的技术启示。

需要注意的是，如果所属技术领域的技术人员在现有技术的基础上仅仅通过合乎逻辑的分析、推理或者有限的试验就可以进行这种结构改造以解决所述技术问题，得到要求保护的化合物，则认为现有技术存在技术启示。

（2）发明对最接近现有技术化合物进行的结构改造所带来的用途和/或效果可以是获得与已知化合物不同的用途，也可以是对已知化合物某方面效果的改进。在判断化合物创造性时，如果这种用途的改变和/或效果的改进是预料不到的，则反映了要求保护的化合物是非显而易见的，应当认可其创造性。

2. 中国评判案例

案例 1 是无锡药兴医药科技有限公司与北京天衡药物研究院关于四苄基伏格列波糖专利权无效行政纠纷案❶。

该案涉及发明名称为"四苄基伏格列波糖的结晶及制备方法"（专利号为 ZL200610061713.4、申请日为 2006 年 7 月 17 日）的发明专利（以下简称"涉案专利"），其授权公告时的权利要求 1 如下所示。

1. 一种结晶形式的四苄基伏格列波糖，其化学名为（1S）-（1（羟基），2，4，5/ 1，3）-2，3，4-三-氧-苄基-5-[（2-羟基-1-（羟甲基）乙基）氨基]-1-碳-苄氧基甲基-1，2，3，4-环己烷四醇，结构式如下所示：

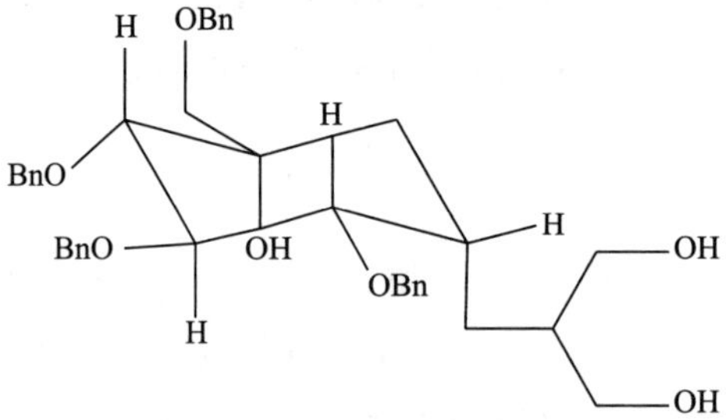

其特征为：

具有图 5 所示的四苄基伏格列波糖结晶粉末的 X-射线衍射图；

具有图 6 所示的差示扫描量热分析图；

具有图 7 所示的红外光谱图特征。

证据 1（US4824943）的实施例 6 公开了中间体四苄基伏格列波糖的制备方法，并公开了经硅胶柱层析用乙酸乙酯洗脱，制备得到白色粉末状四苄基伏格列波糖的纯化方法；实施例 7 公开了目标产物伏格列波糖的制备方法，该目标产物经乙醇处理析出无色结晶。

涉案专利的权利要求 1 与证据 1 的区别在于，权利要求 1 保护的是具有某种具体结晶形式的四苄基伏格列波糖，而证据 1 没有公开其白色粉末状四苄基伏格列波糖的堆积形态。涉案专利中并未提及现有技术存在固体形态的四苄基伏格列波糖。因此，该

---

❶ 参见北京市高级人民法院（2010）高行终字第 510 号行政判决书。

案的焦点在于：现有技术中是否存在制备结晶形式的四苄基伏格列波糖的技术启示。

关于此案，国家知识产权局专利复审委员会、一审、二审法院均认为：某种化合物是否存在晶体形式、存在多少种晶体形式以及存在何种晶体形式是客观存在的，且晶体一般是对已知化合物采用常规结晶方法后得到的必然产物，因此，只要某种化合物确实存在采用常规结晶方法就能够获得的晶体，本领域的技术人员如果想要获得该化合物的晶体，并不需要创造性的劳动就可以获得。对于本领域的技术人员来说，存在制备晶体形式化合物的普遍动机，若发明方式采用的制备方式是本领域的常规技术手段，则由已知化合物制备获得该化合物的晶体是显而易见的，除非所述晶体具备预料不到的技术效果，否则晶体产品不具备创造性。❶

最终国家知识产权局专利复审委员会作出涉案专利包括权利要求 1 在内的所有权利要求全部无效的审查决定，一审、二审法院维持了国家知识产权局专利复审委员会所作的无效宣告请求审查决定。

案例 2 是"合成伊伐布雷定及其与药学上可接受的酸的加成盐的新方法"（专利号为 ZL200510051779.0）发明专利无效宣告请求案❷。

涉案专利的申请日为 2005 年 2 月 18 日，优先权日为 2004 年 4 月 13 日，其授权公告时的权利要求 15 如下所示。

15. α 晶型的式（Ia）伊伐布雷定盐酸盐：

（Ia）

其特征在于用……测定下列粉末 X – 射线衍射图谱，以射线位置（Bragg's 角度 2θ，用度表示）、射线高度（以计数表示）、射线面积（以计数×度表示）、半高射线宽度（"FWHM"，以度数表示）和晶面距离 d（以 Å 表示）来表示：

射线号	角度 2θ（度）	高度（计数）	面积（计数×度）	FWHM（度）	晶面间距离（Å）
1	4.1	1341	177	0.1338	21.486
2	7.7	……	……	……	……
……	……	……	……	……	……

证据 1（US5296482A，公开日为 1994 年 3 月 22 日）的实施例 2 公开了一种伊伐布

---

❶ 劳芳，赵菁. 从专利无效、行政诉讼的案例看药物晶型的创造性 [J]. 中国发明与专利，2016，2：110 – 115.

❷ 参见中国专利复审与无效决定第 31365 号。

雷定盐酸盐化合物的制备方法，并且具体公开了：（＋）－7，8－二甲氧基－3－{3－
{N－[（4，5－二甲氧基苯并环丁烷－1－基）甲基]－N－（甲基）氨基}丙基}－1，
3，4，5－四氢－2H－3－苯并氮杂草－2－酮单盐酸盐，具体公开了将14.9ml 0.1N
HCl加入0.7g（＋）－7，8－二甲氧基－3－{3－{N－[（4，5－二甲氧基苯并环丁烷－
1－基）甲基]－N－（甲基）氨基}丙基}－1，3，4，5－四氢－2H－3－苯并氮杂草
－2－酮中，全体搅拌，过滤，浓缩，并从5 ml乙腈中进行重结晶，得到0.5 g对应的
单盐酸盐（产率55%），熔点（瞬时）135～140℃。

涉案专利的权利要求1与证据1的区别在于，权利要求15限定了伊伐布雷定盐酸
盐具体的晶型以及PXRD数据，而证据1实施例2没有公开其具体的晶型，也没有相应
的粉末衍射图谱。

国家知识产权局专利复审委员会认为，除了涉案专利的说明书第4页第3～4行描
述了"按照本发明的方法生成的伊伐布雷定盐酸盐的晶体为α－型，其轮廓分明，可
完美再现，并且就过滤、干燥、稳定性和方便配制而言，这是特别有价值的特性"之
外，涉案专利的说明书中没有记载晶型α是否具有其他与效果相关的性能，尤其是没
有记载在制备药物组合物❶时晶型α性能有何不同。因此，涉案专利的权利要求15相
对于证据1并未取得更好的效果，其实际解决的技术问题仅仅是提供一种具有不同晶
型的伊伐布雷定盐酸盐晶体。对于本领域技术人员而言，已知许多有药用价值的化合
物呈现出多晶型现象，对药物化合物进行晶体学研究，是药物设计研究的重要内容。
多晶型现象在本领域中是一种普遍存在的现象。对于多晶型药物的研究，本领域中采
用重结晶法制备多晶型药物的技术也已相对成熟。因此，本领域技术人员出于寻找制
备过程更方便快捷或提高药物化合物稳定性的目的，有动机结合其他现有技术和公知
常识进行其他晶型的实践尝试，选择性质更优的晶型，继而对所获晶体的具体技术参
数（例如粉末X射线衍射图谱）进行测定，从而形成涉案专利的权利要求15的技术方
案，其效果差异也是可以预见的。

最终国家知识产权局专利复审委员会作出涉案专利包括权利要求15在内的权利要
求15～20无效的审查决定。

案例3是"6－羟基－2－萘甲酸柱状晶体及其制备方法"（专利号为
ZL00802360.3）发明专利权无效宣告请求案。❷

涉案专利的申请日为2000年8月18日，优先权日为1999年8月24日，其授权公
告时的权利要求6如下所示。

6.6－羟基－2－萘甲酸柱状晶体，其X射线衍射结果图具有图1、2、4、6或9所
示的峰。

❶ 涉案专利ZL200510051779.0的权利要求16：药物组合物，该药物组合物包括作为活性组分的根据权利要
求15的α晶形的伊伐布雷定盐酸盐与一种或多种药学上可接受的惰性无毒载体。
❷ 参见中国专利复审与无效决定第21950号。

对于涉案专利权利要求 6 的化学产品的用途或效果，说明书中有如下相关描述：6 - 羟基 - 2 - 萘甲酸可以用作各种工业原料，特别是染料、颜料和树脂等的原料。这种化合物通常是将科尔伯 - 施密特（Kolbe - Schmitt）反应得到的物质用水或水/醇类溶剂重结晶得到的产品。这样得到的晶体呈薄鳞片状，表观比重小，休止角大，而且流动性低。因此，存在产品的操作性，特别是搬运性、填充性和贮藏性差的问题。该发明提供了一种制备表观比重高，流动性优良的 6 - 羟基 - 2 - 萘甲酸的方法。按照本发明的方法，得到了柱状晶体，结果表观比重变高，相应地可以减少贮存和搬运体积，其流动性变高，因此可以减少装料斗内的搭桥阻塞、输送管道的附着故障，容易用输送机搬运。因此，填充操作容易。

证据 9（GB2174706A，公开日为 1986 年 11 月 12 日）公开了经过从乙腈中重结晶获得的粗品 BON - 6（6 - 羟基 - 2 - 萘甲酸），制得纯度高于 99% 的精制 BON - 6。

合议组认为，在化学结构相同的前提下，晶型的不同仅反映在与分子排列有关的化合物的微观空间结构上存在不同，这种不同通常并不改变化合物的活性。因此，在化合物的化学结构完全相同或其核心结构相同的情况下，通常认为化合物晶体发明与现有技术中的已知化合物或已知晶体在结构上接近。同时，所属领域的技术人员已知，将化合物制成晶体形式后，由晶体自身的特点决定了其可能具备相对稳定、纯度高、易于处理操作等优点，故在完成化合物产品的开发后，继而研究更具有利用价值的晶体在所属领域是非常普遍的研究思路，而且，这样的研究通常也是利用所属领域公知的晶体知识和结晶手段来完成的。在此情形下，晶体要具有创造性，则应当相对于与之化学结构接近的已知化学产品具有预料不到的技术效果。涉案专利相对于证据 9 实际解决的技术问题是提高产品的表观比重和流动性，从而获得更好的产品的操作性，所采用的手段是将晶体的外观形态改为柱状。但对于所属领域技术人员而言，其既知晓柱状是晶体的常见外观形态，也了解该形态晶体所具有的一些相应特点，因而根据涉案专利晶体的这种外观形态即可容易地想到，其相对于现有技术的鳞片状外观的晶体，可以获得表观比重和流动性能方面的提高，并由此使产品的操作性能也获得改善，因此，在根据说明书的记载无法确定这种晶体形态的改变能使涉案专利晶体具有预料不到技术效果的情况下，该涉案专利晶体不具有创造性。❶

2.3.5 中美创造性评判差异及启示

在美国，联邦巡回上诉法院已经注意到，就"结果是预料不到的"而言，药物是一个"不可预测的艺术"，但是它也认识到：根据 KSR 案，"有限数量的已确定的可预测的解决方案或替代方案"的证据可以支持显而易见的推论。❷ 因此，评判晶型药物的

---

❶ 国家知识产权局专利复审委员. 以案说法：专利复审. 效典型案例指引［M］. 北京：知识产权出版社，2018：207 - 208.

❷ 参见 *Eisai Co. Ltd. v. Dr. Reddy's Labs. Ltd.*，533 F. 3d 1353，1359（Fed. Cir. 2008）。

创造性时，美国与欧洲似乎一致❶，美国审查员和法官似乎并不太关注于预料不到的技术效果，而主要关注于从药物本身的结构出发，综合现有技术中关于该药物是否存在其他已知晶型以及是否存在结晶方法、条件的教导，考量制得某种特定晶型的成功预期高低，进而得出结论。

然而，在中国，中国审查员和法官一般认为，药物多晶型是在本领域中是普遍存在的现象，尽管新晶型的制备带有一定的不确定性，但仅是制备出一种新的晶型并不当然意味着该晶型具有了专利法意义上的创造性，药物新晶型的创造性必须结合其能够实现的技术效果进行考量。❷ 对于本领域的技术人员来说，存在制备晶体形式化合物的普遍动机。当所要求保护的发明对于现有技术的贡献仅是提供了一种新的晶型，但该晶型并不具有预料不到的技术效果时，则该晶型通常不能被认为是非显而易见的。因此，评判药物晶型的创造性时，中国审查员和法官主要关注新晶型的预料不到的技术效果，若要在中国获得授权并维持权利要求的稳定性，在专利申请文件中不仅需要记载化合物新晶型的确认数据，还需要记载能够证明新晶型所具有的技术效果的以下一种或多种具体的实验数据，例如稳定性、水中的溶解度、生物利用度、生物活性、可加工性、溶出度和溶出速率等，以满足创造性评判中对于"新的晶型需具有预料不到的技术效果"的要求，其中"预料不到的技术效果"需超出所属技术领域技术人员的事先预期或者推理，或者具备常规晶体共有特性之外的其他新性能。❸ 因此，在晶型创造性评判中，考虑现有技术的公开情况是非常重要的，因为不同的现有技术公开情况，将可能导致不同的创造性判断结果。例如，一种情况是，如果现有技术公开了化合物多晶型的若干技术效果（例如稳定性、吸湿性和溶解度），而涉案专利所要求保护的化合物晶型表现出的技术效果仅是上述所涉及的技术效果的改进，那么对于本领域技术人员来说，基于现有技术和晶体领域的相关公知常识，涉案专利所要求保护的化合物晶型的技术效果通常是可以预期的❹；另一种情况是，如果现有技术仅公开了化合物和/或其晶型，但没有公开相关晶体性质（例如稳定性、吸湿性和溶解度）的实验数据，那么对于本领域技术人员来说，基于现有技术和晶体领域的相关公知常识，涉案专利所要求保护的化合物晶型的技术效果通常是预料不到的。❺

笔者通过比较中美药物晶型专利的创造性评判标准并对相关案例进行解析，以期为我国医药企业的晶型药物专利申请获得授权和维护授权专利稳定性提供参考与借鉴。由于中美两国关于药物晶型的创造性评判标准的差异，当中国医药企业关于晶型药物向美国提交专利申请时，应当对新晶型的各种技术效果进行充分和深入的研究，并将

---

❶ 韩镭，王青华. 浅析欧专局药物多晶型创造性评述及对制药行业的启示［J］. 中国发明与专利，2017（5）：75－78.

❷ 参见最高人民法院（2019）最高法知行终 12 号行政判决书。

❸ 白光清，袁杰，夏国红. 药物晶型专利保护［M］. 北京：知识产权出版社，2016：24.

❹ 参见中国专利复审与无效决定第 49520 号。

❺ 参见中国专利复审与无效决定第 43447 号和第 37540 号。

实验数据结果详尽地记载于原始申请文件中，以展现新晶型有益的技术效果，并对与涉案申请相关的药物化合物的晶型研究情况进行深入的调查和研究；当面对关于药物晶型创造性的审查意见时，应当结合药物化合物本身的结构特点，从不同的角度对创造性进行争辩，例如现有技术是否教导了该药物化合物存在多晶型现象、通过常规实验和技术能否获得该新晶型以及结晶实验中是否使用了大量可变条件、对于找到新晶型是否有合理的成功预期等角度，从而使药物晶型专利在美国获得授权。而当我国医药企业关于晶型药物向中国提交专利申请时，除了上述这些内容之外，更应当基于现有技术的状况设计相应的比较试验以证明预料不到的技术效果。

2.4　前药、代谢物和中间体

前药（prodrug），也称前体药物、药物前体或前驱药物等，是指药物经过化学结构修饰后得到的在体外无活性或活性较小、在体内经酶或非酶的转化释放出活性药物而发挥药效的化合物。[1]

设计前药分子结构时，要仔细考虑以下几个重要因素：①活性药物：哪些官能团可以被修饰；②修饰基团：引入的修饰基团应该是安全的，且在体内能够被快速清除，修饰基团的选择还应该考虑病情、用药剂量和疗程等情况；③活性药物和前药：应该充分了解它们的吸收、分布、代谢、排泄及药代动力学特征；④分解副产物：它们会影响活性药物化学和物理学方面的稳定性，还会生成新的分解副产物。

在前药设计中常用的官能团有羧基、羟基、氨基、磷酸盐/磷酸酯和羰基等。前药通常由这些官能团的修饰产生，包括酯、碳酸酯、氨基甲酸酯、酰胺、磷酸酯和肟。其他不常用的官能团在前药设计中也可能用到，例如，巯基能发生和羟基类似的反应，人们很容易想到引入硫醚、硫脂等修饰基团；由胺可以衍生出亚胺、N - 曼尼希（N - Mannich）碱。[2]

在药物研发过程中，某些药物存在生物利用度不足、靶向性较差、毒性与副作用较大、性质不稳定、溶解性较差以及胃肠代谢首过效应强等缺陷。为了克服这些缺陷，提高药物的治疗效率，研发人员通常会将其制备成前药。例如，HIV 蛋白酶抑制剂沙奎那韦、茚地那韦和奈非那韦，分别合成各种含酰基和氨基甲酰葡萄糖的前药。该前药在体内通过细胞内酶的水解作用在细胞内释放出活性药物，从而改善了 HIV 蛋白酶抑制剂穿过肠和血脑屏障的转运率以及它们对中枢神经系统的渗透率。[3] 以下将从前药侵权性质认定出发，引出专利间接侵权的法律概念，通过欧美国家相关案例对专利间

[1] 尤启东. 药物化学 [M]. 2 版. 北京：化学工业出版社，2015：31 - 33.

[2] 吕玉健，周宁，孟庆国. 前药：设计及临床应用 [J]. 国际药学研究杂志，2008，35（5）：377 - 380.

[3] ROUQUAYROL M, GAUCHER B, GREINER J, et al. Synthesis and anti - HIV activity of glucose - containing prodrugs derived from saquinavir, indinavir and nelfinavir [J]. Carbohydrate Research, 2001, 336（3）：161 - 180.

接侵权概念进行实践阐述，并对中国中间体侵权相关案例进行解析，通过引入不同的观点，以期从不同角度为我国医药企业的前药、代谢物和中间体的专利布局、维权和抗辩提供参考与借鉴。

2.4.1 前药侵权性质认定

前药既能提高药物生物利用度、增加药物稳定性、减少毒副作用、促使药物长效化，又能避免直接制备活性药物。前药经人体内吸收、代谢、分布等过程转化成活性药物，进而发挥疗效。为此，制备活性药物的前药能否规避活性药物专利成为仿制药企业密切关注的热议话题。❶

传统的专利侵权判断原则为全面覆盖原则，在判断被控侵权技术方案是否落入专利权保护范围时，应当将被诉侵权技术方案的技术特征与专利权利要求记载的全部技术特征进行对比。如果被控侵权技术方案缺少权利要求记载的一个或者一个以上的技术特征，或者被控侵权技术方案有一个或者一个以上的技术特征与权利要求记载的相应技术特征不相同也不等同，应当认定被控侵权技术方案没有落入专利权的保护范围。当被控侵权物缺少权利要求中的某个技术特征时，不再构成侵权，不再适用"多余指定原则"（将省略的技术特征认定为非必要技术特征，被控侵权物中即使缺少该非必要技术特征，仍可以认定构成侵权）和"改劣实施论"（被控侵权人故意改变或减少权利要求中的一个技术特征，使被控侵权物在性能和效果上明显劣于专利技术，仍应当适用等同原则认定为构成侵权）❷。

除了全面覆盖原则，侵权判断过程中还会涉及等同原则。等同原则在大多数国家和地区得到适用，其基本概念是：虽然侵权产品或方法并没有从字面意思上落入涉案专利权利要求的保护范围，但是该侵权产品或方法等同于涉案专利所要求保护的发明创造，该侵权产品或方法根据等同原则应当被认为已经构成侵犯专利权，即被控侵权产品或方法与发明专利中的技术特征之间的差别是非实质性的，该被控侵权产品或方法也存在一定的被人定位为与发明专利具有"相当性"的可能性，从而构成侵权。等同原则的核心在于判断被控侵权产品或方法的某一特征与发明专利权利要求中的某一近似特征是否属于等同特征，等同特征是指与涉案专利权利要求所记载的技术特征以基本相同的手段，实现基本相同的功能，达到基本相同的效果，并且本领域普通技术人员在被诉侵权行为发生时无须经过创造性劳动就能够联想到的特征。

由于前药为活性药物的结构修饰物，二者的化学结构必然存在不同，不构成相同侵权。此外，设计前药的根本目的在于改善药物的药代动力学性质、改善溶解性、消

---

❶ SIMONANNM. 涉及前药、代谢物、中间体的"药物侵权"问题 [EB/OL]. (2018 – 03 – 30) [2021 – 05 – 15]. https：//mp. weixin. qq. com/s/51LHej0VzzPl5Yp_SNakSw.

❷ 闫文军. 从多余指定原则、改劣实施论到全面覆盖原则：张建华与沈阳直连高层供暖技术有限公司、沈阳高联高层供暖联网技术有限公司侵犯实用新型专利权纠纷案 [J]. 中国发明与专利, 2019, 16 (2)：112 – 115.

除不适宜的制剂性质、延长药物作用时间、降低药物的毒副作用以及提高作用部位的特异性等，因此无论从技术手段还是从技术效果而言，明显与活性药物不同，甚至前药取得了"预料不到的技术效果"，从而无法适用于等同原则。

原研药企业在研发获得新的药物分子实体后，通常会立即以马库什权利要求的形式申请相关专利，保护活性药物的核心骨架结构，并在得到说明书支持的情况下，尽可能地扩大权利要求的保护范围。但是，因为前期研发不够充分或者专利撰写存在失误，化合物的核心专利有时可能未包括前药的分子结构。仿制药企业则利用此机会，开发前药以规避原研化合物专利。例如，氯沙坦钾专利于 2008 年保护期限届满。艾力斯生物医药有限公司与深圳信立泰药业股份有限公司通过改造氯沙坦钾侧链羟基制得阿利沙坦酯，其是氯沙坦钾经肝代谢产生的活性成分 EXP-3174 的前药，效果较氯沙坦钾强，有较强的降压降尿酸作用，并于 2013 年 9 月获得国家食品药品监督管理总局批准上市❶，被世界卫生组织（World Health Organization，WHO）列为一线降压药物，国内专利有效期至 2026 年。

但是，在前药经体内转化获得的化合物落入已授权专利化合物保护范围的情况下，仿制药企业制备前药给予患者使用，使其在患者体内产生活性代谢物，直接导致患者对专利产品的使用，并且从前药最终发挥药效的化学成分角度出发，不管仿制药企业提供何种形式的前药，在患者体内最终发挥药效的活性分子依然是化合物核心专利所要求保护的化学分子，如果制备前药的行为不属于侵权行为，客观上损害了专利权人本应当享有的收益和市场，存在主观故意。若纵容这种行为，则与我国"鼓励发明创造，促进科技进步"的立法宗旨不符。

对此，"间接侵权"制度从某种程度上解决了上述问题。

2.4.2　专利间接侵权法律制度

目前，我国《专利法》中没有关于专利间接侵权的明确规定，"间接侵权"主要规定在《民法典》第 1169 条"教唆、帮助他人实施侵权行为的，应当与行为人承担连带责任"。此外，以共同侵权责任承担方式的规定为依据，通过《最高人民法院关于审理侵犯专利权纠纷案件应用法律若干问题的解释（二）》第 21 条对帮助侵权与教唆侵权对间接侵权行为进行规制：

明知有关产品系专门用于实施专利的材料、设备、零部件、中间物等，未经专利权人许可，为生产经营目的将该产品提供给他人实施了侵犯专利权的行为，权利人主张该提供者的行为属于民法典第一千一百六十九条规定的帮助他人实施侵权行为的，人民法院应予支持。

明知有关产品、方法被授予专利权，未经专利权人许可，为生产经营目的积极诱

---

❶　彭晓琦，邓声菊. 中美前药制备专利侵权风险判定规则初探 [J]. 中国新药杂志，2017，26（8）：860-864.

导他人实施了侵犯专利权的行为，权利人主张该诱导者的行为属于民法典第一千一百六十九条规定的教唆他人实施侵权行为的，人民法院应予支持。

从上述第21条"实施了侵犯专利权的行为"的表述可以看出，在中国，间接侵权通常需要以直接侵权的存在为前提，但在具体司法实践过程中，人民法院又对已被普遍采纳的间接侵权认定标准有所发展。例如，在通信领域的西电捷通诉索尼（中国）专利侵权案（以下简称"西电捷通案"）中，一审、二审法院都明确指出，在某些特殊情况下，由于直接实施专利技术方案的行为人属于"非生产经营目的"的个人（该案中为手机用户），其行为不构成对专利权的侵犯，即不存在直接侵权的行为。如果基于此便认定提供了实施专利技术方案所需专用品的经营者不构成间接侵权，那么会导致相当一部分通信、软件使用方法专利无法获得法律的有效保护，不利于维护权利人的合法权益和鼓励科技创新。

此外，在2018年7月召开的第四次全国法院知识产权审判工作会议上，最高人民法院副院长陶凯元强调要"妥善运用等同侵权、间接侵权等法律制度规则合理拓展知识产权保护空间"，并指出"专利领域中的帮助侵权以被帮助者利用侵权专用品实施了覆盖专利权利要求全部技术特征的行为为条件，既不要求被帮助者的行为必须构成法律意义上的直接侵权行为，也不要求必须将帮助者和被帮助者作为共同被告"。此种表述方式的调整，无疑对我国未来专利间接侵权纠纷例如前药专利侵权纠纷的解决具有极强的指引意义。

美国、日本和德国的专利间接侵权相关规定各具特点，多少都存在差异。以涉及"专用品"的帮助侵权行为为例，在美国和日本，要求存在直接侵权行为，但对该专用品在整个专利技术方案中所起作用是否重要不作考量，而德国对该专用品则要求"与发明的实质性要素相关"，即该专用品必须与发明核心部分相关，但并不要求必须存在直接侵权行为。❶

2.4.3 前药与代谢物专利侵权案例

与前药和代谢物相关的最早案例是英国上议院❷于1977年作出判决的 *Beecham v. Bristol* 案，由于海他西林在体内转化成氨苄西林，法庭认定海他西林的销售商侵犯了他人专利权。英国上议院认为，海他西林没有治疗价值或者其他附加价值。尽管涉案专利权利要求与侵权产品之间存在重要的结构差异，但实质上发挥药效的仍然是氨苄西林。❸海他西林（Hetacillin，别名为缩酮氨苄青霉素）是由氨苄西林（Ampicillin，别名为氨苄青霉素）与丙酮缩合而成，在体内可水解出游离的氨苄西林，海他西林的作

---

❶ 尹新天. 专利权的保护 [M]. 2版. 北京：知识产权出版社，2005：527–528.

❷ 2009年10月1日，英国最高法院正式成立，取代英国上议院成为英国的最高终审司法机构。

❸ DIVISION J C. Beecham group limited v. bristol laboratories limited and others [J]. Reports of Patent Design & Trade Mark Cases, 1978, 5：153–204.

用比氨苄西林持久，口服应用血尿浓度比氨苄西林高，分布更广。

美国司法界对于涉及前药与代谢物的专利侵权案件往往采用：①"体内转化理论"，即针对化合物权利要求而言，专利权人还需要证明涉诉案件的确存在被诉侵权行为，使得药物在体内被转化为活性化合物；②"内在预期理论"，即内在的现有技术预期了整个发明以及发明中的每个要素。

针对"体内转化理论"，美国法院存在两种截然不同的判决。例如，在 *Ortho v. Smith* 案中，法院通过测定血液中存在诺孕酯的代谢物，并基于其与服用诺孕酯能够达到以相同方式获得同样的避孕效果，从而认定侵权行为成立；然而，在 *Marion v. Baker* 案中，涉诉专利保护特非那定酸代谢物 TAM，专利权人认为 Baker 公司的产品在体内转化为 TAM。地区法院认为，TAM 为化学合成物，并非来自于体内转化，从而判定原告不侵权。具体理由包括：①该专利权利要求和说明书表明该药物只能通过合成得到；②专利说明书中没有提及通过体内新陈代谢转化得到该产品；③从专利审查过程和诉讼程序来看，专利权人描述的 TAM 都是"实质上纯的"。❶

针对"内在预期理论"，在 *Schering v. Geneva* 案中，美国联邦巡回上诉法院认为，Schering 公司针对口服氯雷他定代谢物去羧乙氧基氯雷他定（Desoloratadine）的涉案专利 US4659716 所要求保护的权利要求被 Schering 公司较早提交的披露母体化合物氯雷他定专利 US4282233 所内在预期。具体而言，尽管现有技术未对去羧乙氧基氯雷他定的"任何部分"进行明确描述，但由于以易于检测的量形成的代谢物去羧乙氧基氯雷他定是遵循在先专利 US4282233 中描述的施用氯雷他定的方法的"自然结果"，去羧乙氧基氯雷他定将不可避免地产生并作为代谢物存在，因此在先专利 US4282233 内在预期了去羧乙氧基氯雷他定作为化合物的权利要求。❷

2.4.4　代谢物专利布局案例

在进行化合物的药物代谢动力学研究时，可能会有意外发现：某一种或几种代谢物比药物本身的活性更强或者毒性更低。例如，辉瑞公司（原惠氏）原研的抗抑郁药盐酸文拉法辛（商品名为怡诺思），其于 1993 年 12 月 28 日在美国获得 FDA 批准上市，化合物专利已于 2008 年过期。而为了对抗仿制药的激烈竞争，避免专利悬崖的出现，以及填补怡诺思专利到期后可能出现的市场空缺，辉瑞公司特意推出琥珀酸去甲文拉法辛（商品名为 Pristiq），并于 2008 年获得 FDA 批准，用于治疗成人抑郁症。琥珀酸去甲文拉法辛是盐酸文拉法辛的活性代谢产物（少一个甲基）的特定盐型，其抗抑郁的效果与文拉法辛相似，但可明显降低因药物相互作用引起的风险。琥珀酸去甲文拉法辛的化合物专利 US6673838 于 2022 年 2 月 11 日才到期，相当于是将盐酸文拉法辛的

---

❶ 彭晓琦，邓声菊. 中美前药制备专利侵权风险判定规则初探［J］. 中国新药杂志，2017，26（8）：860 – 864.

❷ DANIEL M. BECKER. D M Inherent anticipation［J］. Nature Reviews Drug Discovery，2005，4：451.

专利保护期延长了 14 年。❶

舍曲林（Sertraline），其化学名为（1S，4S）－顺式－4－（3，4－二氯苯基）－1，2，3，4－四氢－N－甲基－I－萘胺，商品名为左洛复（Zoloft），是辉瑞公司研制的选择性 5－羟色胺再摄取抑制剂（selective serotonin reuptake lnhibitor，SSRI），也是美国处方量最大的抗抑郁品牌药，其化合物专利 US4536518 已于 2006 年 6 月 30 日到期。在人类受试者中，已证明舍曲林代谢成（1S，4S）－顺式－4－（3，4－二氯苯基）－1，2，3，4－四氢－I－萘胺，其也被称为去甲舍曲林或降舍曲林。在舍曲林化合物专利到期之前，美国塞普拉科公司于 2003 年 9 月 16 日提交专利申请 CN03822016.4 并获得授权（授权公告号为 CN100584818C），其发现舍曲林的代谢物去甲舍曲林的反式化合物，即反式 4－（3，4－二氯苯基）－1，2，3，4－四氢－I－萘胺及其甲酰胺对治疗由单胺活性介导的 CNS 相关病症有用，与当前的治疗标准相比，其产生的副作用减小。可治疗的 CNS 病症包括但不限于心境障碍、焦虑病症、行为异常、进食障碍、药物滥用以及性功能障碍。

2.4.5　中间体专利侵权案例

目前在我国，还没有与前药转化为体内代谢化合物相关的专利侵权诉讼案例。比较类似的有重庆新原兴药业有限公司与诺瓦提斯公司（诺华公司原名称）专利侵权纠纷案❷，该案涉及生产、销售和许诺销售涉案专利权利要求中没有保护的中间体是否构成侵权的问题。

涉案专利的申请号为 CN93103566.X，申请日为 1993 年 4 月 2 日，发明名称为"嘧啶衍生物及其制备方法和用途"，专利权人为诺瓦提斯公司。

甲磺酸伊马替尼是原告专利权人的专利产品，其商品名为格列卫（Glivec），于 2001 年 5 月 10 日由 FDA 首先批准上市，主要用于治疗慢性骨髓性白血病（chronic myeloid leukemia，CML），中国于 2002 年 4 月 17 日批准进口。

被告（重庆新原兴药业有限公司）在其公司网站（www.cqpharm.cn）的产品介绍中列明了甲磺酸伊马替尼和伊马替尼的中间体：①哌嗪苯甲酸（CAS：106261－49－8）；②硝基物（CAS：152460－09－8）；③氢化物（CAS：152460－10－1）。在调查人员对被告的走访过程中，被告向调查人员出示了甲磺酸伊马替尼和伊马替尼的中间体的实物样品，并提供了被告的公司介绍、产品目录及其对于甲磺酸伊马替尼的介绍。在被告提供的甲磺酸伊马替尼的介绍材料中详细列出了甲磺酸伊马替尼及其中间体硝基物与氢化物。被告还在 2007 年 11 月 6 日向调查人员出售了甲磺酸伊马替尼及其中间体哌嗪苯甲酸与氢化物。

---

❶　黄璐，钱丽娜，张晓瑜，等. 医药领域的专利保护与专利布局策略［J］. 中国新药杂志，2017，26（2）：139－144.

❷　参见重庆市高级人民法院（2008）渝高法民终字第 230 号民事判决书。

至于被告未经原告许可，生产、销售和许诺销售中间体的行为性质问题，一审法院认为，首先，根据该案查明的情况，该三种中间体除用于制备伊马替尼和甲磺酸伊马替尼外并无其他商业用途，被告出售该三种中间体必然导致买受人将其用于制造侵犯原告专利权的伊马替尼和甲磺酸伊马替尼产品；其次，被告在其网站上明确说明前述中间体为制造伊马替尼和甲磺酸伊马替尼的中间体，故被告对其行为必然导致前述后果是明知的。基于此，尽管前述中间体并未直接落入原告涉案专利的权利要求保护范围内，但被告制造、销售该中间体必然导致买受人实施侵犯原告专利权的行为，且被告对该后果是明知的，故被告构成间接侵权。

被告不服一审判决，提起上诉并在二审开庭审理前提交了一份发明名称为"苯并噻嗪二氧化物的衍生物的制备方法"的发明专利申请审定说明书，申请日为 1986 年 5 月 28 日，申请人为美国辉瑞公司。该说明书披露了一些化合物的制备方法，这些化合物作为已知的昔康（OXICAM）类非甾体消炎镇痛药的前体药物形式，在治疗上是有用的。该说明书中的实验方法制备 C 中合成了哌嗪苯甲酸二盐酸盐半水合物，该半水合物在制备 P 中用于生成哌嗪苯甲酰氯二盐酸盐，而后者是涉案专利说明书和权利要求书所披露的新化合物之一的起始原料。原告诺瓦提斯公司在二审中承认哌嗪苯甲酸二盐酸盐与哌嗪苯甲酸盐是同一种化合物。

二审法院针对上诉人提交的上述证据指出，根据上诉人（一审原告）在二审提供的发明名称为"苯并噻嗪二氧化物的衍生物的制备方法"的发明专利申请审定说明书，哌嗪苯甲酸或其盐酸盐曾经作为中间体用于合成某种已知药物的前药，因此可以认为哌嗪苯甲酸具有其他用途。但是即便如此，新原兴公司在网站、书面宣传材料以及实际销售行为中明确将哌嗪苯甲酸作为甲磺酸伊马替尼的中间体进行许诺销售和销售。新原兴公司二审审理期间才提供其他用途证据的做法也证明了新原兴公司在该案纠纷发生前并没有意识到哌嗪苯甲酸尚具有其他用途，而是完全将其用于制造甲磺酸伊马替尼的。因此，新原兴公司销售和许诺销售哌嗪苯甲酸就是为了诱导直接侵权的发生，已经构成对涉案专利的间接侵权。当然，由于哌嗪苯甲酸具有其他用途，并非专门用于制造甲磺酸伊马替尼，新原兴公司只要不以任何能够让人把哌嗪苯甲酸和伊马替尼或甲磺酸伊马替尼联系起来的方式销售哌嗪苯甲酸，法律上是允许的。

2.4.6　启示与不同的声音❶

由上述中国和美国案例可知，当仿制药企业面临原研药企业涉及前药、代谢物或中间体相关的专利侵权诉讼时，除了现有技术抗辩和先用权抗辩以外，仿制药企业还可提供证据证明前药、代谢物或中间体具有其他用途，并非专门用于制造或产生涉案专利原研药；从涉案专利原研药为化学合成物，并非来自于体内转化；从现有技术已

---

❶　Dylan404. 关于"前药、代谢物、中间体侵权问题"的几点商榷［EB/OL］.（2018 - 03 - 31）［2021 - 05 - 15］. https：//mp. weixin. qq. com/s/0jllEoAyrP3gErz0WfuIxA.

经内在预期了涉案专利保护内容的角度进行争辩。

此外，也有人认为，将民法典规定的"间接侵权"类推适用至前药与代谢物的专利侵权判定中还需要经过更多的讨论和思考。主要包括以下三点理由。

（1）经"全面覆盖、等同判定均不侵权的前药"，基于"促进科学技术进步和经济社会发展"的立法解释，不应认为前药侵权。

（2）不能认为人体内的生物代谢过程，是出于生产经营目的；也不能认为羧酸酯酶/CE、细胞色谱 P450 酶/CYP 等酶之所以水解、氧化前药，是因为人（前药生产者、服用药物的患者）有主观上的犯罪动机——主观上希望间接侵犯专利权，从而致使人体内分泌并产生 CE 和 CYP 等酶，并促使 CE 和 CYP 等酶发挥水解和代谢作用，使前药转变为活性成分；主观动机与药物代谢结果之间并没有直接因果关系，不能认定为属于民法上的过错行为，因此不能认为是间接侵权。

（3）专利法限制的对象一般是工业性的生产制造行为，而患者生物体内的代谢、转化过程和现象不应被认为是专利法的规制对象。

2.5 医药用途

在医药工业的实践过程中，发现已知物质或者组合物的新医药用途并不比创造或发现新的物质作为药物更容易，其同样需要较高的研发成本以及较高的失败概率。该医药用途发明无疑应当受到保护，但是已知物质或者组合物的新医药用途应当被授予何种专利权、其权利要求应当如何撰写却成为难题。传统理论认为，如果允许将其撰写成产品权利要求，则无异于对已知物质授予专利权，存在是否符合新颖性的疑问；如果允许将其撰写成用途权利要求，即保护已知物质诊断和/或治疗某种疾病的用途，则形同于对疾病诊断和/或治疗方法授予专利权。❶

以下将从欧洲医药用途权利要求的演变发展过程出发，讲述瑞士型权利要求的兴衰史，并根据美国、欧洲、中国和日本医药用途权利要求撰写方式的不同，阐述其保护范围大小的不同，最后通过相关中国案例阐述已知化合物的新医药用途的新颖性和创造性问题，以期为我国医药企业新医药用途的国内外专利布局以及维护专利稳定性提供参考与借鉴。❷

2.5.1 瑞士型权利要求的演进

为了解决"新医药用途权利要求应当如何撰写"的问题，1973 年制定的《欧洲专利公约》（EPC）对此进行了具有重大意义的限定，即 EPC（1973）第 54（5）条规定：新颖性的规定不应排除任何用于疾病诊断和/或治疗方法的已知物质或者组合物的

---

❶ 尹新天. 中国专利法详解 [M]. 北京：知识产权出版社，2011：345 – 346.
❷ 郑希元，李海霞. "瑞士型权利要求"的发展及在我国的适用问题 [N]. 中国知识产权报，2017 – 03 – 08 (5).

专利性，其条件是这种已知物质或者组合物在申请日之前没有被用于任何疾病的诊断和/或治疗方法。据此，EPC（1973）为已知物质的"首次药用"（第一医药用途）申请专利保护克服了新颖性上的障碍，同时也允许将其撰写成主题名称为"一种用于治疗 Y 病的物质 X"的权利要求，即"以用途限定的产品权利要求"。但是对于已知物质或者组合物的"二次药用"（"第二医药用途"或"进一步医药用途"），却并不认可其新颖性。❶

为了使已知物质或者组合物的"二次药用"能够获得专利保护，瑞士人"发明"了一种新的权利要求类型。该权利要求被称为"以用途限定的产品制备方法权利要求"，例如："物质 X 在制备诊断或治疗疾病 Y 的药物中的用途"。EPO 扩大上诉委员会在 G5/83 决定中肯定了该制药用途型权利要求的形式，其也被称为"瑞士型权利要求"。❷

然而，这一类型的权利要求在被 EPO 认可后却一直面临广泛的争议，其主要存在以下缺陷：首先，上述权利要求是药品制备方法的权利要求，而第二医药用途发明的核心却往往不涉及物质 X 的药品制备过程。因为第二医药用途发明的前提是针对"已知物质或者组合物"，故而无论该"已知物质或者组合物"是天然形成还是人工制造，其制备方法往往已为公众所知。其次，通常情况下，限定制备方法的技术特征仅包括原料、制备步骤、参数条件、药品形态和成分等。如果上述这些特征足够使该制备方法具有新颖性和创造性，就没有必要在权利要求中添加"诊断或治疗疾病 Y"这一技术特征，反之则无谓地缩小了专利权的保护范围。故而，真正为权利要求带来新颖性与创造性的是其"诊断或治疗疾病 Y"的用途，而这一用途又很难表现在药品的制备过程中。❸

针对上述缺陷，2000 年完成修订《欧洲专利公约》（2007 年 12 月 13 日生效，EPC（2000））形成了关于"首次药用"的第 54（4）条和关于"二次药用"的第 54（5）条，这两者均对用途限定产品形式的产品赋予了专利保护。其中，第 54（5）条赋予了用于"二次药用"的已知化学产品以特定用途限定产品形式的产品进行专利保护。这一修订解决了前文所述的两个缺陷：其一，通过成文法的形式赋予了二次药用类型发明的新颖性的法律基础；其二，第 54（5）条的规定使得"二次药用"的已知化学产品的保护不必采用制药用途权利要求这种奇怪和费解的撰写形式，使得其专利权的保护范围趋于统一。尽管这种修订使得瑞士型权利要求已经变得不再必要，但是 EPO 并未明确禁止这种类型的权利要求。因此，瑞士型权利要求依旧存在，而且争议不断。

为了消除瑞士型制药用途专利在法律实践的诸多弊端，2010 年 2 月 19 日，EPO 扩

❶　王国柱，王占军，张超. 第二医药用途发明专利保护问题探析 [J]. 医学与社会，2015，4：23 - 25.

❷　曲燕，欧阳石文，陈欢. EPO 对涉及给药方案的医药用途发明的审查标准：EPO 扩大申诉委员会 G2/08 决定简介 [J]. 中国发明与专利，2010，10：95 - 99.

❸　潘满根. 医药用途权利要求在我国的现状 [J]. 中国发明与专利，2014（11）：82 - 85.

大上诉委员会作出 G 02/08 决定：EPC（2000）第 54（5）条不仅将承认"用于新的疾病适应证用途"的已知药用物质和组合物（例如，一种用于治疗 Y 病的物质 X）的新颖性，还将承认"用于已知疾病适应证的新的治疗方法"的已知药用物质和组合物的新颖性，且其中的"新的治疗方法"包括"新的给药方案"（例如，一种用于治疗 Y 病的物质 X，其特征在于物质 X 的剂量为每天 0.2~1mg；当该给药方案能够产生意想不到的技术效果时，这种权利要求才有可能获得专利授权）。该决定同时裁定，在权利要求主题的新颖性仅通过药物新的治疗用途而获得时，权利要求将不再采取由 G5/83 决定承认的瑞士型权利要求的撰写形式，今后 EPO 将不再承认瑞士型权利要求的合理性。该决定是在 2007 年底生效实施的 EPC（2000）就有关"二次药用"的药品专利政策所作改革的基础上的又一重要政策变化。❶

此后，欧洲专利局审查指南（2017 年修订）对医药用途类发明的新颖性审查又作出具体规定。

（1）对于首次药用，根据第 54（4）条的规定，用于治疗方法的新产品例如化合物或组合物，是可以被授予专利权的。而根据第 53（c）条的规定，"物质或组合物 X 在治疗疾病 Y 中的应用"属于疾病的治疗方法，不应当被授予专利权。然而，"物质 X，用作药物"是可以接受的，只要物质 X 在药物中的用途未知，即使物质 X 本身是已知的。

（2）对于二次药用，根据第 54（5）条的规定，当一种物质或化合物已知能够用于"第一医药用途"，其第二医药用途或其他医药用途依然是可以获得专利授权的，只要该第二医药用途或其他医药用途相对于现有技术具备新颖性和创造性。与首次药用相类似，"物质 X，用于治疗疾病 Y"可以接受，条件是该权利要求相对于公开了物质 X 可以用作药物的现有技术和/或其他现有技术均具备创造性。不同类型的欧洲医药用途权利要求的可专利性情况如表 2-5-1 所示。❷

表 2-5-1　不同类型的欧洲医药用途权利要求的可专利性情况

情形	权利要求	可专利性	适用条款
A	物质 X 在治疗哮喘中的应用	否	第 53（c）条
B	物质 X，用作药物（已知 X 用作除草剂）	是（即使 X 是已知物质，但其药用未知）	第 54（4）条
C	物质 X，用于治疗癌症	是（即使上述 B 情形为现有技术，条件是该项权利要求相对于 B 和/或其他现有技术均具备创造性）	第 54（5）条

---

❶ 肖鹏，冯锴站. 制药用途专利在欧洲的终结及对我国的影响和启示［J］. 知识产权，2010，20（3）：38-45.

❷ 吴立，薛旸. 欧洲医药用途发明专利的审查标准沿革及中欧审查实践对比［J］. 中国新药杂志，2020，29（13）：1449-1455.

续表

情形	权利要求	可专利性	适用条款
D	物质 X，用于治疗糖尿病	是（即使上述 B 和 C 情形为现有技术，条件是该项权利要求相对于 B、C 和/或其他现有技术均具备创造性）	第 54（5）条

2.5.2　医药用途权利要求撰写方式

在中国的专利实践中，对于涉及用于治疗疾病的物质的用途限定的产品权利要求，大多数中国审查员认为，用途特征无法限定物质本身，并且在评价新颖性和创造性时不应被考虑。而少数中国审查员则认为，这类权利要求撰写方式涉及使用该物质治疗疾病，因此属于疾病治疗方法。因此，EPC（2000）所规定的用途限定的产品权利要求在中国是不被允许的。在中国医药领域的发明中，当发现物质或者组合物的医药用途时，只能以制药方法类型的权利要求（瑞士型权利要求）的形式请求保护。因此，当 PCT 进入中国国家阶段时，应当将 PCT 申请文中的诸如"以用途限定的产品权利要求"修改为"物质 X 在制备用于治疗疾病 Y 的药物中的用途"形式的瑞士型权利要求。而美国、俄罗斯的专利法规定：疾病的诊断和治疗方法是可被授予专利权的客体❶，因此当 PCT 进入美国、俄罗斯国家阶段时，物质或者组合物的医药用途发明常见的撰写方式为"一种治疗疾病 Y 方法，其特征在于，给予患有 Y 疾病的患者服用含有物质 X 的药物"。

美国、欧洲和中国上述权利要求撰写方式的保护范围大小如表 2-5-2 所示。

表 2-5-2　不同国家医药用途权利要求撰写方式的保护范围

国家/地区	撰写方式	保护范围	原因
美国	A method for treating disease Y…	最宽	涉及新的治疗方法、新的适应证以及已知疾病的新的治疗方案
欧洲	A substance for use in the treatment…	不宽不窄	涉及新的适应证，以及已知疾病的新的治疗方案，包括给药剂量和给药时间等，而新的治疗方法不予考虑

---

❶　中国《专利法》第 25 条规定，疾病的诊断和治疗方法不授予专利权。但是，用于实施疾病诊断和治疗方法的仪器或装置例如以计算机程序流程为依据的功能模块框架（参见北京知识产权法院（2017）京 73 行初 3261 号行政判决书），以及疾病诊断和治疗方法中使用的物质或材料属于可被授予专利权的客体。

国家/地区	撰写方式	保护范围	原因
中国	Use of a substance in preparation of a medicament for treatment …	最窄	涉及新的适应证以及限定制药过程的特征，而给药剂量、给药时间以及新的治疗方法等不予考虑

此外，日本审查指南第Ⅲ部分第 1 章规定：如果疾病的诊断和治疗方法实施的对象是人，则属于不满足可在产业上利用的要件的发明，属于不被授权的客体；如果疾病的诊断和治疗方法实施的对象是明显排除人体的动物体，则属于可被授权的客体。因此当 PCT 进入日本国家阶段时，药品新医药用途发明常见的撰写方式或者改写为瑞士型权利要求，或者将疾病的诊断和治疗方法的权利要求进一步限定为适用于除人外，或者两者兼而有之。

2.5.3 中国新颖性评判标准与案例

与 EPO（2000）承认"用于已知疾病适应证的新的治疗方法"的已知药用物质和组合物的新颖性（其中"新的治疗方法"包括"新的给药方案"）不同，《专利审查指南（2010）》在第二部分第十章第 5.4 节明确规定，当评价瑞士型权利要求的新颖性时，其新颖性审查应考虑："给药对象、给药方式、途径、用量及时间间隔等与使用有关的特征是否对制药过程具有限定作用，仅仅体现在用药过程中的区别特征不能使该用途具有新颖性。"因此，在中国的专利实践中，审查员通常认为新的给药方案取决于治疗期间医生的治疗计划，因而不对药物的制备起限定作用。换句话说，诸如给药剂量和给药间隔的给药方案通常被认为不对瑞士型权利要求起限定作用，因而涉及新的给药方案的权利要求在中国是不被允许的。

以下通过一个司法案例具体体现上述评判思路。

案例：卡比斯特制药公司与国家知识产权局专利复审委员会、肖某发明专利权无效行政纠纷案。[1]

该案涉及发明名称为"抗生素的给药方法"（专利号为 ZL99812498.2、申请日为 1999 年 9 月 24 日）的发明专利（以下简称"涉案专利"），其授权公告时的权利要求 1 如下所示。

1. 潜霉素在制备用于治疗有此需要的患者细菌感染而不产生骨骼肌毒性的药剂中的用途，其中用于所述治疗的剂量是 3 ~ 75mg/kg 的潜霉素，其中重复给予所述的剂量，其中所述的剂量间隔是每隔 24h 一次至每隔 48h 一次。

---

[1] 参见最高人民法院（2012）知行字第 75 号行政裁定书。

无效宣告请求人肖某针对涉案专利向国家知识产权局专利复审委员会提出无效宣告请求。其提交的证据 6（《玫瑰孢链霉菌及氟链红菌产生的脂肽抗生素》英文文献及其中文译文）公开了在 2mg/kg 每 24h 剂量下，潜霉素显示出有效治疗多种革兰氏阳性感染，在 3mg/kg 每 12h 的剂量下注意到偶发的副作用，并公开了潜霉素的抗菌机理；证据 7（《潜霉素——一种新的抗革兰氏阳性菌感染药物》英文文献及其中文译文）公开了潜霉素可用于治疗细菌感染，患者单独用潜霉素与潜霉素加氨基糖苷类（庆大霉素或托普霉素）治疗相比，取得了类似百分比的有利效果，还公开了潜霉素与阿米卡星的联合给药。

针对新颖性，该案争议焦点为：一是涉案专利权利要求 1 与现有技术公开的药物用途是否相同，"不产生骨骼肌毒性"是否对药物用途具有限定作用；二是涉案专利权利要求 1 中的给药剂量、时间间隔是否对请求保护的制药用途权利要求具有限定作用。

针对争议焦点一，最高人民法院指出：

（1）涉案专利的权利要求 1 仅限定了潜霉素用于治疗细菌感染，并没有对所感染的细菌类型以及感染程度进行限定。

（2）涉案专利"不产生骨骼肌毒性"仅是改善了潜霉素的不良反应，使得潜霉素对骨骼肌的毒性降低，并没有改变潜霉素本身的治疗对象和适应证，更没有发现药物的新性能（用途）。涉案专利在撰写中采用"不产生骨骼肌毒性"的限定，没有使其与现有技术公开的已知用途产生区别，对药物用途本身不具有限定作用，因此对涉案专利的权利要求并未产生限定作用。

（3）证据 6 公开了潜霉素是可用于治疗细菌感染的药物，包括治疗轻度和深度革兰氏阳性菌感染的技术内容，证据 7 中公开了"一天一次的给药频率使得潜霉素成为治疗严重革兰氏阳性菌的一个很好选择""仅在高剂量给予潜霉素时才会出现可逆性的骨骼肌毒性""潜霉素有望成为安全有效的一线药物抵抗多种的革兰氏阳性菌"等内容。可见，现有技术公开了潜霉素可用于治疗多种革兰氏阳性菌感染的医药用途的同时，还公开了在高剂量使用治疗深度感染时，会出现可逆性的骨骼肌毒性的技术内容。也就是说，没有证据表明对不产生不良反应的进一步限定能够使涉案专利制药用途要求所保护的治疗用途区别于现有技术的已知用途，因而不能使该制药用途具备新颖性。

针对争议焦点二，最高人民法院指出：

（1）用途发明是一种方法发明，其权利要求属于方法类型，当发明的实质及其对现有技术的改进在于物质的医药用途，申请人在申请专利权保护时，应当将权利要求撰写为制药方法类型权利要求，并以与制药相关的技术特征对权利要求的保护范围进行限定。在实践中，给药对象、给药形式、给药剂量和时间间隔等特征往往是此类权利要求中经常出现的特征，分析各个技术特征体现的是制药行为还是用药行为，对判定所要求保护的技术方案与现有技术是否具备新颖性非常关键。由于这类权利要求约束的是制造某一用途药品的制造商的制造行为，所以，仍应从方法权利要求的角度来分析其技术特征。通常能直接对其起到限定作用的是原料、制备步骤和工艺条件、药品形态或成分以及设备等。对于仅涉及药物使用方法的特征，例如药物的给药剂量、时间间隔等，如果这些特征与制药方法之间并不存在直接关联，其实质上属于在实施制药方法并获得药物后，将药物施用于人体的具体用药方法，与制药方法没有直接、必然的关联性。那么，这种仅体现于用药行为中的特征不是制药用途的技术特征，对权利要求请求保护的制药方法本身不具有限定作用。

（2）涉案专利权利要求1中记载的所述治疗的剂量是3~75mg/kg，并没有限定是单位剂量还是给药剂量。涉案专利说明书也没有记载该剂量对制药过程及制药用途种类具有何种影响。作为本领域的技术人员，对于涉案专利权利要求1中记载的所述治疗的剂量是3~75mg/kg，通常理解为是每kg体重给予活性成分的量为3~75mg，所限定的是给药剂量。针对患者个体修改服用方式，选择服用的药物剂量，从而达到药品的最佳治疗效果是用药过程中使用药物治病的行为，给药剂量的改变并不必然影响药物的制备过程，导致药物含量的变化。同样，涉案专利通过时间间隔形成的给药方案是用药过程中如何使用该药物的方法特征，属于体现在用药过程，不体现在制药阶段的生产活动。该用药过程的特征与药物生产的制备本身并没有必然的联系，没有对潜霉素的制备方法产生改变，并不影响药物本身，对制药过程不具有限定作用，不能使该制药用途具备新颖性。

由上述案例可以看出，在中国专利实践中，对于已知化合物的新医药用途的新颖性判断，目前仍然认为，药物的给药对象、给药形式、给药剂量和时间间隔等给药特征与制药方法没有直接、必然的关联性，不能使制药用途具备新颖性，但是考虑到上述给药特征的确定实际是在药物研发过程中通过例如药代动力学试验完成的，在一定程度上也体现了药品生产企业在制备药物过程中的行为，因此未来不排除中国逐渐认可上述给药特征的限定作用，拓宽瑞士型权利要求适用范围的可能性。

除了上述"给药特征"限定之外，在中国专利实践过程中还存在一类以"作用机理"特征限定的制药用途发明。在东方酵母工业株式会社与国家知识产权局、李某辉发明专利权无效行政纠纷案❶中，最高人民法院认为，如果对比文件没有公开作用机理但公开了药物用途具体针对的适用证，或者虽然公开了作用机理但该作用机理与涉案发明的作用机理不同的情况下，如果发明只是对已知的药物用途发现了其作用机理，则该发现应当被归属于科学发现，不能使所述制药用途发明具备新颖性。如果作用机理的限定使得药物用途与对比文件相比产生了实质性差异，则所述制药用途发明具备新颖性。具体在该案中，"作用于成骨细胞或能分化成成骨细胞的细胞并促进成骨细胞或能分化成成骨细胞的细胞的分化、增殖、成熟或钙化"的作用机理特征限定不会也不可能赋予涉案专利所要求保护的"抗RANKL抗体或其功能性片段"这一已知物质特

---

❶ 参见最高人民法院（2019）最高法知行终14号行政判决书。

定属性，也不会改变其物质结构，从而使其在医药用途上与现有技术相比不具有实质性差异，因此本领域技术人员不能据此将涉案专利的制药用途与现有技术的制药用途区别开。

2.5.4　中国创造性评判标准与案例

对于已知物质的新医药用途，发明的核心通常在于发现已知物质可以用于治疗新的适应证。在这类权利要求的创造性判断过程中，需要分析该新的适应证和现有技术公开的适应证之间的关系，重点考察从现有技术能否推知该已知物质可以用于治疗该新的适应证和/或该已知物质在治疗效果方面是否产生了预料不到的技术效果。

以下通过一个专利复审请求案例具体体现上述评判思路。

案例："用于预防和/或治疗变形链球菌群引起的龋的用途和方法"（申请号为CN200780047062.6）发明专利申请复审请求案。[1]

涉案专利申请的申请日为 2007 年 12 月 18 日，优先权日为 2006 年 12 月 19 日，其复审决定所针对的权利要求 1 如下所示。

1. 属于乳酸菌组的微生物，或其热灭活或冻干形式或碎片在制备用于通过结合变形链球菌群治疗或预防除了变形链球菌的变形链球菌群引起的龋的防龋组合物中的用途……其中所述除了变形链球菌的变形链球菌群是至少一种选自远缘链球菌、仓鼠链球菌、大鼠链球菌、野鼠链球菌和猕猴链球菌的细菌……

合议组在复审决定中认为：

（1）对比文件 1（EP1634948A1，公开日为 2006 年 3 月 15 日）明确公开了属于乳酸菌组的微生物或其热灭活或冻干形式或碎片可特异性结合到变形链球菌，形成微生物聚集，并有利于唾液流等冲走变形链球菌，从而有效预防和/或治疗变形链球菌引起的龋齿；同时明确公开了所述属于乳酸菌组的微生物或其热灭活或冻干形式或碎片可通过链球菌表面抗原 AgⅠ/Ⅱ 结合到变形链球菌表膜上，从而阻碍变形链球菌与牙齿的结合，从而聚集变形链球菌并将其冲洗出口腔。可见，本领域技术人员根据对比文件 1 公开的内容完全可以认识到所述属于乳酸菌组的微生物，或其热灭活或冻干形式或碎片能够通过表面抗原 AgⅠ/Ⅱ 特异性结合到变形链球菌。

（2）对比文件 2（樊明文，"龋病及其免疫预防"，口腔生物学，人民卫生出版社，2004 年 7 月第 2 版第 2 次印刷，第 238 – 241 页）公开了变形链球菌群包括变形链球菌、远源链球菌等在内的一系列口腔致龋菌，其表面抗原 AgⅠ/Ⅱ 具有高度保守性，参与变形链球菌与其他细菌间的黏附（参见其第 239 页第 4 段，第 240 页第 1 段），由此本领域技术人员非常清楚表面抗原 AgⅠ/Ⅱ 蛋白在引起龋的变形链球菌群中应当是高度保守的。这样，为了预防和治疗除了变形链球菌以外的变形链球菌群（例如，远缘链

---

❶　参见中国专利复审与无效决定第 78285 号。

球菌、仓鼠链球菌、大鼠链球菌、野鼠链球菌和/或猕猴链球菌）所引起的龋齿，本领域技术人员有充分动机采用通过表面抗原 AgI/II 特异性结合到所述菌群而引起微生物聚集的对比文件 1 中的"属于乳酸菌组的微生物或其热灭活或冻干形式或碎片"，并利用本领域的常规实验手段验证其效果，从而获得涉案申请的技术方案。

（3）涉案申请说明书中并未提供充分的试验数据证明采用对比文件 1 公开的微生物及其热灭活或冻干形式或碎片，针对远缘链球菌、仓鼠链球菌、大鼠链球菌、野鼠链球菌和/或猕猴链球菌这类变形链球菌群引起的龋齿，产生了预料不到的预防或治疗效果，因此不具备创造性。

由上述案例可以看出，在中国专利审查实践中，对于已知物质的新医药用途的创造性判断，如果现有技术整体上给出了技术教导，足以启发所属领域的技术人员按照该技术教导从事技术研发，而且研发结果也未产生任何预料不到的技术效果的情况，通常认定已知物质的新医药用途发明不具备创造性。

从另一个侧面而言，已知物质的新医药用途发明技术方案的提出，要么经过缜密的观察和巧妙的构思，要么经过大量试错，然而一旦技术方案被提出，沿着已知的药理学、病理学有关机理的蛛丝马迹，很容易重构一条符合线性逻辑关系的路径而反推得到该技术方案，如果这种证明方式忽视了体内的复杂生理环境、忽略了致病机理的多样性和不确定性，则显然属于"事后之明"，会损害专利权人的合法利益。

"β-阻断剂在制备用于治疗血管瘤药物中的用途"（专利号为 ZL200880111892.5）发明专利权无效宣告请求案❶中，针对无效宣告请求书，专利权人修改了权利要求书。修改后的权利要求 1 如下所示。

1. 一种 β-阻断剂在制备用于治疗毛细血管瘤或毛细血管婴儿血管瘤药物中的用途，所述 β-阻断剂为萘心安或其药物盐。

证据 10（Maria J. Razon 等，Increased Apoptosis Coincides with Onset of Involution in Infantile Hemangioma，Microcirculation，1998，5，第 189－195 页。公开日为 1998 年 12 月 31 日）的主题为"凋亡增加与婴儿血管瘤发生退化同时发生"，作者通过观察血管瘤样本切片中的细胞凋亡和细胞增生，发现婴儿血管瘤的消退似乎涉及细胞凋亡的增加，由此提出对于婴儿血管瘤生长和退化的调控机制，内源性血管生成剂的产生或者存活因子的缺失有助于血管瘤的自然消退，并推测内皮细胞中引起凋亡的抗血管生成剂可以减弱婴儿血管瘤的增生期并加快其退化过程。

证据 11（Sally K. Sommers Smith 等，Beta blockade induces apoptosis in cultured capillary endothelial cells，In Vitro Cell. Dev. Biol－Animal，2002，38，第 298－304 页，公开日为 2002 年 9 月 30 日）研究了 β-阻断剂诱导培养的毛细血管内皮细胞凋亡，其公开了广谱 β-拮抗剂和 β2-特异性拮抗剂都会促进培养的毛细血管内皮细胞凋亡；广谱

---

❶ 该案为 2020 年度专利复审无效十大案件之一，参见中国专利复审与无效决定第 46004 号。

阻断剂萘心安，比 β2 - 特异性阻断剂Ⅱ118551 对于损伤这些细胞更有效。

关于权利要求 1 的创造性，合议组认为，证据 10 中仅由细胞凋亡与血管瘤消亡二者并行的现象推测内源性血管生成抑制剂的存在，但是并未进一步研究内源性血管生成抑制剂的种类、结构以及更加细化的作用机制。由于缺少以上信息以及外源性细胞凋亡剂对于婴儿血管瘤有效的直接验证，对于本领域技术人员而言，证据 10 的推测仅停留在非常初步的设想阶段。诚然，很多抗肿瘤药物能够通过启动细胞凋亡杀伤肿瘤细胞，但是，这只是在现有技术基础上归纳总结出的非常上位且共性的机理，虽然难以反驳，但因缺少细节考虑和针对性研究，并不能直接以此确定制药用途的技术方案，否则，肿瘤治疗领域将鲜有专利。就涉案专利而言，证据 10 字面提及 "细胞凋亡" "抗血管生成剂"，但是，考虑到婴儿毛细血管瘤是一种先天性良性肿瘤，其治疗方案与一般的肿瘤治疗必然存在较大差异，且婴幼儿对于常见的细胞凋亡剂耐受性有限，本领域技术人员无法据此确认常见细胞凋亡剂能够用于婴儿毛细血管瘤的治疗。更为重要的是，证据 11 研究的主题是肺损伤，β - 阻滞剂普萘洛尔（即萘心安）是作为引起肺损伤的有害剂研究的，即使普萘洛尔诱导细胞凋亡，该文章也承认凋亡途径是复杂的，启动 β - 激动剂和拮抗剂均可以抑制或诱导凋亡，取决于受影响的细胞所处环境中的其他因素。由此可见，与证据 10 相比，证据 11 完全引向另外的方向，站在证据 10 的基础上，正常的思路或许是向着治疗婴儿血管瘤的方向而努力，若非以事后之明（事后诸葛亮）的角度，则通常不容易在一份肺纤维化损伤机制的研究文献中得到启示。

2.6 制备方法与新产品制造方法

2.6.1 制备方法专利侵权与创造性判断

制备方法专利涉及化合物、晶型、制剂、中药和生物药等产品的化学或生物制备方法、精制或纯化方法的更新与改进。此外，药物中间体的制备专利保护对于药物合成方法专利有着很好的补充增强作用，杂质的制备与分离，中药单体的提取、分离、纯化以及中药提取物的制备相关专利，对于产品的精制与质量控制也是一个很好的补充。制备方法专利应该具备以下创新点或者有益效果：①提高产率；②改善质量；③节约能源；④防治环境污染；⑤避免使用毒性试剂和溶剂；⑥使用非复杂和非昂贵的起始物料；⑦容易分离和提纯最终产物；⑧容易按比例扩大生产规模等。但是方法类专利存在一定的局限性，例如内容不可变、侵权举证困难以及专利公开内容有可能会被竞争对手利用从而反过来限制自身等。所以，国外医药企业会把一些技术可保密性较强（不易通过反向工程破解）、技术生命周期超过专利保护期限或技术发展阶段未进入成熟期的核心制备方法、精制（除杂）方法按照技术秘密进行保护，并设置相配套的保密制度（①签订劳动合同时设立保密条款或签订补充保密协议，约定赔偿；②对研发资料进行分级别、分权限留档和管理；③设置合理的物理或虚拟保密措施；④核心涉密人员泄密风险评估与预防措施；⑤规范在职人员对外商务活动的工作流程）进行配合，并非采用专利形式的保护。❶ 即使存在申请专利的需要，也会在撰写的实施例中隐藏最优工艺条件所涉及的试验数据，仅撰写次优工艺条件，满足说明书充分公开和/或可用于争辩权利要求创造性的要求即可。

以下将从制备方法专利侵权纠纷和制备方法的创造性判断两个角度出发，阐述原研药企业如何利用制备方法专利侵权诉讼以阻碍仿制药销售、法院以何种证据作为认定被控侵权制备方法的基础以及如何对具有多区别特征的制备方法进行创造性判断，以期为我国医药企业制备方法的专利布局、维权以及提高专利申请授权概率提供参考与借鉴。

1. 制备方法专利侵权纠纷

虽然方法类专利就算发现被侵权，也较难举证，但是原研药企业若能够充分利用其药品制备方法专利向仿制药企业提起侵权诉讼，仍然能够在一定程度上阻碍仿制药销售。例如，礼来公司围绕吉西他滨（Gemcitabine）在中国共递交发明专利申请14项，其中涉及制备方法和前药等的7项专利申请获得授权，但其化合物和用途专利申请未能获得中国授权。1999年，吉西他滨在中国上市，获国家药品监督管理局批准用于治疗局部进展期或转移性非小细胞肺癌、局部进展期或转移性胰腺癌。2001年，江苏豪森药业的吉西他滨仿制药率先获得国家药品监督管理局的上市批准，随后多家国产仿制药陆续获得上市批准。为阻止中国企业生产销售仿制药、维护吉西他滨的中国市场，礼来公司利用其药品制备方法专利对多家吉西他滨的中国仿制药企业提起专利侵权诉讼。2001~2005年，礼来公司分别起诉江苏豪森药业、北京浦洋恒丰、哈尔滨誉衡和宁波天衡公司侵犯礼来公司3项吉西他滨的中间体制备方法专利，即中间体制备专利"立体选择性糖基化方法"（ZL93109045.8）、中间体分离纯化专利"提纯和分离2'-脱氧-2，2'二氟核苷的方法"（ZL95196272.8）和中间体脱保护成盐专利"1-（2'-脱氧-2'，2'-二氟-D-呋喃核糖基）-4-氨基嘧啶-2-酮盐酸盐的制备方法"（ZL95196792.4），其中，礼来公司与江苏豪森药业的专利侵权纠纷由于涉及新产品举证倒置责任、等同侵权认定、第三方鉴定报告采信、改劣设计侵权以及涉及商业秘密的不公开庭审质证方式等多项复杂法律问题，经历专利无效宣告、行政一审、行政二审、民事一审和民事二审❷，最高人民法院最终于2010年12月就礼来公司诉豪森药业侵权案作出终审判决❸（豪森药业所采用分离纯化吉西他滨的制备工艺不侵犯礼来公司

---

❶ 黄璐，钱丽娜，张晓瑜，等. 医药领域的专利保护与专利布局策略［J］. 中国新药杂志，2017，26（2）：139-144.

❷ 该案为最高人民法院公报案例，参见最高人民法院（2002）民三终字第8号民事裁定书。

❸ 参见最高人民法院（2009）民三终字第6号民事判决书。

ZL95196272.8 专利权，豪森药业相对于 ZL95196792.4 采用的是现有技术，ZL93109045.8 已被全部无效宣告，因此，豪森药业对礼来公司 3 项制备专利均不构成侵权），整个过程耗时 10 年，对国内多家医药企业司法成本和决策风险造成巨大挑战。此外，礼来公司还起诉涉案医院（威海职工医院）侵权，进一步阻碍仿制药销售。医院是抗癌药物吉西他滨的核心销售渠道，鉴于礼来公司已指控威海职工医院侵权，其他医院出于规避风险和消除影响的考虑，会降低使用仿制药的意愿，甚至放弃使用仿制药，礼来公司以此阻碍中国仿制药企业开拓核心医院市场，影响仿制药产品销售。❶

　　在吉西他滨中国专利侵权诉讼案中，尽管 2010 年 12 月最高人民法院判决中国企业胜诉，但中国企业实际已付出了巨大的时间代价和市场损失，吉西他滨仿制药市场推广和销售严重受阻。而对于礼来公司来说，尽管未能获得吉西他滨的中国化合物及用途专利授权，但礼来公司以吉西他滨多项制备方法专利提起专利侵权诉讼，在较长时间内有效制约了中国吉西他滨仿制药市场销售，最大程度维护了礼来公司吉西他滨品牌药的市场份额，基本实现了其中国专利布局的战略目的。

　　此外，在药品制备方法专利侵权纠纷中，以何种证据作为认定被控侵权制备方法的基础也显得尤为重要。在无其他相反证据的情形下，通常应当推定药品在药监部门的备案工艺为其实际制备工艺；如果有证据证明该药品备案工艺是不真实的，应当充分审查该药品的技术来源、生产规程、批生产记录和备案文件等证据，依法确定该药品的实际制备工艺。对于被诉侵权药品制备工艺等复杂的技术事实，可以综合运用技术调查官、专家辅助人、司法鉴定以及科技专家咨询等多种途径进行查明。

　　例如，在礼来公司诉常州华生制药有限公司（以下简称"华生公司"）侵害发明专利权纠纷案❷中，华生公司于 2008 年向国家食品药品监督管理局提出奥氮平（Olanzapine）药品补充申请注册，在其提交的奥氮平药品补充申请注册资料中，明确记载了其奥氮平制备工艺的反应路线。针对该补充申请，江苏省药监部门分别于 2009 年 7 月 7 日和 8 月 25 日对华生公司进行了生产现场检查和产品抽样，并出具了药品注册生产现场检查报告（受理号 CXHB0800159），该报告显示华生公司的"生产过程按申报的工艺进行"，三批样品"已按抽样要求进行了抽样"，现场检查结论为"通过"。基于此，2010 年 9 月 8 日，国家食品药品监督管理局向华生公司颁发了药品补充申请批件，同意华生公司奥氮平"变更生产工艺并修订质量标准"。对于华生公司于 2008 年补充备案工艺的可行性，礼来公司专家辅助人在二审庭审中予以认可，江苏省科技咨询中心出具的（2014）司鉴字第 02 号技术鉴定报告在其鉴定结论部分也认为"华生公司 2008 年向国家药监局备案的奥氮平制备工艺是可行的"。因此，在无其他相反证据的情形下，应当推定华生公司 2008 年补充的备案工艺即为其取得药品补充申请批件

---

❶　黄沛，刘伟，白红艳，等. 吉西他滨中美两国专利诉讼案对比研究［J］. 中国新药杂志，2015，24（9）：972－976.

❷　该案为最高人民法院指导案例 84 号，参见最高人民法院（2015）民三终字第 1 号民事判决书。

后实际使用的奥氮平制备工艺。

2. 制备方法的创造性判断

在化学产品的制备方法权利要求中，通常包括产物、原料、步骤、条件甚至设备等多个技术特征，由此容易导致权利要求与现有技术间可能出现较多的区别，虽然区别较多，但这些区别也常常会被认为是公知常识或常规技术手段。在这类权利要求的创造性判断过程中，通常需要围绕发明所要解决的技术问题对所存在的众多区别特征——进行梳理，通过分析技术特征的功能及其在所述制备方法中起到的作用以确定不同的技术特征在技术问题的解决过程中所扮演的角色，从而找到评判的重点。

例如在"一种柴黄制剂的制备方法"（专利号为 ZL200610021311.1）发明专利权无效宣告请求案❶中，涉案专利的申请日为 2006 年 7 月 4 日，其授权公告时的权利要求 1 如下所示。

1. 一种柴黄制剂的制备方法……所述柴黄制剂的制备方法包括以下步骤：

（1）制备柴胡清膏……；

（2）制备黄芩清膏：取所述重量份的黄芩提取物，加入 0.5～3 倍量的水，搅拌均匀，再加入浓度为 5%～40% 的氢氧化钠溶液或者碳酸氢钠溶液适量，调药液 pH 至 5～8，得黄芩清膏；

（3）制成制剂……

权利要求 1 与证据 3（卫生部颁药品标准《中药成方制剂》第十册）相比，区别在于黄芩提取物制得清膏的方法不同，即涉案专利将黄芩提取物加入 0.5～3 倍量水，搅拌均匀，再加入浓度为 5%～40% 氢氧化钠溶液或者碳酸氢钠溶液适量，调药液 pH 至 5～8 后得到黄芩清膏，而证据 3 是将黄芩提取物加水溶解得到清膏。

区别技术特征所要解决的技术问题为提高黄芩提取物的溶解性，从而改善黄芩制剂的水溶性，以改善依从性、利于吸收并提高生物利用度，在众多区别技术特征之中，权利要求 1 采用添加适量的碱使药液 pH 至 5～8，从而解决了该技术问题。

合议组认为，由于证据 7（CN1562147A）已经明确公开了黄芩提取物在冻干粉针剂这一具体剂型中的增溶方法（在碱性条件下溶解性较好），则由此得到含有该黄芩提取物在其他制剂中的增溶方法对本领域技术人员而言是显而易见的，同时制剂具有溶解性好、生物利用度高、效果好的特性也是基于增溶方法可以预期的效果，而其他区别技术特征例如碱的具体种类、加水量以及碱性溶液的浓度以及"搅拌均匀"属于本领域的公知常识或常规技术手段，因此该技术方案不具备创造性。

此外，在进行创造性判断时，制备方法专利权利要求中的用途特征均应予以考虑，但每个特征的实际限定作用应最终体现在权利要求保护的整体技术方案上，并且应当区分该用途特征属于基于发现产品新的性能而作出的特定用途发明的技术特征，还是

---

❶ 参见中国专利复审与无效决定第 27275 号。

仅为已知产品或组分某种固有性质或使用效果的描述。如果方法专利权利要求中的用途特征仅是机理的分析阐释或者技术效果的描述，则无法使发明具备突出的实质性特点。

以下以"滴眼液"（专利号为 ZL01815617.7）发明专利权无效宣告请求案❶为例具体分析上述评判思路。

涉案专利与专利权人——参天制药株式会社开发并上市的商品名为泰普罗斯的滴眼液产品密切相关，泰普罗斯目前已在 60 余个国家和地区上市，2015 年底登陆中国市场，为参天制药眼科用药中治疗青光眼的主要产品，具有广阔的市场前景。

涉案专利的申请日为 2001 年 9 月 13 日，优先权日为 2000 年 9 月 13 日，其授权公告时的权利要求 1 如下所示。

1. 一种抑制滴眼液中 16 - 苯氧基 - 15 - 脱氧 - 15，15 - 二氟 - 17，18，19，20 - 四去甲前列腺素 F2α 异丙酯含有率降低的方法，在含有 16 - 苯氧基 - 15 - 脱氧 - 15，15 - 二氟 - 17，18，19，20 - 四去甲前列腺素 F2α 异丙酯作为活性成分的滴眼液中，通过加入非离子性表面活性剂抑制了 16 - 苯氧基 - 15 - 脱氧 - 15，15 - 二氟 - 17，18，19，20 - 四去甲前列腺素 F2α 异丙酯在树脂类容器上的吸附，且通过配合抗氧化剂，抑制了 16 - 苯氧基 - 15 - 脱氧 - 15，15 - 二氟 - 17，18，19，20 - 四去甲前列腺素 F2α 异丙酯的分解，从而抑制该滴眼液中 16 - 苯氧基 - 15 - 脱氧 - 15，15 - 二氟 - 17，18，19，20 - 四去甲前列腺素 F2α 异丙酯含有率的下降。

合议组认为，涉案专利为了提供一种适宜存储的他氟前列素滴眼液的配制方法，将聚山梨酯 80 和乙二胺四乙酸或其盐组合用于制备滴眼液，以抑制活性成分含有率降低，改善产品的稳定性。而证据 1（CN1187486A）中同样也是将聚山梨酯 80 和乙二胺四乙酸等用于他氟前列素滴眼液的制备，以改善产品的稳定性，就二者的性能而言并无差别，其不属于利用产品的新性能而作出的用途发明。进一步地，权利要求 1 的主题是抑制滴眼液中他氟前列素含有率降低的方法，该方法的本质是抑制储存过程中有效成分含量的降低，从而获得一种较为稳定的产品，而抑制活性成分被容器吸附、抑制活性成分分解是对各组分如何实现预期效果的机理阐释。证据 1（CN1187486A）具体处方中含有聚山梨酯 80，也教导可以包含本领域常用的乙二胺四乙酸实现进一步的稳定，聚山梨酯 80 和乙二胺四乙酸在证据 1 滴眼液中所实现的效果与其在涉案专利滴眼液中所实现的效果是一样的，权利要求 1 并不会因为"含有率降低"这样效果的描述，以及"抑制……被容器吸附""抑制……分解"这样对效果实现方式的阐述而具备创造性。

2.6.2 新产品制造方法专利侵权诉讼

在专利侵权诉讼中，侵权成立的举证责任一般在于原告。但是《专利法》（2020

---

❶ 该案为 2018 年度专利复审无效十大案件之一，中国专利复审与无效决定第 31135 号。

年修正）第66条第1款规定："专利侵权纠纷涉及新产品制造方法的发明专利的，制造同样产品的单位或者个人应当提供其产品制造方法不同于专利方法的证明。"也就是说当新产品制造方法的发明专利涉嫌侵权时，举证责任倒置。但是，根据该规定，在此类专利侵权纠纷案件中，由被诉侵权人承担证明其产品制造方法不同于专利方法的举证责任，需满足一定的前提条件：①权利人能够证明依照专利方法制造的产品属于新产品；②被诉侵权人制造的产品与依照专利方法制造的产品属于同样的产品。只要专利权人完成了新产品的初步证明义务，再能证明被诉侵权人制造了同样产品，法院就可以认为专利权人尽到了举证责任，举证责任才发生转移，如果被告不能证明生产该新产品的制造方法与专利方法不同，则构成侵权。

以下将介绍在"新产品制造方法"中的"产品"范围的认定，何为"新"产品，以及通过案例的方式阐述"证明被诉侵权人制造的产品与新产品一样或等同"的重要性，以期为我国原研药企业如何进行"新产品制造方法"的专利维权以及仿制药企业如何进行有针对性的抗辩提供参考与借鉴。

1. 依照专利方法制造的产品的范围

《专利法》第11条第1款规定："发明和实用新型专利权被授予后，除本法另有规定的以外，任何单位或者个人未经专利权人许可，都不得实施其专利，即不得为生产经营目的制造、使用、许诺销售、销售、进口其专利产品，或者使用其专利方法以及使用、许诺销售、销售、进口依照该专利方法直接获得的产品。"

根据上述规定，在涉及新产品制造方法专利的侵权纠纷案件中，方法专利权的保护范围只包含依照专利方法直接获得的原始产品，不包括对原始产品作进一步处理后获得的后续产品。

在张某田诉石家庄制药集团欧意药业有限公司（以下简称"欧意公司"）、石家庄制药集团华盛制药有限公司（以下简称"华盛公司"）等侵犯发明专利权纠纷案[1]中，根据涉案专利的权利要求1，虽然其发明名称是"一种从混合物中分离出氨氯地平的（R）-（+）-和（S）-（-）-异构体的方法"，但从权利要求1记载的内容[2]来看，依照涉案专利方法直接获得的产品是"结合一个 DMSO - d_6 的（S）-（-）-氨氯地平的 D - 酒石酸盐"，或"结合一个 DMSO - d_6 的（R）-（+）-氨氯地平的 L - 酒石酸盐"，其中前者即为制造左旋氨氯地平的中间产物，而非左旋氨氯地平本身；而后者即为制造右旋氨氯地平的中间产物，亦非右旋氨氯地平本身。华盛公司、欧意公司生产的马

---

[1] 该案为最高人民法院公报案例，参见最高人民法院（2009）民提字第84号民事判决书。

[2] 涉案专利授权公告的权利要求1为："1. 一种从混合物中分离出氨氯地平的（R）-（+）-和（S）-（-）-异构体的方法。其特征在于：包含下述反应，即在手性助剂六氘代二甲基亚砜（DMSO - d_6）或含 DMSO - d_6 的有机溶剂中，异构体的混合物同拆分手性试剂 D - 或 L - 酒石酸反应，结合一个 DMSO - d_6 的（S）-（-）-氨氯地平的 D - 酒石酸盐，或结合一个 DMSO - d_6 的（R）-（+）-氨氯地平的 L - 酒石酸盐而分别沉淀，其中氨氯地平与酒石酸的摩尔比约等于0.25。"

来酸左旋氨氯地平、马来酸左旋氨氯地平片以及左旋氨氯地平，均属于对上述产品作进一步处理后获得的后续产品，不属于依照涉案专利方法直接获得的产品。因此，最高人民法院认定，涉案专利权的保护范围不能延及左旋氨氯地平、马来酸左旋氨氯地平及其片剂。

此外，《专利法》第 11 条第 1 款"依照该专利方法直接获得的产品"中的"直接获得"是指完成专利方法的最后一个步骤所获得的产品，因此，该"产品"的范围还可包括使用专利检测方法进行检测的产品。药品检验是药品生产过程中必不可少的环节，没有检验就无法知晓是否获得了合格的药品，即只有通过涉案专利方法检测的药品才可以进入市场。

在胡某泉、朱某蓉与山东省惠诺药业有限公司（以下简称"惠诺药业"）侵害发明专利权纠纷案[1]中，山东省高级人民法院认为，涉案专利为"肝素钠封管注射液"的质量检测方法，已被申请为"肝素钠封管注射液"药品的质量检测国家标准。药品事关社会公众的健康利益，《药品管理法》（2015 年修正）第 12 条规定："药品生产企业必须对其生产的药品进行质量检验；不符合国家药品标准或者不按照省、自治区、直辖市人民政府药品监督管理部门制定的中药饮片炮制规范炮制的，不得出厂。"因此，药品检验是药品生产过程中必不可少的重要环节，不进行质量检测就无法获得能够出厂销售的合格药品。惠诺药业生产销售的"肝素钠封管注射液"即是使用涉案专利方法进行质量检验合格的药品，虽然《专利法》（2008 年）第 11 条关于"依照该专利方法直接获得的产品"规定中并未明确使用专利检测方法进行检测的产品是否受该条规制，但惠诺药业生产的涉案"肝素钠封管注射液"药品若不使用涉案国家药品标准进行质量检测就无法出厂，也无法进入市场销售，进而实现销售获利。鉴于此，如不制止惠诺药业使用涉案专利方法进行检测的"肝素钠封管注射液"药品的销售，将导致惠诺药业使用涉案专利方法的侵权后果不受法律规制，惠诺药业仍可通过销售已经使用涉案专利方法检测的"肝素钠封管注射液"药品获得侵权利益，这不符合专利法保护专利权人的合法权益，以及打击侵权行为的立法本意。

根据上述所确定的"产品"的范围，在涉及多步骤的制造（制备）方法的权利要求撰写上，需要注意的是，除了将具有新颖性和创造性的步骤单独作为独立权利要求进行保护之外，还可以在该具有新创性的步骤之外添加其他步骤形成新的独立权利要求进行保护，从而扩大了可实际要求保护的"产品"的种类。

2. 司法实践中关于"新产品"的认定标准

目前较能体现"新产品"认定标准的是北京高级人民法院《专利侵权判定指南（2017）》第 112 条：

专利法第六十一条规定的"新产品"，是指在国内外第一次生产出的产品，该产品

---

[1]　该案为 2018 年中国法院 50 件典型知识产权案例之一，参见山东省高级人民法院（2018）鲁民终 870 号民事判决书。

与专利申请日之前已有的同类产品相比，在产品的组分、结构或者其质量、性能、功能方面有明显区别。

产品或者制造产品的技术方案在专利申请日以前为国内外公众所知的，应当认定该产品不属于专利法规定的新产品。

是否属于新产品，应由权利人举证证明。权利人提交证据初步证明该产品属于专利法规定的新产品的，视其尽到举证责任。

北京高级人民法院的《专利侵权判定指南（2017）》中讲到"是否属于新产品，应由权利人举证证明"。而在司法实践中，关于权利人如何尽到初步举证责任，法院并没有明确的证据要求。目前比较有说服力的初步证据是相关机构在国内外范围进行的查新检索报告，相关机构可以是专利局的检索部门，也可以是省市级的科技情报信息查询机构等单位。

在上海艾尔贝包装科技发展有限公司与义乌市贝格塑料制品有限公司、杭州阿里巴巴广告有限公司等侵害发明专利权纠纷案[1]、上海凯赛生物科技股份有限公司等与山东瀚霜生物技术有限公司等侵害发明专利权纠纷案[2]中，最高人民法院的判决确认了上述关于"新产品"的认定标准。

3. 证明被诉侵权人制造的产品与新产品一样或等同

对于相同或等同产品的举证，要注意比较的对象。一方是被诉侵权产品，另一方是专利产品。在专利权人未举证证明被诉侵权产品与专利产品相同或等同的情况下，专利权人应当承担相应的举证不能的不利诉讼后果并且在这种情况下，不发生举证责任的倒置。

在江苏恒瑞医药股份有限公司（以下简称"恒瑞公司"）与阿文-蒂斯药物股份有限公司（以下简称"阿文-蒂斯公司"）侵害专利权纠纷、不正当竞争纠纷案[3]中，涉案专利为1999年11月阿文-蒂斯公司获得的发明名称为"制备塔三烷衍生物的新起始物和其用途"的专利（以下简称"93专利"）以及2001年7月阿文-蒂斯公司获得的发明名称为"新型丙酸紫杉烯酯三水合物的制备方法"的专利（以下简称"95专利"）。

1997年12月，阿文-蒂斯公司制造的多西紫杉醇注射剂药品（商品名泰索帝）取得卫生部药政管理局颁发的进口药品注册证。93专利的申请日是1993年9月28日，95专利的申请日是1995年7月7日，在阿文-蒂斯公司申请两项发明专利之前，阿文-蒂斯公司制造的多西紫杉醇注射剂药品（商品名泰索帝）为新产品。恒瑞公司于2002年9月取得制造注射用多西他赛（商品名艾素）新药证书，之后开始制造并销售注射用多西他赛药品（商品名艾素）。东信药房公司销售了该多西他赛药品（商

[1] 该案入选最高人民法院知识产权案件年度报告（2018），参见最高人民法院（2018）最高法民申4149号民事裁定书。
[2] 该案为2021年中国法院50件典型知识产权案例之一，参见最高人民法院（2021）最高法知民终1305号民事判决书。
[3] 参见上海市高级人民法院（2006）沪高民三（知）终字第112号民事裁定书。

品名艾素），售价每盒人民币 1480 元。

上海市高级人民法院认为，阿文 – 蒂斯公司未举证证明恒瑞公司制造了多西他赛三水合物，应承担不利的诉讼后果。新产品制造方法发明专利侵权纠纷中，在认定依照专利方法直接获得的产品为新产品的前提条件下，首先需要由专利权人举证证明被控侵权人生产的产品与依照专利方法直接获得的产品是同样的产品，然后才能倒置由被控侵权人承担证明其制造同样产品的方法不同于专利方法的举证责任。在认定依照 95 专利方法直接获得的多西他赛三水合物是新产品的前提条件下，应当首先由阿文 – 蒂斯公司举证证明恒瑞公司制造了多西他赛三水合物，然后才能倒置由恒瑞公司承担证明其生产同样多西他赛三水合物的方法不同于 95 专利方法的举证责任。在证据保全时，恒瑞公司主动要求提供样品，阿文 – 蒂斯公司以未申请保全样品为由予以拒绝；阿文 – 蒂斯公司作为当事人一方参与了恒瑞公司现场勘验时样品的提取过程，由于提取样品数量有限，不能对样品是否是三水合物进行检测；一审庭审中，阿文 – 蒂斯公司再次拒绝当天下午到恒瑞公司处提取样品。由于应由阿文 – 蒂斯公司承担证明恒瑞公司生产的产品是多西他赛三水合物的举证责任，在阿文 – 蒂斯公司丧失机会证明恒瑞公司生产的产品是多西他赛三水合物的情况下，阿文 – 蒂斯公司应当承担相应举证不能的不利诉讼后果。

此外，在上述张某田诉石家庄制药集团欧意药业有限公司、石家庄制药集团华盛制药有限公司等侵犯发明专利权纠纷案[1]中，最高人民法院也作出了与上述案件中上海市高级人民法院一样的认定。其认为，涉案专利是一项新产品制造方法专利，在由被诉侵权人中奇公司、华盛公司、欧意公司承担证明其产品制造方法不同于专利方法的举证责任之前，须由权利人张某田首先证明被诉侵权人制造的产品与依照专利方法直接获得的产品属于"同样"的产品。如前所述，依照涉案专利权利要求 1 记载的方法，直接获得的产品是"结合一个 DMSO – d_6 的（S）–（–）–氨氯地平的 D – 酒石酸盐"，或"结合一个 DMSO – d_6 的（R）–（+）–氨氯地平的 L – 酒石酸盐"，张某田提供的证据虽然能够证明华盛公司、欧意公司制造了马来酸左旋氨氯地平及其片剂，并且马来酸左旋氨氯地平的制造须以左旋氨氯地平为原料，但并没有提供证据证明华盛公司、欧意公司在制造马来酸左旋氨氯地平及其片剂时，也制造了"结合一个 DMSO – d_6 的（S）–（–）–氨氯地平的 D – 酒石酸盐"，或"结合一个 DMSO – d_6 的（R）–（+）–氨氯地平的 L – 酒石酸盐"的中间产品，因此，张某田提供的证据并不足以证明华盛公司、欧意公司制造的产品与依照涉案专利方法直接获得的产品属于"同样"的产品，该案不应由华盛公司、欧意公司承担证明其产品制造方法不同于专利方法的举证责任。

在上述案件中，如果从作为新产品的中间产物出发能够很容易地实现到后续产物或最终产物的跨越，那么因为被诉侵权人的刻意规避或者专利权人撰写时的失误而导致专利权不能够得到充分的保护，这是否是一种可被接受的、合理的结果呢？这可能

---

[1]　该案为最高人民法院公报案例，参见最高人民法院（2009）民提字第 84 号民事判决书。

存在一定的争议。这种情况也时刻提醒着发明人，在初期实验规划与设计以及后期撰写专利申请文件的时候要注意权利要求的保护范围是否便于后期维权。

2.7 手性化合物

手性化合物（也被称为手性药物，chiral drug）是指分子立体结构和它的镜像彼此不能够重合的一类化合物，我们将互为镜像关系而又不能重合的一对手性化合物结构称为对映异构体（enantiomer），它们的分子量、分子结构都完全相同，但左右排列方式相反。对映异构体就像平展开的双手一样，两只手不能完全重合，但却是左右对称的，如图 2 - 7 - 1 所示。❶

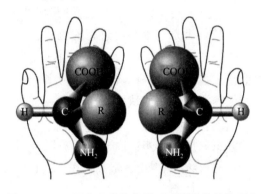

图 2 - 7 - 1 两个互为镜像的对映异构体结构示意

手性化合物在医疗中具有广阔的应用前景，含手性因素❷的化学药物的对映异构体在人体内的药理活性、代谢过程及生物有害性方面存在显著差异，例如药理活性方面，药物作用包括酶的抑制、膜的传递、受体结合等，均和药物的立体化学有关。获得手性化合物的方法，主要有非生物法和生物法两种。非生物法包括不对称合成法、手性源合成法、选择吸附拆分法、结晶拆分法、化学拆分法以及手性色谱分离法等。❸ 其中，不对称合成法通常只有两种催化剂可用——金属和酶。然而，德国马克斯·普朗克煤炭研究所 Benjamin List 教授❹和美国普林斯顿大学的 David W. C. MacMillan 教授❺

❶ 刘化冰，肖高铿，纪媛媛. 手性化合物瑞德西韦研发企业的专利布局战略 [J]. 中国发明与专利，2020，17（3）：62 - 69.

❷ 手性因素是手性中心、手性轴和手性面的统称。参见：化学名词审定委员会、化学名词 [M]. 2 版. 北京：科学出版社，2017.

❸ 于平，岑沛霖，励建荣. 手性化合物制备的方法 [J]. 生物工程进展，2001（6）：89 - 94.

❹ BENJAMIN L, RICHARD A L, CARLOS F. Barbas. Proline - Catalyzed Direct Asymmetric Aldol Reactions [J]. Journal of the American Chemical Society, 2000, 122: 2395 - 2396.

❺ KATERI A A, CHRISTOPHER J B, DAVID W C M. New Strategies for Organic Catalysis: The First Highly Enantioselective Organocatalytic Diels—Alder Reaction [J]. Journal of the American Chemical Society, 2000, 122: 4243 - 4244.

在 2000 年相互独立地开发了第三种催化——基于有机小分子的不对称有机催化，从而获得 2021 年诺贝尔化学奖，他们的工作对药物研究产生了巨大影响，并使化学更加符合绿色发展的趋势。

对映异构体有着不同的旋光方向：左旋、右旋以及它们的等比例混合所形成的外消旋体或外消旋混合物[1]，分别用（－）、（＋）、（±）符号表示。化合物分子的手性标记通常采用 R/S 标记法，对于氨基酸、肽类、糖类、环多元醇及其衍生物的立体命名，也可采用 D、L 或俗名表示。[2] 在无法确定对映异构体绝对构型的情况下，可考虑利用外消旋体结构另加核磁参数、手性色谱柱分离条件、提纯方法、制备方法和/或活性数据进行表示。

瑞德西韦即属于手性化合物。它是一个具有多个手性中心的化合物（见图 2 - 7 - 2），其中化合物结构中心的磷原子在这个结构中就是一个手性中心。

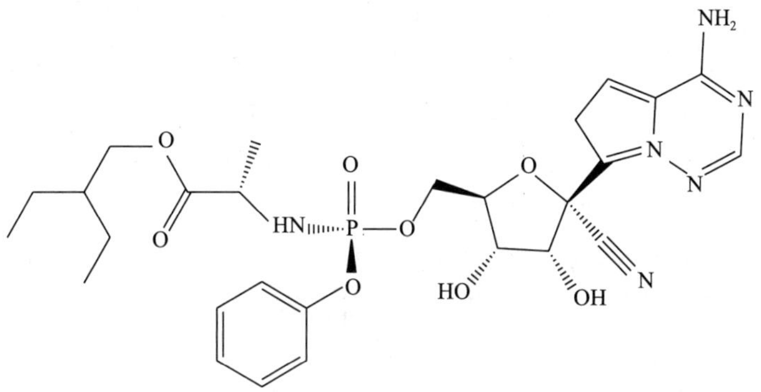

图 2 - 7 - 2　瑞德西韦化学结构

只有当磷原子是如图 2 - 7 - 2 所示的 S 型的对映体时，才是人们所说的抗病毒药物瑞德西韦（Remdesivir）。它是由美国吉利德科学公司（以下简称"吉利德公司"）研发的核苷类似物，具有抗病毒活性，已发现在原代人呼吸道上皮细胞中，对 SARS - CoV 和 MERS - CoV 的 EC_{50}[3]值为 74nM，在延迟脑肿瘤细胞中，对鼠肝炎病毒的 EC_{50} 值为 30nM。[4] 2020 年 10 月 15 日，世界卫生组织公布了瑞德西韦、羟氯喹等药物的临床试验结果，称这些药物对于降低新冠肺炎致死率"几乎无效"（little or no effect）；2020 年 10 月 22 日，吉利德公司发表公告称，瑞德西韦已正式获得 FDA 批准，成为新冠肺炎治疗药物，其同时称，此药可以将新冠肺炎住院患者的住院时间缩短 5 天。

---

[1]　固态外消旋体有三种类型，即外消旋混合物、外消旋化合物、外消旋固溶体，其中外消旋混合物是指在结晶过程中外消旋物的两个相反构型纯异构体分别各自聚结、自发地从溶液中以纯结晶的形式析出。

[2]　官家乐，高原，高鸿慈. 手性化合物［J］. 中国医院药学杂志，2001，21（7）：443 - 444.

[3]　半最大效应浓度（concentration for 50% of maximal effect，EC_{50}）是指引起 50% 个体有效的药物浓度。

[4]　SIEGEL D，HUI H C，DOERFFLER E，et al. Discovery and Synthesis of a Phosphoramidate Prodrug of a Pyrrolo［2，1 - f］［triazin - 4 - amino］Adenine C - Nucleoside（GS - 5734）for the Treatment of Ebola and Emerging Viruses［J］. Journal of Medicinal Chemistry，2017，60（5）：1648 - 1661.

以下将首先介绍手性化合物的药理活性和毒副作用特点，通过案例对含有单一手性中心的手性化合物的中欧新颖性评判标准进行分析，以及对中美两国含有一个或多个手性中心的手性化合物的创造性评判标准进行阐述，以期为中国医药企业手性化合物的专利布局和维护专利稳定性提供参考与借鉴。❶

2.7.1 药理活性与毒副作用

手性化合物的研究不仅涉及制备和分析对映异构体的方法，而且涉及对映异构体彼此之间在药动、药效、毒理以及临床效果上的差异，或者相互作用。❷ 手性化合物在临床应用效果上的差异主要包括以下 4 种情况。

（1）一种对映异构体具有药理活性，另一种对映异构体无显著的药理活性。例如消炎痛（吲哚美辛）衍生物的 S-（+）-异构体有抗炎作用，但 R-（-）-异构体则没有；氨氯地平的左旋异构体可以治疗高血压，而它的右旋异构体则没有这种功效。

（2）一种对映异构体具有药理活性，另一种对映异构体具有等同或者相近的药理活性。例如抗凝血药华法林以外消旋体供药，研究发现其 S-（-）异构体的抗凝血作用比 R-（+）异构体强 2~5 倍，但是 S-（-）异构体在体内的消除率亦比 R-（+）异构体大 2~5 倍，所以，两者实际上抗凝血效力相似。

（3）两种对映异构体具有完全不同的药理活性，例如丙氧芬的右旋异构体（2S、3R）为镇痛药，但其左旋异构体（2R、3S）却具有镇咳作用，现在两者已分别作为镇痛药和镇咳药应用于临床。

（4）一种对映异构体具有药理活性，另一种对映异构体不但没有药理活性，反而具有很强的毒副作用或者拮抗作用。最典型的例子就是 20 世纪 50 年代欧洲发生的反应停事件。据相关文献报道，1956~1961 年，孕妇因服用反应停药物从而导致 1.2 万名"海豹"婴儿出生。进一步的研究发现，当时孕妇服用的反应停为沙利度胺的对映异构体混合物，其中的 R-（+）异构体有中枢镇静作用，S-（-）异构体则由于妨碍了孕妇对胎儿的血液供应而具有强烈的致畸性，而且要命的是，即使是单一构型的沙利度胺，也会在体内代谢作用下互相转化为外消旋体。反应停事件给人类带来的这场无法补救的灾难性后果，使得人们开始更加密切关注临床用药的安全性，倡导用于人体的手性化合物在投入使用之前必须首先进行相关生物学试验，了解其生理活性，掌握其药理药效。❸ 因为反应停事件，美国于 1962 年 10 月通过了柯弗瓦·哈里斯修正案（Kefauver Harris Amendment）。该法案要求，新药上市前需向 FDA 证明产品的有效性和安全性。反应停事件就此结束，但是对沙利度胺的研究并没有因此停止。沙利度胺被 FDA 分别于 1998 年和 2006 年批准用于麻风结节性红斑和多发性骨髓瘤的治疗，同时

---

❶ 郑希元，陈知宇. 浅析手性药物新颖性评判标准的中欧差异 [J]. 专利代理，2018（2）：52-58.

❷ 何煦昌. 手性化合物的发展 [J]. 中国医药工业杂志，1997，28（11）：519-524.

❸ 张金彦，吉绍长. 药物的手性拆分 [J]. 化学通报，2013，76（8）：725-729.

FDA 规定上述药物必须由注册医生开具处方，且医生开药时需反复提醒患者药物的致畸危险。

随着人们对手性化合物研究和认识的不断深入，1992 年隶属于美国 FDA 的药物评价与研发中心（Center for Drug Evaluation and Research，CDER）公布了光学活性药物的发展纲要。此项政策要求药物开发商在新药的使用说明书中必须明确量化每一种对映异构体的药效作用和毒理作用，并且当两种对映异构体有明显的药效和毒理作用差异时，必须以光学纯的药品形式上市。FDA 的上述政策极大地促进了拆分的单一对映异构体的研制与开发，使得世界药物市场中的药物销售类型发生了巨大变化，拆分的单一对映异构体的销售额正以迅猛的势头不断增长。❶

2.7.2　中欧新颖性评判标准分析

以下将通过三个案例对含有单一手性中心的手性化合物的中欧新颖性评判标准进行分析。

案例 1 是"LSD1 的基于芳基环丙胺的脱甲基酶抑制剂及其医疗用途"（申请号为 CN201510197250.3）发明专利申请案。

涉案专利申请的申请日为 2011 年 7 月 27 日，实质审查过程中的权利要求 2 如下所示。

2. 一种化合物，其是（–）（反式）–2–(4–(苯甲氧基)苯基)环丙胺。

审查员在实质审查过程中指出，涉案专利权利要求 2 要求保护化合物（–）（反式）–2–(4–(苯甲氧基)苯基)环丙胺；根据说明书第［0017］段的记载，（–）异构体的绝对构型为（1R，2S）。对比文件 1（WO2010043721A1，公开日为 2010 年 4 月 22 日）公开了化合物（反式）–2–［4–(苯甲氧基)苯基］环丙胺（参见对比文件 1 说明书第 86 页第 2 段）： ；还公开了实施例所合成的所有物质均为两种构型（1R，2S）和（1S，2R）的混合物（参见对比文件 1 说明书第 84 页第 21 – 22 行）。即对比文件 1 公开了（反式）–2–［4–(苯甲氧基)苯基］环丙胺的外消旋体。一般来说，本领域技术人员根据常规技术手段必然能够拆分得到其中的两种异构体。因此，推定对比文件 1 公开的上述物质包含的一对对映异构体已被公开。权利要求 2 相对于对比文件 1 而言不具备新颖性，不符合《专利法》第 22 条第 2 款的规定。

申请人尊重但不同意审查员的上述观点。为了证明权利要求 2 的新颖性，申请人在意见陈述书中进行了如下陈述：专利法中最基本和广为熟知的原理是，更概括（上

---

❶　黄蓓，杨立荣，吴坚平. 手性拆分技术的工业应用［J］. 化工进展，2002，21（6）：375 – 380.

位）的公开无法破坏涉及具体（下位）实施方式的权利要求的新颖性。这个原理直接适用于涉案申请的情况：其中，权利要求 2 涉及具体的对映异构体，而对比文件 1 仅仅提供了相应的外消旋体更加一般性的公开。因此，对比文件 1 无法破坏权利要求 2 所要求保护的技术方案的新颖性。

因此，权利要求 2（其涉及具体的对映异构体（－）（反式）－2－（4－（苯甲氧基）苯基）环丙胺）相对于对比文件 1 相应的外消旋体的更加一般性的公开具备《专利法》第 22 条第 2 款规定的新颖性。

然而，在之后的审查过程中，审查员并没有接受申请人关于权利要求 2 具备新颖性的意见陈述。

那么，如果现有技术中已经公开了某种化合物的外消旋体，而该化合物仅有一个手性中心时，是不是该化合物的 R－异构体和 S－异构体就必然缺乏新颖性呢？通过案例 2 进行进一步说明。

案例 2 是 "左旋盐酸司他斯汀及其制备方法"（申请号为 CN201110372464.1）发明专利申请案。

涉案专利申请的申请日为 2011 年 11 月 21 日，其公开文本（CN102491956A）的权利要求 1 如下所示。

1. 如式 I 所示化合物左旋盐酸司他斯汀，或其可药用的盐：

式 I。

审查员在实质审查过程中以对比文件 1（CN101486687A，公开日为 2009 年 7 月 22 日）公开了盐酸司他斯汀的外消旋体而质疑权利要求 1 的新颖性。

申请人尊重但不同意审查员的上述观点。为了证明权利要求 1 的新颖性，申请人在意见陈述书中进行了如下陈述：

美国 FDA 于 1992 年 1 月 5 日发布的有关开发立体异构体（主要是对映异构体）政策文件——FDA 关于开发立体异构体新药的政策简介中指出，过去往往把立体异构体做成外消旋体（如两者按 50∶50 的比例组成外消旋体）。对单个对映异构体的特性一般研究得不是很深入。是否能分离对映异构体很大程度上是一个学术问题，因为工业上分离外消旋体较为困难。开发外消旋体的生产过程需要考虑的问题包括合成工艺及杂质控制，适当的药理学及毒理学评估，合适的新陈代谢及分布属性，以及适当的临床评估。由此可知，由外消旋体拆分获得 R－异构体和 S－异构体是本领域存在的技术难题，并非如审查员所说的根据常规技术手段必然能够拆分获得。

目前公开的现有技术文献中未见将盐酸司他斯汀拆分成对映异构体的报道，现附上使用常规方法拆分盐酸司他斯汀的试验方法及结果。

（1）化学拆分法

取盐酸司他斯汀与常用的手性试剂（如 D - 酒石酸、L - 酒石酸及其衍生物，D - 扁桃酸、L - 扁桃酸及其衍生物）混合、结晶、过滤，再去除手性试剂后，经手性柱 [CHIRALPAK AY - H，0.46cm I.D. × 15cm，流动相为 CO_2/EtOH/DEA = 85/15/0.1（v/v），流速为 2.0ml/min，检测波长为 UV 220nm] 检测，未发现单一的左旋司他斯汀或右旋司他斯汀，说明此方法未能将盐酸司他斯汀拆分开。

（2）酶解法

取盐酸司他斯汀与酶（如脂肪酶 Novozym 435、重组酯酶、氨肽酶等）混合并处理后，经手性柱检测（检测方法同化学拆分法），未发现单一的左旋司他斯汀或右旋司他斯汀，说明此方法未能将盐酸司他斯汀拆分开。

（3）晶种结晶法

取盐酸司他斯汀溶于丙酮和乙醚的混合溶液（体积比为 1∶1）中，加入少量左旋盐酸司他斯汀，于 15～30℃析晶，经手性柱检测（检测方法同化学拆分法），未发现单一的左旋司他斯汀或右旋司他斯汀，说明此方法未能将盐酸司他斯汀拆分开。

（4）柱层析法

通过 Flash 柱，对收集物进行检测，未发现单一的左旋司他斯汀或右旋司他斯汀。

以上常规方法之所以不能将司他斯汀拆分开，主要原因是其分子结构中可用于拆分的 N 原子的位置离手性中心碳原子较远（间隔了 2 个碳原子和 1 个氧原子，共 3 个原子）。一般间隔 1～2 个原子就比较容易拆分。

综合上述试验及结果发现，根据现有技术，无法得到盐酸司他斯汀的对映异构体。因此，权利要求 1 请求保护的左旋盐酸司他斯汀具备新颖性。

审查员最终接受了申请人关于权利要求 1 具备新颖性的意见陈述，该专利申请最终获得授权（CN102491956B）。

从案例 1 和案例 2 的情况可以看出，在中国专利审查实践中，含有单一手性中心的手性化合物的新颖性评判标准如下。

如果现有技术中已公开了某种化合物的外消旋体，该化合物仅有一个手性中心时，其外消旋体只是一对对映异构体的等摩尔混合物。一般来说，本领域技术人员根据常规技术手段必然能够拆分得到其中的 R - 异构体和 S - 异构体。此时，推定该化合物包含的一对对映异构体已经被公开，除非申请人能够证明本领域技术人员根据常规技术手段无法拆分得到其中的对映异构体才能认可其新颖性。常规技术手段包括化学拆分法、酶解法、晶种结晶法和柱层析法。❶

---

❶ 王健，温国永，龙巧云. 关于手性药物专利申请新颖性和创造性的发明专利审查 [J]. 中国发明与专利，2016（6）：84 - 87.

在案例 1 中，专利申请人首先得到的是（反式）N－取代的芳基或杂芳基－环丙胺化合物的外消旋体或混合物，之后通过手性制备型高效液相色谱法（HPLC）柱层析分离得到单一对映异构体，纯度大于 95.0%（参见 CN104892525A 的公开文本第［0879］~［0883］段）。由于（反式）－2－（4－（苯甲氧基）苯基）环丙胺只有一个手性中心，专利申请人也是通过常规技术手段分离得到的（－）（反式）－2－（4－（苯甲氧基）苯基）环丙胺，因此，审查员最终还是没有接受申请人关于新颖性的争辩。

而在案例 2 中，专利申请人采用不同的合成原料直接合成得到白色左旋盐酸司他斯汀，收率大于等于 80.0%；或者采用超临界流体色谱法（supercritical fluid chromatography，SFC），使用大赛璐的制备设备和大赛璐手性柱对盐酸司他斯汀消旋体进行手性异构体分离，投 0.5g 盐酸司他斯汀，得到 0.2g 左旋盐酸司他斯汀，收率 40%，同时得到 0.22g 右旋盐酸司他斯汀，收率 44%（参见 CN102491956A 的公开文本第［0040］~［0052］段）。专利申请人在答复审查意见的过程中附上了使用常规方法无法拆分得到左旋盐酸司他斯汀的试验方法及结果。因此，审查员接受了专利申请人关于新颖性的争辩意见。

综上所述，在中国专利审查实践中，要么申请人提取分离得到的化合物具有两个以上的手性中心，要么虽然该化合物仅有一个手性中心，但能够证明通过本领域的常规技术手段无法对该化合物进行拆分获得单一的左旋或右旋对映异构体，否则难以证明该左旋或右旋对映异构体具备新颖性。

那么，关于含有单一手性中心的手性化合物的新颖性，欧洲专利局（EPO）是否适用相同或相似的评判标准呢？下面将通过案例 3 进行进一步说明。

案例 3 是 T 0296/87（Enantiomers，1988 年 8 月 30 日）。

涉案专利申请的发明名称为"具有光学活性的 α－苯氧基丙酸衍生物"，申请号为 EP19780101792，申请日为 1978 年 12 月 20 日，其公开文本（EP0002800A1）的权利要求 1 如下所示。

1. 一种具有式 I 的 D－苯氧基丙酸衍生物，

$$\text{H}-\underset{\underset{\text{CH}_3}{|}}{\overset{\overset{Z}{|}}{\text{C}}}-\text{O}-\bigcirc-\text{R} \qquad (\text{I})$$

其中……

1988 年 8 月 30 日，在以下具有里程碑意义的决定 T 0296/87 中，欧洲专利局扩大上诉委员会一致认可了权利要求 1 的新颖性。[1] 至今为止，该决定 T 0296/87 在多个随后的决定中被确认并遵循："如果化学物质在可靠参数方面不同于已知物质，则认为该

---

❶ European Patent Office. T 0296/87（Enantiomers）of 30. 8. 1988［EB/OL］.（1988 – 08 – 30）［2021 – 05 – 15］. http：//www. epo. org/law – practice/case – law – appeals/recent/t870296ep1. html.

化学物质是新的。构型即是这样的参数。如果现有技术通过提及它们的结构式从而更详细地记载了具体的外消旋体，则其并未单独公开具体的构型。"

该决定 T 0296/87 所指出的涉案申请的 D－苯氧基丙酸衍生物相对于现有技术具备新颖性的原因如下。

1. 关于新颖性的第一个要求是确定：含有（单）不对称碳原子的已知化学式是否既破坏了其外消旋体形式的化合物的新颖性，又破坏了其对映异构体（d－和 l－型或 D－和 L－型）的新颖性。这尤其适用于对比文件（1）~（3）（DE－A－2 546 251、EP－A－483、DE－A－2 623 558），它们无可争议地公开了与有争议的专利（EP0002800A1）中所描述的那些结构相重叠的结构，唯一的区别在于后者（EP0002800A1）要求 D－对映异构体，而前者（DE－A－2 546 251、EP－A－483、DE－A－2 623 558）根本没有提及 D－对映异构体。

1.1　在此，委员会以其在"螺环化合物"决定 T 181/82（OJ EPO 1984401）中得出的关于在一组已知化学式的物质中化学实体的新颖性的结论为指导。关于作为基团限定的（C1~C4）－烷基溴与特定螺环化合物的反应产物，在一项信息的纯知识内容和在技术行动方面有具体教导意义的公开材料之间，委员会作了明确区分。只有在技术行动方面有具体教导意义的公开材料才会破坏新颖性。如果在化学物质的情况下想要应用这种教导，则需要个性化的描述。因此，如委员会在该案决定 T 181/82 中那样，术语（C1~C4）－烷基的纯知识内容包括 8 种基团，即甲基（C1）、乙基（C2）、正丙基（C3）和异丙基（C3），以及正丁基（C4）、仲丁基（C4）、异丁基（C4）和叔丁基（C4）。然而，只有甲基以个体化形式公开，因为其与较低的碳原子数值 C1－烷基同义。与此相反，具有两个或三个碳原子的特定烷基基团——包括但不是列举——没有以这种方式公开；较高的碳原子数值（C4）也不包括 4 个单独的基团，其只是作为通用术语公开了丁基基团。

1.2　委员会认为，该原则在某种程度上可以应用至本案（EP0002800A1），因为根据现有技术中结构式和科学名称的专家解释判断，后者只描述了外消旋体。鉴于化学式中的不对称碳原子，所讨论的物质的确可以出现多种可能的构型（D－和 L－对映异构体）；但是，这并不意味着这些构型以单独的形式被公开。因此，外消旋体的描述无法破坏 D－和 L－对映异构体的新颖性。

1.3　如果现有技术包括对映异构体——无论是特指的（D、d、L、l、+ 或 -）对映异构体还是具体命名的并且可以被产生的对映异构体，那么情况则是不同的。

1.4　委员会当前的观点符合其既定的化学物质新颖性的判例法，其中唯一有损于新颖性的技术性教导是指那些公开某种物质是规定方法或特定（个体化）形式的必然结果的教导（例如 T 12/81，非对映异构体，OJ EPO 1982296；T 181/82，螺环化合物；T 7/86，黄嘌呤，OJ EPO 1988381）。

1.5　委员会采纳了上述观点，认为这两种对映异构体在所讨论的结构的定义范围内不仅是智力活动上的差异，实际上在外消旋体中还没有分离得到这两种对映异构体。通常，后者也可以通过将对映异构体转化为非对映异构体的混合物来分离，例如使用光学活性物质，然后解析混合物并从所得产物中回收对映异构体。然而，这些考虑对于新颖性问题是无关紧要的，而对于创造性的审查将是更加有用的。

2. 如果在本案（EP0002800A1）中采用上述这些原则，会出现以下情况：

2.1 对比文件（1）~（3）（DE - A - 2 546 251、EP - A - 483、DE - A - 2 623 558）没有提及对映异构体，也没有任何关于该对映异构体可以在所描述的制备过程（例如，通过使用光学活性原料）中产生的暗示。委员会认定，这种现有技术只涉及外消旋体，不影响有争议的专利（EP0002800A1）中所要求的 D 型对映异构体的新颖性。这一认定也必须适用于根据有争议的专利（EP0002800A1）的产物，该产物具有如最终所要求的至少 80% 的 D 型对映异构体含量。因为如 1.5 所述，在评估新颖性时必须排除任何关于外消旋体分离或对映异构体富集的可能性的考虑。

2.2 对比文件（4）（Ann. Appl. Biol. 39（1952），295 - 307）中描述的结构与有争议的专利（EP0002800A1）中的结构无可争议地不同，因此对比文件（4）也无法破坏对比文件 1 的新颖性。

2.3 对比文件（7）（EP - A - 1 473）不是在先的公开文件。事实上其第 4 页第 2 段确实提及与有争议的专利（EP0002800A1）中的结构相重叠的右旋结构和左旋结构形式。然而，上述内容在优先权文件中没有相应的段落。因此，对比文件（7）在这方面不享有优先权，因此无法破坏有争议的专利（EP0002800A1）的新颖性，除此之外，也同样适用关于对比文件（1）~（3）的评论。

由此可见，关于含有单一手性中心的手性化合物的新颖性，欧洲专利局（EPO）适用与中国不同的评判标准。

2.7.3 中美创造性评判差异分析

以下将通过两个案例对中美两国含有一个或多个手性中心的手性化合物的创造性评判标准进行阐述。

案例 4 是 APBI 控股有限责任公司与国家知识产权局专利复审委员会发明专利权无效行政纠纷案[1]。

该案涉及发明名称为"利用快速起效的选择性 5 - 羟色胺再摄取抑制剂来治疗性功能障碍的方法"（专利号为 ZL00815313.2、申请日为 2000 年 8 月 22 日）的发明专利（以下简称"涉案专利"），其在专利无效宣告阶段提交的修改后的权利要求 1[2] 如下。

1. 达泊西汀或其可药用盐在生产用于治疗或控制哺乳动物性功能障碍的药物中的

---

[1] 参见北京市高级人民法院（2014）高行终字第 1706 号行政判决书和最高人民法院（2016）最高法行申 2158 号行政裁定书。

[2] 参见中国专利复审与无效决定第 20149 号。

应用，其中所述药物是口服固体剂型。

涉案专利所使用的术语"达泊西汀"是指如图 2 - 7 - 3 所示的结构。

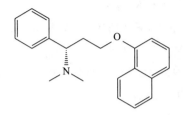

图 2 - 7 - 3　达泊西汀化学结构式

该化合物也被称作（S）- (+)- N，N - 二甲基 - 1 - 苯基 - 3 - (1 - 萘氧基)- 丙胺或（S）- (+)- N，N - 二甲基 - α - [2 - (1 - 萘氧基) 乙基] - 苯甲胺。

证据 1 （ZA9300694A）公开了一种物质或组合物在治疗疾病的方法中的用途，所述物质或组合物包括达泊西汀或其盐、达泊西汀分离的立体异构体或其盐，所述方法包括向人类施用所述物质或组合物，所述疾病包括早泄、性功能障碍。

将权利要求 1 与证据 1 相比较，其区别技术特征在于：权利要求 1 记载的是（S）构型达泊西汀，证据 1 未公开（S）构型达泊西汀；权利要求 1 记载的药物是口服固体剂型，证据 1 未公开口服固体剂型。

证据 2 （CN88102018A）公开了达泊西汀两种立体异构体或其药用盐以及达泊西汀盐具有抑制血清素的效果，并公开了达泊西汀盐的单位剂量为 60mg 和 80mg 的口服给药的固体剂型，且药物可以为快速释放的剂型。

关于权利要求 1 的创造性，北京市高级人民法院认为，以本领域技术人员的知识水平，在阅读证据 1 和证据 2 后，可以得出以下结论：证据 1 和证据 2 均涉及达泊西汀或其立体异构体或其药用盐作为药物并用于治疗疾病中的用途，且证据 2 已经将此类药用化合物可以制成口服固体剂型及采用的给药剂量予以公开的结论。基于此结论，证据 1 和证据 2 的结合已经给出了本领域技术人员相应的技术启示。此外，涉案专利说明书没有记载实验数据用以证实（S）构型达泊西汀相比于（R）构型达泊西汀在治疗早泄方面具有意外效果，涉案专利仅仅证实了达泊西汀与空白组相比具有治疗早泄的效果，以本领域技术人员的知识水平，上述效果通过证据 1 公开的技术方案是可以预期的，所以涉案专利不具有预料不到的技术效果。APBI 公司虽然主张涉案专利采用"需要时给药"及相对于其他 SSRI 具有较小副作用的效果❶，但是本领域技术人员知晓该效果是由达泊西汀这一化合物本身的性质所带来的。因此，在证据 1 的基础上，本领域技术人员结合证据 2 显而易见地能够得到权利要求 1 请求保护的技术方案，权利要求 1 相比于证据 1 和证据 2 的结合也不具备创造性。

---

❶　涉案专利说明书中未见"相对于其他 SSRI 具有较小副作用的效果"的相关内容，仅仅公开了需要时给药这一给药方式可减少和/或避免长期使用治疗剂治疗可能出现的不良作用。

对于手性化合物而言，预料不到的技术效果，可以是：①某一种对映异构体的活性出乎预料得好，表现出显著性差异，例如治疗支气管痉挛的 R（－）沙丁胺醇的活性比 S（＋）沙丁胺醇的活性大约 80 倍；②某一种对映异构体与其外消旋混合物活性相当，但毒副作用却非常低，例如磷酸氯喹 D 异构体可治疗疟疾且毒性较磷酸氯喹 L 异构体更低，案例 2 中的左旋盐酸司他斯汀具有更强的拮抗组胺 H1 受体作用且副作用小；③某一种对映异构体展现出与其外消旋混合物完全不同的生物活性，例如丙氧芬的右旋体为镇痛药，左旋体为镇咳药。

案例 5 是 *Sanofi - Synthelabo v. Apotex，Inc.*，550 F. 3d 1075（Fed. Cir. 2008）。

赛诺菲－圣德拉堡（Sanofi - Synthelabo）所主张的化合物为氯吡格雷（clopidogrel，2 -（2 - 氯苯基）- 2 -（4，5，6，7 - 四氢噻吩［3，2 - c］并吡啶 - 5 - 基）乙酸甲酯的右旋异构体，见图 2 - 7 - 4）的硫酸氢盐，涵盖在有争议的美国专利 US4847265 中，商品名为波立维（Plavix），其通过 CPY450 酶代谢，生成能抑制血小板聚集的活性代谢物，从而选择性地抑制二磷酸腺苷（ADP）与其血小板 P2Y12 受体的结合及继发的 ADP 介导的糖蛋白 GPIIb/IIIa 复合物的活化，因此抑制血小板聚集，用于治疗或预防血栓导致的如心脏病发作和中风等疾病。

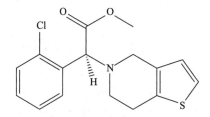

图 2 - 7 - 4　氯吡格雷（clopidogrel）的化学结构

氯吡格雷的外消旋体或右旋异构体和左旋异构体（D - 和 L -）混合物均为现有技术，但这两种异构体此前从未被分离使用过。尽管已知其混合物具有抗血栓性能，但两种异构体各自产生的作用是未知的。奥贝泰克制药（Apotex）于 2001 年 11 月向美国 FDA 提交了一份简略新药申请（ANDA），赛诺菲－圣德拉堡按照法律规定及时提起了专利侵权诉讼，奥贝泰克制药反诉该涉案专利无效。该案争议焦点在于立体异构体相对于其外消旋体是否具有非显而易见性。

在氯吡格雷专利侵权纠纷案中，双方专家证人均认为，本领域普通技术人员不可能预见到每种异构体显示出治疗活性和毒性的程度；具有更大的治疗活性的异构体最有可能也具有更大的毒性，且分离异构体的技术是困难的。

美国地区法院和联邦巡回上诉法院均认为：虽然只有 D 和 L 型异构体两个可能的选择，但如果权利要求所述化合物的特性是不可预测的，则该化合物就可能不是"显易尝试"的。该案中，氯吡格雷 D 型异构体相对于现有外消旋混合物，显示出了出人意料的治疗优势，在具有较大的治疗活性的同时又完全没有预期的毒性。因此，不适用"显易尝试"标准。

之后，氯吡格雷专利侵权纠纷案被引入至美国专利审查程序手册（Manual of Patent Examining Procedure，MPEP）中，其指出：要求保护的立体异构体显示出意料之外的强治疗优势，相对于现有外消旋混合物，其没有预期的毒性，且从外消旋混合物中分离出的对映异构体的特性不可预测，则分离出的立体异构体不是显而易见的。即使只有一小部分可能的选择存在，"显易尝试"的推理也不总是恰当的，应考虑全部证据，包括结果是否被合理地预见，以及发明人是否对成功有合理的期望等。●

2.7.4 审查差异与启示

目前，国际上手性化合物的研究正方兴未艾，过去 30 多年间手性化合物所取得的巨大进展更将推动这一研究领域的蓬勃发展。全球单一对映异构体形式的手性化合物的销售额持续不断增长，在排名前 100 位的畅销药品中，50% 以上为单一对映异构体产品。❷ 其中，开发了沙利度胺新用途的 Celgene 公司后续相继开发了沙利度胺的衍生物来那度胺（Lenalidomide）和帕马度胺（Pomalidomide）两个副作用更小的类似物（见图 2-7-5），其中来那度胺由于对治疗多发性骨髓瘤具有特殊药效，在 2017 年登上全球抗癌药物销售榜榜首，达到 81.87 亿美元。❸

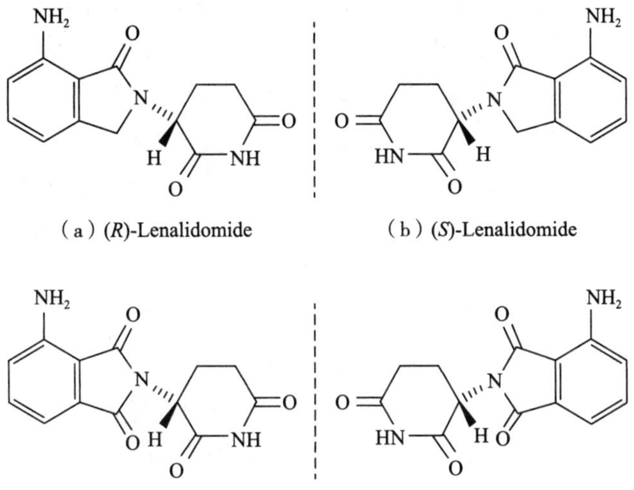

（a）(R)-Lenalidomide   （b）(S)-Lenalidomide

（c）(R)-Pomalidomide   （d）(S)-Pomalidomide

图 2-7-5 来那度胺（Lenalidomide）和帕马度胺（Pomalidomide）化学结构对比

---

❶ 张晓东. 医药专利制度比较研究与典型案例 [M]. 北京：知识产权出版社，2012：261-263.
❷ 王健，温国永，龙巧云. 关于手性药物专利申请新颖性和创造性的发明专利审查 [J]. 中国发明与专利，2016（6）：84-87.
❸ 章伟光，张仕林，郭栋，等. 关注手性药物：从"反应停事件"说起 [J]. 大学化学，2019，34（9）：1-12.

因此，中国医药企业应加大手性化合物立体构型的研究，发现和开发新型、高效的具有广泛通用性的不对称反应，并能将该反应成功地应用于手性化合物或其前体与中间体的合成中，并对其中有价值的对映异构体进行进一步的开发；针对该对映异构体，从时间和地域上逐步构建起相应的专利网络，形成高质量的专利资产。在构建专利网络的过程中，了解并熟悉世界各地例如中国、欧洲和美国对于对映异构体的授权标准成为其中甚为关键的一环。

在中国，对于含有单一手性中心的手性化合物的产品权利要求的专利审查，如果现有技术中已公开了该手性化合物的外消旋体，则审查员通常会质疑具体的对映异构体的新颖性，除非申请人能够提供证据证明利用本领域的常规技术手段（例如，化学拆分法、酶解法、晶种结晶法和柱层析法）无法拆分得到所要求保护的具体的单一对映异构体。在得出权利要求所要求保护的手性化合物相对于对比文件不具备新颖性的结论的情况下，审查员通常不会继续考察其创造性。而在欧洲和美国（例如案例 3 和案例 5），对于含有单一手性中心的手性化合物的专利审查，如果现有技术中仅公开了该手性化合物的外消旋体，则欧洲和美国审查员通常不会质疑具体的对映异构体的新颖性，只会进一步考察其创造性。

关于对映异构体的创造性，中国、美国和欧洲的评判标准基本一致，只有当现有技术从整体上没有给出相应的技术启示使得本领域技术人员对于该对映异构体的药物用途或效果没有合理的成功预期❶❷或者当该对映异构体相对于其外消旋体具有预料不到的技术效果时，才能认可其创造性。预料不到的技术效果可以是：①某一种对映异构体的活性出乎预料得好，表现出显著性得差异（例如案例 3 中，D - 对映异构体与外消旋体相比，其除草作用显著提高，而 L - 对映异构体实际上是无效的）；②某一种对映异构体与其外消旋混合物活性相当，但毒性非常低；③某一对映异构体具有与其外消旋混合物完全不同的活性。

此外，虽然当一个手性化合物存在 1 个、2 个和 3 个手性中心时，其分别存在 2 个、4 个和 8 个对映异构体，从数量上来说，明显少于可用于形成加酸盐的制药上可接受的公知的 53 种阴离子，但是不同对映异构体之间的选择通常影响的是药理活性和/或毒性而非制药特性，因此在考虑现有技术公开内容的基础上，美国通常并不适用"显易尝试"导致发明"显而易见"的创造性审查标准。

中国医药企业应根据中国、欧洲和美国对于对映异构体的审查标准进行实验设计并申请相关专利构建专利网络，同时加强手性化合物合成方法的建立及其与药物作用机制研究之间的结合，为实现新型手性化合物研发的跨越式发展提供新思路和新契机。

---

❶ 参见最高人民法院（2020）最高法知行终 475 号行政判决书和（2020）最高法知行终 476 号行政判决书。

❷ 宋献涛，郑希元. 创造性评价中的利益平衡之手：左旋 or 右旋？［EB/OL］.（2022 - 01 - 07）［2022 - 01 - 09］. https：//mp. weixin. qq. com/s/vMKnbB8qz46VJ9aw9pzyUA.

2.8　药物制剂

2.8.1　药用辅料发明的中美评判标准

药用辅料是指药物制剂中除主药以外的一切成分的统称，包括药品的赋形剂和其他附加剂，为了改善药品的安全性、有效性、稳定性和依从性等而加入的物质。国内外批准的药用辅料已经超过了 1000 种，新型的药用辅料呈现出逐年递增的趋势，《中国药典》（2020 年版）对于药用辅料有专门的记载，目前，我国有 335 个药用辅料品种❶，每个品种的药用辅料都给出了两种左右的用途❷，实际正在使用的药用辅料数量为 540 余种；美国和欧洲收录的药用辅料标准则分别约为 750 种和 1500 种，而实际正在使用的药用辅料品种数量则分别约为 1500 种和 3000 种。相对于中国而言，美国和欧洲的药用辅料规格更丰富，能够满足不同药物制剂的开发使用需求，以药用辅料中应用较为广泛的聚乙二醇为例，美国药典（USP34 - NF29）中收载了相对分子质量在 200 ~ 8000 的 45 个规格，而最新修订的《中国药典》（2020 年版）则只有相对分子质量在 300 ~ 6000 的 8 个规格。❸

改进药物制剂中药用辅料的组成可用于规避原研专利所带来的侵权风险。例如，利奈唑胺（Linezolid）是用于治疗革兰阳性菌感染的药物，根据 Insight 数据库的报道，利奈唑胺至 2015 年专利到期之前的全球年销售额已稳定在 10 亿美元以上，峰值达到 13.53 亿美元。专利到期之后，受仿制药冲击，销售额下跌，2019 年为 2.51 亿美元。法玛西亚普强（Pharmacia&Up - ohn）为其原研药企业，该企业于 2003 年被辉瑞并购。2005 年梯瓦公司开始对利奈唑胺提交专利申请（例如 WO2006110155A1、WO2007018588A1）。上述专利申请均涉及固体片剂，其中梯瓦公司将原研药企业的包衣片剂中的药物辅料"微晶纤维素"和"羧甲基淀粉钠"分别替换成"乳糖单水合物"和"交联聚维酮、交联羧甲基纤维素钠"。2009 年梯瓦公司就该产品在美国 FDA 提出简略新药申请（ANDA），2010 年辉瑞公司对梯瓦公司提起侵权诉讼，2012 年辉瑞公司与梯瓦公司就侵权诉讼达成和解协议，2015 年梯瓦公司取得片剂的首仿资格。❶

目前，药品研发工作受到我国医药领域广泛关注和重视，药物剂型具有控制释放速度等功能，靶向给药制剂、药物递送系统和透皮吸收制剂等方面的技术应用逐渐成

---

❶ 陈蕾，宋宗华，胡淑君，等. 2020 年版《中国药典》药用辅料标准体系及主要特点概述［J］. 中国药学杂志，2020，55（14）：1177 - 1183.

❷ 金勇，刘征宙，顾小焱. 药用辅料分类及其应用［J］. 化学试剂，2013，35（10）：904 - 906.

❸ 中国医学科学院药物研究所等. 中国仿制药蓝皮书 2021 版［M］. 北京：中国协和医科大学出版社，2021：129 - 130.

❶ 张辉，马秋娟，邓声菊. 利奈唑胺首仿策略演绎分析［J］. 中国新药杂志，2016，25（23）：2653 - 2658.

熟，这些都与药用辅料（亦称为药用材料）的研发和应用具有不可分割的关系。以下将对中美两国药用辅料的创造性评判标准进行比较并对相关案例进行解析，以期为我国医药企业药物制剂领域的专利布局和维护专利稳定性提供参考与借鉴。❶

1. 中国评判标准

中国《专利审查指南（2010）》第二部分第四章第4.3节指出：选择发明，是指从现有技术中公开的宽范围中，有目的地选出现有技术中未提到的窄范围或个体的发明。在进行选择发明创造性的判断时，选择所带来的预料不到的技术效果是考虑的主要因素。如果选择使得发明取得了预料不到的技术效果，则该发明具有突出的实质性特点和显著的进步，具备创造性。❷

2. 美国评判标准

USPTO专利审查程序手册第2143.I条示出了可导致"显而易见"结论的七种情况，其中第五种为"显易尝试"（obvious to try）标准，即"从确定的有限数目的、可以预料的解决方案中选择，并具有合理的可预期的成功"。"显易尝试"导致发明"显而易见"的判断原则是：本领域普通技术人员在其掌握的技术范围内有足够的理由寻找到该公知的选择，如果导致可预见的成功，则其不是创新的结果，而是常规技术和公知常识的产物。关于发明是否"可预见"，应考虑案件的全部证据，包括是否存在公认的问题、结果是否被合理地预见、发明人是否对成功有合理的期望、是否存在偶然发现因素等。

3. 案例分析

案例1是"含DGAT1抑制剂的药物组合物"（申请号为CN201180049179.4）发明专利申请案。

涉案专利申请的申请日为2011年10月14日，优先权日为2010年10月14日，其公开文本（公开号为CN103179957A）的权利要求1如下所示。

1. 一种药物组合物，所述组合物包含

（a）治疗有效量的式（Ⅰ）化合物，或其药学上可接受盐，

（Ⅰ）

---

❶ 郑希元，张英. 中美两国药用辅料创造性评判的差异分析 [J]. 中国新药杂志，2018，27（22）：2593 - 2597.

❷ 国家知识产权局. 专利审查指南2010 [M]. 北京：知识产权出版社，2010：121 - 122.

（b）一种或多种如 1、2 或 3 种有润滑性质的表面活性剂；

（c）一种或多种如 1、2 或 3 种有崩解性质的干式黏合剂；

（d）一种或多种如 1、2 或 3 种填充剂，和

（e）一种或多种如 1、2 或 3 种崩解剂。

在实质审查过程中，审查员提出如下审查意见：权利要求 1 所要求保护的技术方案与对比文件 1（WO2007/126957A2，公开日为 2007 年 11 月 8 日）所公开的技术方案相比，区别技术特征在于：权利要求 1 中限定了表面活性剂、黏合剂、填充剂和崩解剂的种类和数量，而对比文件 1 中未公开该内容。然而对于本领域技术人员而言，根据具体制剂需要确定出各类辅料的种类和数量，并且在制剂领域中的黏合剂等各类辅料中选择 1~3 种，属于本领域技术人员的常规选择，并且说明书中也并未显示限定了每种辅料的种类和数量的技术方案具有何种预料不到的技术效果。

在审查意见的答复过程中，专利申请人对权利要求 1 作出了如下修改：

1. 一种片剂形式的药物组合物，所述组合物包含

（a）治疗有效量的式（Ⅰ）化合物的钠盐，

（Ⅰ）

（b）作为具有润滑剂特性的表面活性剂的十二烷基硫酸钠，且所述表面活性剂以 0.1%~5% 膜包衣前片剂重量的量存在；

（c）有崩解性质的干式黏合剂，其中所述干式黏合剂选自黏度级别为 3~6pcs 的羟丙基甲基纤维素或羟丙基纤维素；或其组合；且所述干式黏合剂以 2%~20% 膜包衣前片剂重量的量存在；

（d）填充剂，所述填充剂选自微晶纤维素、无水磷酸氢钙、无水乳糖或其组合，且

所述填充剂以 4%~85% 膜包衣前片剂重量的量存在，和

（e）崩解剂，所述崩解剂选自交联羧甲基纤维素钠、交联聚乙烯吡咯烷酮、羟基乙酸淀粉钠或其组合，且所述崩解剂以 1%~10% 膜包衣前片剂重量的量存在。

此外，申请人进一步强调这些特别限定的成分带来了预料不到的技术效果：①作为具有润滑剂特性的表面活性剂的十二烷基硫酸钠（SLS）：说明书表 2 显示，与不含 SLS 的制剂相比，含有质量分数 2% SLS 的制剂的溶出速率较快。而且，在含有 SLS 的批次的加工过程中，观察到黏附于辊压机辊的趋势被显著降低。②干式黏合剂（低取

代的羟丙基纤维素/L - HPC - LH - 21）：说明书实施例 3 显示，L - HPC - LH - 21 生产的药片脆性较低，并且也减低了辊压造粒和后续制片过程中的黏附问题。③崩解剂（羟基乙酸淀粉钠）：说明书实施例 5 显示出某些崩解剂或者与药物不相容，或者产生不稳定的制剂。然而，特定的崩解剂羟基乙酸淀粉钠不仅能生产出稳定的片剂，还显示出所需的溶出特性和脆性。

最终，涉案专利申请（CN103179957A）在中国获得授权，然而其美国同族申请（US20130190354A1）虽然作了相似的修改和争辩，却未获得授权。

在终审意见（Final Office Action）中，美国审查员指出：在现有技术的教导中公开了当前权利要求的所有关键要素。每种成分的量和比例都是为了获得所需效果而选择的有效参数。依赖于兴趣、患者群体、成本最小化、增强和延长的效果数据，通过常规实验来改变每种成分以优化所需的效果将是显而易见的。当所要求保护的范围"与现有技术公开的范围重叠或位于范围内"时，存在初步显而易见性。[1] 此外，根据美国专利审查程序手册第 2144.05（Ⅱ）（A）条，一般情况下，现有技术中浓度或温度的差异无法支持所要求保护的主题的可专利性，除非有证据表明这种浓度或温度是至关重要的。在现有技术中公开了权利要求一般条件的情况下，通过常规实验来发现最优范围或可行范围并不能使之具备创造性。[2]

案例 2 是"包含嘧啶 - 磺酰胺的稳定性医药组合物"（申请号为 CN200680033375.1）发明专利申请案。

涉案专利申请的申请日为 2006 年 9 月 11 日，优先权日为 2005 年 9 月 12 日，其公开文本（公开号为 CN101262847A）的权利要求 1 如下所示。

1. 一种医药组合物，其包含：

a）如下所绘的式 Ⅰ 的化合物，或其医药学上可接受的盐、溶剂合物、水合物或其形态形式；

I

b）填充剂；

---

❶ In re Wertheim, 541 F. 2d 257, 1991 USPQ 90（CCPA 1976）；In re Woodruff, 919 F. 2d 1575, 16 USPQ2d 1934（Fed. Cir. 1990）.

❷ In re Aller, 220 F. 2d 454, 456, 105 USPQ 233, 235（CCPA 1955）.

c）分解剂；

d）表面活性剂；及

e）润滑剂。

在审查意见答复过程中，专利申请人对权利要求 1 作出了如下修改：

1. 一种稳定的医药组合物，其包含：

a）如下所绘的式 I 的化合物，

I

或其医药学上可接受的盐、溶剂合物、水合物或其形态形式；

b）选自乳糖单水合物和微晶纤维素的填充剂；

c）选自羟基乙酸淀粉钠或由羟基乙酸淀粉钠和聚乙烯吡咯烷酮组成的组合的分解剂；

d）由聚山梨醇酯组成的表面活性剂，以医药组合物的总重量计，其总量为 0.1%～3% 重量；及

e）由硬脂酸镁组成的润滑剂。

最终，专利申请 CN101262847A 在中国获得授权（由于该专利申请的年代较早，因此未能检索到该专利申请的审查档案），同时其美国同族申请也作了相似的修改，并获得授权 US8367685B2。

在美国同族申请的审查过程中，专利申请人争辩，从稳定性数据可以看出，含有 0.20% 聚山梨醇酯的组合物与含有常用的表面活性剂（Hedden 等人优选的表面活性剂，例如十二烷基硫酸钠）的组合物 RE1 和 RE2，或根本没有表面活性剂的组合物 RE3（15 周后的降解为 5%～8%）相比，具有优异的稳定性（3～6 个月后降解 <0.3%）。当聚山梨酸酯的百分比低于 0.1%（例如 0.05%）时，15 周后的降解达到 5.14%。这些稳定性的差异是惊人的并且预料不到的，并且本领域技术人员在阅读 Wu 等人和 Hedden 等人的参考文献之后不可能预见到该差异。现有技术教导表面活性剂可用于增溶或乳化活性成分，但是预料不到的是特定量的特定表面活性剂将能够使得组合物稳定性提高。

为此，专利申请人注意到 *Unigene Laboratories*，*Inc.* v. *Apotex*，*Inc.* 案（655 F. 3d 1352（Fed. Cir. 2011）可适用于涉案申请，在 *Unigene* 案中，联邦巡回上诉法院认定，

使用在现有技术中具有模糊角色或不同角色的试剂替代特定的吸收促进剂或表面活性剂将是非显而易见的。在 *Unigene* 案中，有争议的权利要求是美国专利号 RE40812E 的权利要求 19，其涉及 Fortical®，一种用于治疗绝经后骨质疏松症的液体组合物喷鼻剂，其包含作为活性成分的鲑鱼降钙素，作为吸收促进剂/稳定剂/缓冲剂的柠檬酸，作为表面活性剂的聚山梨醇酯 80，作为防腐剂的苯乙醇和苄醇。权利要求 19 要求特定量的这些赋形剂。*Apotex* 认为，鉴于参照药物 Miacalcin® 与现有技术对比文件（简写为 "Day" 的出版物和专利 US5912014），权利要求 19 将是显而易见的。Miacalcin® 是 Fortical® 的参照药物，但具有不同的配方。Miacalcin® 是一种降钙素喷鼻剂，其含有作为渗透剂的氯化钠，作为喷雾剂的氮气，作为 pH 调节剂的盐酸，作为载体的纯化水，对于该制剂特别重要的是 0.10mg 苯扎氯铵（BZK），其充当防腐剂、吸收促进剂和表面活性剂。专利 US5912014 保护的是鲑鱼降钙素的固体口服制剂并公开使用柠檬酸以提高生物利用度。"Day" 是关于药物制剂的出版物，其中列出了用于水性鼻制剂的 9 种防腐剂，BZK 作为 9 种列出的防腐剂中的一种，但柠檬酸没有包括在防腐剂列表中，而是作为 pH 调节剂或缓冲剂。"Day" 还列出了作为三种表面活性剂之一的聚山梨醇酯 20 和聚山梨醇酯 80 作为水性鼻制剂中的赋形剂。

联邦巡回上诉法院认定，尝试制备液体组合物以将鲑鱼降钙素通过鼻腔给药递送至人体内的本领域普通技术人员将不会考虑使用约 20mM 柠檬酸以及涉案专利所要求的窄范围的量苯甲醇、苯乙醇和聚山梨醇酯 80，因为无法预期到所制成的制剂能够适当地运行以满足药物用途的特异性。本领域普通技术人员使用柠檬酸替代 BZK 将是非显而易见的，因为 BZK 充当固体口服剂型的吸收促进剂和表面活性剂，而柠檬酸用于液体鼻制剂并且在另一个最接近的现有技术中柠檬酸具有表面上模糊的角色。法院确认另一个现有技术美国专利 US5124315 公开了在含有鲑鱼降钙素的液体鼻制剂中使用 20.5mM 柠檬酸。专利 US5124315 清楚地表明：柠檬酸不用作吸收促进剂，而仅仅是缓冲剂。专利 US5124315 还教导远离柠檬酸的使用，因为在专利 US5124315 中引用了另一个专利，其报道了当柠檬酸被用作液体鼻制剂（含有作为活性成分的多肽）的稳定剂时的令人沮丧的结果。联邦巡回上诉法院最终认定，所引用的参考文献无法支持以下结论：本领域技术人员将期望柠檬酸与其他所要求保护的赋形剂的组合在不使用吸收促进剂时能够促进生物利用度。

将 *Unigene* 案的观点和理由应用于涉案申请中，当聚山梨酸酯在现有技术中的作用是增溶或乳化/润湿剂时，本领域技术人员无法预期使用本发明所要求保护的 0.1% ~ 3% 的聚山梨酸酯与特定填充剂、分解剂和润滑剂的组合将提供特别稳定的组合物。因此，鉴于所引用的现有技术，所要求保护的发明是非显而易见的。

4. 比较分析

关于案例 1，专利申请人在涉案专利申请 CN101262847A 的审查意见答复过程中所强调的这些特别限定的成分（例如，2%（按质量分数计）的十二烷基硫酸钠、低取代的羟丙基纤维素/L – HPC – LH – 21、羟基乙酸淀粉钠）带来的预料不到的技术效果（例如，较快的溶出速率、较低的黏附性、较低的药片脆性和较高的稳定性）实际上是这些特别限定的成分相对于现有技术所公开的其他表面活性剂、干式黏合剂、填充剂和崩解剂所表现出的更优的技术效果。这是专利申请人从现有技术中公开的宽范围中，有目的地选出特别限定的成分的发明。然而，专利申请人特别限定的药用辅料所展现的优点（例如，十二烷基硫酸钠具有良好的药物溶出速率和较低的黏附性；低取代的羟丙基纤维素能够提高片剂的硬度，特别是不易成型、塑性和脆性大的片剂的硬度；羟基乙酸淀粉钠具有良好的稳定性，能加速药片的崩解和有效药物的溶出）均是本领域技术人员所普遍知晓的。因此，尽管涉案专利申请 CN101262847A 最终在中国获得授权，但其美国同族申请 US20130190354A1 却未获得授权。笔者认为，其中的原因在于美国的"显易尝试"标准，即正如美国联邦最高法院在 *KSR* 案中所述，当存在解决某个问题的设计需求或者市场压力，且已知的或可预知的解决方案为数不多时，本领域普通技术人员有充分理由在其所掌握的技术范围内尝试已知选择。如果这一做法获得了预期的成功，则相关产品很可能是采用普通技术、利用常规知识的产品。在此情况下，显易尝试可能表明其构成美国专利法第 103 条的"显而易见性"。❶

关于案例 2，中国涉案专利申请 CN101262847A 及其美国同族申请均获得授权。笔者认为，其中的原因仍在于美国的"显易尝试"标准，例如在美国赛诺菲案❷中，涉案专利权利要求保护的化合物为硫酸氢氯吡格雷，是公知的外消旋产品中的 D 型异构体。地区法院和联邦巡回上诉法院均认定，虽然只有两个可能的选择：D 型和 L 型异构体，但如果权利要求所述化合物的特性是不可预测的，例如氯吡格雷 D 型异构体相对于现有外消旋混合物，显示了出人意料的治疗优势，完全没有预期的毒性，就不适用"显易尝试"标准。而在案例 2 中，现有技术教导表面活性剂（聚山梨酸酯）可用于增溶、乳化和润湿活性成分，但是无法预料特定量的特定表面活性剂（聚山梨酸酯）将能够使组合物稳定性提高。

同为包含特定药用辅料的药物组合物的专利申请，案例 1 的美国同族申请未获得授权，而案例 2 的美国同族申请获得授权，两者的区别在于现有技术是否给出了该药用辅料具有某种优点/用途的技术启示。现有技术给出了案例 1 的药用辅料（例如，十二烷基硫酸钠、低取代的羟丙基纤维素/L – HPC – LH – 21、羟基乙酸淀粉钠）具有某种优点/用途（例如，较快的溶出速率、较低的黏附性、较低的药片脆性和较高的稳定性）的技术启示，然而现有技术没有给出案例 2 的药用辅料（聚山梨酸酯）具有某种优点/用途（提高药物组合物的稳定性）的技术启示。

与案例 2 相近似，在案例 3 "丁苯酞环糊精或环糊精衍生物包合物及其制备方法和

---

❶　张晓东，傅利英. 美国专利审查中的"显易尝试"标准及对我国的启示 [J]. 中国医药工业杂志，2013，44（5）：533 – 537.

❷　*Sanofi – Synthelabo v. Apotex，Inc.*，550 F. 3d 1075（Fed. Cir. 2008）.

用途"（专利号为 ZL02123000.5）发明专利无效宣告请求案❶中，涉案专利的专利权人为石药集团中奇制药技术（石家庄）有限公司、石药集团恩必普药业有限公司，优先权日为 2001 年 6 月 18 日，申请日为 2002 年 6 月 17 日。

涉案专利在先第 36374 号无效宣告请求审查决定中维持有效的权利要求 1 如下所示。

1. 一种丁苯酞环糊精衍生物包含物，其特征在于：含有丁苯酞和环糊精衍生物，丁苯酞与环糊精衍生物的分子摩尔比为（1∶1）~（1∶10）；环糊精衍生物为羟丙基－β－环糊精。

证据 1（CN1100097A，公开日为 1995 年 3 月 15 日）公开了芹菜甲素（丁苯酞），天然存在的芹菜甲素为左旋体，而合成的为外消旋体，其具有广谱抗惊厥作用，证据 1 还公开了芹菜甲素在制备预防和治疗脑缺血引起的疾病，尤其是缺血性脑神经元损伤和坏死的药物中应用。

权利要求 1 与证据 1 相比，区别特征为：①证据 1 未公开丁苯酞由羟丙基－β－环糊精包合；②证据 1 未公开丁苯酞和环糊精衍生物二者分子摩尔比为（1∶1）~（1∶10）。权利要求 1 相对于证据 1 实际解决的技术问题是提供一种改善丁苯酞水溶性的包合物，而上述区别特征①是实现涉案专利发明目的的关键技术手段。那么，判断权利要求 1 是否具备创造性的关键就在于现有技术是否给出了使用羟丙基－β－环糊精包合丁苯酞的技术启示。

无效宣告请求人认为证据 2、证据 4、证据 5、证据 8、证据 10 和证据 11 均就此给出了技术启示，或者上述区别特征属于本领域的公知常识。

合议组认为，在创造性的评判过程中，判断现有技术是否存在将区别特征应用于最接近的现有技术中的技术启示时，需要考虑相应技术领域在申请日时的技术发展状况，将区别特征应用于最接近现有技术的技术难度以及是否存在需要克服的技术障碍等，如果通过综合判断确认现有技术中并未给出明确的技术启示，并且所述技术方案取得了预料不到的技术效果，则其具备创造性。其中证据 2（US4727064，公开日为 1988 年 2 月 23 日）涉及"药物的溶解性可以通过转化为无定形态或通过以环糊精包合而得到改善"的技术内容，证据 2 的表 1 给出了 34 种药物通过羟丙基－β－环糊精增溶效果的数据，但它们的增溶效果参差不齐，并且这 34 种药物在结构上都与丁苯酞的结构差异很大，并没有公开任何一种结构相近的药物成功地被羟丙基－β－环糊精包合。在化合物领域中，能够作为药物的化合物数以万计，数量庞大，本领域技术人员需要经过长期、大量的研究，才能分门别类地确定某一具体增溶剂对各种药物的作用，以及增溶后所能达到的效果。也就是说，羟丙基－β－环糊精是否能用于丁苯酞的包合，能否增溶、增溶程度大小均是不可预期的，证据 2 未给出使用羟丙基－β－环糊精

---

❶ 该案为 2020 年度专利复审无效十大案件之一，参见中国专利复审与无效决定第 43478 号。

包合丁苯酞的技术启示。此外，涉案专利说明书中已验证了羟丙基－β－环糊精确实能提高丁苯酞的水溶性，这直接为将丁苯酞制备成注入体内的针剂等剂型提供了可能性，而这对于丁苯酞的临床应用是极为重要的突破，足以证明二者的结合取得了预料不到的技术效果。因此，证据2没有对区别特征①给出相应的技术启示，权利要求1相对于证据1和证据2的组合具备创造性。

5. 对我国仿制药企业的启示

原有观念以为，作为药用辅料而言，药用辅料缺少生理活性，对于主要药物成分的药效发挥没有任何影响，药用辅料的关注重点在于如何参与制剂的制备以及对制剂的外形所造成的影响等方面，而对于药用辅料如何影响主要药物成分的人体吸收、释放以及靶向性等方面没有足够的重视和关注。其实，完全没有活性的药用辅料是不存在的。药用辅料不仅对确保制剂有效、安全和稳定起到了关键的作用，而且能够促进药物制剂以可控制的速度释放并为人体所吸收等。因此，药用辅料的性能和品质，对药物制剂发挥着重要的作用，其在药物制剂制造中占据重要地位。❶

6. 在创新伊始即重视药用辅料问题

美国"显易尝试"标准的适用使改进药用辅料的药物剂型专利申请获得美国专利授权的可能性降低，同时也导致现有药物制剂专利的稳定性更容易受到挑战。中国仿制药企业开拓美国市场时，需关注相关药物制剂的药用辅料使用情况，以及现有技术是否给出了当前在研药物制剂所使用的药用辅料具有某种优点/用途的技术启示，在进行充分调研之后再着手进行试验以及后续申请专利，可以最大程度地确保专利权的稳定性，避免后续因"显易尝试"标准被宣告无效。

7. 以药用辅料为突破口挑战专利权

包含特定药物辅料的药物剂型专利是抢占市场的有利武器，同时，药用辅料也是仿制药企业挑战原研药企业相关制剂专利的利器。对于中国仿制药企业而言，如欲抢占美国市场，可以充分挖掘现有技术，以药用辅料为突破口，寻找涉及"显易尝试"的药物制剂专利，主动出击清除专利壁垒。如在美国受到专利侵权起诉，也可以尝试以"显易尝试"作为无效宣告请求理由进行抗辩。在提供证据时，可从现有技术"专利必然地、不可避免地"给出了某种药用辅料具有某种优点/用途的技术启示的角度进行阐述。

8. 药用辅料的创造性争辩

中国仿制药企业面临涉及药用辅料的创造性争辩时，需注意中美两国关于药用辅料创造性判断标准的差异，除了在研发阶段和/或准备专利申请阶段就将与所采用的药用辅料的技术效果相关的实验数据记载在原始申请文件中以凸显所采用的药用辅料相比于其他药用辅料而言有益甚至预料不到的技术效果之外，还要对所采用的药用辅

❶　许宁. 药用辅料的研发与应用现状分析 [J]. 当代化工研究，2017 (1)：105－106.

的研究情况进行广泛的调研，从现有技术是否公开或暗示所采用的药用辅料具有涉案专利申请所描绘的优点/用途的角度论证包含特定药物辅料的药物剂型专利的非显而易见性，从而进行创造性争辩。

2.8.2 剂型转换发明的创造性判断[1]

药物剂型转换专利申请主要分为两种类型：第一类是简单替换常规药用辅料，即对某已知药物进行简单的剂型改造。例如，将片剂转变为胶囊，将注射剂转变为粉针剂，将丸剂转变为口服液等，其目的仅仅是增加患者对于药品类型的选择，并获得改变后剂型本身所固有的特点，专利申请人通常不会将该常规药用辅料限定在权利要求中，该类专利申请也难以获得授权。第二类是有目的地选择特定药用辅料，将已有剂型改变为其他剂型，其目的是解决现有剂型存在的某些技术问题，如生物利用度低、稳定性差、疗效不佳以及具有较强的毒副作用等，专利申请人通常会将该特定药用辅料限定在权利要求中。

目前在中国的专利实践中，对于药物剂型转换发明的创造性判断，通常采用以下判断标准：如果发明所要求保护的药物制剂与现有技术的技术方案相比，区别仅在于剂型的改变，其优于现有技术的效果是该类剂型本身所固有的，且本领域技术人员制备该制剂没有技术困难，则该药物制剂是显而易见的，不具备创造性。[2]

以下将通过对实际案例的分析，对药物剂型转变的中国创造性判断标准进行深入的解析和说明，以期为我国医药企业如何进行药物制剂的改变提供参考与借鉴。

1. 转变后的剂型产生了本身所固有的特点之外的效果

案例 4 是"γ-羟基丁酸的速释制剂及剂型"（申请号为 CN201080067754.9）发明专利申请案。[3]

涉案专利申请的申请人为爵士制药有限公司，申请日为 2010 年 5 月 4 日，在答复第一次审查意见通知书时提交的修改后的权利要求 1 如下所示。

1. 用于 GHB 口服递送的压制片速释剂型，所述速释剂型包含：速释制剂，所述速释制剂含有 GHB 的药学上可接受的盐，所述盐的量按重量计为速释制剂的至少 70%；且其中所述速释剂型在给药后少于 1h 的期限内释放至少 90% 的包含于其中的 GHB 盐。

审查员在第二次审查意见通知书中指出，对比文件 1（US20060210630A1，2006 年 9 月 21 日）公开了用于 γ-羟基丁酸（GHB）口服递送的速释剂型，包含一个速释的核和包衣，其中 GHB 的重量分数为 40%～99%，口服速释剂可以是由 1g 速释核芯以微丸的形式填充的胶囊；超过 90% 的 GHB 在 1h 内被释放。权利要求 1 与对比文件 1

---

❶ 郑希元，李海霞. 浅析药物剂型转换发明的创造性判断［J］. 中国知识产权杂志，2018（3）.

❷ 国家知识产权局. 审查操作规程·实审分册［M］. 北京：知识产权出版社，2011：297-298.

❸ European Patent Office. EPO Global Dossier：CN201080067754［EB/OL］.（2016-04-07）［2021-05-16］. https：//register. epo. org/ipfwretrieve？apn = CN. 201080067754. A&lng = en.

公开的内容相比，区别技术特征在于：具体的剂型不同。基于上述区别技术特征，该发明所要解决的技术问题是如何制备一种具有类似效果的压制片。

对比文件 2（US4983632A，申请日为 1991 年 1 月 8 日）公开了包含羟丁酸钠、微晶纤维素、硬脂酸镁的片剂，即对比文件 2 给出了可以将羟丁酸钠制备成片剂的技术启示。对于本领域技术人员来说，胶囊、压制片都是本领域的常规剂型，所属领域技术人员根据对比文件 1 和对比文件 2 公开的内容，容易想到将以微丸形式装入胶囊的羟丁酸钠替换成羟丁酸钠片剂，上述简单的剂型转换不需要创造性的劳动即可实现。因此，权利要求 1 请求保护的技术方案不具备创造性，不符合《专利法》第 22 条第 3 款的规定。

针对审查员第二次审查意见通知书，专利申请人将权利要求 1 修改为如下所示。

用于 GHB 口服递送的压制片速释剂型，所述速释剂型包含：速释制剂，所述速释制剂含有 GHB 的药学上可接受的盐，所述盐的量按重量计为速释制剂的至少 70%；至少一种黏合剂，所述黏合剂的量按重量计为 1% ~ 5%；至少一种润滑剂，所述润滑剂的量按重量计为 1% ~ 5%；且其中所述速释剂型在给药后少于 1h 的期限内释放至少 90% 的包含于其中的 GHB 盐。

专利申请人同时进行了如下意见陈述（注：由于无法检索到申请人向国家知识产权局提交的意见陈述的具体内容，以下所引内容为其欧洲同族 EP2566462A1 的争辩意见）❶：GHB 具有高度水溶性、吸湿性、强碱性，半衰期短（约 45min），并具有较高的临床有效剂量（2.25g ~ 4.5g 的剂量诱导 2 ~ 3h 的睡眠）。虽然其具有高度水溶性，但当其与普通赋形剂配制成片剂时，GHB 表现出较差的溶出性。由于这些独特的性质，难以将 GHB 配制成片剂剂型。尽管有这些挑战，但是专利申请人已经成功地配制了压制片速释剂型，其为促进治疗有效剂量的施用提供了所需的高填充的 GHB 盐。

尽管对比文件 1 教导了可以通过制粒技术制备填充到胶囊中的用于口服递送的粒料，从而形成（pH 敏感控释颗粒的）具有速释核芯的制剂，但是对比文件 1 并没有公开如权利要求 1 中所述的速释压制片剂。

对比文件 2 未能弥补对比文件 1 的缺陷。对比文件 2 描述了包含羟丁酸钠的泡腾片剂。对于本领域技术人员来说，很明显泡腾片剂不同于压制片速释剂型。泡腾片剂应当加入水或溶液中，且当泡腾片剂溶解成溶液时释放 CO_2。因此，给药前需要将药物溶解在溶液中。对比文件 2 中没有任何内容教导或暗示用于口服递送的压制片速释剂型中的 GHB。事实上，对比文件 2 进一步支持对比文件 1 的教导，即高剂量的 GHB 应该作为液体给药。因此，所引用的现有技术以及公知常识教导远离涉案专利申请所要求保护的主题。

之后，审查员在第三次、第四次审查意见通知书中指出：权利要求 1 请求保护的

---

❶ European Patent Office. All documents：EP2566462［EB/OL］.（2021 - 05 - 12）［2021 - 05 - 16］. https：//register. epo. org/application? number = EP10720687&lng = en&tab = doclist.

范围过宽，得不到说明书的支持，不符合《专利法》第26条第4款的规定。

为此，申请人将权利要求1修改为如下所示。

1. 用于γ-羟基丁酸的药学上可接受的盐口服递送的压制片速释剂型，所述速释剂型包含：速释制剂，所述速释制剂含有γ-羟基丁酸的药学上可接受的盐，所述盐的量按重量计为速释制剂的至少70%；至少一种黏合剂，所述黏合剂的量按重量计为1%~5%；至少一种润滑剂，所述润滑剂的量按重量计为1%~2.5%；其中所述黏合剂是羟丙基纤维素、羟丙甲纤维素、羧甲基纤维素钠、淀粉、聚维酮和聚乙烯醇中的至少一种；所述润滑剂是硬脂酸、硬脂酸镁和硬脂酰醇富马酸钠中的至少一种；且其中所述速释剂型在给药后少于1h的期限内释放至少90%的包含于其中的γ-羟基丁酸盐。

最终国家知识产权局对包括权利要求1在内的涉案专利申请作出了授予专利权的决定。

2. 常规辅料的"非常规"应用

案例5是浙江维康药业有限公司与怀化正好制药有限公司关于"一种药物金刚藤微丸及其制备方法"专利无效宣告行政纠纷案。[1]

该案涉及发明名称为"一种药物金刚藤微丸及其制备方法"（专利号为ZL200510080293.X、申请日为2005年7月1日）的发明专利（以下简称"涉案专利"），其授权公告时的权利要求1如下所示。

1. 一种药物微丸，其特征在于该药物微丸是由下述重量份的原料制成的：金刚藤干浸膏45~150重量份、微晶纤维素50~90重量份、交联聚维酮5~15重量份。

关于创造性，无效宣告请求人浙江维康药业有限公司提交的证据1（CN1562249A，申请日为2005年1月12日）公开了一种金刚藤分散片，其制备方法包括：（1）取金刚藤药材净选……浓缩成稠膏或干燥成干浸膏；（2）加入辅料制粒；a）制粒辅料是：乳糖、硫酸钙、甘露醇、木糖醇、淀粉、微晶纤维素、低取代羟丙纤维素、交联聚维酮、羧甲淀粉钠、羧甲基纤维素钠中一种或多种的不同组合；b）制粒黏合剂为：聚维酮K30的乙醇及水溶液；混合均匀，制粒、干燥。

涉案专利权利要求1与证据1的区别在于：①剂型不同，权利要求1限定金刚藤药物剂型为微丸，证据1则为分散片；②证据1仅公开了微晶纤维素和交联聚维酮可以在制备金刚藤分散片时作为辅料，涉案专利的权利要求1则具体选用微晶纤维素为稀释剂，交联聚维酮为崩解剂，并限定了所述药物微丸中各原料成分的重量配比。根据上述区别特征可知，涉案专利所欲解决的技术问题是提供一种以权利要求1所述原料和配比制得的不同于现有药物剂型的金刚藤微丸。

无效宣告请求人提交的证据2（《药剂学》，中国医药科技出版社，2000年4月）

---

[1] 参见北京知识产权法院（2014）京知行初字第1号行政判决书和北京市高级人民法院（2015）高行（知）终字第3375号行政判决书。

在"微丸的辅料"部分公开了：用于微丸丸芯的辅料主要有稀释剂和黏合剂，薄膜衣的辅料有成膜材料、增塑剂，有的还需加入一定量的致孔剂、润滑剂和表面活性剂。常用作微丸丸芯或包衣的辅料有蔗糖、淀粉、糊精、蜂胶、脂肪酸、聚维酮、甲基纤维素、聚丙烯酸树脂等，常用微丸膜包衣的致孔剂有甘油、乙二醇、微晶纤维素、糖类、羧甲基纤维素、碳酸盐、碳酸氢盐等。在片剂"填充剂"部分公开了微晶纤维素可用作稀释剂，交联聚维酮可用作崩解剂。

关于此案，国家知识产权局专利复审委员会以及一审、二审法院均认为，根据上述内容可知，证据 2 仅公开了微晶纤维素可以用作微丸膜包衣的致孔剂，而非用作微丸丸芯辅料，亦非用作稀释剂；用作微丸丸芯辅料的是聚维酮，而非交联聚维酮。证据 2 还公开了在制备片剂时，微晶纤维素可以用作稀释剂，交联聚维酮可以用作崩解剂。综合上述信息可知，证据 2 并未公开在制备微丸时，可以将微晶纤维素和交联聚维酮用作微丸丸芯辅料，也没有公开微晶纤维素、交联聚维酮与金刚藤干浸膏混合时的重量配比。无论是证据 1 还是证据 2，均未公开可以将微晶纤维素和交联聚维酮组合在一起，且分别用作制备金刚藤微丸的稀释剂和崩解剂。尽管微晶纤维素和交联聚维酮是制药领域的常规辅料，但本领域技术人员基于其技术能力同样能够知晓，稀释剂并不仅限于微晶纤维素，崩解剂亦不仅限于交联聚维酮，并且知晓即便是同一种辅料，亦可能在不同药物剂型中发挥不同的药理作用。如果需要在药物制备中使用到稀释剂和崩解剂，本领域技术人员并不会当然地想到选择微晶纤维素和交联聚维酮。因此，在判断药物组合物相对于现有技术是否具备创造性时，不能仅以其中辅料为常规辅料即认为该组合物不具备创造性，也不能在没有证据支持的情况下，即想当然地认为某种药物剂型所使用的辅料能够被毫无障碍地应用于另一种药物剂型之中，并取得相应的技术效果。证据 1 和证据 2 也没有给出将微晶纤维素、交联聚维酮与金刚藤干浸膏以涉案专利的权利要求 1 所述重量配比进行混合，用以制备金刚藤微丸的技术启示。同样基于制药领域实验性学科特点的考虑，相关发明尤其是涉及数值范围的选择，往往需要实验数据予以支持，相应地就需要进行大量科学实验对相关数据进行验证。故涉案专利的权利要求 1 相对于证据 1 和证据 2 的结合具备创造性，符合《专利法》第 22 条第 3 款的规定。

最终国家知识产权局专利复审委员会作出包括权利要求 1 在内的所有权利要求全部有效的审查决定，一审、二审法院维持了国家知识产权局专利复审委员会所作的无效宣告请求的审查决定。

3. 分析与启示——解读药物剂型转变的创造性判断

生物医药研发具有准入门槛高、研发投入大、周期长、高风险和高回报等特点。在药物研发过程中，专利申请需并行甚至先行，药物核心专利的申请时间通常都早于药物上市时间。然而，由于发明专利保护期限为专利申请提交之日起 20 年，即便是重磅炸弹药物，无论其市场销售如何强劲、生命周期如何顽强，终归会因为失去核心专利的保护而成为国内外生物医药企业竞相追逐仿制的目标。因此，如何延长药物的专利保护期、形成并加固专利堡垒、构建专利网络，以实现知识产权保护的价值最大化，也成为每个享有专利权的生物医药企业关注的重点。

药物通常先以标准的片剂、胶囊或者注射剂形式上市，但是随着药物核心专利接近专利保护期限，生物医药公司通常会寻求开发出新的剂型，以满足不同市场和不同患者人群的需求。对现有药物制剂进行剂型改良，比如将普通剂型（例如，片剂、胶囊、丸剂等）转变为高端剂型，如脂质体、微球、微囊、注射凝胶剂、缓控释制剂、皮下植入剂、纳米混悬剂、黏膜给药制剂、渗透泵制剂、胃滞留制剂、吸入制剂以及专用于儿童和特殊人群的特殊给药剂型等，然后针对新剂型进行工艺的二次开发，并申请专利，可有效拓展现有药物的使用范围，延长专利保护期。例如，葛兰素史克（GSK）的原研药盐酸罗匹尼罗（Ropinirole hydrochloride），在片剂专利期满后的 2008 年，GSK 推出盐酸罗匹尼罗缓释片，继续占领帕金森病药物市场，而盐酸罗匹尼罗缓释片在中国的授权专利 CN1198598C 于 2021 年 4 月到期。❶

市场上的许多药物虽然具有较好的药理活性，但是它们的药代动力学性质实际上并不十分理想，稳定性欠佳，在制备上也具有较大难度。药物的这些性质为后续的剂型改善提供了较大的进步空间。生物医药企业可以在原有研发药物的基础上对药物的剂型进行拓展，加大专利布局范围，延长原有药物的专利保护期，在有效巩固原有市场地位的同时开发新的潜在市场。

关于药物剂型转变的创造性，如果申请保护的剂型相比于现有技术的区别特征仅为不同的剂型，而该不同的剂型仅仅是从一种剂型到另一种剂型的简单转变，甚至有时是为了避免现有剂型专利权人的侵权追究而进行的专利申请，只是将显性的同种剂型侵权转变成隐性的异种剂型侵权，并没有在显著提高疗效、减少毒副作用、增加新的适应证等任何一方面有所突破，产生的效果也仅仅是该剂型本身所固有的特点，则不应当认定申请保护的剂型具备创造性。例如，专利申请人将注射液转变成冻干粉针剂，申请保护的剂型优于现有技术的效果是提高制剂的稳定性，然而该效果是冻干粉针剂本身所固有的特点，因此该专利申请保护的剂型不具备创造性。

如果申请保护的剂型相比于现有技术的区别特征仅为不同的剂型，但是申请保护的剂型产生了该剂型本身所固有的特点之外的效果，或者现有技术制备该剂型存在技术困难，则应当认定申请保护的剂型具备创造性。例如，在案例 4 中，申请人在胶囊剂型转变为压制片速释剂型的过程中，通过加入特定的药用辅料如特定的黏合剂和润滑剂，使片剂的溶出性显著增加，从而改变了片剂本身所具有的较差溶出性的特点；申请保护的剂型产生了该剂型本身所固有的特点之外的效果，因此该申请保护的剂型具备创造性。而在案例 5 中，虽然微晶纤维素和交联聚维酮是制药领域的常规药用辅

❶ 黄璐，钱丽娜，张晓瑜，等. 医药领域的专利保护与专利布局策略 [J]. 中国新药杂志，2017，26（2）：139 - 144.

料，但是现有技术并没有给出可以将微晶纤维素和交联聚维酮分别作为稀释剂和崩解剂联合用作微丸丸芯辅料的技术启示，不能仅以其中的药用辅料为常规辅料便认为申请保护的剂型不具备创造性，也不能在没有证据支持的情况下即想当然地认为某种药物剂型所使用的药物辅料能够被毫无障碍地应用于另一种药物剂型之中，并取得相应的技术效果；现有技术在制备申请保护的剂型时存在技术困难，因此该申请保护的剂型具备创造性。

2.9　药物组合物

2.9.1　化学药组合物创造性评析

判断化学药组合物是否具备创造性，需要分析现有技术是否给出将所述药物组分联用可有助于发挥其功效的技术启示，以及是否存在妨碍所属领域技术人员将所述组分联用的反面教导或者明显障碍❶，例如所述组分之间是否存在疗效、毒副作用或稳定性等方面的相互影响，并且应对联用后是否取得了预料不到的技术效果作出认定，例如是否存在充足的实验数据和结果证明联用后产生了协同效应。

以下将通过典型案例分析的方式对化学药组合物的创造性评判思路进行阐述，以期为我国医药企业化学药组合物领域的专利布局和维护专利稳定性提供思考与借鉴。

案例 1 是"含有缬沙坦和 NEP 抑制剂的药物组合物"（专利号为 ZL201110029600.7）发明专利权无效宣告请求案。❷

无效宣告请求人戴某良就专利权人诺华公司的涉案发明专利权提出无效宣告请求。涉案专利保护一种包含沙库巴曲和缬沙坦的药物组合物，诺华公司在涉案专利基础上开发了"沙库巴曲缬沙坦钠片"，商品名为诺欣妥（Entresto）。诺欣妥于 2015 年 7 月在美国获得 FDA 批准上市，2017 年 7 月获批进入中国市场，用于射血分数降低的成人慢性心衰患者，以降低其心血管死亡和心衰住院的风险。根据诺华公司的 2020 年财报，2020 年诺欣妥全球销售额为 24.97 亿美元，同比增长 45%。

涉案专利的优先权日为 2002 年 1 月 17 日，申请日为 2003 年 1 月 16 日。涉案专利为基于申请号为 CN03802268.0 的原案申请所提分案申请授权而来，其授权公告时的权利要求 1 如下所示。

一种药物组合物，其包含（i）AT 1 - 拮抗剂缬沙坦或其可药用盐和（ii）N -（3 - 羧基 -1 - 氧代丙基）-（4S）- 对 - 苯基苯基甲基）-4 - 氨基 -2R - 甲基丁酸乙酯

---

❶　在对比文件 1 的基础上，结合对比文件 2 的技术内容之后，存在反面教导或者明显障碍的情况有以下几种：①违反了对比文件 1 的发明目的；②对比文件 1 无法发挥作用；③产生不利的技术效果。在存在上述情形的反面教导或者明显障碍的情况下，涉案专利权利要求相对于对比文件 1 和对比文件 2 的组合具备创造性。

❷　该案为 2017 年度专利复审无效十大案件之一，参见中国专利复审与无效决定第 34432 号。

或 N－(3－羧基－1－氧代丙基)－(4S)－对－苯基苯基甲基)－4－氨基－2R－甲基丁酸或其可药用盐以及可药用载体。

证据 13（EP0498361A2）公开了一种用于高血压和充血性心力衰竭的药物组合物，包括有效量的一种 NEP 抑制剂，以及一种肾素抑制剂或一种血管紧张素 Ⅱ 受体❶拮抗剂，和药学上可接受的载体（参见权利要求 1）。

权利要求 1 与证据 13 之间的区别在于，权利要求 1 具体限定了血管紧张素 Ⅱ 受体拮抗剂是缬沙坦，NEP 抑制剂是 N－(3－羧基－1－氧代丙基)－(4S)－对－苯基苯基甲基)－4－氨基－2R－甲基丁酸乙酯。

证据 12（US5217996A）公开了 N－(3－羧基－1－氧代丙基)－(4S)－对－苯基苯基甲基)－4－氨基－2R－甲基丁酸乙酯及其药学上可接受的盐属于 NEP 抑制剂，可用于治疗高血压，证据 14（潘启超. 新抗高血压药——血管紧张素 Ⅱ 受体阻断剂缬沙坦的研究，中国新药杂志，1999，8（9）：587－590）公开了缬沙坦为血管紧张素 Ⅱ 受体 AT1 的阻断剂，其降血压效果不逊于现有各种降压药，不良反应少。

合议组认为，本领域技术人员虽然知晓在高血压治疗领域存在具有协同作用效果的联合用药，但是无法预期任意的具体降血压化合物之间均具有协同作用。在本领域技术人员无法预期协同效果的前提下，原始说明书中由于没有实验数据和结果为基础的实验结论，从而不能使本领域技术人员确认药物的协同效果。因此，涉案专利实际解决的技术问题是提供一种具体的治疗高血压的组合物，该组合物仅具有一定的降血压效果，并不能确认取得协同效果。在证据 13 的基础上寻找一种具体的治疗高血压的组合物时，本领域技术人员能够预期抑制中性内肽酶和拮抗血管紧张素 Ⅱ 受体的降血压化合物组合之后仍然能够在各自发挥降血压作用的基础上使组合物整体上呈现出一定的降血压效果。所以对于证据 13 中列举的具体的化合物，以及现有技术中已知的属于 NEP 抑制剂和血管紧张素 Ⅱ 受体拮抗剂降血压化合物而言，本领域技术人员通常能够预期其可以解决涉案专利实际解决的技术问题。因此，本领域技术人员有动机将现有技术公开的两种具体的血管紧张素 Ⅱ 受体拮抗剂和 NEP 抑制剂进行组合，其组合所得药物组合物的降血压效果也是可以预期的，权利要求 1 不具备创造性。

上述无效宣告请求审查决定解析了联合用药原则对药物组合使用是否存在技术启示，同时强调以实验数据和结果为基础的实验结论对于确认药物组合协同效果的重要性。

案例 2 是北京双鹤药业股份有限公司与国家知识产权局专利复审委员会发明专利权行政纠纷再审案。❷

该案涉及发明名称为"抗 β－内酰胺酶抗菌素复合物"（专利号为 ZL97108942.6、申请日为 1997 年 6 月 11 日）的发明专利（以下简称"涉案专利"），其授权公告时的

---

❶ 血管紧张素 Ⅱ 受体共有四种亚型，分别为 AT1、AT2、AT3 和 AT4。
❷ 参见最高人民法院（2011）行提字第 8 号行政判决书。

权利要求 1 如下所示。

1. 一种抗 β – 内酰胺酶抗菌素复合物，其特征在于它由舒巴坦与氧哌嗪青霉素或头孢氨噻肟所组成，舒巴坦与氧哌嗪青霉素或头孢氨噻肟以 (0.5 – 2)：(0.5 – 2) 的比例混合制成复方制剂。

证据 1 (MANNCKE K, et al. Sulbactam in combination with mezlocillin, piperacillin or cefotaxime: clinical and bacteriological findings in the treatment of serious bacterial infections [J]. International Journal of Antimicrobial Agents, 1996, 6：47 ~ 54) 公开了在临床上可以将舒巴坦与哌拉西林 (氧哌嗪青霉素) 或者头孢氨噻肟分别以特定的比例联合用药，以克服细菌的耐药性问题，扩大抗菌谱；但并未公开将舒巴坦与氧哌嗪青霉素、头孢氨噻肟组成的复合物制备为复方制剂。因此，权利要求 1 与证据 1 的区别技术特征为含有上述活性成分的复合制剂。

最高人民法院认为，临床联合用药与复方制剂虽属于不同的技术领域，性质也有所不同，但亦具有十分紧密的联系，并不具有本质区别。二者之间的密切关系，也正是俗语"医药不分家"在该技术领域中的具体体现。在临床联合用药公开了足够的技术信息的情况下，本领域技术人员能够从中获得相应的技术启示。事实上，证据 1 并非仅仅公开舒巴坦与哌拉西林或者头孢氨噻肟可以以特定比例联合用药，而且还明确披露了舒巴坦与哌拉西林、头孢氨噻肟合用以解决细菌耐药性问题的机理，合用药物具有良好的临床疗效和耐受性，以琼脂扩散实验检验合用药物的细菌学效应，以及临床结果与细菌学结果有很好的相关性。在证据 1 公开了如此丰富、详实的技术内容的基础上，本领域技术人员已能获得足够的启示并有足够的动机，想到采用常规工艺将舒巴坦与哌拉西林或者头孢氨噻肟制为复方制剂，以便于联合用药的用药方便。从舒巴坦与哌拉西林、头孢氨噻肟的本身性质来看，亦不存在不宜将其制为复方制剂的反面教导或者明显障碍。专利权人亦未提供任何证据，证明在制备涉案专利复方制剂的过程中需要克服何种技术难题。因此，第 8113 号无效决定认定权利要求 1 相对于证据 1 不具备创造性，并无不当。相反，二审判决片面强调联合用药与复方制剂的区别，忽视了二者之间的密切联系；对证据 1 中公开的技术内容亦未能全面、准确地加以认定和考量，以致错误认定权利要求 1 相对于证据 1 具备创造性，认定事实和适用法律均有错误，应予纠正。

上述司法案例解析了包括联合用药在内的临床医学实践，是研发以及验证药物（化学药）组合物复方制剂的重要基础和源泉；而将联合用药的多种药物制备为药物（化学药）组合物复方制剂，则是实现联合用药的具体方式，两者之间并不具有本质区别，并且在涉案专利所要求保护的复合物中除了活性药物组分之外，并不包含其他组分例如特定的药用辅料能够使该复合物具备创造性。

案例 3 是基因泰克公司诉国家知识产权局驳回复审（专利）案。[1]

该案涉及发明名称为"AKT 抑制剂化合物和阿比特龙的组合及使用方法"（申请号为 ZL201280026868.8、申请日为 2012 年 3 月 30 日）的发明专利（以下简称"涉案专利申请"），其于 2016 年 10 月 24 日向国家知识产权局专利复审委员会提出了复审请求，同时提交了经修改的权利要求书，修改后的权利要求 1、权利要求 10 和权利要求 11 如下所示。

1. 用于与阿比特龙或者其药用盐使用的式Ⅰa 的化合物或者其药用盐在制备用于在哺乳动物中处置前列腺癌的药物中的用途，所述式Ⅰa 为：

10. 权利要求 1～9 中任一项的用途，其中所述组合在治疗过度增殖性病症中提供协同效应。

11. 权利要求 10 的用途，其中协同效应的组合指数值小于 0.8。

关于权利要求 1，一审法院（北京知识产权法院）认为，对比文件 1（US20080051399A1，公开日为 2008 年 2 月 28 日）已给出式Ⅰa 的化合物或其药用盐用于治疗前列腺癌的启示，本领域技术人员亦知晓阿比特龙或者其药用盐可用于治疗前列腺癌，而在癌症的治疗中，组合使用两种或以上药物属于本领域常用作法，且对比文件 2（US20090137595A1，公开日为 2009 年 5 月 28 日）已给出阿比特龙可与其他药物联合使用的启示，故本领域技术人员容易想到将"式Ⅰa 的化合物或者其药用盐"与"阿比特龙或者其药用盐"以治疗前列腺癌，区别特征"式Ⅰa 的化合物或者其药用盐与阿比特龙或者其药用盐组合使用"的获得无须付出创造性劳动。

关于权利要求 10 和权利要求 11，一审法院（北京知识产权法院）认为，依据涉案专利申请说明书中的记载，涉案专利申请中的"协同"是指比两种或更多种单个药剂累加效应更有效的治疗组合。原告主张协同作用的依据为附图 1 中的相关数据。虽然由附图 1 相关内容可看出，在组合使用"式Ⅰa 的化合物或者其药用盐"与"阿比特龙或者其药用盐"的情况下，肿瘤体积的缩小效果好于单独使用上述任一种药物的效

---

[1] 参见北京知识产权法院（2018）京 73 行初 4164 号行政判决书。

果的累加。但需要注意的是，附图 1 中对于上述两种药物均给出了特定的剂量（分别为 40mg/kg 与 200mg/kg），而权利要求 10、权利要求 11 中并未对剂量进行限定。鉴于仅依据该实施例不能合理认定这一效果既适用于附图 1 中的剂量，亦适用于其他剂量，故这一协同效果不能视为权利要求 10、权利要求 11 的技术效果，该效果在创造性判断中不予考虑。

上述案例界定了药物（化学药）组合物中"协同"效应的具体含义，以及权利要求通常需要限定特定的剂量或剂量范围以解决"协同"效应的支持问题。为了使权利要求获得更大的保护范围，说明书实施例中通常需要存在充足的实验数据和结果证明在该剂量范围内的联用后产生了协同效应。

2.9.2　中药组合物创造性评析

与典型的化学药组合物相比，中药组合物的技术特征主要体现在药味和药量以及新医药用途（已知中药组合物的第二医药用途）上。其中，关于药味和药量，如果它们的变化仅是遵循中药方剂的一般组方规律以及所属领域的其他常规依据而进行的，例如遵循随证加减、数方加减、相互代用、药对配伍等组方规律，以及按照药味的性质性能、用药方法确定药量等，同时这样的变化并未使最终形成的中药组合物在功能、疗效、针对疾病的治法治则等方面产生实质性的变化，则可以认为该中药组合物发明不具备创造性❶；如果它们的变化突破方剂的一般组方规律例如通过简化现有中药复方反而使疗效提高，或者通过药味之间的特定配伍产生协同增效作用且现有技术未给出相关启示的情况下，则可以认为该中药组合物发明具备创造性❷。

以下将通过三个典型案例的分析对"加减方""自创方"和"自创用途"这三种不同类型的中药组合物的创造性评判思路进行阐述，以期为我国医药企业如何改进中药组合物进行新药开发提供思考与借鉴。

案例 4 是"一种治疗妇女不孕不育症的中药组合物及其制备方法"（申请号为 CN201310182213.6）发明专利申请复审请求案。❸

涉案专利申请的申请日为 2013 年 5 月 17 日，驳回决定所针对的权利要求 1 如下所示。

1. 一种治疗妇女不孕不育症的中药组合物，其特征在于由如下重量份的原料制成：当归 12 份、川芎 10 份、白芍 10 份、秦艽 6 份、王不留行 18 份、泽泻 10 份、覆盆子 15 份、香附 7 份、陈皮 15 份、丹参 10 份、没药 12 份、桂枝 8 份、牡丹皮 15 份、阿胶 10 份、菟丝子 6 份、乌药 10 份、益智仁 18 份、杜仲 12 份、益母草 18 份、延胡 15 份、

---

❶　国家知识产权局专利复审委员会. 以案说法：专利复审 . 无效典型案例指引［M］. 北京：知识产权出版社，2018：211.

❷　宋江秀，周红涛. 试论中药组合物发明创造性的审查思路和方法［J］. 专利代理，2019（3）：72 - 79.

❸　参见中国专利复审与无效决定第 101856 号。

石菖蒲 7 份、佛手 10 份、郁金 6 份、细辛 9 份、枸杞子 13 份、桔梗 15 份、防风 6 份、干姜 10 份。

与对比文件 1（CN102657829A，公开日 2012 年 9 月 12 日）公开的药物组合物相比，二者区别在于：①药味不同，权利要求 1 未使用吴茱萸、红花、穿山甲、泽兰、熟地黄、赤芍药、茯神和牛膝等 8 味药，加入当归、王不留行、泽泻、陈皮、没药、延胡、佛手和郁金等 8 味药；②对药物的具体用量进行选择和确定。基于上述区别技术特征，其实际解决的技术问题是提供一种可供选择的治疗妇女不孕不育症的中药组合物。

针对上述案例，合议组认为：①中药的组方配伍是在中医理论对疾病进行辨证论治的基础上，依据对该疾病的治法法则而确定的。由于对比文件 1 中已经给出了中医对于输卵管阻塞型不孕不育症病因病机的分析，以及具体治法治则的教导，本领域技术人员可以在保留方中大部分药物的基础上，对个别药物进行调整，获得与上述治法治则相对应的，即具有行气滞、化血瘀、解痰凝、利湿热以及具有滋阴、补血、活血功效的中药组合物，以实现药味的增减变化。而将组方中已知具有活血散瘀的药物替换成其他常规的活血散瘀的药物，或根据该治法治则去掉个别药物而加入与治法治则对应的其他中药均是本领域技术人员组方的常规手段。②尽管中药的组合存在增效、拮抗等作用，但是并非药物组合后的效果就不存在任何可预知性，通常功效类似的药物组合在一起能够发挥其共同的功效，而在治法治则的指导下，如为了获得具有行气滞、化血瘀功效的组方，势必需要加入行气活血的中药来实现。具体到该案，涉案专利申请说明书中仅列举了各味中药的常规功效，未记载方解，未明确涉案专利申请组方中各味中药之间存在严格的君臣佐使的配伍关系，同时，对于涉案专利申请组方的说明也仅描述为"本发明的一种治疗妇女不孕不育症的中药组合物结合现代中医学理论进行药物组合，使得各药物功效产生协调作用，从而有效达到疏通输卵管、滋阴、补血的功效。本发明中药组合物具有促使瘀血消散、促进粘连松懈、活血调经、养血安神加强滋阴补血、输卵管恢复正常功能等功效，兼具有疏肝解郁的功效，可以有效降低不孕不育患者的并发症状"，可见最终获得的药物组合物的功效及目的与对比文件 1 是一样的，均为"疏通输卵管、滋阴、补血"，方中各味中药也仅发挥了其各自的功效，并未证实中药之间的组合起到增效减毒等由中药配伍而带来的预料不到的技术效果。③中药的常规用量是指导本领域技术人员确定中药组方中各味中药用量的重要依据，虽然药物的用量调整可能会导致功效的实质性变化，但涉案专利申请中并未记载任何证据证明上述对药物用量的改变为其功效带来何种变化，而如前所指出的从最终的组方效果来看，涉案专利申请与对比文件 1 是一致的，且涉案专利申请说明书中关于病例 1~4 中病情及疗效的描述，与对比文件 1 病例 1~4 的病情及疗效也完全相同。由此可见，上述药味及药量的调整均属于本领域技术人员在现有技术教导下进行的常规选择，这并不需要付出任何创造性劳动。因此，权利要求 1 不具备创造性。

案例 5 是"一种治疗癫痫病的中成药及其制备方法"（申请号为 CN200910024369.5）发明专利申请案。

涉案专利申请的申请日为 2009 年 10 月 16 日，其公开文本（CN101703697A）的权利要求 1 与授权文本（CN101703697B）的权利要求 1 相同，如下所示。

1. 一种治疗癫痫病的中成药，其特征在于，其原料重量组成成分为：60~90 份的天麻、40~70 份的钩藤、30~60 份的僵蚕、20~40 份的石菖蒲、30~60 份的胆南星、20~40 份的丹参、20~40 份的酸枣仁和 10~30 份的远志。

阅读涉案专利申请的说明书和检索现有技术发现该发明专利申请是在市售中成药痫愈胶囊的基础上的一种改进。其中痫愈胶囊是国家批准上市的治疗癫痫的中成药（标准编号：WS-10525（ZD-0525）-2002-2012Z，国药准字 Z20025728），处方为：黄芪 140g、党参 140g、丹参 140g、柴胡 70g、酸枣仁 105g、远志 70g、天麻 105g、钩藤 105g、石菖蒲 70g、胆南星 70g、当归 140g、僵蚕 105g、六神曲 70g、郁金 70g、甘草 70g、制白附子 35g，制成 1000 粒；具有豁痰开窍，安神定惊，息风解痉的功效，用于风痰闭阻所致的癫痫抽搐、小儿惊风、面肌痉挛。其中天麻、钩藤、僵蚕、黄芪、党参、丹参和当归为君药，石菖蒲、制白附子、胆南星、酸枣仁和远志为臣药，柴胡、郁金和六神曲为佐药，甘草为使药。

涉案专利申请所作的改变在于删减了部分君药（黄芪、党参和当归）和臣药（制白附子），同时减少了另一部分君药和臣药的用量。说明书详细记载了改进后组方的君臣佐使结构，并提供了改进前后的中药临床对比试验资料，通过涉案专利申请说明书中的实施例 5（75 份的天麻、55 份的钩藤、45 份的僵蚕、30 份的石菖蒲、45 份的胆南星、30 份的丹参、30 份的酸枣仁和 20 份的远志）证明实施例 5 的胶囊抗癫痫疗效不低于痫愈胶囊，并较痫愈胶囊更加快速控制发病。本领域技术人员根据该发明专利申请达到的实际技术效果，可以确定实际解决的技术问题是通过简化现有中药复方提高疗效。众所周知，方剂的组成原则可概括为"君、臣、佐、使"四个字。君药又称主药，是在方剂中针对主病或主证起主要治疗作用的药物。君药的药力居方中之首，用量较作为辅、佐药应用时要大。在一个方剂中，君药是首要的、不可缺少的药物，臣药是辅助君药加强治疗主病或主证的效果。本领域技术人员在解决上述技术问题时，依据现有技术的教导，难以从方剂加减变化的一般性原则出发作出删减部分君药和臣药、同时减少另一部分君药和臣药的用量的改变。因此，该中药组合物是非显而易见的，具备创造性。

因此，对于涉及"加减方"的发明，由于现有技术中已经公开了与其功效主治、组方结构相似的基础方，而中药组合物发明是在已知基础方的基础上通过药味加减或合方化裁等方法形成新的组合物，如果该中药组合物属于本领域技术人员利用普通技术知识（例如方剂加减变化的一般性原则）和常规实验能力即能获得的，则该发明是显而易见的。如果此类发明能够证实对基础方的改变产生了超出本领域技术人员预期的技术效果,那么该发明是非显而易见的,具备创造性。

案例 6 是"一种治疗子宫内膜异位症的药物组合物及其制备方法"(申请号为 CN201410358495.5)发明专利申请案。

涉案专利申请的申请日为 2014 年 7 月 26 日,其公开文本(CN104083551A)的权利要求 1 如下所示。

1. 一种治疗子宫内膜异位症的药物组合物,其特征在于,该药物组合物是由以下重量份的原料制成的:当归 1 ~ 5,桃仁 1 ~ 5,蒲黄 1 ~ 5,没药 1 ~ 5,牡丹皮 1 ~ 5,云牛膝 1 ~ 5。

权利要求 1 与对比文件 1 [王均友、曹慧娟教授治疗子宫内膜异位症止痛八法 [J]. 北京中医药大学学报,2001,24(1):94 - 96]的区别技术特征在于:根据对比文件 1 公开的治疗子宫内膜异位症采用活血化瘀法的原则下,从其公开的必用和常用药物中具体选择当归、没药、蒲黄、桃仁、丹皮、牛膝,并限定了牛膝为云牛膝。权利要求 1 相对于对比文件 1 实际要解决的技术问题是:将对比文件 1 公开的活血化瘀治疗子宫内膜异位症的常用药物进行一般性筛选组合,提供治疗子宫内膜异位症的一种具体药物。

授权文本(CN104083551B)的权利要求 1 如下所示。

1. 一种治疗子宫内膜异位症的药物组合物,其特征在于,该药物组合物是由以下重量份的原料制成的:当归 1,桃仁 1,蒲黄 1,没药 1,牡丹皮 1,云牛膝 1。

该案的专利申请文件中详细记载了请求保护的中药组合物与拆方后的每一单独药味以及常用中成药(桂枝茯苓胶囊)的疗效对比实验,充分证实了:不仅该发明药物组合物与常用中成药相比具有更好的治疗效果,而且该发明药物组合物组方精良,药味缺一不可,这些药味组合在一起具有明显的协同增效作用,任何一味药的缺失都会大大降低药物组合物的整体疗效。现有技术记载了这些药味分别在治疗子宫内膜异位症的中药中的应用。以该发明产生的实际技术效果为依据,本领域技术人员能够确定发明实际解决的技术问题是通过特定的药物配伍组合发挥协同增效作用。在没有检索到该发明基础方的情况下,本领域技术人员可以确定该发明的技术贡献在于将 6 种常用原料药按照特定重量配比组合在一起,提供了一种在治疗子宫内膜异位症时能发挥协同增效作用的新组方。虽然本发明的组方原则"活血化瘀"属于子宫内膜异位症的常见中医治法治则之一,选取的 6 味原料药中桃仁、没药、云牛膝均属活血化瘀药,当归、蒲黄、牡丹皮分别在补血、收敛止血、清热凉血的同时兼具活血化瘀的作用,但现有技术并没有给出将所述 6 味原料药组合后能在治疗子宫内膜异位症中产生协同增效作用的技术启示,即对于本领域技术人员而言解决上述技术问题从而获得该组合物是非显而易见的。因此,该药物组合物具备创造性。❶

---

❶ 宋江秀,周红涛. 试论中药组合物发明创造性的审查思路和方法 [J]. 专利代理,2019(3):72 - 79.

案例 7 是陈某龙诉国家知识产权局专利复审委员会驳回复审（专利）案❶。

该案涉及发明名称为"丹杞颗粒❷在制备降低血糖药物中的应用"申请号为 ZL201210044062.3（申请日为 2012 年 2 月 16 日）的发明专利（以下简称"涉案专利申请"），其被诉决定❸所针对的权利要求如下所示。

1. 丹杞颗粒在制备降低血糖药物中的应用。

在被诉决定中，国家知识产权局专利复审委员会认为，权利要求 1 与对比文件 1（CN1850230A）公开的技术内容相比，区别技术特征在于：权利要求 1 的制剂中采用山茱萸（蒸）代替山茱萸，牡蛎（煅）代替牡蛎，并限定了在制备降低血糖药物中的应用。基于上述区别技术特征所能达到的技术效果，可以确定该权利要求的技术方案实际解决的技术问题是提供丹杞颗粒的另一种用途。对于该区别技术特征，本领域技术人员已知，山茱萸（蒸）是山茱萸炮制品，较生品增强了温补肝肾、降低酸性作用，牡蛎（煅）是牡蛎经煅制炮制品，较生品增强了制酸及收敛作用，又有利于有效成分煎出。所以，为了提高药物的作用和有效成分溶出，选择采用山茱萸（蒸）代替山茱萸，牡蛎（煅）代替牡蛎入药仅是本领域技术人员的一般选择。并且，本领域技术人员公知，熟地黄、山茱萸、泽泻、山药、牡丹皮、茯苓、枸杞子、菟丝子、肉苁蓉、牡蛎为具有降血糖作用的治疗糖尿病的常用中药；淫羊藿味辛甘，为补肾阳降血糖药。在现有技术已给出了该丹杞颗粒中各个单独的中药成分都能够治疗糖尿病的基础上，本领域技术人员容易想到丹杞颗粒这一组合物也具有治疗糖尿病的效果，因此，有动机对组合物治疗糖尿病的效果进行研究并获得有效的实验结果。可见，本领域技术人员在对比文件 1 的基础上结合本领域公知常识得到权利要求 1 所要求保护的技术方案是显而易见的。

而一审法院（北京知识产权法院）则给出了相反的认定，其认为，在评价一项发明是否具备创造性时，应当由发明所属技术领域的技术人员依据申请日以前的现有技术进行评价，避免受到先入为主的主观因素影响而对发明的创造性估计偏低。在药物研发领域，已知药物的新用途并非如被告所遵循的逻辑，即在开发新用途之前就已经能够锁定目标药物，并从目标药物的内在性质出发来寻找其新用途。药物领域的研发往往是从需要治疗的疾病出发，通过对可能具有治疗效果的药物进行细胞实验、动物实验、临床试验的层层筛选，从而获得可用于治疗所需适应证的药物。这也正是在药物领域中已知药物的第二用途往往来自于临床应用过程中的意外发现的原因。对于涉案专利申请中的丹杞颗粒，其属于中药复方产品，由 11 种原料药组成。对比文件 1 作为与涉案专利申请权利要求 1 最接近的现有技术，其中的药物用于治疗骨质疏松症，

---

❶ 参见北京知识产权法院（2015）京知行初字第 3438 号行政判决书。

❷ 丹杞颗粒（国药准字 Z20050537，由邯郸摩罗丹药业股份有限公司生产）由中药熟地黄、山茱萸（蒸）、泽泻、山药、淫羊藿、牡丹皮、茯苓、枸杞子、菟丝子、肉苁蓉和牡蛎（煅）等中药制备而成。

❸ 参见中国专利复审与无效决定第 82144 号。

与糖尿病的治疗毫不相关，本领域技术人员基于对比文件1，不会存在将其用于治疗糖尿病的基础药方的动机。虽然被告国家知识产权局专利复审委员会列举了公知常识性证据用于证明丹杞颗粒中的11种中药原料都具有降血糖的作用，因而认为它们的组合也可用于治疗糖尿病，但是中药复方产品中各味药材之间的配合和筛选需要考虑"君臣佐使、相须相杀"原理，复方产品的效果并非各组分之间的简单加和，而现有技术中具有降血糖效果的中药药材种类甚多，组合方式更是数不胜数，从中筛选出适合用于治疗糖尿病的复方产品的过程显然包含创造性的劳动。且涉案申请说明书具体实施方式部分通过丹杞颗粒对肾上腺素性高血糖小鼠血糖值的影响、对四氧嘧啶糖尿病小鼠血糖的影响、对四氧嘧啶糖尿病大鼠血糖的影响的具体实验方案和实验数据，对丹杞颗粒的降血糖作用进行了验证。实验结果显示，丹杞颗粒具有明显的降低血糖的作用，且效果均明显优于本领域常用的降血糖药物盐酸二甲双胍片，解决了发明的技术问题，达到了相应的技术效果。

因此，对于涉及"自创方"和"自创用途"的发明，应当遵循三步法的判断原则，从最接近的现有技术出发，以所属技术领域的技术人员能够从说明书公开的内容中得到的技术效果为基础，确定发明实际解决的技术问题，整体考虑现有技术的启示和教导，进而判断所要求保护的技术方案相对于本领域技术人员来说是否是非显而易见的。如果该技术方案的获得无法从现有技术中得到技术启示或教导，那么只要发明通过实验数据证明发明取得了有益的技术效果，则该发明具备创造性。❶

2.10 抗体

抗体作为介导体液免疫的重要效应分子，是B细胞接受抗原刺激后增殖分化为浆细胞所产生的糖蛋白。由于其在疾病的诊断、防治及基础研究中的重要作用，人工制备抗体技术已被人们广泛关注。1975年，Kohler和Milstein创造了单克隆抗体（monoclonal antibody，mAb）制备技术，使得大规模制备高特异性、均质性抗体成为可能。此技术是将产生特异性抗体的小鼠B细胞与骨髓瘤细胞融合，然后在HAT❷培养基中选择，最后筛选产生所需抗体的杂交瘤细胞。筛选获得的杂交瘤细胞既有骨髓瘤细胞大量扩增和永生的特性，又具备免疫B细胞合成和分泌特异性抗体的能力（见图2-10-1）。由于来源于一个B细胞，故经筛选克隆得到的杂交瘤细胞仅产生抗单一抗原表位的特异性抗体，称为单克隆抗体（以下简称"单抗"）。❸

❶ 国家知识产权局. 关于就《中药领域发明专利审查指导意见（征求意见稿）》公开征求意见的通知 [EB/OL]. (2020-04-08) [2021-07-25]. https：//www.cnipa.gov.cn/art/2020/4/8/art_75_132083.html.

❷ 其中H代表Hypoxanthine（次黄嘌呤），A代表Aminopterin（氨基蝶呤），T代表Thymidine（胸腺嘧啶核苷）。

❸ 孔君，刘箐，韩跃武，等. 单克隆抗体制备技术的最新进展及应用前景 [J]. 免疫学杂志，2011，27 (2)：170-173.

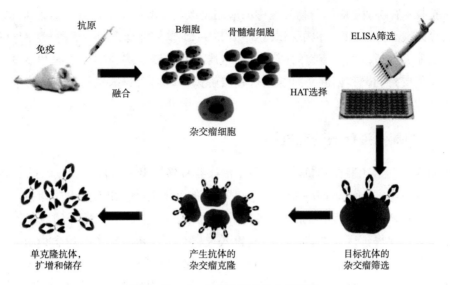

图 2 - 10 - 1 杂交瘤技术的生产路线

抗体具有包含两条重链（H 链）和两条轻链（L 链）的 Y 型结构（见图 2 - 10 - 2），重链和轻链的 V 区分别称为 V_H 和 V_L。V_H 和 V_L 中各含有 3 个氨基酸组成和排列顺序高度可变的区域，称为互补决定区（complementarity determining region，CDR），它们是抗体识别及结合抗原的部位。具有两条相同 H 链和两条相同 L 链的抗体称为单特异性抗体，嵌合抗体❶、人源化抗体❷和双特异性抗体也属于抗体。

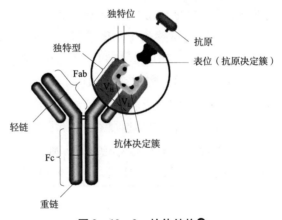

图 2 - 10 - 2 抗体结构❸

---

❶ 嵌合抗体是利用 DNA 重组技术，将异源单抗的轻链、重链可变区基因插入含有人抗体恒定区的表达载体中，转化哺乳动物细胞表达出的抗体。

❷ 人源化抗体是指鼠源单克隆抗体以基因克隆及 DNA 重组技术改造，重新表达的抗体，其大部分氨基酸序列为人源序列所取代。

❸ BIO - RAD. What is an Anti - idiotypic antibody？［EB/OL］.（2018 - 08 - 07）［2021 - 05 - 21］. https：//www. bio - rad - antibodies. com/anti - idiotypic - antibody. html.

单抗技术在疾病诊断、药物开发中的应用是医药领域的一个研究热点，也为多种疾病的治疗提供了新的途径。以下将以 PD-1/PD-L1 单抗药物为例，阐述 PD-1/PD-L1 的作用机制，分析该单抗药物的国外专利布局，并对该单抗药物在中国和欧洲专利审查过程中的支持问题和创造性问题进行重点解读，以期为我国医药企业的专利布局和维护专利稳定性提供参考与借鉴。

2.10.1 肿瘤免疫疗法研究进展

1986 年，世界上首个单抗药物、用于治疗器官移植出现的排斥反应的抗 CD3 单抗莫罗莫那-CD3（Muromonab-CD3）获得 FDA 的上市批准，由此拉开了单抗药物发展的序幕。近年来，单抗药物在肿瘤、自身免疫性疾病、心血管疾病等领域呈现出迅猛发展的态势，取得了巨大的成功，在高投入、高产出、高回报率的理念指引下，国内外各大制药公司均加大了投入力度。由于抗体药物具有特异性强、疗效显著且毒性低等特点，已在临床中被广泛应用。如今，单抗已成为现代生物制药的重要组成部分，更是医药企业争相布局的"金矿产业"。2020 年，全球抗体类药物市场规模已达 1550 亿美元。[❶] 作用靶点主要集中在 HER、TNF、CD20、PD-1/L1、VEGF 以及 CD3，其中作为 HER2 酪氨酸激酶受体抑制剂的药物数量最多。[❷]

细胞程序性死亡受体-1（programmed cell death protein 1，PD-1）是主要表达在活化 T 细胞上的免疫抑制性受体，与表达在肿瘤细胞表面的配体 PD-L1 结合，通过降低 T 细胞的免疫应答，使肿瘤免疫逃逸。[❸] 随着对 PD-1/PD-L1 通路的深入研究，其在树突状细胞、T 淋巴细胞、B 淋巴细胞等中的作用逐渐被揭示，应用抗体阻断 PD-1/PD-L1 信号通路对肿瘤及慢性病毒感染等疾病进行生物治疗已成为近年研究的热点。[❹] PD-1/PD-L1 抑制剂可以阻断 PD-1 与 PD-L1 的结合，阻断负向调控信号，使 T 细胞恢复活性，从而增强免疫应答。[❺] 以靶向 PD-1 及其配体 PD-L1 的单抗药物为代表的肿瘤免疫疗法被视为未来最有前途的肿瘤治疗方法之一，曾被美国《科学》（*Science*）杂志评为 2013 年全球十大科学突破性技术的首位。2018 年，诺贝尔生理学/医学奖授予美国得克萨斯大学安德森癌症中心的免疫学家詹姆斯·艾利森（James Allison）和日本京都大学的免疫学家本庶佑（Tasuku Honjo），表彰他们在肿瘤免疫治疗领域特

---

❶ 医药时间. 抗体药大爆发，2020 年全球市场规模已达 1550 亿美元！[EB/OL]. (2021-07-16) [2021-10-24]. https://mp.weixin.qq.com/s/Do0wNI1evBdk1MDCB1nqvQ.

❷ 高倩，江洪，叶茂，等. 全球单克隆抗体药物研发现状及发展趋势 [J]. 中国生物工程杂志，2019，39（3）：111-119.

❸ 魏木兰，王艳林，秦烨. PD-1/PD-L1 抗体在肿瘤临床治疗中的应用 [J]. 生命科学，2016，28（4）：475-479.

❹ 赵飞龙，麦海星，李学超，等. PD-1/PD-L1 信号通路在免疫细胞中的作用及其阻断抗体在肿瘤治疗中的应用 [J]. 细胞与分子免疫学杂志，2015，31（5）：701-703.

❺ 叶因涛，王晨，孙蓓. PD-1/PD-L1 抑制剂在肿瘤免疫治疗中的研究进展 [J]. 中国肿瘤临床，2015，42（24）：1178-1182.

别是免疫检查点（lmmune checkpoint）抑制剂（见图 2 – 10 – 3❶）开发中作出的突出贡献，两人分别发现了 CTLA – 4❷和 PD – 1。

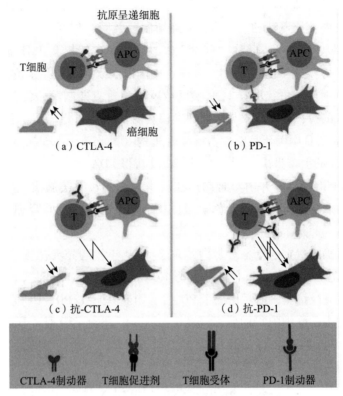

图 2 – 10 – 3　肿瘤免疫治疗机制❸

肿瘤免疫疗法可以有效地克服现有的肿瘤靶向治疗药物（包括靶向类单抗）的耐药性问题。同时，其未来最大的潜力来自于与其他肿瘤疗法的联合使用，包括与化疗、放疗、靶向治疗药物、治疗性疫苗的联合使用。当然，肿瘤免疫疗法不是万能的，也存在耐药的可能性，有 15% ~ 35% 的患者会产生耐药。针对肿瘤免疫疗法出现耐药的情况，2019 年 12 月 19 日，FDA 批准抗体药物偶联物（ADC）——PADCEV（enfortumab vedotin – ejfv）❹用于治疗既往已接受一种 PD – 1/PD – L1 抑制剂治疗并且在手术

---

❶ The Nobel Prize. Press release：The Nobel Prize in Physiology or Medicine 2018 ［EB/OL］. （2018 – 10 – 01）［2021 – 05 – 13］. https：//www. nobelprize. org/prizes/medicine/2018/press – release/.

❷ 细胞毒性 T 淋巴细胞相关抗原 – 4（cytotoxic T lymphocyte associated antigen – 4，CTLA – 4）。

❸ 图中，（a）表示 T 细胞活化需要 T 细胞受体与其他免疫细胞上被识别为"非自身"的结构结合。T 细胞活化还需要充当 T 细胞促进剂的蛋白质。CTLA – 4 充当 T 细胞的制动器，抑制了促进剂的功能。（b）表示 PD – 1是另一种抑制 T 细胞活化的 T 细胞制动器。（c）表示针对 CTLA – 4 的抗体阻止制动器功能，导致 T 细胞活化并攻击癌细胞。（d）表示针对 PD – 1 的抗体抑制制动器功能，导致 T 细胞活化和对癌细胞的高效攻击。

❹ PADCEV 由靶向连接蛋白 – 4（Nectin – 4）的人 IgG1 单克隆抗体 enfortumab 与细胞毒制剂 MMAE（monomethyl auristatin E，单甲基奥瑞他汀 E，一种微管破坏剂）偶联而成。

前或手术后或在局部晚期或转移性疾病治疗中已接受了一种含铂化疗方案的患者。

2.10.2　单抗药物市场之争[1]

2005 年，日本小野制药和美国梅达雷克斯制药共同合作开发 Nivolumab[2]（纳武利尤单抗，商品名为 Opdivo，俗称"O 药"），并于 2006 年提交 PCT 申请，公开号为 WO2006121168A1，之后陆续在日本、美国、中国以及欧洲等药品主流市场获得专利授权。2009 年，百时美施贵宝斥资 24 亿美元收购梅达雷克斯制药，将 Nivolumab 项目收入囊中，其临床试验、知识产权与后续开发权利由百时美施贵宝所主导。2014 年 7 月 4 日，Nivolumab 获得日本医药品医疗器械综合机构（Pharmaceuticals and Medical Devices Agency，PMDA）的上市批准，同年 12 月 22 日获得 FDA 的上市批准，2015 年 6 月 19 日获得 EMA 的上市批准，并由小野制药在日本销售，百时美施贵宝在美国和欧洲销售。该药批准的适应证为转移性黑色素瘤、非小细胞肺癌、晚期肾细胞癌、霍奇金淋巴瘤等。

此外，百时美施贵宝的竞争对手默沙东于 2009 年收购先灵葆雅，获得 MK – 3475（即帕博利珠单抗 Pembrolizumab，商品名为 Keytruda，俗称"K 药"，一种新型的人源化 IgG4 – κ 型单克隆抗体，通过作用于 PD – 1，阻断 PD – 1/PD – L1 通路，进而有助于人体免疫系统攻击肿瘤细胞）的后续开发权。该药于 2014 年 9 月 4 日获得 FDA 的上市批准，又于 2015 年 7 月 17 日获得 EMA 的上市批准，用于治疗转移性黑色素瘤、非小细胞肺癌、晚期黑色素瘤。[3]

然而，正当默沙东还沉浸在 Keytruda 获得 FDA 批准的喜悦中时，百时美施贵宝一纸诉状将其告上美国特拉华州联邦地区法院，百时美施贵宝及其日本合作伙伴小野制药称，PD – 1 抑制剂的美国专利由小野制药获得，并已许可给百时美施贵宝，授权范围涵盖该药物在肿瘤领域的应用，默沙东侵犯了小野制药和百时美施贵宝在美国上市的 PD – 1 抑制剂 Opdivo 的专利。据此，百时美施贵宝在起诉书中要求法院判决 Keytruda 侵权。对此，默沙东承认小野制药确实享有 Keytruda 产品的方法专利，但同时表示，该专利是无效的。经过几番诉讼，2017 年 1 月，百时美施贵宝在专利纠纷中获胜，与默沙东达成和解协议：默沙东首先要向百时美施贵宝/小野制药支付 6.25 亿美元的专利许可费首付款，另外在 2017 年 1 月 1 日至 2023 年 12 月 31 日期间，默沙东需按 6.5% 的比例向百时美施贵宝支付销售提成，在 2024 年 1 月 1 日至 2026 年 12 月 31 日期间，需按 2.5% 的比例支付销售提成。[4] 百时美施贵宝与小野制药则按照 3：1 的比例

---

[1]　郑希元，李海霞. PD – 1 单克隆抗体药物的相关专利分析 [J]. 中国知识产权杂志，2017 (8).

[2]　Nivolumab 所涉及的 PD – 1 最早由日本京都大学的免疫学家本庶佑 (Tasuku Honjo) 于 1992 年发现，发现之初，就与日本小野制药进行联合开发。

[3]　从俊杰，宿央央，霍春芳，等. PD – 1/PD – L1 抗体的专利分析 [J]. 今日药学，2017 (6)：420 – 424.

[4]　丁言. PD – 1/PD – L1 抗体烽烟再起 [N]. 医药经济报，2017 – 03 – 15 (F02).

平分这笔额外收益。2020 年，默沙东的 Keytruda 全球销售额增长 30%，达到 144 亿美元❶，K 药对于默沙东业绩的贡献占比达到 30%，预计 2026 年的全球销售额可能达到 243.2 亿美元❷。2020 年，百时美施贵宝公司的 Opdivo 全球销售额达到 79.2 亿美元，当年获得了 FDA 的 7 项批准，其中 2 项与 CTLA4 免疫疗法 Yervoy 联合使用，用于关键的非小细胞型肺癌（NSCLC）领域。

　　百时美施贵宝与默沙东在国际市场上战得难解难分，然而在中国市场却是一片"和平"的景象。截至 2022 年 2 月 28 日，国内已有 12 款 PD - 1/PD - L1 单抗获批上市，包括 6 款国产 PD - 1 抗体❸❹、2 款国产 PD - L1 抗体❺、2 款进口 PD - 1 抗体和 2 款进口 PD - L1 抗体。其中，8 款药物 2020 年的市场表现如表 2 - 10 - 1 所示。❻ 由于 PD - 1 单抗药物是一类适应证很广的肿瘤免疫治疗药物，所以每家制药公司获批的适应证不尽相同，例如信迪利单抗获得国家药品监督管理局的批准，联合培美曲塞和铂类化疗用于非鳞状非小细胞肺癌（nsqNSCLC）的一线治疗，用于治疗至少经过二线系统化疗的复发或难治性经典型霍奇金淋巴瘤❼，联合吉西他滨和铂类化疗治疗不可手术切除的局部晚期或转移性鳞状非小细胞肺癌，以及联合贝伐珠单抗注射液用于既往未接受过系统治疗的不可切除或转移性肝细胞癌的一线治疗；卡瑞利珠单抗除用于上述霍奇金淋巴瘤治疗外，还获批用于晚期肝细胞癌、食管癌、二线及以上鼻咽癌、一线

---

❶　MERCK 官网. Merck Announces Fourth - Quarter and Full - Year 2020 Financial Results［EB/OL］.（2021 - 02 - 04）［2021 - 11 - 10］. https：//www. merck. com/news/merck - announces - fourth - quarter - and - full - year - 2020 - financial - results/.

❷　陈淑文. 全球前四畅销药"专利悬崖"危机逼近，艾伯维、默沙东、BMS 如何应对？［EB/OL］.（2021 - 07 - 15）［2021 - 08 - 09］. https：//mp. weixin. qq. com/s/1UZ8G5sy8bt6to1PpbJJVg.

❸　2021 年 8 月 3 日，正大天晴康方（上海）生物医药科技有限公司的 PD - 1 抗体派安普利注射液获得国家药品监督管理局批准上市，成为第 5 款获批上市的国产 PD - 1 抗体，其适应证为复发或难治性经典霍奇金淋巴瘤（cHL）。

❹　2021 年 8 月 30 日，誉衡药业/药明生物研发的重组全人抗 PD - 1 单克隆抗体——赛帕利单抗注射液（GLS - 010 注射液）获得国家药品监督管理局批准上市，用于治疗二线以上复发或难治性经典型霍奇金淋巴瘤（r/r cHL）患者。

❺　2021 年 11 月 25 日，国家药品监督管理局（NMPA）通过优先审评审批程序附条件批准四川思路康瑞药业有限公司申报的恩沃利单抗注射液（商品名：恩维达）上市，其是目前全球首个获批的皮下注射给药的 PD - L1 抗体，适用于不可切除或转移性微卫星高度不稳定（MSI - H）或错配修复基因缺陷型（dMMR）的成人晚期实体瘤患者的治疗。2021 年 12 月 13 日，NMPA 批准基石药业（苏州）有限公司申报的舒格利单抗注射液（商品名：择捷美，重组抗 PD - L1 全人源单克隆抗体）上市，该药品适用于联合培美曲塞和卡铂用于表皮生长因子受体（EGFR）基因突变阴性和间变性淋巴瘤激酶（ALK）阴性的转移性非鳞状非小细胞肺癌患者的一线治疗，以及联合紫杉醇和卡铂用于转移性鳞状非小细胞肺癌患者的一线治疗。

❻　青瓦 PD - 1 商业大战背后的 BD 策略［EB/OL］.（2021 - 04 - 20）［2021 - 05 - 13］. http：//www. pharmcube. com/index/news/article/6774.

❼　信达生物官网. 信达生物联合礼来制药宣布达伯舒®（信迪利单抗注射液）获得国家药品监督管理局批准联合培美曲塞和铂类化疗用于一线治疗非鳞状非小细胞肺癌［EB/OL］.（2021 - 02 - 03）［2021 - 10 - 24］. http：//cn. innoventbio. com/#/news/249.

鼻咽癌以及非小细胞肺癌的治疗❶，并于 2020 年底正式被纳入国家医保目录。截至 2022 年 2 月 28 日，卡瑞利珠单抗和替雷利珠单抗是国内获批适应证最多的 PD－1/ PD－L1 抗体（均为 6 项），替雷利珠单抗是医保覆盖范围最广的 PD－1/PD－L1 抗体 （5 项适应证）。

表 2－10－1　2020 年 PD－1/PD－L1 抗体市场表现

药品	类型	企业	首次获批 上市时间	中国获批 上市时间	销售额/ 亿美元
纳武利尤单抗	PD－1	百时美施贵宝/小野制药	2014 年 7 月	2018 年 6 月	78.1
帕博利珠单抗	PD－1	默沙东	2014 年 9 月	2018 年 7 月	143.8
阿替利珠单抗	PD－L1	罗氏	2016 年 5 月	2020 年 2 月	29.57
度伐利尤单抗	PD－L1	阿斯利康	2017 年 5 月	2019 年 12 月	20.42
信迪利单抗❷	PD－1	信达生物制药（苏州）有限公司	2018 年 12 月	2018 年 12 月	3.09
特瑞普利单抗	PD－1	苏州众合生物医药科技有限公司（君实生物）	2018 年 12 月	2018 年 12 月	1.53
卡瑞利珠单抗	PD－1	苏州盛迪亚生物医药有限公司（恒瑞医药）	2019 年 5 月	2019 年 5 月	＞4
替雷利珠单抗	PD－1	百济神州（上海）生物科技有限公司	2019 年 12 月	2019 年 12 月	1.63❸

下面笔者就小野制药在美国、欧洲和中国获得授权的同族专利的保护范围进行分析。

---

❶ 恒瑞官网. 注射用卡瑞利珠单抗 ［EB/OL］. （2021－06－08）［2021－10－24］. https：//www. hengrui. com/product/innovativeMedicine. html#pie5.

❷ 信迪利单抗是信达生物制药和礼来制药在中国共同合作研发的创新生物药，也是双方合作的首个硕果。 2020 年 8 月 18 日，双方签署协议，礼来制药将获得信迪利单抗在中国以外地区的独家许可，信达生物制药将获得 累计超 10 亿美元款项。

❸ 2022 年 2 月 26 日，百济神州发布 2021 年度业绩快报公告，PD－1 抗体替雷利珠单抗 2021 年在中国的销 售额为 16.47 亿元人民币。

美国授权专利 US8728474B2❶ 的权利要求 1 如下所示。

1. 一种用于治疗肿瘤患者的方法，包括给予患者药物有效量的抗 – PD – 1 单克隆抗体。

欧洲授权专利 EP1537878B1 的权利要求 1 如下所示。

1. 抑制 PD – 1 的免疫抑制信号的抗 – PD – 1 抗体在制备用于癌症治疗的药物中的应用。

中国授权专利 CN101213297B 的权利要求 1 如下所示。

1. 人单克隆抗体或其抗原结合部分，其包含

氨基酸序列如 SEQ ID NO：18 所列的重链可变区 CDR1；

氨基酸序列如 SEQ ID NO：25 所列的重链可变区 CDR2；

氨基酸序列如 SEQ ID NO：32 所列的重链可变区 CDR3；

氨基酸序列如 SEQ ID NO：39 所列的轻链可变区 CDR1；

氨基酸序列如 SEQ ID NO：46 所列的轻链可变区 CDR2；和

氨基酸序列如 SEQ ID NO：53 所列的轻链可变区 CDR3，

其中所述抗体或其抗原结合部分与人 PD – 1 特异性结合。

比较上述权利要求的保护范围不难发现，小野制药美国和欧洲授权专利的保护范围相比于中国授权专利的保护范围宽了不少，几乎是任何人未经允许将任何 PD – 1 抗体用于治疗任何肿瘤或癌症的用途都将落入 US8728474B2 和 EP1537878B1 的保护范围内并构成侵权，然而这样的权利要求在中国是无法获得授权的。

2.10.3　中欧专利审查"支持"问题

中国授权专利 CN101213297B 在发明专利申请公布时的权利要求 1 如下所示。

1. 分离的人单克隆抗体或其抗原结合部分，其中所述抗体与 PD – 1 结合且其中所述抗体展现出至少一种下列性质：

a）以 1×10^{-7} M 或更小的 KD 与人 PD – 1 结合；

b）不显著与 CD28、CTLA – 4 或 ICOS 结合；

c）在混合淋巴细胞反应（MLR）测定法中增加 T 细胞增殖；

d）在 MLR 测定法中增加干扰素 γ 的产量；或

e）在 MLR 测定法中增加白介素 – 2（IL – 2）的分泌。

由于该专利申请的年份较早，未能检索到该专利申请的具体中国审查档案，从而无法详细得知中国授权专利 CN101213297B 的权利要求 1 的具体修改和争辩过程。为了

---

❶　考虑到 US8728474B2 等 6 件美国专利的公开内容涉及诺贝尔获奖者 Tasuku Honjo 与另两位科学家 Wood 博士和 Freeman 博士的部分研究合作内容，美国联邦巡回上诉法院在 2020 年 7 月 14 日公布的 Dana – Farber Cancer Institute, Inc. v. Ono Pharma. Co., LTD. No. 19 – 2050（Fed. Cir. 2020）案判决中认定 Tasuku Honjo 及其团队成员与另两位科学家 Wood 博士和 Freeman 博士为共同发明人，他们均对涉案专利的发明构想作出了积极贡献。

更清楚地了解单抗药物专利的中国审查过程，笔者另举"抗 C4.4a 抗体及其用途"（申请号为 CN201080063444.X）发明专利申请案进行说明。

涉案专利申请的申请日为 2010 年 12 月 8 日，其公开文本（CN102812047A）的权利要求 1 如下所示。

1. 分离的抗体或其抗原结合片段，其与 C4.4a 的结构域 S1 特异性结合。

中国审查员在第一次审查意见通知书中指出，对比文件 1（HANSEN L V et al. Production，characterization and use of mono - and polyclonal antibodies against C4.4A，a homologue of the urokinase receptor，10 th international workshop on molecular and cellular biology of plasminogen activation，2005，137）公开了与 C4.4 的结构域 1（涉案专利申请的结构域 S1）特异性结合的抗体。可见，权利要求 1 请求保护的技术方案已被对比文件 1 公开，且二者属于相同的技术领域，能够解决相同的技术问题，并达到相同的技术效果。因此权利要求 1 相对于对比文件 1 缺乏新颖性。

申请人在第一次审查意见答复过程中，将具备新颖性的权利要求 2~4 加入权利要求 1 中从而克服新颖性问题，修改后的权利要求 1 如下所示。

1. 分离的抗体或其抗原结合片段，其与 C4.4a 的结构域 S1 特异性结合，其中所述抗体或抗原结合片段与啮齿动物 C4.4a 交叉反应，其中所述抗体或其抗原结合片段在与表达 C4.4a 的细胞结合后被内化，其中所述抗体或抗原结合片段与抗体 M31 - B01 或 M20 - D02 S - A 竞争结合 C4.4a，

a）其中所述抗体或其抗原结合片段包含与 SEQ IDNO：297（CDR H1）、SEQ ID NO：298（CDR H2）、SEQ ID NO：299（CDR H3）一致的重链 CDR 序列及与 SEQ ID NO：300（CDR L1）、SEQ ID NO：22（CDR L2）、SEQ ID NO：301（CDRL3）一致的轻链 CDR 序列，或者

b）其中所述抗体或其抗原结合片段包含与 SEQ IDNO：302（CDR H1）、SEQ ID NO：303（CDR H2）、SEQ ID NO：304（CDR H3）一致的重链 CDR 序列及与 SEQ ID NO：305（CDR L1）、SEQ ID NO：306（CDR L2）、SEQ ID NO：307（CDRL3）一致的轻链 CDR 序列。

中国审查员未接受上述修改，并在第二次审查意见通知书中指出，权利要求 1 采用了各 CDR 区的共有序列对所述抗体进行了限定。权利要求 1 限定的共有序列包括多种序列的组合，其得到的含有 6 个 CDR 区的抗体的种类更是多样。然而包括 6 个 CDR 区的抗体的其中一个或多个 CDR 结构的改变都会导致抗体功能发生改变。本领域技术人员无法预期，除了说明书中所公开的抗体 M31 - B01（包含如 SEQ ID NO：5 所示 HCDR1，如 SEQ ID NO：9 所示 HCDR2，如 SEQ ID NO：13 所示 HCDR3，如 SEQ ID NO：17 所示 LCDR1，如 SEQ ID NO：21 所示 LCDR2，以及如 SEQ IDNO：25 所示 LCDR3）外，还有哪些抗体也能解决本发明的技术问题，并达到相同的技术效果。因此，权利要求 1 请求保护的技术方案得不到说明书的支持，不符合《专利法》第 26 条

第 4 款的规定。

申请人在第二次审查意见答复过程中，修改了权利要求 1，删除了 CDR 共有序列（SEQ ID NO：s 297 – 307），并将权利要求 3 的特征加入权利要求 1 中以克服支持问题，修改后的权利要求 1 如下所示。

1. 分离的抗体或其抗原结合片段，其与 C4.4a 的结构域 S1 特异性结合，其中所述抗体或抗原结合片段与啮齿动物 C4.4a 交叉反应，其中所述抗体或其抗原结合片段在与表达 C4.4a 的细胞结合后被内化，其中所述抗体或抗原结合片段与抗体 M31 – B01 或 M20 – D02 S – A 竞争结合 C4.4a，

其中所述抗体或其抗原结合片段包含

SEQ ID NO：75 – 77 所示可变重链 CDR 序列和 SEQ IDNO：78 – 80 所示可变轻链 CDR 序列，或者

SEQ ID NO：5、9 和 13 所示可变重链 CDR 序列和 SEQ IDNO：17、21 和 25 所示可变轻链 CDR 序列，或者

……

SEQ ID NO：45 – 47 所示可变重链 CDR 序列和 SEQ IDNO：48 – 50 所示可变轻链 CDR 序列，或者

……

SEQ ID NO：135 – 137 所示可变重链 CDR 序列和 SEQ IDNO：138 – 140 所示可变轻链 CDR 序列。

中国审查员仍未接受上述修改，其在第三次审查意见通知书中除了指出"抗体的 6 个 CDR 区排列顺序应——对应"之外，继续提出了与第二次审查意见通知书相同内容的权利要求 1 缺乏支持的审查意见。

申请人在第三次审查意见答复过程中，并没有选择审查员在审查意见中所指出的抗体 M31 – B01，而是选择将权利要求 1 修改为其想要保护的特定抗体 B01 – 3，修改后的权利要求 1 如下所示。

1. 分离的抗体或其抗原结合片段，其与人 C4.4a 特异性结合，其中所述抗体或其抗原结合片段包含下列 CDR 序列：

SEQ ID NO：45 所示的 CDR H1，

SEQ ID NO：46 所示的 CDR H2，

SEQ ID NO：47 所示的 CDR H3，

SEQ ID NO：48 所示的 CDR L1，

SEQ ID NO：49 所示的 CDR L2，和

SEQ ID NO：50 所示的 CDR L3。

该专利申请的说明书第 ［0043］ 段、第 ［0403］ 段和附图 6 提供了本发明抗体（B01 – 3）体外抑制肿瘤细胞增殖的数据。在实施例 15 描述的条件下，与未结合的

hIgG1 同种型对照抗体相比，抗体 B01 - 3 使细胞增殖明显降低。这就表明本发明的抗体有效抑制表达 C4.4a 的细胞的增殖。

最终，审查员接受了申请人的修改，上述权利要求 1 最终获得了授权（CN102812047B）。

通过比较 CN102812047B 的授权权利要求和 CN101213297B 的授权权利要求不难发现，在中国的专利审查实践中，对于抗体产品的权利要求，通常要求用说明书实施例中已经得到验证的特定抗体的重链可变区和轻链可变区中的互补决定区序列来限定抗体。从 CN102812047B 的审查过程来看，这种对抗体权利要求的序列限定通常是为了满足权利要求得到说明书支持的要求。中国审查员通常仍然会要求申请人将抗体限制为说明书实施例中给出的特定的 6 个 CDR 序列。❶ 若想要尽可能地扩大保护范围，在用 CDR 序列进行限定时还可考虑采用例如"具有至少 95% 或更多的同源性（或一致性）"或者"相差 1 个、2 个或 3 个氨基酸的置换、缺失和/或添加"的表述进行限定，但上述限定往往需要有足够代表性数量的实施例使得所属技术领域的技术人员基于说明书的记载，可以合理预测权利要求所要求保护的范围内的所有抗体序列都具备相同的性质或功能。

2021 年 3 月 1 日，欧洲专利局审查指南［以下简称"EPO 指南（2021 修订）"］G 部分第二章第 5.6 节通过列举的方式提出抗体专利的若干以下限定方式，且并未排除通过其他方式限定抗体专利的保护范围的可能性：

1）抗体自身结构特征（氨基酸序列）；

2）编码抗体的核苷酸序列；

3）抗体特异性结合的抗原；

4）抗体结合的抗原及其他功能性特征；

5）抗体的功能和结构特征；

6）抗体的生产方法；

7）表位❷特征；以及

8）产生该抗体的杂交瘤。

其中，关于限定抗体的结构特征，EPO 指南（2021 修订）进一步指出，如果申请人能够通过实验数据证明并非全部 6 个互补决定区均与目标抗原表位结合，或者专利申请保护的是具有更少的互补决定区的仅包括重链的新型抗体，则可以不必要求限定

---

❶ 除了 CDR 序列之外，中国审查员还接受限定 Fc 区结构特征的抗体（保护范围大于 6 个 CDR 限定的抗体），例如，CN107011441B（发明名称为抗 PD1 抗体及其作为治疗剂与诊断剂的用途）的权利要求 1：一种单克隆抗体，其结合人类 PD - 1，且包含 PD - 1 结合域，和 IgG4 Fc 区，其中 IgG4 重链效应器包括 SEQ ID NO：85 或 SEQ ID NO：88。

❷ 表位是存在于抗原表面的，决定抗原特异性的具有特殊性结构的化学基团，其能与相应的抗体发生特异性结合，又被称为抗原决定簇。针对表位特征的欧洲专利申请，申请人应当尽可能通过实验证明针对特定表位的抗体相对于已知抗体具有更优的特性和功效。参见 T 0325/15（2019）和 T 1872/16（2019）。

全部 6 个互补决定区序列。❶ 仅包括重链的新型抗体中只包含重链可变区（VH）的抗体又被称为纳米抗体，2018 年 9 月 3 日获得欧洲药品管理局批准用于获得性血栓性血小板减少性紫癜（aTTP）成人患者治疗的药物 Cablivi（Caplacizumab）为首个特异性的 aTTP 治疗药物，同时也是首个获批上市的纳米抗体药物。

从上面的案例以及上述 EPO 指南（2021 修订）的相关规定可以看出，与美国和欧洲相对较为宽松的抗体专利授权标准相比，中国对于抗体专利授权标准的要求相对较为严苛，即通常要求用抗体的重链和轻链的可变区中的各三个高变区（CDR）序列进行限定，属于序列限定型（或称为结构限定型）的权利要求。

第 391 号修订第二部分第十章第 9.3.1.7 节"单克隆抗体"规定："针对单克隆抗体的权利要求可以用结构特征限定，也可以用产生它的杂交瘤来限定。"其中"可以用结构特征限定"是相对于《专利审查指南（2010）》新增的内容：

（1）抗原 A 的单克隆抗体，其包含氨基酸序列如 SEQ ID NO：1 - 3 所示的 VHCDR1、VHCDR2 和 VHCDR3，和氨基酸序列如 SEQ ID NO：4 - 6 所示的 VLCDR1、VLCDR2 和 VLCDR3。

（2）抗原 A 的单克隆抗体，由保藏号为 CGMCC NO：xxx 的杂交瘤产生。

上述审查标准尤其是（1）的确立也导致了中国医药企业可以从抗体与抗原的结合位置（CDR 序列）的角度去进行抗体规避设计，只要新研发抗体的 CDR 序列没有落入其他 CDR 序列限定的权利要求的范围内（在排除等同侵权的可能性的基础上），就基本上不存在侵权的问题。这也许就是 PD - 1 抗体的国际市场争夺激烈，而在中国市场上却风平浪静的重要原因。

2.10.4　国外专利布局分析与举例

不仅美国和欧洲的抗体专利授权标准与中国不同，而且美国和欧洲医药企业的抗体药物专利布局（主要通过 PCT 途径）主题也与中国相对单一的主要涉及氨基酸序列的专利布局主题不尽相同。

仍以 PD - 1 抗体药物为例，原研药企业小野制药、梅达雷克斯和百时美施贵宝在布局氨基酸序列的核心专利时，均是通过 PCT 途径在全球主要市场同步进行申请的，并尽量推迟专利公开的时间，以争取在产品上市前 1～2 年才让公众知晓其专利技术信息，以尽量减少被侵权的风险，同时还充分运用各国对药品专利的延长制度，最大限度延长专利保护时间。例如，公开号为 WO2006121168A1 的氨基酸序列专利所对应的美国专利申请在美国获得授权后还获得了 413 天的延长期，所对应的日本专利申请在日本获得授权后还获得了接近 5 年的延长期。除了核心专利之外，原研药企业还通过对检测评价方法（例如 WO2010001617A1，一种评价 PD - 1 抗体治疗癌症效果

❶ European Patent Office. Guidelines for Examination in the European Patent Office［EB/OL］.（2021 - 03 - 21）
［2021 - 05 - 14］. https：//www.epo.org/law - practice/legal - texts/html/guidelines/e/g_ii_5_6_1.htm.

的方法）、联合用药（例如专利 WO2015134605A1，使用 PD‑1 抗体和另一种抗癌剂治疗肾癌的方法）、医药用途（例如专利 WO2016100561A2，一种 PD‑1 抗体治疗神经胶质瘤的方法）、宿主细胞选择、细胞培养基及细胞培养工艺等外围专利的申请进行专利布局，编制庞大而且牢靠的专利保护网，提高技术门槛，为产品争取最大的保护强度。

除了原研药企业之外，因赛特、葛兰素史克、阿德瓦希斯、辉瑞等公司主要通过申请联合用药专利进行布局（例如，①因赛特的专利 WO2015119944A1，一种用于治疗癌症的 PD‑1 拮抗剂和 IDO1 抑制剂的组合；②葛兰素史克的专利 WO2015088847A1，使用 PD‑1 拮抗剂和 VFGFR 抑制剂的组合治疗癌症；③阿德瓦希斯的专利 WO2016011357A1，一种用于治疗前列腺癌的 PD‑1 拮抗剂和基于李斯特菌的疫苗的组合；④辉瑞的专利 WO2016032927A1，一种用于治疗癌症的 PD‑1 拮抗剂和 ALK 抑制剂的组合），它们将 PD‑1 抗体药物与本公司的核心产品通过复方制剂的方式进行二次研发，一定程度上绕开了原研药企业的专利布局，且如果改进专利的企业能够拿出足够的实验证据证明改进型专利在实施效果方面的显著优势或预料不到的技术效果，将明显增加改进型专利授权可能性。

2.10.5　国外专利布局考虑因素

抗体专利通过 PCT 途径或巴黎公约途径向海外布局，主要考虑发明的技术与商业价值、已有市场与潜在市场、有关国家的法律状况尤其是各国涉外专利申请的限制性规定、现有和潜在的竞争者等因素，其中最主要关注于市场与法律两大因素。

专利有国界而市场无国界，在产品的主要市场地往往伴随大量专利布局，对于前景尚不明确的新兴市场，则可以充分利用 PCT 申请途径所给予的通常 30 个月或 31 个月的考虑期限，既可以节约投入，又可以为专利布局争取时间。其中，对于市场因素的判断，主要取决于以下三个调查：①数据调查：流行病学数据和药物地域销售数据；②专利申请情况调查：了解该地域该类药物研发的热度及政府的扶持程度；③同类竞品情况调查：在销售数据不足的情况下，可通过分析同类竞品的药物专利申请情况，了解同类竞品在不同地域的竞争热度。

法律因素则主要考虑以下几个方面。

1. 保护期限

在中国，专利分为发明、实用新型和外观设计三种类型，保护期限分别为自申请日起 20 年、10 年和 15 年；在美国，发明专利保护期限为自申请日起 20 年，外观设计保护期限为自授权日起 15 年❶；在欧洲，发明专利保护期限为自申请日起 20 年，外观设计保护期限为自申请日起 25 年。

---

❶ 2015 年 5 月 13 日前提交的美国外观专利申请，授权后保护期为授权日起 14 年；2015 年 5 月 13 日后提交的美国外观专利申请，授权后保护期为授权日起 15 年。

2. 审查周期

根据巴西《圣保罗州报》报道，巴西国家工业产权局（INPI）平均需要 95 个月的时间来对一项专利申请进行评估，在欧洲需要 22 个月，在俄罗斯只需要 9 个月。巴西申请专利的等待时间甚至要比排在倒数第二位的印度（64 个月）要长很多，也长于墨西哥（36 个月）。

3. 强制许可制度

例如，印度针对抗癌药索拉非尼的强制许可；南非、马来西亚、印度尼西亚和泰国针对艾滋病药物的强制许可；在中国，暂时还未出现强制许可的案例。

4. 专利侵权情况

欧、美、日、韩都非常重视知识产权的保护。印度近年来也逐渐完善其知识产权保护制度，而在印度尼西亚、越南、菲律宾等国家，侵权情况比较多见。

5. 主要国家涉外专利申请的限制性规定❶

（1）中国保密审查

1）概念

基于国家安全或重大利益的考虑，任何单位或者个人将在中国完成的发明或者实用新型向外国申请专利的，都应当事先报经国务院专利行政部门进行保密审查；对违反规定向外国申请专利的发明或者实用新型，在中国申请专利的，不授予专利权。

2）提出方式

A）单独提出保密审查的请求：准备直接向外国申请专利的，应当事先提交单独的保密审查请求并详细说明其技术方案。

B）在中国申请专利的同时或之后提出保密审查的请求：针对后一种情况即先在中国申请专利，再向外国申请专利，要求在向外国申请之前提出保密审查的请求。

C）向 PCT 中国受理局提交 PCT 申请：默认提出保密审查请求，不需要提交单独的文件，但要求至少一个申请人必须具有中国国籍或中国居所或营业场所。

3）审查周期

A）与专利申请同时提出保密审查请求的，向外国申请专利保密审查意见通知书与受理通知书同时发出。

B）申请之后或者单独提出向外申请保密请求的案件，向外国申请专利保密审查意见通知书的平均发送时间（距离保密审查请求文件提交日）一般不超过 30 天，最长 4 个月左右。

4）对比标准

针对上述 2）中的提出方式 A），如何判断请求保密审查时提交备案的技术方案与之后提交的外国专利申请文件两者之间内容是否一致，可考虑采用以下三种标准：

---

❶ 郑希元. 各国向外专利申请的限制性规定［EB/OL］.（2020 - 10 - 27）［2021 - 05 - 15］. https：// mp. weixin. qq. com/s/mj_97FFztHVggPLrpu2B_A.

①修改超范围标准；②新颖性标准；③创造性标准。

其中，修改超范围标准最为严格，申请人在单独提交保密审查请求之后，通常会对技术内容进行增加或删减后再提交专利申请文件，因此上述标准不利于保密审查制度的实施。新颖性标准和创造性标准二者之中，创造性标准过于宽松，可能使申请人在提交保密审查请求时，对技术方案的描述过于简单，信息量太少，从而将保密审查制度架空而无法实现立法目的。综合考虑，对比标准采用新颖性标准最为适宜。❶

（2）美国外国递交许可

1）概念

根据美国专利法第184条的规定，在美国完成的发明，必须在美国通过保密审查，拿到"外国递交许可"（Foreign Filing License）才能在其他国家递交申请。如果违反了这一原则，可能会导致同一发明在美国得到的专利后续被无效，或是在后续的美国专利诉讼中处于不利地位。

2）提交方式

A）向美国专利商标局递交了正式专利申请（美国专利管理条例，37 C.F.R. § 5.12）：官方所发出的受理通知书中若包括"外国递交许可"，其相当于美国的保密审查同意书。

B）单独提出保密审查的请求（美国专利管理条例，37 C.F.R. § 5.13）。这种途径适用于：a）已提交美国专利申请，但受理通知书中未显示获得外国递交许可；b）申请人未在美国递交专利申请，需要直接向国外递交申请；c）已经获得外国递交许可，但是在向外国专利局递交申请时有新增内容；d）受理通知书还未发出，但是申请人需要快速获得外国递交许可。

C）事先未提交保密审查请求，之后请求恢复保密审查（美国专利管理条例，37 C.F.R. §5.25（a））。其需要准备的文件如下：a）已经向哪些国家/地区提交未经许可的专利申请材料的清单。b）每个国家/地区提交专利申请材料的日期。c）经核实的陈述（誓言或声明），其中包括：（i）声明所涉专利申请在向外提交时不受保密命令管辖，且目前不受保密令管辖；（ii）表明在发现被禁止的外国申请后已经在努力地寻求补救；（iii）解释为何在未首先获得外国递交许可的情况下就将专利申请材料错误地提交到国外的原因；以及 d）官费：大实体❷200美元，小实体❸100美元。

3）救济措施

美国、德国和日本均规定了因保密审查遭受的损失的补偿制度。其中，美国专利法规定，针对被核定为保密或保留的专利申请人、继承人、受让人或法定代表人的补偿请求，发布保密或保留命令的部门或机构的最高负责人必须在其认为适当的范围内

---

❶ 刘书芝. 直接提交国外专利申请保密审查技术方案对比探讨 [J]. 中国发明与专利，2017（8）：58－61.

❷ 专利申请人如果为人员规模大于500人的企业，则只能以"大实体"资格申请专利，费用不可享受减免。

❸ 小实体包括个人、人员规模（包含关联机构）不超500人的企业以及非营利机构（例如高等教育机构）。

授予并给付确定金额 75% 以下的补偿。

4）发明的实质性内容在不同国家完成的情形

假如存在部分发明是在美国产生的，部分发明是在中国产生的，或者相反的情形，这时提交保密审查时可以考虑两种方案：

A）在美国递交保密审查，然后在中国递交一份 PCT 专利申请或者中国专利申请并同时提出保密审查请求；

B）在中国递交保密审查，然后在美国递交一份美国正式专利申请。

从节省时间尽快完成保密审查的角度考虑，由于在中国单独递交保密审查后，大约 30 天，最长 4 个月左右才能拿到保密审查通知书，而在美国递交保密审查后，一般 3 个工作日左右可以拿到保密审查通知书，所以通常选择方案 A)❶。

（3）其他主要国家的保密审查规定

1）日本

一方面，国际专利的申请人必须将外文的专利申请材料在国内公开发表，如果 1 年 6 个月内因公开记载有关国际专利申请内容的书面材料被提出警告的，则不得向外申请，但以实施该发明为主营业务者，可以就其损失请求支付适当金额的补偿。

另一方面，针对已经实施或预计在 2 年内实施的专利申请者，在日本国内提交专利申请的同时在国外也提出"海外关联申请"的专利申请者，或者出现在"外国相关申请"目录中的技术和中小企业，日本特许厅均向它们开通快速保密审查的通道。

2）德国

针对基于国防理由要求保密并且经申请人/专利权人同意交由联邦政府继续保密的发明，其申请人/专利权人如果不能承受因此遭受的损失，有权请求联邦共和国就该损失进行补偿。同时，在判断当事人请求的合理性时，要求特别考虑申请人/专利权人的经济状况、完成发明或者取得专利权的费用以及从发明中获得的收益等内容。❷

（4）向非 PCT 成员提交专利申请的规定

向非 PCT 成员申请专利的，均需向国务院专利行政部门事先单独提交保密审查请求。

针对非 PCT 成员的《巴黎公约》成员国，例如阿根廷、巴基斯坦、巴拉圭和乌拉圭等，只能在首次申请日起 12 个月的优先权期限内进入其他国家，而不得利用 PCT 途径进入。

2.10.6　中欧专利审查创造性标准

随着单克隆抗体产业的快速发展，相关专利申请正在快速增长。然而《专利审查

---

❶　七星天. 美国专利申请保密审查 [EB/OL]. (2019 - 06 - 26) [2021 - 05 - 15]. https：//mp. weixin. qq. com/s/Boqtuair8MQXrF1ytk3MHQ.

❷　冒婷婷，吕苏榆. 国际专利申请中保密审查制度的实践检视：基于科技创新和技术视角下的探讨 [J]. 科技管理研究，2015（3）：121 - 125.

指南（2010）》中有关创造性的审查标准仍然是基于之前主要采用杂交瘤细胞株表征单克隆抗体的技术水平制定的，但是随着测序技术已经成熟，更多专利申请采用序列结构特征进行表征，因此单克隆抗体创造性审查标准有待于进一步明晰和规范。

因此，在2019年《单克隆抗体发明专利申请审查指导意见》中指出：创造性判断中，单克隆抗体的结构特征是首要考虑的因素；如果通过"三步法"可以判断出单克隆抗体的结构对本领域技术人员来说是非显而易见的，则该单克隆抗体具有创造性，不应再强调该单克隆抗体是否具有预料不到的技术效果。

相对应地，2020年12月11日，第391号修订将《专利审查指南（2010）》第二部分第十章第9.4.2.1节中的"（5）单克隆抗体"修改为"（6）单克隆抗体"，并对内容进行整体修改，修改内容如表2-10-2所示。

表2-10-2　单克隆抗体创造性判断标准

	《专利审查指南（2010）》	第391号修订
标准	如果抗原是已知的，并且很清楚该抗原具有免疫原性（例如由该抗原的多克隆抗体是已知的或者该抗原是大分子多肽就能得知该抗原明显具有免疫原性），那么该抗原的单克隆抗体的发明不具有创造性。但是，如果该发明进一步由其他特征等限定，并因此使其产生了预料不到的效果，则该单克隆抗体的发明具有创造性	如果抗原是已知的，采用结构特征表征的该抗原的单克隆抗体与已知单克隆抗体在决定功能和用途的关键序列上明显不同，且现有技术没有给出获得上述序列的单克隆抗体的技术启示，且该单克隆抗体能够产生有益的技术效果，则该单克隆抗体的发明具有创造性。 如果抗原是已知的，并且很清楚该抗原具有免疫原性（例如由该抗原的多克隆抗体是已知的或者该抗原是大分子多肽就能得知该抗原明显具有免疫原性），那么仅用该抗原限定的单克隆抗体的发明不具有创造性。但是，如果该发明进一步由分泌该抗原的单克隆抗体的杂交瘤限定，并因此使其产生了预料不到的效果，则该单克隆抗体的发明具有创造性
举例	中国专利复审与无效决定：第129492号（决定日：2017-08-29） 驳回决定所针对的权利要求1如下所示。 1. 一种在体内具有抗肿瘤活性的抗人TROP-2的抗体， （a）所述抗体的H链V区域的CDR1~3的氨基酸序列分别依次为序列号36~38所示的氨基酸序列和/或所述抗体的L链V区域的CDR1~3的氨基酸序列分别依次为序列号41~43所示的氨基酸序列，或 （b）……或 （c）……或 （d）……	中国专利复审与无效决定：第245076号（决定日：2021-01-28） 驳回决定所针对的权利要求1如下所示。 1. 一种抗PD-1人源化单克隆抗体，包含轻链和重链，其特征在于，轻链的氨基酸序列如SEQ ID NO.2所示，重链的氨基酸序列如SEQ ID NO.4或SEQ ID NO.6所示。

续表

	《专利审查指南（2010）》	第 391 号修订
举例	合议组认为，权利要求 1 要求保护的抗体 K5－70 与对比文件 1 相比，区别在于抗体的序列不同，基于所述区别，权利要求 1 实际解决的技术问题是提供可替代的抗 TROP－2 抗体用于治疗肿瘤。在抗原 TROP－2 及其在肿瘤的发生形成中的作用已知的情况下，制备杂交瘤细胞，进而获得针对所述抗原的单克隆抗体的方法是众所周知的，同时，在获得的抗体中筛选出具有抗肿瘤活性的抗体或针对筛选得到的抗体进行测序确定氨基酸序列及其结合位点序列也属于常规技术。在预防效果上，涉案专利申请的抗体 K5－70 总剂量（约为 170mg/kg）略高于对比文件 1（140mg/kg），因而效果略优于对比文件 1 是可以预期的；在治疗效果上，涉案专利申请的抗体 K5－70 总剂量（约为 110mg/kg）接近对比文件 1（200mg/kg）的一半，但肿瘤抑制效果也接近对比文件 1 的一半，因总剂量的减少而降低肿瘤抑制效果也是本领域技术人员能够预期的。因而所述抗体也未表现出预料不到的技术效果。因此，权利要求 1 不具备突出的实质性特点和显著的进步，不具备创造性	合议组认为，权利要求 1 的序列与对比文件 1 公开的抗 PD－1 人源化单克隆抗体的轻链、重链可变区序列显著不同。基于该区别特征，权利要求 1 实际解决的技术问题是提供一种具有有益性能的特定序列的抗 PD－1 的人源化单克隆抗体。涉案专利申请的实施例 3、4、5 和 6 证实了人源化单克隆抗体 AbB7 和 AbB8 能够与人 PD－1 特异性结合并诱导 T 细胞分泌 IL2 和 IFN－γ，具有有益的性能。虽然对比文件 1 提供了制备鼠源单抗、嵌合抗体及人源化抗体的完整操作步骤，且噬菌体展示等是本领域常规的抗体制备方法，但本领域公知，单克隆抗体的筛选具有很大的随机性，即使结合对比文件 1 和本领域常规技术手段也不能预期是否能够筛选得到具有特定序列、能够与 PD－1 特异性结合的具有有益性能的单克隆抗体。也就是说，本领域技术人员根据对比文件 1 公开的信息，没有足够的动机通过常规技术制备得到该申请权利要求 1 所述的具有特定氨基酸序列、能够特异性结合 PD－1 的单克隆抗体。因此，对比文件 1 没有给出获得涉案专利申请的权利要求 1 请求保护的具有有益性能的特定抗体的启示，权利要求 1 相对于对比文件 1 与本领域常规技术的结合是非显而易见的，具有《专利法》第 22 条第 3 款规定的创造性

　　因此，在中国专利审查实践中，国家知识产权局对于单克隆抗体创造性的审查仍以"三步法"为基础，即首先根据区别特征在要求保护的发明中所能达到的技术效果确定发明实际解决的技术问题❶，之后从所需要解决的技术问题出发，整体上考虑技术方案相对于现有技术所表现的技术方案是否非显而易见的，是否取得了有益的技术效

　　❶ 《专利审查指南》修订（关于《专利审查指南》修改的公告，第 328 号，自 2019 年 11 月 1 日起施行）中，将《专利审查指南》第二部分第四章第 3.2.1.1 节第（2）项第 1 段第 2 句中的"然后根据该区别特征所能达到的技术效果确定发明实际解决的技术问题"修改为"然后根据该区别特征在要求保护的发明中所能达到的技术效果确定发明实际解决的技术问题"。同时，在第（2）项第 3 段最后增加一句话，内容如下：对于功能上彼此相互支持、存在相互作用关系的技术特征，应整体上考虑所述技术特征和它们之间的关系在要求保护的发明中所达到的技术效果。

果。其中预料不到的技术效果仅仅作为判断创造性的辅助考虑因素。

与中国不同，欧洲专利局在判断抗体创造性时，则更加看重申请是否取得了预料不到的技术效果或者是否克服了技术困难，其 EPO 指南（2021 修订）G 部分第二章第5.6.2 节具体指出：

"当权利要求的主题限定了与已知抗原结合的新的、进一步的抗体时，除非该申请显示出预料不到的技术效果，否则该权利要求不具备创造性。与已知且能够使用的抗体相比，预料不到的技术效果示例包括，例如，提高的亲和力、提高的治疗活性、降低的毒性或免疫原性、预料不到的物种交叉反应性或具有经证实的结合活性的新型抗体形式。

如果创造性依赖于相对于现有技术的能够使用的抗体的改进特性，则用于确定该特性的方法的主要特征也必须在权利要求中指明或通过参考说明书指明。

如果预料不到的技术效果涉及结合亲和力，那么固有地反映这种亲和力的常规抗体的结构要求必须包括 6 个 CDR 和框架区域，因为框架区域也可以影响该亲和力。

如果新抗体与已知抗体结合到相同的抗原，则不能仅仅基于新抗体与已知抗体在结构上存在不同而承认其创造性。对于技术人员来说，通过应用本领域已知的技术获得替代抗体被认为是显而易见的。如此获得的替代抗体的结构（即它们的氨基酸序列）是不可预测的事实并不是将这些抗体视为非显而易见的原因。❶

然而，如果申请克服了生产或制造所要求保护的抗体中的技术困难，则该抗体可以具备创造性。"

2.10.7 对我国医药企业的启示

单克隆抗体技术在疾病诊断、药物开发中的应用是医药领域的一个研究热点，也为多种疾病的治疗提供了新的途径，目前已有多个单抗药物获 FDA 批准上市，例如用于头颈部肿瘤、结肠癌治疗的西妥昔单抗，用于乳腺癌、胃食道癌治疗的曲妥珠单抗，用于治疗慢性淋巴细胞性白血病的阿仑单抗，用于与粒细胞 - 巨噬细胞集落刺激因子（GM - CSF）联合治疗神经母细胞瘤的 GD2 单克隆抗体 Danyelza。由于生物医药类产品科技含量高、附加值大且普适性强，外国生物制药巨头一旦研发出新型单抗药物，就要进行专利保护，其保护范围往往涵盖全世界大多数国家和地区，而中国作为全球最大的市场，更是专利保护的重中之重，故此，我国医药企业进行单抗药物研发时已经面临严峻的专利垄断局面。

目前我国生产单抗药物的医药企业在专利战略上需要同时完成两个主要任务：既要防止外国生物医药巨头发起侵权诉讼，又要阻止国内的后来者轻易进行仿制。在实施上述专利战略的过程中，笔者认为可以从以下四个方面入手。

---

❶ 参见 T 605/14，第 24 节；T 187/04，第 11 节。

（1）增强自主研发创新意识，积极开发针对新靶点或有效靶点新表位的单抗药物，积极研发并拓展现有单抗的适应证范围，注重设计对照试验和多个代表性实施例以保证抗体序列（例如互补性决定区、轻重链可变区）结构的多样性和相似性，从特异性、亲和性、否定性作用、增强或抑制作用、中和作用、结合表位序列、补体依赖的细胞毒性、抗体依赖性细胞介导的细胞毒作用等多个角度表征单抗药物的特性和功效，尽可能地建立起实施例抗体序列结构与特性和功效之间的对应关系，将自主研发的单抗药物利用优先权制度和通过 PCT 途径进行专利申请，并尽可能地推迟专利公布的时间，以争取在其产品上市前 1～2 年才让公众知晓其专利技术信息，尽可能降低被侵权的风险，同时可以充分运用各国对药品专利期限的延长制度，最大限度地延长专利保护时间。

（2）在开拓美国、欧洲等国外市场时，需时刻关注相关单抗药物专利的申请和授权情况以及相关司法判例，根据各国家/地区的法律实践及时调整保护策略，即主张不同的权利要求保护范围。此外，由于跨国生物制药巨头专利申请文件的权利要求中常常采用功能性限定、序列同源性限定、生物参数限定、生物来源限定、结合对象限定以及表位特征限定[1]等各种方式，因此合理界定该单抗药物在世界各地的保护范围就显得尤为重要。在进行充分调研（例如 FTO 预警评估）后再将产品选择进入该国外市场可以最大程度地避免侵权风险。

（3）我国医药企业的知识产权部门应积极寻找自身已有专利布局的不足，通过对检测方法、联合用药、医药用途、制备方法（例如构建、表达、纯化和复性方法）、修饰方法（例如糖基化、药物偶联、放射性和聚乙二醇修饰）等外围专利的申请进行专利布局，构建牢固的专利保护体系，提高技术门槛，为自身产品争取最大的保护强度，推迟其他类似竞品的上市进度，同时还可以利用专利权无效宣告途径来破解竞争对手的专利网。

（4）我国医药企业不仅应相互合作、联合研发，降低单抗药物的研发风险，而且可以与国内各大高校、科研院所加强合作，进一步推进单抗药物的产学研相结合，加快研究成果的转化。

2.11　基因与微生物

21 世纪生物技术的快速发展促使人们对于生物领域的发现提出了专利保护的需求，例如基因和微生物发明，其中基因是指带有遗传讯息的 DNA 片段；微生物根据形态结构、分化程度和化学成分可分为三大类：真核微生物、原核微生物和无细胞微生物

---

[1]　2021 年 2 月 11 日，美国联邦巡回上诉法院维持了地区法院的判决，认为安进（Amgen）公司保护 PCSK9 抗体表位的多项专利权利要求无效（涉案专利 US8829165、US8859741）。使用涉案专利的本领域常规技术，需要过度的实验（undue experimentation）才能够做出涉案专利权利要求保护范围的全部抗体，因此涉案专利不能满足美国专利法第 112（a）条中的可实施性要求（Enablement Requirement），上述涉案专利被宣告无效。

（见图 2 - 11 - 1❶）。

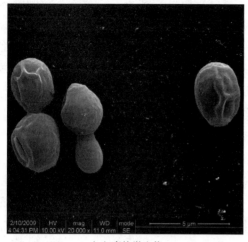

（a）真核微生物

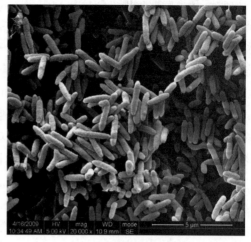

（b）原核微生物（细菌）

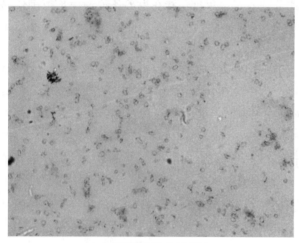

（c）原核微生物（支原体）

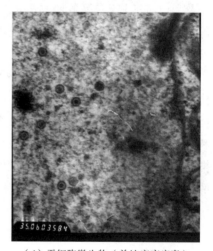

（d）无细胞微生物（单纯疱疹病毒）

图 2 - 11 - 1　微生物分类示意图

注：（a）真核微生物：真核细胞具有高度的核分化，其有核膜、核仁和染色体，细胞质中有完整的结构化细胞器，细胞繁殖通过有丝分裂进行，实例包括真菌（例如真姬菇）和藻类；（b）原核微生物（细菌）；（c）原核微生物（支原体）：原核细胞具有原始核质和细胞膜，其没有核膜、核仁或细胞器；（d）无细胞微生物（单纯疱疹病毒）：无细胞微生物是最小的微生物，没有典型的细胞结构，也没有酶能产生系统，其仅由核酸基因组（DNA/RNA）和蛋白质外壳（衣壳）组成，只能在活细胞内繁殖，实例包括病毒和亚病毒因子。

之前人们一直认为，基因和微生物与从植物中提取分离得到的天然物质一样，是存在于自然界中的物质，不是人类创造出来的，人类只是发现它并将其提取分离出来，按照传统理论不能被授予专利权。但是欧洲议会和欧盟理事会于 1998 年 7 月 6 日通过

---

❶ ZHOU X D, LI Y Q. Atlas of Oral Microbiology [M]. 杭州：浙江大学出版社，2015：1 - 14.

了关于生物技术发明的法律保护指令（98/44/EC），其中第 5 条对基因发明的可专利性作出了以下规定：

第一，在其形成和发展的不同阶段的人体，以及对其某一元素的简单发现，包括基因序列或者基因序列的某一部分，不构成可授予专利的发明；

第二，脱离人体的或者通过技术方法而产生的某种元素，包括基因序列或基因序列的某一部分，可以构成可授予专利的发明，即使该元素的结构与一个自然界存在的结构完全相同；

第三，基因序列或者基因序列的某一部分的工业实用性必须在专利申请中公开。

德国、法国和瑞士等一些 EPC 成员国的立法机构，在上述第 5 条基础上通过添加附加条款的方式对其进行了补充。例如，根据德国专利法第 1a（4）条的规定，如果一项发明的主题是与人类基因序列相对应的基因序列，则在申请中描述其工业实用性的用途必须写入权利要求中。这意味着，根据传统的绝对产品保护原则，产品权利要求能获得不受任何用途影响的保护的特点，在某一特定技术领域受到了限制。❶

从国际上对于基因发明保护的发展历程来看，立法者关注的角度在于发明人是否为某项发现找到了一种实际用途，至于被发现的东西本身产生了什么变化、是否为人类所创造，则并不关心，以往人们认为"人的创造性"是"发明"与"发现"的主要区别，现在关注点却已经改变，"具有工业的实用性"帮助淡化了这一区别。❷

而对于生物技术领域发明创造性的判断，总体思路为判断发明是否具备突出的实质性特点和显著的进步。在判断过程中，需要根据不同保护主题的具体限定内容，确定发明与最接近的现有技术之间的区别特征，然后基于该区别特征在发明中所能达到的技术效果确定发明实际解决的技术问题，再判断现有技术整体上是否给出了技术启示，基于此得出发明相对于现有技术是否显而易见。

同时，生物技术领域的发明创造涉及生物大分子例如基因、细胞、微生物个体等不同水平的保护主题。在表征这些保护主题的方式中，除结构与组成等常见方式以外，还包括生物材料保藏号等特殊方式。因此，创造性判断还需要考虑发明与现有技术的结构差异、亲缘关系远近和技术效果的可预期性等。❸

以下首先将通过案例分析的方式阐述基因创造性评判的中美差异，接着进一步阐述微生物可专利性演变历史——生命体不可专利性的观点如何逐渐被各国所摒弃，最后对微生物发明专利侵权和专利无效纠纷中的保藏程序、创造性判断以及鉴定方式进行阐述，以期为我国医药企业维护基因与微生物领域的专利稳定性和侵权抗辩提供思考与借鉴。

---

❶ 约瑟夫·德雷克斯，纳里·李著. 药物创新、竞争与专利法［M］. 马秋娟，杨倩，王璟，等译. 北京：知识产权出版社，2020：52 – 53.

❷ 易继明，王芳琴. 世界专利体系中专利客体的演进［J］. 西北大学学报（哲学社会科学版），2020，50（1）：79 – 93.

❸ 第 391 号修订第二部分第十章第 9.4.2 节.

2.11.1 中国基因专利创造性评析

如果某结构基因编码的蛋白质与已知的蛋白质相比具有不同的氨基酸序列，并具有不同类型的或改善的性能，而且现有技术没有给出该序列差异带来上述性能变化的技术启示，则编码该蛋白的基因发明具备创造性。

如果某蛋白质的氨基酸序列是已知的，则编码该蛋白质的基因的发明不具备创造性。如果某蛋白质已知而其氨基酸序列是未知的，那么只要本领域技术人员在该申请提交时可以容易地确定其氨基酸序列，编码该蛋白质的基因发明就不具备创造性。[❶] 但是，上述两种情形下，如果该基因具有特定的碱基序列，而且与其他编码所述蛋白质的、具有不同碱基序列的基因相比，具有本领域技术人员预料不到的效果，则该基因的发明具备创造性。

如果一项发明要求保护的结构基因是一个已知结构基因的可自然获得的突变的结构基因，且该要求保护的结构基因与该已知结构基因源于同一物种，也具有相同的性质和功能，则该发明不具备创造性。[❷]

在第 391 号修订中，关于"基因"主题，体现了"三步法"在结构基因创造性评判中的适用方式，增加结构基因创造性判断的一般标准并给出具备创造性和不具备创造性的不同情形。此外，原有"某蛋白质的氨基酸序列是已知的"和"某蛋白质已知而其氨基酸序列是未知的"的两类情形，由于表述一致且存在逻辑上的联系从而予以合并。

下述案例是"产生 C4 二羧酸的方法"（申请号为 CN201080012963.3）发明专利申请复审请求案[❸]。

涉案专利申请的申请日为 2010 年 3 月 23 日，优先权日为 2009 年 3 月 23 日，其驳回决定所针对的权利要求 1 如下所示。

1. 一种分离的或重组的多核苷酸，所述多核苷酸包括编码包括 SEQ ID NO：2 的多肽的多核苷酸序列。

申请人对驳回决定不服，于 2014 年 11 月 20 日向国家知识产权局专利复审委员会提出了复审请求，同时修改了权利要求书，其中删除了权利要求 1 中的"包括"。

根据涉案专利申请说明书的记载，涉案专利申请根据现有技术已知的丙酮酸羧化酶同源物的保守氨基酸序列设计两个简并引物（正向引物 5'CARAGRAGRCAYCARAARGT3'，反向引物 5'TCRTCDATRAANGRNGTCCA 3'），从米根霉菌株 NRRL 1526 基因组 DNA 中扩

---

❶ 在中国农业科学院作物科学研究所与国家知识产权局发明专利申请驳回复审行政纠纷上诉案（（2019）最高法知行终 129 号，入选最高人民法院知识产权法庭 2019 年典型技术类知识产权案件）中，涉案专利申请（申请号为 CN201210072718.2）请求保护已知蛋白质的未知氨基酸序列以及该蛋白质的编码基因。

❷ 第 391 号修订第二部分第十章第 9.4.2.1 节第（1）项。

❸ 参见中国专利复审与无效决定第 90415 号。

增得到 648bp 片段，然后利用丙酮酸羧化酶特异性引物（5'CCAATACGACCGAGTTGATA GGATTCAT3' 和 5'GCATAGATAATGTACTTCATGA3'）进一步扩增得到 SEQ ID NO：1 和 SEQ ID NO：2 所示的丙酮酸羧化酶基因序列及其编码的氨基酸序列。

对比文件 3（US20090042264A1，公开日为 2009 年 2 月 12 日）公开了米根霉丙酮酸羧化酶在 C4 二羧酸代谢途径中的用途，并基于与涉案专利申请上述相同的扩增思路和相同的简并引物、特异性引物从米根霉菌株 28.51 中扩增得到了丙酮酸羧化酶基因及其编码的氨基酸序列，即 SEQ ID NO：6 和 SEQ ID NO：8（与涉案专利申请 SEQ ID NO：1 和 SEQ ID NO：2 所示基因和多肽序列的同一性分别为 93.4% 和 97.7%）。

合议组认为，对于本领域技术人员来说，在对比文件 3 公开采用上述扩增方法得到米根霉丙酮酸羧化酶结构基因的基础上，从另外的米根霉菌株采用相同的扩增方法扩增得到其他不同菌株的同种丙酮酸羧化酶结构基因是显而易见的，两者的发明构思是相同的，而且从涉案专利申请说明书的记载来看，SEQ ID NO：1 和 SEQ ID NO：2 所示的丙酮酸羧化酶基因及其编码的氨基酸序列除了参与预期的 C4 二羧酸代谢途径外，在性质和功能上并没有产生其他预料不到的技术效果。因此涉案专利申请权利要求 1 所要求保护的编码 SEQ ID NO：2 多肽的多核苷酸序列的技术方案相对于对比文件 3 不具备突出的实质性特点和显著的进步，不符合《专利法》第 22 条第 3 款的规定。

2.11.2　美国基因专利创造性评析

美国专利法第 103 条规定了专利获得之要件，即客体之非显而易见性。其中规定，有关发明，尽管与该法第 102 条所述方式加以披露或描述的技术不同，但如果申请专利的客体与现有技术之间的不同是以下这样的程度，即在该客体所处的技术领域中的一般技术水平的人员看来，该客体作为一个整体，在发明完成时是显而易见的，则不能获得专利。

美国专利法第 103 条是法律依据，实践中通过教导 - 启示 - 动机（The teaching - suggestion motivation，TSM）测试审查 Graham 要素来判定非显而易见性，了解这三者之间的关系和本质，对判定非显而易见性是极其必要的。其中，Graham 要素包括以下四个要素：①现有技术的范围和内容；②现有技术与所要求保护的发明之间的差异；③现有技术领域的一般技术水平；④继发性的考虑，如商业上的成功、长期存在但尚未解决的需求、业界评论、其他人的失败等因素。

通过 TSM 测试，确认 Graham 第一要素对第三要素的启示，判定第二要素对第三要素是否显而易见，即现有技术是否能够指导本领域的一般技术人员完成专利技术，从而完成美国专利法第 103 条的判定。

近年来，美国基因专利的诉讼明显增多。诉讼中涉及的焦点之一就是基因专利的非显而易见性。然而，因 2009 年专利审判与上诉委员会（PTAB）与联邦巡回上诉法院对 *In Exparte Kubin* 和 *In re Kubin*（统称为 Kubin）案件非显而易见性的判定结果与其在 20 世纪 90 年代中期的两个类似案件 *In re Bell*（Bell）案和 *In re Deuel*（Deuel）案的结果不同，从而引起了诸多异议。

Bell 案、*Deuel* 案和 *Kubin* 案关键点比较分析如表 2 – 11 – 1 所示。

表 2 – 11 – 1　*Bell* 案、*Deuel* 案和 *Kubin* 案件非显而易见性判定因素的比较

案件名称	申请时间/年	诉讼时间/年	权利要求	专利审查确认的现有技术	DNA 测序技术背景	判决结果
Bell	1988	1993	编码人类胰岛素样生长因子 IGF Ⅰ和Ⅱ的核苷酸序列	（1）Rinderknecht 等发表的两篇文章披露编码全部蛋白质的氨基酸序列；（2）一篇专利披露了一种至少已知部分氨基酸序列的情况下分离基因的方法	（1）构建 cDNA 文库；（2）设计寡核苷酸探针；（3）应用探针在 cDNA 文库中筛选	非显而易见 授权
Deuel	1993	1995	编码肝素结合生长因子 HBG-Fs 的核苷酸序列及其分离与纯化	（1）Bohlen 等人的专利披露了从人和牛脑组织中分离的类似肝素结合蛋白质，确定了蛋白质 N 端 19 个氨基酸序列；（2）Maniatis T 撰写的书籍概述了用基因探针在 DNA 或 cDNA 文库中分离基因的一般技术	（1）构建 cDNA 文库；（2）设计寡核苷酸探针；（3）应用探针在 cDNA 文库中筛选	非显而易见 授权
Kubin	2007	2009	编码人自然杀伤细胞活性诱导配体 NAIL（一种免疫反应调节相关的蛋白质）的核苷酸序列	（1）Valiante 等人的专利披露了一个被称为 P38 受体蛋白，该受体蛋白在自然杀伤细胞表面存在，被证实就是 NAIL；（2）Sambrook 等撰写的分子生物学实验手册；（3）Mathew 等人的文章描述了鼠的 NAIL 同源分子的分离方法	（1）高通量筛选技术；（2）生物信息学	显而易见 驳回申请

　　上述案件均涉及通过蛋白质与核酸的关系合成编码蛋白质的基因序列，Graham 第三要素（现有技术领域的一般技术水平）是 *Bell* 案、*Deuel* 案和 *Kubin* 案同时需要考虑的重要问题。三个案件的权利要求虽然相似，但是完成时间和技术背景明显不同，导致现有技术领域的一般技术水平完全不同。

　　与 *Bell* 案和 *Deuel* 案相比，*Kubin* 案专利完成时间将近晚了 15 年。伴随着与基因相关的生物技术迅猛发展，生物信息学的创立与发展为基因测序、识别与发现提供了强有力的理论工具，高通量测序等新一代 DNA 测序方法的发展使得人们能够更加简便地完成 DNA 测序工作。按照现有技术的文献信息量，*Kubin* 案中现有技术提供的信息要比前两个基因专利提供的多得多，随着技术背景发生变化，现有技术领域的一般技术水平明显不同。此时，对于 *Kubin* 案要求保护的 DNA，本领域的一般技术人员尝试成功的机会明显增大，有合理的成功期望，对于本领域的一般技术人员而言，权利要求是显而易见的。❶

2.11.3　微生物可专利性演变

　　微生物也曾被认为是天然物质而具有不可专利性。1948 年，美国联邦最高法院在 *Funk Bro. Seed, Co. v. Kalo Inoculant Co.* 案中，就对天然物质的可专利性持明确的否定态度："对有关自然现象的发现是不能够颁发专利的。对细菌等微生物特点的认识，是人类对自然法则的揭示，是人类共有知识库的一部分，因而应该为人们自由使用，不应被任何人独占。"法院认为，因为微生物在当时看来是天然物质，对某些类型固氮菌的特性进行揭示然后选择出合适的固氮菌组合的"发明"，仍旧只是对自然规律"非常简单、初级"的应用，人类的作用并不具有创造性。❷ 1958 年，美国联邦第四巡回上诉法院审理了涉及天然存在的完全由微生物合成的维生素 B12 是否具有可专利性的案件。法院认为，因为物质天然存在就不给予专利保护的理由是不充分的，因为"从自然界提供原材料的意义上来说，专利保护的所有实体物质都是天然产品"。上述案件中天然物质维生素 B12 的解禁有助于微生物的不可专利性问题的解决。❸

　　此外，微生物还曾被认为是移动的"生命体"而具有不可专利性。1972 年，Chakrabarty 向 USPTO 递交了一份关于人工改造细菌的专利申请，此类细菌可用于石油清污。USPTO 以"微生物是天然产物"和"活体不具有可专利性"的理由为由驳回了关于细菌本身的权利要求。Chakrabarty 上诉到美国关税与专利上诉法院（1982 年 10 月 1 日成立的美国联邦巡回上诉法院的前身），得到该院 3∶2 的微弱优势支持，认定"微生物具有生命这一事实没有法律意义"。USPTO 不服，上诉到联邦最高法院。联邦最高

---

❶　关健. 美国非显而易见性判定实践的误区和难点 [J]. 知识产权, 2012（7）：108-112.

❷　崔国斌. 基因技术的专利保护与利益分享 [M] // 郑成思. 知识产权文丛（第 5 卷）[M]. 北京：中国政法大学出版社, 2000：240-344.

❸　张晓都. 论与基因相关的发明与发现 [J]. 知识产权, 2001（6）：18-23.

法院认为，在历部专利法中，关于专利客体的定义，显然没有确立发明创造必须无生命的限制。审查部门以发明具有生命作为不可专利性的理由，是错误地将有生命和无生命的事实作为自然产物与人造发明的区别。专利申请人培育出区别于自然存在的具有显著不同特性且具有实用潜力的细菌，应当属于人造之物。

1980 年，美国联邦最高法院在 *Diamond v. Chakrabarty* 案的判决中明确阐述，可专利性问题与发明是否具备生命性质无关，其关键点在于：具有某种特性的生命物质的该特性是否因人类干预而产生。该判例开启了美国生物技术领域专利申请的新征程，也对国际上生命体可专利性的问题产生了深远的影响，生命体不可专利性的观点逐渐被各国所摒弃，即当微生物经过分离成为具有特定工业用途的纯培养物时，微生物成为可专利的主题；而未经人类任何技术处理即存在于自然界的微生物则仍属于科学发现的范畴。❶

2.11.4 微生物专利无效与侵权诉讼

2020 年 3 月 17 日，在上海丰科生物科技股份有限公司（以下简称"丰科生物公司"）诉天津绿圣蓬源农业科技开发有限公司（以下简称"绿圣蓬源公司"）、天津鸿滨禾盛农业技术开发有限公司（以下简称"鸿滨禾盛公司"）侵害发明专利权纠纷案❷一审判决中，原告丰科生物公司胜诉。二审法院（最高人民法院）维持一审判决。❸ 该案对涉及保护微生物本身专利的侵权判定，尤其是在确定两者是否是同一株菌的鉴定方法上作出了尝试，堪称首例微生物专利侵权案。2020 年 10 月 26 日，在鸿滨禾盛公司诉国家知识产权局无效宣告（专利）一审❹判决中，与上述侵权案件相关的涉案专利被维持有效。

上述两案涉及发明名称为"纯白色真姬菇菌株"（专利号为 ZL201310030601.2、申请日为 2013 年 1 月 25 日）的发明专利（以下简称"涉案专利"），其授权公告时的权利要求 1 如下所示。

1. 一种纯白色真姬菇菌株 Finc－W－247，其保藏编号是 CCTCCNO：M2012378。

以下将对涉及微生物本身的发明在专利侵权和专利无效宣告纠纷中的法律问题进行阐述。

1. 微生物菌株保藏程序

《专利法实施细则》（2010 年修订）第 24 条规定：

申请专利的发明涉及新的生物材料，该生物材料公众不能得到，并且对该生物材

---

❶ 易继明，王芳琴. 世界专利体系中专利客体的演进［J］. 西北大学学报（哲学社会科学版），2020，50（1）：79－93.

❷ 参见北京知识产权法院（2017）京 73 民初 555 号民事判决书。

❸ 参见最高人民法院（2020）最高法知民终 1602 号民事判决书。

❹ 参见北京知识产权法院（2018）京 73 行初 2969 号行政判决书。

料的说明不足以使所属领域的技术人员实施其发明的，除应当符合专利法和本细则的有关规定外，申请人还应当办理下列手续：

（一）在申请日前或者最迟在申请日（有优先权的，指优先权日），将该生物材料的样品提交国务院专利行政部门认可的保藏单位保藏，并在申请时或者最迟自申请日起 4 个月内提交保藏单位出具的保藏证明和存活证明；期满未提交证明的，该样品视为未提交保藏；

（二）在申请文件中，提供有关该生物材料特征的资料；

（三）涉及生物材料样品保藏的专利申请应当在请求书和说明书中写明该生物材料的分类命名（注明拉丁文名称）、保藏该生物材料样品的单位名称、地址、保藏日期和保藏编号；申请时未写明的，应当自申请日起 4 个月内补正；期满未补正的，视为未提交保藏。

此外，第 391 号修订第二部分第十章第 9.2.1 节关于生物保藏机构事项进行了修改，除保留原来的两个位于我国北京的中国微生物菌种保藏管理委员会普通微生物中心（CGMCC）和位于武汉的中国典型培养物保藏中心（CCTCC）之外，新增了一个位于广州的广东省微生物菌种保藏中心（GDMCC）。

在鸿滨禾盛公司诉国家知识产权局专利无效宣告案中，鸿滨禾盛公司认为，涉案专利说明书记载所述菌株 Finc - W - 247 由亲本菌株 TNN - 11 和 H - W 杂交获得，然而却对 TNN - 11 的来源说明不清，导致本领域技术人员无法制备获得杂交后的菌株 Finc - W - 247，故不符合《专利法》第 26 条第 3 款的规定。

对此，一审法院（北京知识产权法院）认为，在生物技术这一特定领域中，一方面由于文字记载很难全面描述生物材料的具体特征，另一方面由于特定结果的获得本身具有一定的随机性和不确定性，即使有关于制备方法和性状等特性的相应描述，也可能得不到生物材料本身，导致本领域技术人员无法实施发明，因此要求专利权人将所涉及的生物材料到国家知识产权局认可的保藏单位进行保藏。从说明书记载的制备过程可知，该菌株是在选用具体的亲本进行杂交后从众多的杂合子中筛选获取的具有特定性状和标记的菌株，虽然说明书中描述了制备该生物材料的方法，但是本领域技术人员通过选择相同的亲本、遵循相同的步骤重复该方法时并不能必然获得所述的具有特定性状和标记的菌株，该特定菌株的筛选获得本身具有一定的随机性和不确定性，故该纯白色真姬菇菌株 Finc - W - 247 属于《专利法实施细则》第 24 条所说的"公众不能得到的生物材料"。对于该生物材料，专利权人已经将该菌株保藏于国家知识产权局认可的保藏机构，并提交了该菌株的保藏和存活证明，保藏程序符合《专利法实施细则》第 24 条关于保藏的相关规定，通过保藏也使得涉案专利权利要求保护的技术方案能够实现。

在实践中，对于涉及微生物本身的发明，应当格外注意生物保藏的问题。如果发明涉及公众不能得到的生物材料（例如微生物），则应当按照相关规定进行生物保藏，以符合"充分公开"的要求。但是，如果实现技术方案必须使用一种新的生物材料（例如微生物），但该生物材料是本领域技术人员根据说明书中提供的信息能够得到的，则应当认为该说明书对该生物材料的公开是充分的，不必要求对该生物材料进行保藏。

在"制备重组人类胰高血糖素肽－1（7－37）的方法"（申请号为 CN01126900.6）发明专利申请复审请求求案❶中，涉案专利申请涉及一种制备重组人类胰高血糖素肽－1（7－37）（rhGLP－1（7－37））的方法，其采用的技术手段是通过提供一种能高效、稳定表达 rhGLP－1（7－37）的基因工程菌株 EGT－8 来获得所述 rhGLP－1（7－37）。涉案专利申请中的基因工程菌株 EGT－8 是实现技术方案所必须使用的生物材料，由于复审请求人未在《专利法实施细则》第 24 条规定的自申请日起 4 个月期限内提交其保藏证明和存活证明，该生物材料被驳回决定视为未提交保藏。

驳回决定所针对的权利要求 1 如下所示。

1. 工程菌株 EGT－8，保藏于中国微生物菌种保藏管理委员会普通微生物中心，保藏号为 CGMCC No. 0636。

专利申请人在专利驳回复审阶段将权利要求 1 中的特征"保藏于中国微生物菌种保藏管理委员会普通微生物中心，保藏号为 CGMCC No. 0636"删除，并在权利要求 1 中增加了工程菌株 EGT－8 的具体制备方法的技术特征。

修改后的权利要求 1 如下所示。

1. 工程菌株 EGT－8，该工程菌是用包括如下步骤的构建方法构建的：

……

用分泌表达质粒 pAGT－8 转化宿主菌并筛选得到工程菌株 EGT－8。

针对修改后的权利要求 1，合议组认为，涉案专利申请说明书中除了通过保藏信息的方式来限定所述菌株 EGT－8 之外，还记载了该菌株 EGT－8 的具体构建方法，即采用 pAET－8 作为起始载体来构建分泌表达质粒 pAGT－8，并用 pAGT－8 转化宿主菌，从而得到菌株 EGT－8。关于起始载体 pAET－8 的结构，涉案专利申请说明书附图 1 中公开了其具体的质粒图谱，即由表皮生长因子 EGF、氨苄青霉素抗性基因（Amp＋）、碱性磷酸酶启动子（PphoA）及其信号肽序列（SPphoA）顺次连接而成，其中包括 Hind Ⅲ、PstI、EcoRI 三个酶切位点，以上基因、启动子和酶切位点信息均为现有技术中已知且常用的。因此，尽管涉案专利申请中的基因工程菌株 EGT－8 因未在规定期限内提交保藏证明和存活证明而被视为未保藏，但根据涉案专利申请说明书中公开的信息，本领域技术人员能够获得该生物材料。也就是说，就该 EGT－8 菌株的确认而言，涉案专利申请中未对其在规定期限内提交保藏证明和存活证明的事实不会致使所属技术领域的技术人员不能实施涉案申请的技术方案，因此涉案专利申请的说明书对该生物材料的公开是充分的，符合《专利法》第 26 条第 3 款的规定。

---

❶ 参见中国专利复审与无效决定第 FS15047 号。

2. 微生物菌株创造性判断

关于保藏号限定的微生物的创造性评判标准，可根据《专利审查指南（2010）》第二部分第十章第 9.4.2.2 节的规定并参照以下内容具体执行：

（1）如果申请提供的是一种分离的微生物新的种，则应当认定其具备创造性。但需要注意：①此处所述的新的种，应当指的是微生物分类的基本单元，即种（species）；②此处所述的新的种根据专利申请中对所获得的菌株的特征描述，结合已知的分类学知识判断即可，并不需要通过微生物分类小组委员会的认定才被予以认可，并且不必要求在专利申请日前完成认定。

（2）现有技术公开了同属同种的微生物，则该专利申请不具备创造性，除非获得了预料不到的技术效果。❶

在鸿滨禾盛公司诉国家知识产权局专利无效宣告案中，涉案专利的说明书记载了纯白色真姬菇菌株在菌龄、保鲜、色香味、脆性、形态、葡聚糖含量、分子标记等方面与日本北斗株式会社的白玉菇 1 号（亲本 H－W）的平行对比试验，试验结果表明，该菌株在培养周期、栽培周期、单产量、保鲜时间、色香味和脆性、β－葡聚糖含量、均匀度等多项性能方面均优于对照的 H－W（白玉菇 1 号）。上述结果表明，涉案专利的菌株 Finc－W－247 相对于目前市场上主要栽培品种白玉菇 1 号同时具备多项优良性状。其中，白玉菇 1 号是纯白色真姬菇中深受市场欢迎的主要栽培品种，是纯白色真姬菇的典型代表，选择该菌株作为参照对象能够在一定程度上间接说明涉案专利菌株相对于现有技术整体状况所具备的优良效果。而证据 1（CN102047839A，公开日 2011 年 5 月 11 日）仅公开了一般的白色真姬菇菌株育种方法，公开的方法只是提供了获得真姬菇新品种或具有优良性能的新菌株的可能性或方向，其没有提及保藏编号为 CCTCCNO：M2012378 的纯白色真姬菇菌株 Finc－W－247 或者与其具有相同或类似形态特征、生物学和遗传学特性菌株的任何内容，即涉案专利所述的菌株没有被证据 1 公开，虽然其提及选择合适的具体亲本进行杂交配对的内容，但其所选用的亲本与获取保藏编号为 CCTCC NO：M2012378 的纯白色真姬菇菌株 Finc－W－247 的亲本不同。在杂交育种领域，获得性状超过亲本的优良性状是杂交育种的目标或方向，但由于生物遗传繁殖过程中的不确定性、预期性状之间相互影响的复杂性和不稳定性，优良性状新品种的稳定获得往往依赖于随机出现和偶然得到，具有一定的偶然性和不确定性，而不仅仅依赖于亲本的选取和杂交条件的设置，传统育种领域的技术人员很难预期所得到的新品种的性状及其优良程度。

因此，国家知识产权局专利复审委员会和一审法院（北京知识产权法院）均认为涉案专利的权利要求 1 相对于证据 1 具备创造性。

---

❶ 欧阳石文，徐莉，唐华东. 保藏号限定的微生物的创造性判断辨析［C］//中华全国专利代理人协会. 提升知识产权服务能力 促进创新驱动发展战略：2014 年中华全国专利代理人协会年会第五届知识产权论坛优秀论文集. 北京：知识产权出版社，2014：193－204.

此外，在戴某良与国家知识产权局、北京万特尔生物制药有限公司发明专利权无效行政纠纷案❶中，该案涉及发明名称为"绿脓杆菌甘露糖敏感血凝菌毛株"（专利号为 ZL200510059850.X、申请日为 2005 年 3 月 31 日）的发明专利（以下简称"涉案专利"），其授权公告时的权利要求 1 如下所示。

1. 一种绿脓杆菌甘露糖敏感血凝菌毛株，保藏号为 CGMCC0190。

证据 1（CN1090602A，公开日为 1994 年 8 月 10 日）公开了一种绿脓杆菌菌毛株的获得方法和特性，其申请人、第一发明人与涉案专利在申请阶段的申请人及第一发明人相同，均为牟某亚，该证据 1 中也记载了与涉案专利基本相同的菌株获得方法，即主要是连续传代使之毒力降低，再应用基因工程方法获得绿脓杆菌，并且该菌株也具有与涉案专利相同的关键特征，即具备甘露糖敏感血凝菌毛（MSHA）。但是涉案专利权利要求 1 中包括菌株的保藏号 CGMCC0190，而证据 1 的权利要求和说明书中并没有记载该菌株被保藏，无任何保藏信息，也未记载可购买的商业渠道或发放渠道。证据 1 中公开的建株方法包括多个随机和偶然因素，包括用于建株野生菌株来源的随机性、减毒过程的随机性、基因工程与筛选方法的随机性。由此可见，尽管证据 1 记载了绿脓杆菌甘露糖敏感血凝菌毛株的制备方法，但是由于其中包括产生随机突变的多个步骤，即使清楚记载了所述步骤的条件和过程等信息，也无法通过重复该步骤而得到确定相同的结果。故本领域技术人员没有动机进行重复实验证据 1 所公开的绿脓杆菌甘露糖敏感血凝菌毛株建株方法来获得涉案专利所保护的菌株。

涉案专利说明书中记载了所述菌株的免疫原性，证实了其有益效果，同时对甘露糖敏感血凝菌毛株进行了专利法规定的微生物保藏，相对于现有技术（证据 1）作出了贡献。

最高人民法院认为，不宜简单地将有无保藏号当作区别特征进行认定，而应当考量证据 1 对其中所描述菌株的公开程度和该菌株的可获得性，以判断本领域技术人员是否能够通过证据 1 的描述而获得该菌株或有动机制备得到该菌株。在涉及生物材料的发明创造技术方案的创造性评判中，若专利技术方案请求保护的生物材料系通过不能再现的筛选、突变等手段制备得来，能够产生有益效果，并且进行了保藏，而对比文件仅公开了相同或相近的筛选、突变等手段的制备方法，并未对制备出的生物材料进行保藏，即本领域技术人员不能通过重复该对比文件中的制备方法而获得涉案专利请求保护的生物材料，应当认定涉案专利请求保护的生物材料并未被该对比文件公开。在没有证据表明本领域技术人员能够通过其他途径获得该生物材料或者有动机改进制备方法以获得该生物材料的情况下，涉案专利技术方案请求保护的生物材料相对于该对比文件公开的技术方案具备创造性。

---

❶ 该案入选最高人民法院知识产权法庭 2019 年典型技术类知识产权案件，参见最高人民法院（2019）最高法知行终 16 号行政判决书。

3. 微生物菌株鉴定方式

涉案专利的权利要求仅一项 "一种纯白色真姬菇菌株 Finc – W – 247，其保藏编号是 CCTCCNO：M2012378"，专利侵权案件的难点在于 "判定被诉侵权产品是否落入涉案专利的保护范围"，需要借助于鉴定的手段才能确定。因此，鉴定材料的确定和鉴定方法的确定成为此案审理过程中的重点和难点。

关于鉴定材料的确定，被诉侵权产品保质期较短，经过管辖权异议程序之后，丰科生物公司先期公证购买的被诉侵权产品由于封存时间较久，已经变质，已不适宜作为鉴定材料用于鉴定。经协商，各方当事人一致同意，由一审法院（北京知识产权法院）组织各方当事人一同前往北京新发地农产品中央批发市场重新购买各方均认可的菌类产品作为鉴定材料，交由鉴定机构进行鉴定。

实际上，由于鉴定程序对于此类案件必不可少，在能够解决这一问题的制度性安排成熟之前，权利人例如该案的原告丰科生物公司在起诉之前可以考虑单方委托鉴定意见，以提前对相关事实进行固定。并且，根据新修订的《最高人民法院关于民事诉讼证据的若干规定》（法释〔2019〕19 号）第 41 条的规定 "对于一方当事人就专门性问题自行委托有关机构或者人员出具的意见，另一方当事人有证据或者理由足以反驳并申请鉴定的，人民法院应予准许"，该类证据形式亦未被否定。当然，这对于权利人进行公证购买的规范性、鉴定机构或者人员选择的合理性等方面提出了更高的要求。❶

关于鉴定方法的确定，原告丰科生物公司认为应当针对涉案专利与被诉侵权产品的基因特异性片段（例如 ITS rDNA 序列）进行鉴定与比较，被告绿圣蓬源公司和鸿滨禾盛公司均认为应当针对涉案专利与被诉侵权产品的全基因序列进行鉴定与比较。综合考虑各方当事人的意见及案件的实际情况，一审法院决定，要求鉴定机构同时使用上述两种方法进行鉴定，同时指出，鉴定机构可以根据其专业认识自行决定使用上述两种鉴定方法之外的方法进行鉴定，但必须在鉴定报告中说明采用此鉴定方法的理由。

在北京国创鼎诚司法鉴定所所出具的第 163 号鉴定意见中，其决定采用基因特异片段检测方法，即按照涉案专利实施例 12（授权文本第 118 ~ 123 段）载明的方法对鉴定材料的特异性 975bpDNA 片段进行检测，同时根据鉴定需要对鉴定材料的 ITS❷rDNA❸ 序列进行检测，并对鉴定材料进行结合形态学比对。

具体鉴定意见如下所示：

1. 根据 ITS rDNA 序列检测结果，二者的 ITS rDNA 序列均与斑玉蕈 Hypsizygus marmoreus HMB1（HM561968）的 ITS rDNA 序列相似度达到 99.9%，因此，两者均属于斑

---

❶ 闫春辉. 涉及微生物本身专利纠纷中的几个法律问题 ［EB/OL］.（2020 – 03 – 21）［2021 – 05 – 16］. https：//mp. weixin. qq. com/s/sJAL9xV_A4VyX – ZulwyQpg.

❷ 内转录间隔区（internal transcribed space，ITS），其中 ITS1 位于 18S 和 5. 8SrDNA 之间，ITS2 位于 5. 8S 和 28SrDNA 之间，ITS1 和 ITS2 常被合称为 ITS，并且 5. 8SRNA 基因也被包括在 ITS 之内。

❸ 核糖体 DNA（Ribosomal DNA，rDNA）。核糖体是蛋白质和 rRNA 分子的组合，翻译 mRNA 分子以产生蛋白质的组件。

玉蕈（另有汉语译名为蟹味菇、真姬菇、海鲜菇、白玉蕈）；

2. 根据特异性 975 bp DNA 片段序列比对，二者特异性 975 bp DNA 片段第 1 位至第 975 位序列完全相同；

3. 根据形态学比对，二者菌盖、菌褶和菌柄的颜色、形状、排列等形态特征基本相同。

根据上述比对情况，鉴定意见认为，二者属于同种菌株。

关于不采用全基因序列检测方法进行鉴定的理由，该鉴定意见指出，涉案真姬菇具有双细胞核，需要先进行分核操作使其单核化才能进行基因序列检测。而该分核方法不属于国家标准、行业标准等标准方法，也不属于经 CMA❶、CNAS❷ 认证的检测项目，不属于常规的检测方法，因此通过该方法获得的数据和检测报告不能得到 CMA、CNAS 认证许可。此外，由于该分核方法具有实验性质，鉴定机构所委托的中国工业微生物菌种保藏管理中心未进行过分核操作，无法预知实验过程中可能出现的问题和风险，无法确定实验结果的可靠性，因此无法确定分核后的基因测序结果的可靠性。

绿圣蓬源公司、鸿滨禾盛公司也并未提交任何证据证明采用全基因序列鉴定方法进行鉴定更为合理，亦未对应当采用该全基因序列鉴定方法的理由进行充分说明，上述鉴定意见因此得到了一审法院的采信。

虽然一审法院采信了涉案专利与被诉侵权产品采用基因特异性片段进行鉴定和比较的鉴定意见，但该案一审判决亦没有彻底否定"全基因序列检测方法"，其认为"至少在表面看来，对被诉侵权产品和涉案专利保藏的样本进行全基因序列检测、对比是最准确的方法，由于涉案专利要求保护的是一种微生物，其基因存在突变的可能，因此即便是同种微生物，其基因序列也可能不完全一致。而对于两个微生物，二者基因序列的相似程度达到何种比例即可认定二者为同一种微生物，这一标准目前在该领域中并未形成共识"。因此，在后续类似案件中，当事人可以提交证据证明采用全基因序列检测方法或其他方法进行鉴定更为合理，并对采用该鉴定方法的理由进行充分说明。

关于此案，也有人发表文章表示，仅通过两株菌具有相同的 975 bp 的 ITS rDNA 序列和形态的一致性就可断定不同公司的生产菌株是同样的菌株，显然是不符合科学事实的。原因主要有以下三点：①涉案专利保护的技术方案实际上并不是"一种具有特定 975 bp ITS rDNA 序列的纯白色真姬菇菌株 Finc - W - 247"，而是由保藏编号 CCTCCNO：M2012378 限定的菌株；②ITS rDNA 序列不同，两待测菌株一定不是同一株菌，而 ITS rDNA 序列相同，两待测菌株未必是同一株菌（必要条件，而不是充分条件）；③2018 年已公布了第一个由高丽大学（Korea University）提交的纯白色真姬菇（又名斑玉蕈）全基因组测序的结果（参见 https：//www. ncbi. nlm. nih. gov/assembly/1834041），这意味着分核及全基因组测序并非不可能实现。文章的最后，作者提出了两种解决方案：

---

❶ 中国计量认证（China Inspection Body and Laboratory Mandatory Approval，CMA）。

❷ 中国合格评定国家认可委员会（China National Accreditation Service for Conformity Assessment，CNAS）。

①全基因组测序分析与 PCR 扩增相结合；②采用类似亲子鉴定的方法对分化程度较高的等位基因进行分析和比对。**❶**

　　虽然在该专利侵权案件中鉴定材料与鉴定方法的确定已经得到一审法院和二审法院的采信，但考虑到微生物案件本身的特殊性，在今后可能出现的类似案件中，鉴定材料与鉴定方法的确定仍然是难点，有待在后续类似案件中进一步探索与解决。

2.12　胚胎干细胞

　　人胚胎干细胞（human embryonic stem cells，hESCs）是一类从人类早期胚胎中分离的、具有自我更新和多向分化潜能的细胞。1998 年，美国威斯康星大学的 Thomson 等人首次利用体外受精人类胚胎建立人胚胎干细胞系，该细胞系随后被广泛应用于世界各国科学研究。随着对 hESCs 的深入研究，科学家们通过添加特定因子或小分子调控干细胞内信号通路，将 hESCs 定向分化为各类型细胞，如神经元细胞、胶质细胞、肝细胞、胰岛细胞、精卵细胞、心肌细胞、血液细胞或小肠上皮细胞等其他类型的细胞。**❷** 目前，人胚胎干细胞已经广泛应用于转基因动物育种、组织器官移植、细胞治疗（见图 2 - 12 - 1**❸**）、自体干细胞移植等领域，具有广阔的应用前景。

　　在学术研究方面，在 Pubmed 网站上，以"human embryonic stem cells"为检索词，截至 2022 年 2 月 28 日，最近 5 年全球每年 hESCs 论文数量稳定在 1300 ~ 1700 篇，全球累计论文数量已经突破 23000 篇；在专利申请方面，全球每年 hESCs 领域专利申请量也稳定在 50 ~ 200 件；在临床研究方面，2017 年中国科学院动物研究所周琪院士带领的团队与郑州大学第一附属医院合作开展以下两项临床研究：①利用 hESCs 来源的神经前体细胞治疗帕金森病，标志着国内外使用 hESCs 治疗帕金森病临床试验的开始**❶**；②利用 hESCs 来源的视网膜色素上皮细胞治疗干性年龄相关性黄斑变性。2019 年，中国科学院干细胞与再生医学创新研究院启动三个基于 hESCs 分化细胞开展的系统性临床研究项目，包括干细胞治疗视网膜色素变性、卵巢功能不全及中重度宫腔粘连。根据美国国立卫生研究院管理的临床研究登记系统（https：//clinicaltrials.gov）数据显示，截至 2022 年 2 月 28 日，全球登记的干细胞临床研究项目共计约 6000 项，其中约有 2600 项已经完成临床试验研究；在所登记的干细胞临床研究项目中，涉及 hESCs 的临床研究项目为 32 项，其中，中国 8 项，美国 8 项。放眼全球，综合论文发

　　❶ 葛晶. 首例微生物专利侵权案件的分析和探讨［EB/OL］.（2020 - 03 - 31）［2021 - 05 - 16］. https：// mp. weixin. qq. com/s/Q9zqVCZwlGQyXC - KON37Fw.

　　❷ 吴骏，王昱凯等. 人胚胎干细胞的临床转化研究进展［J］. 中国细胞生物学学报，2018，40（13）：2116 - 2128.

　　❸ THOMAS B S. Parkinson's Disease：Pathogenesis and Clinical Aspects［M］. Brisbane（AU）：Codon Publications，2018.

　　❹ CYRANOSKI D. Trials of embryonic stem cells to launch in China［J］. Nature，2017，546（7656）：15 - 16.

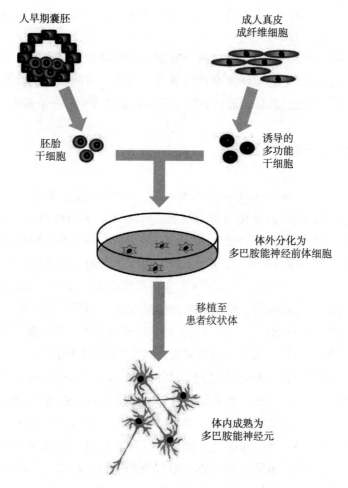

人早期囊胚

成人真皮
成纤维细胞

胚胎
干细胞

诱导的
多功能
干细胞

体外分化为
多巴胺能神经前体细胞

移植至
患者纹状体

体内成熟为
多巴胺能神经元

图 2 - 12 - 1　干细胞源性神经祖细胞移植治疗帕金森氏病的方法

表情况、专利申请情况以及临床研究总体情况，中国的 hESCs 发展水平稳居全球前三。
2019 年 2 月，中国细胞生物学会干细胞生物学分会组织制定的我国首个针对胚胎干细胞的产品标准——《人胚胎干细胞》标准由中国科学院动物研究所正式发布，该标准适用于 hESCs 的质量控制，规定"可在体外无限制地自我更新，并且具有向三胚层细胞分化潜能的源自人着床前胚胎中未分化的初始细胞"为 hESCs，同时，原材料的获取应符合《人胚胎干细胞研究伦理指导原则》的要求。❶

　　以下首先将阐述人类胚胎干细胞研究的伦理要求，接着通过一件 PCT 申请在进入各个国家阶段后的不同境遇以阐述主要国家/地区对于人类胚胎干细胞可专利性的不同法律规定，以期为我国医药企业人类胚胎干细胞领域的国内外专利布局及专利申请授权前景预判提供参考与借鉴。

---

　　❶ 甘晓. 我国首个胚胎干细胞产品标准《人胚胎干细胞》标准发布［EB/OL］.（2019 - 02 - 27）［2021 - 09 - 09］. http://news. sciencenet. cn/htmlnews/2019/2/423283. shtm.

2.12.1　伦理要求变化

在国内与 hESCs 相关的法律法规限制中，最重要的是 2003 年科学技术部和卫生部联合制定并发布的《人胚胎干细胞研究伦理指导原则》，其明确了 hESCs 的来源、定义、获得方式、研究行为规范等，并再次申明中国禁止进行生殖性克隆人的任何研究，禁止买卖人类配子、受精卵、胚胎或胎儿组织。《人胚胎干细胞研究伦理指导原则》第 6 条规定：

进行人胚胎干细胞研究，必须遵守以下行为规范：

（一）利用体外受精、体细胞核移植、单性复制技术或遗传修饰获得的囊胚，其体外培养期限自受精或核移植开始不得超过 14 天。

（二）不得将前款中获得的已用于研究的人囊胚植入人或任何其他动物的生殖系统。

（三）不得将人的生殖细胞与其他物种的生殖细胞结合。

上述 14 天的限制是由美国卫生、教育和福利署的伦理咨询委员会于 1979 年首次提出的。它在 1984 年得到了英国 Warnock 委员会的支持，并于 1990 年被英国纳入人类生殖与胚胎学法中；在 1994 年获得美国国立卫生研究院的人类胚胎研究小组的支持。

在至少 12 个国家，这个 14 天的限制被编写入管理辅助生殖和胚胎研究的法律中。该限制也体现在众多政府出台的指导原则中，从而科学指导胚胎和辅助生殖研究，其中就包括上述提及的中国 2003 年出台的《人胚胎干细胞研究伦理指导原则》。

在具体选择体外胚胎干细胞的培养天数时，英国 Warnock 委员会将胚胎感到疼痛和单个个体的出现作为考虑的重要因素，当时的研究表明：原肠期的原条形成代表了胚胎发育个体化最早的时间点，14 天通常是划分生物个体化的时间界限，14 天以内的胚胎因为原条还没有出现，所以不能算作独立生命个体，而 14 天以后原条开始形成，细胞开始分化，胚胎神经发育大约在受精后 17 天左右开始，由此确立 14 天原则。❶❷

2008 年，国际干细胞研究学会（International Society for Stem Cell Research，ISSCR）制定《干细胞临床转化指南》，提出干细胞临床转化研究应遵守的最基本准则。2019 年，ISSCR 对《干细胞临床转化指南》进行修订和更新，形成《干细胞研究和临床转化指南》，规定只有当临床前研究通过独立的同行审批过程，且得到高标准的安全性和有效性的评估后，才能进入临床研究，且为了解决临床研究的透明性问题，其鼓励所有的实验都需要在公共数据库中登记。

2021 年 5 月 26 日，ISSCR 再次发布了干细胞研究及其向医学转化应用的最新指南（见图 2 - 12 - 2❸）。这一最新指南对包括基于干细胞的胚胎模型、人类胚胎研究、嵌

---

❶　CHANS. How and Why to Replace the 14 - Day Rule ［J］. Current Stem Cell Reports, 2018 (4)：228 - 234.

❷　董毅，董一港. 人类胚胎干细胞分化与功能研究进展 ［J］. 生物学杂志，2021，38 (3)：1 - 14.

❸　截图来源：国际干细胞研究学会（ISSCR）官网.

合体、有机体和基因组编辑在内的研究内容提供了新指导，放宽了数十年来培养人类胚胎的著名的 14 天规则的时间限制，其建议对培养超过两周的人类胚胎的研究应逐案考虑，并接受几个阶段的审查，以确定在什么时候必须停止实验，从而给科学家针对人类发育和疾病的研究提供了更大的回旋余地。除了放宽 14 天规则外，新指南还建议，在进一步证明基因组编辑的安全性之前，不要编辑用于植入的人类胚胎、卵子或精子细胞的基因，其指出：这一程序尚处于起步阶段，可能导致基因发生意想不到的变化，并存在其他技术缺陷。❶

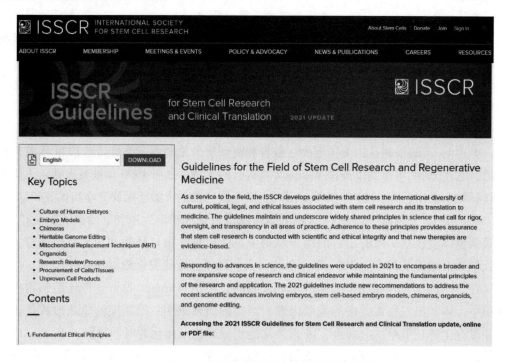

图 2 - 12 - 2　干细胞研究和再生医学领域指南

就我国而言，2015 年 7 月 20 日，国家卫生和计划生育委员会、国家食品药品监督管理总局印发《干细胞临床研究管理办法（试行）》（国卫科教发〔2015〕48 号），为了规范和促进干细胞临床治疗，其明确规定我国干细胞治疗产品按照药物进行管理，干细胞临床研究实行备案制。2015 年 7 月 31 日，上述两部门印发了《干细胞制剂质量控制及临床前研究指导原则（试行）》（国卫办科教发〔2015〕46 号），其提出了适用于各类可能应用到临床的干细胞（除已有规定的造血干细胞移植外）在制备和临床前研究阶段的基本原则：每个具体干细胞制剂❷的制备和使用过程，必须有严格的标准操

---

❶　张佳欣. 新指南放宽人类胚胎研究"14 天规则"限制［EB/OL］.（2021 - 05 - 27）［2021 - 07 - 08］. http：//www. stdaily. com/app/yaowen/2021 - 05/27/content_1140575. shtml.

❷　干细胞制剂（stem cell - based medicinal products）：是指用于治疗疾病或改善健康状况的、以不同类型干细胞为主要成分、符合相应质量及安全标准且具有明确生物学效应的细胞制剂。

作程序并按其执行，以确保干细胞制剂的质量可控性以及治疗的安全性和有效性。

2018 年 11 月 26 日，来自中国深圳的贺某在第二届国际人类基因组编辑峰会召开前一天宣布了一项研究成果，一对名为露露和娜娜的基因编辑婴儿于当年 11 月在中国健康诞生，引起了巨大的轰动。该项研究采用 CRISPR/Cas9 技术对胚胎进行编辑，通过胚胎植入前遗传学检测和孕期全方位检测可以获得敲除 CCR5 基因的个体，使婴儿从植入母亲子宫之前就获得了抗击霍乱、天花或艾滋病的能力。

科学和伦理规范不允许经过基因编辑的人类胚胎进入妊娠程序，贺某因此受到包括中国在内世界各地人士的广泛谴责。《自然》杂志迅速决定停止对贺某的论文进行同行评审，其所工作的南方科技大学随后将其解雇。2019 年 12 月 30 日，"基因编辑婴儿"案在深圳市南山区人民法院一审公开宣判。贺某等 3 名被告人因非法实施以生殖为目的的人类胚胎基因编辑和生殖医疗活动，构成非法行医罪，被依法追究刑事责任。深圳市南山区人民法院依法判处被告人贺某有期徒刑 3 年，并处罚金人民币 300 万元。

受基因编辑婴儿案事件影响，中国在生物安全、基因技术和生物医学等领域加紧立法。2019 年 2 月 26 日和 2019 年 3 月 11 日，国家卫生健康委员会和科技部分别公布了《生物医学新技术临床应用管理条例（征求意见稿）》和《生物技术研究开发安全管理条例（征求意见稿）》，目标在于规范生物医学新技术临床研究与转化应用，促进医学进步，保障医疗质量安全，维护人的尊严和生命健康，以及促进和保障我国生物技术研究开发活动健康有序开展，维护国家生物安全；2019 年 7 月 24 日，中央全面深化改革委员会第九次会议审议通过了《国家科技伦理委员会组建方案》，致力于推动建立覆盖面广、导向明确的科技伦理综合治理体系；2020 年 10 月 17 日，第十三届全国人民代表大会常务委员会第二十二次会议通过了《生物安全法》，该法自 2021 年 4 月 15 日起施行，适用于从事"防控重大新发突发传染病、动植物疫情""人类遗传资源与生物资源安全管理"等活动。

虽然 hESCs 作为生物技术领域十分重要的组成部分，因其具有很高的医疗价值而广受关注。但是，在实践操作过程中，hESCs 有其自身的特殊性，即使我国已出台《人胚胎干细胞研究伦理指导原则》等一系列规范性文件，其来源、应用、获得方式等也不可避免地与社会伦理道德观念有所冲突，导致其可专利性在主要国家/地区存在争议。

2.12.2 可专利性案例分析

在城户常雄的人胚胎干细胞专利申请案中，2011 年 1 月 12 日，美国马里兰州的城户常雄在美国提交发明名称为"获得和维持易于在体外分化成少突胶质细胞谱系细胞的纯化或富集的哺乳动物神经干细胞群和/或神经祖细胞群的培养方法"PCT 申请（WO2012095730A1）。该 PCT 申请在进入各国国家阶段时，分别在美国、日本、韩国、欧洲、澳大利亚、墨西哥等国获得专利授权，而在中国并未获得专利授权。

其中，在欧洲国家阶段，审查员指出，根据《欧洲专利公约》第 53 条第（a）款和《欧洲专利公约实施条例》第 28 条第（3）项的规定，为工业或商业目的使用人胚胎的发明创造不属于可专利的对象；但根据《欧洲专利公约》和欧洲专利局的判例，上述排除并不适用于来自胎儿的生物材料。● 专利申请人城户常雄随后对权利要求 1 进行了修改，增加了"其中所述细胞衍生自哺乳动物胎儿而不是人类胚胎"的限定，明确了细胞来自于哺乳动物胎儿而不是来自于人类胚胎，从而使欧洲专利获得授权（EP2663638B1）。

然而在中国，在城户常雄诉国家知识产权局专利复审委员会专利驳回复审案❷中，一审判决所针对的涉案专利申请（CN201280004915.9）的权利要求 1 和权利要求 3 如下所示。

1. 一种分离的可扩增的人神经细胞，其中所述细胞为祖细胞或干细胞，其中，所述细胞已在有效富集可扩增的神经细胞的条件下培养……其中所述可扩增的人神经细胞是在不违反社会公德的情况下获取的。

……

3. 根据权利要求 1 的可扩增的人神经细胞，其特征在于所述细胞来自于人胎儿神经组织，所述神经组织选自脊髓、大脑皮质、海马、纹状体、基底前脑、腹侧中脑、蓝斑核、下丘脑、小脑、胼胝体和视神经。

原告城户常雄在起诉状中指出，人的个人产前期发展分为三个阶段，即胚种期（0～2 周）、胚胎期（3～8 周）和胎儿期（9～38 周）。由此可见，从第 9 周开始，受精卵已经从胚胎发育成了胎儿。根据原告提供的英文资料证据 4 也可以看出，从受精开始的第 9 周后被称为胎儿。而被诉决定中也明确了原始权利要求 3、17、20、30 中限定所述细胞来自于人胎儿。因此，涉案专利申请所分离的细胞是从人胎儿中获取的，而非胚胎，故涉案专利申请不涉及人胚胎的工业或商业应用，也不存在违反社会公德的情形。在这种情况下，应当允许专利申请人采用排除限定的方式来修改权利要求。

一审法院（北京知识产权法院）在 2018 年 11 月 21 日作出的一审判决中认为，城户常雄提交的证据 4 未附中文译本，不予采信。国家知识产权局专利复审委员会提交的证据 1——《人体解剖与组织胚胎学》系 2006 年公开出版发行的本领域专业书籍，公开于涉案专利申请优先权日以前，该书中对于"人胚胎"的定义可以作为本领域的公知常识。根据该书中对胚胎的定义，从受精后的第 1 周到第 38 周，都属于胚胎学上的胚胎发育时期。因此，涉案专利申请中从人胎儿中获取的细胞属于对人胚胎的工业或商业应用。此外，从涉案专利申请的原始记载内容中不能直接地、毫无疑义地确定并得出"可扩增的人神经细胞"是在不违反中国境内社会公德的情况下获取的情形。

● 王媛媛，闫文军. 人胚胎干细胞专利授权中的伦理障碍：从城户常雄专利申请在中、美、日、欧的审查谈起 [J]. 科技与法律，2019（3）：66－73.

❷ 参见北京知识产权法院（2018）京 73 行初 6088 号行政判决书。

进而，原告城户常雄在涉案专利申请权利要求 1 中增加的"在不违反社会公德的情况下获取的"限定，超出了原始申请文件记载的范围，不符合《专利法》第 33 条的规定。

上述 PCT 申请在进入各个国家阶段后的不同境遇，源自于不同国家/地区对于人类胚胎干细胞可专利性的不同法律规定。

2.12.3 中国相关法律规定

《专利法》第 5 条第 1 款规定："对违反法律、社会公德或者妨害公共利益的发明创造，不授予专利权。"

《专利审查指南（2010）》第二部分第一章第 3.1.2 节规定："……发明创造与社会公德相违背的，不能被授予专利权。例如，带有暴力凶杀或者淫秽的图片或者照片的外观设计，非医疗目的的人造性器官或者其替代物，人与动物交配的方法，改变人生殖系遗传同一性的方法或改变了生殖系遗传同一性的人，克隆的人或克隆人的方法，人胚胎的工业或商业目的的应用，可能导致动物痛苦而对人或动物的医疗没有实质性益处的改变动物遗传同一性的方法等，上述发明创造违反社会公德，不能被授予专利权。"

此外，《专利审查指南（2010）》第二部分第十章第 9.1.1 节规定：

9.1.1.1 人类胚胎干细胞

人类胚胎干细胞及其制备方法，均属于专利法第五条第一款规定的不能被授予专利权的发明。

9.1.1.2 处于各形成和发育阶段的人体

处于各个形成和发育阶段的人体，包括人的生殖细胞、受精卵、胚胎及个体，均属于专利法第五条第一款规定的不能被授予专利权的发明。

而在《专利审查指南》修订（关于《专利审查指南》修改的公告，第 328 号，自 2019 年 11 月 1 日起施行）中，第二部分第一章第 3.1.2 节"违法社会公德的发明创造"在保留已有条款的基础上增加了一条"但书"："但是，如果发明创造是利用未经过体内发育的受精 14 天以内的人类胚胎分离或者获取干细胞的，则不能以'违反社会公德'为理由拒绝授予专利权。"

此外，在第二部分第十章第 9.1.1 节中，不仅删除了原 9.1.1.1 项下的禁止性规定"人类胚胎干细胞及其制备方法，均属于专利法第五条第一款规定的不能被授予专利权的发明"，并且在对应原 9.1.1.2 项的条款中增加了说明性条款"人类胚胎干细胞不属于处于各个形成和发育阶段的人体"。

上述修改体现出，狭义化解释的"未经过体内发育的受精 14 天以内的"hESCs 及其制造方法在中国已经成为可专利授权的客体。

2.12.4　其他国家/地区相关法律规定

美国专利制度的立法理念是，专利法应当只考虑技术问题，道德问题应当留给其他法律去解决，这种去伦理化的做法，为美国极其宽松开放的可专利性主题政策定下了基调，直到 2011 年韦尔登修正案被添加到美国发明法案中并成为其中第 33 条第 1款，即"尽管有其他法律规定，但不能对指向或包含人类有机体的申请授予专利"。韦尔登本人曾在国会演讲中解释了干细胞与"人类有机体"的关系，以及后者的内涵。他表示，干细胞可以在每一个发育阶段的人类有机体中找到，但它们本身不是人类有机体，人类有机体的概念是狭义的，以下内容应当被排除：细胞、组织、活的器官或合成的器官或其他身体组件（包括但不限于干细胞、干细胞系和基因）；激素、蛋白质或由人类有机体产生的其他物质等。但是，"人类有机体"概念的内涵和外延到底是什么，在美国至今争议不断且无明确答案，仅在一次美国联邦最高法院关于堕胎案件的判决书提及"在胎儿成为人类有机体的时候"。参考立法资料，人类有机体不包括人类胚胎干细胞的可能性更大。❶ 事实上，也确实已有多件涉及人胚胎干细胞的发明专利申请在美国获得了授权，例如，威斯康星大学校友研究基金会获得了人胚胎干细胞的两个基础专利的授权（现已失效），分别要求保护"纯化的灵长类胚胎干细胞制剂"（US5843780）和"多能人胚胎干细胞的纯化制剂"（US6200806）。

在欧洲涉及 hESCs 相关发明专利申请的案例中，"公序良俗"条款的内涵、"人类胚胎"的范围以及何为"人类胚胎的工业或商业目的的使用"是判断 hESCs 发明可专利性的重要问题。关于"公序良俗"条款的内涵，随着人们对 hESCs 技术的研究不断深入，其在医疗领域中的前景越来越明朗，大众对其接受度也越来越高，这一技术有着逐渐脱离违背"公序良俗"原则的范围之内的趋势。关于"人类胚胎"的范围，除了上文所述的"为工业或商业目的使用人胚胎的发明创造不属于可专利的对象，但上述排除不适用于来自胎儿的生物材料"之外，在 2011 年 *Brüstle v. Greenpeace e. V.* 案❷中确认了人类胚胎的保护延展至体外胚胎，相关的发明不能获得专利保护；在 2014 年国际干细胞公司（International Stem Cell Corporation，ISCC）案中还确认了只具备多能性而不具备全能性的孤雌生殖 hESCs 的相关发明的可专利性。关于何为"人类胚胎的工业或商业目的的使用"，在 *Brüstle v. Greenpeace e. V.* 案中，欧洲法院认定，为科学研究而使用人类胚胎也属于工业或商业目的的使用，只有为了诊断或治疗目的且为了人类胚胎的发育而使用人类胚胎的应用，才可以成为授予专利权的对象。同时，如果一项发明涉及需要事先破坏人类胚胎才能制造出来的产品或者实施的办法，即使在权利

---

❶ 刘媛. 欧美人类胚胎干细胞技术的专利适格性研究及其启示 [J]. 知识产权，2017（4）：84－90.

❷ 德国科学家 Brüstle 从人类胚胎中提取干细胞，用于为帕金森症患者再造神经细胞，并于 1997 年获得专利，但该专利后期被德国和欧洲法院无效。

要求书中没有描述人类胚胎的利用，也不能被授予专利权。❶

日本胚胎干细胞专利授权标准相对于欧美国家而言较为宽松，仅限于对明显冲击伦理观念的发明予以适当限制。对于胚胎干细胞本身及其来源方式，日本作为专利审查标准的伦理观念已经从抽象性逐步过渡到具体性。在最初有关 hESCs 的发明专利审查中，只要专利权利要求涉及破坏包括人类在内的动物的胚胎以获取细胞的操作，则会被认为必然违背伦理规范，从而将其专利申请驳回，例如爱丁堡大学的发明名称为"分离动物干细胞并对其进行富化及以此为基础的选择性增殖方法"日本专利申请案以及加利福尼亚大学的发明名称为"获得神经干细胞的单独分离细胞群的方法"日本发明申请专利案。专利申请人只有将动物胚胎限定为人类以外的胚胎之后才能使专利申请获得授权，例如阿姆拉多的发明名称为"将胚胎干细胞从动物胚胎中分离的方法"和"维持胚胎干细胞的方法"的日本发明专利申请案。以上案件的专利审查过程对于涉及伦理道德问题的控制较为严格，主要是出于保护人类尊严不受损害以及胎儿基因的自由选择权等目标的实现。此后，为了满足干细胞技术及产业的内在发展需求并与日本干细胞产业逐步赶上世界先进水平的发展状况相适应，日本专利审查部门将抽象伦理观念转化为具体伦理观念的现实动力得到强化，日本有关胚胎干细胞专利审查伦理标准逐步放宽，例如 1993 年东梭公司的发明名称为"维持未分化性的药物及培养液及维持和培养未分化性的方法"日本专利申请和 2001 年科学技术振兴机构的发明名称为"神经干细胞进行诱导分化并制造出运动神经细胞的方法"日本专利申请均在没有将 hESCs 除外的情况下获得了专利授权。❷

---

❶ 王媛媛. 欧洲人类胚胎干细胞技术专利适格性研究及启示［J］. 法制与社会，2019（12）：207－208.

❷ 刘强，刘忠优. 日本胚胎干细胞可专利性问题及其启示［J］. 苏州大学学报（法学版），2019（1）：73－82.

第 3 章

3

医药专利法律问题

　　近年来，随着国家知识产权战略的逐步推进，以及国内外医药领域的迅猛发展，生物医药领域的专利申请量及纠纷案件数量呈逐年上升趋势，而在具体的专利申请及纠纷处理过程中，优先权认定、商业成功、技术偏见、实验数据和等同侵权的判断是颇受关注的法律问题，也是一直引发争议的焦点，其对于涉案专利申请或专利是否能够弥补在先申请中的某些缺陷、说明书是否已经充分公开、权利要求相对于现有技术是否具备创造性以及被诉侵权产品是否未落入权利要求的保护范围内的判断具有重要意义。本章试图通过梳理近年来国内外一些典型案例，厘清行政机关、司法机关对于上述法律问题的现实态度，从而为更好地理解相关法律制度并合理地加以利用提供参考和帮助。

3.1　优先权认定

　　《专利审查指南（2010）》第二部分第八章第4.6.2节中规定了优先权核实的一般原则，其中最重要的是核实"作为要求优先权的基础的在先申请是否涉及与要求优先权的在后申请相同的主题"，即判断在后申请中各项权利要求所述的技术方案是否清楚地记载在上述在先申请的文件（说明书和权利要求书，不包括摘要）中。为此，审查员应当把在先申请作为一个整体进行分析研究，只要在先申请文件清楚地记载了在后申请权利要求所述的技术方案，就应当认定该在先申请与在后申请涉及相同的主题。❶

　　在判断优先权要求是否成立时，对于在后申请来说，需要比较的"主题"既不是

---

❶　国家知识产权局. 专利审查指南2010［M］. 北京：知识产权出版社，2010：152－153.

说明书的整体内容，也不是一项权利要求记载的某个或某些技术特征，而是在后申请的每一项权利要求所要求保护的技术方案。换言之，在后申请的每一项权利要求既是判断在后申请的"主题"的最大单位，即不能将不同权利要求所要求保护的技术方案组合起来，判断该组合是否能够享受优先权；也是判断在后申请的"主题"的最小单位，即不能再将该项权利要求所要求保护的技术方案进一步割裂开来，得出其中某一部分技术特征能够享受优先权，另一部分技术特征不能享受优先权的结论。此外，在判断是否能够要求优先权时，并不要求在后申请的某项权利要求所要求保护的技术方案必须完整地反映在首次申请的某项权利要求中，只要在先申请作为一个整体披露了在后申请的该权利要求的各个技术特征即可。❶

以下通过三个案例进一步说明"相同主题"的判断在医药领域优先权核实中的作用，重点分析在后申请是否能够享有优先权的判断原则是什么、"相同主题"的含义是什么、如何判断在后申请与在先申请属于"相同主题"以及如何判断在先申请是否属于"首次申请"等问题，以期为我国医药企业更好地利用优先权制度进行专利申请保护以及提起专利无效宣告请求提供参考与借鉴。❷

3.1.1　在后申请中缺少的技术特征

案例 1 是"通过元素分析实施的基因表达检测"（申请号为 CN200780005269.7）发明专利申请复审请求案。❸

在先申请（美国临时专利申请 US 60/772588）的说明书第 12 页的实施方案 1 记载了一种通过电感耦合等离子质谱（ICP – MS）用于细胞组成分析的方法，其包括步骤（a）提供包括来自正常和实体肿瘤组织的液体中的单个颗粒的样品，所述样品通过酶解离和机械方式或通过来自体液的细胞分离获得；步骤（b）……；步骤（c）……；步骤（d）……；以及步骤（e）……

在后申请（申请号为 CN200780005269.7，发明名称为通过元素分析实施的基因表达检测）于 2014 年 2 月 25 日由专利申请人提交的修改后的权利要求 1 限定了一种通过电感耦合等离子质谱用于细胞组成分析的方法，包括：（a）提供包括动物、植物、细菌或真菌源的全细胞或细胞颗粒的样品，所述细胞颗粒选自由分离的染色体、分离的细胞核、分离的线粒体、分离的叶绿体以及分离的病毒组成的组；（b）……；（c）……；（d）……（e）……

驳回决定认为上述修改后的权利要求 1 不能享有优先权，其理由为：①在后申请的权利要求 1 中没有限定细胞或颗粒的获得方式是"所述样品通过酶解离和机械方式或通过来自体液的细胞分离获得"；②在后申请的权利要求 1 中限定了"动物、植物、

---

❶　尹新天. 中国专利法详解［M］. 北京：知识产权出版社，2011：386.

❷　郑希元，李海霞. 浅析相同主题的判断在优先权核实中的作用［J］. 中国知识产权杂志，2017（7）.

❸　参见中国专利复审与无效决定第 104808 号。

细菌或真菌源的全细胞或细胞颗粒的样品，所述细胞颗粒选自由分离的染色体、分离的细胞核、分离的线粒体、分离的叶绿体以及分离的病毒组成的组"，该特征并没有记载于在先申请中，在先申请记载的是具体的用于细胞组成分析的方法，其在具体的实施例中涉及特定的样品和特定的细胞类型以及其他具体的实验条件。因此，在后申请的权利要求请求保护的方法与在先申请的上述记载内容相比，是存在实质性不同的。

关于驳回决定认为权利要求 1 不能享有优先权的理由①，在"浅谈优先权中相同主题的判断原则"的文章❶中，该文章的作者通过分析《专利审查指南（2010）》第二部分第三章第 4 节"优先权"中给出的相同主题的定义，得出了在判断在后申请是否能够享有优先权时应当以"直接和毫无疑义地得出"为判断原则的结论，即修改不超范围的判断原则与优先权中相同主题的判断原则相同。

实际上，现行 EPO 审查指南❷第 F 部分第 VI 章明确指出了相同主题的判断原则与修改不超范围的判断原则相同："The basic test to determine whether a claim is entitled to the date of a priority document is, as far as the requirement of "the same invention" is concerned (see F – VI, 1.3 (iv)), the same as the test for determining whether or not an amendment to an application satisfies the requirement of Art. 123 (2)."

针对上述专利申请案例，在后申请的权利要求 1 中虽然没有限定在先申请中记载的"所述样品通过酶解离和机械方式或通过来自体液的细胞分离获得"，但是在后申请的权利要求 1 的整体技术方案在在先申请中已有清楚的记载。本领域技术人员根据在先申请的整体记载内容能够直接和毫无疑义地得出在后申请的权利要求 1 的技术方案。对于专利申请人而言，如果要求在在后申请的权利要求中限定在先申请中记载的所有特征或内容，这显然是不合适的。尽管在先申请中记载了"所述样品通过酶解离和机械方式或通过来自体液的细胞分离获得"，但该特征属于本领域的常规方法，即使在后申请的权利要求中不限定该特征，本领域技术人员也能够直接和毫无疑义地确定全细胞或细胞颗粒的样品的获得方式。因此，在后申请中省去该常规方法性特征而获得的技术方案，应是本领域技术人员能够直接和毫无疑义地确定的。

因此，问题的关键似乎在于：在后申请中缺少的技术特征是否属于常规方法或设置。

如果缺少的该技术特征"不属于"常规方法或设置（例如，在先申请中记载了用于细胞组成分析的方法的细胞是需要通过特殊的方法才能够获得的，而采用其他方法无法获得），那么在后申请的权利要求的技术方案中没有限定该技术特征将会导致该技术方案的保护范围扩大，同时"缺少该技术特征也能实现在先申请的技术效果"的结论无法从

---

❶ 张鑫. 浅谈优先权中相同主题的判断原则 [C] //2015 年中华全国专利代理人协会年会第六届知识产权论坛论文集，2015 – 05 – 22.

❷ European Patent Office. Guidelines for Examination in the European Patent Office [EB/OL]. (2021 – 03 – 21) [2021 – 05 – 15]. http://www.epo.org/law – practice/legal – texts/guidelines. html.

在先申请中直接和毫无疑义地得出。因此，在后申请的权利要求不享有优先权。

如果缺少的该技术特征"属于"常规方法或设置，即使该技术特征在在后申请中没有记载，我们也可以认为在后申请的技术方案也通常包括该技术特征。在该专利申请案中，权利要求 1 所缺少的技术特征"所述样品通过酶解离和机械方式或通过来自体液的细胞分离获得"具体而言是一种从正常或实体瘤组织酶解离和机械研磨后获得或者从体液中通过细胞分离方式获得细胞颗粒溶液的细胞获得方式，该细胞获得方式是本领域的常规方法。虽然在后申请的权利要求 1 中并未限定在先申请中记载的"所述样品通过酶解离和机械方式或通过来自体液的细胞分离获得"，但是该细胞的获得方式对于涉案发明请求保护的方法而言不是关键的，并且请求保护的分析方法不会因该细胞获得方式而发生改变。因此，即使在后申请的权利要求未限定此技术特征，也仍然享有优先权。

关于驳回决定认为权利要求 1 不能享有优先权的理由②，在判断优先权要求是否成立时，应当把在先申请作为一个整体进行考虑。即使在叙述方式上并不完全一致，只要在先申请作为一个整体已经阐明了在后申请的权利要求所述的技术方案，则在先申请文件就清楚地记载了在后申请权利要求所述的技术方案，在后申请可以享有在先申请的优先权。虽然在先申请记载的是具体的用于细胞组成分析的方法，其涉及的是多种特定的样品和特定的细胞类型，但是在后申请的权利要求 1 所描述的全细胞在在先申请的权利要求 11（所述细胞是动物、植物、细菌或真菌的全细胞）中有明确的记载，而细胞颗粒在在先申请的权利要求 12 ~ 16 和说明书的实施例 11 ~ 16（所述颗粒是动物、植物、细菌或真菌来源的全细胞；所述颗粒是分离的染色体；所述颗粒是分离的细胞核；所述颗粒是分离的线粒体；所述颗粒是分离的叶绿体；和所述颗粒是分离的病毒）中有明确的记载。因此，在后申请的权利要求的各个技术特征记载在在先申请的说明书和权利要求书中，在后申请的权利要求可以享有优先权。

基于上述解释，专利申请人提出了复审请求。合议组基于专利申请人的详细阐述发出了复审决定书，其中指出：①该细胞获得方式为本领域的常规方法，即使在后申请未限定此特征，其整体技术方案在在先申请中也已有清楚记载；②在先申请作为一个整体清楚地记载了在后申请的权利要求 1 中的技术特征"动物、植物、细菌……"。因此，国家知识产权局专利复审委员会最终撤销了国家知识产权局所作出的关于在后申请的权利要求无法享有优先权的驳回决定。

"相同主题"的含义是什么？是否意味着在先申请和在后申请的内容必须完全相同？答案必然是否定的。申请人在提出在后申请时，应当允许申请人基于在先申请的记载内容，对技术方案进行重新整理和撰写。在后申请中要求保护的技术方案在语言表述上不同于在先申请的记载内容，这在专利领域尤其是涉及复杂技术的医药专利领域中是十分常见且又合乎情理的。

因此，在判断在后申请与在先申请是否属于"相同主题"时，应当将在后申请权利要求所要求保护的技术方案与在先申请的记载内容进行整体上的比较，如果在后申请权利要求所要求保护的技术方案在整体上能够从在先申请的记载内容直接和毫无疑义地确定，则应当认为二者属于"相同主题"。判断是否"能够直接和毫无疑义地确定"的主体应当是本领域技术人员，本领域技术人员知晓申请日或者优先权日之前发明所属技术领域所有的普通技术知识。在判断是否属于"相同主题"的过程中，不能因为在后申请权利要求所要求保护的技术方案中省略了某些常规方法或设置特征，而认为在后申请与在先申请属于不同的主题。

专利申请人在遇到类似的审查意见时，即当审查员指出在后申请因为省略在先申请中记载的某个特征而不能享有优先权时，建议专利申请人可以首先判断一下该省略的特征是否属于常规方法或设置，如果的确如此，建议专利申请人可以尝试提交该省略的特征属于常规方法或设置的证据（例如记载并描述了该省略的特征的教科书、工具书，例如技术词典或技术手册等）来进行争辩。

3.1.2 技术方案是否实质相同

案例2是"烟酰胺类衍生物的甲磺酸盐 A 晶型及其制备方法和应用"（专利号为 ZL201510398190.1）发明专利权无效宣告请求案[1]。

该案例的案件背景与第2.3节中的案例1相同。

涉案专利权利要求3保护如权利要求1所述的 N－［4－（1－氰基环戊基）苯基］－2－（4－吡啶甲基）氨基－3－吡啶甲酰胺甲磺酸盐 A 晶型，其特征在于，所述的 N－［4－（1－氰基环戊基）苯基］－2－（4－吡啶甲基）氨基－3－吡啶甲酰胺甲磺酸盐 A 晶型为一水合甲磺酸盐，其引用的权利要求1限定了 XRPD 衍射峰和含水量范围（2.5%～4.5%）。

关于权利要求3的优先权问题，证据1（CN104072413A，公开日为2014年10月1日）是涉案专利优先权文件的公开文本，权利要求1和权利要求3分别限定了所述 A 晶型的 XRPD 衍射峰和含水量范围（含水量为2.5%～4.5%），说明书实施例1～3记载了烟酰胺类衍生物的甲磺酸盐 A 晶型的制备方法以及所述 A 晶型的含水量（分别为2.71%、4.21%和3.23%）。涉案专利的说明书中除了记载上述内容以外，还增加了实施例13和图6的 TGA 图谱，通过 DSC－TGA 表征 A 晶型，并确认为一水合物。

合议组认为，判断权利要求3是否享受优先权，关键在于判断，当 XRPD 衍射峰相同时，限定为"一水合甲磺酸盐"的技术方案与未限定"一水合甲磺酸盐"的技术方案是否实质相同。

合议组进一步指出，①根据本领域的常规理解，"一水合甲磺酸盐"是指每1摩尔甲磺酸盐含有1摩尔水，其含水量是确定的一个具体点值，根据甲磺酸阿帕替尼分子

---

[1] 该案为2017年度专利复审无效十大案件之一，参见中国专利复审与无效决定第33126号。

量为 493.58，可计算出一水合甲磺酸盐的含水量应为 $[18/(493.58+18)] \times 100\% =$ 3.52%，权利要求 3 限定为"一水合甲磺酸盐"相当于是在证据 1 的基础上进一步限定了具体的含水量，但是证据 1 中并未记载具有该含水量的甲磺酸盐晶体，证据 1 实施例 1～3 所制的晶体的含水量均与之存在较大差异，因此"一水合甲磺酸盐"属于在证据 1 的基础上新增加的技术内容；②在晶体领域，溶剂合物（例如水合物）可以分为化学计量类和非化学计量类，对于非化学计量类溶剂合物而言，溶剂"镶嵌"在晶体结构的空隙中，它们一般不参与结构中分子网络的构建，因而溶剂的含量甚至是存在与否都不会对晶胞结构造成较大影响，换句话说，当晶体内的溶剂含量变化时（从零到某一特定比例），化合物结构的各晶胞参数值仅会轻微变化，但晶胞整体却保持基本不变。可见，如果水合物晶体是非化学计量类，水分子一般不参与晶体结构中分子网络的构建，此时水含量变化对各晶胞参数值仅仅轻微变化甚至可能没有变化，这反映在 XRPD 图谱上衍射峰可能基本没有变化而无法区分。因此，对于化合物晶体而言，XRPD 图谱通常具有指纹性，但是在水合物的场合，具有相同 XRPD 衍射峰的水合物晶体并不必然具有相同的水含量并属于相同的水合物，即便涉案专利权利要求 3 限定了与证据 1 相同的 XRPD 衍射峰，仍然不能认为二者必然属于相同的水合物晶型；③非化学计量类水合物是本领域中常见现象，证据 1 中权利要求 3 的含水量范围（含水量为 2.5%～4.5%）与一水合物并非唯一对应关系，涉案专利的权利要求 3 将不明确的比例关系限定为明确的比例关系，不属于从证据 1 记载的内容中能够得到的技术内容。

关于合议组的上述认定，有人提出了相反的观点。[1] 其认为，对于含有水分的晶体而言，倘若水分子在晶型中占据了晶胞的位点，则改变了晶型的构成，因而改变了晶型；反之，则没有改变晶型，何况含有的水分也未必就是结晶水形式。因此，在判定是否为同一晶型时，应当考虑所添加的特征是否为技术特征，对于晶型的构成是否会产生影响。基于 XRPD 在晶型鉴定方面的特定指纹性，应当将具有相同 XRPD 图谱限定的权利要求认定为同一晶型和相同的技术方案。关于权利要求 3 的优先权问题，关键在于确认在先申请与在后申请是否记载了相同的晶型，或者说二者记载的晶型是否为同一晶型。该作者进一步指出：①证据 1 的说明书明确说明其提供了一种甲磺酸盐 A 晶型，并给了 XRPD 数据和图谱以及含水量等性质表征数据，而其具体实施例也明确说明是用来制备上述晶型的，并未记载其他晶型。本领域技术人员根据一般认知通过阅读该说明书和权利要求书，在没有相反证据的情况下可以确定该 A 晶型是在先申请记载的唯一晶型。同理，涉案专利也仅记载了唯一的 A 晶型；②权利要求 3 的特征属于对该晶型本身固有性质的说明，仍然属于性质表征的范畴，而非改变其晶型构成；③证据 1 的实施例 2 与涉案专利实施例 7 记载了相同的、用于制备"甲磺酸盐 A 晶型"的方法，因此，可以认定二者制备得到的甲磺酸盐 A 晶型为同一晶型。

---

❶ 梁宝龙. 浅议无效程序中相同药物晶型的认定：兼评江苏恒瑞 vs. 上海宣创之阿帕替尼甲磺酸盐晶型无效案 [J]. 中国发明与专利，2017（11）：98–102.

　　与上述作者表达的观点近似，笔者也并不认同合议组的观点。在判断在后申请是否能够享有优先权时应当以"直接和毫无疑义地得出"为判断原则，"直接和毫无疑义地确定"并不意味着根据原申请记载的字面内容从逻辑推导上百分之百地确定在后申请的内容，而是应该根据本领域的技术背景、技术常识，结合在先专利申请整体的具体的发明内容，"合理地确定"在后申请的内容。❶ 合议组不应该仅以字面解释和简单逻辑推导的方式，不合理地怀疑在后申请的内容可能增加了新的技术方案。

3.1.3　在先申请是否为"首次申请"

　　案例 3 是"用于治疗糖尿病的二肽基肽酶抑制剂"（专利号为 ZL201210399309.3）发明专利权无效宣告请求案❷。

　　判断优先权成立与否，还需要考察作为优先权基础的在先申请是否为记载所述相同主题发明的首次申请。如果存在早于优先权日的在先申请，其记载的主题与要求优先权的涉案专利的要求保护的发明的主题相同，则涉案专利要求享有优先权的申请已不是首次申请，涉案专利不能享受该在先申请的优先权。

　　涉案专利涉及用于治疗糖尿病的一种药物化合物——二肽基肽酶 – 4（dipeptidyl peptidase – 4，DPP – 4）抑制剂。目前已上市的 DPP – 4 抑制剂包括西格列汀、维格列汀、沙格列汀、利格列汀、阿格列汀等。专利权人武田制药致力于阿格列汀（Alogliptin）的开发，围绕阿格列汀在世界范围内申请了大量专利，并在中国进行了周密的专利布局❸，据米内网数据显示，2019 年该产品的全球销售额为 580 亿日元（约 5.5 亿美元）。

　　涉案专利的无效宣告请求人为亚宝药业集团股份有限公司，涉案专利的最早优先权日为 2005 年 9 月 14 日，申请日为 2006 年 9 月 13 日。涉案专利授权公告时的权利要求 1 如下所示。

　　1. 化合物 I 在制备药物组合物中的用途，所述药物组合物通过口服给予日剂量为 5 毫克至 250 毫克的化合物 I 用于治疗 II 型糖尿病，其中化合物 I 具有下式结构：

---

　　❶ 郑希元，李海霞. 浅析"二次概括"是否修改超范围的中美差异 [J]. 中国发明与专利，2018，15(11)：49 – 52.

　　❷ 该案为 2019 年度专利复审无效十大案件之一，参见中国专利复审与无效决定第 38952 号。

　　❸ 国家知识产权局. 案件四："用于治疗糖尿病的二肽基肽酶抑制剂"发明专利权无效宣告请求案 [EB/OL]. （2020 – 04 – 30）[2021 – 09 – 09]. http://www.cnipa.gov.cn/art/2020/4/30/art_446_43740.html.

并且以药学上可接受的盐或游离碱的形式存在。

该专利无效宣告案诠释了在优先权判断中，给药特征的限定和采用不同实验模型对于相同主题判断及与其相关的首次申请判断的影响，其主要解决了以下两个问题：①给药特征的限定是否会导致发明产生不同主题，从而导致不能享有优先权；②相同疾病不同实验模型的验证结果能否被视为相同的技术效果，从而将两个不同的专利申请认定为具有相同主题。

涉案专利为分案申请，其母案的申请号为 CN200680042417.8，申请日为 2006 年 9 月 13 日，并要求享有 US60/717558（申请日为 2005 年 9 月 14 日）和 US60/747273（申请日为 2006 年 5 月 15 日）的外国优先权。

证据 4（WO2005/095381A1）为涉案专利专利权人的另一在先专利申请的公开文本，其申请日为 2004 年 12 月 15 日，早于涉案专利所要求的最早优先权日（2005 年 9 月 14 日）。

关于用药特征的限定，合议组认为，不应将涉案专利权利要求中不具有限定作用的内容纳入技术方案的对比范畴，此类限定不能使二者主题产生实质变化。具体而言，涉案专利权利要求 1 为制药用途权利要求，涉案专利权利要求 1 虽然限定所述化合物 I 的口服日剂量为 5～250mg，但是该特征属于给药特征，仅体现在医生的用药过程中如何选择，对制药过程没有限定作用，不对权利要求的保护范围产生影响，因此，涉案专利权利要求 1 的制药用途技术方案应理解为：化合物 I 在制备药物组合物中的用途，所述药物组合物通过口服给予化合物 I 用于治疗 II 型糖尿病，其中化合物 I 具有所述结构，并且以药学上可接受的盐或游离碱的形式存在。

关于相同的技术效果的认定，合议组认为，如果本领域技术人员根据早于优先权日的在先申请提供的实验，已经足以确信发明能够解决相应技术问题，达到所预期的技术效果，在后的涉案专利的实验仅仅是在此基础上的进一步完善和补充，则应认为二者能够实现相同的技术效果。具体而言，虽然证据 4 仅验证了具有 DPP‐4 抑制活性，而涉案专利说明书中除了验证 DPP‐4 抑制活性外，还进一步针对 II 型糖尿病患者展开临床试验证实了化合物 I 的降血糖效果，且针对小鼠开展了药物联用的降血糖研究。但是，本领域技术人员结合常识并根据证据 4 的整体记载足以确认，具有 DPP‐4 抑制活性意味着可以抑制 DPP‐4 对于 GLP‐1 的裂解，从而通过刺激胰岛素分泌、抑制高血糖素分泌等机制来降低血糖，进而用于治疗 II 型糖尿病。因此，涉案专利说明书中在糖尿病患者和小鼠上开展的降血糖研究仅是对证据 4 已验证的 DPP‐4 抑制活性效果的进一步丰富和完善，并未产生新的技术效果。因此，证据 4 披露技术方案与涉案专利权利要求 1 具有相同的技术效果。

综上所述，证据 4（申请日为 2004 年 12 月 15 日）中已经披露与涉案专利权利要求 1 相同主题的发明。涉案专利要求享有优先权的 US60/717558（申请日为 2005 年 9 月 14 日）和 US60/747273（申请日为 2006 年 5 月 15 日）均已非首次申请，因此权利要求 1 不能享有这两件在先申请的优先权。

3.2　商业成功

能否取得"商业成功"是判断相关产品是否具备创造性的辅助性标准之一，《专利审查指南（2010）》规定得比较简略，操作性也不强，而且目前中国基本没有以商业成功作为证据支持发明具备创造性获得成功的案例。美国因主张在商业上获得成功而具备创造性的案例却为数不少。

以下首先简要介绍中美两国关于商业成功的相关规定，并结合中美两国关于商业成功的典型案例进行简要分析，具体阐述从"商业成功"证明"技术方案具备创造性"的逻辑合理性，以期为我国原研药企业更好地利用商业成功的判断规则准备相应材料进行专利创造性争辩以及仿制药企业积极利用该判断规则进行相应的抗辩提供参考与借鉴。❶

3.2.1　商业成功的中美相关规定

1. 中国评判标准

中国《专利审查指南（2010）》第二部分第四章第 5.4 节规定了"发明在商业上获得成功"，是指这种成功是由于发明的技术特征直接导致的，则一方面反映了发明具有有益效果，同时也说明了发明是非显而易见的，因而这类发明具有突出的实质性特点和显著的进步，具备创造性。但是，如果商业上的成功是由于其他原因所致，例如由于销售技术的改进或者广告宣传造成的，则不能作为判断创造性的依据。❷

2. 美国评判标准

美国专利商标局将"商业成功"定义为"商业成功源于申请文件中对权利要求保护范围内的产品所披露的或意识到的功能和优点，而这种功能和优点在本发明之前并不为人所知，也不为使用者所享受"。

基于美国专利审查程序手册（MPEP）的规定，"商业成功"支持发明创造性的做法可归纳出如下四个要点。

第一，应当证明请求保护的发明与商业成功证据之间存在关联性，其中的"关联性"是指商业成功的证据和请求保护的发明之间存在真实的和法律上充分的联系；

第二，对在国外和国内的商业成功同等对待；

第三，商业成功支持非显而见性的客观证据必须与权利要求的范围相称，且权利要求范围内的产品的商业成功必须是源自说明书披露或固有的功能和优点；

第四，销售总额数据在缺乏证据的情况下不足以证明商业成功，该证据包括市场

❶　郑希元，李海霞. 浅析发明专利创造性判断中的"商业成功"［J］. 专利代理，2018（1）：80 - 86.
❷　国家知识产权局. 专利审查指南 2010［M］. 北京：知识产权出版社，2010：125.

份额、产品销售时间跨度或市场通常预期的销售结果。❶

3.2.2　中国关于"商业成功"的案例

在我国，商业成功最早在《专利审查指南（1993）》中被列为创造性评判中的参考性判断基准之一，并在随后多次修订的《专利审查指南》中分别被表述为"辅助性审查基准""判断发明创造性时需考虑的其他因素"。❷ 但是，我国关于"商业成功"的案例总体数量较少，基于商业成功证明了发明具备创造性的案例几乎没有，现实中遇到的专利申请人或专利权人以商业上获得成功来支持发明具备创造性的案例基本被否定。

案例 1 是"抗菌组合药物"（专利号为 ZL98113282.0）发明专利权无效宣告请求案。❸

2016 年 9 月 30 日，海南康芝药业股份有限公司（以下简称为"康芝药业"）发布公告称，康芝药业曾就知识产权纠纷在海南省海口市中级人民法院对国瑞堂和湘北威尔曼制药股份有限公司（以下简称为"威尔曼制药"）提起诉讼，要求威尔曼制药返还其已经支付的专利实施许可使用费并赔偿经济损失。康芝药业随后与威尔曼制药及相关人员达成和解，并签署和解协议书。康芝药业附条件地向威尔曼制药支付专利实施许可使用费用人民币 228 万元，威尔曼制药收取该笔费用后，无论原专利在该协议签订后最终是否有效，威尔曼制药都不得因原专利实施许可相关联的事宜，向康芝药业主张收取任何费用和主张任何权利。

康芝药业所指的原专利为"抗菌组合药物"（授权公告号为 CN1096266C，专利权人为威尔曼制药，无效宣告请求人为康芝药业），其授权公告时的权利要求 1 如下所示。

1. 一种抗菌组合药物，其特征在于：它由头孢他啶与 β - 内酰胺酶抑制剂混合而成，头孢他啶与 β - 内酰胺酶抑制剂的重量百分比为 1∶2 至 10∶1。

在该无效宣告请求案的口头审理过程中，专利权人（威尔曼制药）当庭提交了反证 5 作为佐证创造性的证据使用，反证 5 是一份专利实施许可合同以及媒体上对涉案专利产品的相关宣传。专利权人指出，所述证据表明涉案专利产品取得了商业上的成功，该商业上的成功完全是由涉案专利的技术方案所带来的，因而也证明了该发明具有创造性。

合议组认为，首先，反证 5 已超过规定的举证期限，合议组对该反证不予接受。其次，即使不考虑反证 5 超出了举证期限，反证 5 也不能够证明该发明因技术方案本身而获得了商业上的成功；即使专利权人能够提供证据证明所述产品确实获得了商业

---

❶ 欧阳石文. 商业成功支持发明的创造性探析 [J]. 中国发明与专利，2011（10）：100 – 103.

❷ 吴蓉. 专利创造性判断中的商业成功：最高人民法院（2012）行提字第 8 号判决评析 [J]. 知识产权，2013（9）：44 – 46.

❸ 参见中国专利复审与无效决定第 29543 号。

成功，反证 5 也无法证明所述商业上的成功是由该发明的技术方案本身直接导致的。因而，合议组对专利权人关于商业成功的主张不予支持。

合议组于 2016 年 6 月 28 日以涉案专利权利要求相对于现有技术与本领域公知常识的结合不具备创造性为由作出涉案发明专利全部无效的审查决定。

案例 2 是卡比斯特制药公司诉国家知识产权局专利复审委员会无效宣告再审案。❶

该案涉及发明名称为"抗生素的给药方法"（专利号为 ZL99812498.2、申请日为 1999 年 9 月 24 日）的发明专利（以下简称"涉案专利"），其授权公告时的权利要求 1 如下所示。

1. 潜霉素在制备用于治疗有此需要的患者细菌感染而不产生骨骼肌毒性的药剂中的用途，其中用于所述治疗的剂量是 3 ~ 75mg/kg 的潜霉素，其中重复给予所述的剂量，其中所述的剂量间隔是每隔 24 小时一次至每 48 小时一次。

2008 年 6 月 4 日，无效宣告请求人肖某针对该专利向国家知识产权局专利复审委员会提出无效宣告请求。2009 年 4 月 7 日，国家知识产权局专利复审委员会作出第 13188 号决定，宣告该专利权全部无效。

其中，关于权利要求 1 的新颖性，合议组指出，证据 6（《玫瑰孢链霉菌及氟链红菌产生的脂肽抗生素》）公开了在 2mg/kg 每 24h 的剂量下，潜霉素显示出能够有效治疗多种革兰氏阳性菌感染，在 3mg/kg 每 12h 的剂量下注意到偶发的副作用，并公开了潜霉素的抗菌机理。由于没有证据表明对潜霉素不产生骨骼肌毒性的副作用的进一步认识能使权利要求 1 保护的制药用途区别于证据 6 公开的已知制药用途。❷ 就潜霉素本身的用途而言，二者并没有任何区别；同时，本领域技术人员均知晓给药剂量、重复给药和时间间隔特征是医生在治疗过程中针对患者进行选择和确定的信息，属于用药过程的信息，与制药过程无关。因此，给药剂量、重复给药和时间间隔特征对药物本身不产生限定作用，不能使权利要求 1 的制药用途区别于证据 6 公开的已知制药用途，权利要求 1 的制药用途与证据 6 公开的用途实质相同，不具备新颖性。

卡比斯特制药公司以第 13188 号决定事实认定不清、适用法律错误为由，向北京市第一中级人民法院提起行政诉讼。一审法院作出（2009）一中行初字第 1847 号行政判决，维持了第 13188 号决定。卡比斯特制药公司不服该一审判决，向北京市高级人民法院提起上诉。二审法院作出（2010）高行终字第 547 号行政判决判令驳回上诉，维持原判。卡比斯特制药公司不服北京市高级人民法院（2010）高行终字第 547 号行政判决，向最高人民法院申请再审。

卡比斯特制药公司向最高人民法院申请再审后，先后 4 次共向最高人民法院补充提交了 18 份补充证据，其中补充证据 2 ~ 12 欲证明涉案专利取得了商业上的成功。例

---

❶ 参见最高人民法院（2012）知行字第 75 号行政裁定书。

❷ 即使用潜霉素后不产生骨骼肌毒性，其针对的是细菌感染，使用潜霉素后产生了骨骼肌毒性，其针对的也是细菌感染。

如补充证据 5：（2012）京中信内经证字 13688 号公证书，用于证明卡比斯特制药公司在 2008 年全年收入同比增长 47% 是由于"克必信"（Cubicin）药品的销售而带动的。

卡比斯特制药公司申请再审时称：第 13188 号决定和一审、二审判决在评价涉案专利的创造性时，并未考虑采用涉案专利的技术方案制成的药品"克必信"已取得商业成功的事实，因此涉案专利权利要求 1 具备《专利法》第 22 条第 3 款规定的创造性。

最高人民法院认为，由于卡比斯特制药公司提交的补充证据 2~12 仅能证明"克必信"药品已取得商业成功，但不能证明这种成功是由于发明的技术特征，即对权利要求有具体限定作用的、使其区别于现有技术的技术特征直接导致的，因此，不能证明涉案专利相对于现有技术具备创造性。

最终，最高人民法院驳回了卡比斯特制药公司的再审申请。

案例 3 是"固体药物剂型"（专利号为 ZL200480024748.X）发明专利权无效宣告请求案。[❶]

涉案专利的优先权日为 2003 年 8 月 28 日，申请日为 2004 年 8 月 23 日，授权公告时的专利权人为雅培制药有限公司，2013 年 6 月 19 日专利权人变更为 ABBVIE 公司。涉案专利授权公告时的权利要求 1 如下所示。

1. 一种固体药物剂型，其包含至少一种 HIV 蛋白酶抑制剂在至少一种可药用水溶性聚合物和至少一种可药用表面活性剂中的固体分散体，其中所述 HIV 蛋白酶抑制剂为（2S，3S，5S）-5-（N-（N-（N-甲基-N-（（2-异丙基 4-噻唑基）甲基）氨基）羰基）-L-缬氨酰基）氨基-2-（N-（（5-噻唑基）甲氧基-羰基）-氨基）-氨基-1，6-二苯基-3-羟基己烷（利托那韦），并且所述可药用水溶性聚合物具有至少 50℃ 的 Tg，且以占剂型重量 50%~85% 的量存在，其中所述可药用表面活性剂是具有 4 至 10 的 HLB 值的可药用非离子表面活性剂，并且可药用表面活性剂以占剂型重量 2%~20% 的量存在。

针对请求人罗氏制药有限公司的无效宣告请求，专利权人于 2013 年 11 月 25 日提交了意见陈述书，并同时提交了 21 份反证，其中反证 12~20（例如反证 12：2010 年度销售额 Top200 商标名药物排序表，共 17 页）试图用于证明涉案专利取得商业成功。

针对反证 12~20，合议组认为，如果新药在商业上取得成功主要依赖于技术上的显著进步，则该商业成功是判断发明具有创造性时应予考虑的重要因素。如果本领域技术人员不能确认商业成功是由要求保护的发明的技术特征直接导致的，则商业成功并不足以证明要求保护的发明是非显而易见的。反证 12~20 证实了所述 Kaletra 片剂和 Norvir 片剂取得了商业上的成功，但两种片剂的技术方案和涉案专利的技术方案并不完全相同，这些反证并没有表明该商业成功和涉案专利的引入所述区别特征的技术方案

---

❶ 该案为 2016 年度专利复审无效十大案件之一，参见中国专利复审与无效决定第 23217 号。

之间存在必然联系，没有证实所述商业成功是由涉案专利的技术方案直接带来的。

最终，涉案专利因缺乏创造性而被宣告全部无效。

案例 4 是贝林格尔英格海姆法玛两合公司与国家知识产权局发明专利申请驳回复审行政纠纷上诉案。●

该案涉及发明名称为"用于治疗慢性阻塞性肺病的新药物"（申请号为 CN200910266327.2、申请日为 2003 年 11 月 11 日）的发明专利申请（以下简称"涉案专利申请"）。

在该案中，贝林格尔英格海姆法玛两合公司（以下简称"贝林格尔公司"）在复审、一审、二审程序中均未提出商业成功的主张。而在该案再审审查期间，贝林格尔公司提交证据主张涉案专利申请获得商业成功，其证据主要是其上市药品 Spiolto 和 Striverdi 的上市销售类证据。

针对上述证据，最高人民法院认为，首先，贝林格尔公司提交了上市药品 Spiolto 在 2017 年的销售数额、市场份额等证据，大多指向该药品可以减少心血管副作用。贝林格尔公司主张涉案专利申请"就 β2 肾上腺素受体而言，具有高度选择性的特性"，从而极大减少了心血管副作用。但是，涉案专利申请中并无任何有关该技术效果的定性或者定量的实验数据，也没有其他内容予以印证。其次，涉案专利申请权利要求 1 请求保护的式 1a 化合物奥达特罗仅是 Spiolto 中两种活性成分之一。贝林格尔公司证明 Spiolto 获得商业成功的证据也都是针对两种活性成分联合用药之后取得的效果，现有证据不能证明贝林格尔公司所主张的 Spiolto 的商业成功是奥达特罗直接导致的。最后，贝林格尔公司主张商业成功的另一上市药品 Striverdi，虽然其唯一活性成分为奥达特罗，但是贝林格尔公司并未提交足以证明 Striverdi 在商业上取得成功的销售数额、市场份额等证据，仅仅是部分国家的上市许可证据并不足以证明其获得了专利法意义上的商业成功。因此，贝林格尔公司提交的证据尚不能证明涉案专利申请取得了商业上的成功。

因此，从上述 4 个案例可以看出，在中国专利实践中，作为创造性判断的辅助因素，商业成功是从社会经济的激励作用角度对技术方案给予肯定。相比于相对客观的"三步法"判断标准而言，对商业成功的审查秉持着相对严格的标准。

3.2.3 美国关于"商业成功"的案例

与基本没有以商业成功作为证据支持发明具备创造性的中国专利实践相比，在美国专利实践中则有不少成功的案例。

1944 年，美国联邦最高法院在一个关于防泄漏的干电池专利案（*Goodyear Tire & Rubber Company v. Ray - O - Vac Company* 案）中认为，在过去 50 年里手电筒的电池都

● 该案为 2019 年中国法院 50 件典型知识产权案例之一，参见最高人民法院（2018）最高法行申 3961 号行政裁定书。

没有这种防漏设计❶，而当涉案专利的方法被应用后马上就被广泛运用并取得了商业上的成功，因此涉案专利这种商业上的成功有资格帮助判断是否这种进步达到了发明的程度，它在小范围内使天平向专利性一方倾斜，最终该专利得到了支持，从而开创了因主张商业成功而获得对专利创造性支持的先河。❷

1966 年，在 *Graham v. JohnDeere Co.* 案（383 U. S. 1，148 USPQ 459）（以下简称"Graham 案"，美国专利审查程序手册第 2141. Ⅱ 条中提及此案）中，不仅明确了 Graham 要素，还强调了辅助判断因素。Graham 案是美国专利创造性制度司法变迁的里程碑，其判决书中认为显而易见性是一个基于潜在事实调查的法律问题。法院作出的事实调查如下所示：

① 确定现有技术的范围和内容；

② 确定要求保护的发明与现有技术之间的差异；

③ 确定相关领域的普通技术人员的水平。

在这些事实调查的前提下，确定涉案专利的技术方案是否显而易见，①、②和③被称为 Graham 要素。*Graham* 案还强调了辅助判断因素，又被称作次要考虑因素，包括商业成功、长期存在但未解决的需求、其他人的失败和意外结果的证据。该证据可以在提交时包含在说明书中，在提交申请时随附，或者在申请期间的其他时间点及时提供。给予任何客观证据的权重是逐案确定的。申请人提交证据这一事实并不意味着该证据对于显而易见性问题是具有决定性的。

1973 年，美国关税和专利上诉法院（CCPA）受理的费尔顿案是一件因商业成功而被认可发明创造性的案例。该案所涉及的是一种新式滴管，费尔顿在其宣誓书中指出，该新式滴管在 1 年内售出 1100 万支，取得了商业上的巨大成功。CCPA 认为，当专利创造性判断涉及商业成功方面时，重要的问题在于发明的商业成功是否利用了该发明本身所具备的优点而产生，而这项优点在发明完成之前用户是不能享受到的；如果这种商业上的成功与发明本身并无内在联系，例如只是通过广告宣传而导致的，那么这种成功不能作为发明"非显而易见性"的证据。对于该案而言，从发明的技术内容来看，新式滴管的滴量比先前技术中的各种滴管都要准确并且滴速更快，这意味着可以大大节省劳动成本；从用户的角度来讲，用户购买这种滴管的意愿完全是出于其专利技术的优点，而不是由于其他非专利技术特征方面的因素。可见，该发明的商业成功是利用了该发明本身所具备的优点而产生，而这种专利技术上的优点在发明完成之前用户是不能享受到的。❸

---

❶ 涉案专利要求保护一个防泄漏的干电池，其外部罩有保护金属壳，该保护金属壳封装了圆柱形锌杯周围的绝缘材料，并紧紧地包裹住其上部和底部，防止电解液的泄漏。

❷ 唐宇，耿苗，仇颖，等. 怎样的商业成功是有创造性的？［C］//中华全国专利代理人协会. 2014 年中华全国专利代理人协会年会第五届知识产权论坛论文（第三部分）. 北京：知识产权出版社，2014.

❸ 唐宇，耿苗，仇颖，等. 怎样的商业成功是有创造性的？［C］//中华全国专利代理人协会. 2014 年中华全国专利代理人协会年会第五届知识产权论坛论文集（第三部分）. 北京：知识产权出版社，2014.

1999 年，美国著名电子商务网站亚马逊（amazon. com）获得了名称为"通过通讯网络处置购买指令的方法和系统"的专利，这项被称为"一次点击订购"（one - click）的专利技术允许在线用户仅通过一次点击便可以完成整个购买过程。当亚马逊发现另一商务网站——巴诺书店（www. barnesandnoble. com）也在采用相似的技术"快速通道"●（Express Lane）时，它于同年 10 月 21 日向位于华盛顿州的地区法院递交诉状。请求法庭判决对方承担侵犯其专利权的责任。在诉讼过程中，亚马逊不仅从其专利的进步性和非显而易见性方面进行了论证，而且针对该专利的实际价值提交了相关证明，即其销售额因使用了"一次点击订购"技术而大为提高，且该专利被很多网站模仿，即专利权人主动举证证明了商业成功与该发明之间的关联，并且所获得的商业成功是利用了该发明本身所具备的优点而产生的。地区法院在对相关证据进行审理后，认定被控侵权人提交的现有技术均不足以证明上述专利不具备新颖性和创造性，同时，还在辅助判断因素的判断中认定亚马逊的"一次点击订购"技术具有商业成功的特点，据此颁布了责令被控侵权人停止侵权行为的临时禁令。在该案中，真正影响法官作出原告专利有效判决的主要因素是原告提出的涉案专利具有重大商业利益、具有重大实用价值的主张。在认定创造性时，商业利益和实用价值的大小可以作为一个辅助判断因素，但在该案中，该辅助判断因素却起到了决定性作用●。巴诺书店的上诉持续了好几年。2002 年，巴诺书店终于与亚马逊和解。和解协议的具体条款并未披露，但巴诺书店终于可以把"快速通道"放到了网上。

同时，也有部分人士对于商业上成功的相关证据能够用于解决涉案专利的创造性问题持相对保守的立场。例如，Martin J. Adelman 教授在《专利法案例与材料第 2 版》一书中指出，"商业上的成功可能源于大众的一种广泛需求，无须专利的保护就能够保证权利人从中获利，这时如果继续赋予其具有垄断地位的专利优势，将进一步扩大这一获利。因此，法院应当谨慎判断这种专利的效力"。● 而 Robert P. Merges 教授在"商业成功与专利标准：创新的经济视角"一文中，则直率地认为商业上的成功对于证明涉案专利创造性的帮助非常有限，应当将专利权奖励给纯粹的发明而不是市场策略，通过奖励商业上成功但代表相对较小技术进步的发明将会损害专利制度。●●

● "快速通道"就是简单地增加了第二次点击：当顾客点了快速购买按钮以后，第二个按钮弹出来，让购买人再次点击确认购买。

● 罗胜强，赵海燕. 商业成功标准在商业方法专利创造性判断中适用性评析 [J]. 情报杂志，2010，29 (2)：34 - 37.

● MARTIN J A, RANDALL R R, JOHN R T, et al. Case and Materials on Patent Law Second Edition [M]. Thomson West, 2003：368.

● ROBERT P M. Commercial Success and Patent Standards：Economic Perspectives on Innovation [J]. California Law Review, 1988, 76 (4)：803 - 876.

● 陶冠东. 论"商业成功"的创造性认定标准 [J]. 电子知识产权，2016 (11)：60 - 65.

3.2.4 商业成功在中国的可操作性探讨

关于涉案专利产品是否获得商业上的成功，最高人民法院认为，当采取"三步法"标准难以判断涉案专利技术方案的创造性或者得出技术方案无创造性的评价时，从对社会经济的发展起到激励作用的角度出发，商业上的成功被纳入权利要求创造性判断的考量因素。当专利申请人或专利权人主张其发明或者实用新型获得了商业上的成功时，应当审查：①发明或者实用新型的技术方案是否真正获得了商业上的成功；②该商业上的成功是否源于发明或者实用新型的技术方案相比现有技术做出改进的技术特征，而非该技术特征以外的其他因素所导致的。❶

在笔者看来，虽然《专利审查指南（2010）》对于商业成功的表述比较简略，但是根据最高人民法院的上述表述，针对专利产品是否获得商业上的成功，中美两国在审查标准及具体实践上存在细微区别。美国强调：发明的商业成功是利用了该发明本身所具备的优点而产生的，而这项优点在发明完成前用户是不能享受到的；而所列举的中国 4 个案例"通过商业成功来证明发明具备创造性"无法获得支持，主要是由于：①未提供在商业上获得成功的充足证据；②未证明商业上获得成功是由于发明区别于现有技术的具有限定作用的区别技术特征所直接导致的。

通过商业上的成功来证明发明具备创造性存在较大的逻辑证明难度，在实际操作过程中也存在诸多困难，就医药领域而言，一个新化学实体（new chemical entity，NCE）❷与现有技术中的化合物相比，如果化学结构差异不明显，那么商业上取得的成功更有可能是技术以外的因素；如果化学结构差异显著，那么还要分析差异部分是否足够使得该新化学实体取得商业上的成功。而化学结构差异显不显著本身就存在判断上的困难。由此可见，想借助商业上的成功来证明原研药专利具备创造性仍有很长的路要走。❸但是，随着国内经济的发展和全球一体化趋势，今后以商业上的成功争辩发明具备创造性的案例很可能会出现且不断增多。

对于专利申请人或专利权人而言，其需要进行主动举证，即从"足以证明获得了商业上的成功"和"商业上的成功是由于发明区别于现有技术的具有限定作用的区别技术特征所直接导致的"两点出发。一是提供充分的经过公证认证的证据证明"商业上获得了成功"，例如销售类证据材料（例如，销售总额数据、产品销售合同、发票、提货单和进出口凭证）、宣传类证据材料（例如，关于产品的媒体广告、媒体评论，参加展览会和博览会的记录）、使用与保护类证据材料（例如，该产品的最早使用时间和

❶ 吴蓉. 专利创造性判断中的商业成功：最高人民法院（2012）行提字第 8 号判决评析［J］. 知识产权，2013（9）：44-46.

❷ 新化学实体（NCE）通常是指以前没有被用于治疗疾病的药物产品，其可以治疗、缓解或预防疾病或用作体内疾病的诊断。它不包括现存药物的新型盐类、前药、代谢物、酯类以及一些生物化合物（如疫苗、抗原和生物技术的产品），也不包括已知药物的组合物，除非其中一种或几种活性成分以前没有市售。

❸ 吴鹤松，黄璐. 原研药创新悖论的影响因素分析［J］. 中国新药杂志，2019，28（10）：1160-1163.

持续使用情况以及该产品涉及被专利侵权情况的相关资料），从而尽可能地证明该产品所具有的市场份额、产品销售地区和时间跨度，或市场通常预期的销售结果；二是提供表明"商业成功"与"区别技术特征"相关联的证据材料，即提供证据以表明该发明具备专利法意义上的"商业成功"，例如提供相关的比较数据：现有技术产品与该发明所涉及的产品销量平行比较，现有技术产品的销量在该发明所涉及的产品上市前后的变化等。

对于无效宣告请求人等相对人而言，若要反驳上述证据及论证，则应证明发明人获得了商业上的成功是由于外部因素例如广告宣传、高超的销售技术或是由于现有技术产品与该发明所涉及的产品的共同技术特征而非区别技术特征所造成的。

3.3　技术偏见

发明克服了技术偏见是判断发明创造性时需考虑的其他因素之一，也是专利申请实质审查、专利复审与无效以及专利行政诉讼过程中专利申请人、专利权人或无效宣告请求人进行创造性争辩或驳斥创造性的常用理由。专利申请人或专利权人主张其发明创造因克服了技术偏见而具备创造性，应当证明所述技术偏见是客观存在的。没有之前的技术偏见，则不能说明涉案专利克服了技术偏见，若涉案专利没有克服技术偏见，则说明之前的技术不一定是一种偏见。只有涉案专利出现以后才能判断之前的技术为一种"偏见"。

在知识管理方面存在两种技术偏见，即"肯定的"技术偏见与"消极的"技术偏见。"肯定的"技术偏见涉及一定程度的教导远离，即该领域的公知常识教导本领域技术人员在解决技术问题时不要使用该方法。与此相反，"消极的"技术偏见是无形的，因为它是基于以下想法：当遇到某个技术问题时，先前的知识已经被遗忘，本领域技术人员在解决该技术问题时没有关注到该先前的知识。

以下将结合具体判决案例对"肯定的"技术偏见与"消极的"技术偏见进行探讨，并对如何举证发明克服了技术偏见进行初步分析，以期为我国医药企业如何利用专利创造性判断中的克服"技术偏见"提供参考与借鉴。❶

3.3.1　"肯定的"技术偏见与"消极的"技术偏见

Yulan Kuo 和 Wade Lin 在文章 "IP Court Decision on Non – obviousness Affects Corporate Knowledge Management" 中例举了两个案例探讨"肯定的"技术偏见与"消极的"

---

❶ 郑希元，李海霞. 浅析发明专利创造性判断中的"肯定的"和"消极的"的技术偏见 [J]. 中国知识产权，2017 (9).

技术偏见。❶

1. "肯定的"技术偏见

案例 1 是"本发明"涉及成分 A 和 B 的组合物。本领域通常在低于 50℃的温度下通过混合这两种成分的方式制备组合物，因为本领域公知常识认为，不能在 50℃以上加热成分 A。然而，由于组合物的成分未能很好地混合，所以研究人员需添加溶剂克服该问题，但是这增加了制备的成本。

"本发明"表明，在高于 50℃的温度下混合这两种成分可以克服这个缺点，并且根据组合物的配方，这样的温度将不会损害成分 A。因此，不能在 50℃以上加热成分 A 是一种偏见，"本发明"是值得授予专利权的，因为其克服了技术偏见。

2. "消极的"技术偏见

案例 2 是 2002 年提交的涉案专利的有效性受到对比文件 1 和 2 的组合的挑战。1995 年授权公告的对比文件 1 是面临与涉案专利相似技术问题的现有技术，但是其使用另一种方式解决该技术问题。1986 年，授权公告的对比文件 2 教导了与涉案专利类似的概念，但是没有教导将该概念应用于涉案专利所要解决的技术问题中。

针对涉案专利的有效性，专利权人争辩近 20 年（从对比文件 2 授权日至涉案专利的申请日），没有人像涉案专利那样应用对比文件 2 的技术特征。即使是对比文件 1，在面临与涉案专利相似的技术问题时，也没有使用对比文件 2 的想法。涉案专利权人认为，必然存在某种偏见使本领域技术人员避开使用对比文件 2 去解决对比文件 1 的技术问题，从而完成"本发明"。

然而，在案例 2 中，法院并不接受专利权人的陈述。相反，其得出结论：由于这两篇对比文件都没有教导远离两者的组合，所以技术偏见不存在。由此看来，法院并不同意"消极的"技术偏见的存在。

3.3.2　中国无效诉讼案例

在索尔维公司诉国家知识产权局专利复审委员会专利无效宣告案❷中，涉及发明名称为"用于生产有机化合物的方法"（专利号为 ZL200710000737.3、申请日为 2004 年 11 月 18 日）的发明专利（以下简称"涉案专利"），其授权公告时的权利要求书如下所示。

1. 用于生产表氯醇的方法，包括由甘油生产的二氯丙醇经历脱氯化氢操作，其中所述甘油是在生产生物柴油的过程中获得的，所述甘油包含醛。

……

---

❶ KUO Y L, LIN W. IP Court Decision on Non – obviousness Affects Corporate Knowledge Management ［EB/OL］. (2013 – 10 – 23) ［2021 – 10 – 25］. https：//www. lexology. com/library/detail. aspx? g = 51b693d7 – e9e1 – 4cb8 – 889d – a9e2ceb3b69d.

❷ 参见北京市高级人民法院（2015）高行（知）终字第 323 号行政判决书。

7. 根据权利要求 1 的方法，其中所述二氯丙醇通过使甘油经过与氯化剂的反应得到，所述反应是除了在乙酸或其衍生物的存在下进行的反应以外的反应。

……

10. 根据权利要求 7 的方法，其中所述催化剂是己二酸。

……

2013 年 9 月 12 日，国家知识产权局专利复审委员会作出第 21410 号无效宣告请求审查决定，宣告权利要求 1~23 不具备《专利法》第 22 条第 3 款规定的创造性，专利权无效。

其中，该案所涉及的相关证据如下所示。

证据 1：美国专利 US2144612A，授权日 1939 年 1 月 24 日；

……

证据 6：Arthur J. Hill, Edwin J. Fischer. A synthesis of betachloro – allyl chloride, Journal of the American Chemistry Society, 1922, 44（11）：2582 – 2595；

证据 7：《环氧树脂》，上海人民出版社，1971 年，第 13~20 页和第 28 页；

……

反证 5：DE197308，授权公告日 1906 年 11 月 20 日；

……

反证 8：《环氧树脂生产与应用》，石油化学工业出版社，1976 年，第 11~17 页；

反证 9：《化学产品手册第二版：有机化工原料》，化学工业出版社，1995 年，第 102~105 页；

反证 10：Chemical Abstracts，1930 年 9~11 月，第 24 卷，封面页、第 5021 页；

反证 11：帕特力克·吉尔博（Patrick·GILBEAU）的宣誓书及其附件 1~6，共 146 页。

其中，关于权利要求 10 的创造性，专利权人索尔维公司认为，证据 1 本身并不推荐将其中实施例 5 的技术方案与证据 6 中公开地使用琥珀酸或壬二酸的技术方案相结合，更无从得出使用己二酸的技术方案，证据 6 虽然公开了丁二酸、壬二酸可以用于催化甘油氯化反应，但实际使用的是乙酸，本领域技术人员一般会认为证据 6 暗示了乙酸的催化效果好于丁二酸、壬二酸。根据证据 1、证据 7、反证 5、反证 8、反证 9 和反证 10 的教导，现有技术一直以来都认为乙酸是最好的催化剂，本领域技术人员在制备二氯丙醇的过程中不会使用二元酸；涉案专利说明书记载使用己二酸作为催化剂获得了显著提高的反应物转化率、提高的二氯丙醇选择性、减少催化剂的损失以及提高催化剂的可回收性等优异的技术效果；反证 11 的结果证明己二酸的催化效果显著优于琥珀酸和壬二酸，因此，权利要求 10 具备创造性。

对此，国家知识产权局专利复审委员会合议组认为，首先，证据 6 也涉及由甘油和盐酸合成一氯代甘油和二氯丙醇的方法，本领域技术人员有动机在相同领域寻找其他适合的反应条件，如选择其他催化剂尝试对现有技术进行改进。即使如索尔维公司列举的多篇证据均在其各自的现有技术的基础上，研究了使用乙酸作为催化剂的效果，但也不能就此认为本领域存在"乙酸是最好的催化剂"的共识，甚至认为本领域技术人员将无视其他现有技术，如证据 6 中对其他催化剂的尝试和教导。其次，考察涉案专利全部实施例可以发现，实施例 11 ~ 13（使用己二酸催化剂）相对于实施例 1 ~ 10（分别使用乙酸、辛酸）在收率、产物纯度、催化剂损失方面取得的效果是优化其他反应条件，如温度、进料方式等的结果，并且属于本领域技术人员可以预料的效果，其不能用于证明使用己二酸作为催化剂的效果优于证据 6 公开的方案，也是涉案专利说明书第 4 页（0055）段明确提及并同样优选使用的琥珀酸。关于反证 11，索尔维公司未申请帕特力克·吉尔博出庭作证，帕特力克·吉尔博也未出席此次口头审理，且由于帕特力克·吉尔博是涉案专利的发明人之一，与该案的索尔维公司存有利害关系，在无其他证据可以与反证 11 相互印证的前提下，反证 11 尚不能单独作为认定其所主张内容真实客观的依据。进一步考察其内容，其中记载了……尽管在涉案专利说明书第 4 页第（0055）段指出，"催化剂基于聚羧酸，优选的例子选自琥珀酸、戊二酸和己二酸。优选己二酸"，并且说明书还针对己二酸提供了相应的实施例 11 ~ 13，但是说明书并未指出优选己二酸是由于其在原料转化率、产物收率等方面的优异表现，相反，结合说明书第 14 页关于催化剂回收的记载和实施例 13 的描述，本领域技术人员可以得出这样的结论，涉案专利在聚羧酸催化剂中优选己二酸是由于其在回收方面的便利，而这一优点是本领域技术人员根据己二酸本身"沸点较高"的物化性质就能够预期得到的。可见，索尔维公司主张的"己二酸产率优于琥珀酸和壬二酸"的技术效果并没有记载在涉案专利说明书中，此外，反证 11 第 1 页宣誓书的内容即表明，反证 11 中所述实验是在 2007 年和 2008 年完成的，即便"戊二酸和己二酸产率优于琥珀酸"的效果成立，这也不是索尔维公司在申请日时发现并证实的。因此，反证 11 的上述实验结论由于在涉案专利说明书中没有依据而不能用于证明权利要求 10 的创造性。

索尔维公司不服专利复审委员会作出的第 21410 号决定，向北京市第一中级人民法院提起诉讼，请求撤销该决定。索尔维公司在诉讼中主张涉案专利权利要求 1 具备创造性，但是，如果权利要求 1 被认定为不具备创造性，就不再坚持主张权利要求 2 ~ 9、权利要求 11 ~ 13、权利要求 16 ~ 23 具备创造性。北京市第一中级人民法院经审理，作出维持国家知识产权局专利复审委员会作出的第 21410 号决定的行政判决。

索尔维公司不服一审判决，向北京市高级人民法院提起上诉，请求撤销一审判决和第 21410 号决定。索尔维公司在诉讼中继续主张涉案专利权利要求 1 具备创造性，即便权利要求 1 不具有创造性，涉案专利的权利要求 10、权利要求 14、权利要求 15 也具备创造性。

2015 年 3 月 27 日，北京市高级人民法院经审理作出驳回上诉、维持原判的（2015）高行（知）终字第 323 号行政判决。

其中，关于权利要求 10，北京市高级人民法院认为，涉案专利说明书中只记载了使用己二酸催化剂（实施例 11～13）相对于乙酸、辛酸催化剂（实施例 1～10）的对比试验。证据 6 公开了可以使用琥珀酸（丁二酸）、壬二酸作为制备二氯丙醇的催化剂，而涉案专利说明书没有记载与己二酸结构更接近且已被证据 6 所公开的琥珀酸和壬二酸催化剂的对比试验，故现有证据不能证明己二酸催化剂相对于最接近的现有技术具有预料不到的技术效果。而且，使用 C 原子数介于丁二酸（琥珀酸）和壬二酸之间，与上述催化剂属于同系物且性质类似的己二酸作为反应催化剂对于本领域技术人员来说是显而易见的。因此，权利要求 10 不具备创造性。

3.3.3 美国同族授权专利审查档案

在分析上述案例之前，笔者首先简要分析涉案专利的美国同族授权专利（US8415509B2）的审查档案（由于上述专利申请的年代较早，所以未能检索到该专利申请的中国审查档案）。

US8415509B2 的权利要求 1 如下所示。

1. 一种方法，包括：在羧酸催化剂的存在下使甘油与氯化剂反应以产生二氯丙醇，其中所述羧酸催化剂选自由戊二酸和己二酸组成的组。

关于权利要求 1，审查员指出，DE197308 和 US2144612A 均教导了在有机羧酸的存在下通过使甘油与氯化氢反应生成甘油的二氯代醇，即二氯丙醇。DE197308 举例说明了单羧酸和二羧酸的用途。DE197308 和 US2144612A 与本发明的权利要求的区别在于：它们没有教导使用特定的所要求的戊二酸和己二酸。然而，DE197308 和 US2144612A 均没有限制可以使用的有机羧酸的种类，因此本领域普通技术人员可以合理地认为任何已知的有机羧酸都将适合用作催化剂。此外，JP62－242638 教导羧酸适合用作醇与氯化反应的氯化催化剂，其中羧酸包括 C1－C15 单羧酸和多元羧酸，并明确公开了己二酸。在完成该发明时的本领域普通技术人员应当发现：使用在 DE197308 和 US2144612A 的方法中的任何已知的羧酸（包括 JP62－242638 公开的羧酸）是显而易见的，因为 DE197308 和 US2144612A 没有限制可以使用羧酸的种类，并且 DE197308 具体示出二羧酸是合适的，而 US2144612A 示出单羧酸和多羧酸是可互换的氯化催化剂，在 *Sinclair & Carroll Co. v. Interchemical Corp.* 案[●]中，支持以下观点：基于已知材料适用于其预期用途，该已知材料的选择具备初步显而易见性。

申请人进行如下争辩：

（1）JP62－242638 公开了己二酸用于醇－醚氯化的用途，而不是用于甘油氯化的用途，从而生产不同于二氯丙醇的产物。与此相反，涉案发明涉及一种由甘油生产二氯丙醇的方法。因此，这两种方法是不可比较的，本领域技术人员将没有理由关注

● 325 U. S. 327，65 USPQ 297（1945）.

JP62 - 242638，因为其没有任何关于甘油反应的暗示。将 JP62 - 242638 与 DE197308 或 US2144612A 的组合用于证明显而易见性，是一种典型的事后诸葛亮的表现。必须避免不可容忍的后知之明，必须基于现有技术收集的事实达成法定结论［MPEP 2142；另见 MPEP 2145（X）（A）］。

（2）戊二酸和己二酸均不是用于"预期用途"（用于由甘油制造二氯丙醇的用途）的"已知材料"。事实上，在引用己二酸（两种酸中的一种）的唯一一篇现有技术文献（JP62 - 242638）中，己二酸用于醇 - 醚氯化而不是用于甘油氯化，从而导致不同于二氯丙醇的产物。

（3）不仅在所要求保护的方法（甘油氯化）中，功能性戊二酸或己二酸是非显而易见的，而且鉴于所引用的对比文件，本领域的技术人员将无法预测结果。关于在 DE197308 和 US2144612A 方法中的 JP62 - 242638 的单羧酸或多羧酸的可能用途，不应当忽视 JP62 - 242638 已经被限制为醚化合物（不包括甘油）的氯化，而且 DE197308 清楚地教导单羧酸相对于二羧酸是更优选的并且 US2144612A 也仅仅使用了乙酸，因此最佳催化剂是乙酸。由于己二酸和戊二酸之前从未作为甘油制备二氯丙醇的催化剂测试过，所以当尝试预测己二酸和戊二酸的性能时，本领域技术人员将依赖于最接近的化学物质（二羧酸而不是单羧酸）的已知性能。

最终，包括上述权利要求 1 的专利申请获得授权。

3.3.4　案例分析与启示

笔者指出，US2144612A 和 DE197308 分别为上述第 21410 号无效决定所指出的证据 1 和反证 5。并且，反证 5（DE197308）也被上述第 21410 号无效决定所指出的证据 6（Arthur J. Hill，Edwin J. Fischer. A synthesis of beta - chloro - allyl chloride［J］. Journal of the American Chemistry Society，1922，44（11）：2582 - 2595）所提及。

在证据 6 中，公开了以下内容："虽然粗杂的 α，γ - 二氯丙醇可以仅仅通过干燥的氯化氢与甘油的反应来制备，但是反应非常慢。Reboul 早期观察到可以通过加入等体积的乙酸来促进反应，而在最近的专利文献（DE197308）中已经提出了更经济的改变方式。后者规定使用相对少量的有机酸作为催化剂。建议最少为甘油重量的 2%，最多为甘油重量的 30%。乙酸、丙酸、琥珀酸、壬二酸和肉桂酸是可用于此目的的有机酸。初步实验证明，当从反应混合物中省略乙酸时，反应缓慢。因此，实验仔细研究了该反应，特别是关于各种量的乙酸和时间因素对二氯丙醇产率的影响。这些实验清楚地证明，在 2% ~30% 范围内，所用乙酸的量和二氯丙醇的总产率之间无明显相关以及平均 6% 的乙酸将达到一致地令人满意的结果。"

在上述中国专利无效诉讼案例中，关于权利要求 10 的创造性，证据 6（1922 年的一篇文献，概述了 DE197308 内容中简单提及琥珀酸和壬二酸）发挥了神奇的作用。由于包括证据 6 在内的现有技术均具体采用乙酸作为催化剂，导致从 1922 年直至当前的

100 年期间本领域技术人员自然而然地不去尝试二元酸而主攻一元酸，这其实是一种"消极的"技术偏见。那么一个消失了 100 年左右并且与当前科技的技术教导相反的教导（在琥珀酸、壬二酸存在下使甘油与氯化剂反应以产生二氯丙醇）是否可以使当前的涉案专利缺乏创造性呢？

虽然涉案专利的美国同族专利仍处于有效状态，但是对于"消极的"技术偏见，从此案来看，中国法院的审判原则是不予支持的。此外，虽然证据 6 的技术特征"琥珀酸、壬二酸"未记载在最优实施方案中，但这并不意味着给出了反向技术教导。若现有技术记载了为解决相同技术问题而采用某一技术手段，那么无论该技术手段是否记载在最优的实施方案中，通常都应认为现有技术已经给出了选择该技术手段的技术教导。

《专利审查指南（2010）》第二部分第四章第 5.2 节规定了技术偏见，其"是指在某段时间内、某个技术领域中，技术人员对某个技术问题普遍存在的、偏离客观事实的认识，它引导人们不去考虑其他方面的可能性，阻碍人们对该技术领域的研究和开发，如果发明克服了这种技术偏见，采用了人们由于技术偏见而舍弃的技术手段，从而解决了技术问题，则这发明具有突出的实质性特点和显著的进步，具备创造性"。[1]例如，对于电动机的换向器与电刷间界面，通常认为越光滑接触越好，电流损耗也越小。一项发明将换向器表面制出一定粗糙度的细纹，其结果电流损耗较小，优于光滑表面。该发明克服了技术偏见，具备创造性。

上述所指"某段时间内"应当为技术偏见存在的时间至该发明申请日的这段时间；上述"技术领域"应当为技术偏见所属的技术领域；上述"技术偏见"中的"技术"应当理解为人们在该发明申请日前通过前人的教导或公知的技术资料（包括技术手册、教科书、论文等）得出的技术方案，"偏见"应当理解为该技术方案由于危险、污染等缘由禁止实现或本身不能实现或实现有困难或实现的效果不理想从而被舍弃。而发明采用上述被舍弃的技术方案却解决了技术问题，可以克服技术偏见的认识或该发明公开了这项技术可以实现，从而取得意想不到的技术效果，因此该发明具备创造性。[2]

那么，人们长期未采用某种知识是否可以作为技术方案已被舍弃或对其存在某种普遍排斥性认识的佐证呢？未采用某种知识是一种行为上的表现，而潜在于其后的原因却可能是各种各样的。例如，人们不知道存在这样的知识或者人们虽然意识到这种知识的存在但尚未产生相关的需求或者这种知识已经被人们所遗忘等，而上述这些表现与人们对某种技术方案具有普遍的排斥性认识是完全不同的。因此，仅仅以人们长期未采用某种技术方案为由证明采用这种方案克服了技术偏见是不充分的。[3]

---

❶ 国家知识产权局. 专利审查指南 2010［M］. 北京：知识产权出版社，2010：124.

❷ 李朝虎. 论克服技术偏见的审查意见答复策略［C］//中华全国专利代理人协会. 2014 年中华全国专利代理人协会年会第五届知识产权论坛论文（第三部分），北京：知识产权出版社，2014.

❸ 李永红. 克服技术偏见对创造性判断的影响［N］. 中国知识产权报，2007－07－04（008）

在"消极的"技术偏见中，这种知识是如何被遗忘的呢？如果该知识被不适当地检索、贮存或转移，就可能产生"消极的"技术偏见。特别是在当今社会，我们正处于信息大爆炸的时代，一个知识可能会因为"信息超量"而被迅速遗忘——在考虑或消化理解之前就被搁置一旁。研发人员发现，古老的技术手段实际上可用于解决现代技术问题，这并非是不同寻常的。因为当今社会，科学技术领域的研发创新往往紧跟时代热点，而那些不属于这个时代主流的知识往往容易被遗忘。

综合上述案例的判决分析和技术偏见的定义，笔者认为，中国法院对于技术偏见的看法基本一致，即支持"肯定的"的技术偏见，不支持"消极的"的技术偏见。对于专利申请人或专利权人来说，如果想要证明涉案专利申请或涉案专利克服技术偏见具备创造性，专利申请人或者专利权人就应提出证据证明"肯定的"技术偏见的存在，证据要求达到证明"普遍存在"的程度要求，因此需要尽可能多地引证一些技术手册、教科书等公知常识性证据，从而阐述本领域中的常规做法，同时现有技术中又没有相反的证据来否定时，则可以通过论述涉案专利申请或涉案专利通过克服该"肯定的"技术偏见而使其具备创造性。如果专利申请人或专利权人提交的证据仅是一些对一定时间阶段的技术情况的反映，这些技术内容并未使得所属领域的技术人员产生偏离客观事实的普遍存在的认识，也并未能够在某个时间段内阻碍所属领域的技术人员对涉案发明所涉及的技术问题作出进一步的研究和开发，则该证据不足以证明涉案专利申请或涉案专利克服了技术偏见。而对于无效宣告请求人来说，只需举出相关证据证明现有技术中存在不同的认识，那么对于该技术问题的认识就不是技术偏见。

此外，需要注意的一点是，克服技术偏见的发明创造通常要求在专利申请阶段就必须在专利申请文件中明确记载与技术偏见相关的内容。司法实践中，最高人民法院也多次在判决和裁定中进行了明确说明，并且已存在仅仅因为没有在专利申请文件中明确记载与技术偏见相关的内容就直接否定了涉案专利的创造性的判决案例。❶ 例如，在再审申请人胡某良与被申请人国家知识产权局专利复审委员会等发明专利权无效行政纠纷案❷中，胡某良认为，涉案专利克服了技术偏见，应当认定具备创造性。最高人民法院院则认为："对于克服技术偏见的发明创造而言，发明人应当将技术偏见明确记载在专利申请文件中，并说明该发明创造对克服技术偏见的贡献之所在。然而，涉案专利文件并没有关于存在技术偏见的任何记载，也没有记载如何克服技术偏见而对现有技术作出贡献。胡某良据此认为涉案专利具备创造性的理由没有法律依据，本院不予支持。"

---

❶ 袁辰亮. 专利创造性评价中"反向技术教导"与"技术偏见"大不同［EB/OL］.（2020 - 06 - 12）［2021 - 05 - 19］. https：//mp. weixin. qq. com/s/OVEjKg2SlLGI5AFjaCOaYg.

❷ 参见最高人民法院（2015）知行字第 231 号行政裁定书。

3.4 实验数据

药物及其制备方法与用途，总体上属于化学领域，化学是一门实验性的学科，相比于其他领域具有实验性强、能否实现或实施往往难以预测等特点。因此，化学领域专利申请对实验数据存在特殊的要求，在创造性评判中往往需要对实验数据进行证实或辅助说明，说明书中通常应当包括实施例，例如产品的制备实施例和应用实施例。❶

以下将对药物领域专利申请文件中实验数据相关的热点问题，即说明书充分公开问题、补充实验数据问题、补充实验设计问题以及实验数据真实性问题进行全面阐述和案例说明，为专利申请人在药品开发相关布局中如何进行实验设计以及在专利申请文件中如何记载研究成果提供参考与借鉴。

3.4.1 说明书充分公开问题

中国《专利法》第 26 条第 3 款规定："说明书应当对发明或者实用新型作出清楚、完整的说明，以所属技术领域的技术人员能够实现为准……"对于医药领域的发明，在《专利审查指南（2010）》第二部分第十章第 3.1 节"化学产品发明的充分公开"的"（3）化学产品的用途和/或使用效果"中进一步规定："……对于新的药物化合物或者药物组合物，应当记载其具体医药用途或者药理作用，同时还应当记载其有效量及使用方法。如果本领域技术人员无法根据现有技术预测发明能够实现所述医药用途、药理作用，则应当记载对于本领域技术人员来说，足以证明发明的技术方案可以解决预期要解决的技术问题或者达到预期的技术效果的实验室试验（包括动物试验）或者临床试验的定性或者定量数据。说明书对有效量和使用方法或者制剂方法等应当记载至所属技术领域的技术人员能够实施的程度……"

2020 年 9 月 10 日予以公布、自 2020 年 9 月 12 日起施行的《最高人民法院关于审理专利授权确权行政案件适用法律若干问题的规定（一）》第 6 条规定，说明书未充分公开特定技术内容，导致在专利申请日有下列情形之一的，人民法院应当认定说明书及与该特定技术内容相关的权利要求不符合专利法第二十六条第三款的规定：

（一）权利要求限定的技术方案不能实施的；

（二）实施权利要求限定的技术方案不能解决发明或者实用新型所要解决的技术问题的；

（三）确认权利要求限定的技术方案能够解决发明或者实用新型所要解决的技术问题，需要付出过度劳动的。

当事人仅依据前款规定的未充分公开的特定技术内容，主张与该特定技术内容相

---

❶ 邢维伟，周卓. 实验数据对药物领域专利申请的影响与分析［J］. 中国新药杂志，2018，27（18）：2143－2147.

关的权利要求符合专利法第二十六条第四款关于'权利要求书应当以说明书为依据'的规定的，人民法院不予支持。

上述司法解释第 6 条的规定是对《专利法》第 26 条第 3 款有关说明书"充分公开"的适用作了进一步明确，结合《专利法》第 26 条第 3 款的规定，其主要把握三个方面的内容：一是在认定说明书是否"充分公开"时，应以"所属技术领域的技术人员"作为判断主体；二是判断充分公开的时间点，应以申请日为准；三是对于是否"充分公开"，应聚焦"权利要求限定的技术方案"，以"所属技术领域的技术人员能够实现"为准。《最高人民法院关于审理专利授权确权行政案件适用法律若干问题的规定（一）》第 6 条还明确了未"充分公开"的三类具体情形。说明书中的特定内容未能充分公开的，人民法院应当注意有所区分，认定保护范围与之相关的特定权利要求不符合《专利法》第 26 条第 3 款的规定，而不能笼统地认定整个专利或者全部权利要求不符合法律规定。❶

因此，判断说明书是否充分公开，除了时间因素以外，主要考虑以下两点因素：

（1）主体因素，即"谁"可以作出说明书是否充分公开的判断，是"一般的公众"还是"所属技术领域的技术人员"？

（2）程度因素，即发明中所记载的内容需达到何种程度才能达到说明书充分公开的程度，能够实现所述物质的制备、所述用途和/或使用效果？判断说明书充分公开的核心因素是什么？

关于主体因素，何为"所属技术领域的技术人员"？

根据《专利审查指南（2010）》第二部分第四章第 2.4 节，归纳得知其主要具有以下两种能力：

第一种能力为其知晓申请日或者优先权日之前发明所属技术领域所有的普通技术知识，能够获知该领域中所有的现有技术；

第二种能力为其具有应用该日期之前常规实验手段的能力，但其不具有创造能力。

其中，第一种能力属于对所属技术领域的技术人员的客观要求，往往出现在是否充分公开的问题认定中；第二种能力属于对所属技术领域的技术人员的主观要求，往往出现在创造性问题的认定中。

在丽珠集团利民制药厂与国家知识产权局专利复审委员会发明专利申请驳回复审行政纠纷上诉案❷（以下简称"人参皂苷"案）中，该案涉及发明名称为"一种化学结构的人参皂苷在预防和/或治疗血栓的药物中的用途"（申请号为 CN200810007891.8、申请日为 2008 年 2 月 27 日）的发明专利申请（以下简称"涉案专利申请"），其驳回决定所针对的权利要求 1 如下所示。

---

❶　林广海，李剑，杜微科，等. 系列解读之二《最高人民法院关于审理专利授权确权行政案件适用法律若干问题的规定（一）》的理解与适用［J］. 法律适用，2021（4）：19 - 24.

❷　参见北京市高级人民法院（2013）高行终字第 43 号行政判决书。

1. 人参皂苷 Rh1、F1 或两者的混合物在制备用于抗血小板聚集活性药物中的用途，

式 I

其中，取代基 R_1 和 R_2 为 H 或葡萄糖基，并且当 R_1 为葡萄糖基时，R_2 为 H，式 I 为人参皂苷 Rh1；和当 R_1 为 H 时，R_2 为葡萄糖基，式 I 为人参皂苷 F1。

人参皂苷 Rh1 和人参皂苷 F1 的具体结构式如下所示。

（a）人参皂苷Rh1

（b）人参皂苷F1

权利要求所涉及的其中一个技术方案"人参皂苷 F1 在制备用于抗血小板聚集活性药物中的用途"，涉案专利申请的说明书中并没有记载人参皂苷 F1 具有抗血小板凝结的活性作用的实验数据。

合议组认为，说明书公开不充分。专利申请人对此决定不服，向北京市第一中级人民法院提起诉讼。

北京市第一中级人民法院认为，涉案专利申请说明书虽然并未记载针对权利要求 1 要求保护的人参皂苷 F1 具有抗血小板凝结的活性实验数据，但人参皂苷 Rh1 和人参皂苷 F1 属同分异构体，取代基 R_1 和 R_2 的相互替换并未使得人参皂苷 Rh1 和人参皂苷 F1 的化学结构和生物活性发生实质性改变，仅可能对两者的理化性质产生细微影响。因此，涉案专利申请说明书公开充分。国家知识产权局专利复审委员会不服一审判决，向北京市高级人民法院提起上诉。

北京市高级人民法院则给出了完全相反的认定，其认为，药物活性取决于取代基、电荷浓度、立体性等多方面因素。该案人参皂苷 Rh1 和 F1 由于取代基互换位置、分子的立体性显然不同，根据人参皂苷 Rh1 的活性无法预期人参皂苷 F1 的活性，涉案专利申请说明书中也没有记载所述构型的人参皂苷 F1 具有抗血小板凝结的活性作用的实验数据，而该活性作用又属于必须依赖实验证实才能成立的情形。因此，国家知识产权局专利复审委员会对"说明书公开不充分"的认定正确，对其此项上诉主张，法院予以支持。

关于"同分异构体"的基础知识，对于一般的公众来说，不甚了解，知之甚少，而对于所属技术领域的技术人员而言，则是普遍知晓的。因此，判断涉案专利的说明书是否充分公开的主体应当是所属技术领域的技术人员，而非一般的公众。

一般公众对于特定领域的现有技术的掌握非常有限，其并没有达到"所属技术领域的技术人员"的能力要求，从而必然导致其认知水平无法达到正确理解涉案专利说明书公开内容的程度，从而容易得出说明书公开不充分的错误结论。

"所属技术领域的技术人员"由于其知晓所属技术领域所有的普通技术知识，能够获知并结合该领域中所有的现有技术，从而使其容易理解涉案专利说明书公开内容中的技术方案，不易导致专利权人获得的利益与其对社会作出的贡献明显不相适应的情况出现。

关于程度因素，主要判断发明中所记载的内容是否能够使本领域技术人员确信发明能够获得所述物质[1]、产生所述用途和/或效果，解决"最低层次"的技术问题。

例如，在发明名称为"具有改变的性质的葡糖淀粉酶变体"（专利号为200880110817.7）发明专利权无效宣告请求案[2]中，专利权人在专利无效宣告阶段未修改权利要求，授权公告时的权利要求 1 如下所示。

1. 分离的葡糖淀粉酶变体，其序列为 SEQ ID NO：3 的取代 T10D/F/G/K/L/M/P/R/S 所得序列。

根据涉案专利说明书的记载，涉案发明的目的在于提供具有改善的热稳定性和/或比活的亲本葡糖淀粉酶变体，该发明目的是通过在所述亲本酶的催化结构域序列（SEQ ID NO：3）中引入 T10D/F/G/K/L/M/P/R/S 取代来实现的。

该案的争议焦点在于，计算热稳定性时，涉案专利采用 PI 表征，PI =（变体残留活性)/（亲本酶残留活性），性能指数 >1 表示改善的稳定性，但是根据涉案专利说明书记载，在所采用的热稳定性测定条件下，亲本酶残留活性的离散度很大，最大值约为最小值的 3 倍，由于涉案专利说明书未提供原始数据和数据统计分析方法，所以所属领域技术人员无法确认变体残留活性与亲本酶残留活性之间是否真正存在显著差异。

因此，无效宣告请求人主张涉案专利说明书公开不充分。

针对上述争议焦点，合议组指出：

---

[1]　参见中国专利复审与无效决定第 44853 号、第 44855 号和第 48183 号。

[2]　该案为 2018 年度专利复审无效十大案件之一，参见中国专利复审与无效决定第 38464 号。

（1）说明书记载的实验数据并不要求必须是原始实验数据，只要所述数据能够使所属领域技术人员确信发明能够产生所述用途和/或效果即可。

（2）根据说明书的记载，该发明所要解决的技术问题是提供具有改善的热稳定性和/或比活的亲本葡糖淀粉酶变体。涉案专利已经具体公开了用于测定引入的取代对亲本酶的热稳定性和比活产生影响的实验方案及其结果，从而解决了该技术问题。

（3）尽管说明书并未公开热稳定性测定、比活性测定的原始实验数据和数据统计分析方法，但是说明书中记载的实验数据已经使得所属领域技术人员确信涉案专利申请所记载的方法能够实现对亲本葡糖淀粉酶的比活和/或热稳定性的改善，上述问题并不影响说明书是否公开充分的判定。

与中国判断说明书是否充分公开的上述考虑因素不同，美国的充分公开要求规定在其专利法第 112（a）条中，包括书面描述要求❶、可实施性要求和最佳实施例要求，其中为了满足可实施性要求，说明书必须教导本领域技术人员如何在没有"过度的实验"的情况下制造和使用所要求保护的发明的全部范围。在 *In re Wands* 案❷中，法院在确定是否需要进行过度的实验时提出了以下需要考虑的因素：①权利要求的范围；②发明的性质；③现有技术的状况；④本领域技术人员的常规技能水平；⑤本领域的可预测性水平；⑥发明人所提供的指导的数量；⑦是否存在工作实施例；⑧根据本发明的公开内容，制造或使用本发明所需的实验数量。在 *Amgen Inc. v. Sanofi* 案❸中，美国联邦巡回上诉法院认为，仅使用与抗原表位结合的抗体功能所限定的涉案专利难以满足"可实施性要求"，尽管有 26 个实施例，但涉案专利并未教导如何预测抗体或其序列是否将与特定的 PCKS9 残基结合，即只有通过一项项实验才能够找到在涉案专利实施例之外满足权利要求的抗体，而相关实验所需的时间和人力将是过度的。

3.4.2 补充实验数据问题

在专利实践中，对于实验科学属性较强的医药生物领域发明而言，技术效果常常依赖于实验证据的证实。然而，有些情况下申请人在提交专利申请时很难也不太可能检索到所有的现有技术并预期到专利审查程序、专利复审与无效程序以及司法程序中

---

❶ 专利的书面描述要求所要求关注的问题是专利所公开的内容是否足以证明发明人拥有所要求保护的发明的全部范围。US7446190 要求保护的是一种"第二代"CAR－T 系统，其包括：（a）ζ 链部分，其包含人 CD3 ζ 链的细胞内结构域，（b）共刺激信号区，其包含由 SEQ ID NO：6 编码的氨基酸序列，和（c）与选定目标特异性相互作用的结合元件 scFv。对于所要求保护的功能性 scFv，US7446190 没有公开代表性种类（representative species）或共同的结构特征，以使本领域普通技术人员能够区分能够实现所要求功能的 scFv 和无法实现所要求功能的 scFv，因此涉案专利因不满足书面描述要求而被无效［参见 *Juno Therapeutics*，*Inc v. Kite Pharma*，*Inc.*，No. 20－1758（Fed. Cir. 2021）］。

❷ *In re Wands*，858 F. 2d at 737，8 USPQ2d at 1404（Fed. Cir. 1988）.

❸ United States Court of Appeals for the Federal Circuit. 20－1074：AMGEN INC. v. SANOFI［OPINION］，Precedential［EB/OL］.（2021－02－11）［2021－11－03］. https：//cafc. uscourts. gov/2－11－2021－20－1074－amgen－inc－v－sanofi－opinion－uploaded/.

所引用的对比文件，因此往往会选择在申请日后通过补充实验数据的方式以证明发明相对于现有技术产生了某种预料不到的技术效果或者发明满足说明书充分公开的要求。

针对补充实验数据，可以遵循以下评判思路。

第一步：补充实验数据作为一份证据，是否具备相应的证据资格（应当考虑其是否具备证据能力，即是否具备真实性、合法性和关联性）以及是否满足相关程序上的要求。如果是，则进入第二步；如果不是，则不予接受。

第二步：核查补充实验数据待证明的技术效果，并与原申请文件记载的技术效果相比较，考察二者是否一致。如果一致，则补充实验数据应当予以接受，进而进入第三步；如果不一致，则不予接受该补充实验数据。

第三步：结合补充实验数据判断发明是否具备授权条件。❶

其中，关于"第二步"中"二者是否一致"的判断，可以从以下所述的"积极条件"和"消极条件"两个方面进行综合判断。

积极条件：原专利申请文件应当明确记载或者隐含公开了补充实验数据拟直接证明的待证事实。如果补充实验数据拟直接证明的待证事实为原专利申请文件明确记载或者隐含公开，即可认定专利申请人完成了相关研究，有关补充实验数据的接受不违反先申请原则。换言之，既不能仅仅因为原专利申请文件记载了待证事实而没有记载相关实验数据，即推定申请人构成以获取不当利益为目的的不实记载，从而当然地拒绝接受有关补充实验数据；也不能以专利申请人或有可能作不实记载为由，当然地要求其所提交的补充实验数据形成于申请日或者优先权日之前。

消极条件：申请人不能通过补充实验数据弥补原专利申请文件的固有内在缺陷，其意在强调补充实验数据通常应当通过证明原专利申请文件明确记载或者隐含公开的待证事实具备真实性，进而对专利申请人或者专利权人最终要证明的法律要件事实起到补充证明作用，而非独立证明原专利申请文件中未予公开的内容，进而克服原专利申请文件自身公开不充分等内在缺陷。❷

由于对现有技术的认识偏差、对发明技术方案发明点的理解差异、对本领域技术人员认知水平的把握不同等原因，申请人在原申请文件中并未记载特定实验数据的情形恐难避免。例如，在创造性方面，就化合物药品的创造性而言，其既可以基于化合物本身的结构或者形态，也可以基于化合物药品的药效。其中，药效既可以是药物用途，即适应证；也可以是药物效果，即药物活性、毒性、稳定性、给药途径等。上述任何一个方面非显而易见的技术贡献，都可以使技术方案满足专利授权的创造性要求，申请人在申请日或者优先权日准确预知发明点存在一定困难。即便申请人对发明点作出了准确预判，因针对同一技术问题，基于对现有技术的不同理解和对最接近现有技

---

❶ 刘婷婷. 关于补充实验数据审查思路的探析［EB/OL］.（2020 – 08 – 04）［2021 – 06 – 30］. http：//reex-am. cnipa. gov. cn/alzx/scjdpx/fswxjdpx/22381. htm.

❷ 参见最高人民法院（2019）最高法知行终 33 号行政判决书。

术的不同选择，证明创造性所需的事实和数据可能有所不同。此外，在充分公开方面，由于审查员或者无效宣告请求人对于专利申请文件的理解可能与专利申请人不同，并且因此质疑专利申请是否满足充分公开的要求。在上述情况下，专利申请人均需要依靠在申请日或者优先权日之后提交的补充实验数据以证明其专利申请符合可专利性的条件。因此，对于专利申请人在申请日之后提交的补充实验数据，应当予以审查而不是一律予以拒绝❶。

中美双方签署的中美第一阶段经贸协议第1.10条也涉及补充实验数据：

"（一）中国应允许药品专利申请人在专利审查程序、专利复审程序和司法程序中，依靠补充数据来满足可专利性的相关要求，包括对公开充分和创造性的要求。

"（二）美国确认，美国现行措施给予与本条款规定内容同等的待遇。"

中国《专利法》和《专利法实施细则》并未对申请日之后提交的补充实验数据进行规定，仅在自2020年9月12日起施行的《最高人民法院关于审理专利授权确权行政案件适用法律若干问题的规定（一）》第10条❷以及《专利审查指南》中作出相应规定。

不同版本的《专利审查指南》对于补充实验数据的审查原则所作出的具体规定如表3-4-1所示。❸

表3-4-1 《专利审查指南》相关规定

版本和修订	规定内容
1993年版	不能允许申请人将申请日之后补交的实施例写入说明书，尤其是其中与保护范围有关的内容，更不允许写进权利要求。但补交的证据可以供审查员审查专利性时参考
2001年版	与1993年版相同
2006年版	判断说明书是否充分公开，以原说明书和权利要求书记载的内容为准。申请日之后补交的实施例和实验数据不予考虑
2010年版	与2006年版相同
2017年修订（第74号）	判断说明书是否充分公开，以原说明书和权利要求书记载的内容为准。 对于申请日之后补交的实验数据，审查员应当予以审查。补交实验数据所证明的技术效果应当是所属技术领域的技术人员能够从专利申请公开的内容中得到的
2021年修订（第391号）	判断说明书是否充分公开，以原说明书和权利要求书记载的内容为准。 对于申请日之后申请人为满足专利法第二十二条第三款、第二十六条第三款等要求补交的实验数据，审查员应当予以审查。补交实验数据所证明的技术效果应当是所属技术领域的技术人员能够从专利申请公开的内容中得到的

---

❶ 参见最高人民法院（2019）最高法知行终235号行政判决书。

❷ 第10条规定："药品专利申请人在申请日以后提交补充实验数据，主张依赖该数据证明专利申请符合专利法第二十二条第三款、第二十六条第三款等规定的，人民法院应予审查。"

❸ 李春生，杨森. 浅析《协议》对我国药品专利补充数据审查标准的影响［J］. 中国发明与专利，2020，17（7）：30-36.

此外，第 391 号修订第二部分第十章第 3.5 节新增以下内容：

"3.5.2　药品专利申请的补交实验数据

按照本章第 3.5.1 节的审查原则，给出涉及药品专利申请的审查示例。

【例 1】❶

权利要求请求保护化合物 A，说明书记载了化合物 A 的制备实施例、降血压作用及测定降血压活性的实验方法，但未记载实验结果数据。为证明说明书充分公开，申请人补交了化合物 A 的降血压效果数据。对于所属技术领域的技术人员来说，根据原始申请文件的记载，化合物 A 的降血压作用已经公开，补交实验数据所要证明的技术效果能够从专利申请文件公开的内容中得到。应该注意的是，该补交实验数据在审查创造性时也应当予以审查。

【例 2】

权利要求请求保护通式 I 化合物，说明书记载了通式 I 及其制备方法，通式 I 中多个具体化合物 A、B 等的制备实施例，也记载了通式 I 的抗肿瘤作用、测定抗肿瘤活性的实验方法和实验结果数据，实验结果数据记载为实施例化合物对肿瘤细胞 IC50 值在 10～100nM 范围内。为证明权利要求具备创造性，申请人补交了对比实验数据，显示化合物 A 的 IC50 值为 15nM，而对比文件 1 化合物为 87nM。对于所属技术领域的技术人员来说，根据原始申请文件的记载，化合物 A 及其抗肿瘤作用已经公开，补交实验数据所要证明的技术效果能够从专利申请文件公开的内容中得到。应该注意的是，此时，审查员还需要结合补交实验数据进一步分析权利要求请求保护的技术方案是否满足创造性的要求。"

通过这两个示例，进一步明确了药品专利申请补交实验数据的审查标准，阐释了应当如何考虑原始申请文件的记载内容，如何站在所属技术领域技术人员的角度，判断其所证明的技术效果是否能够从专利申请公开的内容中得到。

从上述两个示例可以看出，相对于近 5 年的中国司法典型案例和专利复审无效典型案例（见表 3-4-2）而言，中国对于药品专利申请补交实验数据的审查标准作出了"突破性"和"颠覆性"的改变，从而与美国专利商标局的审查标准趋于一致。

---

❶ 从【例 1】的表述中可以看出，【例 1】的适用除了需要满足应用于"3.5.2 药品专利申请的补交实验数据"这一具体确定的领域之外，还必须满足以下两个条件：①化合物 A 是具体公开且制备的化合物，并非包含多个化合物的通式，也不是从表格化合物中通过申请日后实验进一步筛选出的优选化合物；②化合物 A 的某一种具体活性已经公开，而并非众多可能追求的活性中通过申请日后实验确认选择一种特定活性，或者从含糊不清的对活性的描述中，选择出一种具体的优选活性（参见中国专利复审与无效决定第 51799 号）。

表 3 - 4 - 2　与补充实验数据相关的近 5 年中国司法典型案例和专利复审无效典型案例

序号	案例名称	案号/决定号	涉案专利名称	备注
1	贝林格尔英格海姆法玛两合公司与国家知识产权局发明专利申请驳回复审行政纠纷上诉案	（2018）最高法行申 3961 号	用于治疗慢性阻塞性肺病的新药物	2019 年中国法院 50 件典型知识产权案例
2	取代的 2 -（2，6 -二氧哌啶 - 3 -基）- 邻苯二甲酰亚胺和 - 1 -氧异二氢吲哚及降低肿瘤坏死因子 α 的方法（专利号为 ZL97180299.8）发明专利权无效宣告请求案	第 13179 号	取代的 2 -（2，6 - 二氧哌啶 - 3 - 基）- 邻苯二甲酰亚胺和 - 1 - 氧异二氢吲哚及降低肿瘤坏死因子 α 的方法	2016 年度专利复审无效十大案件
3	含有缬沙坦和 NEP 抑制剂的药物组合物（专利号为 ZL201110029600.7）发明专利权无效宣告请求案	第 34432 号	含有缬沙坦和 NEP 抑制剂的药物组合物	2017 年度专利复审无效十大案件
4	阿斯利康（瑞典）有限公司与国家知识产权局专利复审委员会、深圳信立泰药业股份有限公司发明专利权无效行政纠纷案	（2018）京行终 6345 号	新的三唑并（4，5 - D）嘧啶化合物	2018 年中国法院 50 件典型知识产权案例
5	沃尼尔·朗伯有限责任公司与国家知识产权局专利复审委员会等发明专利权无效行政纠纷案	（2014）行提字第 8 号	结晶 [R -（R *，R *）] - 2 -（4 -氟苯基）- β，δ - 二羟基 - 5 -（1 - 甲基乙基）- 3 - 苯基 - 4 - [（苯氨基）羰基] - 1H - 吡咯 - 1 - 庚酸半钙盐	最高人民法院公报案例

　　美国专利法第 112（a）条规定：说明书应当包括该发明及其制备和使用的方式和方法的书面描述，其以完整、清晰、简明和准确的术语，以使得本领域技术人员能够制造和使用同样的发明，并应阐明发明人所设想以实现其发明的最佳实施例。

　　在 *In re Brana*（Fed. Cir. 1995）案中，涉案专利申请（US5552544A）涉及 5 - 硝基苯并 [de] 异喹啉 - 1，3 - 二酮（5 - nitrobenzo [de] isoquinoline - 1，3 - dione）类化合物、其制备方法以及其治疗肿瘤的用途。

　　权利要求 1 的表述如下所示。

1. 通式 I 所示的 5 - 硝基苯并［de］异喹啉 - 1，3 - 二酮或其可药用盐

式 I

其中，n 是 1 或 2……

涉案专利申请的说明书记载了这类苯并［de］异喹啉 - 1，3 - 二酮的 5 - 和 8 - 位非对称取代的化合物比已知的苯并［de］异喹啉 - 1，3 - 二酮类化合物"作为抗肿瘤物质具有更好的作用及作用谱"，并且记载了该化合物的制备方法和制备实施例以及药理活性试验方法，但是未记载具体药理活性试验结果。

美国专利商标局下发驳回决定，以专利申请不符合专利法第 112（a）条的规定为由驳回，美国专利审查与上诉委员会维持了该驳回决定。

专利申请人不服，向美国联邦巡回上诉法院上诉。美国联邦巡回上诉法院推翻了该驳回决定，其认为，结构类似的化合物具有活性的事实可以作为相关的证据用于支持本领域技术人员相信所宣称的效果。此外，专利申请人在申请日后提交的 Michael Kluge 的专家声明也表明所述化合物能够在临床上用作抗癌剂，并且通过使用标准实验动物进行的统计学上有效的试验来证明化合物具有宣称的药物特性。

因此，美国专利审查实践接受关于技术效果的断言式宣称，并且允许申请日后提交声明和补充实验证据证明该记载的准确性，以满足公开充分的要求。究其原因，主要是由于诚实的宣誓书❶以及相应惩罚措施（任何欺骗行为都将导致相应专利申请不应被授予专利权）的存在，从而使得美国专利商标局本着对专利申请人善意相信的原则，即便是在申请文件中未公开足够的数据，仍不予以数据公开上的苛求和严重质疑。

在《专利审查指南》第二部分第十章第 3.5.2 节新增【例 1】公布之前，在中国专利实践中，补充实验数据能够被采信的条件是，其只能作为进一步证明专利申请文件公开的技术效果的补强性证据，否则将导致专利申请人获得的专利权范围超过其在申请日时对现有技术作出的贡献，亦有违专利法以公开换保护的精神实质。对于专利申请文件中仅仅是声称或者断言，但缺乏"定性或者定量实验数据或者其他客观依据"予以印证的技术效果，导致本领域技术人员无法合理确定的，不能通过补充实验数据

---

❶　美国专利实施细则（37 CFR）第 1.132 条规定的宣誓书，其目的旨在反驳审查意见中拒绝的事实依据，用于提供证据以支持所要求保护的发明可专利性。

的方式来证明预料不到的技术效果。

例如，在贝林格尔英格海姆法玛两合公司与国家知识产权局发明专利申请驳回复审行政纠纷上诉案❶中，该案涉及发明名称为"用于治疗慢性阻塞性肺病的新药物"（申请号为 CN200910266327.2、申请日为 2003 年 11 月 11 日）的发明专利申请（以下简称"涉案专利申请"），其驳回决定所针对的权利要求 1 如下所示。

1. 式 1a 化合物：

涉案专利申请的说明书第［0008］段公开了以下内容：本发明目的是提供 β 拟药（β - 肾上腺素能物质），其一方面在治疗慢性阻塞性肺病（chronic obstructive pulmonary disease，COPD）上发挥治疗成果，另外的特征是有较长的活性作用期，因此可被用来制成活性期较长的药物。本发明的特殊目的是提供 β 拟药，基于其长效作用可被用来制备治疗 COPD 的一天给药一次的药物。除了上述目的，本发明的另外的目标在于提供这样的 β 拟药，其不仅具有异常强效且就 β2 - 肾上腺素受体而言，具有高度选择性的特性。

驳回决定以说明书公开不充分的理由驳回，即涉案专利申请未给出能够证明式 1a 化合物可以有效治疗 COPD 的任何定性或者定量实验数据，导致本领域技术人员无法实现涉案专利申请请求保护的技术方案。

贝林格尔英格海姆法玛两合公司对上述驳回决定不服，于 2012 年 9 月 5 日向国家知识产权局专利复审委员会提出了复审请求，未对专利申请文件进行修改。复审请求人贝林格尔英格海姆法玛两合公司认为：①涉案专利申请的式 1a 化合物落入附件 1（US2002/0022625A1，公开日为 2002 年 2 月 21 日）和附件 3（US4460581A，公开日为 1984 年 7 月 17 日）的通式范围内，附件 1 和附件 3 的通式化合物均是 β 拟药化合物，可用于治疗支气管哮喘或 COPD，因此本领域技术人员能够确定涉案专利申请的式 1a 化合物可用于扩张支气管并用于治疗 COPD；②β 拟药已应用于治疗哮喘超过 100 年，基于这样的现有技术水平，本领域技术人员可以毫无疑义地确定涉案专利申请的式 1a 化合物作为 β 拟药，对 COPD 具有治疗作用，对此在提交涉案专利申请时无须再提供进一步的定性和/或定量数据加以证实。

合议组于 2013 年 10 月 16 日下发复审通知书，指出：复审请求人提供的附件 1 公开了一种 β 拟药，可治疗 COPD。附件 1 的实施例 4 的化合物与权利要求 1 要求保护的

---

❶ 该案为 2019 年中国法院 50 件典型知识产权案例之一，参见最高人民法院（2018）最高法行申 3961 号行政裁定书。

式 1a 化合物相比，区别在于羟基在苯并噁嗪环结构上的位置：权利要求 1 的羟基在 6 位，而附件 1 公开的化合物的羟基在 5 位。本领域技术人员在附件 1 的实施例 4 的化合物的基础上，可预期涉案专利申请的化合物也具有与附件 1 相同的活性。由于说明书中对权利要求 1 的化合物的效果数据并无任何记载，本领域技术人员无法确定其与附件 1 的化合物相比具有任何预料不到的技术效果。因此权利要求 1 不具备创造性。

由此，涉案专利申请所涉及的说明书公开不充分问题转变为权利要求不具备创造性问题。

复审请求人贝林格尔英格海姆法玛两合公司于 2013 年 11 月 26 日提交了证据 1：式 1a 化合物和现有技术化合物的生物学数据的结果，并附了相应的细胞测定法。

证据 1 中的实验数据显示了涉案专利申请的式 1a 化合物是人 β2 受体的非常有力的部分激动剂，而且相对于 β1 受体具有卓越的选择性，EC_{50} 比（EC_{50}（β1）/EC_{50}（β2））为 256，而对比文件 1 的化合物 D1.1～D1.5（分别对应于对比文件 1 实施例 1～5）针对 β2 受体的选择性在所有实验中都是非常低的（参见证据 1 表 2）。

2014 年 11 月 28 日合议组作出如下复审决定。❶

（1）证据 1 是涉案专利申请的申请日以后提交的，并不能证明其在涉案专利申请的申请日以前就已发现并验证式 1a 化合物具有所述的"较之 β1 受体，是非常有力的 β2 受体部分激动剂"的性质，不能用于证明涉案专利申请的创造性。

（2）由于涉案专利申请说明书中并没有提供能够证明式 1a 化合物具有上述有益效果的技术信息，仅仅是根据对比文件 1 和相关的现有技术知识预测其具有 β 拟药活性并因此可用于治疗 COPD 的性质，因此，相对于对比文件 1 而言，涉案专利申请的式 1a 化合物并没有取得预料不到的技术效果。

一审、二审法院维持上述复审决定。

贝林格尔英格海姆法玛两合公司提出再审申请，最高人民法院予以驳回。

在《专利审查指南》第二部分第十章第 3.5.2 节新增【例 1】公布之后，笔者认为，若涉案专利中公开了测定化合物 1a 针对 β2 受体的选择性的实验方法的情况下❷，上述证据 1 可用于证明涉案专利申请的创造性。

在《专利审查指南》第二部分第十章第 3.5.2 节新增【例 2】公布之前，在中国专利实践中，如果涉案专利申请中并未明确具体实施例化合物对应的药效实验数据，之后想要通过补交实验数据的方式来证明具体实施例化合物产生了预料不到的技术效果从而克服创造性问题，这通常是难以被接受的。此外，若将权利要求的通式化合物修改至具体的实施例化合物，可能会引起《专利法》第 33 条所涉及的"修改超范围"的问题。

例如，在伊莱利利公司与国家知识产权局专利复审委员会发明专利申请驳回复审

---

❶　参见中国专利复审与无效决定第 78017 号。
❷　实际情况是涉案专利说明书中没有公开测定式 1a 化合物针对 β2 受体的选择性的实验方法。

行政纠纷上诉案[❶]中，该案涉及发明名称为"作为 $5-HT_{2c}$ 受体激动剂的 $6-$ 取代的 2，3，4，5 - 四氢 $-1H-$ 苯并［d］氮杂草"（申请号为 CN200580005788.4、申请日为 2005 年 2 月 18 日）的发明专利申请（以下简称"涉案专利申请"），其说明书公开了以下内容：

本发明的化合物对于 $5-HT_{2C}$ 受体具有相对选择性。与其他 $5-HT$ 受体亚型相比，具体地说，$5HT_{2A}$ 和 $5-HT_{2B}$ 受体，本发明的化合物对于 $5-HT_{2C}$ 受体特别具有相对选择性。

在用于 $5-HT_{2A}$、$5-HT_{2B}$ 和 $5-HT_{2C}$ 受体的 Galpha q - GTPγ $[^{35}S]$ 试验中，试验本发明的代表性化合物，并且发现其是 $5-HT_{2C}$ 受体的高度有效的和选择性的激动剂，具有一般小于或等于 200nM 的 EC_{50}，和大于 1.5 的 AUC 2C/2A 和 AUC 2C/2B 比例。优选的化合物是那些具有小于或等于 100nM 的 EC_{50} 和大于或等于 2.0 的 AUC 2C/2A 和 AUC 2C/2B 比例的化合物。更优选的化合物是那些具有小于或等于 50nM 的 EC_{50} 和大于或等于 3.0 的 AUC 2C/2A 和 AUC 2C/2B 比例的化合物。

说明书公开了 689 个合成本发明化合物的制备实施例，但是没有指明活性实验中具体是采用哪种或者哪些具体化合物进行的。

经实质审查，2010 年 2 月 12 日，国家知识产权局驳回了涉案专利申请。

驳回决定所针对的权利要求 1 如下所示。

1. 式 I 的化合物：

其中：

R^1 是氢；

……

或其药学可接受的盐。

伊莱利利公司不服上述驳回决定，于 2010 年 5 月 27 日向国家知识产权局专利复审委员会提出了复审请求。

2011 年 9 月 1 日，国家知识产权局专利复审委员会作出第 35858 号复审决定，决定维持国家知识产权局对涉案专利申请作出的驳回决定。合议组认为，无法确定哪些具体化合物能够实现所述发明效果，更无法据此推测出所述通式化合物中的哪些具有

[❶] 北京市高级人民法院（2013）高行终字第 963 号行政判决书。

所述用途，因此以说明书公开不充分为由作出驳回决定。

伊莱利利公司不服第 35858 号复审决定，于是向北京市第一中级人民法院提起行政诉讼。北京市第一中级人民法院维持专利复审委员会作出的第 35858 号复审决定。

伊莱利利公司不服一审判决，向北京市高级人民法院提起上诉。

2013 年 12 月 20 日，北京市高级人民法院作出二审判决，撤销一审判决和第 35858 号复审决定并要求国家知识产权局专利复审委员会重新作出复审决定。其认定，涉案专利申请说明书记载了相关活性实验和配体结合实验及其相关试验结果的判断标准、例示化合物的实验效果等内容。本领域技术人员根据说明书所记载的内容至少可以知晓权利要求 1 的通式化合物均可以达到最低的活性要求。因此，涉案专利申请已经满足了《专利审查指南（2010）》所规定的充分公开的基本要求。但是，说明书中并未明确指出具体实施例对应的实验数据，而是仅仅给出了不同的效果标准。这种表达方法带来的问题是，由于在涉案专利申请中并未明确具体实施例的实验数据，涉案申请权利要求不能修改到具体的实施例化合物，否则就违反了《专利法》第 33 条的规定。

2020 年 11 月 11 日，国家知识产权局专利复审委员会重新作出与二审判决相近似的复审决定（第 232911 号）。涉案专利因此退回原审查部门继续审查其新颖性和创造性。

2021 年 6 月 2 日，国家知识产权局再次下发审查意见通知书，涉及权利要求 1～12 和权利要求 14 的创造性问题（对比文件为 WO02074746A1），以及权利要求 13（权利要求 13 的具体化合物是专利申请人在申请阶段通过修改增加的化合物，表述为：权利要求 1 的化合物，其为 7－氯－6－[4－（叔丁基磺酰基甲基）－苄基氨基]－2，3，4，5－四氢－1H－苯并［d］氮杂草或其药学可接受的盐）的修改超范围问题（具体理由与二审判决中的修改超范围表述相近似）。

2021 年 9 月 24 日，因专利申请人未在规定时间内答复上述审查意见书，国家知识产权局针对涉案专利申请下发了视为撤回通知书。

在第 391 号修订新增【例 2】公布之后，笔者认为，针对上述该案件，虽然可通过补交对比实验数据的方式来证明具体实施例化合物产生了预料不到的技术效果从而克服创造性问题，但是与【例 2】仅存在“实施例化合物”这一单一且明确的表述相比，涉案专利申请存在“实验化合物”“例示化合物”“代表性化合物”“优选的化合物”“更优选的化合物”等多个层次不同的概念范围表述，较难确定具体实施例化合物对应的是哪个层次的概念范围，因此将权利要求的通式化合物修改至具体的实施例化合物仍然存在与【例 2】公布之前一样的“修改超范围”的困境。

根据第 391 号修订新增【例 1】和【例 2】的公布内容，国家对于补充实验数据的审查尺度是逐渐放宽的，但该尺度的放宽也可能会带来新的问题，例如专利申请人／专利权人可能会为了获得更早的申请日或优先权日，而在专利申请中记载大量未经证实的技术效果，之后通过补充实验数据的方式去证明其中的某些技术效果，从而获得专利授权或者维持专利权。针对专利申请人/专利权人上述不当获利的行为，需要国家知识产权局根据审查实践中的具体情况不断调整和明确补充实验数据的接受标准。

3.4.3 补充实验设计问题

以上通过分析相关法律规定结合案例的方式明确了专利授权、确权程序中补充实验数据需满足哪些要求，那么在实践过程中如何进行补充实验的设计呢？以下通过一个专利申请案例来具体进行阐述，其中涉案专利申请的权利要求1所要求保护的技术方案和对比文件1的技术方案的比较如图3-4-1所示。

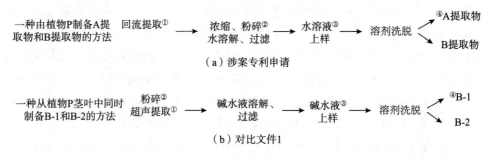

图3-4-1 涉案专利申请的权利要求1与对比文件1的技术方案比较

涉案专利申请的权利要求1相比于对比文件1的区别技术特征为：

① 权利要求1用乙醇回流代替乙醇超声提取；

② 省略了将植物P粉碎过程，在步骤中增加了将提取物粉碎的过程；

③ 用水溶液代替碱性水溶液；以及

④ 权利要求1在步骤中重新限定了提取的物质（A提取物和B提取物❶）以及相关方法参数。

审查员指出，上述区别技术特征是本领域技术人员容易想到的，或者可以通过常规选择或调整得到的，因此在对比文件1基础上结合本领域普通技术知识得到权利要求1所请求保护的技术方案对于本领域技术人员来说是显而易见的，权利要求1缺乏创造性。

通篇阅读涉案专利申请的说明书可以发现，在所列举的实施例中，针对乙酰胆碱-组胺所致豚鼠哮喘模型，A提取物相对于B提取物更能显著延长豚鼠发生喘息性抽搐或摔倒的潜伏期，而针对其他咳嗽/咳喘模型，均只有B提取物体现出药效，例如显著地抑制咳嗽次数和延长咳嗽潜伏期。

申请人针对审查员的上述审查意见并未修改权利要求书，而是进行了以下争辩。

第一，省略发明。

相比于对比文件1的方法，权利要求1所要求的由植物P制备A提取物和B提取

---

❶ B提取物为总生物碱提取物，B-1和B-2为两个不同的生物碱单体化合物。

物的方法省略了配置不同 pH 值溶液的烦琐步骤，并且具有出乎意料的技术效果，例如，显著延长豚鼠发生喘息性抽搐或摔倒的潜伏期。上述出乎意料的技术效果，正是由于采用了涉案专利申请的方法所引起的。

第二，是否存在动机。

基于对比文件 1 的公开内容，本领域技术人员将不会对对比文件 1 的提取方法进行如此多的修改，仅仅可能会参照对比文件 1 给出的方法以及相关参数提取植物 P 中的与 B-1 和 B-2 相关的物质，而将不会有动机采取与对比文件 1 的方法截然不同的方法以及相关方法参数同时提取植物 P 中的 A 提取物和 B 提取物。

第三，设计补充实验强化证明涉案专利申请的预料不到的技术效果。

涉案专利申请的补充实验设计如下：

取 100g 干燥的植物 P 药材……然后进行回流提取 1.5 小时，共提取 3 次；

……将上述植物 P 总提取物溶解于蒸馏水中，过滤，配制成浓度 0.25g/mL 的水溶液……；随后用 20 倍大孔树脂柱体积的体积百分比浓度为 30% 的乙醇水溶液……即得 A 提取物浸膏；再用 20 倍大孔树脂柱体积的体积百分比浓度为 50% 的乙醇水溶液……即得 B 提取物浸膏。

对比文件 1 的补充实验设计如下：

取 100g 干燥的植物 P 药材……然后进行超声提取 30min，共提取 3 次；

……用 pH=9 的蒸馏水溶解上述植物 P 总提取物 3 次，过滤，配制成浓度为 0.25g/mL 的水溶液……；随后用 20 倍大孔树脂柱体积的体积百分比浓度为 30% 的乙醇水溶液（pH=5）……即得含 B-1 的浸膏；再用 20 倍大孔树脂柱体积的体积百分比浓度为 50% 的乙醇水溶液（pH=5）……即得含 B-2 的浸膏。

补充实验设计组别和药效学评价指标如表 3-4-3 所示。

表 3-4-3　补充实验设计组别和药效学评价指标

No.	组别	剂量/mg/kg	动物数量/只	潜伏期		
				给药前/秒	给药后/秒	延迟率/%
①	对照组	—	10			
②	A 提取物浸膏组	10	10			
③	B 提取物浸膏组	10	10			
④	含 B-1 的浸膏组	10	10			
⑤	含 B-2 的浸膏组	10	10			
⑥	阳性药组	50	10			

其中，延迟率涉及两个对比，其中②和③与④和⑤的对比，用于证明采用了涉案专利申请的方法所制备的 A 提取物和 B 提取物相对于现有技术的 B-1 和 B-2 产生了出乎意料的技术效果，即显著延长豚鼠发生喘息性抽搐或摔倒的潜伏期；②与③的对

比，用于重现涉案专利申请的技术效果，即 A 提取物相对于 B 提取物更能显著延长豚鼠发生喘息性抽搐或摔倒的潜伏期。

上述补充实验的设计要点如下。

（1）选择能够产生预料不到的技术效果的原专利申请文件中明确记载且给出了相应的定性或定量实验数据的实验作为设计对比实验的对象；

（2）以涉案专利申请的实施例为技术方案基础，设计对比实验；

（3）保留权利要求 1 与对比文件之间的区别技术特征不变，其余实验方案保持相对一致。

（1）、（2）和（3）分别涉及补充实验设计的对象问题、基础问题和一致性问题。

最后，涉案专利申请在未修改权利要求的情况下，仅仅通过争辩和提交补充实验数据而获得授权。

3.4.4 实验数据真实性问题

《专利法》（2020 年修正）第 20 条第 1 款规定：“申请专利和行使专利权应当遵循诚实信用原则……”该条款是《民法典》第 7 条所规定的诚信原则在专利法领域的体现，对有效规范专利申请和专利权行使行为、促进专利制度的有效运行意义重大。在专利法领域，诚实信用原则规制的行为主要包括两类：一是专利申请行为；二是专利权行使行为。

不诚信的专利申请行为形式多样，非正常专利申请则是我国近年来较为突出的违反诚实信用原则的专利申请行为。例如，专利申请人向国家知识产权局专利局提交虚假的实验数据，以证明其申请专利的技术方案具有预料不到的技术效果，从而获得原本不应当被授予的专利权。❶

在“一种白芨营养面贴膜用乳液、面贴膜及其制备方法”等面膜系列发明专利申请复审请求案❷中，复审请求人上海珍馨化工科技有限公司（以下简称“上海珍馨”）就国家知识产权局专利局针对名称为“一种白芨营养面贴膜用乳液、面贴膜及其制备方法”（申请号为 CN201310113848.0）的发明专利申请作出的驳回决定提出复审请求。涉案专利是上海珍馨针对含有白芨等中药成分的面贴膜用乳液、面贴膜及其制备方法提交的系列申请之一，国家知识产权局专利复审委员会作出第 133119 号复审决定，维持上述驳回决定。

复审决定所针对的权利要求 1 如下所示。

1. 一种白芨营养面贴膜用乳液，其特征在于，由包括下述重量份的原料按常规方法制备而成：白芨提取物 0.5 ~ 1 份、1，2 - 丁二醇 8 ~ 10 份、甘油 6 ~ 10 份、三辛酸

---

❶ 徐棣枫，孟睿. 规制专利申请行为：专利法第四次修改草案中的诚信信用原则［J］. 知识产权，2019（11）：69 - 78.

❷ 该案为 2017 年度专利复审无效十大案件之一，参见中国专利复审与无效决定第 133119 号。

甘油酯 1~3 份、甘油硬脂酸酯 0.5~1 份、聚氧乙烯醚 100 硬脂酸酯 0.5~1.5 份、丙烯酸羟乙酯/丙烯酰二甲基牛磺酸钠共聚物 0.1~0.5 份、异硬脂酸异丙酯 0.2~0.5 份、2, 2, 4, 4, 6, 8, 8－七甲基壬烷 0.1~0.3 份、果胶 0.2~0.4 份、聚山梨醇酯－60 0.1~0.3 份、乙二胺四乙酸四钠盐 0.05~0.1 份、乳酸链球菌素 0.05~0.15 份、碘丙炔醇丁基氨甲酸酯 0.01~0.03 份、去离子水 100 份。

上海珍馨先后就相似主题的面贴膜及乳液提交了 30 余件发明专利申请，在活性成分和辅料以及用量均不完全相同的情况下，说明书记载了相同的实验结果。例如，上海珍馨的名称为"一种矢车菊面贴膜用乳液、面贴膜及其制备方法"（申请号为 CN201310113832. X）的发明专利申请，其公开文本的权利要求 1 如下所示：

1. 一种矢车菊面贴膜用乳液，其特征在于，由包括下述重量份的原料按常规方法制备而成：矢车菊提取液 0.5~1 份、1, 2－丁二醇 8~10 份、甘油 6~10 份、聚氧乙烯醚 100 硬脂酸酯 0.5~1.5 份、丙烯酸羟乙酯/丙烯酰二甲基牛磺酸钠共聚物 0.1~0.5 份、异硬脂酸异丙酯 0.2~0.5 份、己二胺四甲叉膦酸 0.1~0.3 份、海藻酸钠 0.2~0.4 份、聚山梨醇酯－60 0.1~0.3 份、去离子水 100 份。

该发明专利申请所记载的如下技术效果的表述与"一种白芨营养面贴膜用乳液、面贴膜及其制备方法"（申请号为 CN201310113848.0）的发明专利申请的技术效果完全相同：

由测试数据可以明显地得出，本发明实施例 1~3 使用乳酸链球菌素和碘丙炔醇丁基氨甲酸酯复配作为防腐剂，防腐效果有明显提高，在 50℃ 的加速试验中，可以达到 6 个月的防腐效果，面贴膜的保质期长，在阴凉干燥处保质期远超 3 年。并且，使用复配防腐剂，大大降低了碘丙炔醇丁基氨甲酸酯的用量，使碘丙炔醇丁基氨甲酸酯的用量控制在 0.03% 以下，乳酸链球菌素为可食用的无毒生物防腐剂，将其用于面贴膜，不会对人体或皮肤带来不良作用。本发明的面贴膜在使用之后，无需再清洗面部，使用方便。

国家知识产权局专利复审委员会作出的第 133119 号复审决定未采信上述实验结果证明的技术效果，并对实验数据可信度的认定提供了清晰的思路：真实可信的实验数据对于医药产品的确认、制备和/或用途的确认具有重要意义，如果在活性成分且辅料及用量均不相同的系列专利申请中，说明书得出如上所示的完全相同的实验结果所证明的技术效果，则不符合实验科学的一般性规律，由此将导致其所证明的技术效果不能被采信。❶

自 2020 年 9 月 12 日起施行的《最高人民法院关于审理专利授权确权行政案件适用法律若干问题的规定（一）》第 5 条和第 11 条强调专利申请的诚实信用原则，打击编造实验数据等非正常专利申请行为。

---

❶ 中国知识产权网. 2017 年度专利复审无效十大案件发布［EB/OL］.（2018－04－27）［2021－05－23］. http：//www. cnipr. com/sj/zt/ndds/xcz2018/zwdtxcz2018/201804/t20180427_226027. html.

具体而言，第5条规定："当事人有证据证明专利申请人、专利权人违反诚实信用原则，虚构、编造说明书及附图中的具体实施方式、技术效果以及数据、图表等有关技术内容，并据此主张相关权利要求不符合专利法有关规定的，人民法院应予支持。"

第11条规定："当事人对实验数据的真实性产生争议的，提交实验数据的一方当事人应当举证证明实验数据的来源和形成过程。人民法院可以通知实验负责人到庭，就实验原料、步骤、条件、环境或者参数以及完成实验的人员、机构等作出说明。"

上述第5条和第11条的规定是对2021年6月1日起施行的《专利法》第20条第1款的进一步细化，规定了专利申请人、专利权人在专利说明书及附图中虚构、编造技术内容的法律后果以及当事人对实验数据的真实性产生争议时的举证责任分配规则。

虚构、编造说明书及附图中的技术内容的情形在涉及化学、医药、材料等需要实验数据验证的技术领域较为突出，严重扰乱了正常的专利申请、审查和案件审理秩序。2021年3月11日国家知识产权局发布的《关于规范申请专利行为的办法》第2条明确，"所提交专利申请存在编造、伪造或变造发明创造内容、实验数据或技术效果"属于"非正常申请专利行为"。为依法制裁此类违法行为，《最高人民法院关于审理专利授权确权行政案件适用法律若干问题的规定（一）》第5条明确对于此类情形进行规定，当事人主张相关权利要求不符合《专利法》有关规定的，人民法院应予支持。司法实践中，人民法院可以适用《专利法》第26条第3款的规定，认定与虚构、编造的技术内容相关的权利要求应当被宣告无效。●

3.5 等同侵权

等同侵权（infringement by equivalents）是相对于字面侵权（literal infringement）而言的，具体是指被控侵权的产品或方法没有直接落入专利权利要求字面含义所描述的保护范围，但是与专利权利要求所描述的方案实质等同。等同侵权的概念最早来源于1950年美国联邦最高法院在 *Graver Tank &Mfg. Co. v. Linde Air Products Co.* 案［339 US605（1950）］中提出的侵权判定原则，目的在于防止某些企业或个人在涉案专利权利要求的字面含义之外通过取巧的方式对权利要求技术方案中的技术特征进行无关紧要的改动从而规避侵权。

等同原则在一定程度上突破了专利权利要求的字面含义，扩张了专利权的保护范围，因而对于权利要求的公示和划界功能具有负面影响。如果等同原则的适用过度不确定，使得公众无法通过阅读权利要求的文字内容获得关于专利保护范围的合理预期，那么新技术研究与开发领域中的自由竞争将受到威胁。因此，专利制度必须在等同原

● 林广海，李剑，杜微科，等. 系列解读之二《最高人民法院关于审理专利授权确权行政案件适用法律若干问题的规定（一）》的理解与适用［J］. 法律适用，2021（4）：19 – 24.

则的适用和权利要求的公示和划界功能之间谨慎地维持平衡。❶

在昆明制药集团股份有限公司与黑龙江省珍宝岛制药有限公司确认不侵害专利权纠纷案❷❸中，关于涉案专利技术特征"三七皂甙（皂苷）"和被诉技术方案技术特征"三七总皂苷"的侵权比对，从技术术语本身来说，三七皂甙（皂苷）是指从三七中提取得到的皂苷类成分，例如人参皂苷 Rg_1、人参皂苷 Rb_1 和三七皂苷 R_1。三七总皂苷是指从三七中提取得到的有效药用成分，包括 20 多种皂苷活性物质、17 种微量元素、蛋白、丰富的维生素、多糖等，因此技术特征"三七皂甙（皂苷）"和"三七总皂苷"似乎并不完全等同。但是从涉案专利说明书的描述来看，"三七皂甙粉针剂"的发明目的在于克服血塞通注射液的质量问题，而血塞通注射液的活性成分就是三七总皂苷，因此涉案专利所指"三七皂甙（皂苷）"就是血塞通原料"三七总皂苷"。基于说明书作为内部证据应先用于解释权利要求❹，"三七皂甙（皂苷）"和"三七总皂苷"的成分和含量存在重叠，且现有期刊文献中也常见将"三七皂甙（皂苷）"和"三七总皂苷"替换使用的情况。因此，笔者认为，一审和二审法院未作出任何解释说明，就仅仅依据"三七皂甙（皂苷）"和"三七总皂苷"术语之间表面文字表达上的差异而直接认定两者不同，有失妥当。

除了字面表述的等同侵权之外，以下将从数值范围特征、封闭式权利要求和放弃的技术方案三个方面解析等同侵权原则在具体司法实践中的应用，以期为我国医药企业理解与运用等同侵权原则进行侵权判定提供参考与借鉴。

3.5.1　数值范围特征

2016 年 4 月 1 日起施行的《最高人民法院关于审理侵犯专利权纠纷案件应用法律若干问题的解释（二）》第 12 条规定："权利要求采用'至少''不超过'等用语对数值特征进行界定，且本领域普通技术人员阅读权利要求书、说明书及附图后认为专利技术方案特别强调该用语对技术特征的限定作用，权利人主张与其不相同的数值特征属于等同特征的，人民法院不予支持。"此规定对于具有特殊限定的数值特征的等同适用进行了限缩。

那么，针对不具有"至少""不超过"等特殊限定的一般数值特征，如何判断是否构成等同特征呢？

在发明名称为"双唑泰泡腾片剂及其制备方法"（申请号为 CN94113652.3，申请

---

❶　崔国斌. 专利法：原理与案例［M］. 2 版. 北京：北京大学出版社，2016：696 - 697.

❷　参见黑龙江省哈尔滨市中级人民法院（2003）哈民五初字第 71 号民事判决书。

❸　参见黑龙江省高级人民法院（2004）黑知终字第 8 号民事判决书。

❹　《最高人民法院关于审理侵犯专利权纠纷案件应用法律若干问题的解释》（法释〔2009〕21 号）第 3 条规定："人民法院对于权利要求，可以运用说明书及附图、权利要求书中的相关权利要求、专利审查档案进行解释。说明书对权利要求用语有特别界定的，从其特别界定。以上述方法仍不能明确权利要求含义的，可以结合工具书、教科书等公知文献以及本领域普通技术人员的通常理解进行解释。"

日为 1994 年 12 月 9 日，授权公告号为 CN1038557C，专利权人为西安高科陕西金方药业公司）的系列专利侵权诉讼案件中，权利要求 1 如下所示。

1. 一种抗菌消炎泡腾片剂，其特征在于该片剂每片含有甲硝唑 0.18 ~ 0.22g、克霉唑 0.144 ~ 0.176g、醋酸洗必泰 0.0072 ~ 0.0088g 和泡腾剂辅料 0.32 ~ 0.38g。

针对涉嫌侵权方药品的泡腾剂辅料含量 "0.4721g" 与权利要求 1 中的特征 "泡腾剂辅料 0.32 ~ 0.38g" 是否构成等同特征，判断结论分为两类。

一类以湖南、山东的法院判决、裁定[1]为例。法院认为，首先，根据已查明的事实，在国家知识产权局专利复审委员会针对涉案专利的无效宣告请求审查中，西安高科陕西金方药业公司（以下简称 "金方药业"）作为专利权人，明确主张涉案专利权利要求 1 的突出的实质性特点为泡腾片剂剂型、辅料和含量，且指出这些区别特征的非显而易见性。国家知识产权局专利复审委员会在无效宣告请求审查决定书中亦采纳了金方药业的上述意见，认定 "权利要求 1 的技术方案是非显而易见的，并且产生了意外的有益效果，具有突出的实质性特点和显著的进步，权利要求 1 符合《专利法》第 22 条第 3 款的规定"。因此，涉案专利权利要求 1 所载明的泡腾剂辅料含量这一技术特征，具有突出的实质性特点，体现了涉案专利的创造性。其次，对于体现专利创造性的技术特征，需审慎适用等同原则，否则，会不适当地扩大专利权的保护范围。再次，涉案专利权利要求 1 对泡腾剂辅料含量数值作出了明确限定，即 "0.32 ~ 0.38g"，从字面上来看，该数值范围的含义是明确的，因此应根据该字面含义严格限定涉案专利权利保护范围。最后，基于专利权利要求的公示性，专利权一经授予就具有确定性和稳定性，解释权利要求时不得扩大或缩小，涉案专利将泡腾剂辅料 0.32 ~ 0.38g 列入权利要求并得到授权，就使社会公众有理由相信专利权人选择该数值范围已经使其技术方案最佳化和权利最大化，否则将使社会公众对具有公示性和确定性的专利权利要求无所适从。因此，上述法院认定两者不构成等同特征。

另一类以陕西的法院判决[2]为例。法院认为，泡腾剂辅料用量的不同之处，对于本领域的普通技术人员而言，无须经过创造性的劳动就能实现。由此可以认定，二者所要达到的技术效果也是基本相同的。根据《最高人民法院关于审理专利纠纷案件适用法律问题的若干规定》第 13 条第 2 款的规定 "等同特征，是指与所记载的技术特征以基本相同的手段，实现基本相同的功能，达到基本相同的效果，并且本领域的普通技术人员无需经过创造性劳动就能够联想到的特征"，法院认定两者构成等同特征。陕西省高级人民法院[3]维持一审判决，驳回上诉。

最后，只有专利权人所在地法院判定侵权成立，这种保护不得不说具有一定的地

---

[1] 参见湖南省高级人民法院（2009）湘高法民三终字第 50 号民事裁定书；长沙市中级人民法院（2008）长中民三初字第 0247 号民事判决书；山东省高级人民法院（2009）鲁民三终字第 89 号民事判决书。

[2] 参见陕西省西安市中级人民法院（2005）西民四初字第 136 号民事判决书。

[3] 参见陕西省高级人民法院（2011）陕民三终字第 00028 号民事判决书。

方保护色彩，而在其他地方的法院均未判定侵权。笔者的观点与湖南省、福建省、山东省的法院判决一致，此案泡腾剂辅料含量不构成等同，不能适用等同侵权，一方面是由于"泡腾剂辅料为 $0.32 \sim 0.38g$"属于必要的且影响创造性判断的技术特征，另一方面是由于专利权利要求的公示和划界属性。

2013 年北京市高级人民法院制定并下发的《专利侵权判定指南》第 55 条规定："对于包含有数值范围的专利技术方案，如果被诉侵权技术方案所使用的数值与权利要求记载的相应数值不同的，不应认定构成等同。但专利权人能够证明被诉侵权技术方案所使用的数值，在技术效果上与权利要求中记载的数值无实质差异的，应当认定构成等同。"2017 年修订的《专利侵权判定指南》第 57 条第 1 款的规定"权利要求采用数值范围特征的，权利人主张与其不同的数值特征属于等同特征的，一般不予支持。但该不同的数值特征属于申请日后出现的技术内容的除外"进一步限缩了数值范围的等同适用空间，数值范围特征不同于文字描述类技术特征，专利权人是根据其研发结果而概括和表述该数值范围的，因此并不存在需要通过适用等同原则来弥补的困难，数值范围的宽窄，实际上是与专利权人的研发广度和深度直接相关的。

从文字表述可以看出，2013 年制定的《专利侵权判定指南》第 55 条实际上只是明确了对数值范围特征适用等同原则的举证责任，只要专利权人能够证明被诉侵权技术方案所使用的数值，在技术效果上与权利要求中记载的数值无实质差异的，仍然认定构成等同，只有在专利权人不充分举证的情况下，才不予以认定等同。而《专利侵权判定指南（2017）》第 57 条第 1 款中，明确将数值范围特征的等同适用范围限定为"申请日后出现的技术内容"，对于提交专利申请时已经存在或者足以预见但未被概括到权利要求中的数值内容，即使专利权人能够证明其在技术效果上与权利要求中记载的数值无实质性差异，亦不应认定为等同。对于被诉技术方案中采用的与权利要求中的数值范围不同的数值，如果专利权人主张其为等同特征的，应由专利权人举证证明该不同数值属于"申请日后出现的技术内容"，例如提供标注有生产日期和该不同数值的通过公证购买的被控侵权产品，证明该不同数值属于随着科学技术发展而出现的能够解决专利技术问题的新技术手段。❶ 此外，以"申请日"作为判断数值特征等同侵权的时间点，属于"以侵权行为发生日作为专利等同侵权判定的时间"❷ 的例外情形。

《专利侵权判定指南（2017）》第 57 条第 1 款以正式生效的规范性文件的形式对一般数值范围特征限定专利权利要求的等同侵权情形作出规定。虽然《专利侵权判定指南（2017）》并非司法解释，对于北京市各级人民法院的审判实务而言，也只是作为一

---

❶ 北京市高级人民法院知识产权审判庭. 北京市高级人民法院《专利侵权判定指南（2017）》理解与适用 [M]. 北京：知识产权出版社，2020：237 – 238.

❷ 《专利侵权判定指南（2017）》第 54 条指出："判定被诉侵权技术方案的技术特征与权利要求的技术特征是否等同的时间点，应当以被诉侵权行为发生时为界限。"英国采用专利公告日，德国采用专利申请日或优先权日，美国采用侵权行为日，日本最初采用申请日，后来也改为采用侵权行为日。以侵权行为发生日为界限，使专利权在有效期间处于动态的保护之中，更能实现等同侵权的制度设计初衷并符合技术发展现状。

个参考和指引，欠缺了在全国普遍强制性适用的效力，但其发布也具有重大意义。

3.5.2 封闭式权利要求

《专利审查指南（2010）》第二部分第十章第4.2.1节指出，"组合物权利要求应当用组合物的组分或者组分和含量等组成特征来表征。组合物权利要求分开放式和封闭式两种表达方式。"其中"封闭式，例如'由……组成''组成为''余量为'等，这些都表示要求保护的组合物由所指出的组分组成，没有别的组分，但可以带有杂质，该杂质只允许以通常的含量存在。"

《专利侵权判定指南（2017）》第26条指出："采用'由……组成'表达方式的权利要求为封闭式权利要求，一般应解释为不含有权利要求所述以外的结构组成部分或方法步骤。医药、化学领域中涉及组分的封闭式权利要求是基于每个组分各自的特性而共同发生作用，无需其他物质即可产生特定的技术效果，但中药组合物权利要求除外。"值得注意的是，其中所涉及的"医药、化学领域"不包括中药领域中的组合物，原因在于，中药组合物中各味中药的配伍讲究"君臣佐使"，其在作用方式、制作工艺、理化参数等方面皆与化学药物存在根本性的区别，并且其治疗作用机理尚无法完全用现代化学手段加以解释。在具体的案件中，应当着重审查中药类的被诉侵权技术方案增加的技术特征（例如，新增加的一味中药）对于技术问题的解决是否产生实质性影响[1]，若未产生实质性影响，则被诉侵权技术方案仍然落入专利权的保护范围。

《专利侵权判定指南（2017）》第41条指出："被诉侵权技术方案在包含一项封闭式权利要求全部技术特征的基础上，增加其他技术特征的，应当认定被诉侵权技术方案未落入该权利要求的保护范围。但对于医药、化学领域中涉及组分的封闭式权利要求，该增加的技术特征属于不可避免的常规数量杂质的除外。"该条款中主要应关注于但书条款，由于封闭式权利要求往往应用于化学、生物、医药领域，而化学、生物物质的特性就决定了不可能存在100%的物质，即不可能完全排除杂质，因此，如果被告举证证明被诉侵权技术方案中还存在其他成分，而原告若可以证明该其他成分属于不可避免的常规数量杂质，则应当认为该杂质不应予以考虑，被诉侵权技术方案仍然落入专利权的保护范围。[2]

关于封闭式权利要求的表现形式，在澳诺（中国）制药有限公司诉湖北午时药业股份有限公司、王某社侵犯发明专利权纠纷再审案[3]中，涉案专利的权利要求1和权利要求2如下所示。

---

[1] 北京市高级人民法院知识产权审判庭. 北京市高级人民法院《专利侵权判定指南（2017）》理解与适用[M]. 北京：知识产权出版社，2020：132.

[2] 北京市高级人民法院知识产权审判庭. 北京市高级人民法院《专利侵权判定指南（2017）》理解与适用[M]. 北京：知识产权出版社，2020：185.

[3] 该案为最高人民法院公报案例，参见最高人民法院（2009）民提字第20号民事判决书。

1. 一种防治钙质缺损的药物，其特征在于：它是由下述重量配比的原料制成的药剂：活性钙 4～8 份，葡萄糖酸锌 0.1～0.4 份，谷氨酰胺或谷氨酸 0.8～1.2 份。

2. 如权利要求 1 所述的一种防治钙质缺损的药物，其特征在于所述的药剂是散剂或口服液。

关于权利要求 1 是否为封闭式结构，最高人民法院认为，涉案专利权利要求 1 为组合物权利要求，采用了"由下述重量配比的原料制成的药剂"的表达方式。权利要求 1 的这种表达方式，并不属于国家知识产权局制定的《专利审查指南（2010）》中所列举的"由……组成""组成为"等封闭式权利要求的表达方式。此外，从权利要求 1 与权利要求 2 的限定关系来看，权利要求 1 也不是封闭式表达方式。从属于权利要求 1 的权利要求 2 限定了药剂为散剂或口服液。一般而言，从属权利要求是对独立权利要求的进一步限定而非扩张。在从属权利要求 2 进一步限定了权利要求 1 中的药剂可以是散剂或口服液的情况下，显然权利要求 2 还隐含包括除了活性钙、葡萄糖酸锌、谷氨酰胺或谷氨酸之外的其他组分，说明权利要求 1 可以包括除了活性钙、葡萄糖酸锌、谷氨酰胺或谷氨酸之外的其他组分。因此，权利要求 1 应当理解为开放式表达方式的权利要求。

关于不可避免的常规数量杂质，在胡某泉与山西振东泰盛制药有限公司、山东特利尔营销策划有限公司医药分公司侵犯发明专利权纠纷再审案❶中，涉案专利的权利要求 2 如下所示。

2. 一种注射用三磷酸腺苷二钠氯化镁冻干粉针剂，其特征是：由三磷酸腺苷二钠与氯化镁组成，二者的重量比为 100 毫克比 32 毫克。

山西振东泰盛制药有限公司生产的被诉侵权产品"注射用三磷酸腺苷二钠氯化镁"的包装规格为三磷酸腺苷二钠 100 mg 氯化镁 32mg×10 支×60 盒，在包装盒内的药品说明书记载的成分中出现了"全部辅料名称为：碳酸氢钠和精氨酸"的记载。

在该案审理过程中，"①如何确定涉案专利权利要求 2 的保护范围？"和"②被诉侵权产品是否落入涉案专利权利要求 2 的保护范围"成为争议焦点。

关于争议焦点①，最高人民法院认为，涉案专利权利要求 2 明确采用了《专利审查指南（2010）》所规定的"由……组成"的封闭式表达方式，属于封闭式权利要求，其保护范围应当按照对封闭式权利要求的一般解释予以确定，即涉案专利权利要求 2 所要求保护的注射用三磷酸腺苷二钠氯化镁冻干粉针剂仅由三磷酸腺苷二钠与氯化镁组成，除可能具有的通常含量的杂质外，别无其他组分。辅料并不属于杂质，因此辅料也在涉案专利权利要求 2 的排除范围之内。

关于争议焦点②，胡某泉辩称，被诉侵权产品添加了无关紧要的辅料，与涉案专利构成等同。最高人民法院则认为，所谓等同，是指被诉侵权技术方案中的技术特征

---

❶　参见最高人民法院（2012）民提字第 10 号民事判决书。

与专利权利要求中记载的对应技术特征之间的等同，而不是指被诉侵权技术方案与专利权利要求所要求保护的技术方案之间的整体等同；同时，等同原则的适用不允许忽略专利权利要求中记载的任何技术特征。之所以在专利侵权判定中发展出等同原则，是考虑到事实上不可能要求专利权人在撰写权利要求时能够预见侵权者以后可能采取的所有侵权方式，因此，对权利要求的文字所表达的保护范围作出适度扩展，将仅仅针对专利技术方案作出非实质性变动的情况认定为构成侵权，以起到保护专利权人的合法权益，维护整个专利制度的作用。然而，在权利要求中采用"由……组成"的封闭式表达方式，本身就意味着专利权人通过撰写限定了专利权的保护范围，明确将其他未被限定的结构组成部分或者方法步骤排除在专利权保护范围之外。该案中，涉案专利权利要求2属于封闭式权利要求，其本身使用的措辞已经将三磷酸腺苷二钠和氯化镁之外的组分排除在专利权保护范围之外。如果通过适用等同原则，将专利权人明确排除的结构组成部分或者方法步骤重新纳入封闭式权利要求的保护范围，认定被诉侵权产品与权利要求2构成整体等同，既不符合适用等同原则的基本目的，亦不符合司法解释中有关技术特征等同的规定。因此，对于胡某泉关于等同侵权的相关主张，法院不予支持。

因此，最高人民法院认为，如果被诉侵权技术方案存在除了不可避免的杂质之外的其他组分时，应当认定其未落入封闭式权利要求的保护范围。

有人指出不能作出这样的盖然判断，其认为：如果被诉侵权技术方案中除了封闭式权利要求的技术方案中的组分外，还包括对组合物的性质和发明目的、技术效果没有关系的其他组分，也应当认定其落入专利权的保护范围。该观点的理由如下。

以医药领域为例，专利申请并不要求以专利药品已经上市或者获得审批为前提。只要在实验室阶段发现该技术方案对于某种疾病具有活性，根据专利先申请的原则，为了尽可能早地获得专利申请日，专利申请人就可向专利局申请专利，至于以后专利药品被制成什么剂型、需要什么赋形剂、添加剂以及其他药用辅料成分，在此后若干年的临床前研究和临床应用阶段再考虑也不晚。如果要求专利申请人在专利申请阶段就将专利药品临床应用时所需的其他辅助成分全部确定，方可以申请专利，则显然与专利法的基本原则相违背。此外，采用封闭式权利要求撰写方式的专利被授予专利权后，如果被诉侵权人在专利技术方案中加入了对组合物的性质、发明目的和技术效果没有关联的其他组分，故意逃避侵权责任，而专利权人基于其封闭式权利要求保护范围恒定的基本原则，不能得到救济，显然是不公平的。例如，专利技术方案是一种药物制剂，采用封闭式权利要求撰写，被诉侵权产品仅仅为了调整药物制剂的口味，在专利技术方案的基础上加入糖或者其他甜味剂，难道就能认定被诉侵权技术方案未落入专利权保护范围吗？显然这种观点是违背常理的。因此，如果被诉侵权技术方案中新增加的技术特征对组合物的性质和技术效果未产生实质性影响的，仍然应当认为其

落入专利权保护范围内。❶

　　笔者并不赞同上述观点，原因在于，专利申请时虽然不清楚专利药品后期会被制成什么剂型以及可能采用什么药用辅料成分，但是这并不妨碍在专利申请阶段就选择开放式权利要求而非封闭式权利要求的撰写方式进行药物组合物的保护。为了维护社会公众基于专利授权文本的信赖利益，在专利侵权诉讼程序中确定专利权的保护范围时，一般应当尊重专利授权程序中所采用的权利要求撰写方式。在药物组合物的专利申请阶段，专利申请人有自主选择的权利并有充分的机会主张具有更宽保护范围的权利要求即开放式权利要求的撰写方式，但它并没有这样做，则应当由专利权人承担其未能为发明确定更为有利的权利要求撰写方式的代价，即对于封闭式权利要求而言，一般应当解释为不含有该权利要求所述组分以外的其他组成成分。

3.5.3　放弃的技术方案

　　关于放弃的技术方案能否重新纳入专利权利要求的保护范围，主要依据《最高人民法院关于审理侵犯专利权纠纷案件应用法律若干问题的解释》第 5 条规定的"捐献原则"（Dedication Rule）❷、第 6 条规定的"禁止反悔原则"❸，以及《专利侵权判定指南（2017）》第 63 条规定的"导致禁止反悔的放弃必须明示原则"。

　　1. 捐献原则的含义与适用

　　具体而言，《最高人民法院关于审理侵犯专利权纠纷案件应用法律若干问题的解释》第 5 条指出："对于仅在说明书或者附图中描述而在权利要求中未记载的技术方案，权利人在侵犯专利权纠纷案件中将其纳入专利权保护范围的，人民法院不予支持。"之所以在专利侵权纠纷中引入捐献原则，主要原因在于专利权的排他性是通过权利要求书的内容而非说明书的内容来向公众表明的，因此必须保护公众对于专利权利要求公示和划界的信赖利益。捐献原则源自美国，美国联邦巡回上诉法院最早于 1991 年在 *Unique Concepts*, *Inc. v. Brown* 案❹判决中认为，在说明书中披露但没有在权利要求中请求保护的主题被视为捐献给社会公众。此后，美国联邦巡回上诉法院在 2004 年的 *PSC Computer Prods*, *Inc. v. Foxconn Int'l*, *Inc.* 案❺中进一步明确确定捐献原则的适

---

❶ 北京市高级人民法院知识产权审判庭. 北京市高级人民法院《专利侵权判定指南（2017）》理解与适用 [M]. 北京：知识产权出版社，2020：185 – 186.

❷《专利侵权判定指南（2017）》第 58 条规定："仅在说明书或者附图中描述而未被概括到权利要求中的技术方案，应视为专利权人放弃了该技术方案。权利人主张该技术方案落入专利权保护范围的，不予支持。"

❸《专利侵权判定指南（2017）》第 61 条规定："被诉侵权技术方案中的技术特征与权利要求中的技术特征是否等同进行判断时，被诉侵权人可以专利权人对该等同特征已经放弃、应当禁止其反悔为由进行抗辩。禁止反悔，是指在专利授权或者无效程序中，专利申请人或专利权人通过对权利要求、说明书的限缩性修改或者意见陈述的方式放弃的保护范围，在侵犯专利权诉讼中确定是否构成等同侵权时，禁止权利人将已放弃的内容重新纳入专利权的保护范围。"

❹ *Unique Concepts*, *Inc. v. Brown*, 939 F. 2d 1558, 1563 (Fed. Cir. 1991).

❺ *PSC Computer Prods.*, *Inc. v. Foxconn Int'l*, *Inc.*, 355 F. 3d 1353 (Fed. Cir. 2004).

用标准为：如果本领域技术人员阅读说明书之后可以理解所披露但是未要求保护的确切内容，则此可供选择的主题就捐献给了公众，但这种披露捐献原则并不意味着，只要说明书披露了一个上位概念，这个概念的所有下位概念就全部捐献给了社会。说明书披露的内容必须足够具体化，以达到使本领域技术人员可以识别出说明书已经披露但是属于权利要求未要求保护的主题的程度。❶

在成都优他制药有限责任公司（以下简称"优他公司"）诉江苏万高药业有限公司、四川科伦医药贸易有限公司侵犯发明专利权纠纷再审案❷中，涉案专利名称为"藏药独一味软胶囊制剂及其制备方法"，国家知识产权局于 2006 年 5 月 10 日以授权公告号为 CN1255100C 予以公告，专利号为 ZL200410031071.4。

涉案专利的权利要求 1 如下所示。

1. 一种独一味的软胶囊制剂，其特征在于该软胶囊由如下重量份的原料药组成：独一味提取物 20～30 重量份，植物油 25～36 重量份，助悬剂 1～5 重量份；

其中独一味提取物由下面四种提取方法中任意一种制备：

Ⅰ. 取独一味药材，粉碎成最粗粉，加水煎煮二次……

Ⅱ. 取独一味药材，粉碎成最粗粉，加水煎煮二次……

Ⅲ. 取独一味药材，粉碎成粗粉，加 70%～99% 的乙醇回流提取 2～3 次……

Ⅳ. 取独一味药材，粉碎成粗粉，置于渗漉器中用 70%～90% 乙醇浸泡 12～36 小时后……

被诉侵权产品❸中存在"加 10 倍量水煎煮 3 次"的技术特征，涉案专利的公开文本和授权文本中权利要求均仅限定了"加水煎煮二次"，并且在涉案专利说明书第 12 页"最佳提取条件的确定"一节中记载："取独一味提取物三份，每份 1000g，加 20 倍水，分别煎煮 1 次、2 次、3 次，分别滤过，滤液浓缩，干燥……结果表明，煎煮 2 次和煎煮 3 次，得粉率和木犀草素含量接近，为降低生产成本，选择煎煮 2 次。"专利权人优他公司在涉案专利授权和无效宣告程序中作出的意见陈述中指出："本发明所述独一味提取物的四种制备方法为发明人进行了大量的工艺筛选和验证试验后最终确定的工艺步骤，现有技术中并没有公开，由此得到的本发明中所述的独一味提取物与现有技术如《中华人民共和国药典》（2000 年版，一部）中的独一味提取物并不等同。"

关于"加水煎煮二次"的特征，最高人民法院认为，参照《最高人民法院关于审理侵犯专利权纠纷案件应用法律若干问题的解释》第 6 条的规定，"煎煮二次"与"煎煮 3 次"不构成等同特征，后者没有落入涉案专利权利要求 1 的保护范围内。笔者则

---

❶ 北京市高级人民法院知识产权审判庭. 北京市高级人民法院《专利侵权判定指南（2017）》理解与适用 [M]. 北京：知识产权出版社，2020：239 - 240.

❷ 该案为 2010 年中国法院知识产权司法保护 50 件典型案例，参见最高人民法院（2009）民提字第 158 号民事判决书.

❸ 依据主要为药品批准文号"国药准字 Z20050221"药品注册批件的 YBZ08242005 标准（试行）。

认为，"煎煮二次"是"非常清楚的限定词"，最高人民法院的"没有落入"结论正确，但法律适用存在不当之处，更应该适用上述司法解释第 5 条的"捐献原则"（涉案专利的公开文本仅限定了"加水煎煮两次"）而非第 6 条的"禁止反悔原则"。

2. 禁止反悔原则的含义与适用

《最高人民法院关于审理侵犯专利权纠纷案件应用法律若干问题的解释》第 6 条规定："专利申请人、专利权人在专利授权或者无效宣告程序中，通过对权利要求、说明书的修改或者意见陈述而放弃的技术方案，权利人在侵犯专利权纠纷案件中又将其纳入专利权保护范围的，人民法院不予支持。"通常认为，禁止反悔原则是对等同原则的限制，两者相辅相成，共同确保对专利权人提供既充分又适度的权利要求保护范围，同时又兼顾社会公众的利益。禁止反悔原则是利用专利权人自身作出的修改或意见陈述来避免其过分扩张权利要求的保护范围，故禁止反悔原则是被诉侵权人进行防御的重要武器，其与等同原则是盾与矛的关系。❶

关于适用禁止反悔原则的主体，现行法律和司法解释对于人民法院是否可以主动适用等同原则未作规定，为了维持专利权人与被控侵权人以及社会公众之间的利益平衡，亦不应对人民法院主动适用禁止反悔原则予以限制。因此，在认定是否构成等同侵权时，即使被控侵权人没有主张适用禁止反悔原则，人民法院也可以根据业已查明的事实，通过适用禁止反悔原则对等同原则予以必要的限制，以合理地确定涉案专利权利要求的保护范围。❷

关于适用禁止反悔原则的限制，《专利侵权判定指南（2017）》第 63 条❸进一步指出："专利申请人或专利权人对权利要求保护范围所作的限缩性修改或者陈述必须是明示的，而且已经被记录在书面陈述、专利审查档案、生效的法律文书中。权利人能够证明专利申请人、专利权人在专利授权确权程序中对权利要求书、说明书及附图的限缩性修改或者陈述被明确否定的，应当认定该修改或者陈述未导致技术方案的放弃。"其包含两层含义：①适用禁止反悔原则时，专利权人放弃部分技术方案的表示必须是明示的。所谓"明示"，是指以书面形式记载，并具有法律效力，其中采用书面形式具有公示公信的作用，这就要求专利权人在专利授权和无效程序时所作的承诺必须是明示的、公开的、指向明确的，且记载于书面载体中。②权利人为了应对专利授权确权程序中权利有效性受到的挑战作出的放弃，且该放弃被采信的，才导致禁止反悔原则

❶　北京市高级人民法院知识产权审判庭．北京市高级人民法院《专利侵权判定指南（2017）》理解与适用[M]．北京：知识产权出版社，2020：259.

❷　参见最高人民法院（2009）民申字第 239 号民事裁定书。

❸　《最高人民法院关于审理侵犯专利权纠纷案件应用法律若干问题的解释（二）》第 13 条规定："权利人证明专利申请人、专利权人在专利授权确权程序中对权利要求书、说明书及附图的限缩性修改或者陈述被明确否定的，人民法院应当认定该修改或者陈述未导致技术方案的放弃。"

的适用❶，其中由于专利授权确权程序对于技术特征的认定存在连续性，权利人作出的陈述是否被"明确否认"，应当对专利授权和确权阶段技术特征的审查过程进行客观全面的判断，着重考察权利人对技术方案作出的限缩性陈述是否被裁判者最终认可，是否由此导致专利申请得以授权或者专利权得以维持。❷

以下将通过两个具体案例阐述在专利授权和确权过程中何种限缩性修改和/或陈述将导致在相关的专利侵权诉讼中禁止反悔的适用。

关于在专利授权过程中的限缩性修改或意见陈述导致在侵权诉讼中"禁止反悔"的适用，在澳诺（中国）制药有限公司诉湖北午时药业股份有限公司、王某社侵犯发明专利权纠纷再审案❸中，涉案专利的权利要求 1 如下所示。

1. 一种防治钙质缺损的药物，其特征在于：它是由下述重量配比的原料制成的药剂：活性钙 4～8 份，葡萄糖酸锌 0.1～0.4 份，谷氨酰胺或谷氨酸 0.8～1.2 份。

湖北午时药业股份有限公司生产的新钙特牌"葡萄糖酸钙锌口服溶液"的产品说明书载明的成分为每 10ml 含葡萄糖酸钙 600mg、葡萄糖酸锌 30mg、盐酸赖氨酸 100mg。

其中，关于活性钙与葡萄糖酸钙是否等同问题，最高人民法院认为，涉案专利申请公开文本明确记载，可溶性钙剂是"葡萄糖酸钙、氯化钙、乳酸钙、碳酸钙或活性钙"。可见，在专利申请公开文本中，葡萄糖酸钙和活性钙是并列的两种可溶性钙剂。从涉案专利审批文档中可以看出，专利权人在专利授权程序中对权利要求 1 所进行的修改，放弃了包含"葡萄糖酸钙"技术特征的技术方案，上述修改是针对权利要求在实质上得不到说明书支持的审查意见而进行的，同时，专利申请人在修改时的意见陈述中，并未说明活性钙包括葡萄糖酸钙。根据禁止反悔原则，专利申请人在专利授权程序中，通过对权利要求、说明书的修改或者意见陈述而放弃的技术方案，在专利侵权纠纷中不能将其纳入专利权的保护范围。因此，涉案专利权的保护范围不应当包括"葡萄糖酸钙"技术特征的技术方案。被诉侵权产品的相应技术特征为葡萄糖酸钙，属于专利权人在专利授权程序中放弃的技术方案，不应当认为其与权利要求 1 中记载的"活性钙"技术特征等同而将其纳入专利权的保护范围。

关于在专利确权程序中的限缩性修改或意见陈述导致在侵权诉讼中禁止反悔的适用，在四川隆盛药业有限责任公司与淮南市杰明生物医药研究所、北京同仁堂合肥药店有限责任公司侵犯发明专利权纠纷再审案❹中，涉案专利"亮菌糖浆的生产方法"（授权公告号为 CN1031915C，申请日为 1992 年 9 月 8 日）的权利要求 1 如下所示。

---

❶ 北京市高级人民法院知识产权审判庭. 北京市高级人民法院《专利侵权判定指南（2017）》理解与适用 [M]. 北京：知识产权出版社，2020：274－275.

❷ 参见最高人民法院（2017）最高法民申 1826 号民事裁定书。

❸ 该案为最高人民法院公报案例，参见最高人民法院（2009）民提字第 20 号民事判决书。

❹ 参见最高人民法院（2010）民提字第 149 号民事判决书。

1. 亮菌糖浆的生产方法，其特征在于，将经过筛选、复壮培养的亮菌作为生产亮菌糖浆的菌种，接种在培养基内，置于 23～28℃ 的恒温室内培养 50～60 天，使之成为菌丝体；将成熟的菌丝体切碎置于金属容器内，每 100 公斤菌丝体加蒸馏水 80 公斤，在 80℃ 下浸煮 40 小时，过滤浸煮液，并将滤液在 70℃ 下负压浓缩至 25～30 公斤，加入配料，拌匀、冷却后分装并消毒。

在与涉案专利相关的专利无效宣告程序❶中，专利权人主张涉案专利的低温浸煮与现有技术所述的常规沸腾浸煮、加热煮沸两小时实质不同，并以此作为依据之一主张涉案专利具备创造性，合议组也基于此认定权利要求 1 以特定加水比例（每 100 公斤菌丝体加蒸馏水 80 公斤）和提取温度（80℃）对亮菌菌丝体浸煮特定的时间（40 小时）与附件 1❷ 中记载的"（对亮菌菌丝体）浸煮"以及附件 7❸ 中的"（对亮菌菌丝体）加热煮沸 2 小时"不同，并以此区别技术特征认定权利要求 1 具备创造性。

最高人民法院认为，专利权人在涉案专利无效宣告程序中对权利要求 1 的低温浸煮特征以及 70℃ 下负压浓缩特征的陈述，放弃了常规加热煮沸以及常压浓缩的技术方案。在专利侵权纠纷中不能将专利无效宣告程序中通过意见陈述放弃的技术方案纳入专利权的保护范围。涉案专利权的保护范围不应包括已被放弃的技术方案。被诉侵权方法中的"加水蒸煮两次，每次 3 小时"和"合并煎液滤过，滤液浓缩至适量"两项技术特征，与涉案专利权利要求 1 记载的"在 80℃ 下浸煮 4 小时"和"过滤浸煮液，并将滤液在 70℃ 下负压浓缩至 25～30 公斤"既不相同也不等同，被诉侵权方法没有落入涉案专利权的保护范围。

在专利侵权纠纷过程中，作为被诉侵权的一方，采用专利无效宣告程序将原告方的涉案专利无效，往往是解决专利侵权纠纷最有效的途径，即使无法将涉案专利全部无效或部分无效，也可以迫使专利权人在专利无效宣告程序中为了保住自身专利权而对其权利要求作出限缩性修改或者陈述，从而使被诉侵权的一方在专利侵权纠纷中有效利用禁止反悔原则，使得专利权人在侵权诉讼中不能再将已经放弃的技术方案以等同特征的方式纳入专利权利要求的保护范围，从而使得被诉侵权产品未落入涉案专利权利要求的保护范围内，不构成侵犯专利权。

❶　参见中国专利复审与无效决定第 WX9836 号。

❷　附件 1：亮菌糖浆的生产及其临床应用，《医药工业》，1975（7），封面、目录首页、第 13～15 页，复印件共 5 页。

❸　附件 7：《食用菌栽培技术》，湖南科学技术出版社，1983 年 7 月第 1 版，封面页、出版信息和前言页、目录第 2 和 3 页、正文第 181 页、第 183 页、第 184 页，复印件共 6 页。

第4章 <<<<<<<<

医药专利法律制度

　　2020 年 10 月 17 日，第十三届全国人大常务委员会第二十二次会议通过了关于修改《中华人民共和国专利法》的决定，修改后的《专利法》自 2021 年 6 月 1 日起施行。其中增加的第 76 条❶涉及药品上市审评审批过程中，药品上市许可申请人与有关专利权人或者利害关系人，因申请注册的药品相关的专利权产生纠纷的情况如何从法律层面在上市前进行解决，事关原研药企业与仿制药企业的切身利益，因此备受国内外医药企业关注。

　　此次《专利法》的修改确立了药品上市纠纷早期解决机制的基本性规则，在药品上市审评审批过程中，应相关当事人的请求，人民法院或国务院专利行政部门需对申请注册的药品相关技术方案是否落入他人药品专利权保护范围作出裁判；国家药监局需根据人民法院或国务院专利行政部门生效裁判作出是否暂停批准相关药品上市的决定。

　　该药品上市纠纷早期解决机制将相关药品上市审批程序与药品相关专利权纠纷解决程序相衔接，从而争取在药品上市许可申请阶段就能够尽早解决相关药品专利权纠纷，而不将其留待药品上市后通过专利侵权诉讼进行解决，从而降低仿制药上市后的专利侵权风险，有利于推动仿制药高质量发展，同时有利于保护专利权人的合法权益，

---

　　❶ 自 2021 年 6 月 1 日起施行的《专利法》第 76 条规定："药品上市审评审批过程中，药品上市许可申请人与有关专利权人或者利害关系人，因申请注册的药品相关的专利权产生纠纷的，相关当事人可以向人民法院起诉，请求就申请注册的药品相关技术方案是否落入他人药品专利权保护范围作出判决。国务院药品监督管理部门在规定的期限内，可以根据人民法院生效裁判作出是否暂停批准相关药品上市的决定。药品上市许可申请人与有关专利权人或者利害关系人也可以就申请注册的药品相关的专利权纠纷，向国务院专利行政部门请求行政裁决。国务院药品监督管理部门会同国务院专利行政部门制定药品上市许可审批与药品上市许可申请阶段专利权纠纷解决的具体衔接办法，报国务院同意后实施。"

有助于原研药企业不断进行创新药的研发。但是，在相对平衡的规则下，实际上相对更有利于仿制药企业，其最终目的一方面是为了给仿制药企业未来的原研药物研发注入更大的资金支持；另一方面，更是为了进一步提高药品可及性，使得我国民众能够以可承担的价格获得高质量的药品。

关于在中国上市药品专利信息登记平台可进行登记的专利类型、专利权人或利害关系人提出异议请求的期限、国家药监局对于人民法院生效判决或国家知识产权局裁决的等待期限、对首个挑战专利成功并首个获批上市的化学仿制药给予多长时间的市场独占期以及其他相关程序性问题，则在配套的部门规章和司法解释中进行具体规定。

此外，为了保护和增强原研药企业的研发热情，此次《专利法》修改新增两项专利期限补偿制度：①为了补偿发明专利在授权过程中的不合理延迟，新增第 42 条第 2 款关于专利权期限补偿的规定，即"自发明专利申请日起满四年，且自实质审查请求之日起满三年后授予发明专利权的，国务院专利行政部门应专利权人的请求，就发明专利在授权过程中的不合理延迟给予专利权期限补偿，但由申请人引起的不合理延迟除外"；②为了补偿新药上市审评审批占用时间，新增第 42 条第 3 款关于药品专利期限补偿的规定，即"为补偿新药上市审评审批占用的时间，对在中国获得上市许可的新药相关发明专利，国务院专利行政部门应专利权人的请求给予专利权期限补偿。补偿期限不超过五年，新药批准上市后总有效专利权期限不超过十四年"。上述规定与主流发达国家所规定的专利保护期延长制度相类似，目的在于为药品研发活动提供更多激励。❶

在我国建立药品专利链接制度和专利期限补偿制度之前，2008 年 12 月 27 日，第十一届全国人民代表大会常务委员会第六次会议通过了《关于修改〈中华人民共和国专利法〉的决定》，其中在修改后的《专利法》第 69 条"不视为侵犯专利权"的情形中，新增加了第 5 款的规定，"（五）为提供行政审批所需要的信息，制造、使用、进口专利药品或者专利医疗器械的，以及专门为其制造、进口专利药品或者专利医疗器械的"，即中国 Bolar 例外条款。Bolar 例外条款源于美国，是由 Bolar v. Roche 案催生出的专利侵权例外规定，也被称为安全港（Safe Harbor）条款，其在很大程度上缩减了仿制药进入市场所需的时间，有效地激发了仿制药公司的积极性。

药品专利链接制度、专利期限补偿制度以及 Bolar 例外条款三者相互配合，通过设立药品注册与专利之间的衔接渠道，以增进医药行业的良性竞争，最终促进新药和仿制药共存发展，以下将对上述三项制度（条款）作进一步探讨。

4.1 药品专利链接制度

药品专利天然的垄断本质，对于仿制具有天然的排斥性。专利制度本身也是一项

---

❶ 郑希元. 新版《专利法》确立药品上市纠纷早期解决机制基本规则［N］. 医药经济报，2020 - 10 - 22（F02）.

利益平衡的机制，专利保护提供一定时期和范围的垄断，但这种保护不是绝对的，独占权也是有一定法律限制的。因此，如何平衡原研药创新与发展仿制药之间的利益关系，成为一个国家医药行业是否能够健康发展的关键，应当尽力寻求一个有利于各方利益的最佳平衡点，妥善处理公共健康利益与专利垄断性所造成的药品可及性的冲突以及发达国家与发展中国家市场相互竞争与依存的冲突，从而尽量实现不同利益方的相对平衡。❶

中国药品专利链接❷制度（见表4-1-1）主要参照美国Hatch-Waxman法案❸而设立，相较于欧洲（试验数据保护制度和补充保护证书制度）与日本（新药复审制度和专利保护期延长制度）更注重原研药创新，中国和美国都更注重平衡原研药企业、仿制药企业与社会公众的利益。

表4-1-1　中国药品专利链接制度所涉及的法律、部门规章和司法解释

No.	法律、部门规章和司法解释	时间	颁布部门
1	《专利法》（第四次修改）	2020年10月17日公布，自2021年6月1日起施行	全国人大常委会
2	《药品专利纠纷早期解决机制实施办法（试行）》	2021年7月4日发布，自发布日起施行	国家药监局、国家知识产权局
3	《最高人民法院关于审理申请注册的药品相关的专利权纠纷民事案件适用法律若干问题的规定》	2021年7月4日发布，自2021年7月5日起施行	最高人民法院
4	《药品专利纠纷早期解决机制行政裁决办法》	2021年7月5日发布，自发布日起施行	国家知识产权局

美国Hatch-Waxman法案主要包括（A）药品试验数据保护制度❹、（B）药品专利期限补偿制度、（C）Bolar例外条款、（D）药品专利链接制度以及（E）仿制药简化申请制度。其中，前两项（A和B）内容更注重保护原研药企业的合法权益，鼓励创新；后三项（C、D和E）内容则更注重考虑仿制药企业的实际发展情况，鼓励仿制与专利挑战，以满足公众用药可及性的需求。上述内容在中国正在施行或即将施行的相关法律规范中也有了相应的建设与推进，具体如图4-1-1所示。

❶ 白光清，马秋娟. 药品专利之战［M］. 北京：知识产权出版社，2018：9.
❷ 药品专利链接（Pharmaceutical patent linkage），是指仿制药上市审查与创新药的专利状态相"链接"，即仿制药注册申请应当考虑先前已上市药品的专利状况，从而避免可能的专利侵权。
❸ Hatch-Waxman法案，是《联邦食品、药品和化妆品法案》（Federal Food, Drugs, and Cosmetic Act, FFDCA）的修正案，也被称作《药品价格竞争与专利期补偿法案》（Drug Price Competition and Patent Term Restoration Act），由美国的众议员Senator Hatch和参议员Rep. Waxman联合提出，1984年9月24日由时任美国总统里根签署。
❹ 美国对于新化学实体（NCE）给予5年的数据保护期，如果仿制药企业提出的ANDA申请是第Ⅳ段声明，则相应的试验数据保护期则为NCE-1，即4年；对于新药补充申请（包括新型制剂、新增适应证以及处方药转换成非处方药）给予3年的数据保护期；对于罕见病用药（孤儿药）给予7年的数据保护期。此外，如果药品制造商在FDA对其药品提出了儿科研究邀请后提供了可接受的儿科研究报告，FDA可在上述保护期基础上再额外延长6个月。

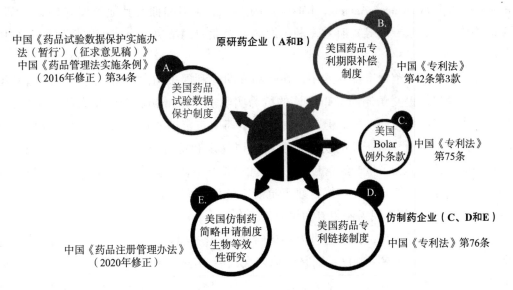

中国《药品试验数据保护实施办法（暂行）（征求意见稿）中国《药品管理法实施条例》（2016年修正）第34条

原研药企业（A和B）

美国药品试验数据保护制度

美国药品专利期限补偿制度

中国《专利法》第42条第3款

美国 Bolar 例外条款

中国《专利法》第75条

美国仿制药简略申请制度生物等效性研究

美国药品专利链接制度

仿制药企业（C、D和E）

中国《专利法》第76条

中国《药品注册管理办法》（2020年修正）

图 4 -1 -1　美国 Hatch - Waxman 法案与中国相关法律规范

在美国的积极推动下，加拿大、韩国以及其他一些国家（例如澳大利亚、新加坡、秘鲁）也陆续引入了药品专利链接制度；但欧盟、印度明确反对这一制度，日本则采取了替代做法。

日本目前没有建立法律上的专利链接制度，其对于药品专利的保护主要通过禁止某些专利药品的仿制药上市、延长药品专利保护期以及新药复审制度❶三种途径进行解决。❷ 其中第一种途径是根据日本政府医药审批机关的部门规定，在实践中实施的一种实质上的专利链接制度，故也可称之为类专利链接制度，其主要分为两个步骤。步骤一：基于专利信息作出仿制药上市许可决定，即只要原研药活性成分及其相关适应证存在专利保护即不予批准仿制药申请人的上市许可，但是，如果仿制药申请人提交了原研药专利生效的专利无效决定或法院判决，则该仿制药有可能被批准上市。此外，如果某适应证和作用、剂量和给药途径等存在专利保护，则表明不受专利保护的其他适应证和作用、剂量和给药途径的仿制药也有可能获得上市许可批准。步骤二：在获得仿制药的上市许可之后，仿制药企业在日本医药品医疗器械综合机构（Pharmaceuti-

---

❶ 1962 年的"反应停事件"和1970 年的"亚急性脊髓视神经炎（SMON）事件"引发对于药物安全问题的高度关注，同时鉴于药品注册时临床研究的"质"和"量"都存在局限性，因此日本于1979 年引进的新药复审制度，旨在新药上市以后对其安全性和有效性进行再确认。复审期限自药品批准上市之日起至（法律规定需要的）申请复审之日止，其中孤儿药为10 年，含有新的活性成分的药物为8 年；新的组合用药处方及新的给药途径为6 年；新适应证及新剂量为4～6 年；儿科用药最长为10 年。仿制药在原研药的复审期限内申请上市许可的，其需要提交上述新药申请所需的全部数据（例如疗效、稳定性和毒性等），除非仿制药企业获得原研药企业的授权，否则不能引用原研药企业的数据信息来证明自己产品的疗效及安全性。仿制药在原研药的复审期限届满后申请上市许可的，则只需提供3 种数据：生产标准和试验方法、加速试验和生物等效性。

❷ 程永顺，吴莉娟. 探索药品专利链接制度［M］. 北京：知识产权出版社，2019：43 - 45.

cals and Medical Devices Agency，PMDA）的主导下应当和拥有其他类型（例如制剂、多晶型或制备方法专利等）有效专利的原研药企业协商解决上市之前的任何潜在专利侵权问题。❶

而在中国药品审评审批实践中，在药品发明专利保护期内，仿制药企业向国家药品监督管理机构提交仿制药上市申请的行为实际上严重威胁着专利权人的合法权益，侵权行为随时随地可能发生，但是对提交仿制药上市申请的行为如何定性，业界长期存在争论。一方面，由于此时仿制药上市申请尚未获得批准，仿制药尚未真正上市，其行为的目的并非为了生产经营目的❷，因此通常并不认为其是侵犯专利权的行为；另一方面，因为它并不是为了获得行政审批所需的信息而进行的研究实验行为，所以也不适用 Bolar 例外等不视为侵犯专利权的条款。

为了解决上述争议，在借鉴世界各国行政与司法实践的基础上，中国并未像美国那样引入"拟制侵权❸"制度，而是在第四次《专利法》修改过程中引入"申请注册的药品相关技术方案是否落入他人药品专利权保护范围"的司法程序与行政程序相结合的专利链接制度，从而赋予相关当事人❹❺（涉案专利的专利权人、涉案专利的被许可人❻、相关药品上市许可持有人❼、药品上市许可申请人❽）以诉权和请求权，为其

---

❶ 何小萍. 日本的医药知识产权保护及"类专利链接"制度［EB/OL］.（2020 – 10 – 11）［2021 – 07 – 27］. https：//mp. weixin. qq. com/s/2Yh1lsBvc9HNDD4xpS7uGg.

❷ 《专利法》第 11 条第 1 款规定："发明和实用新型专利权被授予后，除本法另有规定的以外，任何单位或者个人未经专利权人许可，都不得实施其专利，即不得为生产经营目的制造、使用、许诺销售、销售、进口其专利产品，或者使用其专利方法以及使用、许诺销售、销售、进口依照该专利方法直接获得的产品。"

❸ 拟制侵权（artificial infringement），美国专利法第 271（e）(2) 条将原本不属于侵权行为的提交药品注册申请的行为"拟制"为侵权，其是专利权人在仿制药企业作出第Ⅳ段声明时能够有权提起诉讼的法律依据，也是法院认定仿制药企业提交 ANDA 可以构成侵权的裁定基础，从而打通了药品专利链接制度的内部连接。

❹ 《北京知识产权法院关于申请注册的药品相关的专利权纠纷民事案件立案指引（试行）》第 4 条规定："专利权人或者利害关系人作为原告提起诉讼的，应以药品上市许可申请人为被告。药品上市许可申请人作为原告提起诉讼的，应以专利权人为被告。"

❺ 参照《北京知识产权法院关于申请注册的药品相关的专利权纠纷民事案件立案指引（试行）》第 7 条可知，原告为涉外及涉港澳台主体的，应在立案申请时提交完整的公证认证文件。

❻ 专利的被许可人包括独占许可合同的被许可人、排他许可合同的被许可人以及普通许可合同的被许可人，具体参见《最高人民法院关于审查知识产权纠纷行为保全案件适用法律若干问题的规定》第 2 条第 2 款规定："知识产权许可合同的被许可人申请诉前责令停止侵害知识产权行为的，独占许可合同的被许可人可以单独向人民法院提出申请；排他许可合同的被许可人在权利人不申请的情况下，可以单独提出申请；普通许可合同的被许可人经权利人明确授权以自己的名义起诉的，可以单独提出申请。"参照上述规定，在申请注册的药品相关的专利权纠纷民事案件中，专利被许可人提起诉讼的，应提交符合上述规定内容的主体资格证明材料。

❼ 《最高人民法院关于审理申请注册的药品相关的专利权纠纷民事案件适用法律若干问题的规定》第 2 条规定："专利法第七十六条所称相关的专利，是指适用国务院有关行政部门关于药品上市许可审批与药品上市许可申请阶段专利权纠纷解决的具体衔接办法的专利。专利法第七十六条所称利害关系人，是指前款所称专利的被许可人、相关药品上市许可持有人。"

❽ 《最高人民法院关于审理申请注册的药品相关的专利权纠纷民事案件适用法律若干问题的规定》第 4 条规定："专利权人或者利害关系人在衔接办法规定的期限内未向人民法院提起诉讼的，药品上市许可申请人可以向人民法院起诉，请求确认申请注册药品未落入相关专利权保护范围。""请求确认申请注册药品未落入相关专利权保护范围"相当于中国司法实践中的"确认不侵权之诉"。

提起专利诉讼和请求行政裁决以及人民法院和国务院专利行政部门管辖相关案件提供了法律基础。

其中，在法院管辖上，当事人依据《专利法》第76条规定提起的确认是否落入专利权保护范围纠纷的第一审案件，由北京知识产权法院专属管辖。❶❷ 北京知识产权法院同时作为专利权无效行政案件和涉药品上市审评审批的专利民事案件的一审法院，有利于统一审判标准，提高审判效率，加快这类案件审理的进程，并有助于减少当事人的诉累，减少社会资源的浪费，有效避免超过等待期人民法院未作出生效判决或者未出具调解书，从而按照程序将相关仿制药申请转入行政审批环节并获批上市之后又发生专利侵权诉讼的情况。❸

4.1.1　中美药品专利链接制度对比

2020年1月15日签署的中美第一阶段经贸协议❹符合WTO规则和市场原则，体现了中美经贸合作互利共赢的本质。不仅有利于中国，也有利于美国，更有利于全世界，是一份能够稳定预期和促进繁荣的协议，符合全球生产者、消费者和投资者的利益。❺

中美第一阶段经贸协议第1.11条规定了"专利纠纷早期解决的有效机制"，其具体内容如下：

一、作为批准包括生物药在内的药品上市的条件，如果中国允许原始提交安全性与有效性信息的人以外的其他人，依靠之前已经获批产品的安全性和有效性的证据或信息，例如在中国或其他国家、地区已获上市批准的证据，中国应：（一）规定制度，以通知专利权人、被许可人或上市许可持有人，上述其他人正在已获批产品或其获批使用方法所适用的专利有效期内寻求上市该产品；（二）规定足够的时间和机会，让该专利权人在被指控侵权的产品上市之前寻求（三）段中提供的救济；以及（三）规定司法或行政程序和快速救济，例如行为保全措施或与之相当的有效的临时措施，以便及时解决关于获批药品或其获批使用方法所适用的专利的有效性或侵权的纠纷。

二、中国应在全国范围内建立与上述第一段相符的药品相关制度，包括规定专利

❶　参见《最高人民法院关于审理申请注册的药品相关的专利权纠纷民事案件适用法律若干问题的规定》第1条。

❷　2021年11月，中外制药株式会社依据《专利法》第76条的规定向北京知识产权法院提起药品专利链接诉讼，请求法院确认温州海鹤药业有限公司申请注册的仿制药"艾地骨化醇软胶囊"落入中外制药株式会社享有的第2005800098777.6号发明专利的专利权保护范围，该案为北京知识产权法院受理的首例申请注册的药品相关的专利权纠纷民事案件，是首例药品专利链接案件。

❸　郑希元. 透析中国药品专利链接制度的基本构架（下）[N]. 医药经济报，2021-01-18（F02）.

❹　中华人民共和国财政部. 关于发布中美第一阶段经贸协议的公告 [EB/OL]. (2020-01-16) [2021-07-29]. http://www.mof.gov.cn/zhengwuxinxi/caizhengxinwen/202001/t20200116_3460124.htm.

❺　中国政府网. 刘鹤就中美签署第一阶段经贸协议答记者问：坚持平等和相互尊重原则 解决双方关切 实现互利共赢 [EB/OL]. (2020-01-16) [2021-10-24]. http://www.gov.cn/guowuyuan/2020-01/16/content_5469699.htm.

权人、被许可人或上市许可持有人有权在被指控侵权的产品获得上市许可前提起诉讼，就可适用专利的有效性或侵权的纠纷解决寻求民事司法程序和快速救济。中国还可提供行政程序解决此类纠纷。

三、美国确认，美国现行措施给予与本条款规定内容同等的待遇。❶

美国专利链接制度起源于美国 1984 年通过的 Hatch – Waxman 法案，其中法案规定仿制药制造商只要提交简略新药申请（ANDA，相当于中国的仿制药申请），证明仿制药与创新药具有相同的有效成分、剂型、药效及生物等效性，即可被批准上市。之后，美国于 2002 年、2003 年分别通过了《更易获得可支付药品法案》（Greater Access to Affordable Pharmaceutical Act，GAAPA）和《医疗保险处方药与现代化法案》（Medicare Prescription Drug，Improvement，and Modernization Act，MMA），对于 Hatch – Waxman 法案作出进一步修订。❷

2017 年以来，中共中央、国务院和国家药品监管部门多次发布文件，明确探索建立药品专利链接的试点工作。例如，2017 年 5 月 12 日，国家食品药品监督管理总局发布了《关于鼓励药品医疗器械创新保护创新者权益的相关政策（征求意见稿)》的公告；2017 年 10 月 8 日，中共中央办公厅、国务院办公厅印发了《关于深化审评审批制度改革鼓励药品医疗器械创新的意见》。上述政策性文件中涉及针对药品专利链接制度的概要性阐述，意在进一步完善我国的药品审评审批制度，实现药品专利纠纷的尽早解决，从而协调仿制药和创新药之间的利益关系，促进药品医疗产业结构调整和技术创新，提高产业竞争力，满足公众临床需要。

关于中国药品专利链接制度具体如何落地施行，可以从 2021 年 7 月 4 日国家药品监督管理局和国家知识产权局联合发布的《药品专利纠纷早期解决机制实施办法（试行)》、2021 年 7 月 4 日最高人民法院发布的《最高人民法院关于审理申请注册的药品相关的专利权纠纷民事案件适用法律若干问题的规定》以及与美国专利链接制度❸的对比过程中看出一些细节。

1. 建立专利信息公开制度

在专利信息公开阶段，美国和中国所建立的专利信息公开制度的比较如表 4 – 1 – 2 所示。

---

❶ 中华人民共和国财政部. 关于发布中美第一阶段经贸协议的公告 ［EB/OL］. （2020 – 01 – 16）［2021 – 07 – 05］. http：//wjb. mof. gov. cn/gongzuodongtai/202001/t20200115_3459459. htm.

❷ 曹志明. 美国药品专利链接制度存在的问题 ［J］. 中国发明与专利，2017 （9）：97 – 100.

❸ 郑希元，李海霞. 浅析美国药品专利链接制度 ［EB/OL］. （2018 – 06 – 06）［2021 – 07 – 29］. https：//mp. weixin. qq. com/s/ – VqlrriabU2nkKyXm1gJdw.

表 4 - 1 - 2　美国和中国专利信息公开制度的比较

美国	中国《办法（试行）》第 2 条、第 4 条、第 5 条和第 12 条
（1）原研药企业在申请新药❶上市时，应向美国食品药品监督管理局（FDA）提供申请上市新药相关的专利信息和药品独占期（例如新化学实体 NCE 的 5 年市场独占期）等信息。FDA 将该信息登记在橙皮书上。 （2）FDA 规定可以列入橙皮书的专利包括活性化合物及其盐、酯、异构体、晶型、配方、组合物、方法限定的产品（当产品具备新颖性时），以及使用方法，不能列入橙皮书的专利包括制备方法、外包装、中间体、代谢物及其用途以及方法限定的产品（当产品不具备新颖性时），FDA 对上述专利信息仅进行形式审查但不进行实质审查，但要求申请人提交大量的书面保证内容以确保橙皮书专利信息的准确性，同时还提供了一种从橙皮书中删除不适当专利的机制❷。 （3）若新药获得 FDA 批准时专利还没有被授权（仍在审查过程中），申请人可以在专利获批后的 30 日内披露并列出这些专利，一旦超过 30 日，这些专利将被视为未及时递交的专利，这些未及时递交的专利将无法影响此前递交的仿制药申请在 FDA 的获批过程	（1）药品上市许可持有人在获得药品注册证书后 30 日内，自行登记在中国境内注册上市的药品相关专利信息❸于中国上市药品专利信息登记平台。 （2）化学药上市许可持有人可在中国上市药品专利信息登记平台登记药物活性成分化合物专利、含活性成分的药物组合物专利、医药用途专利。中药可登记中药组合物专利、中药提取物专利、医药用途专利，生物制品可登记活性成分的序列结构专利、医药用途专利。相关专利不包括中间体、代谢产物、晶形、制备方法、检测方法等的专利。登记信息与专利登记簿、专利公报以及药品注册证书相关信息应当一致；医药用途专利权与获批上市药品说明书的适应证或者功能主治应当一致；相关专利保护范围覆盖获批上市药品的相应技术方案。药品上市许可持有人对其登记的相关信息的真实性、准确性和完整性负责，对收到的相关异议，应当及时核实处理并予以记录。 （3）相关信息发生变化的，药品上市许可持有人应当在信息变更生效后 30 日内完成更新。相关信息修改应当说明理由并予以公开

---

❶　原研药企业向 FDA 申请上市新药，分为两种：①NDA（新药上市许可申请，New Drug Application，《联邦食品、药品与化妆品法案》第 505（b）（1）条），涉及新分子实体（new molecular entity，NME）和新化学实体（NCE）药物，申请时需提交申请者进行的包括药品安全性和有效性的完整实验报告，且这些报告均来自于申请者或者申请者有使用它的权利；②Paper NDA（文献 NDA，《联邦食品、药品与化妆品法案》第 505（b）（2）条），涉及原批准药品相同化学成分的新盐型、新酯型，原批准药品的新配方组成、新适应证、新给药途径、新剂型、新规格，以及两种以上原批准药品的新组合，申请时提交的部分信息为引用的 FDA 发布的资料或权威的文献等，允许参考已发表的资料或文献建立药物临床前和临床的安全性和有效性。

❷　从橙皮书中删除不适当专利的机制，分为两种：①根据美国联邦法规第 21 编第 314 章第 53（f）（1）条的规定，NDA 持有人以外的任何人质疑提交给 FDA 且被 FDA 列入橙皮书发布的专利信息的准确性或相关性，或相信 NDA 持有人存在未提交所需专利信息的情况，则必须首先以书面或电子方式将"第 314.53（f）条专利列表质疑"提交给 FDA，FDA 就会按照法规将上述质疑通知 NDA 持有人确认上述信息是否属实，随后 NDA 持有人自行决定是否撤回或修改登记的专利信息，FDA 会将所有专利列表质疑发布在专利列表质疑清单页面，并注明 NDA 持有人是否已经及时回应了专利列表质疑；②在原研药企业或专利权人对 ANDA 申请人提起专利侵权诉讼的情况下，ANDA 申请人能够在侵权诉讼中请求法院以命令的形式要求 NDA 持有人更正或删除登记在橙皮书上的不当或错误专利信息，如果 NDA 持有人被法院要求从橙皮书中更正相关专利信息或撤回某项专利，则必须在命令生效后 14 日内向 FDA 提交一份包括法院命令副本在内的 NDA 修订案。

❸　《药品专利纠纷早期解决机制实施办法（试行）》第 12 条第 1 款规定："中药、生物制品上市许可持有人，按照本办法第二条、第三条、第四条、第七条，进行相关专利信息登记等……"

其中，中国上市药品专利信息登记平台上公开所登记信息的时间通常早于国家药品监督管理局药品评审中心官网公开信息的时间，其作用相当于美国的橙皮书。橘皮书是指经治疗等同性评价批准的药品（Approved Drug Products with Therapeutic Equivalence Evaluation），其刊登了 FDA 根据《联邦食品、药品与化妆品法案》已批准的药物，是仿制药企业提起化学药品 ANDA 申请的依据。而生物制品在美国采用的则是一套与 Hatch – Waxman 法案完全不同的原研药企业与仿制药企业之间进行专利信息交换和专利纠纷解决的方案，该方案也被称为"专利舞蹈"❶（Patent dance），其包括多轮协商沟通机制，具体涉及双方交换专利清单和原研药企业寻求临时禁令等制度。另外，中药（植物药）在美国依据 1994 年 10 月通过的《膳食补充剂健康与教育法案》（Dietary Supplements Health And Education Act，DSHEA）被认作为膳食补充剂而非药品，被排除于 Hatch – Waxman 法案之外。

建立专利信息公开制度有助于确立专利挑战药品的范围，降低原研药企业专利救济成本，有助于仿制药企业及时监控竞争对手的专利情况并及早进行专利规避设计。❷

2. 不可忽视的仿制药专利四类声明

在仿制药专利声明❸阶段，美国和中国在四类声明上的比较如表 4 – 1 – 3 所示。

在美国专利链接制度中，针对使用（治疗）方法专利，除了第Ⅳ段声明之外，ANDA 申请人还可基于 *Warner – Lambert v. Apotex* 案（Fed. Cir. 2003）所产生的 FDCA 第 505（j）（2）（A）（viii）条提交 Section viii 声明，即仅对橙皮书中列出的原研药用途专利未涵盖的适应证提出仿制药上市申请，如果从标签（label）上删除处于专利保护状态的用途并保留非专利用途不影响药品安全性和有效性，则允许根据 Section viii 声明缩减适应证。❹ 由此产生的"缩减标签"将仅包括与非专利适应证相对应的部分原研药标签，其不需要通知原研药企业，通常不会触发诉讼或者即使发生诉讼，也多以原研药企业败诉而告终，尽管没有 180 天市场独占期，但上市时间可以大大提前。

但是，ANDA 申请人提交 Section viii 声明也是存在一定法律风险的。因为虽然在标签中删除处于专利保护状态的用途可能使得仿制药不直接侵权某个治疗方法专利，但是仿制药企业的标签中的某些描述内容（例如标签中所涉及的未处于专利保护状态的

---

❶　美国的生物类似药快速审批路径被规范在生物制剂价格竞争与创新法案（Biologics Price Competition and Innovation Act，BPCIA）中，确立了美国 FDA 对于根据原始参考标准生物药品所开发的"生物仿制药"和"随意替代级别生物仿制药"产品进行审批和发放销售许可证的制度，该制度被称为"专利舞蹈"。与化学仿制药专利链接制度相比，"专利舞蹈"制度没有专利信息披露制度、专利声明机制、首仿药独占机制，并且不存在审批过程停摆机制，即 FDA 正常审批生物类似药申请。

❷　郑希元. 透析中国药品专利链接制度基本构架（上）[N]. 医药经济报，2021 – 01 – 11（F02）.

❸　《药品专利纠纷早期解决机制实施办法（试行）》第 12 条第 2 款规定："中药同名同方药、生物类似药申请人按照本办法第六条进行相关专利声明。"

❹　ZHENG L. What Is Skinny Labeling — And Will It Work For Biosimilars？[EB/OL]. (2019 – 02 – 05) [2021 – 09 – 22]. https：//www. outsourcedpharma. com/doc/what – is – skinny – labeling – and – will – it – work – for – biosimilars – 0001.

适应证与处于专利保护状态的适应证存在临床应用上的重叠以及两者临床用药剂量相同）以及一些市场宣传材料（诸如新闻稿和营销材料将其仿制药吹捧为"可用于治疗未处于和处于专利保护状态的适应证""××原研药的仿制药"以及"被评为与××原研药的片剂等效的仿制药"），可能会被法院判定为诱导侵权。❶

表 4 - 1 - 3　美国和中国仿制药专利四类声明的比较

美国	中国《办法（试行）》第 6 条
第 I 段声明：申请上市的仿制药，未有相关专利登记于橙皮书中； 第 II 段声明：橘皮书中虽有该专利的登记，但该专利已过期；	一类声明：中国上市药品专利信息登记平台中没有被仿制药的相关专利信息❷； 二类声明：中国上市药品专利信息登记平台收录的被仿制药相关专利权已终止或者被宣告无效，或者仿制药申请人已获得专利权人相关专利实施许可；
第 III 段声明：橘皮书中虽有专利登记，但该专利即将到期，而仿制药企业申请在专利到期后才开始销售仿制药； 第 IV 段声明：橘皮书中虽有专利登记，但此专利无效，或仿制药企业申请简略新药申请（ANDA）的内容，并不侵犯已登记的专利权	三类声明❸：中国上市药品专利信息登记平台收录有被仿制药相关专利，仿制药申请人承诺在相应专利权有效期届满之前所申请的仿制药暂不上市； 四类声明：中国上市药品专利信息登记平台收录的被仿制药相关专利权应当被宣告无效（4.1 类声明），或者其仿制药未落入相关专利权保护范围（4.2 类声明），其中声明未落入相关专利权保护范围的，声明依据应当包括仿制药技术方案与相关专利的相关权利要求对比表及相关技术资料

此外，如果一项专利既存在主张产品的权利要求也存在主张使用方法的权利要求，ANDA 申请人可以对同一份专利分别提出 Section viii 声明和第 IV 段声明。如果一项专利仅存在主张使用方法的权利要求，ANDA 申请人不可以同时提出 Section viii 声明和第 IV 段声明，因为 FDA 认为两者是互斥的，即只能提出其中的一种。❶

而在中国则不存在"用途专利例外情形"的相关声明，并且在药品注册审评过程中，无论是化学药品 3 类，还是化学药品 4 类，均要求仿制药具有与参比制剂相同的活性成分、剂型、规格、适应证、给药途径和用法用量，即仿制药需要与境外已上市

---

❶ *Glaxosmithkline llc v. Teva pharmaceuticals usa，inc.*，No. 18 - 1976（Fed. Cir. 2021）.

❷ 未在中国上市药品专利信息登记平台登记相关专利信息的，不适用该办法（试行）。参见《药品专利纠纷早期解决机制实施办法（试行）》政策解读（https：//www. nmpa. gov. cn/xxgk/ggtg/qtggtg/20210703223942131. html? type = pc&m = &GXMEUwefOdZn = 1627544628173）。

❸ 《药品专利侵权纠纷早期解决机制实施办法（试行）》第 10 条规定："对一类、二类声明的化学仿制药注册申请，国务院药品监督管理部门依据技术审评结论作出是否批准上市的决定；对三类声明的化学仿制药注册申请，技术审评通过的，作出批准上市决定，相关药品在相应专利权有效和市场独占期届满之后方可上市。"

❶ 国家知识产权局专利局专利审查协作江苏中心. 药品专利链接与专利延长［M］. 北京：知识产权出版社，2021：64 - 65.

· 313 ·

境内未上市原研药品或境内已上市原研药品在适应证上完全保持一致，从而使得在原研药品部分适应证存在专利，部分适应证不存在专利的情况下，仿制药上市进程将被延迟，除非仿制药申请人提交4.1类声明（被仿制药相关专利权即部分适应证应当被宣告无效）并挑战成功。

第Ⅳ段声明（四类声明）是原研药企业和仿制药企业之间产生药品专利早期纠纷的"导火索"，同时也是实质开启药品专利纠纷早期解决的真正"起始点"。

3. 关于异议期和等待期

美国和中国关于异议期和等待期的比较如表4-1-4所示。

其中，对于技术审评通过的化学仿制药注册申请，国家药品审评机构将结合人民法院生效判决或者国务院专利行政部门行政裁决分不同情况作出相应处理，具体规定如下：

"根据《药品专利纠纷早期解决机制实施办法（试行）》第9条，对引发等待期的化学仿制药注册申请，专利权人或者利害关系人、化学仿制药申请人应当自收到判决书或者决定书等10个工作日内将相关文书报送国家药品审评机构。

对技术审评通过的化学仿制药注册申请，国家药品审评机构结合人民法院生效判决或者国务院专利行政部门行政裁决作出相应处理：

（一）确认落入相关专利权保护范围的，待专利权期限届满前将相关化学仿制药注册申请转入行政审批环节；

（二）确认不落入相关专利权保护范围或者双方和解的，按照程序将相关化学仿制药注册申请转入行政审批环节；

（三）相关专利权被依法无效的，按照程序将相关化学仿制药注册申请转入行政审批环节；

（四）超过等待期，国务院药品监督管理部门未收到人民法院的生效判决或者调解书，或者国务院专利行政部门的行政裁决，按照程序将相关化学仿制药注册申请转入行政审批环节；

（五）国务院药品监督管理部门在行政审批期间收到人民法院生效判决或者国务院专利行政部门行政裁决，确认落入相关专利权保护范围的，将相关化学仿制药注册申请交由国家药品审评机构按照本条第二款第一项的规定办理。

国务院药品监督管理部门作出暂缓批准决定后，人民法院推翻原行政裁决的、双方和解的、相关专利权被宣告无效的，以及专利权人、利害关系人撤回诉讼或者行政裁决请求的，仿制药申请人可以向国务院药品监督管理部门申请批准仿制药上市，国务院药品监督管理部门可以做出是否批准的决定。"❶

---

❶ 《药品专利纠纷早期解决机制实施办法（试行）》第13条规定："对中药同名同方药和生物类似药注册申请，国务院药品监督管理部门依据技术审评结论，直接作出是否批准上市的决定。对于人民法院或者国务院专利行政部门确认相关技术方案落入相关专利权保护范围的，相关药品在相应专利权有效期届满之后方可上市。"

表 4 - 1 - 4　美国和中国关于异议期和等待期的比较

美国	中国《药品专利纠纷早期解决机制实施办法（试行）》第 6 条、第 7 条和第 8 条
（1）仿制药企业若依据第Ⅳ段声明申请上市，应向 FDA 提交其未侵权或原研药企业专利无效的声明及相关证明资料，还需要将挑战专利有效性一事于 FDA 受理第Ⅳ段声明申请后 20 日内通知专利权利人或 NDA 持有人。	（1）仿制药申请被受理后 10 个工作日内，国家药品审评机构应当在信息平台向社会公开申请信息和相应声明；仿制药申请人应当将相应声明及声明依据通知上市许可持有人，上市许可持有人非专利权人的，由上市许可持有人通知专利权人。除纸质资料外，仿制药申请人还应当向上市许可持有人在中国上市药品专利信息登记平台登记的电子邮箱发送声明及声明依据，并留存相关记录。
（2）专利权人或 NDA 持有人可在接收通知函后 45 日内提起专利侵权诉讼，若专利权人在 45 日期限之内未提起诉讼，FDA 将不中止仿制药上市审查，并且仿制药企业可以向法院提起确认不侵权的诉讼以防止专利权人或 NDA 持有人超过 45 日期限后再提起专利侵权诉讼，其中 45 日的起算日为专利权人或 NDA 持有人中的最后一个接收者收到通知函的第二日。	（2）专利权人或者利害关系人对四类专利声明有异议的，可以自国家药品审评机构公开药品上市许可申请之日起 45 日❷内，就申请上市药品的相关技术方案是否落入相关专利权保护范围向人民法院提起诉讼或者向国务院专利行政部门请求行政裁决。❸ 当事人对国务院专利行政部门作出的行政裁决不服的，可以在收到行政裁决书后依法向人民法院起诉。专利权人或者利害关系人如在规定期限内提起诉讼或者请求行政裁决的，应当自人民法院立案或者国务院专利行政部门受理之日起 15 个工作日内将立案或受理通知书副本提交国家药品审评机构，并通知仿制药申请人。
（3）若专利权人或 NDA 持有人于上述时限内提起侵权诉讼，FDA 应停止申请上市审查，待法院作出判决，停止审查的期限最长为 30 个月❶；一个申请案只允许一次 30 个月的停止审查期，其中 30 个月的起算日为专利权人或 NDA 持有人中的最后一个接收者收到通知函的当天	（3）收到人民法院立案或者国务院专利行政部门受理通知书副本后，国务院药品监督管理部门对化学仿制药注册申请设置 9 个月的等待期。❹ 等待期自人民法院立案或者国务院专利行政部门受理之日起，只设置一次。等待期内国家药品审评机构不停止技术审评

---

❶　其中，30 个月的停止审查期（又称为遏制期）只限于在相关 ANDA 提交时已经在橙皮书中登记的专利，至于在 ANDA 提交之后授权并登记的专利（又称为弹出式专利），ANDA 申请人必须对此进行声明，其可以提出第Ⅳ段声明，专利权人或 NDA 持有人可以提起专利侵权诉讼，但不能产生 30 个月的停止审查期。

❷　《药品专利纠纷早期解决机制实施办法（试行）》第 8 条第 2 款规定："专利权人或者利害关系人未在规定期限内提起诉讼或者请求行政裁决的，国务院药品监督管理部门根据技术审评结论和仿制药申请人提交的声明情形，直接作出是否批准上市的决定；仿制药申请人可以按相关规定提起诉讼或者请求行政裁决。"仿制药申请人提起诉讼或者请求行政裁决的目的是用于确认其相关药品技术方案不落入相关专利权保护范围。

❸　中国实行的是司法与行政双轨制，针对涉及《专利法》第 76 条案件的审理，国务院专利行政部门和人民法院相对独立。

❹　专利权人或者利害关系人未在规定期限内提起诉讼或者请求行政裁决的，不设置等待期。对化学仿制药申请人声明中国上市药品专利信息登记平台收录的被仿制药相关专利权应当被宣告无效的，如果专利权人或者利害关系人未就上市药品的相关技术方案是否落入相关专利权保护范围向人民法院提起诉讼或者向国务院专利行政部门请求行政裁决，不启动等待期。参见《药品专利纠纷早期解决机制实施办法（试行）》政策解读［EB/OL］. https：//www. nmpa. gov. cn/xxgk/ggtg/qtggtg/20210703223942131. html？type = pc&m = &GXMEUwefOdZn = 1627544628173.

此外，对于未早期解决专利纠纷的，相关药品上市后如何处理呢？根据《药品专利纠纷早期解决机制实施办法（试行）》第 14 条的规定："化学仿制药、中药同名同方药、生物类似药等被批准上市后，专利权人或者利害关系人认为相关药品侵犯其相应专利权，引起纠纷的，依据《中华人民共和国专利法》等法律法规相关规定解决。已经依法批准的药品上市许可决定不予撤销，不影响其效力。"

异议期和等待期的设置有利于督促人民法院或者国务院专利行政部门加快案件审理的进度，有利于仿制药尤其是化学仿制药上市前解决专利保护范围和有效性争议，从而保障原研药企业和仿制药企业的权益。

4. 设立独占保护期

美国和中国关于设立独占保护期的比较如表 4 - 1 - 5 所示。

表 4 - 1 - 5　美国和中国关于设立独占保护期的比较

美国	中国《药品专利纠纷早期解决机制实施办法（试行）》第 11 条（化学仿制药）
（1）第一家依第 Ⅳ 段声明模式申请上市并成功挑战原研药企业的专利有效性的仿制药企业，将享有 180 天❶的市场独占销售权，在这 180 天内，FDA 不会再批准其他仿制药企业的上市申请；同时，如果挑战成功的仿制药企业在法院批准后的 75 天之内未能上市其仿制药，那么该仿制药企业便失去了其应有的独占权。 （2）如果原研药企业与仿制药企业达成任何有关 180 天市场独占期的相关协议，必须在协议签署后 10 日内通知 FDA 和联邦贸易委员会（Federal Trade Commission，FTC）以及联邦司法部（Department of Justice，DOJ）；若违反此义务，则可能面临每日最高 11000 美元的罚款。 （3）如果符合以下条件之一，申请 ANDA 的第 Ⅳ 段声明审查的仿制药即丧失市场独占：①没有在通过 FDA 的审查后 75 日内上市者；②自 ANDA 申请日起 30 个月内没有取得 FDA 的上市许可；③撤销 ANDA 申请者；④与原研药企业达成和解，经 FTC 或法院认定和解协议内容违反反托拉斯法；⑤与申请 ANDA 审查的仿制药相关专利的专利期已届满	（1）对首个挑战专利成功并首个获批上市的化学仿制药，给予市场独占期。国务院药品监督管理部门在该药品获批之日起 12 个月内不再批准同品种仿制药上市，共同挑战专利成功的除外。市场独占期限不超过被挑战药品的原专利权期限。市场独占期内国家药品审评机构不停止技术审评。对技术审评通过的化学仿制药注册申请，待市场独占期到期前将相关化学仿制药注册申请转入行政审批环节。挑战专利成功是指化学仿制药申请人提交四类声明，且根据其提出的宣告专利权无效请求，相关专利权被宣告无效，因而使仿制药可获批上市

---

❶ 180 天的市场独占期同样适用于 ANDA 提交之后授权并登记的专利，而且该 180 天市场独占期还可用于限制之前提交的 ANDA 申请。

《药品专利纠纷早期解决机制实施办法（试行）》中所涉及的 9 个月注册申请等待期以及专利挑战成功后的 12 个月市场独占期均仅涉及化学仿制药。市场独占期的设立有利于鼓励仿制药企业挑战原研药企业专利，并防止限制竞争。

1984 年至今，美国的药品专利链接制度已经实施了接近 40 年。在改革初期，专利挑战制度并没有引起仿制药企业的足够兴趣，挑战者寥寥无几。1993～1998 年，FDA 仅批准了 3 个专利挑战。之后美国通过不断的司法实践促进药品专利链接制度的良性发展，并借助于其判例法制度的便利性，不断调整、修正与完善该制度，尤其是在 1998 年 Mova 侵权案中，法院驳回了 FDA 的第 IV 段声明挑战专利所涉及的诉讼需要胜诉的原则，因此不起诉、胜诉、和解都可以得到 180 天独占权。1998 年之后，不但专利挑战逐年增加，挑战的频率越来越高，仿制药的胜诉比例也明显增加，于是挑战专利成了仿制药的主要营利模式。伴随着美国药品专利链接制度的不断实施，美国的医药市场发生了如下变化：

（1）1984 年，美国仿制药在处方药中的占有率为 20%，2011～2020 年这个数字上升至 88%；

（2）近 10 年美国一直占有全球医药市场份额的 30% 以上，已经成为全球最大的药品市场❶；

（3）原研药的平均专利保护时间延长了 3 年；

（4）仿制药的平均入市时间提前了 3 年；

（5）新药研发投入资金的回报率降低了约 12%。❷

中国在探索实施专利链接制度的过程中也将不断面临新的问题和挑战，通过参考美国专利链接制度的具体规定和司法案例，有利于根据中国行政和司法实践中出现的具体问题不断完善解决方案。

4.1.2 韩国和加拿大如何选择

自 1961 年韩国专利法、实用新型法和外观设计注册法颁布以来，韩国知识产权制度得到发展并逐渐走向全球化。韩国于 1979 年加入世界知识产权组织（WIPO），1980 年加入《保护工业产权巴黎公约》（简称《巴黎公约》），1984 年加入《专利合作条约》（PCT）。尤其是 1987 年物质专利的引入，成为韩国与药品相关的知识产权的决定性时刻。20 世纪 80 年代，包括美国在内的发达国家要求韩国加强知识产权保护，包括物质专利的保护，同时威胁对韩国进口产品进行监管以及将韩国排除在标准优惠关税国家之外。虽然物质专利的引入会对当时并未积极参与新物质研究和开发的韩国制药

---

❶ 中国医学科学院药物研究所，等. 中国仿制药蓝皮书 2021 版［M］. 北京：中国协和医科大学出版社，2021：176.

❷ 孟八一. 美国仿制药中专利挑战的商业价值和商业策略（一）［EB/OL］.（2017 - 08 - 01）［2021 - 09 - 23］. https：//news. yaozh. com/archive/20339.

业产生负面影响，但鉴于国际贸易对韩国经济的重要性，因此在韩国专利法修改中引入了物质专利。自从引入物质专利以来，韩国制药业被迫改变其之前研究和开发的模式以生产新物质，从而适应制度的变化。这导致韩国制药业尤其是新物质研究和开发取得了长足的发展与进步❶。

此外，在 2006 年开始的韩美自由贸易协定（KOREA – US FTA）谈判中，美国强烈要求韩国加强对药品的知识产权保护。经过 6 年的磋商与谈判，双方签订了韩美自由贸易协定，韩国接受了美国的核心诉求，其中有关药品专利链接的规定出现在第18.9.5 条中，该协定于 2012 年 3 月 15 日生效。韩美自由贸易协定生效后，韩国即着手实施其中规定的专利信息公示和仿制药专利声明制度，但直到 2015 年 3 月 15 日才开始全面实施专利链接制度。2015 年 3 月至 2016 年 2 月，韩国知识产权审判及上诉委员会（Korea Intellectual Property Trial and Appeal. Board，KIPTAB）共受理 1909 件药品专利链接相关案件，其中绝大多数（共 1732 件）在 2015 年 3 ~ 4 月这两个月集中受理，主要原因在于韩国的两项规定：①为获得首仿药市场独占期提出专利挑战的最早日期为专利链接制度正式实施日的前一天（2015 年 3 月 14 日），在此之前提出的专利挑战均视为在 2015 年 3 月 14 日提出；②在首个专利挑战请求之日起 14 天内提出专利挑战请求的，也视为首个专利挑战请求。2015 年 5 月之后，受理案件数量下降并趋于稳定。在所受理的 1909 件案件中，绝大多数为宣告专利无效请求（共 1622 件，其中含 494 件宣告专利保护期限补偿无效），其次为仿制药企业请求 KIPTAB 确认其技术方案不落入原研药专利范围（共 284 件），其余则为原研药企业请求 KIPTAB 确认仿制药方案落入其专利保护范围（共 3 件）。❷

加拿大于 1993 年基于融入《与贸易有关的知识产权协定》（TRIPS）和《北美自由贸易协议》（North American Free Trade Agreement，NAFTA）❸ 的要求，为了限制涉及原研药专利的仿制药在专利到期前上市，从而侵犯原研药企业的利益，参考美国药品专利链接制度制定了适合于加拿大本国的药品专利链接的管理办法，并在加拿大卫生部设置了专利药品及联络办公室负责药品注册申请过程中的专利链接工作。❹ 2006 年，加拿大药品专利链接制度得到进一步修改，为了使有效的专利维权和及时的仿制药入市恢复平衡，加入了严格将专利登记至专利登记名单（类似于美国的橙皮书）的要求，并将专利登记名单"冻结"在简略新药申请（ANDS)/简略新药补充申请（Supplement to Abbreviated New Drug Submission，SANDS）的申请日。2017 年，基于加拿

❶ SHIN Y S. Past, present and future of pharmaceutical patents under Korea – US Trade Agreement［J］. Pharmaceutical Patent Analyst, 2016, 5 (4)：237 – 248.

❷ 邱福恩. 韩国药品专利链接制度介绍及对我国制度的启示［J］. 电子知识产权, 2019 (3)：22 – 28.

❸ NAFTA 是美国、加拿大及墨西哥在 1992 年 8 月 12 日签署的关于三国间全面贸易的协议。该协议由美国、加拿大、墨西哥三国组成，经过几年协商，在 1994 年 1 月 1 日正式生效。2018 年 12 月，美国、墨西哥与加拿大领导人签署了取代《北美自由贸易协议》的贸易协议，即《美国 – 墨西哥 – 加拿大协定》（USMCA）。

❹ 肖庆玉，沈爱玲. 加拿大药品专利链接制度对中国的启示［J］. 中国卫生事业管理, 2010 (10)：677 – 679.

大－欧盟综合经济贸易协定（Comprehensive Economic and Trade Agreement，CETA）❶的相关要求，加拿大药品专利链接制度有了更大的变动：不仅给予所有诉讼当事人"同等且有效的上诉权"，并且用全面专利侵权/无效诉讼取代简约遏制申请程序❷；登记机关可以主动对专利登记名单进行审查，以确定是否符合登记要求并进行相应地变更和删除。

与美国针对生物制品采用"专利舞蹈"制度不同，韩国和加拿大❸均将生物制品纳入药品专利链接制度中。除此之外，韩国和加拿大的药品专利链接制度虽然在整体制度设计上与美国基本一致，但是在具体制度细节上则根据其本国相关法律制度和国情进行了较大的调整，因此存在诸多差异，具体表现在以下五个方面。

1. 严格的专利登记审查制度

韩国：与美国和中国仅进行形式审查而不进行实质审查不同，韩国为了防止原研药企业通过将与上市药品不存在直接相关性的专利列入"绿色清单"中，从而导致仿制药上市不必要的推迟，其建立了药品专利登记申请审查制度。在收到原研药企业提交的药品专利登记申请之后，韩国食品和药品安全部（Minister of Food and Drug Safety，MFDS）将对相关专利是否符合列入"绿色清单"的要求尤其是专利与药品的相关性进行审查，并在审查通过之后将符合条件的专利相关信息登记在"绿色清单"中，还可以依职权或者根据第三人的异议更正或删除相关专利信息，例如在其认为"绿色清单"中所列的专利不再符合相关要求，或发现原研药企业通过欺骗手段将相关专利列入"绿色清单"等情况下，MFDS 可以依职权进行更正或删除。

加拿大：与韩国相似，加拿大卫生部对于药品专利登记有实质审查权，可以主动对专利登记名单进行审查，严格审查每一个登记的专利的权利要求的保护范围是否涵盖原研药品，以及根据第三人的异议进行审查，以确定所登记的专利是否符合登记要求并进行更正或删除❹，且经过登记的专利才能受到的专利药（合规通知）法规［Patented Medicines（Notice of Compliance）Regulations］的保护。❺ 对于已经登记的专利，任何人都可以向加拿大联邦法院提出诉讼，请求撤销登记。

2. 专利挑战通知制度

韩国：与美国和中国类似，仿制药申请人在提出简略新药上市申请时，也需要针

❶ 2017 年 2 月 15 日，欧洲议会投票通过了欧盟－加拿大综合经济贸易协定。该协定使欧加贸易更为便捷，消除关税，实质性提高欧盟企业获得政府采购合同的机会，为欧盟企业开放新的加拿大服务市场部门，为投资者提供可预测的交易环境，以及保护欧洲 143 种被视为欧洲地理标志的高质量农产品（来源于 http://www. ccpitecc. com/article. asp？id =7221）。

❷ IvesDuran. 陈钧毅：解读加拿大医药知识产权保护体系［EB/OL］.（2020 – 08 – 26）［2021 – 07 – 30］. https：//mp. weixin. qq. com/s/Qr33s6aJwiWBl2MzCg9joQ.

❸ 张浩然. 竞争视野下中国药品专利链接制度的继受与调适［J］. 知识产权，2019（4）：50 – 70.

❹ Regulations Amending the Patented Medicines（Notice of Compliance）Regulations 2017（Canada，SOR/2017 – 166），§2.

❺ Patented Medicines（Notice of Compliance Regulations），S. O. R. /93 – 133，Section 3.

对相应的参比原研药"绿色清单"中所列专利作出以下声明之一：①所列专利保护期限已届满；②仿制药申请人将在所列专利保护期限届满后才上市销售仿制药；③所列专利的专利权人以及将该专利列入"绿色清单"的原研药企业同意仿制药申请人不提交专利挑战通知；④所列专利保护范围不涵盖仿制药申请上市的用途；⑤所列专利无效或仿制药不侵犯其专利权。❶ 仿制药申请人提出第⑤项声明（提出专利挑战）的，应当在其提出仿制药申请之后 20 日内向专利权人及原研药企业发出专利挑战通知。挑战通知的内容包括提交仿制药申请的事实、提交仿制药申请的时间以及相关专利无效或仿制药不侵权的具体事实和理由。发出挑战通知后，仿制药申请人还需要向 MFDS 提交书面文件，证明其已按要求发出了通知。若未能在前述期限即 20 日内发出通知，则 MFDS 将以仿制药申请人向登载专利的专利权人或将该专利登载在"绿色清单"中的原研药企业发出通知之日（以较晚发生的时间为准），作为仿制药申请的提交日。❷

加拿大：仿制药上市申请人需要在提出仿制药申请之后通知专利权人或利害关系人（无时间限制）并抄送加拿大卫生部，声明通知（Notice of Allegation，NOA）中应包括药品活性成分、剂型、剂量、给药途径、医药用途等与登记专利相关的信息，并且陈述不侵犯专利权或者专利应当被无效的详细事实和法律依据。加拿大卫生部会对该声明通知的内容进行审核，对不符合要求的声明通知应当要求仿制药上市申请人予以补正，并将上述内容抄送专利权人或者利害关系人。

3. 行政和/或诉讼程序

韩国：专利权人或利害关系人可向法院提起专利侵权之诉❸，请求对于仿制药上市销售的禁令，但法院并不存在仿制药技术方案是否落入其专利权保护范围的诉讼，专利权人或利害关系人可以向 KIPTAB 请求确认仿制药技术方案落入其专利权保护范围。另外，仿制药企业还可向 KIPTAB 请求专利无效或者向其提出反向确认专利权范围请求（请求确认仿制药技术方案不落入专利权保护范围）。

加拿大：仿制药的简略新药申请不会被视为"拟制侵权"，原研药企业不得以专利权人的身份主张仿制药企业侵害其专利权，而是以仿制药企业的声明通知（NOA）内容不正当（not justified）来向联邦法院（Federal court）提起诉讼，此程序为专利药（合规通知）法规中所特有的诉讼。在该诉讼中，联邦法院仅审核通知内容的正当性，而不会正面审查专利的有效性或侵权与否，即不直接审理专利的实质内容，因此所需花费的时间必定较一般专利侵权诉讼或者确认专利无效诉讼所需花费的时间短。除可提起 NOA 内容不当之诉外，原研药企业还可在后续另外依据一般专利诉讼程序提出专

❶ CHOE J Y, YOON K A, LEE S. Korea：the new first battleground for the high stakes poker game of pharmaceutical patent litigation ［J］. Pharmaceutical Patent Analyst, 2015, 4（6）：409 – 413.

❷ 程永顺, 吴莉娟. 韩国药品专利链接制度评述 ［EB/OL］.（2020 – 08 – 27）［2021 – 09 – 24］. https：//mp. weixin. qq. com/s/kl – lxtgaJ7PDcxDR – TYiIw.

❸ Patent Act（Korea, Act No. 14112, May 29, 2016）, §126, §135.

利侵权诉讼，因而产生平行诉讼（Parallel Proceedings，或称双轨制）的现象。❶

4. 遏制期

韩国：在收到专利挑战通知 45 日内，在专利权人已向法院提起专利侵权之诉，或者向 KIPTAB 提出正向确认专利权范围的请求（请求确认仿制药技术方案落入其专利权保护范围）的情况下，专利权人可以向 MFDS 请求获得阻止仿制药上市的 9 个月的遏制期禁令，在此期间不停止仿制药技术审评审批流程和批准上市许可流程，而仅是禁止仿制药在此期间的上市销售。

加拿大：为了避免不必要地浪费时间成本，强制要求原研药企业必须在收到仿制药申请人通知后 45 日内进行起诉，如果无正当理由不起诉的，不得再向仿制药申请人主张权利❷；并且原研药企业可在接到仿制药申请声明上述法定请求期内向加拿大联邦法院申请 24 个月的遏制期。在此期间不停止仿制药技术审评审批流程，但在争议解决前不批准仿制药的上市许可。

5. 市场独占期与补偿措施

韩国：首个提出仿制药请求并获得专利挑战成功❸的仿制药企业可以获得首仿药 9 个月的市场独占期，如果涉及该首仿药被纳入韩国医保体系，则该市场独占期还可以进一步延长至多两个月（共计 11 个月）。该市场独占期自首仿药获批上市之日起计算。在该市场独占期内，其他仿制药企业不得上市销售与原研药具有相同活性成分，并且与该首仿药具有相同含量、剂型和药效的仿制药，但并未规定仿制药企业可反诉专利权人或者利害关系人请求对该首仿药延期上市销售进行赔偿。韩国药事法第 50 – 10 条规定了首仿药❹市场独占期终止的情形，包括：（a）仿制药批件到期、失效或登载专利被无效❺（不包括首仿药专利挑战导致的无效）；（b）首仿药申请人获得的宣告专利无效或不落入专利保护范围的决定被撤销或推翻；（c）获得市场独占期的仿制药自获批上市之日起 2 个月仍未上市；（d）公平贸易委员会或法院认定首仿药申请人的有关行为违反反垄断法的规定；（e）首仿药申请人通过欺骗的手段获得市场独占期。❻

加拿大：首仿药不享受市场独占期，并且没有规定仿制药企业和原研药企业达成和解协议之后必须通报反托拉斯法主管机关，但对于加拿大联邦法院最终认定仿制药

---

❶ 袁锋. 我国移植和构建专利链接制度的正当性研究：对现行主流观点之质疑［J］. 科技与法律，2019（6）：1 – 12.

❷ Merck Frosst Canada Inc. v. Canada 55 C. P. R. （3d）302, 319（Can.）1994.

❸ 在韩国获得宣告专利无效或专利保护期限补偿无效或反向的确认专利权范围或不侵权的有利决定的被视为专利挑战成功。

❹ 韩国首仿药的适用范围更广，不仅同日提交上市申请的仿制药可以共享独占期，在第一个请求人提出请求之后 14 日内提出相应请求的，都被视为首仿药。

❺ 例如仿制药企业请求 KIPTAB 确认其技术方案不落入原研药专利范围获得支持因而获得市场独占期的情况下，原研药专利被第三方无效的情形。

❻ 程永顺，吴莉娟. 韩国药品专利链接制度评述［EB/OL］.（2020 – 08 – 27）［2021 – 09 – 24］. https：//mp. weixin. qq. com/s/kl – lxtgaJ7PDcxDR – TYiIw.

申请人的主张合理而批准仿制药上市的，仿制药申请人有权要求原研药企业就因专利挑战而延迟上市的损失进行损害赔偿。❶ 该损害赔偿并不以原研药企业的恶意诉讼为前提，往往采用假想市场的方式，从而导致赔偿额超出仿制药实际的销售额。❷

4.1.3 欧盟和印度如何选择

药品专利链接制度并不属于包括中国在内的 TRIPS 成员的国际义务。虽然美国通过签订多边或双边贸易协定的方式，推动加拿大、澳大利亚、新加坡、韩国、秘鲁等地建立了药品专利链接制度，但是欧盟以及作为"世界药厂"的印度则明确表示不接受药品专利链接制度，它们认为不实施药品专利链接制度并不会对自身医药产业的健康发展产生太多负面的影响。

1. 欧盟的选择❸

原研药企业曾试图说明欧盟引入药品专利链接制度，但遭到了欧盟各国的强烈反对。欧盟委员会（European Commission）认为，药品监督管理机构的任务是核查药品安全性和有效性，不应考虑药品是否侵犯专利权等因素，否则就违反了专利法关于Bolar 例外规则的规定，与其立法宗旨不相符。❹ 除此之外，欧盟认为其整体上已经形成了良好的诉讼传统和比较高效的司法体系，诉前禁令❺能够及时制止可能侵权的仿制药上市，使原研药企业能够快速获得救济，加上专利无效宣告等程序完全可以解决原研药企业和仿制药企业之间的纠纷，因此药品专利链接制度并不具备突出的意义，也无须借此来进行纠纷前置。❻ 欧盟也有一些国家在国内法中曾经试图建立药品专利链接制度。例如，斯洛伐克第 1998/140 号法第 22（8）条规定，学名药的上市申请只能在专利保护期届满之后才能够被批准；匈牙利第 2005/52 号法令第 7（9）条要求学名药申请人递交专利声明，以证明其未侵害任何专利权；意大利也有类似做法。对于这些与欧盟不同的做法，欧盟委员会采取了一些措施分别对斯洛伐克、匈牙利和意大利提出统一立法的要求。例如，欧盟委员会于 2012 年 1 月 26 日向意大利政府发布的新闻稿中宣布，上市审批程序不受工业产权保护的影响，如果其法律在 2 个月内仍不修改的话，欧盟将采取法律行动。❼

---

❶ Patented Medicines（Notice of Compliance）Regulations（Canada, SOR/1993 - 133），§8.

❷ 邰红，韦嵘. 中国药品专利链接制度初探［EB/OL］.（2020 - 12 - 15）［2021 - 07 - 29］. https：//mp. weixin. qq. com/s/uMRe7xh_Ud3Sgwwts9btHQ.

❸ 程永顺，吴莉娟. 探索药品专利链接制度［M］. 北京：知识产权出版社，2019：39 - 40.

❹ 谢伟，马治国，张磊. 中国药品专利链接体系化的路径选择研究［J］. 中国科技论坛，2021（5）：108 - 117.

❺ 诉前禁令是指提起诉讼前法院责令侵权人停止有关行为的措施。我国药品专利侵权诉前禁令救济主要法律依据为《民事诉讼法》（2017 年修正）第 100 条和第 101 条；《专利法》（2020 年修正）第 72 条；《最高人民法院关于审查知识产权纠纷行为保全案件适用法律若干问题的规定》（2018 年）。参见北京市高级人民法院（2014）高民终字第 278 号民事裁定书；北京知识产权法院（2019）京 73 行保 1 号民事裁定书。

❻ 关春媛. 药品专利链接制度的国际发展及本土完善［J］. 中国发明与专利，2021，18（6）：52 - 60.

❼ 梁志文. 药品专利链接制度的移植与创制［J］. 政治与法律，2017（8）：104 - 114.

目前，在药品注册过程中的药品创新保护问题上，欧盟主要实施以下制度。

（1）试验数据保护制度

1987 年，欧洲经济共同体（欧盟前身）通过欧洲经济共同体理事会第 87/21/EEC 号指令规定，仿制药上市只要提供生物等效性数据即可，试验数据保护制度伴随该规定首次被引入并经过 2001 年和 2004 年两次修订。欧盟 2001 年第 83 号指令❶第 10 条第 1 款 A 项之三规定，对为获得上市批准的目的而提交的药品试验数据给予 6 年独占权保护。仿制药只有在 6 年期满后才可依赖原研药的试验数据获得上市许可。对涉及高技术医药产品的试验数据保护期可扩大为 10 年。此后，经过 2004 年第 27 号指令❷的修订，形成了目前的试验数据保护制度，即"8 + 2 + 1"方案❸：药品试验数据保护期自药品通过审批之日起 10 年，其中，药品上市的前 8 年为数据独占期，其间与新药相同作用成分的仿制药申请都不予受理和批准，数据独占期满后，可以受理仿制药申请，但需要新药数据保护期满后才能批准；此外，如果在 8 年数据独占期内增加了新的适应证，或者从处方药转换成了非处方药，则可以额外获得 1 年的数据保护期❹；罕见药的数据保护期为 12 年，其中前 10 年为数据独占期。

随后，欧盟与美国一起作为主要的发达国家和地区不断利用贸易谈判、国际协定等方式，要求其他国家建立相应的药品试验数据保护制度，最终在 TRIPS 第 39 条第 3 款中对 WTO 成员提出了建立药品试验数据保护的最低标准："当被要求呈交未公开的、需要付出相当劳动才能获得的试验数据或其他数据，以作为成员同意使用新型化学物质生产的药品或农用化学品在市场上销售的一项条件时，应保护该数据免受不公平的商业利用。此外，成员应保护该数据免于泄露，除非是出于保护公共利益的需要，或采取了保护该数据免受不公平商业利用的措施。"TRIPS 第 39 条第 3 款规定了成员保护药品数据的义务，但采取何种方式保护，各成员可以在满足最低保护的基础上自由选择，主要考虑各成员各自制药业研发能力和模仿能力以及与其在处理公共健康问题时所具有的财政能力和技术能力密切相关。当然，成员可以给予更高水平的数据保护，但这属于 TRIPS – Plus 的保护规则，并不构成 TRIPS 下的成员义务。❺

（2）补充保护证书制度

1992 年 6 月 18 日，欧洲议会颁布补充保护证书（Supplementary Protection Certificate，SPC）法案（EEC 1768/92），其于 1993 年 1 月 2 日生效，目的在于通过授予 SPC

---

❶ Directive 2001/83/EC of the European Parliament and of the Council of November 6，2001 on the Community Code Relating to Medicinal Products for Human Use.

❷ Directive 2004/27/EC of the European Parliament and of the Council of March 31，2004 Amending Directive 2001/83/EC on the Community Code Relating to Medicinal Products for Human Use. 该指令于 2005 年 10 月 30 日生效。

❸ 杨莉，宋华琳，赵婕. 药品试验数据保护与专利保护之平行并存性研究 [J]. 中国新药杂志，2013，22（22）：2600 – 2606，2615.

❹ 冯洁菌. TRIPS 协议下对药品试验数据的保护及限制：以国际法和比较法为视角 [J]. 武大国际法评论，2010，11（1）：125 – 144.

❺ 梁志文. 论 TRIPS 协议第 39.3 条之数据保护 [J]. 法治研究，2014（2）：111 – 121.

给予特定药品一定期限的专利期延长，补偿药品为通过上市许可批准程序所造成的药品有效专利期的损失。

SPC 仅对于具有医药用途的产品提供保护，其中产品被定义为医药产品的活性成分或活性成分的组合物，其中医药产品是指任何呈现出用于治疗或防止人类和动物疾病的物质或物质的组合物，以及任何着眼于作出医学诊断和着眼于修复、校正或修改人类或动物的生理学上的功能的物质或物质的组合物（参见 EEC 1768/92 第 1 条）。

可获得专利保护期延长的医药产品专利包括产品专利、制备方法专利和产品用途专利。取得 SPC 的条件包括：①在申请人提出补充保护证书申请之日，产品尚处在有效的基本专利的保护之下；②已获得了对该产品作为医药产品投放市场的有效市场准入，并且是首次批准在该成员国市场销售、使用的医药产品（即使该医药产品在欧盟其他成员国的上市时间更早）；③该产品尚未成为某个补充保护证书的主题内容（参见 EEC 1768/92 第 3 条）。

SPC 有效期限为自基本专利期届满之日起最长 5 年，且药品通过上市许可批准后剩余的专利期限加上 SPC 的有效期不得超过 15 年。由于 SPC 的主要目的是弥补由于上市行政许可中所损失的专利保护期，如果首次上市行政许可在基础专利申请日后的 5 年之内获得，则不会给予 SPC 保护期；如果首次上市行政许可在基础专利申请日后的 5～10 年内获得，则 SPC 保护期一直截至首次上市行政许可后的 15 年；如果首次上市行政许可在基础专利的申请日的 10 年后获得，则 SPC 保护期自专利失效日起持续 5 年。❶

SPC 保护不是对专利保护期本身的延长，而仅仅是一种经申请而被批准的药品市场独占权，其并不涉及专利权的其他方面，在 SPC 有效期内，可以进行原研药的仿制，但仿制药不能上市销售和使用。❷ 专利权人往往会在基础专利的权利要求书中选择最畅销的与其市场利益最相关的产品所涉及的一项权利要求提出 SPC 保护。

药物研发的变化增加了 SPC 随着时间变化的相关性。药物研发是一个漫长且昂贵的过程，许多因素会影响药物研发的时间。一是疾病本身的性质，例如进展缓慢的疾病或在 5 年后测量临床终点的疾病需要比快速评估治疗效果的急性疾病更长的临床试验；二是证明当前药品的安全性和有效性需要与现有药品相比更大规模、更长时间的临床试验。可能会缩短药物研发时间的抵消力量包括改进的筛选和药物设计，以及使用替代终点（例如，在某些癌症的情况下，肿瘤大小而不是 5 年生存率）。在专利期限是固定的情况下，创新药企业预计收回研发成本的剩余专利保护年限会减少，而 SPC 可以部分抵消上述减少的保护年限。相反，如果药物研发过程中的创新缩短了开发时间，则 SPC 就不那么重要了。表 4-1-6 按解剖学治疗规范（Anatomical Therapeutic Code，ATC）分类提供了 1990～2016 年首次在全球推出且至少在一个欧盟市场推出的

❶ 刘晴，黄超峰. 浅谈欧洲药品专利期补偿制度的现状和发展趋势 ［J］. 中国新药杂志，2021，30（4）：295 - 299.

❷ 唐晓帆. 欧盟药品补充保护证书（SPC）制度简介 ［J］. 电子知识产权，2005（10）：42 - 45.

673 种新化学实体的平均研发时间❶、平均欧盟推出滞后时间❷以及平均剩余保护期限❸。与寄生虫疾病相关的药品（P 类）是一个明显的异常值：已研发的产品很少，研发时间相对较短。由于这些药品在欧洲的市场普遍较小，SPC 不太可能发挥重要作用。新药品种数量最多的类别是 L 类，其中包括癌症治疗，可能是由于接受了次要临床终点，研发时间和保护期限在有和没有 SPC 的情况下大致是所有类别药品的平均值。就提供额外保护的年限而言，似乎从 SPC 中获益最多的三类是 D 类（皮肤科）、S 类（感觉器官）和 H 类（全身激素制剂）。❹

表 4 - 1 - 6　按 ATC 分类提供的 SPC 信息

ATC	数量/种	平均值/年			
		研发时间	欧盟推出滞后时间	专利剩余保护期限	包括 SPC 在内的剩余保护期限
A	63	10.87	0.97	8.55	12.25
B	43	11.25	0.99	7.89	12.31
C	58	10.50	1.09	8.87	11.65
D	25	8.74	1.67	9.70	16.00
G	31	10.67	0.38	8.86	14.00
H	13	8.13	1.88	10.33	15.72
J	95	9.03	1.20	9.83	13.02
L	153	9.98	0.88	9.29	12.56
M	30	12.13	0.18	7.72	11.63
N	81	11.35	0.79	8.01	12.16
P	7	7.15	2.00	9.68	14.45
R	33	10.16	0.49	9.39	14.14
S	17	11.99	2.22	5.77	11.50
V	24	11.67	1.64	8.01	11.52
总数/平均值	673	10.33	0.99	8.86	12.68

---

❶　平均研发时间是指第一次专利申请时间与第一次全球发布时间之间的平均年数。

❷　平均欧盟推出滞后时间是指药品在世界某个地方首次推出时间与在欧盟首次推出时间之间的平均年数。

❸　平均剩余保护期限是指授予 SPC 的到期时间与在欧盟首次推出时间之间的平均年数。

❹　MARGARET K. Economic Analysis of Supplementary Protection Certificates in Europe ［EB/OL］. (2017 - 01 - 30)
［2022 - 01 - 24］. https：//ec. europa. eu/docsroom/documents/25621/attachments/1/translations/en/renditions/native.

欧盟通过施行试验数据保护制度、补充保护证书（SPC）、孤儿药市场独占❶以及可长达6个月的儿科奖励等激励制度，延长了药品的有效保护期（有效保护期＝最后保护到期的日期－获得上市许可的日期）（见图4－1－2❷，62%药品的有效保护期为10～15年；24%药品的有效保护期为15～20年；10%药品的有效保护期大于20年），更倾向于原研药产业的发展，尽管在一定程度上保护了原研药产业的创新积极性，但这种保护创新更像是对药物研发的投资保护，只要有市场，任何药物的开发都具有经济吸引力，而创新药物更多的是一种副产品，其始终是一种不平衡的机制，最终导致原研药产业的创新优势逐步丧失而仿制药产业始终未能发展起来，医药行业的创新中心因此从欧盟转移到了美国。❸

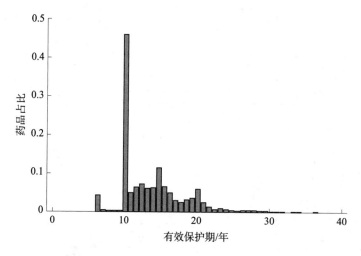

图4－1－2　1996～2016年欧洲总有效保护期

2. 印度的选择

印度制药业在全球制药市场中占据重要地位。根据联合国2018年国际贸易统计数据显示，印度制药业市场在规模上位列全球第13位，在全球医药市场中的占比为1.1%，产值居全球第10位，尤其是在仿制药领域居全球领先地位，被誉为"世界药房"。

---

❶　自欧盟孤儿药条例出台以来，制药公司每年向药品监督管理机构提交的孤儿药品名称申请数量已从2000年的72份增加到2016年的329份。这导致在此期间，总共有128种药品作为孤儿药获得了上市许可。对于那些将孤儿药市场独占期作为最后一项延长保护期措施的国家，它为药品增加了1.6年的额外保护。

❷　Directorate－General for Internal Market, Industry, Entrepreneurship and SMEs (European Commission). Study on the economic impact of supplementary protection certificates, pharmaceutical incentives and rewards in Europe [EB/OL]. (2018－09－11) [2022－01－24]. https://op. europa. eu/en/publication－detail/－/publication/8ffeb206－b65c－11e8－99ee－01aa75ed71a1/language－en. 数据集包括1996～2016年在28个欧盟国家上市的558个不重复的药品，覆盖465个不重复的药物分子。

❸　程永顺，吴莉娟. 论道医药专利 | 欧盟与印度：行走于专利链接之外 [EB/OL]. (2018－01－15) [2021－08－03]. https://mp. weixin. qq. com/s/hcwqjFqU_2SSOTzSkESSOw.

　　印度制药业具有五大特点：一是通过开发建立传统知识数字图书馆使印度的传统药物变成了"公共财产"，其内容包括 54 部官方传统草药著作，15 万种传统药物，所有信息都是为了公共使用以及避免别国利用印度传统知识（印度草药学）申请专利并被错误地授予专利权❶；二是仿制药居主导地位，占其市场份额的 70% ~ 80%；三是在早期投资和本国法律保护的推动下，本土医药企业占据了主导地位；四是出口导向型，2018 ~ 2019 年印度制药业的全球市场规模约为 400 亿美元，其中出口贸易额达 191.3 亿美元，占到了其市场总额的一半；五是具有价格优势，印度的药物生产成本明显低于美国，几乎只有欧洲的一半，这使其在国际市场上具有很强的竞争力。❷

　　其实，印度药并不是一直这么便宜。在英国殖民时期，印度专利法以英国专利法为基础制定，且只有得到英国政府的批准才能够生效。1947 年，印度独立之后，印度政府开始不得不对原有的专利法律制度尤其是 1911 年专利和外观设计法进行评估和修改。原因在于，印度独立之初，80% 以上的印度医药市场仍然被跨国医药企业所控制，80% ~ 90% 的专利药掌握在这些企业手中，其中 90% 的专利产品并没有在印度制造。专利制度当时在印度已经成为跨国医药企业垄断市场的工具，特别是在药品等重要行业领域，市场垄断导致居高不下的价格，该价格与印度经济的疲软、居民生活的贫困形成鲜明对比。

　　为了让印度人能够享受到平价药、解决药品可及性的问题，政府采取了很多措施，但真正让印度民众以及医药企业受益的，还是 1970 年在总理英迪拉·甘地主导下的印度专利法的颁布。❸

　　1970 年 9 月颁布、1972 年 4 月正式生效的印度专利法试图在专利保护与公共利益之间寻求平衡，被认为是一部全面的立法，是当时印度最先进的法律之一。❹ 值得注意的是，其对于药品只授予工艺专利，排除了药品的产品专利，规定药品领域的产品发明不授予专利权；此外，还首次规定了专利强制许可制度。这意味着，在当时的印度，药品专利保护基本被废除，低价格才是主旋律。印度本土医药企业成为这一规定的直接受益者，印度的药品价格也因此得以大幅度降低。印度政府还同时出台了药品价格管制法案（DPCO），坚持食品和医药消费是穷人不可剥夺的基本权利。

　　在此后的 24 年间，1970 年印度专利法都没有进行过任何修改，直至 1995 年 1 月 1

---

❶　黄迎燕，贾丹明. 印度的传统知识数字图书馆介绍 [J]. 专利文献研究，2005 (1)：21 – 26.

❷　李志明，韩雅颂，余东波，等. 印度制药业发展概况及趋势分析 [J]. 全球科技经济瞭望，2020，35 (10)：22 – 30，35.

❸　刘昌孝. 药品安全战略与仿制药一致性评价策略 [J]. 中国临床药理学与治疗学，2016，21 (10)：1081 – 1087.

❹　RAMESH B S. Trade – Related Issues of Intellectual Property Rights and the Indian Patent Act—A Negotiating Strategy [J]. World Competition，1988，12 (2)：81 – 116.

日的 TRIPS 要求其成员必须将药品及其生产方法纳入专利保护范畴的规定生效。❶ 为了履行对于世界贸易组织（WTO）的承诺，印度按照 TRIPS 的有关规定对专利法进行了相应修改，其中专利法（1999 年修正案）规定：在药品领域，可以提交产品专利申请，但这些专利申请必须等到 2004 年 12 月 31 日后才进行专利审查；以及引入了过渡性安排——被允许在印度销售或分销产品的市场专有权（Exclusive Marketing Rights，EMR）条款❷，其最终目标是迈向承认产品专利权。上述印度专利法修改的内容就是通常所说的发展中国家在发展期所采用的邮箱申请系统（Mailbox System）制度，印度通过该制度不仅在表面上满足了 TRIPS 对于药品专利提供保护的要求，同时促使印度医药企业在该段时期内对原研药进行分子反向工程，生产低价的仿制药供应国内市场并出口海外，从而兼顾了自身发展的需要。WTO 的十年过渡期成为印度本土制药业发展的黄金时期。❸

在专利法（1999 年修正案）之后，印度专利法于 2002 年和 2005 年进行了两次修正（见图 4-1-3❶）。

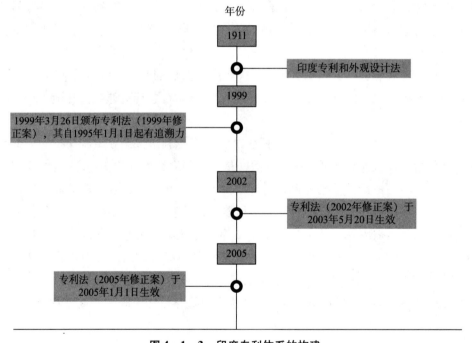

图 4-1-3　印度专利体系的构建

❶　TRIPS 自 1995 年 1 月 1 日开始生效，把 WTO 成员分成几类：发达国家过渡期为 1 年，从 1996 年 1 月 1 日起对化学药品提供专利保护；发展中国家的过渡期为 10 年，从 2005 年 1 月 1 日起对化学药品提供专利保护；最不发达国家的过渡期为 21 年，从 2016 年开始执行化学药品的专利保护。

❷　The Patents（Amendment）Act，1999，Chapter IVA Exclusive Marketing Rights.

❸　何隽.“我不是药神”：印度药品专利的司法原则及其社会语境［J］.清华法学，2020，14（1）：158-171.

❶　Intellectual Prop：Erty India. History of Indian Patent System［EB/OL］.（2019-12-20）［2021-08-02］. https：//ipindia. gov. in/history - of - indian - patent - system. htm.

其中 2002 年的修改内容主要包括：①最短专利期限从 14 年增加到 20 年；②对强制许可的相关条款进行了修改，新增了"专利授权之日起满三年，发明没有在印度领域内实施"的强制许可申请条件以及"当颁发强制许可的情况不再继续并且这种情况不会再发生时，专利管理局应当终止执行强制许可"的强制许可终止条件，以满足公共健康要求并符合 TRIPS 的规定。

而 2005 年的修改内容主要包括：①将产品专利保护扩展到所有技术领域，包括药品、食品和化学制品，但是根据印度专利法第 3 条第（d）款的规定只对 1995 年以后发明的新药或经改进后能大幅度提高疗效的药物提供专利保护，而不支持现有药物混合或衍生药物专利❶，且规定已有药品的第二医药用途不能获得专利权，即不允许有"常青"专利❷；②取消市场专有权条款，并引入过渡性条款来保护已经取得的市场专有权；③增加了药品出口的强制性许可，即向没有药品生产能力或生产能力不足的国家出口药品，以帮助其应对突发性公共健康危机；④增加了加强保护国家专利安全，防止技术外泄的条款；⑤使涉及时间期限的条款更加合理化，以增强灵活性，减少专利申请的审批时间，简化了专利申请的流程。❸

印度在 1970 年专利法中首次规定了强制许可制度，在 2002 年和 2005 年修正案中又进一步对强制许可制度进行了完善，并且于 2012 年给予印度纳特科（Natco）药业公司强行仿制德国拜耳公司用于治疗晚期肝癌和肾癌的药品索拉菲尼（Sorafenib）的许可❹，这是印度在 2005 年接受了 WTO 的 TRIPS 以后颁发的第一个强行仿制药品的许可决定。❺ 根据该强制许可的决定，纳特科药业公司需要将每季度药品净销售额的 6% 用于支付德国拜耳公司的专利许可费，并且只能用自己的设备进行生产，不能转让该强制许可；并且生产的药品每月治疗费用不得超过 8800 卢比，每年至少向 600 名有需要的患者免费提供该药品。

印度专利管理局的这个决定基于以下三个理由：①尽管在印度有很多的肝癌和肾癌患者，但是拜耳公司当时在印度销售的索拉菲尼数量极少，远不能满足当时的医疗需求；②拜耳公司销售的索拉菲尼价格高昂，按照印度政府雇员的最低薪酬计算，需要工作三年半才能以 28 万卢比的价格购买一个月剂量的索拉菲尼，远超患者和政府的财政负担能力；③拜耳公司将药品进口到印度并在印度销售的行为并未完成实施行为，只有在印度制造才满足实施的要求。

❶ 梁志文. 药品专利链接制度的移植与创制 [J]. 政治与法律，2017，(8)：104 - 114.

❷ 常青专利，又称为衍生专利或外围专利，其通常保护的不是新的药用活性成分，主要用途在于原研药企业在药用活性成分专利的外围构建专利壁垒，阻止仿制药上市。

❸ 邓常春. 近五年来印度《专利法》的修改对其制药业的影响 [J]. 南亚研究季刊，2005 (2)：30 - 34.

❹ 2008 年，纳特科药业公司就生产索拉菲尼向拜耳公司申请自愿许可未果。2011 年 3 月，纳特科药业公司获得了印度药品管理局的药品生产许可。2011 年 7 月，纳特科药业公司向印度专利管理局申请索拉菲尼的强制许可，并于 2012 年 3 月 9 日获得批准。

❺ Decision of the Controller of Patents in Compulsory License Application No. 1 of 2011, Mar. 9, 2012; Application for Compulsory Licence under Section 84 (1) of The Patents Act, 1970 in respect of Patent No. 215758.

尽管拜耳公司对上述强制许可的决定提起了复议以及诉讼，但是印度最高法院仍然维持了印度专利管理局的强制许可决定。仿制后的索拉菲尼价格是 8800 卢比，仅是原研药价格的 3% 左右。上述强制许可的决定虽然未能得到国际上的好评，特别是印度在进入 WTO 以后仍然进行强行仿制，但是对索拉菲尼的强行仿制给印度政府和患者还是带来了不少经济上的实惠。❶ 但是，与此同时，印度政府也担忧专利强制许可制度可能会影响外国对于印度的直接投资。因此，印度专利管理局在判断是否颁发强制许可时特别强调，申请人在申请强制许可前必须已经与权利人就自愿许可协议进行了实质性接触但未能达成许可协议。例如，2013 年 10 月，印度专利管理局拒绝了印度 BDR 制药公司针对美国百时美施贵宝（BMS）公司治疗慢性粒细胞白血病的药物达沙替尼（Dasatinib）的强制许可申请，原因在于，印度 BDR 制药公司故意不与专利权人进行任何形式的对话以确保达成自愿许可协议，并故意选择性援引仅与专利权人有关的规定，其在与百时美施贵宝公司的许可谈判中没有证明自己的生产经营能力和质量管理能力，从而被认定为蓄意不与专利权人进行实质性自愿许可洽谈。因此，印度专利管理局拒绝颁发强制许可。❷

正是由于印度专利法对于可授予专利权的药品专利类型的规定以及所实施的强制许可制度，再加上对于药品专利链接制度的明确反对❸，从而极大地保护和激励了其国内仿制药产业的发展，印度通过仿制药的营销收入积累到原始资金后便开始投资开发改良型新药，完成了由仿到创的过渡。

4.1.4 中国实践中可能存在的困境

1. 挑战专利成功

2021 年 7 月 4 日，国家药品监督管理局和国家知识产权局发布的《药品专利纠纷早期解决机制实施办法（试行）》第 11 条涉及化学仿制药的市场独占期问题，即"对首个挑战专利成功并首个获批上市的化学仿制药，给予市场独占期。国务院药品监督管理部门在该药品获批之日起 12 个月内不再批准同品种仿制药上市，共同挑战专利成功的除外。市场独占期限不超过被挑战药品的原专利权期限。市场独占期内国家药品审评机构不停止技术审评。对技术审评通过的化学仿制药注册申请，待市场独占期到

---

❶ 吴久鸿，李洪. 仿制药在美国和印度的生产及使用情况对中国的启示 [J]. 中国药物经济学，2018（7）：107 - 115.

❷ Harsha Rohatgi. Khurana&Khurana Advocates And Ip Attorneys. Indian Patent Office Rejects Compulsory Licensing Application：BDR Pharmaceuticals Pvt. Ltd. Vs Bristol Myers Squibb [EB/OL].（2013 - 11 - 13）[2021 - 10 - 24]. https：//www.khuranaandkhurana.com/2013/11/13/indian - patent - office - rejects - compulsory - licensing - application - bdr - pharmaceuticals - pvt - ltd - vs - bristol - myers - squibb/.

❸ 2009 年 8 月 18 日，针对拜耳公司与印度 Cipla 公司的药品专利纠纷案件，德里高等法院作出判决认为，在印度现行药品法和专利法中没有建立药品专利链接制度的法律依据。拜耳公司不服该判决，最终上诉到印度最高法院。2010 年 12 月 1 日，印度最高法院以相关侵权案件已由高等法院受理，也并无延迟之理由，驳回了拜耳公司的上诉请求，否定药品专利链接制度的司法意见，从而在全印度的法院中得以确认。

期前将相关化学仿制药注册申请转入行政审批环节。挑战专利成功是指化学仿制药申请人提交四类声明，且根据其提出的宣告专利权无效请求，相关专利权被宣告无效，因而使仿制药可获批上市"。

在该条款中，主要存在以下两个问题：①如何界定"共同挑战专利成功"；②化学仿制药申请人提交四类声明与宣告专利权无效请求提出的时间先后顺序如何安排。

针对问题一，在韩国药品专利链接制度中，有资格获得首仿药市场独占期的仿制药企业需要同时满足两个条件：①首个提出仿制药上市申请：由于韩国通过市场监测期的方式对原研药提供数据保护，在市场监测期内不允许依赖受保护的安全性和有效性数据提出仿制药申请，因此为了获得首仿药市场独占期，大多数仿制药企业在市场监测期届满后的第二天即提出仿制药申请，以满足"首个提出仿制药上市申请"的要求；②首个提出无效宣告请求或者不落入专利保护范围的确认请求：如果仿制药申请人在最早请求人提出请求后 14 日内也提出了相应请求，或最早获得了宣告专利无效或不落入专利权保护范围的决定，则其也被视为最早请求人。❶ 14 天"宽限期"的规定大大降低了确定"首个专利挑战请求"的门槛，使得仿制药企业较为容易满足获得首仿药市场独占期的资格条件，从而在制度运行过程中出现了"首仿药市场独占期由多个仿制药企业共享"的❷问题。在韩国开始实行药品专利链接制度近一年的时间内，即 2015 年 3 月 15 日至 2016 年 1 月底，韩国共对 11 种药物活性成分给予了 18 个首仿药市场独占期，其中大多数市场独占期均由多个仿制药企业共享。❸

在中国，"共同挑战专利成功"是指两家仿制药企业分别提出宣告专利权无效请求之后被国家知识产权局专利局专利复审和无效审理部分开或合并审理，专利无效理由均成立的情况吗？由于无效宣告请求是分别提出的，是要求两家仿制药企业恰好在同一天分别提出还是可以有相应的时间间隔？若是合并审理，国家知识产权局专利局专利复审和无效审理部作出合并审理的原则是什么？此外，假设化学药上市许可持有人在中国上市药品专利信息登记平台登记的相关药品专利信息包括一项药物活性成分化合物专利、一项含活性成分的药物组合物专利以及一项医药用途专利，两家仿制药企业同时或在一定的时间间隔内先后针对上述三项专利分别提出了宣告专利权无效请求，在分开审理的情况下，如果上述一家化学仿制药企业仅仅将前述药物组合物专利宣告无效，而另一家化学仿制药企业则将前述化合物专利和医药用途专利宣告无效，那么两家仿制药企业可否算作"共同挑战专利成功"？

虽然国家知识产权局在 2021 年 8 月 3 日公布的《专利审查指南修改草案（征求意

❶　邱福恩. 韩国药品专利链接制度介绍及对我国制度的启示［J］. 电子知识产权，2019，3：22-28.

❷　关春媛. 药品专利链接制度的国际发展及本土完善［J］. 中国发明与专利，2021，18（6）：52-60.

❸　SHIN Y S. Past, present and future of pharmaceutical patents under Korea-US Trade Agreement［J］. Pharmaceutical Patent Analyst，2016，5（4）：237-248.

见稿)》❶ 第四部分第八章"8. 涉及药品专利纠纷早期解决机制的无效案件审查的特殊规定"的"8.2 审查顺序"和"8.3 审查基础"中指出:"针对同一专利权的多个涉及药品专利纠纷早期解决机制的无效宣告请求,按照提出无效宣告请求之日先后排序。如果在先作出的审查决定系在专利权人提交的修改文本基础上维持专利权有效,针对在后受理的无效宣告请求,可以以上述修改文本为基础继续审查。除上述情形外,在先作出的审查决定宣告专利权无效或者部分无效的,针对在后受理的无效宣告请求,合议组应当发出通知书通知请求人和专利权人暂停审查;在先审查决定生效或者被人民法院生效判决撤销后,合议组应当及时恢复审查。"但是对于"共同挑战专利成功"的上述一系列问题仍未给予明确规定,因此仍需等待进一步相关规定的出台以及相关司法与行政实践得以明确。

针对问题二,在韩国药品专利链接制度中,希望获得首仿药 9 个月市场独占期(销售禁令)的仿制药申请人需要在提出仿制药上市申请之前向韩国知识产权审判及上诉委员会(KIPTAB)提出专利无效宣告请求(包括宣告专利期限补偿无效请求)或确认仿制药技术方案不落入专利保护范围请求。如果首仿药申请人未向 KIPTAB 提出上述请求,即使在专利权人提起的侵权诉讼中胜诉,也不具备获得首仿药市场独占期的资格。这一规定鼓励仿制药申请人尽早提出宣告专利无效请求或确认不落入保护范围请求❷,从而避免出现法院或 KIPTAB 在专利权人用于阻止仿制药上市的 9 个月遏制期(遏制期不影响仿制药获得上市许可,而仅禁止仿制药在这一期间的上市销售,虽然在具体含义上与中国"等待期"不同但是在具体时间限制上相同)内仍无法作出生效判决或行政裁决的情况。

在中国,国家知识产权局在 2021 年 8 月 3 日公布的《专利审查指南修改草案(征求意见稿)》❸ 第四部分第八章"8. 涉及药品专利纠纷早期解决机制的无效案件审查的特殊规定"中指出:"涉及药品专利纠纷早期解决机制的无效案件,是指专利法第七十六条所述药品上市许可申请人(又称仿制药申请人),根据《药品专利纠纷早期解决机制实施办法(试行)》的相关规定提出第四类声明后,作为无效宣告请求人,针对中国上市药品专利信息登记平台上登记的专利权提出无效宣告请求的案件。请求人应当在请求书中对案件涉及药品专利纠纷早期解决的情况作出明确标注,即涉案专利为中国上市药品专利信息登记平台上登记的专利权,请求人为相应药品的仿制药申请人,且已经提出第四类声明,并附具仿制药注册申请受理通知书和第四类声明文件的副本等相关证明文件。"因此,若仿制药请求人想要使其提出的无效宣告请求与药品专利纠纷

---

❶ 国家知识产权局. 关于就《专利审查指南修改草案(征求意见稿)》公开征求意见的通知 [EB/OL]. (2021 – 08 – 03) [2021 – 08 – 10]. http://www.cnipa.gov.cn/art/2021/8/3/art_75_166474.html.

❷ 邱福恩. 韩国药品专利链接制度介绍及对我国制度的启示 [J]. 电子知识产权,2019,3:22 – 28.

❸ 国家知识产权局. 关于就《专利审查指南修改草案(征求意见稿)》公开征求意见的通知 [EB/OL]. (2021 – 08 – 03) [2021 – 08 – 10]. http://www.cnipa.gov.cn/art/2021/8/3/art_75_166474.html.

早期解决机制相关联，那么针对被仿制药相关专利权应当被宣告无效的情况，仿制药申请人需先提交 4.1 类声明，之后再提出宣告专利权无效请求。

那么，针对上述情况，专利权人或利害关系人应该如何应对，如何启动等待期❶呢？

根据《药品专利纠纷早期解决机制实施办法（试行）》的相关规定，专利权人或者利害关系人对 4.1 类专利声明（被仿制药相关专利权应当被宣告无效）和 4.2 类专利声明（仿制药未落入相关专利权保护范围）有异议的，可以自国家药品审评机构公开药品上市许可申请之日起 45 日内，就申请上市药品的相关技术方案是否落入相关专利权保护范围向人民法院提起诉讼或者向国务院专利行政部门请求行政裁决。专利权人或者利害关系人如在规定期限内提起诉讼或者请求行政裁决的，应当自人民法院立案或者国务院专利行政部门受理之日起 15 个工作日内将立案或受理通知书副本提交国家药品审评机构，并通知仿制药申请人。❷ 国务院药品监督管理部门收到人民法院立案或者国务院专利行政部门受理通知书副本后，对化学仿制药注册申请设置 9 个月的等待期。❸ 对化学仿制药申请人声明中国上市药品专利信息登记平台收录的被仿制药相关专利权应当被宣告无效的（4.1 类声明），如果专利权人或者利害关系人未就上市药品的相关技术方案是否落入相关专利权保护范围向人民法院提起诉讼或者向国务院专利行政部门请求行政裁决，那么不启动等待期。因此，仿制药申请人提交 4.1 类声明（被仿制药相关专利权应当被宣告无效），专利权人或者利害关系人需要使用 4.2 类声明的相关内容（上市药品的相关技术方案落入相关专利权保护范围）启动 9 个月的等待期。

相对于美国 30 个月停止审查的期限、加拿大 24 个月的遏制期，从时间上来看韩国 9 个月的遏制期已经很短。而相对于韩国（在提出仿制药上市申请之前向 KIPTAB 提出专利无效宣告请求），在中国若仿制药申请人想进入药品专利链接体系，针对被仿制药相关专利权应当被宣告无效的情况，需先提交 4.1 类声明，之后再提出宣告专利权无效请求，这对于中国 9 个月的等待期而言是更为紧张且更高的时间要求。

据统计，针对医药类专利无效宣告请求案件，从请求人提出专利无效宣告请求到国家知识产权局专利局专利复审和无效审理部作出决定的平均周期约为 7.4 个月，并且案件数量呈逐年上升趋势，案件呈现出以下四大特点：无效理由多、提交证据多、权利要求修改多和关联案件多。从无效成功率来看，全部无效案件占 54%；部分无效和权利要求修改后部分无效案件占 30%；维持有效和权利要求修改后维持有效案件占

———————————

❶　国家知识产权局.《药品专利纠纷早期解决机制实施办法（试行）》政策解读 [EB/OL].（2021 - 07 - 05）[2021 - 08 - 15]. https：//www.cnipa.gov.cn/art/2021/7/5/art_66_160521.html.

❷　参见 2021 年 7 月 4 日公布的《药品专利纠纷早期解决机制实施办法（试行）》第 7 条。

❸　参见 2021 年 7 月 4 日公布的《药品专利纠纷早期解决机制实施办法（试行）》第 8 条。

16%。❶ 而就司法程序而言，由于医药领域中存在涉外当事人的情况较多，以审理时间普遍较长的涉外民事案件作为参考，北京知识产权法院完整走完一审程序平均时间为1.69 年，标准差为 0.84 年❷。

2. 反向支付协议

在医药行业中，原研药企业即拥有专利权的一方（原告）与仿制药企业（被告）在专利侵权诉讼中达成的一种特殊的和解协议引发了各国反垄断执法机构的广泛关注。正常情形下的和解协议一般是由被告向原告作出某些利益让步从而实现解决争议终止诉讼的目的，但是这种特殊的和解协议却是由原告向被告逆向支付一定数额的费用（包括非货币形式）进而实现和解；作为回报，仿制药企业同意在双方协商的日期之前，该仿制药不进入市场和/或将仿制药或相关药物授权许可给原研药企业进行销售。因此，这种和解协议也被称为反向支付协议（reverse - payment agreement），在美国学界有时也把这种反向支付协议称为排除支付协议或延迟支付协议（pay - for - delay agreement）。❸ 反向支付协议根源于原研药与仿制药之间存在严重的利益失衡，原研药企业需在每个新药研发项目中花费从 3.14 亿美元到 28 亿美元不等❹，而且只有约0.1% 的新药能够进入临床试验阶段，其中只有 20%（总量的 0.02%）最终能够被FDA 批准上市❺，然而一旦原研药专利期限届满或被宣告无效，仿制药就会大量流入市场，导致原研药价格迅速下降，即出现所谓的"专利悬崖"效应。因此，原研药企业有时会蓄意发起多项无实质侵权可能性的专利诉讼，只要赢得其中一项即可达到阻止仿制药上市的目的；即使存在败诉的风险，原研药企业也可以通过反向支付的方式换取仿制药延迟进入市场。

关于反向支付协议的利与弊，一部分学者认为，其是一种横向限制竞争协议，极易产生横向划分市场的结果，存在违反反托拉斯法的风险，而且延迟了廉价仿制药的市场进入时间，推高了消费者的医疗支出，具有当罚性。2010 年，美国联邦贸易委员会（FTC）指出，反向支付协议导致美国公众无法获得廉价的仿制药，并导致美国公众为创新药平均每年多支出约 35 亿美元。❻ 而另一部分学者则持相反的意见，其认为，

---

❶ 明志会，黄文杰，刘彩连，等. 医药领域专利无效周期及成功率研究分析 [J]. 中国新药杂志，2018，27（12）：1334 - 1339.

❷ 林威. 涉外知识产权民事案件一审限的研究 [EB/OL]. (2019 - 01 - 14) [2021 - 08 - 15]. http://www. iprdaily. cn/article1_20724_20190114. html.

❸ 孙瑜晨. 医药专利反向支付协议的反垄断规制研究：基于美国近十年学术文献的分析 [J]. 情报杂专，2018，37（10）：112 - 119.

❹ WOUTERS O J，MCKEE M，LUYTEN J. Estimated Research and Development Investment Needed to Bring a New Medicine to Market，2009 - 2018 [J]. JAMA，2020，323（9）：844 - 853.

❺ PEGGY B S，ELLWOOD F O III. Pandemics and Panaceas：The World Trade Organization's Efforts to Balance Pharmaceutical Patents and Access to AIDS Drugs [J]. American Business Law Journal. 2004，41（2&3）：353 - 411.

❻ Federal Trade Commission. Pay - For - Delay：How Drug Company Pay - Offs Cost Consumers Billions：A Federal Trade Commission Staff Study [EB/OL]. (2010 - 01) [2021 - 08 - 16]. https：//www. ftc. gov/reports/pay - delay - how - drug - company - pay - offs - cost - consumers - billions - federal - trade - commission - staff.

如果对反向支付协议加以"合法地"引导，使得专利权人延迟廉价的仿制药进入市场的做法并没有超出专利合理的可能排他性的范围，则有利于促进司法和解的达成，节约纠纷解决所造成的社会成本，从而提高效率，减少资源浪费。

对于反向支付协议合法性的判断，可借鉴和参考美国的"合理"原则（Rule of Reason）与欧盟反垄断法中的"禁止＋豁免"原则。❶

根据美国的"合理"原则，对一项特定的行为，需要对其促进竞争的效果和反竞争的效果进行综合衡量，如果其促进竞争的效果超过其限制竞争的效果，则是合法的；如果其促进竞争的效果不能弥补其对竞争的损害，则是违法的。适用合理原则分析特定的行为时应当考虑以下四个因素。

（1）原研药所在市场的竞争程度。当某一原研药对治疗某种疾病不存在任何替代性药物的情况下，如果原研药企业与仿制药企业之间达成推迟进入或不进入市场的反向支付协议，则反竞争效果就是巨大的。但是，如果治疗同种疾病还有其他替代性的原研药，那么反竞争效果则相对较小。

（2）反向支付的相对规模大小。反向支付协议是否反竞争，需要考虑专利诉讼的不确定性以及诉讼成本的大小。很多情况下，需要将反向支付协议中的支付金额与避免诉讼不确定性和诉讼成本相比较。如果支付的一定数额的费用与避免诉讼不确定性和诉讼成本是合理且相关的，那么它更可能是对仿制药企业已经发生的诉讼成本的补偿，或是旨在支付公平价值而获得仿制药企业的相关服务，因而反竞争可能性相对较小；反之，如果仿制药企业得到的支付报酬与其不通过和解协议进入市场相比可以赚取更多的钱的话，这时就需要更谨慎地审查，这很有可能是一个反竞争的效果。

（3）反向支付所允许的进入日期。如果反向支付协议协商的进入日期明显早于专利到期日的，那么意味着仿制药可以更早地分享原研药的利润，增强市场竞争，反竞争的可能性相对较小；反之，如果反向支付协议约定在专利快到期时仿制药才可以进入市场，那么，除了反向支付金额，仿制药企业将无法获取其他利润，反竞争的效果则明显得多。

（4）仿制药企业规模与资金状况。专利侵权诉讼昂贵的诉讼成本以及漫长的诉讼过程，可能使一些资金缺乏的仿制药企业根本无法承担，甚至有可能会在诉讼结果出来之前已经破产停业，而与专利权人达成反向支付协议，至少可以让仿制药企业在终审判决结果作出之前维持经营，有利于加强市场竞争，所生产的其他药品也能够增加消费者的福利。❷

在下面的阿特维斯案❸中，将具体阐述上述"合理"原则的适用。

---

❶ 关春媛. 药品专利链接制度的国际发展及本土完善 [J]. 中国发明与专利, 2021, 18 (6)：52 - 60.

❷ 罗蓉蓉. 美国医药专利诉讼中"反向支付"的反垄断规制及其启示 [J]. 政治与法律, 2012 (12)：141 - 149.

❸ *FTC v. Watson*, No. 09 - 598 (C. D. Cal. Apr. 8, 2009).

苏威制药（Solvay，现为 AbbVie Products LLC）与 3 家仿制药企业——阿特维斯（Watson，现为 Actavis Holdco，TEVA 子公司）、派德克（Paddock）、帕尔（Par）通过反向支付协议就睾酮替代药安得乐（AndroGel）凝胶达成专利和解。FTC 于 2009 年 1 月 29 日起诉至乔治亚地区法院，其诉称，苏威制药每年分别支付给 3 家仿制药企业数千万美元，其中苏威制药分别一次性支付给派德克 1200 万美元，帕尔 600 万美元，在 9 年内每年支付给阿特维斯 190 万 ~ 300 万美元，以此为对价获得了安得乐凝胶直到 2015 年 8 月 31 日前的市场独占权，这种行为构成了反竞争行为，违反了美国联邦贸易委员会法第 5 条。

2010 年 2 月，乔治亚地区法院作出判决，以"FTC 没有详细论述 4 家被告公司的和解行为所带来的反竞争影响，不能够认定涉案的反向支付和解协议限制竞争"的理由，驳回了 FTC 的诉讼请求。❶ FTC 不服上述判决，向联邦第十一巡回上诉法院提出上诉。联邦第十一巡回上诉法院受理了 FTC 的上诉请求，并于 2012 年 4 月作出支持乔治亚地区法院的判决，驳回了 FTC 的上诉请求，其认为涉案协议使得仿制药在专利到期后上市，未超出涉案专利的排他权范围，应豁免适用反托拉斯法。针对联邦第十一巡回上诉法院的该项裁定，FTC 上诉至联邦最高法院。然而，同年 7 月，联邦第三巡回上诉法院则作出了与联邦第十一巡回上诉法院完全不同的裁定，在 *In re K - Dur* 案❷中裁定原研药企业对仿制药申请人的反向支付是推定违法的行为。

针对反向支付协议是否限制竞争，上诉法院之间的重大意见分歧、医药企业所面临的不确定性以及 FTC 坚决反对的态度，最终导致美国联邦最高法院对此进行审查。2013 年 6 月，美国联邦最高法院针对阿特维斯案投票依据 5∶3 的结果作出裁定，指出反向支付和解协议本身并不必然具有反竞争属性，但是并不能因为专利的存在而豁免反垄断审查，各级法院对反向支付和解协议应适用反垄断法的"合理"原则进行反垄断审查❸，而非"本身违法"原则❶。根据反垄断法的"合理"原则，与诉讼风险不成比例的大额和解支付可能是违法的，而无须询问专利是否事实上无效，即使和解协议并未超出专利名义上覆盖的范围。❺

布雷耶大法官在法庭多数意见中指出，一项反向支付协议潜在的反竞争效果取决于多种因素，包括与预期诉讼成本相关联的协议的规模和范围，该协议与仿制药厂提供的附属服务的关联程度，以及是否存在任何其他具有说服力的正当化理由等。此外，

---

❶ 刘立春. 从 FTC v. Actavis 案看美国"反向支付和解协议的反垄断法律适用"的争议 [J]. 电子知识产权，2019（9）：64 - 73.

❷ *In re K - DurAntitrust Litig.*，686 F. 3d 197，218（3d Cir. 2012）.

❸ 曹志明. 药品领域反向支付问题研究 [J]. 知识产权，2017（9）：63 - 66.

❶ 本身违法（Per se Rule）原则是反托拉斯法中一种基本的分析方法："由于限制竞争的行为对竞争的有害的效果极其严重，以及缺乏任何可弥补其不足的优点，此类特定的协议或行为，被认定是不合理的。"（*N. Pac. Ry. Co. v. United States*，356 U. S. 1，5（1958））

❺ 赫伯特·霍温坎普，孙瑜晨. 反竞争性专利和解协议与最高法院对阿特维斯案的判决 [J]. 竞争政策研究，2019（2）：56 - 73.

任何反竞争后果的存在和程度均有可能因产业竞争条件不同而不同。特别是，如果反向支付协议诱使仿制药企业放弃挑战原研药企业的垄断利润，那么该协议将有可能对竞争产生实质性的负面效果。难以解释的高额反向付款本身就可能意味着专利权人对其专利有效性心存疑虑，企图通过向仿制药企业支付高额费用而维持其原研药的垄断地位。但是，如果付款是为了避免诉讼成本及不确定性，或是为相关服务支付公平价值，反向支付协议将有可能被正当化。❶

最终，阿特维斯案被发回重审并于 2019 年进行了上诉庭审辩论。2021 年 7 月 30 日，该案以 FTC 撤诉而结案。

与美国的"合理"原则相对应的用于考察排除、限制竞争效果的一元结构不同，欧盟采用的是反垄断法中的"禁止 + 豁免"原则相对应的用于处理禁止与豁免关系的二分结构来处理反向支付协议合法性的判断问题。

二分结构中包括两个相互分离的阶段，每个阶段各有其任务。前一阶段考察涉案行为是否构成垄断协议，方法上运用一元结构模式（模式 1：适用合理原则；模式 2：适用本身违法原则）；后一阶段考察已认定的垄断协议是否可以豁免。各个阶段都有不同的证明责任分配，前一阶段由原告对证明垄断协议负有证明责任，后一阶段由被告对证明豁免成立负有证明责任；两个阶段需要分别作出独立的认定结论。

二分结构以 2009 年 12 月 1 日起施行的欧盟运行条约第 101 条所规定的垄断协议规制模式作为典型。该条约第 101 条第 1 款涉及垄断协议的禁止，即"经营者之间的协议、经营者协会的决议以及经营者协同一致行为，凡影响成员国之间贸易并且具有阻止、限制或扭曲内部市场竞争的目的或效果者，均与内部市场不一致，应受到禁止"，第 3 款规定满足以下条件可以豁免，即"如果【协议、决议、协同一致行为】有助于改进产品的生产或分销，或者有助于促进技术或经济进步，同时使消费者公平分享由此产生的利益；并且（a）对于相关经营者的限制对于达到上述目标是不可或缺的，（b）不会赋予该等经营者就系争产品的相当部分排除竞争的可能，则可以宣布第 1 款的规定不适用于前述协议、决定或协同一致行为"。❷

据欧盟委员会调查，2000～2007 年，由于专利到期后仿制药无法及时上市，公共健康支出增加 30 亿欧元。实践中，原研药主要通过由基础专利和外围专利构建的专利集群（Patent Clustering）或专利丛林（Patent Thicket）、专利诉讼和临时禁令以及反向支付协议阻碍仿制药上市。其中，原研药企业通过反向支付协议延缓了仿制药上市的时间而导致原研药企业不必要地剥夺消费者的福利。2000～2008 年，欧盟专利诉讼中诉讼和解的平均比例为 30%，且逐年上涨。2010 年起，欧盟通过欧盟运行条约以反垄断调查的方式进行规制，例如，2013 年 6 月 19 日，丹麦灵北制药（Lundbeck）由于通

---

❶ 苏华，韩伟. 药业反向支付协议反垄断规制的最新发展：兼评 Actavis 案及 Lundbeck 案［J］. 工商行政管理，2013（16）：38 - 41.

❷ 兰磊. 论我国垄断协议规制的双层平衡模式［J］. 清华法学，2017，11（5）：164 - 189.

过反向支付协议向仿制药企业直接付款、购买仿制药企业库存和股票并在分销协议中提供利润保证，从而达到延迟其畅销主导产品抗抑郁药西酞普兰的仿制药进入欧盟市场达两年之久的目的，灵北制药被欧盟委员会认定其违反了欧盟运行条约第 101 条所禁止的限制竞争协议，从而处以 9380 万欧元罚款，涉案的 8 家仿制药企业包括雅来、默克、剑锋、兰伯西等，被处以总计 5220 万欧元的罚款，这是欧盟委员会根据欧盟运行条约对反向支付协议开出的首笔罚款。从 2010 年开始，欧盟反向支付协议的数量开始下降，截至 2016 年，反向支付协议比例下降至 11%，反向支付协议的问题得到一定缓解。❶

通过借鉴欧盟的做法，中国在 2008 年 8 月 1 日起施行的《反垄断法》第二章中明确采用二分结构的立法框架构建起垄断协议规制模式，其中第 13 条❷、第 14 条❸为禁止垄断协议，规定"禁止……达成下列垄断协议"（国内已发生多起涉及垄断协议的原料药❹与制剂垄断行政执法案件❺，而药品集中带量采购使市场更为集中，从而进一步增加了原料药垄断的可能。为此，2019 年 7 月 16 日国家药品监督管理局发布《进一步完善药品关联审评审批和监管工作有关事宜的公告》，从而吸引化工企业进入原料药领域以增加供给；2020 年 11 月 18 日直属于国家市场监督管理局的国家反垄断局正式挂牌并发布了《国务院反垄断委员会关于原料药领域的反垄断指南》，其细化了垄断行为的认定标准，具体涉及①垄断协议、②滥用市场支配地位、③经营者集中以及④滥用行政权力排除、限制竞争四个方面的内容，以体现国家全面打击原料药领域垄断行为的决心）；《反垄断法》第 15 条❻为可予以豁免的条件，规定"经营者能够证明所达成的协议属于……，不适用本法第十三条、第十四条的规定……"，但是在《药品专利纠纷早期解决机制实施办法（试行）》中并未有相关条款规定仿制药申请人与原研药企业

---

❶ 张浩然. 竞争视野下中国药品专利链接制度的继受与调适［J］. 知识产权，2019（4）：50 - 70.

❷ 《反垄断法》第十三条规定："禁止具有竞争关系的经营者达成下列垄断协议：（一）固定或者变更商品价格；（二）限制商品的生产数量或者销售数量；（三）分割销售市场或者原材料采购市场；（四）限制购买新技术、新设备或者限制开发新技术、新产品；（五）联合抵制交易；（六）国务院反垄断执法机构认定的其他垄断协议。本法所称垄断协议，是指排除、限制竞争的协议、决定或者其他协同行为。"

❸ 《反垄断法》第十四条规定："禁止经营者与交易相对人达成下列垄断协议：（一）固定向第三人转售商品的价格；（二）限定向第三人转售商品的最低价格；（三）国务院反垄断执法机构认定的其他垄断协议。"

❹ 原料药（Active Pharmaceutical Ingredients，API），又称活性药物成分，由化学合成、植物提取或者生物技术所制备，但患者无法直接服用的物质，一般再经过添加辅料、加工，制成可直接使用的药物（来源于维基百科）。

❺ 例如，2011 年山东顺通医药和山东华新医药垄断复方利血平原料药案，2016 年华中药业、山东信谊和常州四药艾司唑仑原料药案、片剂垄断协议案，2018 年成都华邑药用辅料、四川金山制药、广东台山新宁制药冰醋酸原料药垄断协议案，2021 年天津天药药业、天津太平洋化学制药、深圳市富海通医药醋酸氟轻松原料药垄断协议案。

❻ 《反垄断法》第十五条规定："经营者能够证明所达成的协议属于下列情形之一的，不适用本法第十三条、第十四条的规定：（一）为改进技术、研究开发新产品的；（二）为提高产品质量、降低成本、增进效率，统一产品规格、标准或者实行专业化分工的；（三）为提高中小经营者经营效率，增强中小经营者竞争力的；（四）为实现节约能源、保护环境、救灾救助等社会公共利益的；（五）因经济不景气，为缓解销售量严重下降或者生产明显过剩的；（六）为保障对外贸易和对外经济合作中的正当利益的；（七）法律和国务院规定的其他情形。属于前款第一项至第五项情形，不适用本法第十三条、第十四条规定的，经营者还应当证明所达成的协议不会严重限制相关市场的竞争，并且能够使消费者分享由此产生的利益。"

之间达成反向支付协议的，需要强制提交反垄断执法机构进行审查，从而导致仿制药申请人与原研药企业私下签订反向支付协议构成垄断成为可能。在我国药品专利链接制度本土化过程中未能对此加以考量，无疑是一种缺憾。

随着药品专利链接制度本土化的不断推进，反向支付协议可能大量增加。实践中要加强对反向支付协议的行政监督，区分反向支付协议的性质❶，对于排除、限制竞争的反向支付协议予以处罚，推进药品领域反垄断制度的发展❷，维护市场正常经济秩序。但是，由于中国"共同挑战专利成功"制度的存在，也可能出现像韩国一样的情况：由于韩国多数首仿药市场独占期为多个仿制药企业所共享，从而增加了原研药企业反向和解的成本，因此原研药企业似乎对达成反向支付和解协议的兴趣并不大。❸ 据统计，在韩国正式实施药品专利链接制度一年时间内，并未出现向有关机关报告反向支付协议的案例。❹

4.2　药品专利期限补偿制度

2008 年 12 月 27 日，第十一届全国人民代表大会常务委员会第六次会议通过《关于修改〈中华人民共和国专利法〉的决定》，完成了对《专利法》的第三次修正，其中加入了中国 Bolar 例外条款。该次修正有利于国内医药企业加速推进仿制药的上市进程，也在一定程度上缩短了原研药的专利权实际保护期限。由于此次修正并未加入与 Bolar 例外条款相对应的药品专利期限补偿制度，这也在一定程度上影响了原研药企业尤其是跨国医药企业在我国上市新药的热情，从而导致跨国医药企业在欧美上市某些新药的时间远远早于在我国上市的时间。例如，2020 年全球销售额前十名药品中的第一名，即艾伯维制药公司的阿达木单抗（Adalimumab，商品名为修美乐，Humira）是全球首个获得上市许可的全人源化的抗肿瘤坏死因子 α（TNF - α）的单克隆抗体，2003 年先后在美国和欧洲上市，但是直到 2010 年才在我国上市。❺

为了鼓励新药研制以平衡我国《专利法》中 Bolar 例外条款对于原研药企业的不利影响，为了鼓励跨国医药企业尽早在我国上市新药❻，为了弥补漫长的临床试验和审评

---

❶　对于以不挑战专利权有效性为目的的"药品专利反向支付协议"是否涉嫌构成反垄断法规制的垄断协议的判断，一般可以通过比较签订并履行有关协议的实际情形和未签订、未履行有关协议的假定情形，重点考察在仿制药申请人未撤回其无效宣告请求的情况下，药品相关专利权因该无效宣告请求归于无效的可能性，进而以此为基础分析对于相关市场而言有关协议是否以及在多大程度上造成了排除、限制相关市场的竞争损害（该案为 2021 年中国法院 50 件典型知识产权案例之一，参见最高人民法院（2021）最高法知民终 388 号民事裁定书）。

❷　关春媛. 药品专利链接制度的国际发展及本土完善 [J]. 中国发明与专利，2021，18（6）：52 - 60.

❸　邱福恩. 韩国药品专利链接制度介绍及对我国制度的启示 [J]. 电子知识产权，2019（3）：22 - 28.

❹　SHIN Y S. Past, present and future of pharmaceutical patents under Korea - US Trade Agreement [J]. Pharmaceutical Patent Analyst，2016，5（4）：237 - 248.

❺　火石创造. 年终盘点：2020 年全球十大畅销药 [EB/OL]. （2021 - 01 - 06）[2021 - 08 - 05]. http://www.phirda.com/artilce_23351.html.

❻　叶文庆. 我国药品专利期限补偿制度及其评析 [J]. 知识产权，2021（6）：25 - 31.

审批过程所造成的药品专利保护期的减损❶（见图4－2－1），以及为了缓解原研药中国专利到期往往就将面临集中采购的问题，我国开始逐步探索建立药品专利期限补偿制度。

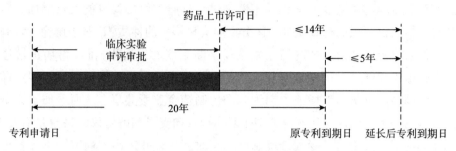

图4－2－1 中国药品专利期限补偿制度

2017年10月8日，中共中央办公厅、国务院办公厅印发的《关于深化审评审批制度改革鼓励药品医疗器械创新的意见》首次提及"药品专利期限补偿"，其中第三部分"促进药品创新和仿制药发展"中指出："（十七）开展药品专利期限补偿制度试点。选择部分新药开展试点，对因临床试验和审评审批延误上市的时间，给予适当专利期限补偿。"

2018年4月12日，国务院总理李克强主持召开国务院常务会议，会议决定"对在中国与境外同步申请上市的创新药，给予最长5年的专利保护期补偿"，这是国家首次在政策层面明确对创新药给予专利期限补偿保护，从此拉开了我国专利制度在医药领域与国际接轨的大幕。

2019年1月4日，经过第十三届全国人大常委会审议的《中华人民共和国专利法修正案（草案）》（以下简称《专利法修正案（草案）》）公布，其中第42条涉及"为补偿创新药品上市审评审批时间，对在中国境内与境外同步申请上市的创新药品发明专利，国务院可以决定延长专利权期限，延长期限不超过五年，创新药上市后总有效专利权期限不超过十四年"。

美国东部时间2020年1月15日，中美双方在美国华盛顿签署中美第一阶段经贸协议，其中第1.12条"专利有效期的延长"指出，"双方应规定延长专利有效期以补偿专利授权或药品上市审批过程中的不合理延迟"，并具体提及"对于在中国获批上市的新药产品及其制造和使用方法的专利，应专利权人的请求，中国应对新药产品专利、其获批使用方法或制造方法的专利有效期或专利权有效期提供调整，以补偿由该产品首次在中国商用的上市审批程序给专利权人造成的专利有效期的不合理缩减。任何此种调整都应在同等的限制和例外条件下，授予原专利中适用于获批产品及使用方法的

---

❶ 据统计，中国于2017～2018年期间批准的35个专利药，其专利减损期平均为12.5年，剩余专利保护期（剩余有效专利期为：20年－专利减损期）平均为7.5年（参见：耿文军，王春雷，丁锦希. 中国专利药审批速度和专利期限补偿［J］. 中国新药杂志，2019，28（15）：1793－1796）。

对产品、其使用方法或制造方法的专利主张的全部专有权。中国可限制这种调整至最多不超过 5 年，且自在中国上市批准日起专利总有效期不超过 14 年"。尽管该条款是针对双方的，但是美国国会早在 1984 年就通过了《联邦食品、药品与化妆品法案》的一项重要修正案——Hatch – Waxman 法案，该法案对于专利期限延长（Patent Term Extension，PTE）制度进行了规定：由于食品、药物、医疗器械等产品在上市销售前，需要经过主管部门 FDA 的批准程序❶而导致专利期限的缩短，专利权人可以根据美国专利法第 156 条的规定，要求 USPTO 延长专利的保护期限。因此中美第一阶段经贸协议第 1.12 条实质上是要求中国建立药品专利期限补偿制度，延长药品专利有效期。自此，我国开始加快推进药品专利期限补偿制度的相关立法进程。

2020 年 10 月 17 日，第十三届全国人民代表大会常务委员会第二十二次会议审议通过了《全国人民代表大会常务委员会关于修改〈中华人民共和国专利法〉的决定》，完成了对专利法的第四次修正。其中第 42 条第 3 款规定："为补偿新药上市审评审批占用的时间，对在中国获得上市许可的新药相关发明专利，国务院专利行政部门应专利权人的请求给予专利权期限补偿。补偿期限不超过五年，新药批准上市后总有效专利权期限不超过十四年。"这标志着我国正式建立了药品专利期限补偿制度。

相对于 2019 年 1 月 4 日的《专利法修正案（草案）》，《专利法》第四次修正将表述"在中国境内与境外同步申请上市的创新药品发明专利"修改为"在中国获得上市许可的新药相关发明专利"；不超过十四年的总有效专利权期限的起算时间点也从"创新药上市"修改为表述更为精确的"新药批准上市"。

第四次修正的《专利法》于 2021 年 6 月 1 日起开始施行，但是由于当时与之相配套的《专利法实施细则》还未审议通过，仅是在 2020 年 11 月 27 日国家知识产权局公布的《专利法实施细则（征求意见稿）》新增第 85 条之四至八对药品专利期限补偿作出了进一步规定，因此为了处理过渡阶段的药品专利期限补偿等相关问题，2021 年 5 月 24 日，国家知识产权局发布《关于施行修改后专利法的相关审查业务处理暂行办法》的公告（第 423 号），其中第 6 条规定："专利权人自 2021 年 6 月 1 日起，可以依照修改后的专利法第四十二条第三款，自新药上市许可请求获得批准之日起三个月内，通过纸件形式提出专利权期限补偿请求，后续再按照国家知识产权局发出的缴费通知要求缴纳相关费用。国家知识产权局将在新修改的专利法实施细则施行后对上述申请进行审查。"❷基于文义解释，似乎对于在 2021 年 3 月 1 日至 2021 年 5 月 31 日期间获得上市许可的新药相关发明专利，在新药上市许可请求获得批准之日起三个月内提交药品专利权期限补偿请求的行为具有溯及力。但是，2021 年 5 月 27 日，国家知识产权

---

❶　批准程序包括新药临床试验申请（Investigational New Drug Application，IND）和新药上市许可申请（New Drug Application，NDA）。

❷　国家知识产权局. 国家知识产权局《关于施行修改后专利法的相关审查业务处理暂行办法》的公告 [EB/OL]. (2021 – 05 – 25) [2021 – 08 – 12]. https：//mp. weixin. qq. com/s/VHfyEJA9JZWafdyKWgwUJg.

局发布关于施行修改后专利法相关问题解答，其中对于新《专利法》中药品专利权期限补偿制度的溯及力问题作出了明确解答：我国《立法法》（2015 年修正）第 93 条规定："法律、行政法规、地方性法规、自治条例和单行条例、规章不溯及既往，但为了更好地保护公民、法人和其他组织的权利和利益而作的特别规定除外。"2020 年 10 月，全国人大常委会表决通过修改《专利法》的决定，修改后的《专利法》未就溯及力问题作出特别规定。因此，对于 2021 年 5 月 31 日（含该日）以前获得上市许可的新药相关发明专利，药品专利权期限补偿制度不溯及既往。❶ 而在美国，美国联邦巡回上诉法院于 1990 年在 Hoechst Aktiengesellschaft v. Quigg 案❷中明确规定，Hatch – Waxman 法案生效前已经获批上市的药品依旧有权获得 PTE，而且不受法案所规定的补偿时限的限制，因此在美国联邦巡回上诉法院决定将 Hoechst 案发回 USPTO 之后，USPTO 授予 Hoechst 公司的药品 Trental 的专利（US3737433）2494 天的专利期限延长。❸

药品专利期限补偿制度最早起源于美国，其于 1984 年通过上述提及的 Hatch – Waxman 法案，从而在全球首次建立了药品专利期限补偿制度，此后欧盟和日本等创新药产业发达的国家和地区也相继建立了类似制度。除此以外，加拿大、韩国等国家也根据与美国、欧盟签订的国际条约或根据自身需求，建立起了相应的药品专利期限补偿制度。

欧盟理事会于 1992 年 6 月颁布补充保护证书法案（EEC 1768/92），该法案自 1993 年 1 月 2 日起生效且具有溯及力❹，其目的在于在共同体层面上提供统一的解决方案，以此为医药产业在使医药产品投入市场所必须进行的长期且花费巨大的研究中提供足够的激励，提供了一种独立且不同于专利法的保护；1996 年 7 月，欧盟理事会通过 EC 1610/96 决议，为新植物保护产品提供补充保护，从而解决新植物保护产品的专利申请提交与授权和将该新植物保护产品投放市场之间的时间间隔，使得该专利的有效保护期限不足以支付对研究的投资和产生维持高水平研究所需的资源的问题❺；之后在 2006 年颁布的 1901/2006/EC 指令中，规定了如果商定的儿科研究计划中包含的所有措施均

---

❶ 中央政府网. 关于施行修改后专利法相关问题解答 [EB/OL]. (2021 – 05 – 27) [2021 – 08 – 12]. http：//www. gov. cn/zhengce/2021 – 05/27/content_5613195. htm.

❷ Hoechst Aktiengesellschaft v. Quigg, 917 F2d 522, 525, 16 USPQ2d 1549, 1551 (Fed. Cir. 1990).

❸ 程永顺, 吴丽娟. 关于专利保护期补偿制度的建议 [EB/OL]. (2021 – 01 – 18) [2021 – 08 – 11]. https：//mp. weixin. qq. com/s/2wnEERrWG7j_GvfKUeKGKw.

❹ EEC 1768/92 第 19 条"过渡规定"：（1）任何在加入日时受有效专利保护的产品，且该产品在共同体内或者奥地利、芬兰或瑞典的领域内获得的将该产品作为医药产品投放市场的首次准入批准是在 1985 年 1 月 1 日之后的，可以授予证书。证书是在丹麦和德国授予的情况下，用 1988 年 1 月 1 日替代该 1985 年 1 月 1 日的日期。证书是在比利时、意大利和奥地利授予的情况下，用 1982 年 1 月 1 日替代该 1985 年 1 月 1 日的日期。（2）第 1 款所指的证书申请应自本条例生效日后的 6 个月内提交。

❺ Regulation (EC) No 1610/96 of the European Parliament and of the council (Plant Protection Products) [EB/OL]. (2021 – 10) [2021 – 10 – 24]. https：//www. gov. uk/guidance/manual – of – patent – practice – mopp/regulation – ec – no – 1610 – 96 – of – the – european – parliament – and – of – the – council – plant – protection – products.

得到遵守，可申请延长 SPC 期限 6 个月❶。

日本自 1988 年 1 月 1 日施行专利权期限延长制度，并不断进行修改与完善。日本药品专利期限补偿制度适用于（i）根据农药取缔法规定的农用化学品的注册；（ii）根据医药品、医疗器械等产品质量、功效和安全法所规定的有关药品、体外诊断用药品、再生医疗等制品的许可与认证。❷ 根据日本专利法（又称"特许法"）第 67 条第 2 款的规定，经过药品审批部门批准的药品相关专利都可以获得专利期延长，只要满足以下条件即可：①药品的上市审批时间超过 2 年；②在获得上市批准的 3 个月内提出专利期延长申请；③在相关专利基本专利期满 6 个月前提出专利期延长申请。❸

加拿大于 2017 年履行加拿大 - 欧盟综合经济贸易协定（Comprehensive Economic and Trade Agreement，CETA）的要求引入了补充保护证书（CSP）制度，以部分补偿研发和获得市场批准所占用的专利期。CSP 的期限计算方法为将加拿大专利申请日和药品许可日（合规通知，Notice of Compliance，NOC）之间的时间间隔再减去 5 年，最长为 2 年，计算公式为：保护期 =（NOC 日 - 专利申请日）- 5 年。❹ CSP 的适用对象为对人体具有独立治疗效果的药物成分或它们的组合，而针对制剂（活性成分和非活性成分的混合物）的权利要求则不符合 CSP 的要求。❺

韩国于 1986 年 12 月 31 日修改专利法，引入药品专利权期限延长登记制度。韩国专利法第 89 条规定，如果按照其他法律法规要求，需要获得由总统令规定的许可证或者注册证才能实施专利权的，且获得该许可所必需的活性试验、安全性试验耗时长久，则专利权存续期限可以延长；所延长的期限是无法实施该专利权的时间，最长为 5 年，但因专利权人自身耽误的时间不计算在内。专利权期限延长适用于按照韩国药事法或者农药管理法的要求经过审批许可才能上市销售的医药、兽药或农药发明。如果专利发明的实施无须行政部门审批，例如制备化合物过程中使用的催化剂，则不能够申请专利权期限延长。❻

我国药品专利期限补偿制度的补偿期限计算方法、适用对象，补偿期间的保护范围、限制规定等主要内容借鉴和参考美国、欧盟、日本等国家和地区的立法经验，融合了它们制度的相关优点，但是总体上符合我国的实际情况，体现了中国特色。以下将从上述四个方面对不同国家和地区的药品专利期限补偿制度进行比较分析。

---

❶ LEHMANN, B. Regulation（EC）No 1901/2006 on medicinal products for paediatric use & clinical research in vulnerable populations. Child Adolesc Psychiatry Ment Health 2, 37（2008）. https：//doi. org/10. 1186/1753 - 2000 - 2 - 37.

❷ 日本专利法施行令第 2 条。

❸ 马秋娟，杨倩，王璟，等. 各国药品专利期限补偿制度的比较研究［J］. 中国新药杂志，2018，27（24）：2855 - 2860.

❹ 陈钧毅. 加拿大医药专利期限延长对"药物成分"的要求［EB/OL］.（2021 - 06 - 24）［2021 - 08 - 06］. https：//mp. weixin. qq. com/s/Wap5F21K_9EcRqDwcs0bXw.

❺ Canada（Health）v. Glaxosmithkline Biologicals S. A., 2021 FCA 71（April 14, 2021）.

❻ 滕蕾. 韩国药品专利权存续期限延长登记制度（PTE）介绍［EB/OL］.（2019 - 06 - 19）［2021 - 08 - 06］. https：//mp. weixin. qq. com/s/2WVfXDnunbkTzIUWKt2hdg.

4.2.1　计算方法

1. 美国

美国专利法第 156（c）条规定了药品 PTE 的计算方法，即 PTE = 临床研究时间❶ ×1/2 + 注册审批时间，但是如果由于申请人未能尽责而造成了时间的延误，则需要减去相应延误的时间，即 PTE 的计算公式转变为：

PTE = 临床研究时间 ×1/2 + 注册审批时间 – 申请人未尽合理义务的天数

此外，出于平衡专利权人和公众利益的考虑，PTE 最长不能超过 5 年，有效专利期限（药品批准日至专利到期日的时间）与 PTE 之和不得超过 14 年。USPTO 网站公示了获批专利期延长的药品信息。❷ 截至 2022 年 2 月 28 日，已公示的获得专利期延长的药品共 811 个。USPTO 所批准的 PTE 较多集中在 2 ~ 3 年，呈现出正态分布趋势。

在上述 PTE 的计算公式中，临床研究时间的计算存在以下两种情况。

第一种情况：当专利授权日晚于 IND 获批日的时候，PTE =（NDA 申报日 – 专利授权日）×1/2 +（NDA 获批日 – NDA 申报日）– 申请人未尽合理义务的天数。

第二种情况：当专利授权日早于 IND 获批日的时候，PTE =（NDA 申报日 – IND 获批日）×1/2 +（NDA 获批日 – NDA 申报日）– 申请人未尽合理义务的天数。

下面举例进行计算说明。

A 公司根据最初的实验室研究结果，提交了一件专利申请，用于保护通过给予 X 药物治疗胃灼热的方法，并开始进入临床试验阶段，以便获得 FDA 批准 X 药物的上述适应证，其间并未出现申请人未尽合理义务的事项，其具体时间轴如图 4 – 2 – 2 所示。

图 4 – 2 – 2　A 公司 X 药物专利 PTE 时间

美国的 PTE 制度需要关注 5 个时间点，分别为 IND 获批日、专利授权日、NDA 申报日、NDA 获批日以及专利到期日，其中专利到期日并非专利申请日再加上 20 年，其公式为：专利到期日 = 专利申请日 + 20 年 + 依据第 156（b）条规定的专利期限调整

---

❶ 2010 ~ 2020 年，440 种创新药获 FDA 批准上市，新药临床研究时间从不到 5 年到超过 20 年不等，平均为 8.3 年（BROWN D G, WOBST H J, KAPOOR A, et al. Clinical development times for innovative drugs [J]. Nature Reviews Drug Discovery. 2021（10）. doi：10.1038/d41573 – 021 – 00190 – 9.）。

❷ USPTO. Patent Terms Extended Under 35 USC §156 [EB/OL]. [2021 – 10 – 21]. https：//www.uspto.gov/patents/laws/patent – term – extension/patent – terms – extended – under – 35 – usc – 156.

（Patent Term Adjustment，PTA）❶，其中 PTA = 因专利局或非申请人原因补偿的天数（官方通知或回复延迟所造成的 A 类延误 + 未能 3 年内核准所造成的 B 类延误 + 因派生诉讼、保密要求和上诉程序而造成的 C 类延误 – A、B、C 类延误重合的部分 + USPTO 手动调整的天数）– 因申请人原因延误的天数，因此 PTE 的计算需先计算 PTA，在此假设的例子中 PTA 设为 0 天。

由于 X 专利的授权日（1998 年 10 月 6 日）晚于 IND 获批日（1997 年 10 月 31 日），符合上述临床研究时间计算的第一种情况，则采用以下公式进行计算：

PTE =（NDA 申报日 – 专利授权日）×1/2 +（NDA 获批日 – NDA 申报日）– 申请人未尽合理义务的天数 =（2000 年 1 月 27 日 –1998 年 10 月 6 日）×1/2 +（2003 年 6 月 20 日 –2000 年 1 月 27 日）– 0 天 = 478 天 ×1/2 + 1240 天 = 1479 天 ≈ 4.05 年，符合 PTE 最长不能超过 5 年的规定。

但是，按照上述计算所得的 PTE，使得有效专利期限加上 PTE 之和，即专利到期日 – NDA 获批日 + PTE = 4370 天 + 1479 天 = 5849 天 ≈ 16.02 年，不符合两者之和不得超过 14 年的规定。

在上述这种情况下，为了保证有效专利期限加上 PTE 之和不得超过 14 年，需要采用以下计算方式得出 PTE：

PTE = NDA 获批日 + 14 年 – 专利到期日 = 2017 年 6 月 20 日 –2015 年 6 月 7 日 = 744 天 ≈ 2.04 年，该计算所得的 PTE 同时符合 PTE 最长不能超过 5 年的规定。

PTE 对于医药企业的药品研发与市场策略、药品生命周期管理具有重要影响。以阿斯利康开发的重磅炸弹药物奥美拉唑（Omeprazole，商品名为洛赛克）为例，其于 1989 年获得 FDA 批准上市，1993 年销售额突破 10 亿美元，1998 年年销售额逼近 40 亿美元，此后连续 3 年保持全球最畅销的药物，年销售额突破 60 亿美元❷；其核心化合物专利 US4255431B 获得 2 年的专利延长期，专利期延续到 2001 年 4 月 5 日。在此时间点之前，奥美拉唑经手性药物拆分所获得的（S）– 奥美拉唑，即埃索美拉唑❸的口服制剂（esomeprazole，商品名为耐信），于 2001 年 2 月获得 FDA 批准上市，该时间点早于奥美拉唑仿制药的上市时间，借助于时间优势、市场运作以及成功的营销，把该改进型药物的轻微的临床优势转变成了巨大的市场优势❹，有效避免了专利悬崖的出现以及同类药物的竞争。据阿斯利康年报，2006 ~ 2010 年，耐信每年销售业绩均在 50 亿

---

❶ 35 U. S. C. 156 Extension of patent term. （a） The term of a patent which claims a product, a method of using a product, or a method of manufacturing a product shall be extended in accordance with this section from the original expiration date of the patent, which shall include any patent term adjustment granted under section 154 （b） if...

❷ 苏月，关镇和，耿向楠，等."重磅炸弹"药物对全球药物研发趋势的影响 [J]. 中国新药杂志，2014，23（12）：1354 –1358，1397.

❸ 埃索美拉唑的核心专利 US4738974 通过 PTE 获得 865 天的专利延长期。

❹ 马秋娟，杨倩，王璟，等. 各国药品专利期限补偿制度的比较研究 [J]. 中国新药杂志，2018，27（24）：2855 –2860.

美元左右，其中2006年的年销售业绩达到最高的51.82亿美元。据美国医药行业协会数据显示，2011年全球最畅销药品前十位品种中，耐信居首位。自上市以来，耐信累计销售额达几百亿美元，成为名副其实的"印钞机"。❶平均而言，第二代产品是在第一代产品的保护期限届满之前一年五个月时被推出。从转换策略启动到第一代药品的保护期限届满，原研药企业会开展大量的市场营销工作，目的是将大量患者转移至第二代产品中。其间，医生可以在两代产品中进行选择，它们通常以相同的价格提供（有时甚至是第二代产品价格略低），并且通常会有一个无可争议的信息，即第二代产品更好。❷

紧跟美国之后，欧盟、日本和中国也相继建立了符合自身特点与需求的药品专利期限补偿计算方法，但在具体计算方式方面略微不同，仍以上述假设的例子中的各个时间点对此进行计算说明。

2. 欧盟

欧盟的SPC制度规定于EEC 1768/92法案第13条"证书的期限"中，其中规定：如果基本专利的期限是20年（通常是这种情况），补充保护证书的最大期限自首次批准进入共同体市场起为15年，或者自专利正常终止日起5年，以两者最短的为准。其计算公式为：SPC = NDA获批日 - 专利申请日 - 5年。

欧盟的SPC制度需要关注三个时间点，分别为专利申请日、NDA获批日以及专利到期日（见图4-2-3）。

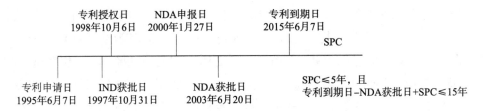

图4-2-3　A公司X药物专利SPC时间

SPC = NDA获批日 - 专利申请日 - 5年 = 2003年6月20日 - 1995年6月7日 - 5年 = 1108天 ≈ 3.04年，符合SPC最长不能超过5年的规定。

再将上述计算所得的SPC，加上有效专利期限，即专利到期日 - NDA获批日 + SPC = 4370天 + 1108天 = 5478天 ≈ 14.99年，该计算所得的SPC同时符合两者之和不得超过15年（即5478天或5479天）的规定。

3. 日本

日本专利法第67条第2项对延长专利保护期作了规定，专利权人可就自专利授权

❶ 邵建国. 耐信低谷空间［N］. 医药经济报，2014 - 04 - 09（004）.

❷ 约瑟夫·德雷克斯，纳里·李. 药物创新、竞争与专利法［M］. 马秋娟，杨倩，王璟，等译. 北京：知识产权出版社，2020：197.

日或临床试验起始日中较晚的日期,至获得上市许可之日的一段时间得到补偿,补偿期时间最长为 5 年。

根据专利授权日是否晚于 IND 获批日,日本专利延长期限的计算可分为以下两种情况。

第一种情况:当专利授权日晚于 IND 获批日的时候,专利延长期限 = NDA 获批日 - 专利授权日。

第二种情况:当专利授权日早于 IND 获批日的时候,专利延长期限 = NDA 获批日 - IND 获批日。

日本的专利期限延长制度需要关注三个时间点,分别为 IND 获批日、专利授权日以及 NDA 获批日(见图 4 - 2 - 4)。

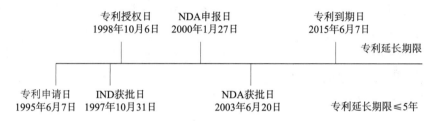

图 4 - 2 - 4 A 公司 X 药物专利日本专利延长期限时间

由于 X 专利的授权日(1998 年 10 月 6 日)晚于 IND 获批日(1997 年 10 月 31 日),符合上述第一种情况,则采用以下公式进行计算

专利延长期限 = NDA 获批日 - 专利授权日 = 2003 年 6 月 20 日 - 1998 年 10 月 6 日 = 1718 天≈4.71 年,符合日本专利延长期限最长不能超过 5 年的规定。

4. 中国

中国《专利法》(第四次修正)第 42 条第 3 款规定:"补偿期限不超过五年,新药批准上市后总有效专利权期限不超过十四年。"2020 年 11 月 27 日所公布的《专利法实施细则修改建议(征求意见稿)》中新增第 85 条之五规定"药品专利期限补偿时间的计算方式为申请注册的新药在中国获得上市许可之日减去专利申请日,再减去 5 年",国家知识产权局在 2021 年 8 月 3 日公布的《专利审查指南修改草案(征求意见稿)》❶第五部分第九章"3.6 药品期限的确定"中指出:"药品专利补偿期限的计算方式为:药品上市许可申请获得批准之日减去专利申请日,再减去 5 年所得的时间。该补偿期限不超过 5 年,且该药品上市许可申请批准后总有效专利权期限不超过 14 年。"因此,其计算公式为药品专利期限补偿 = NDA 获批日 - 专利申请日 - 5 年。

中国的药品专利期限补偿制度需要关注三个时间点,分别为专利申请日、NDA 获批日以及专利到期日(见图 4 - 2 - 5)。

---

❶ 国家知识产权局. 关于就《专利审查指南修改草案(征求意见稿)》公开征求意见的通知[EB/OL]. (2021 - 08 - 03)[2021 - 08 - 10]. http://www.cnipa.gov.cn/art/2021/8/3/art_75_166474.html.

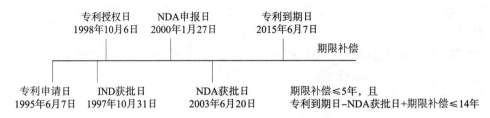

图4-2-5 A公司X药物专利中国药品专利期限补偿时间

药品专利期限补偿=NDA获批日-专利申请日-5年=2003年6月20日-1995年6月7日-5年=1108天,符合其最长不能超过5年的规定。

但是,按照上述计算所得的期限补偿时间,有效专利期限加上该期限补偿时间之和,即专利到期日-NDA获批日+期限补偿=4370天+1108天=5478天≈14.99年,不符合两者之和不得超过14年的规定。

在上述这种情况下,为了保证有效专利期限加上该期限补偿之和不得超过14年,需要采用以下计算方式得出期限补偿时间:

期限补偿=NDA获批日+14年-专利到期日=2017年6月20日-2015年6月7日=744天≈2.04年,该计算所得的期限补偿同时符合该期限补偿最长不能超过5年的规定。

可见,在假设的例子所设定的相同时间条件下,日本专利延长期限的计算方法最为简单且限制条件最少,从而获得了约4.71年的延长期限;欧盟SPC总有效保护期限最长为自首次批准进入共同体市场起15年而非美国和中国的14年,从而也获得了较长的约3.04年的保护期限;而美国和中国药品专利期限补偿时间则相对较少,均获得了约2.04年的期限补偿。

4.2.2 适用对象

美国专利法第156(a)条规定了PTE适用对象为要求保护"一种产品,一种使用产品的方法,或一种制造产品的方法"的专利。其中的"产品"需要符合以下要求:

(1)产品在商业销售或使用前已经经过FDA监管审查期;

(2)在FDA监管审查期❶之后许可该产品的商业销售或使用是根据发生此类监管审查期的法律规定首次获准进行的产品的商业销售或使用;

在本法条之目的下:

(1)术语"产品(product)"系指:

(A)药品(A drug product);

(B)任何在《联邦食品、药品与化妆品法案》(FFDCA)内所规范的医疗器械、

---

❶ 监管审查期通常包括临床试验阶段和行政审批阶段。

食品添加剂或颜料添加剂。

（2）术语"药品"系指，经过监管部门（FDA）审查和批准的下列"活性成分"（活性成分可为单一成分，或者与其他活性成分的结合形式，其中至少一种活性成分在上市时是新的。"活性成分"是指在疾病的诊断、治疗、缓解或预防中发挥药理活性或其他直接作用，或影响人体或动物体的结构或功能的任何成分，其包括在药品制造过程中发生化学变化并提供特定活性或效果以改性形式存在于药品中的那些成分❶，例如活性成分的任何盐或酯）：

（A）新药、抗生素药物或人用生物制品（在《联邦食品、药品与化妆品法案》和《公共卫生服务法案》中使用的术语），或

（B）新兽用药或兽医用生物制品（在《联邦食品、药品与化妆品法案》和《病毒 – 血清 – 毒素法案》中使用的术语），它们不是使用重组 DNA、重组 RNA、杂交瘤技术，或其他涉及位点特定基因操作技术的方法而制造的。

以下将通过三个美国案例具体阐述 PTE 适用对象中对于"产品"的要求，对于"产品"含义的解释可能会导致不同的 PTE 处理结果。

案例 1 是 *Glaxo Operations UK Limited v. Quigg*，894 F. 2d 392（Fed. Cir. 1990）案。

葛兰素史克是 1981 年 5 月 12 日授权的抗生素药物头孢呋辛酯（cefuroxime axetil, Ceftin）专利（US4267320）的权利人，头孢呋辛酯为有机酸头孢呋辛的酯化合物。葛兰素史克于 1985 年寻求 FDA 批准上市头孢呋辛酯。在 1987 年头孢呋辛酯获得 FDA 批准之前，FDA 分别于 1983 年和 1986 年批准了两种头孢呋辛盐（Zinacef 和 Kefurox），而"活性部分"头孢呋辛从未获得过 FDA 的批准。USPTO 局长拒绝了头孢呋辛酯的 PTE 请求，其认为，1987 年头孢呋辛酯获批不是"产品"的第一次被允许的商业营销或使用，理由在于头孢呋辛是头孢呋辛酯和之前已获批的头孢呋辛盐的活性部分，两种产品在摄入后会在体内产生相同的治疗活性物质❷，因此葛兰素史克对头孢呋辛酯的专利期限延长请求被 USPTO 驳回。

然而，美国联邦巡回上诉法院推翻了 USPTO 的决定，其认为：首先，相关"产品"为头孢呋辛酯；其次，法院考虑的是头孢呋辛酯或头孢呋辛酯的盐或酯之前有没有获得药品监管部门的批准；最后，之前唯一获批的产品是头孢呋辛盐。因此法院裁定，在先获批的头孢呋辛盐并不能否定葛兰素史克的上述 PTE 请求。法院进一步认定，头孢呋辛酯专利符合关于"首次商业销售"要求，因此有资格申请 PTE。

案例 2 是 *Pfizer v. Dr. Reddy's Laboratories*，359 F. 3d 1361, 1366（Fed. Cir. 2004）案。

---

❶ C. F. R. Title 21, Chapter I, Subchapter, Part 60, § 60. 3 Definitions.

❷ David D. Lee. LEDA at Harvard Law School. A "Lighthearted" Look at The Drug Price Competition and Patent Term Restoration Act of 1984［EB/OL］.（2002 – 04 – 09）［2021 – 08 – 10］. https：//dash. harvard. edu/bitstream/handle/1/10018983/LeeD. html？sequence = 2.

辉瑞公司拥有专利（US4572909），其产品权利要求涵盖氨氯地平及其药学上可接受的酸加成盐例如苯磺酸盐（见图4-2-6）和马来酸盐两种形式。

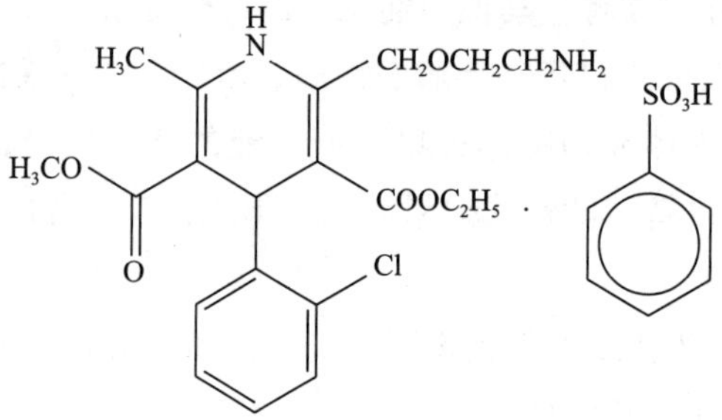

图4-2-6 氨氯地平苯磺酸盐结构式

辉瑞公司分公司法玛西亚普强公司就氨氯地平苯磺酸盐提交了 NDA 申请，于1992年7月31日获得 FDA 批准，其涉及片剂三个剂量，即2.5mg、5mg 和10mg。辉瑞公司基于苯磺酸盐产品（Norvasc，络活喜）的监管审查过程提出 PTE 申请并获得了 PTE（1252天），该 PTE 申请将苯磺酸盐产品确定为已获得监管批准的产品。在专利期限延长保护期内，雷迪博士实验室向 FDA 提交了以氨氯地平马来酸盐为活性成分的药品上市申请，适应证与辉瑞公司的苯磺酸盐产品相同。辉瑞公司认为，源自 PTE 的权利不仅仅限于苯磺酸盐产品（Norvasc，络活喜）；相反，这些权利扩展到所有声称的氨氯地平形式，包括其盐类和酯类，即使 FDA 之前仅批准了苯磺酸盐形式。因此，雷迪博士实验室的行为侵犯了辉瑞公司的专利，因为涵盖马来酸盐这种盐形式的权利要求在 PTE 期间仍然有效。雷迪博士实验室则认为，尽管氨氯地平马来酸盐在涉案专利的保护范围内，但涉案专利期限延长后的保护范围仅限于辉瑞公司获批注册上市的氨氯地平苯磺酸盐，雷迪博士实验室并未侵犯延期保护的专利权。

一审地区法院判决认定侵权不成立，理由是根据美国专利法第156（a）条的规定，在 FDA 监管审查期之后许可该产品的商业销售或使用是根据发生此类监管审查期的法律规定首次获准进行的产品的商业销售或使用。对于该案而言，批准上市的产品是指氨氯地平苯磺酸盐，因此，生产、销售氨氯地平马来酸盐以及针对氨氯地平马来酸盐提出上市申请的行为不侵犯专利期延长后的专利权。

辉瑞公司不服一审判决，向美国联邦巡回上诉法院提出上诉。二审法院在审理中似乎是基于1994年 FDA 所确立的立场从而得出结论，其认为，在 PTE 规则背景下所使用的术语"活性成分"（Active Ingredient）是指"活性部分"（Active Moiety），"产品"更广泛地是指 FDA 批准的药品的活性部分，确定 PTE 资格取决于任何包含活性部分或活性部分的盐或酯的化合物之前是否已获得监管批准，即专利延长后的保护范围包括氨氯地平及其任何盐或酯，而不限于氨氯地平苯磺酸盐。因此，雷迪博士实验室对于氨氯地平马来酸盐提出上市申请的行为侵犯了辉瑞公司的专利权。根据上述判决，在产品的活性部分先前已获得 FDA 批准的情况下，之后包含活性部分或活性部分的盐或酯的化合物的 PTE 资格将被拒绝。

案例 3 是 *In re Patent Term Extension Application for U. S. Patent No. 6143771* 案。❶

在与注射用埃索美拉唑钠有关的一项专利诉讼中，USPTO 发布了一项最终决定，驳回了阿斯利康公司对于 Nexium Ⅳ（注射用埃索美拉唑钠）专利的 PTE 请求。在解释其驳回的最初理由时，USPTO 指出，1990 年葛兰素史克的判例（参见案例 1）已经被辉瑞公司的判例（参见案例 2）默示否决。因此，USTPO 忽略了葛兰素史克的主张，即首次获准进行的产品商业销售或使用的要求并不排除先前未获 FDA 批准的产品的盐或酯的 PTE。虽然 USTPO 后来更正了这一说法，但其仍然坚持认为葛兰素史克的判例与当前事实不同，即使它仍然是具有约束力的先例。❷ 因此，鉴于埃索美拉唑的另一种镁盐（esomeprazole magnesium，Nexium，耐信）的 PTE 请求已被批准，USPTO 否定了关于注射用埃索美拉唑钠的 PTE 请求，并确认"必须禁止批准在后的具有相同活性部分的其他化合物的延期申请"。❸

基于上述三个案例，可以得出以下基本判断。

如果具有活性部分的化合物获得 FDA 批准得以上市并已申请 PTE，则期限延长涉及具有活性部分的其他化合物例如盐或酯，后续 PTE 申请应被拒绝（参见案例 2）。

如果具有活性部分的化合物未获批上市，该化合物的盐获批上市，不影响该化合物的酯成为"首次商业销售"产品，其 PTE 申请可被允许（参见案例 1）。

如果具有活性部分的化合物未获批上市，该化合物的一种盐获批上市，该化合物的另一种盐无法成为"首次商业销售"产品，其 PTE 申请应被拒绝（参见案例 3）。

与美国 PTE 适用对象的范围相比，欧盟、日本和中国相关药品专利期限延长制度的适用对象的范围则相对较窄。

欧盟 SPC 适用对象包括人用医药产品和兽用医药产品，没有明确地扩展到医疗器械。❹ 其中"医药产品"是指任何呈现出用于治疗或防止人类和动物疾病的物质或物质的组合，以及任何着眼于作出医学诊断和着眼于修复、校正或修改人类或动物的生理学上的功能的物质或物质的组合；"产品"是指医药产品的活性成分或活性成分的组合。❺

---

❶ *In re Patent Term Extension Application for U. S. Patent No.* 6 143771, Notice of Final Determination（July 28, 2005），available at https：//www. uspto. gov/web/offices/com/sol/foia/tac/pte/6143771ne. pdf.

❷ WHITTAKER S, JOHNSON R, WALKER A. alacrita. Pharmaceutical Patent Term Extension：An Overview [EB/OL]. [2021 - 10 - 24]. https：//www. alacrita. com/whitepapers/pharmaceutical - patent - term - extension - an - overview.

❸ 国家知识产权局专利局专利审查协作江苏中心. 药品专利链接与专利延长 [M]. 北京：知识产权出版社，2021：179 - 181.

❹ 参见 EEC 1768/92 第 2 条"范围"。

❺ 参见 EEC 1768/92 第 1 条"定义"。

日本专利期限延长制度的适用对象包括人用或兽用药品、人用或兽用体外诊断用药品、再生医疗制品、农用化学品，但是不包括医疗器械，也不包括食物添加剂、颜料添加剂等化学品。❶ 日本判断专利是否符合获得期限延长条件的标准是，相关药品行政审批程序是否为实施该专利所必需。就专利类型而言，除了明确排除的制备药品所需的中间体、催化剂以及生产设备专利之外，其他类型的专利只要符合前述标准，均可获得期限延长。在日本，基于同一个药品可获得保护期限延长的专利数量不受限制，且同一个专利也可获得多次延长，只要满足专利法规定的延长条件即可。根据日本特许厅专利审查指南的规定，如果经过行政审批上市的药品包含了相关专利任何权利要求的所有技术特征，则该专利可以获得期限延长，即对于专利与药品之间的关系，日本审查实践采取的是"落入保护范围"的标准。❷ 如果先前医药产品并未落入申请延长的专利权利要求的保护范围内，那么在先医药产品的在先市场许可，不能用于反对授予在后医药产品的在后市场许可的专利期延长，其中在先医药产品和在后医药产品是具有相同的活性成分和用途的医药产品。❸❹

在我国，2019 年修订的《药品管理法》第 2 条规定："药品，是指用于预防、治疗、诊断人的疾病，有目的地调节人的生理机能并规定有适应证或者功能主治、用法和用量的物质，包括中药、化学药和生物制品等。"可见，我国对药品的定义强调"人"的因素。因此，我国药品专利期限补偿制度的适用对象范围应仅限于人用药品范畴❺。此外，根据我国《专利法》第 42 条第 3 款和《专利法实施细则修改建议（征求意见稿）》新增第 85 条之四的相关内容，我国药品专利权期限内补偿制度的适用对象包括：对在中国获得上市许可的化学药、生物制品和中药新药产品专利、制备方法专利或者医药用途相关专利。其中所称新药相关专利，是指国务院药品监督管理部门首次批准上市的新药活性成分相关专利；中药新药专利包括中药创新药相关专利和增加功能主治的中药改良型新药相关专利。

因此，除将中药纳入之外，我国药品专利期限补偿制度适用对象的范围比美国、日本和欧盟的范围更小，其涉及化学药、生物制品和中药"新药"相关专利，明确排除兽用药物、兽用诊断试剂或材料，以及医疗器械。

我国对于"新药"的定义可参考 2015 年 8 月 18 发布的《国务院关于改革药品医

---

❶ 顾东蕾，潘晓梅，杨静. 日本药品专利期限补偿制度对中国新药研发的启示 [J]. 中国新药杂志，2021，30（4）：289 – 294.

❷ 邱福恩. 中美经贸协议下的药品专利期限补偿制度研究 [J]. 科技与法律，2020（4）：11 – 21.

❸ 参见 2011 年 4 月 28 日日本最高法院判决—日本特许厅诉武田制药有限公司日本专利法案。

❹ 约瑟夫·德雷克斯，纳里·李. 药物创新、竞争与专利法 [M]. 马秋娟，杨倩，王璟，等译. 北京：知识产权出版社，2020：170.

❺ 何华. 我国药品专利期限补偿制度的构建：以"健康中国"战略实施为背景的分析 [J]. 法商研究，2019（6）：177 – 188.

疗器械审评审批制度的意见》中第（六）项❶中的规定，其将新药由"未曾在中国境内上市销售的药品"调整为"未在中国境内外上市销售的药品"，即由"中国新"调整为"全球新"，并根据物质基础的原创性和新颖性，将新药分为创新药和改良型新药。

根据上述原则，我国也相应调整了药品（包括化学药品、中药和生物制品）的注册分类。

其中，化学药品的注册分类为创新药、改良型新药、仿制药、境外已上市境内未上市化学药品（见表 4 - 2 - 1）。❷

表 4 - 2 - 1 化学药品注册分类

1 类	境内外均未上市的创新药，指含有新的结构明确的、具有药理作用的化合物，且具有临床价值的药品		
2 类	境内外均未上市的改良型新药，指在已知活性成分的基础上，对其结构、剂型、处方工艺、给药途径、适应证等进行优化，且具有明显临床优势的药品	2.1	含有用拆分或者合成等方法制得的已知活性成分的光学异构体，或者对已知活性成分成酯，或者对已知活性成分成盐（包括含有氢键或配位键的盐），或者改变已知盐类活性成分的酸根、碱基或金属元素，或者形成其他非共价键衍生物（如络合物、螯合物或包合物），且具有明显临床优势的药品
		2.2	含有已知活性成分的新剂型（包括新的给药系统）、新处方工艺、新给药途径，且具有明显临床优势的药品
		2.3	含有已知活性成分的新复方制剂，且具有明显临床优势
		2.4	含有已知活性成分的新适应证的药品
3 类	境内申请人仿制境外上市但境内未上市原研药品❸的药品，具有与参比制剂相同的活性成分、剂型、规格、适应证、给药途径和用法用量，该类药品应与参比制剂❶的质量和疗效一致；有充分研究数据证明合理性的情况下，规格和用法用量可以与参比制剂不一致		
4 类	境内申请人仿制已在境内上市原研药品的药品，具有与参比制剂相同的活性成分、剂型、规格、适应证、给药途径和用法用量，该类药品应与参比制剂的质量和疗效一致		
5 类	境外上市的药品申请在境内上市	5.1	境外上市的原研药品和改良型药品申请在境内上市，改良型药品应具有明显临床优势
		5.2	境外上市的仿制药申请在境内上市

❶ 第（六）项中还规定，将仿制药由现行的"仿已有国家标准的药品"调整为"仿与原研药品质量和疗效一致的药品"。仿制药审评审批要以原研药品作为参比制剂，确保新批准的仿制药质量和疗效与原研药品一致。

❷ 国家药监局. 国家药监局关于发布化学药品注册分类及申报资料要求的通告（2020 年第 44 号）［EB/OL］.（2020 - 06 - 30）［2021 - 08 - 04］. https：//www. nmpa. gov. cn/yaopin/ypggtg/ypqtgg/20200630180301525. html.

❸ 原研药品是指境内外首个获准上市，且具有完整和充分的安全性、有效性数据作为上市依据的药品。

❶ 参比制剂是指经国家药品监管部门评估确认的仿制药研制使用的对照药品。参比制剂的遴选与公布按照国家药品监管部门于 2019 年 3 月 25 日发布的《化学仿制药参比制剂遴选与确定程序》相关规定执行。

中药❶的注册分类为创新药、改良型新药、古代经典名方中药复方制剂、同名同方药（见表4-2-2）。❷

表4-2-2　中药注册分类

1类	中药创新药，指处方未在国家药品标准、药品注册标准及国家中医药主管部门发布的《古代经典名方目录》中收载，具有临床价值，且未在境外上市的中药新处方制剂	1.1	中药复方制剂，系指由多味饮片、提取物等在中医药理论指导下组方而成的制剂
		1.2	从单一植物、动物、矿物等物质中提取得到的提取物及其制剂
		1.3	新药材及其制剂，即未被国家药品标准、药品注册标准以及省、自治区、直辖市药材标准收载的药材及其制剂，以及具有上述标准药材的原动、植物新的药用部位及其制剂
2类	中药改良型新药，指改变已上市中药的给药途径、剂型，且具有临床应用优势和特点，或增加功能主治等的制剂	2.1	改变已上市中药给药途径的制剂，即不同给药途径或不同吸收部位之间相互改变的制剂
		2.2	改变已上市中药剂型的制剂，即在给药途径不变的情况下改变剂型的制剂
		2.3	中药增加功能主治
		2.4	已上市中药生产工艺或辅料等改变引起药用物质基础或药物吸收、利用明显改变的
3类	古代经典名方中药复方制剂❸	3.1	按古代经典名方目录管理的中药复方制剂
		3.2	其他来源于古代经典名方的中药复方制剂，包括未按古代经典名方目录管理的古代经典名方中药复方制剂和基于古代经典名方加减化裁的中药复方制剂
4类	同名同方药，指通用名称、处方、剂型、功能主治、用法及日用饮片量与已上市中药相同，且在安全性、有效性、质量可控性方面不低于该已上市中药的制剂		

---

❶　中药是指在我国中医药理论指导下使用的药用物质及其制剂。

❷　国家药监局. 国家药监局关于发布《中药注册分类及申报资料要求》的通告（2020年第68号）［EB/OL］.（2020-09-28）［2021-08-04］. https：//www.nmpa.gov.cn/xxgk/ggtg/qtggtg/20200928164311143.html.

❸　古代经典名方是指符合《中华人民共和国中医药法》规定的，至今仍广泛应用、疗效确切、具有明显特色与优势的古代中医典籍所记载的方剂。古代经典名方中药复方制剂是指来源于古代经典名方的中药复方制剂。

生物制品❶则分为预防用生物制品❷（注册分类见表 4 - 2 - 3）、治疗用生物制品❸（注册分类见表 4 - 2 - 4）和按生物制品管理的体外诊断试剂。❹❺

表 4 - 2 - 3　预防用生物制品注册分类

		1.1	无有效预防手段疾病的疫苗
1 类	创新型疫苗：境内外均未上市的疫苗	1.2	在已上市疫苗基础上开发的新抗原形式，如新基因重组疫苗、新核酸疫苗、已上市多糖疫苗基础上制备的新的结合疫苗等
		1.3	含新佐剂或新佐剂系统的疫苗
		1.4	含新抗原或新抗原形式的多联/多价疫苗
2 类	改良型疫苗：对境内或境外已上市疫苗产品进行改良，使新产品的安全性、有效性、质量可控性有改进，且具有明显优势的疫苗	2.1	在境内或境外已上市产品基础上改变抗原谱或型别，且具有明显临床优势的疫苗
		2.2	具有重大技术改进的疫苗，包括对疫苗菌毒种/细胞基质/生产工艺/剂型等的改进（如更换为其他表达体系或细胞基质的疫苗；更换菌毒株或对已上市菌毒株进行改造；对已上市细胞基质或目的基因进行改造；非纯化疫苗改进为纯化疫苗；全细胞疫苗改进为组分疫苗等）
		2.3	已有同类产品上市的疫苗组成的新的多联/多价疫苗
		2.4	改变给药途径，且具有明显临床优势的疫苗
		2.5	改变免疫剂量或免疫程序，且新免疫剂量或免疫程序具有明显临床优势的疫苗
		2.6	改变适用人群的疫苗
3 类	境内或境外已上市的疫苗	3.1	境外生产的境外已上市、境内未上市的疫苗申报上市
		3.2	境外已上市、境内未上市的疫苗申报在境内生产上市
		3.3	境内已上市疫苗

---

❶　生物制品是指以微生物、细胞、动物或人源组织和体液等为起始原材料，用生物学技术制成，用于预防、治疗和诊断人类疾病的制剂。

❷　预防用生物制品是指为预防、控制疾病的发生、流行，用于人体免疫接种的疫苗类生物制品，包括免疫规划疫苗和非免疫规划疫苗。

❸　治疗用生物制品是指用于人类疾病治疗的生物制品，如采用不同表达系统的工程细胞（如细菌、酵母、昆虫、植物和哺乳动物细胞）所制备的蛋白质、多肽及其衍生物，细胞治疗和基因治疗产品，变态反应原制品，微生态制品，人或者动物组织或者体液提取或者通过发酵制备的具有生物活性的制品等。生物制品类体内诊断试剂按照治疗用生物制品管理。

❹　按照生物制品管理的体外诊断试剂包括用于血源筛查的体外诊断试剂、采用放射性核素标记的体外诊断试剂等，其分为 2 个类别：1 类：创新型体外诊断试剂；2 类：境内外已上市的体外诊断试剂。

❺　国家药监局. 国家药监局关于发布生物制品注册分类及申报资料要求的通告（2020 年第 43 号）［EB/OL］.（2020 - 06 - 30）［2021 - 08 - 04］. https：//www. nmpa. gov. cn/xxgk/ggtg/qtggtg/20200928164311143. html.

表 4 - 2 - 4　治疗用生物制品注册分类

1 类	创新型生物制品：境内外均未上市的治疗用生物制品		
2 类	改良型生物制品：对境内或境外已上市制品进行改良，使新产品的安全性、有效性、质量可控性有改进，且具有明显优势的治疗用生物制品	2.1	在已上市制品基础上，对其剂型、给药途径等进行优化，且具有明显临床优势的生物制品
		2.2	增加境内外均未获批的新适应证和/或改变用药人群
		2.3	已有同类制品上市的生物制品组成新的复方制品
		2.4	在已上市制品基础上，具有重大技术改进的生物制品，如重组技术替代生物组织提取技术；较已上市制品改变氨基酸位点或表达系统、宿主细胞后具有明显临床优势等
3 类	境内或境外已上市生物制品	3.1	境外生产的境外已上市、境内未上市的生物制品申报上市
		3.2	境外已上市、境内未上市的生物制品申报在境内生产上市
		3.3	生物类似药
		3.4	其他生物制品

对于可以给予药品专利期限补偿的"新药"类型，国家知识产权局在 2021 年 8 月 3 日公布的《专利审查指南修改草案（征求意见稿）》❶ 第五部分第九章"3.4 适用范围"中指出："根据专利法第四十二条第三款及专利法实施细则第八十一条的规定，针对国务院药品监督管理部门批准上市的创新药和符合本章规定的改良型新药，对于其中药物活性物质的产品专利、制备方法专利或者医药用途专利，可以给予药品专利期限补偿。可以给予期限补偿的改良型新药限于国务院药品监督管理部门颁发的药品注册证书中记载为以下类别的改良型新药：

（1）化学药品第 2.1 类中对已知活性成分成酯，或者对已知活性成分成盐的药品；

（2）化学药品第 2.4 类，即含有已知活性成分的新适应证的药品；

（3）预防用生物制品 2.2 类中对疫苗菌毒种改进的疫苗；

（4）治疗用生物制品第 2.2 类中增加新适应证的生物制品；

（5）中药第 2.3 类，即增加功能主治的中药。"

各类型的药品专利以保护新药为目的，但并不是所有的新药都可以获得专利期限的补偿。上述对于可以给予期限补偿的改良型新药的限定充分考虑了专利药品的创新程度以及我国药品产业发展的实际情况，从而对药品专利期限补偿制度的适用对象范

---

❶ 国家知识产权局. 关于就《专利审查指南修改草案（征求意见稿）》公开征求意见的通知 ［EB/OL］. （2021－08－03）［2021－08－10］. http：//www. cnipa. gov. cn/art/2021/8/3/art_75_166474. html.

围进行了严格限制，例如在化学药品第 2.1 类中仅选取了"对已知活性成分成酯或成盐的药品"并且排除了之前一直存在争议❶的第 5.1 类"境外上市的原研药品和改良型药品申请在境内上市，改良型药品应具有明显临床优势"。这既确保了国内创新药企业市场利益的实现，又有利于维护药品市场正常的竞争秩序，还有助于推动在全球化药品注册法规下的整体性布局进程，同时照顾了患者的利益。

4.2.3　保护范围

美国专利法第 156（b）条限定了 PTE 期间专利的保护范围：

（1）对于产品专利，应限于专利期限获得延长前，依据监管审查期所适用的法律规定批准用于该产品的用途；应限于在专利延长审批期间和获得专利延长之后，依据适用的法律规定批准用于该产品的用途；

（2）对于产品的使用方法专利，应限于专利请求保护并且获批的用途；

（3）对于产品的制备方法专利，应限定于制备获批产品的方法，或者制备接受监管审查产品的方法。

PTE 期间专利的保护范围限定，有时可延及活性成分的盐或酯。正如第 4.2.2 节"适用对象"中的案例 2 所述，如果具有活性部分（此处等同于"活性成分"）的化合物获得 FDA 批准得以上市并已申请 PTE，则期限延长涉及具有活性部分的其他化合物例如盐或酯，后续 PTE 申请应被拒绝。

欧盟 EEC 1768/92 第 4 条规定了 SPC 的保护主题内容：在基本专利所给予的保护范围之限度下，SPC 所给予的保护应仅延及包含在对应的被批准投放市场的医药产品的产品，以及在证书到期前已经作为医药产品的该产品的任何用途。

尽管欧盟 EEC 1768/92 第 4 条规定了所授予的保护应"严格限定"在被批准投放市场的产品上，但 SPC 所赋予的权利与赋予基本专利的权利相比是同等的权利；因此，如果基本专利包含一种活性物质及其各种衍生物（盐和酯），则 SPC 也应给予同样的保护。这与欧洲法院在 Farmitalia 案的意见是一致的：如果市场准入中所涉及的活性组分是以盐的形式出现且该盐是受到有效的基本专利所保护的，SPC 所提供的保护也是同样能够包含活性组分，并且也可以延及作为医药产品的各种衍生形式，例如盐和酯，如此使其达到由基本专利保护的程度。

此外，SPC 所给予的保护涉及作为医药产品的产品任何用途，且不区分人用的作为医药产品的产品用途还是兽用的作为医药产品的产品用途，正如欧洲法院在 Pharmacia Italia 案中所述的那样。因此，产品首次作为兽用医药产品被准入后，就不能再颁发作为人用医药产品的 SPC。另外，在 SPC 届满之前，对于医药产品的进一步用途可不断

---

❶　在临床试验、行政审批和患者招募过程中发生的很多不可预计事件确实会影响药品的上市进程和注册分类，从而导致一些跨国医药企业的药品未能第一时间在中国境内上市，因此将第 5.1 类排除出专利期限补偿的范围，遭到了一些跨国医药企业的反对。

被批准。例如，某一产品的 SPC 首次批准的是治疗女性的压力性尿失禁症，之后可再批准治疗严重的抑郁症的用途，假设相关的基本专利保护该两种用途。❶

日本专利法第 68 条第 2 款规定，在专利权的延长期间，专利权的效力仅限于"政令指定的处置"（药品的制造销售许可）对象产品的实施方案；对于药品相关专利而言，可以理解为在专利延长期间，其专利权的效力仅限于药品制造销售许可证所列明的特定药品与用途。专利延长期的效力不覆盖将同样的化合物用于药品许可证上所列举的适应证以外的其他适应证的情况，也不覆盖药品许可证上未列出的其他活性化合物的情况，即使被延长对象的专利所包括的权利要求中包含该其他适应证和其他活性化合物。根据日本知识产权高等法院（IPHC）在"侵犯药学上稳定的奥沙利铂制剂专利延长期专利权案"中大合议庭的观点：日本专利法第 68 条第 2 款规定的产品（药品）与用途必须由"政令指定的处置"中所实际记载的"成分、含量、用法、剂量、效能与效果"来进行限定，其中药品的成分与含量代表特定的"产品（药品）"，而用法、剂量、效能与效果则代表特定的"用途"。因此，专利权的延长期效力所及范围主要涵盖由"政令指定的处置"中记载的成分、含量、用法、剂量、效能与效果所确定的产品（药品）的实施，对与所述药品"等同"或"实质上相同"的产品也同样具有效力。所谓"等同"或"实质上相同"，是指药品的成分、含量、用法、剂量、效能与效果仅仅存在微小的差异，或从整体上来看只是形式上的差异，其在实施发明的方式上是相同的。❷

在我国，2020 年 11 月 27 日发布的《专利法实施细则修改建议（征求意见稿）》中新增第 85 条之六规定："药品专利期限补偿期间，该专利的保护范围限于国务院药品监督管理部门批准上市的新药，且限于该新药经批准的适应证。药品专利期限补偿期间的专利权与药品专利期限补偿前具有相同的权利和义务。"对于上述所涉及的"专利的保护范围"的审查，国家知识产权局在 2021 年 8 月 3 日公布的《专利审查指南修改草案（征求意见稿）》❸ 第五部分第九章"3.5 是否落入保护范围的审查"中进一步指出："……产品权利要求的保护范围仅限于用于经批准的适应证的上市新药产品，医药用途权利要求的保护范围仅限于上市新药产品的经批准的适应证，制备方法权利要求的保护范围仅限于用于经批准的适应证的上市新药产品在国务院药品监督管理部门备案的生产工艺。"而在实际操作过程中，请求人应当在药品专利期限补偿请求书中记载药品名称、批准的适应证和请求给予期限补偿的专利号，指定与获得上市许可药品相关的权利要求，结合证明材料具体说明药品所涉及的技术方案落入其指定权利要求

---

❶ 参见 EEC 1768/92 第四条"保护主题内容"。

❷ 国家知识产权局专利局专利审查协作江苏中心. 药品专利链接与专利延长［M］. 北京：知识产权出版社，2021：165 – 167.

❸ 国家知识产权局. 关于就《专利审查指南修改草案（征求意见稿）》公开征求意见的通知［EB/OL］. (2021 – 08 – 03)［2021 – 08 – 10］. http：//www.cnipa.gov.cn/art/2021/8/3/art_75_166474.html.

的保护范围的理由以及请求补偿期限的计算依据，并明确药品专利期限补偿期间保护的技术方案。

补偿期间专利的保护范围问题是药品专利期限补偿制度的一个关键问题。从其他主要国家和地区立法和司法实践情况来看，均对补偿期内专利的保护范围作出了限制，其目的在于使专利权人因药品审评审批期间无法实施专利的处置行为所涉及的技术特征与专利权人由此应当获得的延长期限的权利相匹配，有利于平衡专利权人和社会公众之间的利益。从立法上来看，美国、欧盟、日本和中国在该问题上的规定较为一致，均规定补偿期内的专利保护范围限于上市药品相关技术方案，从而导致药品专利（尤其是涉及通式化合物的核心专利）在专利延长期内的专利权的实际保护范围往往小于该专利在原有保护期限内的保护范围。

4.2.4　限制规定差异

美国专利法第 156（a）条规定了可申请 PTE 的条件，即对于要求保护产品、使用产品的方法或制造产品的方法的专利，当满足以下条件时，其保护期限应根据本条从专利的原始到期日起开始延长：

（1）在提出延期申请之前，专利期限尚未届满；

（2）专利期限从未进行过延长；

（3）专利权人或其代理人按照要求在收到通过监管审查颁发的商业销售或使用许可之日起 60 天内提出延期申请；

（4）产品在商业销售或使用前已经经过 FDA 监管审查期；

（5）在 FDA 监管审查期之后许可该产品的商业销售或使用是根据发生此类监管审查期的法律规定首次获准进行的产品商业销售或使用。

此外，根据美国专利法第 156（c）（4）条的规定，在任何情况下，对任何产品的同一监管审查期延长的专利不得超过一项。也就是说，1 件专利只能与 1 个经行政审批的产品相绑定而获得保护期的延长，二者是一一对应的关系，不存在一对多或者多对一的情形：①被 FDA 批准上市的首个产品只能有 1 项专利获得专利期延长，即使该产品同时享有产品、使用方法等多项专利；②该项专利只能获得 1 个专利期延长，即使在该项专利下有多个被 FDA 批准的产品。

欧盟 EEC 1768/92 第 3 条规定了取得证书的条件，申请 SPC 必须在该产品作为医药产品的相关市场准入之日的 6 个月内提出，或者，如果市场准入是在基本专利之前授予的，则在基本专利被核准后 6 个月内提出。申请时满足如下条件的，应授予证书：

（a）产品尚处在有效的基本专利的保护之下；

（b）视实际情况，根据欧共体第 65/65 号指令或者第 81/851 号指令，对该产品作为医药产品投放市场的有效市场准入已经获得批准；

（c）该产品尚未成为某个证书的主题内容；

（d）在（b）项中所称的准入是该产品作为医药产品投放市场的首次批准（尽管在共同体内可能还存在更早的准入）。

日本专利法第67条第2款与日本专利法实施令第3条中规定了专利权期间延长的限制要求：

（1）药品专利的延期申请必须在获得政令指定的处置（即药品的制造销售许可）之日后3个月内提出，如果存在不归咎于申请人的理由，使其在获得药品许可后3个月内无法提交药品专利的延期申请的情况，申请人应当在上述理由不复存在后的14天内（对于外国居民为2个月）（或所涉期限超过9个月的，为9个月内）提出专利延长申请。

（2）原专利权已经届满的，无法提交延长申请，因此应当在相关专利有效期届满6个月前提出专利期延长申请。如果预计在届满6个月前还无法获得政令指定的处置的，只需要向日本特许厅报备相关事宜，说明申请人、相关专利及产品审批过程等基本信息，专利延长申请将不会受到以上"在相关专利有效期届满6个月前提出"的限制。❶

（3）当一项发明专利对应多个审批时，如果每项审批都被承认是该发明专利实施所必需时，基于多个不同的审批的同一发明，按不同的审批分别延长专利有效期，每次专利期延长应用于不同的被审批的药品。一项审批对应多项发明专利权时，无论对应于哪项专利权，只要该发明专利的实施是必须有该审批的，那么可以分别延长每个专利的有效期。❷

在我国，2020年11月27日所公布的《专利法实施细则修改建议（征求意见稿）》中新增第85条之七规定："专利权人请求给予药品专利期限补偿的，应当自药品上市许可申请获得批准之日起3个月内向国务院专利行政部门提出药品专利期限补偿请求，并附具有关证明文件，提出请求时药品及其专利应当满足以下条件：

（一）一个药品同时存在多项专利的，专利权人只能请求对其中一项专利给予药品专利期限补偿；

（二）一项专利同时涉及多个药品的，只能对一个药品就该专利提出药品专利期限补偿请求；

（三）该专利尚未获得过药品专利期限补偿；

（四）请求给予药品专利期限补偿的专利剩余保护期限不少于6个月。"

针对上述应当满足的条件，国家知识产权局在2021年8月3日公布的《专利审查指南修改草案（征求意见稿）》❸第五部分第九章"3. 药品专利期限补偿"中作出了

---

❶ 国家知识产权局专利局专利审查协作江苏中心. 药品专利链接与专利延长［M］. 北京：知识产权出版社，2021：168.

❷ 顾东蕾，潘晓梅，杨静. 日本药品专利期限补偿制度对中国新药研发的启示［J］. 中国新药杂志，2021，30（4）：289－294.

❸ 国家知识产权局. 关于就《专利审查指南修改草案（征求意见稿）》公开征求意见的通知［EB/OL］.（2021－08－03）［2021－08－10］. http：//www.cnipa.gov.cn/art/2021/8/3/art_75_166474.html.

进一步补充：

"3.1　补偿条件

请求药品专利期限补偿应当满足以下条件：

（1）请求补偿的专利授权公告日应当早于药品上市许可申请获得批准之日；

（2）提出补偿请求时，该专利权处于有效状态；

（3）该专利尚未获得过药品专利期限补偿；

（4）获得上市许可的新药相关技术方案应当落入请求补偿的专利权利要求的保护范围，其中新药相关技术方案应当以国务院药品监督管理部门批准的新药的结构、组成及其含量，批准的生产工艺和适应证为准；

（5）一个药品同时存在多项专利的，只能请求对其中一项专利给予药品专利期限补偿；

（6）一项专利同时涉及多个药品的，只能对一个药品就该专利提出药品专利期限补偿请求。

3.2　请求的提出

药品专利期限补偿请求应当由专利权人提出。专利权人与药品上市许可持有人不一致的，应当征得药品上市许可持有人书面同意。

专利权人请求药品专利期限补偿的，应当自药品上市许可申请获得批准之日起三个月内向专利局提出请求，并且缴纳相应费用。对于获得附条件上市许可的药品，应当自获得正式上市许可之日起三个月内向专利局提出请求，但补偿期限的计算以获得附条件上市许可之日为准。

专利权属于多个专利权人共有的，药品专利期限补偿请求应当由代表人办理。已委托专利代理机构的，药品专利期限补偿请求应当由专利代理机构办理。"

在上述规定中多次涉及"一个药品"的概念，那么何为"一个药品"？这是一个有争议且有待明确的问题。活性成分相同是同一个药品？活性成分和适应证均相同是同一个药品？活性成分、适应证和剂型均相同是同一个药品？活性成分、适应证、剂型和规格均相同是同一个药品？这里的活性成分相同是否包括活性成分的盐或酯？

在美国 PTE 实践过程中，活性成分和适应证均相同是同一个药品且活性成分相同包括活性成分的盐或酯。例如，当化合物 X 治疗疾病 Y 获得 PTE 保护之后，化合物 X 药用盐 A 治疗疾病 Y，化合物 X 药用盐 B 治疗疾病 Y，化合物 X 药用盐 A 治疗疾病 Z，化合物 X 药用盐 A 新剂型/规格治疗疾病 Y 等均无法再次获得 PTE 保护。

从上面所述内容可以看出，不同国家和地区对于药品专利期限补偿制度的限制规定存在一定程度的差异，通过借鉴别国经验以及结合我国医药企业生产与研发实际情况，创设并完善符合我国国情的药品专利期限补偿制度，旨在补偿药品专利权人在获得药品上市行政许可中损失的保护期，以确保专利创新药投资资金的回笼以及获得更高的利润，从而鼓励医药企业加大对专利创新药的投入。

4.3 Bolar 例外条款[❶]

Bolar 例外条款起源于美国，随后在包括中国在内的其他国家和地区也相继落地实施。Bolar 例外条款在我国立法上的确立，对于我国生物医药企业尤其是仿制药企业意义重大。我国仿制药企业不仅应合理利用 Bolar 例外条款，充分运用《药品注册管理办法》及相关法律规定，以便顺利通过药品行政审批程序；而且应当做到仿创结合，在原研药的基础上寻找新的创新点，逐步构建自身的专利保护网络。

4.3.1 条款起源及发展状况

Bolar 例外条款起源于美国的 *Roche Product. Inc. v. Bolar Pharmaceutical Co.* 案。Bolar 公司为了赶在 Roche 公司所拥有的一项安眠药有效成分盐酸氟西泮专利到期之时推出其仿制药，在该药品专利期限届满前，通过对少量专利药品进行试验来收集行政审批所需要的数据。1983 年 7 月 28 日，Roche 公司对 Bolar 公司的行为提起了专利侵权诉讼，美国纽约东区地方法院认为，专利保护期届满前禁止对该专利药品进行研发试验等于间接延长了专利保护期，从而判定被告 Bolar 公司的试验行为不构成专利侵权。Roche 公司提起上诉，美国联邦巡回上诉法院认为，专利保护期限届满前禁止仿制药的试验研究确实变相延长了专利保护期，但是，现行法律并没有此行为不构成专利侵权的规定，而对药品进行生物等效性试验从而获得行政审批所需要的数据是有商业目的的，不属于专利法中的不视为侵权的试验性使用，从而判定 Bolar 公司侵权。[❷]

这一判决结果引起了仿制药企业的强烈反应，仿制药企业积极游说美国国会，并最终促成了 Hatch – Waxman 法案，其中规定："……如果单纯是为了完成和递交联邦法律所要求的制造、使用和销售药品、兽用药与生物制品所需的合理相关信息而进行的相关行为，不构成侵权。"该法案对于以往非营利目的的试验性使用豁免原则进行了根本性的修改。具体而言，尽管仿制药企业的试验行为带有明显的营利目的，它们的试验行为也未经专利药品生产厂家许可，但其制造、使用、许诺销售或销售的行为并不侵犯专利权，只要以向 FDA 提交相关数据信息为目的即可。随后 Hatch – Waxman 法案第 202 条被编入美国专利法第 271（e）（1）条中，即 Bolar 例外条款："在美国制造、使用或销售药品，需要依照联邦药品管理法的规定提交相关研发信息，仅仅为满足联邦法律对提交数据的规定而进行的相关行为，如在美国本土制造、使用、许诺销售或销售专利药品或将专利药品进口至美国本土不认为是专利侵权行为。"而在随后的美国

---

❶ 郑希元，李海霞. 浅析"Bolar 例外"条款对于仿制药研发及其行政审批程序的影响 [J]. 专利代理，2017（2）：83 – 88.

❷ 袁红梅，尚丽岩，董丽. 中美"Bolar 例外"及其对制药产业影响的比较 [J]. 中国医药工业杂志，2010，41（10）：786 – 790.

司法实践中，Bolar 例外条款的适用范围也越来越宽松。2005 年，在 *Merck v. Integra* 案中，美国联邦最高法院甚至提出，考虑到药品筛选的高失败概率，即使没有将临床前研究中收集的信息提交给 FDA，只要该信息适合在 FDA 正规程序中提交，就可以适用 Bolar 例外条款。❶

根据美国判例法，Bolar 例外已经扩展至下列行为：（1）使用医药产品获取资本；（2）批准描述产品特征的出版物；（3）向潜在被许可人发布研究结果；（4）在科学会议或贸易展销会上展示医药产品的特征；（5）获得某一外国政府的进口批准；（6）进行为了外国管理机构清关的临床研究；（7）获得外国专利；（8）为获得生产数据而制造一种产品；（9）向医院临床调查人员销售一种产品；（10）向国际分销商销售一种产品；（11）临床调查人员在外国测试一种产品；（12）外国公司的产品测试；（13）向内科和非内科医师证明一种产品；（14）进行消费研究；（15）向投资者和杂志描述临床试验；（16）向消费者促销一种产品；（17）向潜在商业伙伴运输产品。❷

由于 Bolar 例外条款通过成文法的确立与判例法的补充在美国获得了巨大的成功，其他国家和地区也相继效仿。

德国在 1981 年的专利法中制定了试验性使用例外，即其第 11 条第 2 款规定"就专利保护标的所为之试验目的行为，不为专利权效力所及"。然而，对于药品以上市为目的而进行的各阶段的临床试验是否适用该试验性使用例外条款，在德国仍有很大争议。1996～2001 年，德国联邦最高法院和宪法法院通过 *Klinische Versuche* Ⅰ 案和 *Klinische Versuche* Ⅱ 案逐渐建立起适用于 Bolar 例外的特殊规则。上述法院判决认为，在专利期限届满前使用某专利药品进行试验获得信息（无论该信息是关于该药品未受到专利保护的第二适应证还是关于该药品受到专利保护的相同适应证），即使该行为是为了获取上市批准的数据，也属于试验性使用例外，不构成侵权。上述判决为在专利期限届满前对专利药品进行仿制试验不构成侵权打开了大门。❸ 2005 年 9 月 6 日正式生效的德国专利法第 11 条第 2 款第 2b 项引入 Bolar 例外条款"专利效力不及于：……为获得行政审批而将药品投放到欧洲市场的必要的研究、实验行为……"，其允许对药品有营利目的（上市销售）的试验行为适用试验性使用例外条款，明确扩充了传统意义上"试验"的含义。试验行为不仅包括非营利目的的试验行为，也包括以营利为目的的试验行为。❹ 在 *Astellas Pharma Inc v. Polpharma SA* 案❺中，原告 Astellas 持有名称为"索利

---

❶　单伟光，沈锡明，孙国君. "Bolar 例外"的由来及对我国仿制药企业的影响［J］. 新西部，2009（16）：252.

❷　陈小梦，左子欣，孙亚新，等. 美国"Bolar 例外"及首仿药制度的研究及对我国的启示［J］. 中国药事，2018，32（6）：732 –736.

❸　赵烽. 中国的选择：药品专利权的"Bolar 例外"［J］. 产业与科技论坛，2008，7（6）：97 –98.

❹　楼杜鹃. 药品专利 Bolar 例外条款的发展和应用［J］. 中国发明与专利，2011（7）：80 –82.

❺　The Referral Order of the Higher Regional Court of Dusseldorf of 5 December 2013（Case No 1 –2U68/12 – Marktzulassungsprivileg［Marketing Authorization Privilege］）.

那新"的活性药物成分 EP0801067 专利，因被告活性成分提供商 Polpharma 实施了向一家德国仿制药企业赫素公司有偿提供活性成分等行为，原告 Astellas 将被告 Polpharma 诉至法院。被告对此抗辩称：①Polpharma 与赫素公司所缔结的合同中约定，其所销售的活性成分仅用于赫素公司的注册申请，且在合同实际履行过程中，赫素公司并未违反合同，也从未将活性成分用于其他用途；②如果赫素公司为注册申请而所触发的专利侵权行为不能享有 Bolar 例外而豁免侵权，那么很多仿制药企业将面临无法自己制造活性成分的困境，这将导致原研药专利期届满之后仿制药无法及时上市，从而变相延长了原研药的专利保护期限。德国杜塞尔多夫地区高级法院在提请欧盟法院作出先决裁决（preliminary ruling）的过程中，在其提交令中表达了倾向性意见——Bolar 例外可适用于活性成分提供商这一行为主体。❶

与美国和德国相同，日本专利法第 69（1）条同样规定了试验性使用例外，即"专利权的效力，不涉及目的在于试验或研究的专利发明的实施"，然而该条款并没有明确何种行为可以构成试验或研究行为，致使长久以来对于在专利期限届满前使用专利药品进行仿制试验是否构成侵权，日本法院的判决常常存在争议。直至 1999 年 4 月，在大冢制药株式会社诉 *Towa Yakuhin K. K* 案中，日本最高法院一致确认东京高等法院的判决：为获得销售一种专利药品的仿制药的许可之目的而使用专利发明并不是专利侵权，日本试验性使用例外庇护诸如为满足行政审查目的而需要的活动。这表明日本承认了 Bolar 例外的特殊规则。此外，法院进一步声明，超出满足药品上市所要求的范围的行为，例如以在专利期限届满后销售为目的而生产专利药品的行为是禁止的。

此外，加拿大、阿根廷、以色列、澳大利亚以及马来西亚等国家也纷纷引入 Bolar 例外条款。这表明，Bolar 例外条款的制度价值已经为大多数国家所认可与接受，这一制度设计平衡了作为专利权人的原研药企业、仿制药企业与社会公众之间的利益。❷

4.3.2 中国 Bolar 例外条款

经中国医药工业信息中心结合多个统计途径测算，2019 年中国仿制药❸市场规模约为 9707 亿元，同比增长 3.9%。2020 年，受新型冠状病毒疫情影响，整体经济受到重创，药品市场也出现了罕见下滑，仿制药整体市场规模跌至 8087 亿元，同比下降 16.7%，约占全部药品市场的 53.3%。但随着疫情的控制和经济的恢复，预计 2021 年

---

❶ 俞北瑜，赵步真. 我国 Bolar 例外适用与生产经营目的之关系辨析［J］.《上海法学研究》集刊，2020（18）：88 – 93.

❷ 杨莉，李野，杨立夫. 药品专利保护的 Bolar 例外研究［J］. 中国新药杂志. 2007，16（15）：1145 – 1148.

❸ 仿制药是与原研药具有相同活性成分、剂量、给药途径、剂型及适应证的药物。

中国仿制药市场规模将回升到 8757 亿元❶，同比增速 8.3%❷。

我国是仿制药生产大国，支持国民健康需求的基本药品中有 90% 以上需要依靠仿制，化学药专利 83% 来自于国外，这在世界制药产业中是少有的。❸ 正是由于中国医药产业的特殊性和《专利法》中对于 Bolar 例外规定的空缺，国外一些医药企业作为专利权人曾经针对中国仿制药企业提出过"Bolar 例外"相关诉讼。

2000 年葛兰素史克投资有限公司诉西南合成制药股份有限公司专利侵权案件中曾涉及"药品的临床试验是否构成专利侵权"这一问题。原告就恩丹西酮及其化合物的制造方法享有专利权，被告为获得行政审批所需的实验数据生产了盐酸恩丹西酮片以及注射液。❹ 当时由于法律缺位，重庆市中级人民法院一审判决中未就药品的临床试验是否构成专利侵权作出正面回答，但全额支持了原告损害赔偿的诉讼请求，而该损害赔偿数额正是基于被告药品临床试验期间为了药品行政注册的需要而使用专利从而给原告造成的损失计算出来的。❺

2006 年，北京市第二中级人民法院针对日本三共株式会社诉北京万生药业有限公司（以下简称"万生药业"）奥美沙坦脂片药品专利侵权案作出一审判决，认定万生公司为了获得临床试验用药而使用三共株式会社的专利方法生产药品，以及使用这些药品进行临床试验和相关申报注册活动的行为，不构成专利侵权，理由是被告制造涉案药品的行为并非直接以销售为目的，不属于《专利法》第 11 条所规定的"为生产经营目的"实施专利的行为。根据该判例中所确定的审判标准，2007 年，北京市第二中级人民法院针对同样情形的美国礼来公司诉甘李药业有限公司双时相重组赖脯胰岛素注射液 75/25 药品专利侵权案，作出了不侵权判决。❻ 该案中，原告礼来公司持有名称为"胰岛素类似物的制备方法"的发明专利，而被告甘李药业向国家食品药品监督管理局申报了"重组赖脯胰岛素"（剂型为原料药）、"重组赖脯胰岛素注射液"（包括 3ml 和 10ml 两种规格）和"双时相重组赖脯胰岛素注射液 75/25"3 种药品的注册申请，而且在此之前被告已经通过网络宣传其申请的药物速秀霖。原告礼来公司认为，被告甘李药业的行为性质属于即发侵权和许诺销售，构成对原告专利权的侵犯。被告甘李药业则抗辩称：首先，被告的涉案行为不属于专利法规定的实施他人专利的行为；其次，被告的涉案行为目的是通过药品的行政审批，根据惯例，以药品的行政审批目的而使用他人专利的，不视为侵权，也不属于即发侵权。北京市第二中级人民法院最

---

❶ 2019 年、2020 年和 2021 年数据不包括生物类似药。

❷ 中国医学科学院药物研究所等. 中国仿制药蓝皮书 2021 版 [M]. 北京：中国协和医科大学出版社，2021：3 - 4.

❸ 那力，何志鹏，王彦志. WTO 与公共健康 [M]. 北京：清华大学出版社，2005：261 - 262.

❹ 参见重庆市第一中级人民法院（1995）重经初字第 406 号民事判决书。

❺ 吴玉和. 专利药品的新药临床实验不构成专利侵权? [J]. 中国专利与商标，2007（2）：58 - 59.

❻ 蒋洪义. 两难困境中的无奈选择：评中国首例"Bolar 例外"判例中的法律适用问题 [J]. 中国专利与商标，2007，4：35 - 37.

终支持了被告的观点，并判决认为："虽然被告甘李药业实施了临床试验和申请生产许可的行为，但其目的是满足国家相关部门对于药品注册行政审批的需要，以检验其生产的涉案药品的安全性和有效性……虽然被告甘李药业在网络上刊载有对速秀霖药品的宣传内容，但据此不能判断所宣传的药品是使用了原告礼来公司的涉案专利方法直接获得的产品，且根据现有证据不能证明被告甘李药业实际生产了用于上市销售的涉案药品，故原告礼来公司主张被告甘李药业的涉案行为构成即发侵权和许诺销售，依据不足，本院不予支持。"❶

时隔六七年的两种完全不同的判决结果，体现了中国对于 Bolar 例外的观点转变，即为药品注册申请所需要的信息而实施涉案专利行为的性质从"具有生产经营目的"转变为"不具有生产经营目的"，但也暴露了当时中国《专利法》在应对 Bolar 例外时无法可依的尴尬局面。Bolar 例外条款的法律缺位，使得中国医药企业的发展面临越来越多的障碍，也使得中国《专利法》险些成为发达国家实施专利垄断的工具。

正是为了避免这一结果，在 2009 年 10 月 1 日起施行的《专利法》第 69 条❷ "不视为侵犯专利权"的情形中增加了第 5 项的规定"为提供行政审批所需要的信息，制造、使用、进口专利药品或者专利医疗器械的，以及专门为其制造、进口专利药品或者专利医疗器械的，不构成侵权"，即中国 Bolar 例外条款，它通过法律的形式对本身完全符合专利侵权构成要件的行为赋予特殊待遇，其为解决类似之前的药品专利侵权案，提供了明确的法律依据，从而避免之前案件中所出现的陷入法条适用模糊的尴尬境地。

上述 Bolar 例外条款限于"制造""进口"和/或"使用"，不包括"销售"和"许诺销售"，针对的主体或对象为"为获得行政审批所需要的信息"的研发主体，并且客体、品种、数量等不得超出研发之必需，该 Bolar 例外条款抗辩并不适用于不分目的、不分对象、不受限制的销售、许诺销售行为。在拜耳公司针对南京恒生制药有限公司、南京生命能科技开发有限公司提起的专利行政执法维权案中，被请求人提出了我国《专利法》第 69 条第 5 项的 Bolar 例外抗辩，主张其"许诺销售"的对象是仿制药厂商，主观上是为帮助仿制药厂商提供行政审批所需要的信息，构成 Bolar 例外中的"专门为其制造、进口专利药品或者专利医疗器械的"的情形。2020 年 5 月 25 日，南京市知识产权局针对此案作出行政裁决，认定被请求人在世界制药原料中国展（CPhI China）展会和官方网站"许诺销售"拜瑞妥（Xarelto）及其原料药构成专利侵权，其在展会和网站上向"不特定对象"展示涉案信息，寻找潜在客户的行为，不属于我国《专利法》第 69 条第 5 项的 Bolar 例外❸。在此之前，北京市和石家庄市知识产权局也

---

❶ 参见北京市第二中级人民法院（2007）二中民初字第 13419 号民事判决书。

❷ 2020 年修改《专利法》时，将第 69 条的序号改为第 75 条，内容不变。

❸ 晏如. 多地知识产权局就许诺销售专利药品案件作出行政裁决 [EB/OL]. (2020 – 06 – 06)[2021 – 09 – 21]. http：//www. iprchn. com/Index_NewsContent. aspx? NewsId = 123211.

先后就拜瑞妥相关专利侵权争议进行调解处理❶或者作出侵犯专利权的行政裁决。❷

对于中国 Bolar 例外条款的具体适用，举例而言，A 药厂获得某药品专利，专利的保护期将于 2022 年 5 月 1 日到期。B 药厂准备于 2022 年 5 月 1 日以后制造并销售该药品。但是，由于药品属于特殊商品，B 药厂制造的该药品在上市销售之前，必须进行相关试验（例如生物等效性试验）并将试验结果报经国家药品监督管理局审批。如果中国《专利法》不规定 Bolar 例外条款，B 药厂就只能在 2022 年 5 月 1 日之后，即专利权保护期限届满后再进行上述试验并提交行政审批的申请，而试验和审批程序均可能会持续较长时间，而审批获得批准之前 B 药厂生产的药品是不能上市销售的。因此，在随后的时间段内，只有 A 药厂生产的药品可以上市销售（因为其早已经通过药监部门审批），A 药厂销售的药品就独此一家，这就变相延长了 A 药厂的药品专利的保护期限，剥夺了 B 药厂在 A 药厂专利权终止后及时将其竞争产品投放市场的合法权利，其结果明显不利于维护公众的利益。

4.3.3　Bolar 例外条款与行政审批

需要强调的是，中国 Bolar 例外条款中允许进行的行为都只能是为了提供行政审批所需要的信息。如果仅在行政审批所需要的范围内制造、进口和/或使用专利产品，其全部专利产品将会用于研究实验而不会上市销售，因此，不会对专利权人的合法权益造成损害。除此之外，行为人在专利保护期限内超出了为提供行政审批所需要的范围而进行的其他为生产经营目的制造、使用、许诺销售、销售和进口行为都将构成侵犯专利权的行为。

其中所称"信息"的含义和范围，应当适用《药品管理法》《药品管理法实施条例》以及《药品注册管理办法》的规定，即该"信息"主要是那些用于评价药品的安全性、有效性、质量可控性的信息，包括非临床安全性研究信息（例如，制备工艺、理化性质、纯度、检验方法、处方筛选、剂型、稳定性、质量标准、药理、毒理、动物药代动力学研究等）和临床研究信息（例如，临床试验❸和生物等效性试验）。

其中所称的"行政审批"是仅指中国药品审评机构（国家药品监督管理局，NMPA）进行的审批？是否包括其他国家的药品审评机构进行的审批呢？中国药品审评机构在进行"行政审批"的过程中是否考虑原研药的专利情况呢？

---

❶　北京市知识产权局于 2019 年上半年对北京某企业许诺销售和销售拜瑞妥（Xarelto）的行为予以立案；之后经北京市知识产权局调解，拜耳公司与该被请求人达成和解，被请求人进行了赔偿（2019 年北京市知识产权行政保护十大典型案件）。

❷　相对于司法判决，行政裁决具有审限短（3~6 个月）、维权费用低、举证负担轻以及在行政维权中固定的证据可再次用于司法诉讼中的优点。

❸　《药品注册管理办法》第 35 条：仿制药、按照药品管理的体外诊断试剂以及其他符合条件的情形，经申请人评估，认为无需或者不能开展药物临床试验，符合豁免药物临床试验条件的，申请人可以直接提出药品上市许可申请。豁免药物临床试验的技术指导原则和有关具体要求，由药品审评中心制定公布。仿制药应当与参比制剂质量和疗效一致。申请人应当参照相关技术指导原则选择合理的参比制剂。

针对第一个和第二个问题，在中国《专利法》及其他相关法律中难以得到答案。考虑到加拿大专利法有关条文明确规定也包括外国的行政审批，而且 WTO 的争端解决程序也认定其并不违反 TRIPS 的规定，因此将中国 Bolar 例外条款的规定解释为涵盖外国药品管理部门进行的行政审批并无不妥。从鼓励并支持中国医药企业走出国门、迈向世界的角度出发，采用这样的解释立场对中国较为有利。❶

针对第三个问题，2017 年发布的《关于鼓励药品医疗器械创新保护创新者权益的相关政策（征求意见稿）》第 1 条规定："建立药品专利链接制度。药品注册申请人在提交注册申请时，应提交其知道和应当知道的涉及相关权利的声明。挑战相关药品专利的，申请人需声明不构成对相关药品专利侵权，并在提出注册申请后 20 天内告知相关药品专利权人；相关药品专利权人认为侵犯其专利权的，应在接到申请人告知后 20 天内向司法机关提起专利侵权诉讼，并告知药品审评机构。药品审评机构收到司法机关专利侵权立案相关证明文件后，可设置最长不超过 24 个月的批准等待期；在此期间，不停止已受理药品的技术审评工作。在批准等待期内，如双方达成和解或司法机关作出侵权或不侵权生效判决的，药品审评机构应当根据双方和解或司法机构相关的生效判决不批准或批准药品上市；超过批准等待期，司法机关未作出侵权判决的，药品审评机构可以批准药品上市。受理的药品申请，申请人未声明涉及相关专利，而专利权人提出侵权诉讼的，药品审评机构根据司法机关受理情况将该申请列入批准等待期。药品上市销售引发知识产权诉讼的，以司法机关判决为准。"2021 年 7 月 4 日，国家药品监督管理局和国家知识产权局发布《药品专利纠纷早期解决机制实施办法（试行）》，对于上述意见稿中所提的的药品专利链接制度进行了进一步修改和细化。从办法（试行）中可以看出，国家药品监督管理局的任务仅仅是代表公众对药品的安全性、有效性以及质量可控性进行评价，对于申请注册的药品是否落入他人的专利权保护范围，无法作出准确地判断，也不具有判断申请注册的药品是否构成专利侵权的职能。所以，中国、美国等大多数国家均要求药品注册申请人对申请药品所涉及的专利情况负责，而不是由药品审评机构来进行审查。当涉及具体的专利挑战（例如 4.1 类声明或 4.2 类声明）时，药品专利链接制度仅仅需要激活法院或国务院专利行政部门处理当事人之间的专利纠纷的法定条件，将诉讼或行政程序留给法院或国务院专利行政部门解决，而不是由国家药品监督管理局作出申请注册的药品是否落入他人的专利权保护范围的结论，国家药品监督管理局将根据人民法院生效判决或者国务院专利行政部门行政裁决作出是否批准的决定。❷❸

---

❶ 尹新天. 中国专利法详解 [M]. 北京：知识产权出版社，2011：828.

❷ 《药品专利纠纷早期解决机制实施办法（试行）》第 9 条第 2 款规定："对技术审评通过的化学仿制药注册申请，国家药品审评机构结合人民法院生效判决或者国务院专利行政部门行政裁决作出相应处理……"

❸ 《药品专利纠纷早期解决机制实施办法（试行）》第 13 条规定："对中药同名同方药和生物类似药注册申请，国务院药品监督管理部门依据技术审评结论，直接作出是否批准上市的决定。对于人民法院或者国务院专利行政部门确认相关技术方案落入相关专利权保护范围的，相关药品在相应专利权有效期届满之后方可上市。"

此外，《专利法》第 69 条第 5 项并没有限定在专利权保护期限的何种阶段才允许进行所规定的行为，更没有限定只有在专利保护期临近届满前才能实施相应的行为，《药品管理法》和《药品管理法实施条例》也没有相关内容的规定，但是 2007 年《药品注册管理办法》第 19 条规定"对他人已获得中国专利权的药品，申请人可以在该药品专利期届满前 2 年内提出注册申请……"，其中"专利期届满前 2 年内"的规定存在极大的不确定性，对注册申请人申请时间的界定没有保障。上述规定是建立在"专利期届满时间是确定的"这一基本假设前提下的。然而，我国《专利法》第 44 条规定："有下列情形之一的，专利权在期限届满前终止：（一）没有按照规定缴纳年费的；（二）专利权人以书面声明放弃其专利权的。专利权在期限届满前终止的，由国务院专利行政部门登记和公告。"第 45 条规定："自国务院专利行政部门公告授予专利权之日起，任何单位或者个人认为该专利权的授予不符合本法有关规定的，可以请求国务院专利行政部门宣告该专利权无效。"因此，对于专利权在预期的专利期届满前失效的情况，"专利期届满前 2 年"如何开始计算？我国相关制度都没有作出明确的规定和解释，这必然会导致实践操作过程中的混乱，申请人无法知晓在上述情况下何时可以提交仿制药注册申请。因此，"专利期届满前 2 年提出药品注册申请"的规定似乎丧失了其应有的作用。也许正是基于这种考虑，在 2020 年 7 月 1 日起实施的《药品注册管理办法》中删除了上述第 19 条的规定，从而与《专利法》相衔接，并使用《药品专利纠纷早期解决机制实施办法（试行）》第 6 条中的三类声明"中国上市药品专利信息登记平台收录有被仿制药相关专利，仿制药申请人承诺在相应专利权有效期届满之前所申请的仿制药暂不上市"进行替代，即对提出仿制药注册申请的时间不进行限制，可进行相关技术评审但暂不上市。

4.3.4　仿制药研发的未来出路

1. 充分利用 Bolar 例外条款

2008 年修正的《专利法》加入 Bolar 例外条款之后，我国医药企业应当合理利用 Bolar 例外规则，充分运用《药品注册管理办法》及相关法律规定，尽可能早地准备好行政审批所需要的信息（包括相关专利声明文件），以便顺利通过药品行政审批程序，同时在提出药品注册申请后应及时告知相关药品专利权人，以便维持公平有序的市场环境。Bolar 例外条款的出台，对于我国医药企业来说，无疑是一个良机，为在原研药专利存在的情况下鼓励中国仿制药产业发展、避免在提交药品行政审批程序之前与原研药企业产生专利侵权诉讼，以及满足社会大众尤其是中低收入群体的药品需求，提供了明确的法律依据，影响深远。

2. 仿创结合保护自己的创新点

我国医药企业不应当仅仅立足于仿制，还应当强调仿创结合，在药物研发的过程中对创新点及时进行专利保护。我国医药企业可以申请新的制备方法专利，寻找新剂型、新晶型、新盐或酯、异构体、氘代物和溶剂化物等创新点进行专利保护，通过借鉴国内外知名医药企业的相关经验逐步构建起自身的专利保护网络，争取突破原研药企业所构建的专利壁垒。

例如，在百时美施贵宝的原研药紫杉醇注射剂（商品名为泰素）的基础上，2003年绿叶制药开发了紫杉醇脂质体新剂型（商品名为力扑素），解决了紫杉醇制剂的以下问题：紫杉醇本身难溶于水，为了做成注射剂，不得不在药物中添加表面活性剂聚氧乙烯蓖麻油，但该溶剂会引起多种毒副反应。绿叶制药为了解决上述问题而发明了脂质体新剂型，并获得了巨大的经济效益。2014年，中国药学会样本医院销售数据库显示，力扑素销售额为7.5亿元，远超原研药销售额。

又如，全球仿制药巨头梯瓦公司仿制辉瑞公司的子公司法玛西亚普强公司（Pharmacia & Upjohn）用于治疗革兰阳性菌感染的专利药品利奈唑胺（linezolid，商品名为Zyvox）。虽然2014年销售额超过14亿美元的利奈唑胺化合物专利于2015年才到期，但是梯瓦公司早早地开始了药物的改进研究工作，在原研药30余项授权专利（例如US5688792：取代的嗪和噻嗪噁唑烷酮抗微生物剂❶；US6514529B2：唑烷酮片剂❷；US6559305B1：linezolid – 晶型Ⅱ❸）的基础上，梯瓦公司于2005年开始申请多项专利（例如US20080045707A1：linezolid中间体的制备方法；EP1749517A1：包含linezolid Ⅳ型的稳定药物组合物），将辉瑞公司的包衣片剂中的药物辅料"微晶纤维素"和"羧甲基淀粉钠"分别替换成"乳糖单水合物"和"交联聚维酮、交联羧甲基纤维素钠"，2005年12月，梯瓦公司针对利奈唑胺片剂向美国FDA提出简略新药申请（ANDA）并提交第Ⅳ类声明，辉瑞公司并未提起专利侵权诉讼❹，2007年10月FDA给予临时批准。2009年12月，梯瓦公司针对利奈唑胺注射液向美国FDA提出简略新药申请（ANDA）并提交第Ⅳ类声明，2010年1月辉瑞公司对梯瓦公司提起专利侵权诉讼，在30个月等待期快到之时，即2012年5月29日梯瓦公司和辉瑞公司达成和解协议，辉瑞公司对梯瓦公司的利奈唑胺注射液给予专利许可，梯瓦公司承认辉瑞公司化合物专利US5688792的有效性。2012年6月27日，梯瓦公司的利奈唑胺注射液获得FDA批准得以上市，2015年5月18日，梯瓦公司的利奈唑胺片剂在US5688792化合物专利的市场独占期到期之日，获得FDA批准得以上市，并因挑战成功而获得了180天的市场独占期（见图4-3-1）。

---

❶ US5688792的申请日为1994年8月16日，市场独占期至2015年5月18日。
❷ US6514529B2的申请日为2001年3月15日，市场独占期至2021年9月15日。
❸ US6559305B1的申请日为2001年1月29日，市场独占期至2021年7月29日。
❹ 辉瑞公司的利奈唑胺片剂在橘皮书中并未涉及化合物专利US5688792。

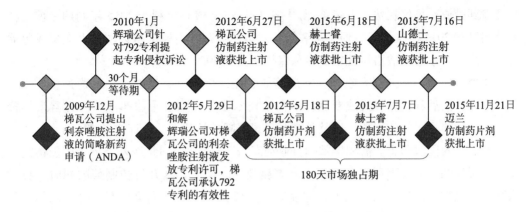

图 4 - 3 - 1　梯瓦公司针对利奈唑胺的专利挑战过程

梯瓦公司是一家总部位于以色列的全球性医药公司，致力于开发及生产优质的非专利药物、创新的专科领域药物及活性药物成分，是全球最大的非专利药物生产商之一，也是全世界最大的"药柜"，拥有超过 1800 个分子化合物、35000 个产品。2015年 7 月，梯瓦公司以 405 亿美元的价格收购了爱尔兰都柏林的全球制药巨头艾尔建的仿制药业务，通过这项收购，梯瓦公司于 2016 年历史性地迈入《财富》世界 500 强企业榜单（排名第 496 位）❶，一跃成为世界上最大的仿制药公司。在美国，平均每 7 个处方就会用到 1 个梯瓦公司的产品。目前，梯瓦公司在超过 60 个国家开展业务，2021 年全年营收 158. 78 亿美元，已实现研发、生产和销售的全球化布局。

梯瓦公司通过"仿创结合"的方式，主要从以下四个方面进行药物研发与保护。

（1）专利到期药的仿制：专利未到期之前就开始仿制药研究，研究含有杂质的组合物、控制杂质方法以及不同药物之间的联合用药，开发高价值仿制药，例如肾上腺素注射笔 Epipen，同时布局生物类似药，增加自身的国际竞争力。

（2）专利药的挑战❷：发起对专利药核心专利的无效宣告请求，通过挑战促进双方和解，争取专利药首仿权，FDA 分别于 2019 年和 2020 年批准了梯瓦公司 11 个和 4 个首仿药。

（3）专利药的优化与改进：围绕专利药进行外围专利布局，为未来专利药的挑战打下后期双方和解的筹码，还能通过例如改进药物制剂中的药用辅料的组成，用于开发新的剂型以及规避原研专利带来的侵权风险。

（4）原研药的开发与保护：专注于容量有限的专科领域，通过一系列并购先后开发出多发硬化症治疗药物 Copaxone（醋酸格拉替雷注射剂）和帕金森治疗药物 Azilect（雷沙吉兰片）。其中，Copaxone 的 2012 ~ 2017 年平均销售额约 40 亿美元，而该药物

---

❶　林蔚仁. 仿制药帝国走过百年：以色列梯瓦制药发展历程［J］. 中国工业评论，2018（4）：76 - 80.

❷　梯瓦制药 CEO 曾说过："挑战专利不是技术问题，也不是法律问题，而是一种商业策略。"

从开发到投放市场仅花费了 1 亿美元。❶ 在 Copaxone 核心专利于 2015 年到期之前，梯瓦公司又在 2014 年推出了方便于患者的长效版注射剂，由原来每天注射 1 次变成每周注射 3 次，长效版醋酸格拉替雷的专利保护期直至 2030 年。❷

吃掉别人，不要被别人吃掉；下足够的赌注，相信总有赢的机会。购买企业，建立产品池，然后利用法规挑战专利。不在乎技术难易，不在乎法律风险，只看市场价值，只评估赌注下的值不值。这就是梯瓦公司不断成长壮大的生存之道。❸

总之，我国医药企业需积极掌握行业动态，充分利用 Bolar 例外条款，积极仿制出安全、有效的药品，惠利于公众，以求多赢效应。同时，在开发仿制药的同时，我国医药企业也需提高自主创新能力，加强知识产权保护意识，构建具有自身特色的专利战略管理模式，在借鉴国际经验的基础上仿创结合、积极研发创新药，逐步构筑起一个以基础专利联合外围专利形成的完整的专利保护网络，才能使我国医药企业在未来的医药行业竞争中立于不败之地。

---

❶ 马天旗. 专利布局 [M]. 北京：知识产权出版社，2016：143 - 144.

❷ 陆杰，颜建周，邵蓉. 仿制药企业转型升级路径研究：以梯瓦制药为例 [J]. 中国医药工业杂志，2018，49（5）：698 - 701.

❸ 孟八一. 美国仿制药中专利挑战的商业价值和商业策略（二）[EB/OL]. (2017 - 08 - 01) [2021 - 09 - 23]. https://news.yaozh.com/archive/20347.html.

5 第5章

>>>>>>>

医药专利典型案例评析

5.1 张某田诉欧意药业有限公司等侵犯发明专利权纠纷再审案

一审：吉林省长春市中级人民法院 案号：（2005）长民三初字第36号

二审：吉林省高级人民法院 案号：（2006）吉民三终字第146号

再审：最高人民法院 案号：（2009）民提字第84号

再审判决日期：2010年9月9日

5.1.1 案情概述

一审原告（二审被上诉人、再审被申请人）：张某田

一审被告（二审上诉人）：石家庄制药集团华盛制药有限公司（以下简称"华盛公司"）、石药集团中奇制药技术（石家庄）有限公司（以下简称"中奇公司"）、石家庄制药集团欧意药业有限公司（以下简称"欧意公司"）

再审申请人：欧意公司

该案涉及名称为"氨氯地平对映体的拆分"的发明专利（专利号为ZL00102701.8，以下简称"涉案专利"），2000年2月21日申请，2003年1月29日被授予专利权，张某田为专利权人。涉案专利公开了一种制造左旋氨氯地平和右旋氨氯地平的方法。由左旋氨氯地平可进一步制得马来酸左旋氨氯地平、苯磺酸左旋氨氯地平等下游产品。

2005年2月，张某田起诉至吉林省长春市中级人民法院称，由中奇公司研发，分别由华盛公司、欧意公司生产，玉顺堂公司销售的马来酸左旋氨氯地平（原料药）和马来酸左旋氨氯地平片（终端产品，商品名为玄宁）侵犯了其专利，请求法院判令被告停止侵权行为，承担该案全部诉讼费用以及因该案发生的鉴定费、律师费和其他费用。

2001 年 6 月，案外人辉瑞公司被授予专利号为 ZL95192238.6、名称为"由阿罗地平的非对映体的酒石酸分离其对映体"发明专利权（以下简称"238 号专利"）。上述两项专利均为制造左旋氨氯地平的方法专利，在此之前，我国国内没有制造左旋氨氯地平的工业技术。

2003 年 12 月 5 日，欧意公司申请了专利号为 ZL200310119335.7、名称为"一种光学活性氨氯地平的拆分方法"发明专利（以下简称"335 号专利"），2005 年 12 月 14 日被授予专利权。

根据张某田提出的鉴定申请，一审法院委托法源司法科学证据鉴定中心（以下简称"法源中心"）对 335 号专利进行鉴定，鉴定结论是，使用 335 号专利提供的化学方法进行试验不能达到拆分氨氯地平的目的。

一审法院认为，《专利法》（2000 年）第 57 条第 2 款规定中所称的"新产品"，是指在专利产品之前，国内市场上没有上市的产品。目前国内市场上只有原告生产的苯磺酸左旋氨氯地平及其片剂，以及欧意公司生产的马来酸左旋氨氯地平及其片剂，而原告产品的上市时间在先。虽然辉瑞公司已在中国被授予 238 号专利，但其产品尚未在中国上市。涉案专利应为新产品的制造方法专利，其保护范围延及被告生产的马来酸左旋氨氯地平及其片剂。根据《专利法》（2000 年）第 57 条第 2 款的涉及新产品的举证责任倒置的规定，被告应当提供证据证明其制造马来酸左旋氨氯地平及其片剂的方法不同于涉案专利方法。经鉴定，被告提供的专利方法不能实现拆分氨氯地平的目的，被告也未能证明其产品制造方法不同于涉案专利方法。一审法院依照《专利法》（2000 年）第 11 条、第 57 条第 2 款、第 60 条的规定，判决被告停止对涉案专利权的侵害行为，案件受理费、鉴定费由被告负担。

中奇公司、华盛公司、欧意公司不服该一审判决，向吉林省高级人民法院提起上诉。

二审法院审理后，以与一审判决中基本相同的理由作出"驳回上诉，维持原判"的判决。

5.1.2　最高人民法院的改判

欧意公司不服二审判决，向最高人民法院申请再审，认为一审、二审在程序、事实认定与适用法律上均存在错误，请求法院撤销两审判决，认定欧意公司等不侵犯涉案专利权，判令张某田承担鉴定费用以及该案全部诉讼费用。

该案二审中，欧意公司等以实施 335 号专利尚需一定的经验、技巧和诀窍为由，曾向二审法院提出现场勘验申请，二审法院未进行现场勘验。该案再审期间，中奇公司、华盛公司、欧意公司以及张某田均提出现场勘验申请，请求最高人民法院对被诉侵权产品的制造方法进行现场勘验，验证依照欧意公司的 335 号专利方法能否制得左旋氨氯地平。

最高人民法院接受了再审申请人的现场勘验申请。在 2010 年 4 月 10 日至 12 日的现场勘验中，由欧意公司的工作人员进行了氨氯地平拆分试验，并成功获得高纯度的左旋氨氯地平。

对于再审中的焦点问题之一——举证责任的分配，最高人民法院认为，在涉及新产品制造方法的发明专利侵权纠纷案件中，依据专利法的相关规定由被诉侵权人承担证明其产品制造方法不同于专利方法的举证责任，需满足一定的前提条件，即权利人能够证明依照专利方法制造的产品属于新产品，并且被诉侵权人制造的产品与依照专利方法制造的产品属于同样的产品。在认定一项方法专利是否属于新产品制造方法专利时，应当以依照该专利方法直接获得的产品为依据。所谓"依照专利方法直接获得的产品"，根据《专利法》（2000 年）第 11 条的规定，是指使用专利方法获得的原始产品，而不包括对该原始产品作进一步处理后获得的后续产品。从涉案专利权利要求 1 记载的内容看，依照涉案专利方法直接获得的产品是制造左旋氨氯地平或右旋氨氯地平的中间产物，而非左旋氨氯地平或右旋氨氯地平本身。

欧意公司提交的辉瑞公司的 238 号专利和涉案专利系分别使用不同的手性助剂对氨氯地平进行拆分，在依照两项专利方法制造左旋氨氯地平或者右旋氨氯地平的过程中，形成的中间产物并不相同，因此 238 号专利并未公开依照涉案专利方法直接获得的产品，不足以证明涉案专利不属于新产品制造方法专利。

虽然涉案专利是一项新产品制造方法专利，但要由被诉侵权人承担证明其产品制造方法不同于专利方法的举证责任，还须由权利人张某田证明被诉侵权人制造的产品与依照专利方法直接获得的产品属于同样的产品。由于张某田未能证明二者属于同样的产品，欧意公司等也无须承担上述举证责任。

对于检验报告的采信，最高人民法院认为，由于欧意公司依照 335 号专利方法已经成功制得左旋氨氯地平，现场试验结果足以证明法源中心出具的检验报告的结论是错误的。原审法院忽视了试验操作人员所掌握的经验、技巧以及诀窍对试验结果可能带来的实质影响，在欧意公司明确提出其在实施 335 号专利时还拥有一定的经验、技巧和诀窍的情况下，原审法院对于欧意公司要求由其工作人员进行试验操作的请求置之不理，轻易采信法源中心的检验报告，以致造成错误判决。

由于基本事实认定上的不同，最高人民法院最终判决撤销一审和二审判决；驳回张某田的诉讼请求；案件受理费、鉴定费共计 20.4 万元由张某田负担。

5.1.3　针对该案的法律分析

最高人民法院关于张某田诉欧意公司专利侵权案的再审判决，是继 2009 年年底发布的《最高人民法院关于审理侵犯专利权纠纷案件应用法律若干问题的解释》❶ 之后，

---

❶ 该司法解释（法释〔2009〕21 号）于 2009 年 12 月 21 日最高人民法院审判委员会第 1480 次会议通过，自 2010 年 1 月 1 日起施行。

首次以案例的形式诠释了审理涉及新产品制造方法专利侵权案件的审判流程，这有助于结束长期以来对此问题的认识不一，对于统一司法尺度，具有十分重要的意义。

1992 年 9 月 4 日，全国人大常委会通过了对《专利法》第一次修改的决定，根据该修改后的《专利法》，其第 60 条第 2 款规定："在发生侵权纠纷的时候，如果发明专利是一项新产品的制造方法，制造同样产品的单位或者个人应当提供其产品制造方法证明。"与 1985 年施行的《专利法》相比，在"产品"之前多出了"新"字。

2000 年 8 月 25 日，我国第二次修改《专利法》，在该法第 57 条第 2 款作出规定："专利侵权纠纷涉及新产品制造方法的发明专利的，制造同样产品的单位或者个人应当提供其产品制造方法不同于专利方法的证明……"

2008 年 12 月 27 日通过的《关于修改〈中华人民共和国专利法〉的决定》（第三次修改），对该条规定没有修改，但调整为《专利法》的第 61 条第 1 款。❶

由于该条规定提出了"举证责任倒置"，在专利侵权诉讼中，对原告、被告双方的攻防策略甚至是判决结果产生了极大的影响，是否适用该条的规定，历来是诉讼双方的诉辩争点。

正确适用该条规定的前提，是如何理解专利法意义上的"新产品"，由于专利法及其实施细则并没有给出关于专利法意义上的"新产品"的定义，使得各级法院对"新产品"的理解不一，各级法院对"新产品"的认定标准也百花齐放，且颇具想象力。例如，有的法院认为，国家食品药品监督管理局批准的新药可以构成专利法意义上的"新产品"；有的法院认为，在国内首次制造的产品为新产品。

由于对"新产品"的认定标准不一，判决结果势必不统一，这种混乱的局面必须得以纠正。最高人民法院为了配合《专利法》的第三次修改，于 2009 年 12 月发布了《最高人民法院关于审理侵犯专利权纠纷案件应用法律若干问题的解释》（以下简称"专利司法解释"），其中第 17 条规定："产品或者制造产品的技术方案在专利申请日以前为国内外公众所知的，人民法院应当认定该产品不属于专利法第六十一条第一款规定的新产品。"该规定对专利法意义上的"新产品"的认定标准采取了"在专利申请日以前为国内外公众所知"的"绝对新颖性标准"，从而终结了多年以来各地方法院关于"新产品"的认定标准的争论，该再审案则是具体适用该司法解释规定的首例案例。

通过具体案例，最高人民法院明确了审理涉及新产品制造方法专利侵权的具体流程。对于涉及新产品制造方法专利侵权案件，要想将举证责任"转移"给被告，原告必须做好如下的"功课"：首先，证明涉案专利为专利法意义上的"新产品"制造方法专利；其次，原告还要证明被告制造的产品与原告专利方法直接获得的产品为"同样的产品"。在满足了这两个前提条件的基础之下，被告才需要证明"其产品制造方法不同于专利方法"。下面将结合该再审案原告、被告的主张及原审法院的观点，具体说

---

❶ 2020 年 10 月 17 日通过的第四次专利法修改案，对该规定没有修改，但调整为《专利法》的第 66 条第 1 款。

明上述审理的流程。

1. 关于专利法意义上的"新产品"认定标准的分析

《专利法》（2008 年）第 2 条第 2 款规定："发明，是指对产品、方法或者其改进所提出的新的技术方案。"由此可知，发明专利分为两类，一类是关于产品的发明专利，另一类是关于方法的发明专利。

张某田所拥有的专利，名称为"氨氯地平对映体的拆分"，其涉案专利授权公告的权利要求 1❶的主题名称为"一种从混合物中分离出氨氯地平的（R）-（+）-和（S）-（-）-异构体的方法"，故可以得出其为方法专利。

如上所述，《专利法》第 61 条第 1 款的规定仅涉及"新产品的制造方法"专利。但在方法专利中，不一定都存在直接获得的产品。方法专利可以大致分为三类，具体而言，第一类是制造加工方法，它作用于一定的物品上，目的在于使之在结构、形状或者物理化学特征上产生变化。第二类是作业方法，即产生某种技术效果的方法，例如测量、检验、采掘、排列、运输、分析和控制等。此外，诸如发电、供电、供热、制冷、通迅、照明、辐射、通信、广播、计算等用于实现能量转换或者达到某种非技术效果的方法也属于这一类方法的范畴。第三类是使用方法，即用途发明，它是对某种已知或未知产品的一种新的应用方式，目的是产生某种技术效果或者社会效果，而不是改变被使用的产品本身。

只有第一类方法专利才涉及本节所讨论的"延伸保护"和举证责任分配的法律问题。如果张某田专利根本就没有对应的产品，也就不存在适用《专利法》第 61 条第 1 款的问题，也就不存在举证责任倒置的可能。

关于"新产品"的认定标准问题，一审法院认为："关于'新产品'的界定，我国没有相关规定，应为在原告专利产品之前，国内市场上没有上市的产品。"该法院的观点十分有创意，采取了"在原告专利产品之前"的时间点，这个观点是十分罕见的。首先，原告只是拥有方法专利，何来专利产品？这在专利法概念上逻辑不通，或许该法院想表达的意思是"在由原告专利制造的产品之前"但没有表达清楚；其次，为什么要以原告的"专利产品"作为区分点，而不是专利申请日为分界点？该法院没有给出任何解释。而"国内市场上没有上市的产品"，也是该法院为该案"量身定做"的结果，因为该法院已经查明美国辉瑞公司在中国申请了类似专利，只是其还没有产品在中国上市。二审法院没有正面回答关于"新产品"的认定标准，显然二审法院也坚持"国内上市论"作为"新产品"的认定标准。

---

❶　涉案专利的权利要求 1 如下所示："1. 一种从混合物中分离出氨氯地平的（R）-（+）-和（S）-（-）-异构体的方法，其特征在于：包含下述反应，即在手性助剂六氘代二甲基亚砜（DMSO-d_6）或含 DMSO-d_6 的有机溶剂中，异构体的混合物同拆分手性试剂 D-或 L-酒石酸反应，结合一个 DMSO-d_6 的（S）-（-）-氨氯地平的 D-酒石酸盐，或结合一个 DMSO-d_6 的（R）-（+）-氨氯地平的 L-酒石酸盐而分别沉淀，其中氨氯地平与酒石酸的摩尔比约等于 0.25。"

最高人民法院在该案中明确地采用了上述专利司法解释中关于"新产品"的认定标准，即只要是在专利申请日之前已被公众所知的产品，就不属于专利法意义上的新产品。值得注意的是，尽管在上述专利司法解释发布之前，业内对"新产品"的认定标准在认识上还不统一，但被告在上诉阶段明确地挑战了一审法院的"国内上市论"标准，而二审法院对此没有任何针对性的回应分析，在大前提被挑战的情形下作出的判决，是难以让人信服的。

该案中原告的另一败笔也值得一提。为证明"新产品"，原告以某专利代理机构作出的检索报告作为证据，而不是采用专门的检索服务机构出具的检索报告，而这样做居然也能得到原审法院的认同。

2. 涉案专利是否属于"新产品的制造方法"专利

在明确了"新产品"的认定标准之后，接下来的问题是涉案专利是否涉及"新产品的制造方法"的问题，在回答这个问题之前，首先要弄清楚涉案专利所直接获得的产品是什么。最高人民法院在判决中分析道："从涉案专利权利要求 1 记载的内容看，依照涉案专利方法直接获得的产品是制造左旋氨氯地平或右旋氨氯地平的中间产物，而非左旋氨氯地平或右旋氨氯地平本身。"

根据上述"新产品"的认定标准，如果美国辉瑞公司的 238 号专利所直接获得的产品也是该"制造左旋氨氯地平或右旋氨氯地平的中间产物"的话，那么，由于 238 号专利公开在先，则可以证明涉案专利不属于新产品制造方法专利。但是最高人民法院在判决中认为："辉瑞公司的 238 号专利和涉案专利系分别使用不同的手性助剂对氨氯地平进行拆分，在依照两项专利方法制造左旋氨氯地平或者右旋氨氯地平的过程中，形成的中间产物并不相同，因此 238 号专利并未公开依照涉案专利方法直接获得的产品，不足以证明涉案专利不属于新产品制造方法专利。"

如此一来，最高人民法院实际上认可了涉案专利属于"新产品的制造方法"专利。那么，接下来原告还需要证明被告的产品与涉案专利所直接获得的产品属于"同样的"产品。

3. 被告是否生产了与涉案专利所直接获得的产品"同样的"产品

被告产品是否与涉案专利所直接获得的产品为"同样的"产品，这个举证责任要由原告承担。该案中，由于原告张某田未能证明二者属于同样的产品，所以被告欧意公司等也无须承担后续证明"其产品制造方法不同于专利方法"的举证责任。这样一来，最高人民法院就可以直接得出结论了，即举证责任仍在原告方面，但由于原告举证不能，应该承担不利的后果。

最高人民法院在判决中还给出了极为重要的事实："在 2010 年 4 月 10 日至 12 日的现场勘验中，由欧意公司的工作人员进行了氨氯地平拆分试验，并成功获得高纯度的左旋氨氯地平。"这进一步证明了被告的产品是"左旋氨氯地平"，而非涉案专利权利要求 1 直接获得的中间产品，即二者的确不属于"同样的产品"。

需要特别指出的是，通过现场勘验，欧意公司基于自己的 335 号专利已经成功制得左旋氨氯地平这一事实，使得最高人民法院直接否定了检验报告的结论。这实际上体现了专利侵权诉讼的一个基本比对原理——"虚"与"实"的比对，而不是"虚"与"虚"的比对。

所谓"虚"，是指专利请求保护的技术方案，即涉案专利权利要求 1 记载的技术方案；所谓"实"，是指被控侵权人的实际生产行为，而不是被控侵权人的专利文件（"虚"）。当该案被告"明确提出其在实施 335 号专利时还拥有一定的经验、技巧和诀窍的情况下"，就是指其"实"的行为，根据"虚""实"比对原理，法院应准许这样的比对。而原审法院不理解"虚实比对"原理，才轻率地将被告的专利文件（"虚"）作为比对的对象，从而得出错误的结论。当然，该案被告的诉讼技巧也需加强，其主张"中国专利有 50% 不能实施"，只能徒增案件审理的曲折性。如果被告运用"虚实比对"原理说服法官，则会更有利于案件的审理。

5.1.4　该案所带来的启发

值得思考的是，为什么会出现"新产品制造方法"类型的权利要求呢？根据上述专利司法解释第 17 条的规定，对《专利法》第 61 条第 1 款所称的"新产品"，采取"绝对新颖性标准"，已经接近了具有专利法意义上的"新颖性"的标准，但为什么专利申请人不直接请求保护该"新产品"呢？对于这个问题，在机械和电子领域，申请人是可以同时撰写产品权利要求和方法权利要求的。在专利侵权诉讼中，当专利权人主张产品权利要求作为权利基础时，只要专利权人能够证明被告也生产了类似产品，并通过产品权利要求与被控侵权产品的技术特征比对，就完成了初步举证责任，接下来就由被告进行抗辩了。因此，无须求助于新产品制造方法的"举证责任倒置"。但在化学（药学）领域的发明中，尽管发明人可以制造出某种产品，但要具体界定说明该产品的结构组成特征或者采用物理 – 化学参数进行准确表征，还存在相当的困难（例如，中药提取物），因此，撰写成"新产品制造方法"类型的方法权利要求以及由该方法权利要求限定的产品权利要求，亦不失为一个可行的选择。

在最高人民法院明确了"新产品制造方法"举证责任倒置的前提条件下，专利申请人在撰写权利要求的时候，应该注意哪些问题呢？以涉案专利的撰写为例，其授权的权利要求只有 3 项，独立权利要求 1 请求保护的主题名称是"一种从混合物中分离出氨氯地平的 (R) – (+) – 和 (S) – (−) – 异构体的方法"，但是实施涉案专利权利要求 1 限定的方法后，直接获得的是"结合一个 $DMSO – d_6$ 的 (S) – (−) – 氨氯地平的 D – 酒石酸盐"或"结合一个 $DMSO – d_6$ 的 (R) – (+) – 氨氯地平的 L – 酒石酸盐"，即最高人民法院判决书所称的"中间产品"，并非权利要求 1 的主题中所限定的氨氯地平的 (R) – (+) – 和 (S) – (−) – 异构体。权利要求 1 的撰写缺少了将"结合一个 $DMSO – d_6$ 的 (S) – (−) – 氨氯地平的 D – 酒石酸盐"或"结合一个 DMSO –

d_6 的（R）–（＋）–氨氯地平的 L–酒石酸盐"制备成"氨氯地平的（S）–（－）–异构体"或"氨氯地平的（R）–（＋）–异构体"的步骤，即作为一个"完整的"从混合物中分离出氨氯地平的（R）–（＋）–和（S）–（－）–异构体的方法，权利要求 1 应当包括涉案专利说明书实施例 1〔由（R，S）–氨氯地平制备（S）–（－）–氨氯地平–半–D–酒石酸–单–DMSO–d_6 配合物和（R）–（＋）–氨氯地平–半–D–酒石酸–单–DMSO–d_6 配合物〕、实施例 2〔由（S）–（－）–氨氯地平–半–D–酒石酸–单–DMSO–d_6 配合物制备（S）–（－）–氨氯地平〕和实施例 3〔由（R）–（＋）–氨氯地平–半–L–酒石酸–单–DMSO–d_6 配合物制备（R）–（＋）–氨氯地平〕的技术方案所概括得出的内容，但实际上权利要求 1 仅包含涉案专利说明书实施例 1 的技术方案所概括得出的内容。另两项权利要求从属于权利要求 1，但并未限定从中间产物转变成氨氯地平的（R）–（＋）–和（S）–（－）–异构体的步骤，从而未能克服上述缺陷。此外，涉案专利说明书实施例 5 描述了从（S）–（－）–氨氯地平至苯磺酸（S）–（－）–氨氯地平的制备方法，但权利要求中却并没有继续撰写并列的独立权利要求寻求保护（S）–（－）–氨氯地平相应盐的制备方法，从而白白浪费了一个发明点。如果专利申请人能够意识到上述缺陷，并考虑到未来诉讼中举证责任分配的问题，就"新产品"在说明书中作出充分的说明，将竞争对手可能使用的方法都考虑到，则能够使新产品制造方法专利得到更好的保护。显然，张某田作为发明人和专利权人，要求其具备上述思维是不现实的。这也充分说明用专利法原理指导权利要求的撰写是一项关乎专利能否真正得到保护的重要工作。

对于被告，要充分利用最高人民法院在该案中提出的"举证责任倒置"的前提条件进行抗辩，当必须证明自己的方法与专利方法不同的时候，要积极主张"虚实比对"原理，通过现场的实验来证明自己的主张，而不能轻易地被"检验报告"或"鉴定结论"所吓倒。

5.2 礼来公司诉华生公司发明专利侵权案

一审：江苏省高级人民法院 案号：（2013）苏民初字第 0002 号

二审：最高人民法院 案号：（2015）民三终字第 1 号

二审判决日期：2016 年 5 月 31 日

礼来公司诉常州华生制药有限公司（以下简称"华生公司"）侵害其发明专利权纠纷案，自 2003 年拉开帷幕，直至 2016 年最高人民法院作出（2015）民三终字第 1 号审判决而结束。该案先后经历两个阶段。第一阶段中，礼来公司先抑后扬，在被南京市中级人民法院认定不侵权而驳回诉讼请求之后，二审获得江苏省高级人民法院（以下简称"江苏高院"）支持而改判华生公司赔偿 50 万元（以下简称为"前案"）；礼来公司乘胜追击，启动第二阶段的专利侵权诉讼，诉讼额高达 1.5 亿元之高，负责一审的江苏高院只判了 350 万元的赔偿，原告、被告双方对判决结果皆不满意，遂双双上诉，最高人民法院终审结果更是语出惊人，认定华生公司不构成侵权，礼来公司铩羽而归。经最高人民法院审判委员会讨论通过，该案作为第 84 号指导案例于 2017 年 3 月 6 日发布。由于该案案情跌宕起伏，几乎涉及药品专利维权所有法律问题，特别是药品专利诉讼的特殊性，十分具有研究价值。

5.2.1 案情概述

2013 年 7 月 25 日，礼来公司（又称"伊莱利利公司"）向江苏高院诉称，礼来公司拥有涉案第 91103346.7 号方法发明专利权，涉案专利方法制备的药物奥氮平为新产品。华生公司使用落入涉案专利权保护范围的制备方法生产药物奥氮平并面向市场销售，侵害了礼来公司的涉案方法发明专利权。为此，礼来公司提起诉讼，请求法院判令：①华生公司赔偿礼来公司经济损失人民币 151060000 元、礼来公司为制止侵权所支付的调查取证费和其他合理开支人民币 28800 元；②华生公司在其网站及《医药经济报》刊登声明，消除因其侵权行为给礼来公司造成的不良影响；③华生公司承担礼来公司因该案发生的律师费人民币 1500000 元；④华生公司承担该案的全部诉讼费用。

江苏高院一审查明，涉案专利为英国利利工业公司于 1991 年 4 月 24 日申请的名称为"制备一种噻吩并苯并二氮杂䓬化合物的方法"的第 91103346.7 号中国发明专利申请。1998 年 3 月 17 日，涉案专利的专利权人变更为英国伊莱利利有限公司；2002 年 2 月 28 日专利权人变更为美国伊莱利利公司。

涉案专利授权公告时的权利要求 1 如下所示。

1. 一种制备 2－甲基－10－（4－甲基－1－哌嗪基）－4H－噻吩并［2，3－b］［1，5］苯并二氮杂䓬，或其酸加成盐的方法，

所述方法包括：

（a）使 N－甲基哌嗪与下式的化合物反应，

式中 Q 是一个可以脱落的基团，或

（b）使下式的化合物进行闭环反应

2001 年 7 月，中国医学科学院药物研究所（以下简称"医科院药物所"）和华生公司向国家药品监督管理局（以下简称"国家药监局"）申请奥氮平及其片剂的新药证书。2003 年 5 月 9 日，医科院药物所和华生公司获得国家药监局颁发的奥氮平原料药和奥氮平片的新药证书，华生公司获得奥氮平和奥氮平片的药品注册批件。新药申请资料中"原料药生产工艺的研究资料及文献资料"记载了制备工艺，即加入 4 - 氨基 - 2 - 甲基 - 10 - 苄基 - 噻吩并苯并二氮杂䓬，盐酸盐，甲基哌嗪及二甲基甲酰胺搅拌，得粗品，收率 94.5%；加入 2 - 甲基 - 10 - 苄基 - (4 - 甲基 - 1 - 哌嗪基) - 4H - 噻吩并苯并二氮杂䓬、冰醋酸、盐酸搅拌，然后用氢氧化钠中和后得粗品，收率 73.2%；再经过两次精制，总收率为 39.1%。从反应式分析，该过程就是以式四化合物与甲基哌嗪反应生成式五化合物，再对式五化合物脱苄基，得式一化合物。2003 年 8 月，华生公司向青岛市第七人民医院推销其生产的"华生 - 奥氮平"5mg 新型抗精神病药，其产品宣传资料记载，奥氮平片主要成分为奥氮平，其化学名称为 2 - 甲基 - 10 - (4 - 甲基 - 1 - 哌嗪) - 4H - 噻吩并苯并二氮杂䓬。

在前案审理中，根据江苏高院的委托，2011 年 8 月 25 日，上海市科技咨询服务中心出具（2010）鉴字第 19 号技术鉴定报告书。该鉴定报告称，按华生公司备案的"原料药生产工艺的研究资料及文献资料"中记载的工艺进行实验操作，不能获得原料药奥氮平。鉴定结论为，华生公司备案资料中记载的生产原料药奥氮平的关键反应步骤缺乏真实性，该备案的生产工艺不可行。经质证，伊莱利利公司认可该鉴定报告，华生公司对该鉴定报告亦不持异议，但是其坚持认为采取两步法是可以生产出奥氮平的，只是因为有些内容涉及商业秘密没有写入备案资料中，故专家依据备案资料生产不出来。

华生公司认为其未侵害涉案专利权，理由是：2003 年至今，华生公司一直使用 2008 年补充报批的奥氮平备案生产工艺，该备案文件已于 2010 年 9 月 8 日获国家药监局批准，具备可行性。在礼来公司未提供任何证据证明华生公司的生产工艺的情况下，应以华生公司 2008 年奥氮平备案工艺作为认定侵权与否的比对工艺。

华生公司提交的 2010 年 9 月 8 日国家药监局药品补充申请批件中"申请内容"栏为："（1）改变影响药品质量的生产工艺；（2）修改药品注册标准。""审批结论"栏为："经审查，同意本品变更生产工艺并修订质量标准。变更后的生产工艺在不改变原合成路线的基础上，仅对其制备工艺中所用溶剂和试剂进行调整。质量标准所附执行，有效期 24 个月。"

上述 2010 年药品补充申请批件所附奥氮平药品补充申请注册资料中 5.1 原料药生产工艺的研究资料及文献资料章节中 5.1.1 说明内容为："根据我公司奥氮平原料药的实际生产情况，在不改变原来申报生产工艺路线的基础上，对奥氮平的制备工艺过程做了部分调整变更，对工艺进行优化，使奥氮平各中间体的质量得到进一步的提高和保证，其制备过程中的相关杂质得到有效控制。……由于工艺路线没有变更，并且最后一步的结晶溶剂亦没有变更，故化合物的结构及晶型不会改变。"5.1.5 工艺变更前后的具体变化及变更解释中记载："仲胺化反应中，原料之一的钠氢变更为氢氧化钠，变更理由是可以增加生产安全性；溶剂四氢呋喃变更为丙酮，变更理由为可以节约成本；反应 24 小时，变更为 4～5 小时，变更理由为溶剂改变后相应的反应时间也缩短了。"

最高人民法院在二审审理过程中，为了准确查明该案所涉技术事实，根据《民事诉讼法》第 79 条、《最高人民法院关于适用〈中华人民共和国民事诉讼法〉的解释》（以下简称"民事诉讼法解释"）第 122 条之规定，对礼来公司的专家辅助人出庭申请予以准许；根据民事诉讼法解释第 117 条之规定，对华生公司的证人出庭申请予以准许；根据《民事诉讼法》第 78 条、民事诉讼法解释第 227 条之规定，通知出具（2014）司鉴定第 02 号技术鉴定报告❶的江苏省科技咨询中心工作人员出庭；根据《最高人民法院关于知识产权法院技术调查官参与诉讼活动若干问题的暂行规定》第 2 条、第 10 条之规定，首次指派技术调查官出庭，就相关技术问题与各方当事人分别询问了专家辅助人、证人及鉴定人。

最高人民法院二审另查明：

1999 年 10 月 28 日，华生公司与医科院药物所签订技术合同书，约定医科院药物所将其研制开发的抗精神分裂药奥氮平及其制剂转让给华生公司，医科院药物所负责完成临床前报批资料并在北京申报临床；验收标准和方法按照新药审批标准，采用领取临床批件和新药证书方式验收；在其他条款中双方对新药证书和生产的报批作出了约定。

医科院药物所于 1999 年 10 月填报的（京 99）药申临字第 82 号新药临床研究申请表中，"制备工艺"栏绘制的反应路线如图 5-2-1 所示。

1999 年 11 月 9 日，北京市卫生局针对医科院药物所的新药临床研究申请作出新药研制现场考核报告表，"现场考核结论"栏记载："该所具备研制此原料的条件，原始记录、实验资料基本完整，内容真实。"

2001 年 6 月，医科院药物所和华生公司共同向国家药监局提交新药证书、生产申

---

❶ 华生公司在二审中向最高人民法院提交了证据 1：江苏省科技咨询中心于 2015 年 3 月 5 日出具的（2014）司鉴字第 02 号技术鉴定报告，拟证明华生公司于 2008 年向国家药监局备案的奥氮平生产工艺是可行的，且不落入涉案专利权的保护范围。

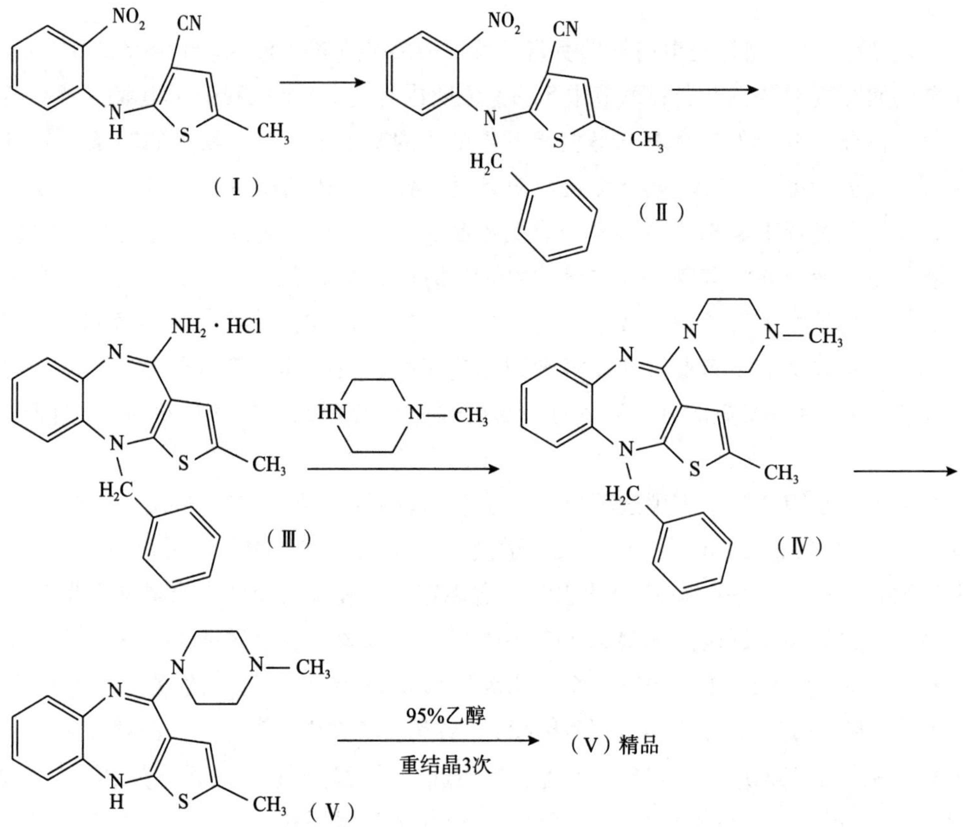

图 5 - 2 - 1　奥氮平制备工艺路线

请表〔(2001)京申产字第019号〕。针对该申请，江苏省药监局于2001年10月22日作出新药研制现场考核报告表，"现场考核结论"栏记载："经现场考核，样品制备及检验原始记录基本完整，检验仪器条件基本具备，研制单位暂无原料药生产车间，现申请本品的新药证书。"

根据华生公司的申请，江苏药监局于2009年5月21日发函，委托江苏省常州市食品药品监督管理局药品安全监管处对华生公司奥氮平生产现场进行检查和产品抽样，江苏药监局针对该检查和抽样出具了药品注册生产现场检查报告（受理号CXHB0800159），其中"检查结果"栏记载："按照药品注册现场检查的有关要求，2009年7月7日对该品种的生产现场进行了第一次检查，该公司的机构和人员、生产和检验设施能满足该品种的生产要求，原辅材料等可溯源，主要原料均按规定量投料，生产过程按申报的工艺进行。2009年8月25日，按药品注册现场核查的有关要求，检查了70309001、70309002、70309003三批产品的批生产记录、检验记录、原料领用使用、库存情况记录等，已按抽样要求进行了抽样。""综合评定结论"栏记载："根据综合评定，现场检查结论为：通过。"

国家药监局于2010年9月8日颁发给华生公司的药品补充申请批件所附奥氮平药

品补充申请注册资料中，5.1"原料药生产工艺的研究资料及文献资料"之 5.1.2"工艺路线"中绘制的反应路线如图 5-2-2 所示。

5.1.2 工艺路线❶

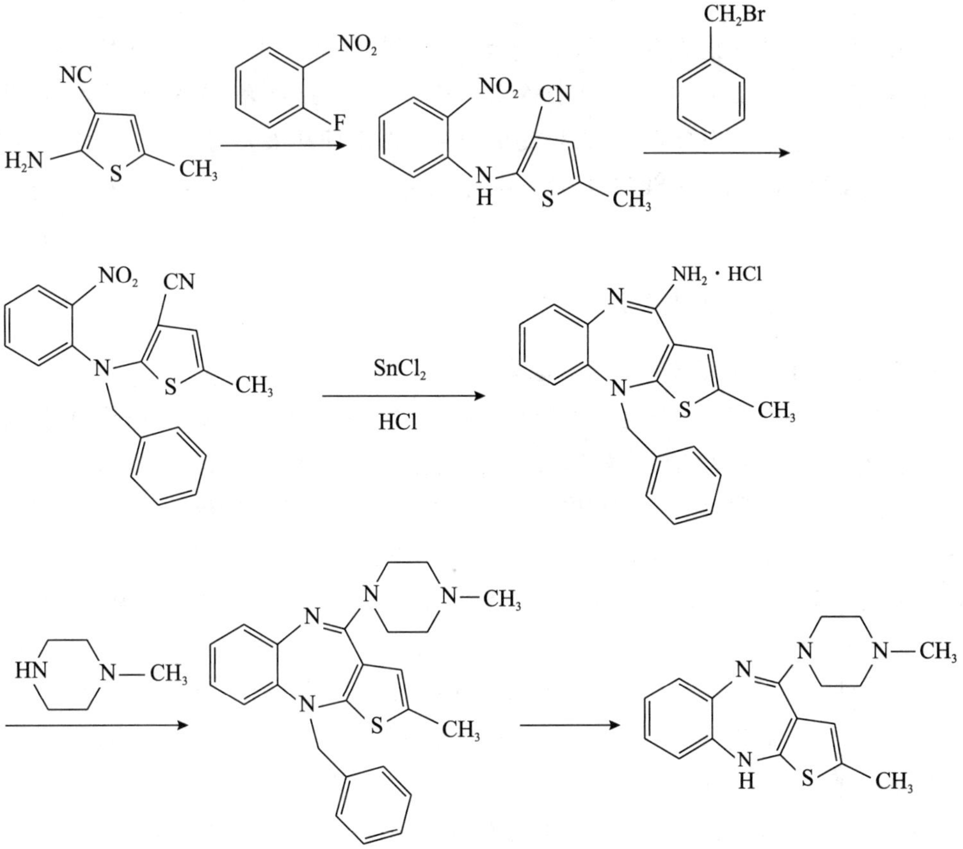

图 5-2-2 奥氮平生产工艺路线

2015 年 3 月 5 日，江苏省科技咨询中心受上海市方达（北京）律师事务所委托出具（2014）司鉴字第 02 号技术鉴定报告，其"鉴定结论"部分记载："1. 华生公司 2008 年向国家药监局备案的奥氮平制备工艺是可行的。2. 对比华生公司 2008 年向国家药监局备案的奥氮平制备工艺与礼来公司第 91103346.7 号方法专利，两者起始原料均为仲胺化物，但制备工艺路径不同，具体表现在：（1）反应中产生的关键中间体不同；（2）反应步骤不同：华生公司的是四步法，礼来公司是二步法；（3）反应条件不同：取代反应中，华生公司采用二甲基甲酰胺为溶媒，礼来公司采用二甲基亚砜和甲苯的混合溶剂为溶媒。"

二审庭审中，礼来公司明确其在该案中要求保护涉案专利权利要求 1 中的方法（a）。

---

❶ 工艺路线来源于中国法院网的指导案例 84 号——礼来公司诉常州华生制药有限公司侵害发明专利权纠纷案［EB/OL］https：//www. chinacourt. org/article/detail/2017/03/id/2574916. shtml。

江苏高院于 2014 年 10 月 14 日作出（2013）苏民初字第 0002 号民事判决：①华生公司赔偿礼来公司经济损失及为制止侵权支出的合理费用人民币计 350 万元；②驳回礼来公司的其他诉讼请求。案件受理费人民币 809744 元，由礼来公司负担 161950 元，华生公司负担 647794 元。

礼来公司、华生公司均不服，提起上诉。

最高人民法院于 2016 年 5 月 31 日作出（2015）民三终字第 1 号民事判决：①撤销江苏高院（2013）苏民初字第 0002 号民事判决；②驳回礼来公司的诉讼请求。一审、二审案件受理费各人民币 809744 元，由礼来公司负担 323897 元，华生公司负担 1295591 元。

5.2.2　针对该案的法律分析

1. 专利侵权诉讼的审理思路为"虚实对抗"

专利法赋予专利权人的排他权表现在其有权对"未经其许可实施专利"行为予以制止。通常，作为民事诉讼的一种形式，这种制止的手段就是提起专利侵权之诉。专利侵权诉讼的审理思路为"虚实对抗"，所谓"虚"，是指专利侵权诉讼的请求权基础是用于确定专利权的保护范围且名称叫作"权利要求"的文本，该文本以文字表述限定保护范围，而文字的表达具有天然的不确定性，需要在个案中准确理解专利权的保护范围，即通过解释权利要求来确定保护范围，故曰"虚"；所谓"实"，是指被控技术方案是一种实际发生的行为，这需要权利人在启动专利诉讼之前，先通过各种证据形式锁定该行为，并进行权利要求与被控技术方案的比对，俗称"claim chart"，即 CC 表，从而展现出"虚实对抗"。

但是在以药品专利作为权利基础的专利侵权诉讼中，有着与其他类型专利不同的特殊性。具体来说，药品关乎人类的生命健康，各国无一例外地对药品生产进行行政审批，医药企业需要向药监部门提交报备文件，申报药品的化学结构式、组成及制备方法，甚至药品说明书和标签也在审批之列。因此，在涉及药品制备方法专利的专利侵权诉讼中，药品制备方法涉及医药企业"内部"的生产制造方法，无法从最终产品中通过反向工程等手段窥知其具体方法导致较难举证，因此权利人一方（有时是法院）需要调取关于被控技术方案的报批资料，并以该资料记载的技术路线"当作"实际的生产制造行为，据此与权利要求进行比对。这种做法实际上突破了"虚实对抗"规则。本案作为指导案例，其裁判要点指出："药品制备方法专利侵权纠纷中，在无其他相反证据情形下，应当推定被诉侵权药品在药监部门的备案工艺为其实际制备工艺；有证据证明被诉侵权药品备案工艺不真实的，应当充分审查被诉侵权药品的技术来源、生产规程、批生产记录、备案文件等证据，依法确定被诉侵权药品的实际制备工艺。"

因此，我们在学习该指导案例时，应该清楚地认识到，涉及药品专利的专利侵权诉讼原则仍需要坚持以"虚实对抗"作为审理思路。该案的裁判要点强调了"在无其他相反证据情形下，应当推定被诉侵权药品在药监部门的备案工艺为其实际制备工艺"，即仍然体现了"虚实对抗"。需要指出的是，"备案工艺"与"实际制备工艺"并不总是一致的，不应千篇一律地将两者画等号。例如，张某田案中，最高人民法院工作人员就亲临被控侵权人的工厂进行现场勘验取得了"实际制备工艺"。但在"百令片"专利侵权诉讼中，一审法院拒绝了被告请求法院去生产现场勘验"实际制备工艺"的申请，而坚持以在药监部门的"备案工艺"作为"实际制备工艺"进行比对。

2. 关于权利要求 1 的解释和被控侵权行为的确定

（1）关于权利要求 1 的解释

如上所述，既然专利侵权诉讼是"虚实对抗"，那么解释权利要求便是在此审理思路下的第一步。值得赞许的是，该指导案例的裁判过程很好地秉承了"虚实对抗"中的权利要求解释。判决书在"华生公司奥氮平制备工艺是否落入涉案专利权保护范围"的焦点问题上，首先进行了权利要求的解释："本案中，礼来公司要求保护涉案专利权利要求 1 中的方法（a），该权利要求采取开放式的撰写方式，其中仅限定了参加取代反应的三环还原物及 N - 甲基哌嗪以及发生取代的基团，其保护范围涵盖了所有采用所述三环还原物与 N - 甲基哌嗪在 Q 基团处发生取代反应而生成奥氮平的制备方法，无论采用何种反应起始物、溶剂、反应条件，均在其保护范围之内。基于此，判定华生公司奥氮平制备工艺是否落入涉案专利权保护范围，关键在于两个技术方案反应路线的比对，而具体的反应起始物、溶剂、反应条件等均不纳入侵权比对范围，否则会不当限缩涉案专利权的保护范围，损害礼来公司的合法权益。"

涉案专利权利要求 1 的主题是"方法"。需要了解的是，涉案专利的申请日为 1991 年，根据 1985 年实施的《专利法》，化学物质不属于专利保护的"客体"，故权利要求 1 的主题就写成了"方法"。对于专利法意义上的"方法"而言，是指以一系列带有时间顺序的步骤组成的技术方案，其大体上可以分为两类，一类是制造方法，另一类是非制造方法。对于制造方法类的权利要求，实施该方法会产生"产品"，例如药品的制造方法；对于非制造类的方法，通常不会直接产生"产品"。《专利法》（2008 年修正）第 61 条第 1 款规定："专利侵权纠纷涉及新产品制造方法的发明专利的，制造同样产品的单位或者个人应当提供其产品制造方法不同于专利方法的证明。"该规定在业内被称为"举证责任倒置"，也就是说，民事诉讼中奉行"谁主张谁举证"的原则，即通常原告负有举证责任，而"专利侵权纠纷涉及新产品制造方法的发明专利的"，被控侵权人"应当提供其产品制造方法不同于专利方法的证明"。本案中，由于当事人都认为权利要求 1 的方法属于"新产品制造方法"，故由华生公司来举证其药品制备工艺不同于专利方法的证明，因此，华生公司主张其"一直使用 2008 年补充报批的奥氮平备案生产工艺，该备案文件已于 2010 年 9 月 8 日获国家药监局批准，具备可行性。在礼来公司未提供任何证据证明华生公司的生产工艺的情况下，应以华生公司 2008 年奥氮平备案工艺作为认定侵权与否的比对工艺"。换言之，华生公司不愿披露其"实际制备工艺"，而是坚持用"2008 年补充报批的奥氮平备案生产工艺"作为被控侵权行为，实际上是以"虚"（报批文件）对抗"虚"（权利要求），合议庭接受了华生公司的上述主张，从而并未去华生公司生产现场进行实际勘验。

（2）被控侵权行为

在解释了权利要求 1 的保护范围（虚）之后，合议庭接下来就要确定作为比对基础的"被控侵权行为"。根据判决书，合议庭实际上是接受了以"2008 年补充报批的奥氮平备案生产工艺"作为"实际制备工艺"（视为"实"）。判决书的说理逻辑上比较精彩，现摘录如下：

本院认为，现有在案证据能够形成完整证据链，证明华生公司 2003 年至涉案专利权到期日期间一直使用其 2008 年补充备案工艺的反应路线生产奥氮平，主要理由如下：

首先，华生公司 2008 年向国家药监局提出奥氮平药品补充申请注册，在其提交的奥氮平药品补充申请注册资料中，明确记载了其奥氮平制备工艺的反应路线。……对于华生公司 2008 年补充备案工艺的可行性，礼来公司专家辅助人在二审庭审中予以认可，江苏省科技咨询中心出具的（2014）司鉴字第 02 号技术鉴定报告在其鉴定结论部分也认为"华生公司 2008 年向国家药监局备案的奥氮平制备工艺是可行的"。因此，在无其他相反证据的情形下，应当推定华生公司 2008 年补充备案工艺即为其取得药品补充申请批件后实际使用的奥氮平制备工艺。

其次，一般而言，适用于大规模工业化生产的药品制备工艺步骤繁琐，操作复杂，其形成不可能是一蹴而就的。从研发阶段到实际生产阶段，其长期的技术积累过程通常是在保持基本反应路线稳定的情况下，针对实际生产中发现的缺陷不断优化调整反应条件和操作细节。华生公司的奥氮平制备工艺受让于医科院药物所，……医科院药物所和华生公司按照技术转让合同的约定，共同向国家药监局提交新药证书、生产申请表〔（2001）京申产字第 019 号〕。……医科院药物所和华生公司获得国家药监局颁发的奥氮平原料药和奥氮平片的新药证书。由此可见，华生公司自 1999 年即拥有了与其 2008 年补充备案工艺反应路线相同的奥氮平制备工艺，并以此申报新药注册，取得新药证书。因此，华生公司在 2008 年补充备案工艺之前使用反应路线完全不同的其他制备工艺生产奥氮平的可能性不大。

最后，国家药监局 2010 年 9 月 8 日向华生公司颁发的药品补充申请批件中"审批结论"栏记载："变更后的生产工艺在不改变原合成路线的基础上，仅对其制备工艺中所用溶剂和试剂进行调整"……本院经审查，华生公司 2003 年、2008 年的奥氮平批生产记录是分别依据 2003 年、2007 年的生产规程进行实际生产所作的记录，上述生产规程和批生产记录均表明华生公司奥氮平制备工艺的基本反应路线与其 2008 年补充备案工艺的反应路线相同，只是在保持该基本反应路线不变的基础上对反应条件、溶剂等生产细节进行调整，不断优化，这样的技术积累过程是符合实际生产规律的。

综上，本院认为，华生公司 2008 年补充备案工艺真实可行，2003 年至涉案专利权到期日期间华生公司一直使用 2008 年补充备案工艺的反应路线生产奥氮平。

3. 关于"虚实对抗"

（1）关于 CC 比对

应该肯定的是，合议庭基本坚持了"虚实对抗"的审理思路，其明确了华生公司的前后两次报批文件的反应路线是"相同的"，判决书确认："本院经审查，华生公司 2003 年、2008 年的奥氮平批生产记录是分别依据 2003 年、2007 年的生产规程进行实际生产所作的记录，上述生产规程和批生产记录均表明华生公司奥氮平制备工艺的基本反应路线与其 2008 年补充备案工艺的反应路线相同，只是在保持该基本反应路线不变的基础上对反应条件、溶剂等生产细节进行调整，不断优化，这样的技术积累过程是符合实际生产规律的。"

接下来的重点就是权利要求与被控侵权方案的具体比对分析，合议庭应直接根据前面对权利要求 1 的解释，即"其保护范围涵盖了所有采用所述三环还原物与 N – 甲基哌嗪在 Q 基团处发生取代反应而生成奥氮平的制备方法，无论采用何种反应起始物、溶剂、反应条件，均在其保护范围之内。基于此，判定华生公司奥氮平制备工艺是否落入涉案专利权保护范围，关键在于两个技术方案反应路线的比对，而具体的反应起始物、溶剂、反应条件等均不纳入侵权比对范围"，将华生公司 2008 年补充备案工艺与涉案专利的反应路线进行比较。

遗憾的是，判决书中却完全忽略"两个技术方案反应路线的比对"，而是悄悄地转换为"对比华生公司奥氮平制备工艺的反应路线和涉案方法专利，二者的区别在于反应步骤不同，关键中间体不同"。

注意，合议庭对于"两个技术方案反应路线的比对"避而不谈，而是直接将"华生公司奥氮平制备工艺的反应路线"与含糊其辞的"涉案方法专利"相比，即忽略涉案专利权利要求 1 的反应路线，直奔"反应步骤""关键中间体"这两个区别点。判决书既然认可涉案专利权利要求 1 中的方法（a）的反应路线是"限定了参加取代反应的三环还原物及 N – 甲基哌嗪以及发生取代的基团，其保护范围涵盖了所有采用所述三环还原物与 N – 甲基哌嗪在 Q 基团处发生取代反应而生成奥氮平的制备方法，无论采用何种反应起始物、溶剂、反应条件，均在其保护范围之内"，却又回到了"反应起始物、溶剂、反应条件"的比对上，逻辑上明显前后矛盾。

（2）关于"反应中间物和反应步骤上的差异"性质

笔者认为，即便是采用判决书"华生公司奥氮平制备工艺的反应路线和涉案方法专利"比对，其差异也得不出判决书的结论。

首先，"苄基保护的三环还原物中间体与未加苄基保护的三环还原物中间体"只存在形式上的不同，本质上都是"三环还原物"。正如判决书在前面认定的那样，"该权利要求采取开放式的撰写方式，其中仅限定了参加取代反应的三环还原物及 N – 甲基哌嗪以及发生取代的基团，其保护范围涵盖了所有采用所述三环还原物与 N – 甲基哌嗪在 Q 基团处发生取代反应而生成奥氮平的制备方法"，即并未区分三环还原物是否有"苄基保护"。其实，"苄基保护的三环还原物"好比是"带壳的核桃"，而涉案专利的"三环还原物中间体"就是去壳后的"核桃仁"，参加取代反应的只是"核桃仁"。因此，两者在反应中间物的选择上没有本质区别，否则华生公司难以制备出符合备案记载的药品质量标准的奥氮平。

其次，正是由于华生公司的奥氮平制备工艺选择了"苄基保护的三环还原物中间体"，其必须增加加苄基和脱苄基步骤，也正是由于"苄基保护的三环还原物中间体"，"华生公司的奥氮平制备工艺在终产物收率方面会有所减损"（有业内人士认为，采用"苄基保护的三环还原物中间体"，只会增加反应步骤，非但不会减损收率，反而有助于提高收率），而涉案专利由于不存在加苄基保护步骤和脱苄基步骤，收率不会因此而下降。但这种收率的高低比较，恰好证明了华生公司的奥氮平制备工艺的反应路线与权利要求 1 的反应路线是相同的。

最后，如果认可"对所述三环还原物中的胺基进行苄基保护以减少副反应是化学合成领域的公知常识"，就得不出采用"带壳的核桃"的"这种改变是实质性的"。同样地，判决书既然认可"加苄基保护为公知常识仅说明华生公司的奥氮平制备工艺相对于涉案专利方法改进有限"，就只能得出其反应路线仍然与权利要求 1 的反应路线是相同的结论。至于"增加反应步骤也使收率下降"的原因还是由于采用"带壳的核桃"引起的，只能得出"两者所采用的技术手段是基本相同的"。

综上，笔者认为，华生公司的奥氮平制备工艺在遵循了涉案专利权利要求 1 的反应路线基础上，即便采用"苄基化中间体"导致增加了苄基化反应步骤和脱苄基步骤，但仍然满足专利侵权判定的"全面覆盖原则"。其中，"苄基保护的三环还原物中间体与未加苄基保护的三环还原物中间体"属于相应的技术特征，且属于基本相同的技术手段，所达到的技术效果差异不大，构成等同特征。而由此增加了苄基化反应步骤和脱苄基步骤，在涉案专利权利要求 1 找不到（也根本不存在）与之对应的"相应的技术特征"，因此，华生公司奥氮平制备工艺落入涉案专利权保护范围。

5.2.3 该案所带来的启发

如上所述，专利侵权诉讼的审理思路为"虚实对抗"，第 84 号指导案例基本遵循了这一审理思路，只是在技术比对方面出现了逻辑跳跃，但仍然对涉及药品专利侵权诉讼有相当大的指导意义。

首先，该案全面展示了"虚实对抗"的实战画面，特别是在涉及药品专利的侵权诉讼中，在业内的普遍认识上，实际上采用了"虚–虚对抗"，体现了这类诉讼的特殊性，且被大部分法院所接受。笔者认为，尽管理论之树常青，而现实很骨感，该案在坚守"虚实对抗"方面，比起张某田案的裁判要旨虽然存在相当差距，但对于实务界人士而言，"内行看门道"，仍然可以从该案中获得启发，从而各得其所。

其次，该案说明专利侵权诉讼中的裁判结论具有相当大的不确定性。在该案中，专利权人针对华生公司发起的两个阶段的诉讼，第一阶段仅仅以获赔 50 万元结束，但将被告生产奥氮平的制造行为确认为侵权，也算取得了基础性的胜利，这才引发第二阶段的诉讼。但第二阶段的一审、二审程序中，仍然充满不确定性，导致二审判决完全推翻了一审结论，甚至还殃及了第一阶段的二审判决（见江苏高院针对该院已发生法律效力的（2008）苏民三终字第 0241 号民事判决于 2020 年 6 月作出的提审裁定），使得专利权人礼来公司完败。

最后，从双方当事人的诉讼技巧方面，该案呈现出双方的激烈对抗态势，特别是程序性权利的综合运用方面，例如专家辅助人的出庭、请求法院调取证据等方面，堪称经典。

笔者认为，正由于专利侵权诉讼的结论存在不确定性，我们必须冷静看待法院的生效判决，认真分析判决书体现的裁判思路，坚持以专利法原理为指导与归依，从判决书中学习专利法，不盲目迷信判决结论。例如，对于最高人民法院发布的第 20 号指导案例（涉及发明专利临时保护问题），经最高人民法院审判委员会讨论决定，自 2021 年 1 月 1 日起该指导性案例不再参照。当然，最高人民法院强调"但该指导性案例的裁判以及参照该指导性案例作出的裁判仍然有效"。笔者无意期待最高人民法院对第 84 号指导案例"收回成命"，而是希望业内准确解读该案的裁判要旨，"从战争中学习战争"。囿于篇幅，该案还有其他法律问题，如"方法专利所延及产品"的法律适用问题，留待有兴趣者继续研究。

5.3　国家知识产权局、中惠公司与众生公司发明专利权无效行政纠纷案

国家知识产权局第 32038 号无效宣告请求审查决定

一审：北京知识产权法院　案号：（2017）京 73 行初 6789 号行政判决

二审：最高人民法院　案号：（2019）最高法知行终 143 号

二审判决日期：2020 年 5 月 29 日

5.3.1　案情概述

无效宣告请求人扬州中惠制药有限公司（以下简称"中惠公司"）针对专利权人广东众生药业股份有限公司（以下简称"众生公司"）拥有的专利号为 ZL200910215815.0 的发明专利（以下简称"涉案专利"），向国家知识产权局专利复审委员会提出无效宣告请求。

请求人提交的证据 7 和证据 8 均为国家知识产权局专利检索咨询中心（以下简称

"专利检索中心")出具，证据 8 为专利检索中心出具的编号 G121532 的检索报告，该报告中作为对比文件 1 的即为证据 7（标准号为 WS－211（Z－030）－96 的复方血栓通胶囊的质量标准复印件）。证据 7 和证据 8 所涉及的内容系专利检索中心从《国家新药注册数据（1985—2000）》光盘中检索而来，并在证据 7 和证据 8 加盖了专利检索中心公章。

国家知识产权局专利复审委员会作出的第 32038 号无效宣告请求审查决定（以下简称"被诉决定"）认定，可以确认证据 7 的内容在涉案专利申请日之前已经公开，属于涉案专利的现有技术，可以用于评价涉案专利是否具有创造性。涉案专利权利要求 1～9 相对于证据 7 和本领域常规技术手段的结合不具有突出的实质性特点和显著进步，不符合《专利法》（2008 年修正）第 22 条第 3 款有关创造性的规定。因此，基于该证据 7，宣告该涉案专利全部无效。

众生公司对被诉决定不服，起诉至北京知识产权法院。法院归纳的争议焦点为证据 7 是否可以作为现有技术来评价涉案专利的创造性。

一审法院认为，证据 7、证据 8 从证据形式上为专利检索中心出具的证人证言，系由专利检索中心以加盖印章的形式来证明证据 7、证据 8 所载的技术方案和公开时间，但是该证人证言并未充分说明其认定证据 7、证据 8 所载技术方案内容和公开时间的认定依据，其也未到庭针对上述内容进行说明。虽然被告国家知识产权局主张证据 7、证据 8 中专利检索中心的认定系依据《国家新药注册数据（1985—2000）》光盘，但在原告众生公司对该事实明确表示不予认可并要求勘验的情况下，被告明确表示无法出示该光盘，亦无法协助法院赴专利检索中心调取该证据或通知专利检索中心到庭说明情况，被告甚至表示其联系专利检索中心后获知《国家新药注册数据（1985—2000）》光盘原件已经遗失，故综合上述情况，在没有其他证据佐证的前提下，法院依法对于专利检索中心的证人证言和国家知识产权局的主张不予认可，被诉决定关于证据 7 可以作为涉案专利的现有技术使用的认定不当，故法院认为被诉决定认定事实不清，适用法律错误，作出了撤销被诉决定的判决。

国家知识产权局与中惠公司均不服一审判决，上诉到最高人民法院进行二审。

最高人民法院重点关注了"证据 7 能否作为评价涉案专利创造性的对比文件的问题"。对于一审法院将证据 7 认定为证人证言作了纠正，认为证据 7 属于电子证据，进一步地，最高人民法院将上述问题分解为两个子问题：①证据 7 内容的真实性能否认定；②国家知识产权局在被诉决定中主动引入涉案光盘评价证据 7、证据 8 内容的真实性是否妥当。

对于问题①，最高人民法院认为，根据已经查明的事实，证据 7 的内容来源于孤立存在的一台电脑的电子数据库中，并无其他证据能够佐证证据 7 内容的真实性。国家知识产权局应提交证据 7 内容来源的原始载体或者原始安装文件以证明证据 7 内容的真实性，但国家知识产权局在二审庭审过程中明确表示光盘已遗失，无法提供光盘对证据 7 的内容进行核实。因此，在案证据无法证明证据 7 内容的真实性，证据 7 不能作为评价涉案专利创造性的对比文件。

对于问题②，最高人民法院指出，国家知识产权局在此次无效宣告审查过程中主动引入涉案光盘，明显违反了《专利审查指南（2010）》关于审查应当遵循当事人请求的原则规定及可以依职权进行调查的例外规定。因此，原审判决认定事实基本清楚，尽管适用法律虽有不当，但处理结果正确，一审判决予以维持。

5.3.2 光盘背景介绍

《国家新药注册数据（1985—2000）》光盘系为了满足当时药品注册管理和药品审评的需要，国家药品监督管理局药品审评中心在原卫生部药政局编写的《新药资料汇编》基础上，对之前审批的新药信息进行整理和电子化后制作而成的，其主要收载了 1985—2000 年批准的化药、中药、生物制品的新药相关信息。该光盘于 2001 年一次性制成，共印制 5500 张，由电子工业出版社出版，出版号为 ISBN7 - 900080 - 96 - 1，由药品审评中心自行发行，各单位若需要可向药品审评中心购买，该光盘购买后需要获取注册码后才能安装使用，使用时需要填写计算机的 ID 号、光盘序列号。每个光盘以 1980 元的高价出售，并限制只能在一台电脑上注册安装。

2002 年 4 月 3 日，药品审评中心在其网页上发布"关于《国家新药注册数据（1985—2000）》光盘注册的通知"，主要内容为："各有关单位：为做好药品注册的服务工作，我中心和国家药品监督管理局药品注册司于去年共同对 1985—2000 年的批准生产的新药数据进行了整理，并出版了《国家新药注册数据（1985—2000）》光盘。该光盘涵盖了 1985～2000 年以来，批准生产的化药、中药的批件、质量标准和使用说明书，以及生物制品、诊断试剂的批件、质检规程和使用说明书。在这些数据的基础上，用户可以较为便捷地进行统计检索和查询，以期对新产品的研发立项有所帮助。对于最新的数据，我们将定期予以追加。同时出于保护版权的考虑，光盘采用先购买，再注册的方式，若未注册，将不能浏览详细的内容。凡在我中心，或通过省药监局注册处购买了光盘的用户，请立即登录我中心网站（www.cde.org.cn），在相关资源栏目下的光盘在线注册中进行注册；或直接进行电话注册。"

据国家药品监督管理局在《关于协助河北省高级人民法院调查情况的复函》（参见食药监办药化管函（2015）396 号）中介绍，《国家新药注册数据（1985—2000）》光盘于 2001 年一次性制成，2001 年以后未再制作、出版、发行。2001～2006 年，药品审评中心共发售 650 余套，发售对象主要为各省卫生系统和相关从事药品研发的机构。2006 年，根据国务院印发《全国整顿和规范药品市场秩序专项行为方案》及有关要求，药品审评中心停止了发售工作，并对剩余光盘进行了封存。

5.3.3 判决要旨及诉讼应对策略

正如上面所述，国家知识产权局已经将涉案光盘纳入了中药领域专利审查过程中作为对比文件检索的必检数据库，有关生效的无效决定也已经推定《国家新药注册数据（1985—2000）》光盘（以下简称"新药光盘"）的出版时间为 2001 年 10 月，面对生效的行政决定，最高人民法院仍能够在该案中作出"证据 7 不能作为评价涉案专利创造性的对比文件"的认定，其在事实认定和裁判技巧等方面，坚持"以事实为依据，以法律为准绳"，充分体现了司法智慧，下面就此展开分析。

1. 关于国家知识产权局提交的证据的认证

该案二审期间，国家知识产权局为证明其关于"《国家新药注册数据（1985—2000）》光盘属于现有技术"的上诉主张，向最高人民法院提交了以下三组新证据。

第一组：10 份发明专利授权公告文件，该 10 份文件著录项目所载对比文件均有关于涉案光盘或新药注册数据库的记载，用以证明新药注册数据库属于中药领域专利审查过程中作为对比文件检索的必检数据库。

第二组：《从专利无效决定试析药品标准类证据的公开性》（中国医药生物技术，2011 年 4 月第 6 卷第 2 期），该文章的"1.3 以光盘为载体的汇编——《国家新药注册数据库》"部分载明："在第 8420 号无效决定的案件中，请求人以《国家新药注册数据（1985—2000）》光盘作为证据。该决定认为：光盘所附的'检索光盘使用许可'文件中明确记载的时间为 2001 年 10 月，即该数据库从 2001 年 10 月起就被出版单位'国家药品监督管理局药品审评中心'允许安装注册，因此可以合理推定该数据库光盘的出版时间为 2001 年 10 月，可以作为现有技术使用……"用以证明新药注册数据库来源于涉案光盘是业内公知的事实。

第三组：前述第 8420 号无效宣告请求审查决定，用以证明涉案光盘的真实性和出版时间均得到该无效宣告请求审查决定的认可，并与第二组证据相互印证。

最高人民法院针对国家知识产权局提交的三组证据进行认证时，首先排除了第二组证据，认为该证据"是学术论文，引述内容与涉案专利无关，故对该组证据的关联性，本院不予确认"；而对于其他两组证据，法院分析说："第一组、第三组证据仅能证明国家知识产权局曾经在若干专利授权程序或个别专利确权程序中引用了涉案光盘或新药注册数据库，但鉴于前述行为的授权确权主体正是国家知识产权局，故国家知识产权局在该案中提供第一组、第三组证据以证明其在被诉决定中主动引入涉案光盘，可以此结合证据 8 来证明作为涉案专利对比文件的证据 7 的真实性及公开时间，有欠说服力。"因此，最高人民法院对这两组证据的证明力不予确认。

最高人民法院的上述认证的逻辑在于，即使之前的程序中认定过新药光盘作为现有技术，也不能当然得出新药光盘必然属于现有技术，因为你不能用你前面的行为来证明你后面的行为是正确的，特别是当事人挑战了新药光盘的真实性问题时，更是如此。

此外，尽管二审法院查明了之前存在关于新药光盘的生效判决以及最高人民法院的再审裁定书，但最高人民法院在该案中没有正面论述是否采用其结论，而是从举证责任方面另辟蹊径。其隐含的逻辑是：之前的案例中，请求人提供了公证购买的新药光盘实物，以及光盘中与该案有关的内容，但该案中证据 7 的内容与这些判决所涉及的内容不是一回事。鉴于专利检索中心自认是从专利局医药部的一台电脑中检索到的证据 7 内容，但又不能提供该新药光盘实物，也就无法证明证据 7 的内容（来自专利局电脑）是否真的出自于该新药光盘，故巧妙地将该案的焦点问题转化为证据 7 的真实性证明问题，根据谁主张谁举证的原则，对证据 7 的真实性，国家知识产权局负有举证责任，由于其举证不能，所以证据 7 的真实性无法得到确认。由此一来，被诉决定所依据的证据 7 不能被认为是现有技术，推翻被诉决定便理所应当。

2. 无效宣告请求人与专利权人的攻防

该案中，无效宣告请求人与专利权人的攻防斗法也十分精彩，值得业内认真体味深思。

无效宣告请求人中惠公司在该案之前，已经提起过一轮无效宣告请求，其使用的证据（对比文件）就是该案中来自专利检索中心的检索报告（证据 8）以及该检索报告中列出的"复方血栓通胶囊（《国家新药注册数据（1985—2000）》，新药评审中心，2001 年 12 月 31 日，WS – 211（Z – 30）– 96）"（证据 7）。只不过，中惠公司当时无法提交原件，故该无效宣告请求不被专利复审委员会所接受。中惠公司在该案二审中述称："证据 7 在中惠公司此前针对涉案专利权发起的若干次无效宣告请求审查程序中都作为证据提交，但国家知识产权局认为证据 7 无原件供核对，故均不予认可。中惠公司之所以在此前多轮无效宣告程序中未能提交证据 7 的原件，是因为专利检索中心以往的工作习惯是只出具一份检索报告并附一份对比文件，而且不会在对比文件上加盖公章。由此导致尽管药品文号是唯一对应的技术信息，但因为涉案专利权人众生公司对证据的形式提出质疑，国家知识产权局没有采纳证据 7。

在提起此次无效宣告请求之前，中惠公司吸取以往的经验教训，明确向专利检索中心申请出具新的检索报告，并为此缴纳了 10000 元的检索费。专利检索中心在让中惠公司填写委托检索表时，专门询问中惠公司在此前该中心已经针对涉案专利出具检索报告的情况下，中惠公司何故要求出具一份新的检索报告。中惠公司向专利检索中心解释是，此前该中心出具的对比文件没有盖章，导致证据 7 的真实性和关联性不被采纳。专利检索中心听取中惠公司的解释后认为，中惠公司只需要缴纳 500 元即可，专利检索中心会核验证据 7 是否是来源于该中心此前检索到的对比文件，如属实，专利检索中心会在证据 7 上盖章，并退还中惠公司多缴纳的检索费用。以上就是中惠公司在此次无效宣告程序中提交加盖专利检索中心检索专用章和骑缝章之证据 7 的背景经过。"

根据该案案情发展，中惠公司请求专利检索中心在检索报告上盖章的做法，最终得到合议组的支持，将涉案专利全部无效。尽管被诉决定被法院撤销，但仍充分说明，在专利无效宣告程序中，合议组更看重的是原件或者经有关部门盖章认可的复印件。

至于专利权人众生公司的应对策略，更具有特殊性和戏剧性。众生公司完全针对证据7的真实性来发难，根据该案披露的事实，上述光盘事实上只售出600多张，其余全部被悉数收回，且新药光盘的售价不菲，只能是一机一盘安装，笔者有理由推测：众生公司已经意识到证据7的来源是出自专利局医药部的一台电脑上，该部门无法提交光盘原件，甚至都没有购买光盘的原始凭证（假如国家知识产权局是通过正常途径购买的，应有相关财务凭证可以证明），因此，可以推定其电脑上安装的内容来源不明。故从证据7的真实性与合法性来看，国家知识产权局无法作出合理解释。众生公司的精准反击十分奏效。

在前述第8420号无效决定中，请求人以《国家新药注册数据（1985—2000）》光盘作为证据，国家知识产权局专利复审委员会认可该光盘为现有技术。虽然该决定维持桂龙公司的专利权有效，但桂龙公司对维持其专利权有效的第8420号决定不服，执意诉诸法院，目的是让法院否认新药光盘作为现有技术的证据资格。十分巧合的是，桂龙公司的代理师就是该案中中惠公司的代理师。在前案中，其主张新药光盘并非现有技术，在本案中，却反过来主张新药光盘就是现有技术，但本案以证据7无法认定现有技术为由撤销被诉决定后，可以想象，在个案中的事实差异下，仍需要代理师具有超强的心理素质。

3. 关于行政机关在行政诉讼中的诉讼地位以及应对策略

本案中，国家知识产权局专利复审与无效审理部于2019年4月19日向原审法院提交了关于（2017）京73行初6789号案的意见，称："在（2017）京73行初6789号行政诉讼案件审理过程中，本案合议庭要求我部核实检索中心是否仍保存有涉案光盘原件及相关证据，回复如下：

（1）有关涉案光盘是与第三人在行政程序中提交的证据7、8相关，而证据7、8是检索中心出具的检索报告及相关文件。因此，对所述光盘原件的核实不是被告的义务。

（2）我部可以协助合议庭核实上述情况，但需向我部来函，说明要求我部协助的内容，以便我部与检索中心联系相关事宜。

（3）合议庭也可直接向检索中心发函要求协助。"

作为专利行政诉讼被告的行政机关，其诉讼地位与其他当事人原则上应该是平等的，其有义务向法庭说明作出决定的合法性，并积极配合法院审理进程。根据《行政诉讼法》的规定，行政机关对其作出的行政决定，负有举证义务，在本案中，积极举证证明证据7的真实性和合法性来源才是行政诉讼中被告应尽到的举证义务，但在本案中，国家知识产权局并未尽到相应的举证义务，这或许是促使法院决心改判的因素之一。

此外，专利检索中心是国家知识产权局直属的事业单位，尽管其使用的检索数据库与审查业务所用的数据库是一样的，但其从事的专利检索服务在性质上并非专利审查行政行为，检索报告中所列出的现有技术只是复印件的情况下，不能因为其加盖公章就获得了等同原件的效力，正因为这一点，一审法院要求专利检索中心作为证人出庭接受质证，也是合法正当的要求。由此可见，在对外提供检索服务这一方面，专利检索中心本身也是某种类型的民事主体，其性质不能等同于行政机关。

5.3.4 新药光盘不能视为现有技术

如上所述，尽管本案中最高人民法院从举证责任方面作出撤销被诉决定的判决彰显司法智慧，但法院也同时查明新药光盘从外在形式上看，的确为出版物，且自 2001 年 10 月开始发售的事实。因此，本案中，其是否属于专利法意义上的现有技术，虽然法院巧妙地避而不谈，但这个问题依然存在。

笔者认为，即便新药光盘是真实存在的，其也不应视为专利法意义上的现有技术，理由如下。

作为药品监督管理部门，法律没有赋予它公开企业新药信息的法定义务。因此，药品监督管理部门作为行政机关，对工作中"合法"获取的企业商业秘密，负有保密义务是其依法行政的应有之义。《药品管理法》（2019 年修正）第 27 条第 2 款规定："批准上市药品的审评结论和依据应当依法公开，接受社会监督。对审评审批中知悉的商业秘密应当保密。"该条规定明确说明，国家药品监督管理部门对企业的商业秘密依法负有保密义务。

此外，《药品管理法实施条例》（2019 年修正）第 34 条第 2 款规定："自药品生产者或者销售者获得生产、销售新型化学成分药品的许可证明文件之日起 6 年内，对其他申请人未经已获得许可的申请人同意，使用前款数据申请生产、销售新型化学成分药品许可的，药品监督管理部门不予许可；但是，其他申请人提交自行取得数据的除外。"也就是说，自制药企业取得新型化学成分药品的许可证明文件之日起 6 年内，该品种未经已获得许可的申请人同意的数据信息，药品监督管理部门不得批准其他单位使用，除非申请人提交自行取得数据。这也进一步证明，国家药品监督管理部门应当对获取的各企业的新药信息进行保密。

《药品注册管理办法》（2020 年修正）第 109 条第 3 款规定："未经申请人同意，药品监督管理部门、专业技术机构及其工作人员、参与专家评审等的人员不得披露申请人提交的商业秘密、未披露信息或者保密商务信息，法律另有规定或者涉及国家安全、重大社会公共利益的除外。"

可见，从上述《药品管理法》等法律法规的规定来看，新药光盘中的信息，是医药企业的新药方面的信息，属于企业的商业秘密。企业依法上报这些信息，是履行药品法律法规所规定的义务，但是作为药品监督管理部门，无权对外披露这些信息。这些信息不应当处于专利法意义上的针对非特定人群公开的"为公众所知"的状态，从而不应被视为专利法意义上的现有技术。

据统计，新药光盘中共收录了近千家医药企业的 1553 个中药品种、5052 个化药品种、797 个生化品种的制备工艺和质量标准等技术研究内容。也就是说，这些企业的 7000 多个品种的技术信息在事实层面上处于公开状态。这些企业对新药的研发投入了大量人力和资金，尤其是中药制备方法，已经成为医药企业的重要研发方向。"中药必须如法炮制"，其中的"如法炮制"，即方法不同，该药的性味就可能不同。再者说，中药配方已经是宝贵的历史文化遗产，是中国的"国粹"，其大部分已经成为典藏文献公开。但"戏法人人会变，各有各的不同做法"，中药的制备工艺技术就成为医药企业研发突破的重点领域。因此，如果不站位于专利法的立法宗旨和政策层面上考虑，便会不断引发出新的专利纠纷，极大地挫伤医药企业的自主创新的积极性。

综上所述，新药光盘是否可以作为专利法意义上的现有技术，不简单是一个专利法的问题，也是一个司法政策问题。我们有理由相信，司法机关能够找到一个兼顾国家利益与公众利益的答案。

5.4 确认不侵犯专利权若干问题的分析

请求确认不侵权之诉是专利领域出现的新类型案件之一，继 2001 年苏州龙宝生物工程实业公司向江苏省高级人民法院起诉苏州朗力福保健品公司请求确认不侵犯专利权之后，最高人民法院对此案是否受理作出肯定的批复❶，使得请求确认不侵权之诉被正式地纳入至专利纠纷诉讼类型中。❷

一般说来，确认不侵权之诉与专利侵权之诉有许多共性的地方，只是原告、被告刚好"角色相反"。在专利侵权诉讼中，只有专利权人才有权作为原告，被告是涉嫌侵权人；而在确认不侵权之诉中，专利权人作为被告，涉嫌侵权人作为原告主动提起诉讼，请求法院确认其行为不构成对被告专利权的侵犯。但不容否认的是，如何作为原告主动提起确认不侵权之诉，并不是一个简单的问题，还有许多值得探讨的地方。笔者以西安某制药有限公司（以下简称"西安公司"）诉江苏某药业股份有限公司（以下简称"江苏公司"）确认不侵权专利权为例，具体分析确认不侵权之诉所引发的先用权抗辩、不侵权抗辩以及现有技术抗辩等法律问题，并提出了专利侵权之诉的"虚实对抗"原理，供业内人士参考。

---

❶ 最高人民法院（2001）民三他字第 4 号关于苏州龙宝生物工程实业公司与苏州朗力福保健品有限公司请求确认不侵犯专利权纠纷案的批复指出：原告向人民法院提起诉讼的目的，只是针对被告发函指控其侵权的行为而请求法院确认自己不侵权，并不主张被告的行为侵权并追究其侵权责任。以"请求确认不侵犯专利权纠纷"作为案由，更能直接地反映当事人争议的本质，体现当事人的请求与法院裁判事项的核心内容。之后，最高人民法院（2001）民三他字第 4 号被 2010 年 1 月 1 日起施行的《最高人民法院关于审理侵犯专利权纠纷案件应用法律若干问题的解释》第 18 条所代替而废止。

❷ 最高人民法院于 2008 年 2 月 4 日发布的《民事案件案由规定》（法发〔2008〕11 号）中，已将"确认不侵犯专利权纠纷"作为"确认不侵权纠纷"的子案由列入其中的第 152 项案由中。

5.4.1　案情概述

江苏公司拥有一项名称为"桂枝茯苓组合物及其制备工艺"的发明专利，专利号为 ZL200310116836. X，专利申请日为 2003 年 11 月 28 日；该专利于 2007 年 1 月 24 日被授权。

西安公司作为江苏公司的同行企业，也生产名为"桂枝茯苓片"的类似产品。

2007 年 6 月，西安公司作为原告，向西安市中级人民法院提起确认不侵权之诉，请求法院确认其生产"桂枝茯苓片"的行为不构成对江苏公司 ZL200310116836. X 发明专利的侵权。原告西安公司在诉状中提出的起诉理由是，由于专利权人江苏公司先在南京市中级人民法院对其提起侵权诉讼，后又撤诉，使得是否侵权这一问题悬而未决。故西安公司移师西安，提起确认不侵权之诉。❶

5.4.2　法理分析

确认不侵犯专利权之诉与专利侵权之诉都面临一个共同的问题，就是涉嫌侵权物（行为）是否落入专利权的保护范围，即两者都要进行专利侵权判定分析。

1. "虚"与"实"的对抗

专利侵权判定分析的过程，实际上是"虚"与"实"的分析。

所谓"虚"，是指专利权利要求书。根据《专利法》第 59 条第 1 款❷的规定，"发明或者实用新型专利权的保护范围以其权利要求的内容为准，说明书及附图可以用于解释权利要求。"也就是说，发明或者实用新型专利权的保护范围以其权利要求的内容来确定。由于权利要求是以技术特征为构成要件的并以文字表达形式出现的，其保护范围需要在理解权利要求的本意之后确定，故称为"虚"。

与"虚"相对应的是，涉嫌侵权物（行为）是具体的、客观可见的。当涉嫌侵权物是一个装置时，该装置是看得见摸得着的。可以通过公证购买或证据保全来锁定涉嫌侵权物。当涉嫌侵权的是一种方法时，该方法也是通过具体的操作（包括人工操作或机器操作）实现的。故涉嫌侵权物（行为）是客观存在的，称之为"实"。

为什么说专利侵权判定分析的过程实际上就是"虚"与"实"的分析呢？这还得从法律的规定说起。

《专利法》第 60 条指出："未经专利权人许可，实施其专利，即侵犯其专利权……"

---

❶　对于西安公司提出确认不侵权之诉，西安法院是否具有管辖权尚存异议。根据《最高人民法院关于审理侵犯专利权纠纷案件应用法律若干问题的解释》第 18 条的规定："权利人向他人发出侵犯专利权的警告，被警告人或者利害关系人经书面催告权利人行使诉权，自权利人收到该书面催告之日起一个月内或者自书面催告发出之日起二个月内，权利人不撤回警告也不提起诉讼，被警告人或者利害关系人向人民法院提起请求确认其行为不侵犯专利权的诉讼的，人民法院应当受理。"该案显然不符合上述规定。但考虑到该案发生在该司法解释颁布之前，故法院受理此案也可以理解。

❷　本书下面如无特别说明，均指 2008 年修正的《专利法》。

可见，有具体的实施行为后，才可能"侵犯其专利权"。但什么是专利法意义上的"实施"呢？依据《专利法》第11条第1款的规定："发明和实用新型专利权被授予后，除本法另有规定的以外，任何单位或者个人未经专利权人许可，都不得实施其专利，即不得为生产经营目的制造、使用、许诺销售、销售、进口其专利产品，或者使用其专利方法以及使用、许诺销售、销售、进口依照该专利方法直接获得的产品。"

《专利法》第11条第1款告诉我们：所谓"实施"发明和实用新型专利权的行为，包括"制造、使用、许诺销售、销售、进口其专利产品，或者使用其专利方法以及使用、许诺销售、销售、进口依照该专利方法直接获得的产品"。

从专利法原理来理解《专利法》第11条第1款的规定，就是专利权人独有的排除公众未经专利权人许可的任何实施行为，也就是专利权的排他性。

上述分析给我们的启发是，专利侵权判定分析任务是涉嫌侵权物或行为（实）是否落入专利权的保护范围（虚）中，即"虚"与"实"的对抗。

实践中，常常有人对此不以为然[1]，经常出现以所谓专利产品（实）与涉嫌侵权物（实）的比对分析，或者，以专利权利要求（虚）与涉嫌侵权人的某一份技术文件/技术标准（虚）的比对分析。前者是"实"与"实"的比对，后者是"虚"与"虚"的比对，两者都不符合专利法原理。

本案中，原告以技术标准（虚）作为其实施行为的依据，不符合"虚"与"实"对抗的原理，故原告没有尽到举证责任。

首先，原告如果确实是以技术标准来生产的，那么，其实施的行为就是一个积极的事实，原告完全有能力证明其生产工艺的全过程。而原告却不去举证，偏偏以技术标准（虚）作为其证据，明显地违反上述专利法原理，应承担举证不能的不利后果。其次，技术标准自身是不能自动实施的，必须经过人的参与。发布技术标准的主体是行政机关。行政机关本身不是生产经营主体，也不是民事主体，因此行政机关不可能侵权专利权。最后，技术标准的制定过程往往是一个折中的博弈过程，经过各种利益方的力量对比后，产生出的一个妥协的产物，这其实是一个最低的底线。因此，技术标准并不一定代表先进的成果。在经济社会发展的过程中，企业作为利益集团，为了收回既往投资，往往阻碍或延缓最新技术标准的推广应用，这在制药领域内屡见不鲜。如果原告坚持以技术标准作为比对的对象，就好像有人说"他是按照雷锋的行为标准来工作的——他就应该是雷锋式的模范人物一样。"如果我们能认同这样的说法，结论就是当然成立的，也就不需要法院来断案了。重要的是，不但要"听其言"，还要"观其行"，这里的"行"就是一个具体的实在的"行为"。

---

[1] 学者李明德讲过这样一个故事："有一个专利权人拿着自己生产的产品，同时也拿了被告生产的产品，到法院起诉被告侵犯其专利权。而法官大人在仔细比较了原告、被告的产品之后，认定二者完全一样。于是大笔一挥，作出了被告侵犯原告专利权的判决。"李明德老师接着评论说"对于那些不太了解专利制度的人来说，恐怕难以判断原告的做法是否恰当，法官的判决是否准确。而对于了解专利制度的人来说。这个故事则近乎于一个笑话。"

2. 原告（涉嫌侵权人）的抗辩手段分析

尽管原告作为诉讼发起人提起确认不侵权诉讼，但原告在诉讼中其仍处于防御的地位。因为被告（专利权人）专利权在握，原告如果不能有效地证明涉嫌侵权物（行为）未落入专利权的保护范围，则可能要承担败诉的后果。

该案中，原告在诉状中提出了两点抗辩：一是不侵权抗辩；二是先用权抗辩。的确，这两种抗辩中只要有其中任何一种抗辩成立，原告就可以证明其不负有侵权责任。但是原告恰恰忽略了这两者抗辩的前提条件是相互对立的。换句话说，如果不侵权抗辩成立，则先用权抗辩肯定不成立。以下将进行详细分析。

（1）先用权抗辩

先用权抗辩的法律依据是《专利法》第 69 条：

"有下列情形之一的，不视为侵犯专利权：

（一）……；

（二）在专利申请日前已经制造相同产品、使用相同方法或者已经作好制造、使用的必要准备，并且仅在原有范围内继续制造、使用的；

……"

该条规定首先明确，"有下列情形之一的，不视为侵犯专利权"。这是一个十分重要的规定。其本意是说：下列情形本应属于落入专利权保护范围的情形，只是考虑到特殊情况❶，将这些本属于侵权专利权的情形排除掉，"不视为侵犯专利权"。

因此，先用权的成立要件如下。

首先是"制造相同产品、使用相同方法"，如果不是相同的产品或方法，则谈不上先用权的抗辩；

其次是时间要件，必须是在专利申请日以前掌握了专利技术；专利申请日以后不可能有先用权。

再次是完成准备的程度要件，即"已经作好制造、使用的必要准备"，使得其完全具备了生产条件，而不仅仅是一个设想或规划。

最后是生产规模限制要件，"仅在原有范围内继续制造、使用"，超出范围的部分就没有先用权。

上述四要件必须同时满足。该案中，原告拒不承认其"制造相同产品、使用相同方法"，则不满足先用权的成立要件，因此其无法进行先用权抗辩。

（2）不侵权抗辩

所谓不侵权抗辩，是指涉嫌侵权物（行为）与专利权利要求相比，有一个以上的技术特征不相同且不等同，故没有落入权利要求的保护范围，因而不侵权。

原告如主张不侵权抗辩，举证责任就在原告。原告应首先拿出其如何实施生产行

---

❶ 《专利法》第 69 条属于第 11 条规定的"除本法另有规定的以外"的另有规定。纳入了另有规定之中的法条，在现行专利法中，还有现有技术或现有设计抗辩，以及强制许可、计划许可等法条。

为的证据（实），然后通过与权利要求进行特征比对分析，最后得出是否落入保护范围的结论。

值得注意的是，《专利法》第11条赋予专利权人的排他权的时间起点是在"发明和实用新型专利权被授予后"，因此涉嫌侵权物（行为）的行为发生时间也应是在"发明和实用新型专利权被授予后"，即专利的授权公告日之后。在专利的授权公告日之前，专利权还没有产生，也就不可能出现专利侵权。如果主张侵权或不侵权的一方所依据的证据是在专利的授权公告日之前，则对其待证明的侵权与否毫无帮助。

该案中，原告以2005年发布（专利的授权公告日之前）的标准作为其不侵权的证据，也是徒劳的。这是因为，人们不能用之前发生的事实来证明将来所发生的事实。2005年的标准与2007年的生产实施行为没有法律上的因果关系。若原告想要表达的是其依据2005年的标准进行2007年的生产实施行为，则其应当对其具体的生产实施行为（实）承担相应的举证责任，但其并没有这么做。

通过上述分析，我们可以得出"先用权抗辩"与"不侵权抗辩"的不同点在于："不侵权抗辩"认为其行为根本就没有落入权利要求的保护范围内，本质上不构成侵权；而"先用权抗辩"是在先承认落入权利要求的保护范围内，而后根据专利法的例外规定"不视为侵犯专利权"。虽然两者都可能抗辩成功，但先用权的范围被压缩在原有的规模和范围内，而"不侵权抗辩"则没有这样的限制。总之，两者的关系是，两者必取其一，不可能同时成立。

（3）现有技术抗辩

该案中，尽管原告没有主张现有技术抗辩，但由于原告的一些认识错误，仍有必要讨论现有技术抗辩的有关原理。

无论是专利侵权之诉还是确认不侵权之诉，中心问题都是要解决涉嫌侵权物（行为）是否落在专利权利要求的保护范围之内。因此，证明的思路可以从正反两方面进行。所谓正面证明，就是证明涉嫌侵权物（行为）已落在专利权利要求的保护范围之内；所谓反面证明，就是证明涉嫌侵权物（行为）落在了专利权利要求的保护范围之外。

现有技术抗辩的基本思路是，现有技术是涉案专利申请日之前的技术（prior art），如果涉嫌侵权物（行为）与现有技术相同或等同，则可以认定涉嫌侵权物（行为）落在专利权利要求的保护范围以外，不构成专利侵权。

现有技术抗辩的威力还不仅仅如此，如果现有技术抗辩成功，当事人可以乘胜追击，以该现有技术作为对比文件，向国家知识产权局专利复审和无效审理部提起无效宣告请求，使得专利权被宣告无效，自此便可以放心大胆地进行市场竞争。

法院在审理现有技术抗辩时，面临着三组比对关系，需要一一甄别。

假设专利文件为A（虚），涉嫌侵权的技术方案为B（实），现有技术为C（虚）❶。

---

❶ 请读者注意：根据《专利法》第22条的规定，现有技术本身也可以体现在一件实物产品中，不能说现有技术就属于"虚"的公开出版物，笔者为了简化问题，先假设现有技术为虚。

第一组比较的是 A – B，即虚 – 实的比对。这一组比较实际上是在推定专利 A 是有效的前提下所作的比较，在普通的专利侵权诉讼中或确认不侵权诉讼中，属于法院审理的范围。

第二组比较的是 A – C，即虚 – 虚的比对。根据我国奉行的职权分离主义，专利文件 A 与现有技术 C 的比对，是国务院专利行政部门的专属职责，这一组的比较实际上是在挑战专利权的有效性。通说认为是法院审理专利侵权诉讼的禁区，法院应当回避。

第三组比较的是 B – C，即实 – 虚的比对。如果能证明涉嫌侵权的技术方案 B 与现有技术 C 相同或等同，则法院完全可以据此得出不侵权的结论。在这一组的比较中，仅仅涉及涉嫌侵权的技术方案 B 是否属于现有技术 C 而已，即使能确定涉嫌侵权的技术方案 B 等于现有技术 C，也不能据此得出现有技术 C 破坏了专利权的有效性的结论，故丝毫不涉及专利权有效与否的审查与评价，因而不会挑战专利权效力。

综上分析，上面三组比较关系中，只有第二组专利文件与现有技术的比对是虚 – 虚的比对，属于法院审理专利侵权诉讼或确认不侵权诉讼的禁区；而其他两组的比对，都涉及实 – 虚比对，应属于法院审理的对象。

该案中，原告并没有提出现有技术抗辩，根据不告不理的原则，可以不予考虑。但是原告在解释涉案专利权利要求保护范围时，主张将《国家新药注册数据（1985—2000）》光盘的有关内容与权利要求比对，并主张将比对后所得出的两者之差的内容作为专利权的保护范围。结合上述分析，我们知道，这种比对属于虚 – 虚的比对，实际上是在挑战专利权的有效性，这是国家知识产权局专利复审委员会（已更名为"国家知识产权局专利局复审和无效审理部"）法定的专属职责，因此法院对此可以不予审理。

5.4.3 侵权比对分析

如上所述，在专利侵权诉讼或确认不侵权诉讼中，专利权保护范围与涉嫌侵权的技术方案的比对分析，是法院审理的中心任务。为了完成这个中心任务，法院需要两个"原材料"：一是专利的权利要求书和说明书，特别是其中的独立权利要求需要进行解释；二是明确的涉嫌侵权的产品或方法。

该案中，对于上述第一个"原材料"，经过授权后公告于众的专利文本，其包括涉案专利的权利要求书。对于涉嫌侵权的方法，则需要当事人（原告）举证。但当事人（原告）并没有举证，只是一再强调其方法与国家食品药品监督管理局标准——YBZ2963—2005 的规定一致。这样的比对本质上是虚 – 虚比对，是不符合专利侵权判定规则的比对。如果我们认识不到这一点，就会违反专利法基本原理。因此，在当事人（原告）举证不能的情况下，法院如径直驳回原告的诉讼请求，并无不妥。

在专利侵权诉讼中，专利权人作为原告由于无法知晓涉嫌侵权人的具体制备方法，从而将涉案专利的权利要求与涉嫌侵权人的备案资料或相关技术标准进行比对，还情有可原，然而当涉嫌侵权人作为原告提起确认不侵权之诉时，其明确知晓自身的具体技术方案的内容，却仍然拿技术标准与涉案专利的权利要求进行比对，则显得有些不合常理。

可见，如果我们对此有清醒明确的法理认识与分析，至少不会犯法律逻辑上的错误。

笔者下面分析的逻辑是：就算该案中的原告的确是依照国家食品药品监督管理局标准——YBZ2963—2005 进行生产的（权当作"实际"的实施行为），如果仍能够得出其落入专利保护范围内的结论，则对于解决原告、被告双方的纠纷具有有限的实用意义。

1. 权利要求的解释

由于权利要求使用文字来表述，而文字难免有其自身的局限性，加之撰写人对文字的把握、理解有些特殊的用法时，呈现给公众的作为专利权保护范围的权利要求就需要解释。根据我国《专利法》第 59 条的规定，专利权保护范围以权利要求的内容为准，说明书和附图可以用来解释权利要求。

2. 专利权保护范围的确定原则——整体保护原则

根据上述专利法的基本原理，专利权保护范围的确定原则如下。

由于发明专利的独立权利要求从整体上体现该专利的技术方案（《专利法实施细则》第 20 条），记载了解决技术问题的必要技术特征，与从属权利要求相比保护范围最大。因此，判断被比对物是否与涉案专利的技术特征相同或等同时，应当对保护范围最大的独立权利要求作出解释。

可见，专利权保护范围的确定原则是整体保护原则，权利要求的构成特征不能被分割或被拆分成部分特征，部分特征对于保护范围没有任何意义。原告主张涉案专利只保护其中的几个参数，是对专利法的基本原理的误解或曲解。

在解释专利权利要求时，应当以专利权利要求书记载的技术内容为准，而不是以权利要求书的文字或措辞为准的原则。其技术内容应当通过参考和研究说明书，在全面考虑发明的技术领域、技术解决方案、作用和效果的基础上加以确定。

3. 对比方式

对比判断采取技术特征逐一对比的方式，即以本领域的一般技术人员的眼光，将涉案专利的权利要求书中记载的技术特征与被比对物的相应技术特征逐一进行对比。

4. 具体的比对分析

涉案专利的权利要求书如下所示。

1. 一种桂枝茯苓组合物，其特征在于，该组合物是由如下方法制备的：

取等量桂枝、茯苓、桃仁、白芍、牡丹皮五味药；取桂枝、桃仁、白芍、牡丹皮及 40% ~60% 处方量的茯苓五味药碎成粗粉，混匀；加入 70% ~90% 乙醇，浸泡 0.5 ~1 小时，加热回流提取 1 ~3 次，其中每次加入 70% ~90% 乙醇的量为原药材的 3~5 倍，加热回流提取时间为 1~3 小时；滤过，合并滤液；药渣加入原药材 5~7 倍量的水，回流提取 1~3 次，其中每次回流提取时间 0.5~1 小时；滤过，合并滤液，药渣弃之；醇提液和水提液分别减压浓缩，醇提液回收至无醇味；合并二浓缩液，得棕褐色浸膏；将另 40%~60% 处方量的茯苓细粉与上述浸膏混匀，干燥，粉碎，制粒，烘干，整粒，即得。

2. 如权利要求 1 所述桂枝茯苓组合物，其特征在于该组合物是由如下方法制备的：

取等量桂枝、茯苓、桃仁、白芍、牡丹皮五味药；取等量桂枝、桃仁、白芍、牡丹皮及 50% 处方量的茯苓五味药碎成粗粉，混匀；加入 90% 乙醇，浸泡 0.5 小时，加热回流提取 2 次，其中每次加入 90% 乙醇的量为原药材的 3 倍，加热回流提取时间为 1 小时：滤过，合并滤液；药渣加入原药材 5 倍量的水，回流提取 2 次，其中每次回流提取时间 0.5 小时；滤过，合并滤液，药渣弃之；醇提液和水提液分别减压浓缩，醇提液回收至无醇味；合并二浓缩液，得棕褐色浸膏：将另 50% 处方量的茯苓细粉与上述浸膏混匀，干燥，粉碎，制粒，烘干，整粒，即得。

3. 一种桂枝茯苓组合物的制备方法，其特征在于该方法为：

取等量桂枝、茯苓、桃仁、白芍、牡丹皮五味药；取桂枝、桃仁、白芍、牡丹皮及 40%~60% 处方量的茯苓五味药碎成粗粉，混匀；加入 70%~90% 乙醇，浸泡 0.5~1 小时，加热回流提取 1~3 次，其中每次加入 70%~90% 乙醇的量为原药材的 3~5 倍，加热回流提取时间为 1~3 小时；滤过，合并滤液；药渣加入原药材 5~7 倍量的水，回流提取 1~3 次，其中每次回流提取时间 0.5~1 小时；滤过，合并滤液，药渣弃之；醇提液和水提液分别减压浓缩，醇提液回收至无醇味；合并二浓缩液，得棕褐色浸膏；将另 40%~60% 处方量的茯苓细粉与上述浸膏混匀，干燥，粉碎，制粒，烘干，整粒，即得。

4. 如权利要求 3 所述桂枝茯苓组合物的制备方法，其特征为在于该方法为：

取等量桂枝、茯苓、桃仁、白芍、牡丹皮五味药；取等量桂枝、桃仁、白芍、牡丹皮及 50% 处方量的茯苓五味药碎成粗粉，混匀；加入 90% 乙醇，浸泡 0.5 小时，加热回流提取 2 次，其中每次加入 90% 乙醇的量为原药材的 3 倍，加热回流提取时间为 1 小时：滤过，合并滤液；

药渣加入原药材 5 倍量的水，回流提取 2 次，其中每次回流提取时间 0.5 小时；滤过，合并滤液，药渣弃之；醇提液和水提液分别减压浓缩，醇提液回收至无醇味；合并二浓缩液，得棕褐色浸膏：将另 50% 处方量的茯苓细粉与上述浸膏混匀，干燥，粉碎，制粒，烘干，整粒，即得。

5. 如权利要求 1~2 所述任意一种桂枝茯苓组合物，其特征在于该桂枝茯苓组合物制成口服制剂，其口服制剂选自于片剂、丸剂、胶囊剂、颗粒剂、混悬剂、滴丸或口服液体制剂当中的一种。

由上述权利要求 1~5 可以看出，涉案专利的权利要求 1 和权利要求 3 是独立权利要求，权利要求 1 是用制备方法限定的桂枝茯苓组合物产品的技术方案，权利要求 3 是关于桂枝茯苓组合物的制备方法。

虽然两项独立权利要求保护的主题不同，但其中的技术特征组成是相同的，因此，笔者只对权利要求 1 与被对比物（标准 YBZ - 2963 - 2005）相比对。

根据国家食品药品监督管理局标准（YBZ - 2963 - 2005）所披露的技术方案如下：

处方：桂枝 240g；茯苓 240g；白芍 240g；牡丹皮 240g；桃仁 240g。

制法：以上五味，取茯苓 120g 粉碎，过六号筛，备用。剩余 1/2 处方量的茯苓与桂枝、桃仁、白芍和牡丹皮共同粉碎成粗粉，混匀，加 90% 乙醇回流提取二次，第一次加入 9 倍量，第二次加入 8 倍量，每次 2 小时，合并提取液，滤过，滤液回收乙醇并浓缩至相对密度为 1.15～1.20 的清膏；药渣加 10 倍量水煎煮二次，每次 1.5 小时，合并煎液，滤过，滤液减压浓缩至相对密度 1.15～1.20 的清膏，与上述醇提浓缩液合并，减压干燥（50～55℃，－0.085MPa），粉碎，过六号筛，与上述茯苓细粉混合，加入淀粉，混匀，制粒，50～55℃ 干燥，整粒，压片，包衣，制成 1000 片，即得。

从表 5-4-1 的对比中能够看出，涉案专利与被比对物在桂枝茯苓组合物制备工艺的 6 个技术特征中，有 4 个技术特征字面表述略有区别，因此还应当进行等同性分析。

表 5-4-1　涉案专利与被比对物技术特征的比较

	涉案专利技术特征		被比对物技术特征	对比结果
A	取等量桂枝、茯苓、桃仁、白芍、牡丹皮五味药	a	桂枝 240g；茯苓 240g；白芍 240g；牡丹皮 240g；桃仁 240g	相同
B	取桂枝、桃仁、白芍、牡丹皮及 40%～60% 处方量的茯苓五味药碎成粗粉，混匀	b	剩余 1/2 处方量的茯苓与桂枝、桃仁、白芍和牡丹皮共同粉碎成粗粉，混匀	相同
C	加入 70%～90% 乙醇，浸泡 0.5～1 小时，加热回流提取 1～3 次，其中每次加入 70%～90% 乙醇的量为原药材的 3～5 倍，加热回流提取时间为 1～3 小时；滤过，合并滤液	c	加 90% 乙醇回流提取二次，第一次加入 9 倍量，第二次加入 8 倍量，每次 2 小时，合并提取液，滤过	被比对物未记载有浸泡过程；两者每次加入的乙醇量均不相同
D	药渣加入原药材 5～7 倍量的水，回流提取 1～3 次，其中每次回流提取时间 0.5～1 小时；滤过，合并滤液，药渣弃之	d	药渣加 10 倍量水煎煮二次，每次 1.5 小时，合并煎液，滤过	加入水量和回流提取时间不同
E	醇提液和水提液分别减压浓缩，醇提液回收至无醇味	e	（醇提）滤液回收乙醇并浓缩至相对密度为 1.15～1.20（50℃）的清膏；（水提）滤液减压浓缩至相对密度 1.15～1.20（50℃）的清膏	字面表述不同，本质上相同

续表

	涉案专利技术特征		被比对物技术特征	对比结果
F	合并二浓缩液，得棕褐色浸膏；将另40%~60%处方量的茯苓细粉与上述浸膏混匀，干燥，粉碎，制粒，烘干，整粒，即得	f	与上述醇提浓缩液合并，减压干燥（50~55℃，-0.085MPa），粉碎，过六号筛，与上述茯苓细粉混合，加入淀粉，混匀，制粒，50~55℃干燥，整粒，压片，包衣，制成1000片，即得	专利技术先加茯苓细粉；被比对物后加茯苓细粉，先后顺序对技术效果没有影响，故两者特征相同

（1）关于技术特征C和c

被比对物未记载有浸泡过程；两者加入乙醇回流提取时每次加入的乙醇量均不相同。即使是从日常生活中的熬中药出发，也可以想到，原药材通常在提取前要浸泡一段时间，但也可以在原药材中加入溶剂后直接提取（其实际过程也存在将物体浸入液体的过程，只是时间很短），这主要取决于原药材本身所含有的化学成分、质地和清洁程度，对于本领域的一般技术人员来说，会根据具体的情况加以选择；因此两种手段的替换是无须经过创造性劳动就能够联想得到的。

涉案专利加入乙醇回流提取时两次乙醇的加入量是原药材3~5倍，被比对物将两次乙醇加入量增加到9倍和8倍，在能够有效地将有效化学成分提取出来的情况下，对最终产品所带来的效果没有实质影响。可以作一个形象的比喻，如果把待洗的衣服比作药材，把70%~90%乙醇当作含有一定洗衣粉浓度的水，如果能用3~5倍含有一定洗衣粉浓度的水，就可以将待洗衣服中的"污垢"提取出来，那么使用更多的含有一定洗衣粉浓度水（如8~9倍），也一定能将待洗衣服中的"污垢"提取出来。因此，笔者认为，被比对物的技术特征c与涉案专利的技术特征C相互等同。

（2）关于技术特征D和d

被比对物与涉案专利加水量和回流提取时间均不同。即使在日常生活中的提取中药有效成分来看，在涉案专利的基础上，被比对物将加水量由原药材的5~7倍增加到10倍，对于提取有效成分来说，没有本质区别。生活经验告诉我们，对于热提取，如果加水量过小，有效成分还没有被提出之前，水就被加热挥发了，因而加水量过小不利于全面提取；反之，如果加水量增大，只不过是需要更长的煎煮时间，其缺点是造成用水用电的浪费，增加加工成本；无论是对于本领域的一般技术人员还是对于普通民众的生活常识（类似于家庭中的用药罐子熬中药的经验）来说，这也是很容易联想到的，无须付出创造性劳动。因此，被比对物的技术特征d与涉案专利的技术特征D相互等同。

（3）关于技术特征E和e

涉案专利将醇提液和水提液分别减压浓缩，醇提液回收乙醇至无醇味，被比对物虽然没有采用上述直观的表述，但是根据中药提取过程的惯常做法，得到醇提液后，还需要通过"回收乙醇"的步骤来去除醇提液中的乙醇，即尽量将醇提液中的乙醇分离出来，分离之后得到黏稠状浸膏。本发明中，并没有对该黏稠状浸膏的相对密度作出限定。根据相对密度的定义❶，当相对密度为 1 时，就只有单纯的水了。因此可知该黏稠状的浸膏之相对密度一定大于 1；在涉案专利的说明书第 1 页的最后一行，也有关于涉案专利得到的棕褐色黏稠膏体在"80℃下的相对密度为 1.25"的描述。由于浸膏黏稠状态既可以稀一些，也可以稠一些（类似于从稀饭到干饭的变化），因此其相对密度也是视其黏稠状态变化而变化的，但总是大于 1 的。因而，精确地限定相对密度大小显得并不是那么重要。这意味着，涉案专利权利要求 1 中，采取的是概括的限定，而被比对物给出的某一个具体的相对密度范围，只是该上位限定中的"一个点值范围"。故可以认为，被比对物与涉案专利相比，没有实质上的改变。也就是说，醇提液回收乙醇并浓缩至相对密度 1.15～1.20 时，醇提液在常温下已很黏稠，且已无醇味。因此，被比对物的技术特征 e 与涉案专利的技术特征 E 相互等同。

（4）关于技术特征 F 和 f

涉案专利在合并二浓缩液后先加茯苓细粉，后干燥，粉碎，制粒，烘干，整粒；被比对物在合并二浓缩液后先干燥，粉碎，后加茯苓细粉，制粒，再干燥，整粒。步骤的先后调整对药效没有实质影响，即对最终产品产生的效果没有明显差别。因此，被比对物的技术特征 f 与涉案专利的技术特征 F 相互等同。

综上所述，从专利各技术特征和被比对物的对比分析结果中可以看出，6 个技术特征中 2 个技术特征相同、4 个技术特征等同。但该案是否适用等同原则，还应考察该案是否有禁止反悔情形，在原告也主张适用禁止反悔原则的情况下，笔者将继续分析禁止反悔原则的适用与否。

5.4.4 禁止反悔原则

所谓禁止反悔原则，是指在专利授权或无效程序中，专利权人为了确保其专利具备专利性，通过书面声明或者修改专利文件的方式，对涉案专利的权利要求的保护范围作出限制性承诺或者部分地放弃了保护，并因此获得了专利权。而在专利侵权诉讼中，当法院适用等同原则确定专利权的保护范围时，应当禁止专利权人将已被限制、排除或者已经放弃的内容重新纳入专利权保护范围，防止专利权人"两头得利"。

涉案专利在实质审查过程中，专利申请人并没有认可《国家新药注册数据（1985—2000）》光盘作为对比文件 1 的合法性，只是采用"让步"语气，争辩即使《国家新药注册数据（1985—2000）》光盘可以作为对比文件 1，也不能破坏涉案专利

---

❶ 相对密度的定义：相对密度是物质的质量与同体积水的质量的比值。

$$SG = \frac{物质的质量}{同体积水的质量}$$

的专利性。

具体地说，涉案专利与对比文件 1 的区别在于，对比文件 1 中并没有明确加入乙醇浸泡的时间，回流时加入乙醇的量，提取的时间以及水回流时加入水的量和回流提取的时间等参数。两者是"有参数"与"无参数"的质的区别，而不是"参数大小"或"参数范围"的量的区别。这一点是十分本质的区别。当然，如果涉案专利与对比文件 1 的区别在于"参数大小"或"参数范围"的不同，就有可能引起禁止反悔原则的适用。

事实证明，该案的专利授权过程中，专利申请人压根就没有对上述参数进行修改，仅仅是客观地说明了区别所在。这仅仅是一种正面的表述，并没有对"涉案专利的权利要求的保护范围作出限制性承诺或者部分地放弃了保护"，不存在反悔，也无从禁止反悔。

我们还可以从逻辑学的角度看待正面表述的作用："我喜欢吃苹果"，并没有排除"我也喜欢吃香蕉"。从"我吃一个苹果"，并不能得出"我只能吃一个苹果"。或者，从"朋友来了有好酒"，也不能排除"朋友来了有饮料"。因此，不存在禁止反悔的问题。

5.4.5　本案带来的启发

"炮制虽繁必不敢省人工，品味虽贵必不敢减物力。"[❶] 中药必须如法炮制，专利侵权判断也必须遵守法律规则。本章在上面介绍了专利侵权纠纷的三种抗辩形式，介绍了不侵权抗辩、现有技术抗辩的比对方式，两者的共同之处都是只能两两相互对比，即不侵权抗辩是虚－实之间的比对，而现有技术抗辩同样主要是虚－实之间的比对。特别是笔者还对禁止反悔原则的适用作了较详细的分析，认为客观地说明了区别所在且未加限制的"正面的描述"不构成对专利保护范围的限缩。

---

❶　同仁堂的这一古训是在康熙四十五年（1706 年）乐凤鸣所著《同仁堂乐氏世代祖传丸散膏丹下料配方》一书的序言中提出的，指在制药过程中绝对不可偷工减料，要严格按照工艺规范，达到配方独特、选料上乘、工艺精湛、疗效显著的目的。

案例索引

后　记

　　本人忝列作者之一，为本书的整体编撰提供了一些建议，并撰写了本书的第5章，在本书付梓之际，对本书主要作者郑希元律师的辛勤耕耘，对知识产权出版社卢海鹰、王玉茂两位编辑的慧眼，心中充满感激之情。

　　本书的主要作者郑希元律师，具有药学、医学和法学多学科背景，长期致力于化学领域尤其是医药领域的知识产权服务与法律研究工作。在为国内外生物医药企业、大专院校以及科研院所提供法律服务的过程中，郑希元律师深切感受到客户对于全面且深入地了解国内外医药专利制度特点与区别的迫切需求，因此在工作之余撰写并发表了多篇具有代表性的研究性文章，同时也萌发了以这些研究性文章为基础，结合当前世界医药发展的新趋势，将它们改编、扩充、系统整理后转变成专业书籍的想法。

　　在2020年12月25日举行的"北京乾成律师事务所知识产权部成立暨典型案例研讨会"上，郑希元律师作了主题为"手性化合物新创性评判中外差异及专利布局策略"的分享，而本人因参与"中国冬虫夏草真菌的发酵生产方法"专利权属纠纷、确权与侵权诉讼案件而作了主题为"冬虫夏草引发的专利战争"的分享，两场主题分享均引发了现场知识产权同人与科研工作者的热烈讨论与积极反响，并且因为同是医药类案件，使郑希元律师与本人在上述研讨会的会前与会后有了更为深入的沟通与交流，并因此不约而同地产生了一同策划写书的想法。

　　医药技术领域与专利法的关系十分密切。可以说，对医药领域技术创新的保护，专利法律制度是最佳的手段。医药领域的新技术蓬勃发展，促进专利法律制度不断完善，使得专利法原理与医药技术领域的创新规律更加契合，两者相互和谐发展。因此，本书在内容结构的编排上力图体现医药技术领域的特点，第1章为与医药技术发展、行业演变和法律法规政策变化相关的基础知识；第2章为从医药专利的布局角度出发的授权、确权和侵权分析，具体涉及植物药、化药、生物药和生物技术；第3章为医药相关专利热点分析，既包括专利授权确权问题，也包括专利侵权实务中的热点问题，兼顾了中国、美国和欧洲等国家和地区在这些热点问题上的观点；第4章则涉及我国专利法第四次修改引入的药品专利链接制度和与其相配套的专利权期限补偿制度以及第三次修改引入的中国Bolar例外条款；第5章则选取了最高人民法院有关医药专利侵权和专利无效纠纷的典型案例，其中，张某田案确立了关于新产品制造方法专利举证责任分配的审理思路，礼来诉华生专利侵权案作为最高法院发布的指导性案例，强调专利侵权诉讼实质上"虚实对抗"的本质，展示了原被告双方的诉讼攻防技巧，而国家知识产权局、扬州中惠制药与广东众生药业发明专利权无效行政纠纷案二审判决的一锤定音，则巧妙地终结了《国家新药注册数据（1985—2000）》光盘作为现有技术的法律效力。

囿于篇幅，仍有许多相关案例的点评并未收录在本书的第 5 章中。例如，涉及权利要求撰写与解释的湖北午时案，涉及封闭式权利要求解释的胡某泉案；涉及药品标准与专利侵权相关联的北京四环制药与齐鲁制药专利纠纷案，珍宝岛药业与昆明制药确认不侵犯专利权案，等等。这些案例对业内都具有很高的研究价值，也请广大读者予以重视。

顺便说明一下，本书不仅适合医药技术领域的研发人员与知识产权人士阅读，还适合没有医药技术专业知识的人群，例如，非医药企业的知识产权管理人员、其他技术背景的律师、专利代理师等，甚至对从事知识产权审判工作的法官，也有一定的参考价值。

刘国伟
写于 2022 年 3 月